Birgit Lodes und Melanie Unseld (Hg.)

Beethoven-Geflechte
A Beethoven Tapestry

ÖSTERREICHISCHE AKADEMIE DER WISSENSCHAFTEN

PHILOSOPHISCH-HISTORISCHE KLASSE

SITZUNGSBERICHTE, 939. BAND

Veröffentlichungen zur Musikforschung

Band 30

herausgegeben von der Abteilung Musikwissenschaft des Austrian Centre for Digital Humanities and Cultural Heritage

unter der Leitung von Barbara Boisits

Beethoven-Geflechte
A Beethoven Tapestry

Networks and Cultures of Memory

Herausgegeben von
Birgit Lodes und Melanie Unseld

VERLAG DER
ÖSTERREICHISCHEN
AKADEMIE DER
WISSENSCHAFTEN

Veröffentlicht mit Unterstützung des
Austrian Science Fund (FWF): PUB 967-G

FWF Österreichischer
Wissenschaftsfonds

Umschlaggestaltung: Auer Grafik Buch Web, Wien
Umschlagbild: © Beethoven-Haus Bonn (B 977),
Permalink: https://www.beethoven.de/de/media/view/4639046680707072/scan/0

Angenommen durch die Publikationskommission der philosophisch-historischen Klasse
der Österreichischen Akademie der Wissenschaften:

Michael Alram, Rainer Bauböck, Andre Gingrich, Hermann Hunger,
Sigrid Jalkotzy-Deger, Nina Mirnig, Renate Pillinger, Franz Rainer, Oliver Jens Schmitt,
Danuta Shanzer, Waldemar Zacharasiewicz

Diese Publikation wurde einem anonymen, internationalen
Begutachtungsverfahren unterzogen.
Peer Review ist ein wesentlicher Bestandteil des Evaluationsprozesses des Verlages der
Österreichischen Akademie der Wissenschaften. Bevor ein Buch zur Veröffentlichung
angenommen werden kann, wird es von internationalen Fachleuten bewertet und muss
schließlich von der Publikationskommission der Österreichischen Akademie
der Wissenschaften genehmigt werden.

Die Deutsche Nationalbibliothek verzeichnet diese Publikation
in der Deutschen Nationalbibliografie;
detaillierte bibliografische Daten sind im Internet über http://dnb.dnb.de abrufbar.

Die verwendete Papiersorte in dieser Publikation ist DIN EN ISO 9706 zertifiziert und
erfüllt die Voraussetzung für eine dauerhafte Archivierung von schriftlichem Kulturgut.

Inhaltsverzeichnis / Table of Contents

Musical Sociability amongst Nobles and Higher Bourgeoisie

Appropriations and Memory Culture

Anniversaries and the Changing Image of Beethoven

Einleitung

Birgit Lodes und Melanie Unseld

Ein Jubiläumsjahr zu Ludwig van Beethoven zu begehen, war im Jahr 2020 nicht notwendigerweise eine innovative Idee. Im Gegenteil: Die Tradition der Erinnerungsstiftung schien 2020 bereits selbst historisch (zumindest die Gedenkjahre 1870, 1877, 1920, 1927, 1970 und 1977 legten vor, wie Beethoven-Gedenkjahre gedacht und umgesetzt wurden) und gab darüber hinaus Anlass, einem ‚Gedenken ohne Gedanken' Vorschub zu leisten. Denn nicht zuletzt unterstreicht die kulturwissenschaftliche Erinnerungsforschung der letzten Jahrzehnte, dass Memorialkultur konstante Denkmuster, Stereotype und Narrative häufig mehr befestigt als befragt. Aus einer solchen (wissenschaftlich eher deprimierenden) Ausgangslage befreit sich, wer zum einen das Problem der erinnerungskulturellen Befestigung selbst zum Gegenstand macht und zum anderen nach den Leerstellen Ausschau hält, die sich gerade durch wirkmächtige Narrative ergeben. Beide Blickrichtungen bedingen sich dabei gegenseitig: Erinnerungskulturen schaffen Identitäten qua starken Insignien (Codes, Narrative, signalartige Schlagworte etc.). Gerade diese aber sind es, die alternative Blickrichtungen oder Differenzierungen verhindern.

Dass mit Ludwig van Beethoven – sowohl als historischer Person als auch als Urheber musikalischer Werke – ein stabiles Ensemble solcher Insignien verbunden ist, braucht kaum eigens betont zu werden: das Heroische und Revolutionäre, der anti-aristokratische Bürger, der einsam Schaffende und publikumsvergessende Vertreter der musikalischen Avantgarde oder zumindest eines Fortschrittsparadigmas ... Beethoven-Bilder dieser Art sind über Jahrzehnte nicht nur stabil, sondern auch trotz oder gerade aufgrund ihrer Revision – etwa in der Nachfolge der 68er-Generation – wirkmächtig geblieben. Beethoven – wiederum sowohl als historische Person als auch in seinen Kompositionen – außerhalb dieser Codes zu denken, stellt daher eine besondere Herausforderung dar: etwa die Forschung auf Fragestellungen zu lenken, die ihn als Netzwerkenden, als mit dem Wiener Adel eng Vertrauten, als gesellig-umgänglichen, Salons besuchenden, nach Erfolg strebenden Pianisten oder schlicht als Zeitgenossen einer politisch höchst instabilen, um gesellschaftliche Neustrukturierungen allenthalben ringenden Zeit sehen. Diesen zu entwickelnden neuartigen wissenschaftlichen Perspektiven aber stehen die verfestigten und nicht selten auch material befestigten Beethoven-Bilder entgegen. Daher schien es unabdingbar, beide Blickrichtungen miteinander zu verbinden, sie als zwei Seiten eines aufgeschlagenen Buches zu verstehen: Indem die mentalen Codes der Beethoven-Erinnerungskultur selbst als historisch wahrgenommen werden, werden sie zugleich revidierbar. Dabei gelangen neue Fragestellungen in den Blick, etwa die nach jenen Akteurinnen und Akteuren, die es Beethoven ermöglichten, als Pianist wie als Komponist zu reüssieren. Beethoven steht damit nicht als Solitär im Zentrum, sondern als Teil einer Musikkultur, die in Wien noch weithin vom Adel geprägt war, in der sich aber Einflüsse des niederen Adels (Zweite Gesellschaft), des Beamten- und Gelehrtentums, kurz: der bürgerlichen Elite bemerkbar machten. Für dieses zum Teil sehr engmaschige Netzwerk steht hier der Begriff „Geflechte“.

Der Begriff hat keinen epistemischen Anspruch und keine nennenswerten begriffsgeschichtlichen Wurzeln. Er wird hier vielmehr bildlich-metaphorisch verwendet: Mehr oder weniger eng verbundene Einzelstränge fügen sich zu einem Geflecht zusammen, das nicht notwendigerweise ein regelmäßig-konsistentes Gebilde ergibt und das beständig mit der Option des Temporären konfrontiert ist, also mit der Option, sich wieder aufzulösen. Diese Einzelstränge können sich – ein Gedanke, der sich an die Akteur-Netzwerk-Theorie (ANT) französischer Provenienz anlehnt – durch Personen wie Artefakte bilden und in ihrer eigentümlichen Struktur soziale Räume mit berücksichtigen.

Auf diese Weise gedacht, kann der Begriff „Geflechte“ für Erkenntnisse stehen, die zum Teil in der Beethoven-Forschung der letzten Jahre neue Perspektiven eröffnet haben: Beethoven war eng in die Wiener Gesellschaft eingewoben, auch und gerade in die (Hoch)Aristokratie, mehr noch, es gehörte zu den Kennzeichen von Beethovens Wiener Jahren, ständeübergreifend zu agieren, zu kommunizieren und sich musikalisch zu beteiligen. Dabei geht es nicht um den Austausch des Narrativs eines bürgerlichen Revolutionärs durch die Figur eines der Hocharistokratie zugewandten Komponisten; es geht nicht um einen Standortwechsel in puncto Ständegesellschaft, sondern um eine stände-reflexive und -differenzierende Perspektive. Selbst die These, dass sich die Situation spätestens ab dem Wiener Kongress grundlegend verändert habe, gilt es mithilfe aktueller Erkenntnisse der Kultur- und Geschichtswissenschaften, besonders der Adelsforschung, neu zu befragen.

Der Begriff Geflechte nimmt dabei nicht für sich in Anspruch, ein neues Paradigma der Beethoven-Forschung auszurufen, gewissermaßen einen *network turn* zu reklamieren. Mit dem Begriff aber wollen wir die Möglichkeit eröffnen, auf produktive Weise die den Solitär befestigenden, erinnerungskulturellen Codes um Beethoven aufzubrechen und damit das Nachdenken über Beethoven neu zu beleben. Ständische Selbstverständlichkeiten kommen im ausgehenden 18. Jahrhundert europaweit in Bewegung, allein durch die politische Gemengelage, die Französische Revolution und die nachfolgenden Befreiungskriege. Politischer Instabilität folgen gesellschaftliche Instabilitäten ebenso wie Bekräftigungstendenzen – in beiden Fällen werden Geflechte im oben umrissenen Sinne stabilisiert und/oder neu verwoben. Der Musik kommt in diesem Kontext eine besondere Rolle zu, weil sie Möglichkeiten der (stände-übergreifenden wie -distinguierenden) Vergemeinschaftung bietet, außerdem – sichtbar oder unsichtbar – Verbindungen oder Verbundenheiten generiert und schließlich auch Kommunikationsräume schafft. Wer sich dabei wie in welche Geflechte hineinbegibt, wer sie initiiert und fördert, wer sich aus ihnen heraushält oder exkludiert wird, wer von ihnen profitiert, wer sie weiterknüpft, ist dabei nicht nur eine Frage individueller Bereitschaft, sondern auch der finanziellen, ständischen, kommunikativen, geschlechterbezogenen, professionellen und anderer Handlungsspielräume. Und nicht zuletzt aus diesen werden hier (in Wien) und zu Beethovens Lebzeiten bereits Dispositionen angelegt, die unmittelbar nach 1827 zur Erinnerungskultur um Beethoven wesentlich beitragen und die damit in die Geschichte der Erinnerungskultur um Beethoven hineinwirken – etwa das Dispositiv des bürgerlich-heroischen Künstlers. In der Zeit des Wiener Kongresses, der Befreiungskriege und der postnapoleonischen Ära veränderte die Erinnerungskultur schon einmal ihr Gesicht: Identitätsfiguren wechselten, und doch blieben Elemente einer aristokratisch geprägten Memorialkultur bestehen. Wie lässt sich hier die Erinnerung an Beethoven einordnen, welche Geflechte – Personen wie Artefakte – sorgten dafür, dass Beethoven zu einer memorialen ‚Figur‘ wurde?

Insgesamt erlaubt es die Denkfigur der Geflechte, nicht vorrangig von Vorder- und Hintergrund zu sprechen, von Texten und Kontexten, eine Grundannahme, die immer wieder mehr zur Verfestigung jener Narrative beigetragen hat als zu ihrer Differenzierung. Und nicht zuletzt geht der Begriff davon aus, dass die Struktur eines Geflechts zumeist nicht gänzlich durchschaubar ist, zumal die Phänomene, die dabei in den Blick kommen, beständig in Beziehung zueinander stehen: Personen, Räume, Artefakte, im Falle der Beethoven-Geflechte vor allem Musik (komponierte, erklingende und gedruckte, gewidmete, erinnerte und vergessene/ignorierte) und Medien der Erinnerungskultur (neben den Musikhandschriften und -drucken Memoiren, Stamm- und Tagebücher, Anekdoten, Biographien etc.).

Zum Aufbau des Bandes

Zum Überblick über die Wiener Beethoven-Geflechte ist es zunächst substanziell, sich über die Lebenswelten der habsburgischen Metropole um 1800 mit einer konzisen Analyse aus der aktuellen Geschichtswissenschaft zu verständigen und dabei zwischen den Ständen zu differenzieren und zugleich nach heterotopen Orten ständeübergreifender Momente Ausschau zu halten. Axel Körner geht dabei von der Frage aus, welche politischen Zeitläufte für Beethoven und seine Wahrnehmung (auch als Künstler) relevant waren. David Wyn Jones analysiert exemplarisch, welche Förderstrukturen in Wien in der postnapoleonischen Ära für Beethoven vorhanden waren. Karen Hagemann wirft einen literaturhistorischen Blick auf eine der wichtigsten Erinnerungs-Akteurinnen in Wien, die Schriftstellerin Caroline Pichler, um den Einfluss der Zeitverhältnisse, der Zensur und des Literaturmarktes auf die Produktion patriotischer Literatur zur Zeit der Napoleonischen Kriege und die frühe literarische Erinnerungsproduktion an diese Kriege in Österreich zu analysieren und mit der Entwicklung im übrigen deutschen Sprachraum zu vergleichen. Dabei spielt die Berücksichtigung der Geschlechterperspektive eine wichtige Rolle. Martin Scheutz plädiert in seinem Aufsatz für eine genaue Differenzierung der Wiener Adelsgesellschaft und zeigt mit den Kurorten zugleich einen Raum auf, in dem temporär Ständegrenzen aufgelöst werden konnten. Der Aufsatz von Constanze Köhn fokussiert, diese Sektion abschließend, auf jene Konstellationen, die sich ständeübergreifend aufspannten, um Aufführungen von Beethovens Oratorium *Christus am Ölberge* zu ermöglichen.

Die zweite Sektion nimmt das Phänomen der musikalischen Geselligkeiten – Geflechte par excellence – in den Fokus. Dass dabei verschiedene musikbezogene Praktiken zu berücksichtigen sind, markiert zunächst Erica Buurman mit ihrer Studie zu sozialen Konnotationen von Tänzen bei Wiener Bällen und – als Tanztopoi – in Beethovens Kompositionen. Melanie Unseld analysiert Wiener ‚Salons‘ und musikalische Geselligkeiten, dabei die Frage stellend, welchen Anteil Beethoven an diesen Geselligkeiten hatte. Und während Birgit Lodes die Gattung der Klaviervariationen als Quelle heranzieht, um Geflechte und Kommunikationen zwischen Beethoven und aristokratischen Dilettantinnen und Dilettanten in Wien im Kontext der zeitgenössischen Gesprächskultur zu beleuchten, geht es Gundela Bobeth um die Gattung des Klavierlieds, die eng mit Salongeselligkeit verbunden ist. Hierbei kann sie anhand von Widmungsstrategien (nicht nur) Beethovens Kommunikationsnetze zum Wiener Adel und dessen musikalischen Praktiken darstellen. Eine zentrale Person von Beethovens Wiener Geflechten kommt im Aufsatz von Julia Ronge zur Sprache: Karl Fürst Lichnowsky, dessen Rolle für Beethoven neu ausgelotet wird.

Die dritte Sektion wendet sich jenen zeitgenössischen Geflechten zu, die Anstöße zur Beethoven-Erinnerungskultur gaben. Martin Eybl fokussiert dabei auf Quellen, die den Impuls zur Erinnerung Beethovens als Figur des bürgerlichen Künstlers gaben. Henrike Rost wiederum greift einen besonderen Quellentypus der Erinnerungskultur heraus, das Musik-Stammbuch, um hieran memoriale Strategien der postnapoleonischen Zeit zu beschreiben. Im Aufsatz von Julia Ackermann stehen jene (Theater-)Geflechte im Zentrum, die rund um die Uraufführung des *Fidelio* dafür gesorgt haben, aus dem alltäglichen Ereignis einer Mehrfachaufführung am Theater an der Wien das Narrativ eines Misserfolgs zu modellieren. Thomas Seedorf beschließt diese Sektion mit dem Vergleich der Memoria an zwei „heroische" Figuren der napoleonischen und postnapoleonischen Ära: Prinz Louis Ferdinand von Preußen und Ludwig van Beethoven.

Um der eigenen Geschichtlichkeit der Gedenkjahre Raum zu geben, thematisiert die vierte und abschließende Sektion die Strategien des Gedenkens (und Vergessens) in historischer Perspektive: Zunächst analysiert John Wilson die Marginalisierung der Bonner Jahre – und damit das Narrativ vom unterdrückten Hofmusiker an einem unbedeutenden Ort – im Laufe der Geschichte der Beethoven-Biographik. Der Aufsatz von Barbara Boisits beleuchtet das von nationalem Pathos durchdrungene Erinnerungsjahr 1870 auf der Basis neuer Quellen. Glenn Stanley und Annegret Fauser befassen sich jeweils mit dem Erinnerungsjahr 1927, Stanley mit dem Fokus auf Deutschland und der Frage der politischen Instrumentalisierung, Fauser mit dem Fokus auf Wien und der hier beobachtbaren Glokalisierung. Hans-Joachim Hinrichsen schließlich stellt seine Beobachtungen zum Beethovenjahr 1970 unter das Motto der Götzendämmerung, arbeitet zudem aber jene Impulse heraus, die post '68 auch einen ‚neuen Blick' auf Beethoven ermöglichten.

Bevor wir die vorliegende Publikation den interessierten Leserinnen und Lesern übergeben, ist es uns ein Anliegen, allen Personen und Institutionen zu danken, die diese Publikation ermöglicht haben.

Das Buch ist das Ergebnis eines Experiments, das im Jahr der Pandemie 2020 notwendig geworden war: Das lange geplante internationale und interdisziplinäre Symposium *Beethoven-Geflechte*, eine Kooperation zwischen der Österreichischen Akademie der Wissenschaften, dem Institut für Musikwissenschaft der Universität Wien und dem Institut für Musikwissenschaft und Interpretationsforschung der Universität für Musik und darstellende Kunst Wien, konnte im Mai 2020 nicht in Präsenz in Wien stattfinden. Stattdessen haben sich alle Beteiligten auf digitale Formate eingelassen, wofür wir außerordentlich dankbar sind. Denn es ist keine Selbstverständlichkeit, die eingeübten Bedingungen wissenschaftlicher Vortragskultur mehr oder weniger ad hoc auf digitale Rahmenbedingungen anzupassen. Der Dank gilt also vor allem unseren Referentinnen und Referenten, die sich nicht nur als Vortragende in den digitalen Raum begeben haben, sondern auch als Diskutierende und Textfassungen Kommentierende. Der Zusammenhalt der Texte – mit häufigen direkten Bezugnahmen sowie produktivem Aufgreifen der auch mit weiteren Teilnehmerinnen und Teilnehmern lebhaft geführten Diskussionen – ist durch diese ungewohnte Form des Symposiums sicherlich gestärkt worden. Unser Dank gilt an dieser Stelle daher auch noch einmal unserem Team vom organisatorischen und technischen Support, namentlich Imke Oldewurtel, Sophie Zehetmayer und Luise Adler. Unser herzlicher Dank geht darüber hinaus an Marc Brooks, der für alle Übersetzungen (i. e. der Aufsätze von Julia Ackermann, Martin Eybl, Birgit Lodes, Henrike Rost, Martin Scheutz und Melanie Unseld sowie der Einleitung) verantwortlich zeichnet. Zudem danken wir Constanze Köhn, die die Texte sorgsam eingerichtet und redaktionell betreut hat, sowie Cora Engel und Susanne Hofinger für ihre umsichtigen Korrekturarbeiten. Das Register haben Maximilian Böhm, Denise Csida, Jil Paul und Martin Škubal erstellt.

Profunder Dank geht auch an jene Institutionen und Förderer, die das gesamte Projekt in allen Phasen finanziell und institutionell unterstützt haben: die Österreichische Akademie der Wissenschaften, namentlich Herrn Klassenpräsidenten Prof. Dr. Jens Oliver Schmidt, das Dekanat der Philologisch-Kulturwissenschaftlichen Fakultät der Universität Wien, das Musikwissenschaftliche Institut der Universität für Musik und darstellende Kunst Wien, die Kulturabteilung der Stadt Wien (MA 7), namentlich Herrn Mag. Daniel Löcker, den Verein der Freunde des Instituts für Musikwissenschaft der Universität Wien und seinen Präsidenten Dr. Heinz Irrgeher, und schließlich das Beethoven-Haus Bonn, namentlich die Leiterin des Archivs, Prof. Dr. Christine Siegert.

Wien, im Sommer 2023

Introduction

Birgit Lodes and Melanie Unseld

The decision to celebrate the 250th anniversary of Ludwig van Beethoven's birth in 2020 was hardly an innovative idea. Much to the contrary, in 2020, the tradition of commemorating the anniversaries of his birth and death every 50 years already seemed historical in itself (the years 1870, 1877, 1920, 1927, 1970, and 1977 provided examples of how Beethoven memorial years were envisioned and realized) and had given rise to a perfunctory "commemoration without thought." For, as cultural studies research on memory in recent decades underscores, memorial culture often reinforces fixed patterns of thought, stereotypes, and narratives more than it interrogates them. Those who both take this self-reinforcing circulation of cultural memory as their object of investigation and seek out the promising avenues of inquiry that enduring narratives tend to obscure, free themselves from such a (intellectually impoverished) starting point. Both perspectives are mutually dependent: memory cultures establish identities through strong codes (narratives, signal catchwords, etc.). But it is precisely these that inhibit the formation of alternative or finer-grained perspectives.

We hardly need reminding that Ludwig van Beethoven – both as a historical person and as a composer – is associated with a stable configuration of such codes: the hero and revolutionary, the anti-aristocratic citizen, the lonely creative, and exponent of the musical avant-garde oblivious to his audience, or at least a paragon of progress, ... Beethoven images of this kind have not only endured over the decades, but have also remained effective despite (or perhaps precisely because of) the ways in which they have been revised – for instance following the events of 1968. To think of Beethoven – again, as a biographical subject or as an author of musical works – apart from these codes therefore poses a particular challenge. And meeting it involves directing research towards questions that see him, for example, as a networker, an intimate of the Viennese aristocracy, a sociable, salon-attending pianist striving for success, or simply someone caught up in the struggle to restructure society during a politically volatile period. However, developing these new scholarly perspectives without feeling the inertia of the entrenched and also often materially fortified images of Beethoven is not possible. Combining both perspectives therefore seemed inevitable, understanding them as two sides of a single open book: by taking the mental codes comprising the memory culture around Beethoven to be themselves historical, they too become open for revision. New questions arise about the variety of actors who made it possible for Beethoven to succeed as a pianist and composer. Our project thus seeks to detach the supposedly solitary Beethoven from his own biography and explore instead his connections to a musical culture that was still largely shaped by the Viennese nobility, but which the lower nobility (Second Society), civil servants and scholars were also beginning to influence – in short, the bourgeois elite. The original German title of the conference "Geflechte" – meaning "meshwork," "braid," or "plexus" – is used here to describe this closely interwoven network.

The term has no epistemic claim and no significant conceptual-historical roots. Rather, it is used here metaphorically: more or less closely entangled individual strands mutually influencing one another in a meshwork, not necessarily formed into a regular or consistent structure and constantly shifting in and out of more or less temporary relations with one another. These individual strands include both persons and artefacts, certainly following the Actor–network theory (ANT) of French provenance, and can take social spaces into account in their peculiar structure.

Considered in this way, the term "Geflechte" captures various insights that have opened up a group of new perspectives in Beethoven research in recent years: Beethoven's activities were tightly interwoven into the life of Viennese society, especially that of the (high) aristocracy; more than that, one of the hallmarks of Beethoven's Viennese years was to act, communicate, and participate musically across a variety of estates. This is not about replacing the narrative of a bourgeois revolutionary with one of a composer oriented towards the high aristocracy; neither does it mean shifting location within a society of social classes, but rather developing a perspective that reflects on the estates in a more detailed and particularized manner. Even the common assumption that the situation had fundamentally changed by the time of the Congress of Vienna must be re-examined, aided by current findings in cultural and historical studies, especially from research into the nobility.

In using the term "Geflechte," we are neither proclaiming a new paradigm for Beethoven research, nor joining what has been called the "network turn."

Instead, we wish to explore the concept's potential to productively destabilize the memory-culture codes around Beethoven – particularly those that reinforce the image of the lone genius – and thus to think about Beethoven and his relationship to his milieu in refreshing new ways. In the late 18th century, seemingly eternal truths about the class system were shaken by the political situation, the French Revolution, and the subsequent wars of liberation. Political instability begat social instability as much as reactionary reimposition of the status quo – in both cases, meshworks in the sense outlined above are readjusted and/or rewoven anew. Music played a special role in this context, offering possibilities for communal interaction (both across and within classes), generating – visible or invisible – connections or bonds, and establishing spaces for communication. Questions of just who enters into which meshworks and how, who initiates and promotes them, who avoids or is excluded from them, who profits from them, who binds them more tightly together, concern not only individual willingness, but also financial, class-related, communicative, gender-related, professional, and other capacities for action. And it was the resulting dispositions that arose here (in Vienna) during Beethoven's lifetime that most significantly contributed to the memory culture around Beethoven immediately after 1827 and thus influenced the memory culture's subsequent history – for example, the disposition of the bourgeois-heroic artist. In the period of the Congress of Vienna, the wars of liberation, and the post-Napoleonic era, the memory culture altered its face: identity-generating figures changed, and yet elements of an aristocratically influenced memorial culture remained. How can the memory of Beethoven be classified here; which meshworks – comprising persons as well as artifacts – have given rise to the memorial "figure" of Beethoven?

Overall, the meshwork metaphor allows us to avoid speaking primarily in terms of foreground and background, of texts and contexts – fundamental dichotomies that have repeatedly served to consolidate these narratives rather than develop them in more nuanced directions. And last but not least, a meshwork structure is not completely transparent, especially because its component phenomena shift constantly in relation to one another: people, spaces, artifacts, and, in Beethoven's meshworks, music in all its forms (composed, sounding, and printed; dedicated, remembered, and forgotten/ignored) as well as memory-culture media (memoirs, *Stammbücher*, diaries, anecdotes, biographies, etc., in addition to musical manuscripts and prints).

The book's structure

In the first section of this collection, current historical scholarship takes the important first steps toward attaining an overview of the Viennese Beethoven meshworks by providing an understanding of the various lived environments that constituted the Habsburg metropolis around 1800 – not just those in which the classes differentiated themselves, but also heterotopia in which the boundaries between the estates became temporarily porous. Axel Körner begins by asking which political developments were relevant both to Beethoven and to the ways he and his art were perceived. Through a series of select examples, David Wyn Jones analyzes the support structures available to Beethoven in post-Napoleonic Vienna. Karen Hagemann takes a literary-historical perspective on one of Vienna's most important memory-actors, the writer Caroline Pichler, in order to analyze, on one hand, the influence of contemporary attitudes, censorship and the literary market on the production of patriotic literature during the Napoleonic Wars and, on the other, the early literary construction of these wars' remembrance in Austria, and to draw parallels with developments in the rest of the German-speaking world. The perspective of gender plays an important role here. In his essay, Martin Scheutz argues for a precise demarcation of Viennese aristocratic society, but then illustrates how the spa towns offered a space in which the boundaries between estates could be provisionally dissolved. Constanze Köhn devotes the final essay in this section to the interclass constellations that came together to organize performances of Beethoven's oratorio *Christus am Ölberge*.

The second section homes in on the phenomenon of musical sociability – meshworks par excellence. Erica Buurman's study of the social connotations of different dance types at Viennese balls and – as dance topoi – in Beethoven's compositions demonstrates above all that various music-related practices need to be considered when thinking about the meaning of Beethoven's music. Melanie Unseld investigates Viennese "salons" and the varieties of musical sociability found there, asking how Beethoven, his music, and his performances fitted into them. In their contributions, Birgit Lodes and Gundela Bobeth focus on two separate genres closely connected to the salons. Lodes uses the piano variations to illuminate the contemporary meshworks of conversation culture in Vienna through which Beethoven communicated with aristocratic dilettantes, whereas Bobeth is concerned with the piano-accompanied song, scrutinizing Beethoven's dedication strategies, amongst other things, to disentwine Beethoven's communication networks with the Viennese nobility and reveal their musical practices. Julia Ronge's essay discusses a central figure in

Beethoven's Viennese network, Prince Karl Lichnowsky, whose role in Beethoven's artistic life is re-examined.

The third section turns to those contemporary meshworks that shaped the Beethoven memory-culture. Martin Eybl examines the sources that originally provided the impetus for remembering Beethoven as the epitome of the bourgeois artist. Henrike Rost in turn takes up a special memory-culture source type, the music *Stammbuch*, in order to describe remembrance strategies in the post-Napoleonic period. In her contribution, Julia Ackermann focuses on the (theatrical) meshworks that converged on the premiere of *Fidelio*, and demonstrates that the familiar narrative of failure was fabricated from a set of unexceptional performances at the Theater an der Wien. Thomas Seedorf concludes this section by comparing the ways in which two Napoleonic and post-Napoleonic "heroes" have been remembered: Prince Louis Ferdinand of Prussia and Ludwig van Beethoven.

In order to give space to the historical nature of the anniversary years, the fourth and final section addresses the strategies of remembrance (and forgetting) from a historical perspective. First, John Wilson analyzes how the Bonn years – and thus the narrative of a subjugated court musician in the back of beyond – have been marginalized throughout the history of Beethoven biography. On the basis of several new sources, Barbara Boisits brings into clearer focus the commemorative year of 1870, which saw celebrations steeped in national pathos. Glenn Stanley and Annegret Fauser each deal with the 1927 anniversary, Stanley focusing on Germany and the question of political instrumentalization, Fauser on Vienna and the glocalization observable here. Finally, Hans-Joachim Hinrichsen ties his observations on the Beethoven Year 1970 together with the theme of "the twilight of the idols," but also identifies and elaborates on those post-68 impulses that made a "new view" of Beethoven possible.

Before handing this publication over to interested readers, we would like to thank all the people and institutions who have made this project possible.

The book is the result of an experiment that became necessary due to the COVID-19 pandemic: the international and interdisciplinary symposium *Beethoven-Geflechte* – a cooperation between the Austrian Academy of Sciences, the Department of Musicology at the University of Vienna and the Department of Musicology and Performance Studies at the University of Music and Performing Arts Vienna – could not take place in person in Vienna in May 2020. Instead, all the participants embraced digital formats. We are immensely grateful for this because it is no straightforward matter to adapt the familiar conventions of academic culture spontaneously to a digital framework. Our thanks therefore go first and foremost to our presenters, who entered the digital space not only as speakers, but also contributed to discussions and commented on texts. The interconnectedness of the texts presented here – with frequent direct references to other contributions as well as productively taking up the lively discussions begun by other participants – has certainly been enhanced by the unusual form of the symposium. We would therefore like to take this opportunity to once again thank our organizational and technical support team – Imke Oldewurtel, Sophie Zehetmayer, and Luise Adler. Our sincere thanks also go to Marc Brooks, who provided all translations (i. e. of the essays by Julia Ackermann, Martin Eybl, Birgit Lodes, Henrike Rost, Martin Scheutz, and Melanie Unseld, as well as the introduction). We would also like to thank Constanze Köhn, who carefully prepared and edited the texts, as well as Cora Engel and Susanne Hofinger for their thorough proofreading work. The index was compiled by Maximilian Böhm, Denise Csida, Jil Paul, and Martin Škubal.

Profound thanks are also due to those institutions and sponsors who have supported the entire project financially and organizationally at every phase: the Austrian Academy of Sciences, especially Class President Prof. Dr. Jens Oliver Schmidt, the Dean's Office of the Faculty of Philological and Cultural Studies of the University of Vienna, the Department of Musicology at the University of Music and Performing Arts Vienna, the Cultural Department of the City of Vienna (MA 7), notably Mag. Daniel Löcker, the Association of Friends of the Department of Musicology at the University of Vienna and its president Dr. Heinz Irrgeher, and finally the Beethoven-Haus Bonn, particularly the head of the archive Prof. Dr. Christine Siegert.

Vienna, Summer 2023

Beethoven in His Time

Beethoven vor dem Nationalstaat.
Historische Lebenswelten und Zeiterfahrungen[1]

Axel Körner

Beethoven 1809

Im Verlauf des Jahres 1809 schrieb Beethoven seine Klaviersonate Nr. 26 op. 81a in Es-Dur, gewöhnlich als „Les Adieux" oder, seinen Intentionen näher, auch „Das Lebewohl" bezeichnet.[2] Dasselbe Jahr 1809 kann durchaus als ein Schicksalsjahr in der Geschichte der Habsburgermonarchie bezeichnet werden. Anfänglicher Kriegsbegeisterung in Österreich waren bald mehrere schwere Niederlagen gegen Napoleon gefolgt, die jeweils viele zehntausend Tote und große Belastungen für die Bevölkerung bedeuteten. Zum zweiten Mal kam es zur Besetzung Wiens, was die Evakuierung der kaiserlichen Familie, darunter die von Beethovens wichtigstem Schüler, des Erzherzogs Rudolph, zur Folge hatte. Die überstürzte Abreise des Kaiserhauses wurde von der öffentlichen Meinung in Österreich als schwerer Schock wahrgenommen, vielleicht sogar als der Beginn eines noch nicht näher definierten Endes etablierter Lebenswelten.

Die im Verlauf dieser Ereignisse entstandene Sonate op. 81a widmete Beethoven dem Erzherzog Rudolph, dem jüngsten Bruder des Kaisers und Neffen

---

1   Ein Vortrag zu diesem Thema war ursprünglich für die diesem Band zugrunde liegende Wiener Konferenz im Mai 2020 geplant, konnte dann jedoch aufgrund der globalen Pandemie nicht rechtzeitig fertiggestellt werden. Die vorliegende Fassung beruht auf meiner am 30. Oktober 2020 gehaltenen Antrittsvorlesung als Leibniz-Professor der Universität Leipzig. Ich danke der Universität Leipzig für die großzügige Unterstützung meiner Forschungen zu dem Thema und Beate Kraus, Anna Sanda sowie den Herausgeberinnen des Bandes für die inhaltlichen und bibliographischen Anregungen. Alexander Meinel bin ich für besondere Einblicke in die eingangs besprochene Klaviersonate zu Dank verpflichtet.
2   Dieser Titel nimmt lediglich die Bezeichnung des ersten Satzes auf. Als Beethoven im Briefwechsel mit Breitkopf & Härtel die Frage des französischen Titels kommentierte, suchte er sich möglicherweise von zu dieser Zeit populären Werken mit Titeln wie „Les Adieux de Paris" oder „Les Adieu de Londres" abzusetzen, siehe Beethoven an Breitkopf & Härtel, 9. Oktober 1811, BGA 523. Eher war Beethoven von entsprechenden Sonaten Jan Ladislav Dusseks inspiriert. Dazu Hans-Joachim Hinrichsen, *Beethoven. Die Klaviersonaten*, Kassel 2013, S. 298.

seines Bonner Dienstherrn. Die ungewöhnlichen Satzbezeichnungen der Sonate – *Das Lebewohl, Abwesenheit* und *Das Wiedersehen* – beziehen sich auf dessen kriegsbedingte Abreise aus Wien, auch wenn Beethovens ursprüngliche Skizzen der Sätze wohl noch in einem anderen Zusammenhang entstanden.[3] Dem Erzherzog, seinem Schüler und Wohltäter, war Beethoven über die finanzielle Abhängigkeit hinaus auch freundschaftlich verbunden, eine Beziehung, die durchaus auch Beethovens philosophische Auseinandersetzung mit dem Begriff der Freundschaft widerspiegelt.[4] Eine wichtige Grundlage dafür war Rudolphs eigener Bildungsanspruch, der von den bürgerlich-aufgeklärten Idealen und gelehrten Konversationen am Hof seines Vaters Pietro Leopoldo, des Großherzogs der Toskana und späteren Kaisers Leopold II., geprägt war.[5] Vor allem ab 1820, also etwa ein Jahrzehnt nach den Ereignissen um die plötzliche Abreise aus Wien, spiegeln zahlreiche Äußerungen im Briefwechsel die

---

3   L. Poundie Burstein stellt die biographischen Bezüge der Sonate in Frage: „Lebe wohl tönt
     überall' and a ,Reunion after So Much Sorrow': Beethoven's Op. 81a and the Journeys of 1809",
     in *The Musical Quarterly* 93/3–4 (2010), S. 366–413. Trotzdem spricht wenig dagegen, dass die
     Widmungsentscheidung die gegenseitigen Bekundungen von Zuneigung widerspiegelt und als
     Intention Beethovens ernst zu nehmen ist. Während Bursteins Untersuchung der Beziehung
     bevorzugt solche Quellen zitiert, in denen sich Beethoven eher kalt gegenüber dem Erzherzog
     zeigt, finden sich ähnliche Äußerungen auch im Umgang mit Beethovens engeren Freunden.
     Dazu Julia Ronge, „Im Wechselbad der Gefühle – Beethovens Freundschaften", in *Beethovens
     Welt*, hrsg. von Siegbert Rampe, Laaber 2019 (Das Beethoven-Handbuch 5), S. 257–272. Die Be-
     ziehung zwischen Beethoven und dem Erzherzog ist auch im Zusammenhang neuerer For-
     schungen zu den Sozialibilitätsstrukturen um Beethoven zu sehen. Dazu vor allem Mark Fer-
     raguto, *Beethoven 1806*, New York 2019; Hans-Joachim Hinrichsen, *Ludwig van Beethoven. Musik
     für eine neue Zeit*, Kassel u. a. 2019, S. 43–72; Laura Tunbridge, *Beethoven. A Life in Nine Pieces*,
     London u. a. 2020, S. 43–68; David Wyn Jones, *Music in Vienna. 1700, 1800, 1900*, Woodbridge
     2016, S. 76–119; auch W. Dean Sutcliffe, „Gracious Beethoven?", in *Beethoven Studies* 4 (2020),
     S. 24–43.
4   „Ihr Freund Rudolph" zeichnet der Erzherzog einen Brief vom Juni 1813 an Beethoven: Erz-
     herzog Rudolph an Beethoven, 7. Juni 1813, BGA 657. Zu Beethovens Beziehung zum Erzherzog
     vor allem Susan Kagan, *Archduke Rudolph, Beethoven's Patron, Pupil, and Friend: His Life and Music*,
     Stuyvesant, New York 1988. Unter Einbeziehung der neueren Forschung in kritischer Perspek-
     tive auch Mark Evan Bonds, „Heart to Heart. Beethoven, Archduke Rudolph, and the *Missa
     Solemnis*", in *The New Beethoven. Evolution, Analysis, Interpretation*, hrsg. von Jeremy Yudkin,
     Rochester 2020, S. 228–243. Zum weiteren Kontext von Beethovens Beziehungen zum Hoch-
     adel: Elisabeth Reisinger, „Sozialisation – Interaktion – Netzwerk. Zum Umgang mit Musikern
     im Adel anhand des Beispiels von Erzherzog Maximilian Franz", in *Beethoven und andere Hof-
     musiker seiner Generation. Bericht über den internationalen musikwissenschaftlichen Kongress Bonn, 3.
     bis 6. Dezember 2015*, hrsg. von Birgit Lodes, Elisabeth Reisinger und John D. Wilson, Bonn 2018
     (Schriften zur Beethovenforschung 29), S. 179–198; siehe auch den Beitrag von Martin Eybl
     im vorliegenden Band. Das internationale akademische Interesse an Rudolphs Beziehung zu
     Beethoven reicht in das frühe 20. Jahrhundert zurück. Siehe Jean Chantavoine, „Beethoven
     et l'archiduc Rodolphe", in *La revue hebdomadaire* 12/41 (1903), S. 150–175; Paul Nettl, „Erin-
     nerungen an Erzherzog Rudolph, den Freund und Schüler Beethovens", in *Zeitschrift für Mu-
     sikwissenschaft* 4/2 (1921), S. 95–99; Karl Vetterl, „Der musikalische Nachlaß des Erzherzogs
     Rudolf im erzbischöflichen Archiv zu Kremsier", in *Zeitschrift für Musikwissenschaft* 9/3 (1926),
     S. 168–179.
5   Adam Wandruszka, *Leopold II. Erzherzog von Österreich, Großherzog von Toskana, König von Ungarn
     und Böhmen, Römischer Kaiser*, Bd. 2, *1780–1792*, Wien 1965, S. 193–201 u. 251.

über Jahre gewachsene persönliche Beziehung zwischen Beethoven und Rudolph wider, die gleichzeitig Licht auf das häufig diskutierte Verhältnis des Komponisten zur Obrigkeit werfen:

> [W]enn I.K.H. [Ihre Kaiserliche Hoheit] mich einen ihrer werthen Gegenstände nennen, so kann ich zuversichtlich sagen, daß I.K.H. einer der mir Werthesten Gegenstände im Universum sind, bin ich auch kein Hofmann, so glaube ich, daß I.K.H. mich haben so kennen gelernt, daß nicht bloßes kaltes Interesse meine sache ist, sondern wahre innige Anhänglichkeit mich allzeit an Höchstdieselben gefesselt u. beseelt hat, und ich könnte wohl sagen, *Blondel* ist längst gefunden, u. findet sich in der Welt kein *Richard* für mich, so wird Gott mein *Richard* seyn. [...] Gott erhalte I.K.H. zum Besten der Menschheit u. besonders ihrer Verehrer gänzlich gesund u. ich bitte mich gnädigst bald wieder mit einem schreiben zu beglücken [...].[6]

Beethoven verstand ein außermusikalisches Programm, wie wir es in den Satzbezeichnungen der Sonate finden – „Lebewohl", „Abwesenheit" und „Wiedersehen" – nicht etwa als musikalische Malerei oder direkte Darstellung der Ereignisse, sondern als ästhetische Verarbeitung von Gefühlen. Ähnlich lautete auch der Untertitel der ein Jahr zuvor geschriebenen Sechsten Sinfonie F-Dur op. 68: „Mehr Ausdruck der Em[p]findung als Mahlerey".[7] Beides waren sogenannte „charakteristische" Werke,[8] vergleichbar der Verwendung eines Menuetts oder eines Marschs innerhalb einer Sonate, die für einen bestimmten Charakter, nicht aber für die naturgetreue Beschreibung eines Tanzes oder Marschs als solche stehen. Auf diese Weise erlauben die Satzbezeichnungen bedingt auch Rückschlüsse auf Beethovens Empfindungen zur Zeit der Napoleonischen Kriege und auf die Sicht seiner eigenen, einem dramatischen Wandel unterworfenen politischen Lebenswelt. Opus 81a ist dabei die einzige Klaviersonate, die er selbst als „charakteristisches" Werk bezeichnete, aber auch als „große" Sonate, was bei Beethoven nicht den Umfang bezeichnet, sondern für einen bestimmten ästhetischen Anspruch steht.[9]

---

6   Beethoven an Erzherzog Rudolph, 3. April 1820, BGA 1378. Beethoven spielt hier auf die mittelalterliche Blondelsage an, in welcher der Troubadour Blondel den englischen König Richard Löwenherz sucht und befreit. Zwar können Zeugnisse der 1820er-Jahre nicht die Entstehung eines Werkes um 1809 erklären, doch machen sie eine vollkommene Indifferenz Beethovens gegenüber dem Erzherzog wenig glaubhaft.

7   Hinrichsen, *Ludwig van Beethoven* (wie Anm. 3), S. 128; Ferraguto, *Beethoven* (wie Anm. 3), S. 205.

8   Dazu Hinrichsen, *Beethoven. Die Klaviersonaten* (wie Anm. 2), S. 294 f.

9   Beethoven in einem Brief an Breitkopf & Härtel, 23. September [1810], BGA 154 [„die große karakteristische Sonate"]; vgl. Hinrichsen, *Beethoven. Die Klaviersonaten* (wie Anm. 2), S. 153 u. 294.

Deutsche Mythen

Zumindest populärwissenschaftlich und in der öffentlichen Erinnerungskultur wird Beethoven häufig als ein ‚deutscher' Komponist verortet, wie auch immer dieses Attribut in seinem historischen Rahmen zu verstehen ist. Doch wo liegt der Raum von Beethovens künstlerischem Schaffen tatsächlich? Welche zeitlichen Erfahrungen prägten den Komponisten?

Sicherlich ist dieser Raum nicht das heutige multikulturelle, in Europa eingebundene Deutschland. Eher findet sich in unserer Vorstellung jenes Deutschland, in dem der Beethoven-Kult entstand, der das kulturelle Gedächtnis noch heute prägt. Jenes Deutschland war jedoch bereits mit dem Zeitalter der Nationalstaaten verknüpft, die für Beethoven selbst so kaum prägend waren. Diese Idee von Nationalstaat lebte von romantisierenden Vorstellungen, in denen der Mythos Beethoven eine zentrale Rolle in der kulturellen Verortung spielte, nicht unähnlich der Funktion, die der Mythos Verdi nach der politischen Einigung in Italien besetzte.[10] Der mit dem Europa der Nationalstaaten verknüpfte Beethoven-Kult ging zurück auf Mythen, die noch zu Lebzeiten des Komponisten in Verbindung mit Beethovens sogenannter „heroischer" Schaffensphase entstanden, die zumindest als analytische Kategorie heute von vielen Musikwissenschaftlerinnen und Musikwissenschaftlern hinterfragt wird.[11] Eingebettet in die großen Erfolge des Komponisten, die in direktem Zusammenhang mit dessen zunehmender Taubheit gesehen wurden, verband sich das Bild des musikalischen Revolutionärs bereits zu Lebzeiten mit dem des verschrobenen und gleichzeitig genialen Einzelkämpfers. Auch solche Ideen haben neuere Forschungen zu Soziabilitätsstrukturen und Mäzenatentum weitgehend vom Sockel gestoßen.[12] Auf diesem frühen Beethoven-Mythos aufbauend, der noch dem Beethoven-Buch des Nobelpreisträgers Romain Rolland als Ausgangspunkt galt,[13] verband sich eine zweite Phase des Beethoven-Kults vor allem mit Europas und Deutschlands politischer Entwicklung seit den Revolutionen von 1848, wo es ideologische Prämissen immer schwieriger machten, künst-

---

10 Hierzu Roger Parker, „Verdi *politico*: a wounded cliché regroups", in *Journal of Modern Italian Studies* 17/4 (2012), S. 427–436; Axel Körner, „Oper, Politik und nationale Bewegung. Mythen um das Werk Giuseppe Verdis", in *Kunst, Politik und Gesellschaft in Europa seit dem 19. Jahrhundert*, hrsg. von Hannes Siegrist und Thomas Höpel, Stuttgart 2017 (Europäische Geschichte in Quellen und Essays 3), S. 99–110; Fabrizio Della Seta, „Opera e Risorgimento: si può dire ancora qualcosa?", in *Verdiperspektiven* 2 (2017), S. 81–106.
11 Siehe beispielsweise Nicholas Mathew, *Political Beethoven*, Cambridge u. a. 2013, S. 22. Zum Stand der historiographischen Debatte siehe Axel Körner, „Ein Zeitalter Beethovens? Neue Literatur zum Beethovenjahr", in *Historische Zeitschrift* 312/3 (2021), S. 730–747.
12 Ferraguto, *Beethoven* (wie Anm. 3), S. 1–17; Julia Ronge, „Treue Freunde und Beförderer der Kunst – Beethovens Mäzene", in Rampe, *Beethovens Welt* (wie Anm. 3), S. 283–299.
13 Romain Rolland, *Beethovens Meisterjahre. Von der Eroica bis zur Appassionata*, Leipzig 1930.

lerisches Schaffen unabhängig von nationalstaatlichen Konzeptionen zu sehen. Direkt mit der Revolution zusammenhängend wird Ludwig van Beethoven spätestens seit Richard Wagner sowohl in der Musikgeschichtsschreibung als auch in der öffentlichen Erinnerungskultur als Teil einer vermeintlich deutschen Nationalkultur gesehen, die sich teleologisch auf einen deutschen Nationalstaat ausrichtet, wie er dann 1871 entstand.[14]

Das Ergebnis dieser Entwicklung zeigt sich in der Biographik der Jahrhundertwende. Im Jahr 1907 schreibt der Pianist, Musikschriftsteller und Freund Anton Bruckners August Göllerich über die Eroica: „Alles, was im geknechteten deutschen Geiste an Größe und Idealdurst nach Ausdruck rang, dichtete an diesem Werke freier Kunst mit. Hier war die Musik Phantasiesprache geworden, zur Kunst des Volkes erhoben."[15] Die Studie erschien in einer populären, von Richard Strauss herausgegebenen Sammlung musikalischer Biographien und steht für eine Auffassung, die die Beethoven-Forschung heute vielfach infrage stellt. Beethoven war überzeugt davon, dass sich vieles, was er schrieb, nur durch ästhetische Bildung und eine darauf aufbauende Gesprächskultur erschließen ließ, wie sie in den überwiegend adeligen Salons seiner Gönnerinnen und Gönner in Wien vorfand,[16] aber auch im privaten Freundeskreis um Nikolaus Zmeskall.[17] Der weitaus überwiegende Anteil seiner Musik war eben gerade nicht ‚Volkskunst' im Sinne Göllerichs.

Wenige Jahre später, in der für die populäre Erinnerungskultur wichtigen Beethoven-Biographie des Berliner Musikhistorikers Leopold Schmidt, liest sich die Übersteigerung des Mythos zum Nationalen dann wie folgt:

> Beethovens Denken war kosmopolitisch, sein Schaffen auf das Universelle gerichtet. Und doch war er der deutschesten Meister einer! Sein Deutschtum war kein zur Schau getragener Nationalismus; aber so tief wurzelte sein ganzes Wesen, sein Menschentum und seine Kunst im Boden der Heimat, daß er nur aus ihr hervorgehen konnte, getrennt von ihr gar nicht denkbar wäre. Das hat auch

---

14 Ein zentraler Baustein war dabei Wagners Unterfangen, die Rezeptionsgeschichte der Eroica von französischen Assoziationen zu befreien. Siehe Leon Botstein, „The Eroica in the Nineteenth and Twentieth Centuries", in The Cambridge Companion to the Eroica Symphony, hrsg. von Nancy November, Cambridge 2020, S. 198–220, hier S. 204 f.

15 August Göllerich, Beethoven, Berlin [1903] (Die Musik. Sammlung illustrierter Einzeldarstellungen 1), S. 18.

16 Hierzu vor allem Hinrichsen, Ludwig van Beethoven (wie Anm. 3), S. 44–50. Vgl. zu diesem Aspekt auch die Beiträge von Gundela Bobeth, Birgit Lodes, Martin Scheutz und Melanie Unseld im vorliegenden Band.

17 Zur musikalischen Rolle des Kreises um Zmeskall siehe Anna Schirlbauer, „Nicolaus Zmeskall (1759–1833) – zwischen Musik und Bürokratie, Österreich und Ungarn", in Widmungen bei Haydn und Beethoven. Personen – Strategien – Praktiken. Bericht über den Internationalen Musikwissenschaftlichen Kongress Bonn 29. September bis 1. Oktober 2011, hrsg. von Bernhard R. Appel und Armin Raab, Bonn 2015 (Schriften zur Beethoven-Forschung 25), S. 245–260.

das deutsche Volk im Weltkriege gefühlt, als es zu ihm wie zu einem National-
heiligen flüchtete.[18]

Dichotomische Erklärungsmuster der Musikwissenschaft, wie der angebliche
Stildualismus einer vom Gegensatz zwischen dem deutschen Beethoven und
dem italienischen Rossini gezeichneten Epoche, haben die Idee eines in der
deutschen Nationalkultur verwurzelten Beethoven noch verstärkt.[19] Erkannte
der in den 1830er-Jahren schreibende österreichische Musikhistoriker Raphael
Georg Kiesewetter in der Musik Beethovens und Rossinis noch einen symbio-
tischen Epochenstil,[20] behauptete 1859 der Berliner Musiktheoretiker Adolf
Bernhard Marx, dass die Wiener, als sie Rossini ab 1822 zu ihrem „Abgott machten", Beethoven „verlassen, vergessen" hätten.[21] Marx nannte dies die „Ver-
welschung" der Wiener Musik, die er als Antithese zum deutschen Beethoven
sah.[22] So wunderte es Marx auch kaum, dass die Gesellschaft der Musikfreunde
Beethoven erst zehn Jahre nach ihrer Gründung, und nach der Aufnahme zahlreicher ausländischer Komponisten, zum Ehrenmitglied kürte[23] – obwohl doch
gerade hier Beethovens Freund Zmeskall überaus einflussreich war und die Institution von zahlreichen Mäzenen Beethovens unterstützt wurde.[24] Vom ‚ver-
welschten' Wien verkannt, musste Beethoven gewissermaßen zum deutschen
Komponisten werden.[25] Tatsächlich bezeichnete Beethoven die Gesellschaft

---

18 Leopold Schmidt, *Beethoven. Werke und Leben*, Berlin 1924, S. 289. Schmidt war Kapellmeister
    (unter anderem in Halle), lehrte Musikgeschichte am Stern'schen Konservatorium in Berlin
    und schrieb vor allem für das einflussreiche, von Rudolf Mosse gegründete liberale *Berliner
    Tageblatt*.
19 Siehe dazu vor allem *The Invention of Beethoven and Rossini. Historiography, Analysis, Criticism*,
    hrsg. von Nicholas Mathew und Benjamin Walton, New York 2013; auch Arnold Jacobshagen,
    „Rossini and his German Critics: A Re-Evaluation", in *Gioachino Rossini, 1868–2018: La musica e il
    mondo*, hrsg. von Ilaria Narici, Emilio Sala, Emanuele Senici und Benjamin Walton, Pesaro 2018
    (Saggi e fonti 5), S. 381–412. Im Zusammenhang mit diesen kritischen Perspektiven erscheint
    es relevant, dass Johann Friedrich Rochlitz sein einflussreiches musikalisches Italienbild be-
    reits vor der Präsenz Rossinis in Wien entwickelt hat: Carolin Krahn, *Topographie der Imagina-
    tionen. Johann Friedrich Rochlitz' musikalisches Italien um 1800*, Wien 2021.
20 Zwar griff auch Kiesewetter zeitgenössische Kritik an den Italienern auf, doch führte er gleich-
    zeitig aus, wie die italienische Oper die Errungenschaften der Instrumentalmusik positiv zu
    integrieren wusste. Raphael Georg Kiesewetter, *Geschichte der europäisch-abendländischen oder
    unsrer heutigen Musik [...]*, Leipzig 1834, S. 98. Zu Kiesewetters Einschätzung siehe vor allem
    Gundula Kreuzer, „Heilige Trias, Stildualismus, Beethoven: on the limits of nineteenth-cen-
    tury German music", in Mathew/Walton, *The Invention of Beethoven and Rossini* (wie Anm. 19),
    S. 66–95, v. a. S. 67–74.
21 Adolf Bernhard Marx, *Ludwig van Beethoven. Leben und Schaffen*, Leipzig 1902 [1859], Bd. 2, S. 220.
22 Ebd., S. 269.
23 Ebd., S. 268.
24 Hierzu vor allem Anna Schirlbauer, „Das Testament Nicolaus Zmeskalls und seine Bedeutung
    für die Musikgeschichte", in *Studia Musicologica* 50/1-2 (2009), S. 135–181.
25 Dagegen zeigt David Wyn Jones, wie Beethoven unter Metternich auch eine gewissermaßen
    kulturpolitische Funktion zukam, wenn es darum ging, die Identität des neuen österreichi-
    schen Kaiserstaats zu stärken („Shared Identities and Thwarted Narratives: Beethoven and the
    Austrian *Allgemeine musikalische Zeitung*, 1817–1824", in *Beethoven Studies* 4 [2020], S. 166–188),

gelegentlich auch als Verein der „Musick-Feinde des österreichischen Kaiser-staats", doch entsprach dies durchaus seinem Briefstil und seiner ironischen Distanz zu zahlreichen Institutionen.[26] In den populären Beethoven-Romanen des frühen 20. Jahrhunderts, die gern Titel wie *Der Titan* annahmen, liest sich dieser Gegensatz dann so: Der verzweifelte, noch recht frisch aus dem Rhein-land angekommene Beethoven konstatiert:

> „Die Wiener wollen Italienisches! Sie fliegen auf den süßen Leim und also muß ich so arbeiten, daß ich den Wienern vorderhand gefalle, denn ich muß mir mein Brot verdienen!"
> Daraufhin sein Lehrer, der Domkapellmeister Albrechtsberger: „Und Ihre Zu-kunft als deutscher Künstler? Bedenken Sie gut was ich sage: als deutscher Künstler?"[27]

Selbstverständlich hatte sich parallel zu solch romanhaften Darstellungen be-reits in der zweiten Hälfte des 19. Jahrhunderts eine historisch-philologisch fundierte Beethoven-Biographik etabliert.[28] Doch gerade Darstellungen, wie wir sie im oben zitierten Roman Ottokar Janetscheks aus dem Jahr 1927 fin-den,[29] hatten auf volkstümliche Vorstellungen erheblich mehr Einfluss als die kritische Musikwissenschaft. Sie spiegelten sich bald auch in der Vermarktung von Beethovens Musik und ihrer politischen Instrumentalisierung wider.

Entsprechend auf Volk und Nation ausgerichtete Verortungen Beethovens lassen sich durch das Studium der Quellen zu Beethovens eigener Erfahrung von Raum und Zeit widerlegen, aber auch durch eine Konfrontation biographi-scher Quellen mit der neueren Forschung zur Bedeutung des Heiligen Römi-schen Reiches und der Habsburgermonarchie, einer Lebenswelt, die Beethoven und die Menschen seiner Zeit grundlegend geprägt hat.

Geschichtsphilosophie

In geschichtsphilosophisch begründeter Absicht betrachtet die Historik nicht-nationale Staatskonzepte wie jene des Heiligen Römischen Reiches oder der Habsburgermonarchie als Barrieren auf dem Weg zu einem ganz auf den

---

und – in seinem Beitrag im vorliegenden Band – auf welche Weise auch im postnapoleonischen Österreich einzelne Mitglieder der Hocharistokratie sowie Persönlichkeiten aus dem Umkreis des Kaiserhofes Beethoven förderten.
26 Beethoven an Vinzenz Hauschka, [19. Mai 1818], BGA 1259.
27 Ottokar Janetschek, *Der Titan. Beethovens Lebensroman*, Wien u. a. 1927, S. 18.
28 Burkhard Meischein, „Biographien", in Rampe, *Beethovens Welt* (wie Anm. 3), S. 549–562, hier S. 549.
29 Zu den Beethoven-Bildern während des Jubiläumsjahrs 1927 vgl. auch die Beiträge von Anne-gret Fauser und Glenn Stanley im vorliegenden Band.

Nationalstaat ausgerichteten Konzept politischer Moderne.[30] Mit Blick auf Beethovens kurkölnische Heimat haben dagegen Historiker wie Michael Rowe gezeigt, dass die territoriale Fragmentierung und die spezifischen politisch-sozialen Strukturen des Rheinlands durchaus auch die Grundlage für eine bemerkenswerte Modernisierung des wirtschaftlichen und kulturellen Lebens dieser Territorien des Alten Reiches bildeten.[31] Die teleologische Verengung der Vergangenheit auf den Nationalstaat verwehrt uns den Zugang zur Kultur und Ideenwelt dieser Epoche, und vor allem auf die Art und Weise, wie die Menschen sie zu dieser Zeit als ihre natürlich gewachsene Lebenswelt empfanden. Als diese Lebenswelt infolge des historischen Wandels zerstört wurde, führte dies zu einem Verlust emotionaler Bezugspunkte und politischer Orientierung, der sich auch in den biographischen Quellen zu diesem Epochenbruch widerspiegelt.[32] Ein Symbol dafür war, auf Beethoven bezogen, dessen ursprünglich geplante Widmung seiner Ersten Sinfonie an den aus seinen Territorien vertriebenen Bonner Dienstherrn Kurfürst Maximilian Franz, der dann jedoch, von der Welt abgekehrt, kurz vorher verstarb. Im Folgenden wird versucht, das von der Biographik seit dem 19. Jahrhundert geschaffene Bild Beethovens in das dem Komponisten eigene Verständnis von Raum und Zeit zurückzuversetzen. Die Erfahrung eines dramatischen Wandels historischer Zeitlichkeit war nicht nur Beethovens Epoche eigen und ist so vielleicht der Schlüssel zur Frage, weshalb Beethovens Musik auch heute noch zu uns spricht. Darauf wird dieses Kapitel zum Ende hin nochmals eingehen.

Eine Untersuchung zu Beethovens Zeiterfahrung bedarf der Erschließung der historisch-politischen Räume, die Beethoven geprägt haben: das Kurfürstentum Köln mit seiner Residenzstadt Bonn, das in Beethovens Zeit noch nicht die vom ambitionierten Preußen annektierte Rheinprovinz war, sondern ein stolzer und, politisch bedingt, durchaus einflussreicher Teilstaat des Heiligen Römischen Reiches.[33] Das Kurfürstentum war auch ein Ort aufgeklärten

---

30 So begreift beispielsweise Winkler die nationalstaatliche Einigung als unabdingbare Etappe auf einem „Weg nach Westen", verstanden als politische Moderne: Heinrich August Winkler, *Der lange Weg nach Westen. Deutsche Geschichte 1806–1933*, Bonn 2002.

31 Michael Rowe, *From Reich to State. The Rhineland in the Revolutionary Age, 1780–1830*, Cambridge u. a. 2003, S. 21 u. 23 f.

32 Siehe dazu beispielsweise die im Folgenden zitierten Erinnerungen an die Kaiserkrönungen.

33 Die historiographische Tradition des späten 19. und frühen 20. Jahrhunderts legte Wert darauf, die Geschichte des Rheinlands als eine Vorgeschichte deutscher Nationalstaatlichkeit zu lesen. Siehe beispielsweise *Tausend Jahre deutscher Geschichte und deutscher Kultur am Rhein. Im Auftrag des Provinzialausschusses der Rheinprovinz*, hrsg. von Aloys Schulte, Düsseldorf 1925. In jüngerer Zeit findet sich in der Landesgeschichte eine Tendenz, die auf unterschiedliche staatliche Traditionen zurückgehenden Territorien des Rheinlands im Zusammenhang zu betrachten. Siehe beispielsweise Schultes Schüler Max Braubach, „Vom Westfälischen Frieden bis zum Wiener Kongreß (1648–1815)", in *Rheinische Geschichte*, Bd. 2, *Neuzeit*, hrsg. von Franz Petri, Düsseldorf 1976, S. 219–365.

Denkens, in den die neue kantische Philosophie schnell Einzug hielt, und ein Ort der Kultur, der seit 1784 von einem aufgeschlossenen Habsburger regiert wurde, welcher dem Komponisten den Weg nach Wien ebnen sollte.[34] In Bezug auf die Kaiserstadt bedarf die Erschließung von Beethovens Lebenswelt der Perspektive der neueren Forschung zur Habsburgermonarchie, die entgegen einer auch in der Musikwissenschaft noch immer einflussreichen Tradition nicht mehr gegenreformatorische Konventionen und den Metternich'schen Polizeistaat in den Vordergrund stellt, der als Vielvölkerstaat ohnehin zum Zerfall verdammt war.[35] Stattdessen hebt die neuere Forschung theresianische Traditionen des Rechtsstaats und das kosmopolitische Selbstverständnis der österreichischen Staatsidee hervor. Wesentliche Aspekte des Verhältnisses von Beethovens österreichischen Mitmenschen zur Habsburgermonarchie lassen sich unter anderem durch die traumatischen und auch für Beethoven durchaus existenziellen Kriegserfahrungen bis 1815 erschließen. Auf Beethovens Verarbeitung dieser Erfahrungen erlaubt seine Lektüre von Kant und Schiller Rückschlüsse, auf die vorliegende Untersuchung abschließend eingeht.

Das Kurfürstentum Köln im Alten Reich

„[A]lles liebe u. Gute aus meiner Jugend [ist] mir noch theuer", schrieb Beethoven 1826, ein Jahr vor seinem Tod, an seinen Jugendfreund Franz Gerhard Wegeler[36] und sprach von der Erinnerung „an die *Rheingegenden*", die er „so sehnlich wieder zu sehn wünsche".[37] Immer wieder bezeichnete er das Kurfürstentum und dessen Residenzstadt in bewegten, auch nostalgischen Worten als „mein Vaterland[,] die schöne gegend, in der ich das Licht der Welt erblickte", so in einem Brief an Wegeler.[38] Neben Wien waren nur wenige Orte in der kollektiven Erinnerung Europas enger mit der römischen Reichsidee verbunden als das Rheinland und darin das Kurfürstentum Köln. Auch in der neueren Zeit arbeiteten die katholischen Reichsstände, und hier vor allem Kurköln, meist

---

34 Zur unterschätzten Bedeutung der Bonner Jahre für die Beethoven-Forschung siehe vor allem John Wilson, „From the Chapel to the Theatre to the *Akademiensaal*: Beethoven's Musical Apprenticeship at the Bonn Electoral Court, 1784–1792", in *Beethoven Studies* 4 (2020), S. 1–23, sowie seinen Beitrag im vorliegenden Band.
35 Beispielhaft für die neuere Historiographie zur Habsburgermonarchie steht Pieter M. Judson, *The Habsburg Empire. A New History*, Cambridge (Mass.) 2016. Für einen historiographischen Überblick siehe Axel Körner, „Beyond Nation States. New Perspectives on the Habsburg Empire", in *European History Quarterly* 48/3 (2018), S. 516–533. Für eine kritische Diskussion teleologischer Perspektiven siehe auch Steven Beller, *The Habsburg Monarchy, 1815–1918*, Cambridge 2018, S. 4 f.
36 Beethoven an Franz Gerhard Wegeler, 7. Dezember 1826, BGA 2236.
37 Beethoven an B. Schott's Söhne, 13. Oktober 1826, BGA 2223.
38 Beethoven an Franz Gerhard Wegeler, 29. Juni [1801], BGA 65. Siehe auch BGA 67 und 70.

eng mit dem Kaiser zusammen, wobei man vor allem den Intrigen Preußens gegen das Reich zu begegnen suchte.[39] Diese Haltung bedeutete im Gegenzug auch, dass Kurköln von Wien die Respektierung der Reichsverfassung gegen österreichische Partikularinteressen einforderte. Nicht zuletzt aufgrund dieses alltäglichen Abwägens zwischen Interessen der Partikularstaaten und jenen des Reichs war die territoriale und rechtliche Verfassung des alten Europa für die Zeitgenossen nicht nur ein symbolisches Relikt des Mittelalters, sondern eine konkrete Realität ihres politischen und konstitutionellen Lebens.

In *Dichtung und Wahrheit* erinnert sich Goethe, wie er als kleiner Junge die Wahl und Krönung der Kaiser erlebte, den Frankfurter Römer besichtigen durfte, sogar einmal die Kaisertreppe zum Ehrfurcht einflößenden Wahlzimmer mit den Reichsinsignien und den Brustbildern sämtlicher Kaiser hinaufsteigen durfte. Zumindest im Rückblick und aus der Perspektive des inzwischen verschwundenen Kaiserreichs waren dies die ersten großen Begebenheiten, an die sich der alte Goethe nach einem nun wirklich ereignisreichen Leben erinnerte.[40] Goethes Großvater hatte als Schöffe bei der Krönung Franz I. im Jahre 1745 den Krönungshimmel getragen und von Kaiserin Maria Theresia eine goldene Kette mit ihrem Bildnis erhalten.[41] Veranschaulichte ein solcher Staatsakt die konstitutionelle Bedeutung des Reiches, zeigt sich die kulturpolitische Dimension solcher Ereignisse etwa in den Feierlichkeiten um die Investitur Kaiser Leopolds II: Beethoven selbst schrieb zu dem Anlass eine Krönungskantate, ein Auftragswerk, das jedoch nicht zur Aufführung kam.[42] Die böhmischen Stände gaben zur Prager Königskrönung Mozarts *Clemenza di Tito* in Auftrag.[43]

Diese politischen Rituale zeigen nicht zuletzt durch die Macht der Musik, dass für die Menschen der Zeit das Reich und seine Staaten reale politische Räume waren, denen man auch emotional verbunden war.[44] Die Tatsache

---

39   Max Braubach, *Kurköln. Gestalten und Ereignisse aus zwei Jahrhunderten rheinischer Geschichte*, Münster 1949, S. 410 f.
40   Johann Wolfgang von Goethe, *Aus meinem Leben. Dichtung und Wahrheit. Erster und Zweiter Teil*, hrsg. von den Nationalen Forschungs- und Gedenkstätten der Klassischen Deutschen Literatur in Weimar, Berlin u. a. 1988 (Goethes Werke 8), S. 23–25. Zur politischen Bedeutung dieser von konventionellen Verfassungshistorikern häufig ignorierten Symbolik siehe Barbara Stollberg-Rilinger, *Des Kaisers alte Kleider. Verfassungsgeschichte und Symbolsprache des Alten Reiches*, München 2008, S. 15.
41   Goethe, *Aus meinem Leben*, S. 50.
42   Austin Glatthorn, „The Imperial Coronation of Leopold II and Mozart, Frankfurt am Main, 1790", in *Eighteenth-Century Music* 14/1 (2017), S. 89–110.
43   Die Oper ließ sich Beethoven gemeinsam mit anderen Werken Mozarts 1812 aus Leipzig schicken. Vgl. Beethoven an Breitkopf & Härtel, 28. Januar 1812, BGA 545.
44   Barbara Stollberg-Rilinger bezieht die politische Bedeutung solcher Rituale vor allem auf „vormoderne" Gesellschaften, doch bleibt die Modernität von Gesellschaften ein relativer und nicht unproblematischer Begriff: Barbara Stollberg-Rilinger, *Rituale*, Frankfurt am Main u. a. 2013 (Historische Einführungen 16), S. 86 f.

widerspricht der weitverbreiteten Auffassung einer in den Kategorien einer angeblichen politischen Moderne argumentierenden Historik, der zufolge „das Heilige Römische Reich Deutscher Nation vielen nur noch als eine leere Hülse" erschien.[45] Natürlich gab es, wie zu jeder Zeit, politische Denker, die den bestehenden Strukturen von Staatlichkeit kritisch gegenüberstanden und das Reich so als „ein schwerfälliges, altertümliches Gebilde" sahen.[46] Äußerungen dieser Art, die sich bis ins 17. Jahrhundert zurückverfolgen lassen, waren Instrumente eines ideologisch motivierten, politischen Diskurses und dürfen somit nicht als Spiegel gelebter Realität breiter sozialer Schichten verstanden werden.[47] Der gelegentlich vielleicht als labil empfundenen Verfassung des Reiches stand immer noch die herausragende, welthistorische Bedeutung der Habsburger als dynastische Verkörperung der Reichsidee gegenüber, auch in der stilisierten Rolle der Verteidiger des Abendlandes. Es wäre ahistorisch, die daraus hervorgehende, symbolische Funktion des Reiches in der kulturellen und politischen Imagination der Menschen dieser Zeit zu verleugnen.

Die ideologisch motivierte These von der angeblichen Unzeitgemäßheit dieses Staates im Zeitalter der Revolutionen lässt sich auch mit Hinweis auf Benjamin Franklin infrage stellen, der während der Spannungen zwischen den amerikanischen Kolonien und dem Mutterland nach Göttingen reiste, um sich dort das Staatsrecht des Heiligen Römischen Reiches erklären zu lassen, das zehn Jahre später in die amerikanischen Verfassungsdebatten einfloss und eine der Wurzeln des republikanischen Föderalismus wurde.[48] Das Beispiel zeigt, dass in der politischen Ideenwelt des späten 18. Jahrhunderts die Verfassung des Alten Reiches also durchaus auch als zukunftsweisend verstanden wurde. Deshalb gehörten nach Göttinger Vorbild Verfassungsgeschichte und

---

45 Winkler, *Der lange Weg nach Westen* (wie Anm. 30), S. 5. Damit stellt sich Winkler ganz in die Tradition der borussischen Historiographie; dazu Karl Otmar von Aretin, *Das Alte Reich. 1648–1806*, Bd. 3, *Das Reich und der österreichisch-preußische Dualismus (1745–1806)*, Stuttgart 1997, S. 13 f. Für eine weniger teleologische Untersuchung des Endes des Alten Reiches siehe Georg Schmidt, *Geschichte des Alten Reiches. Staat und Nation in der Frühen Neuzeit, 1495–1806*, München 1999, S. 319–346.

46 Winkler, *Der lange Weg nach Westen* (wie Anm. 30), S. 23.

47 Als „speech acts" im Sinne Quentin Skinners waren solche Urteile nicht das Abbild von Realität, sondern diskursive Konstruktionen, die bestimmte Ziele verfolgten: Quentin Skinner, *Visions of Politics*, Bd. 1, *Regarding Method*, Cambridge u. a. 2002, siehe v. a. Kap. 5 („Motives, intentions and interpretation").

48 Axel Körner, *America in Italy. The United States in the Political Thought and Imagination of the Risorgimento, 1763–1865*, Princeton 2017, S. 128. John Pocock hat in den 1970er-Jahren auf das sogenannte ‚Machiavellian moment' hingewiesen, infolgedessen republikanisches Denken vom alten Europa erst nach England reiste, um von dort den Atlantik zu überqueren: John G. A. Pocock, *The Machiavellian Moment: Florentine Political Thought and the Atlantic Republican Tradition*, Princeton 2003 [1975].

Staatsrecht des Reiches zu den ersten Lehrstühlen der in Bonn geschaffenen
kurfürstlichen Akademie, noch vor Einrichtung der eigentlichen Universität.[49]
    In Beethovens früher Lern- und Schaffensperiode regierte im Kurfürsten-
tum Köln Maximilian Franz, jüngster Sohn der Kaiserin Maria Theresia, der
wie seine Brüder, die Kaiser Joseph II. und Leopold II., ein überzeugter Verfechter der Aufklärung war.[50] Maximilian Franz war vor allem von Leopold
geprägt. Auch dessen Verständnis aufgeklärten Herrschens lässt sich anhand
transatlantischer Bezüge erläutern, was wiederum den konventionell-teleolo-
gischen Perspektiven historischer Zeitlichkeit widerspricht. Noch als Großherzog der Toskana hatte Leopold einen Verfassungsentwurf in Umlauf gebracht,
der sich nicht nur an dem *Esprit des lois* Montesquieus, sondern explizit auch
an der *Virginia Bill of Rights* orientierte, einem der wichtigsten amerikanischen
Verfassungsdokumente, wenn dieser Entwurf auch den reaktionären Florentiner Notabeln in letzter Instanz zu fortschrittlich war.[51] Diese Erfahrung erklärt auch, weshalb sich Leopold in seiner kurzen Zeit als Kaiser genötigt sah,
viele Reformen seines Bruders zurückzunehmen. In ähnlicher Lage fand sich
Maximilian Franz beim Versuch, im Kurköln des jungen Beethoven Reformen
durchzusetzen. Als mit Genehmigung des Kaisers in Wien den zahlreicher wer-
denden Protestanten des Kurfürstentums das Recht der Religionsausübung
und der Errichtung von Gotteshäusern zugestanden werden sollte, widersetzte
sich in der freien Reichsstadt Köln nicht nur die Geistlichkeit dieser Politik,
sondern auch die zu solchen Auswüchsen freien Denkens nicht bereite Bürger-
schaft.[52] Die Verankerung des sächsischen Calvinisten Christian Gottlob Neefe – ausgerechnet im kirchlichen Musikleben der Bonner Residenz – muss vor
diesem Hintergrund beinahe als Trotzreaktion des aufgeklärten Herrschers

---

49   Max Braubach, *Die erste Bonner Universität und ihre Professoren. Ein Beitrag zur rheinischen Geistes-
     geschichte im Zeitalter der Aufklärung*, Bonn 1947, S. 18.
50   Zu Maximilian Franz siehe jetzt vor allem Elisabeth Reisinger, *Musik machen - fördern - sam-
     meln. Erzherzog Maximilian Franz im Wiener und Bonner Musikleben*, Bonn 2020 (Schriften zur
     Beethovenforschung 31 / Musik am Bonner kurfürstlichen Hof 3). Auch Max Braubach, *Maria
     Theresias jüngster Sohn Max Franz. Letzter Kurfürst von Köln und Fürstbischof von Münster*, Wien
     u. a. 1961. Kurz auch Barbara Stollberg-Rilinger, *Maria Theresia. Die Kaiserin in ihrer Zeit. Eine
     Biographie*, München 2017, S. 813–817. Die These eines verspäteten Kontakts der katholischen
     Reichsländer mit der Aufklärung ist problematisch. So trat beispielsweise bereits der Wittels-
     bacher Kurfürst von Köln Clemens August während seiner Bonner Zeit in Tragödien Voltaires
     auf: Braubach, *Kurköln* (wie Anm. 39), S. 457.
51   Für eine ausführliche Untersuchung und Edition der letzten Version der Verfassung: Gerda
     Graf, *Der Verfassungsentwurf aus dem Jahr 1787 des Granduca Pietro Leopoldo di Toscana. Edition
     & Übersetzung - Das Verfassungsprojekt*, Berlin 1998 (Schriften zur Verfassungsgeschichte 54),
     v. a. S. 285. Auch Wandruszka, *Leopold II.* (wie Anm. 5), Bd. 1, S. 368–390; Edoardo Tortarolo,
     Illuminismo e Rivoluzioni. Biografia politica di Filippo Mazzei, Mailand 1986; Körner, *America in Italy*
     (wie Anm. 48), S. 81; Jonathan Singerton, *The American Revolution and the Habsburg Monarchy*,
     Charlottesville 2022.
52   Braubach, „Vom Westfälischen Frieden bis zum Wiener Kongreß" (wie Anm. 33), S. 304.

verstanden werden, was wiederum Einfluss auf Beethoven hatte, der Neefe regelmäßig bei Orgeldiensten unterstützte und vertrat.[53] Protestanten sollten auch in Wien noch das persönliche Umfeld Beethovens prägen, vor allem in der Person des musikalisch hochbegabten Hofbeamten Nikolaus Zmeskall oder im Ehepaar Nanette (geb. Stein) und Andreas Streicher.

Beethovens Verbundenheit mit dem Alten Reich entsprach familiärer Tradition. Schon Beethovens Ahnen waren nicht etwa niederländische Zuwanderer, sondern Untertanen des Reiches gewesen. Als Beethovens Großvater vom kölnischen Kurfürsten Clemens August, einem Wittelsbacher, in Bonn als Bassist eingestellt wurde, kam er aus der Erzbischofsstadt Mecheln bei Brüssel, Teil der von den Habsburgern regierten österreichischen Niederlande und des Heiligen Römischen Reiches.[54] Unter Clemens Augusts Nachfolger, Maximilian Friedrich Reichsgraf von Königsegg-Rothenfels, bemerkten Reisende zunehmend die Anzeichen aufgeklärten Denkens in der Bonner Residenz des Kurfürstentums. In seinem Bericht aus dem Jahre 1783 schreibt Bernhard Constantin von Schoenebeck, dass

> Aufklärung und Gelehrsamkeit im Erzstifte Köln bis dahin Dinge waren, wovon man sich überall keinen Begriff machen konnte, und die man wohl gar für gefährlich, wenigstens für sehr überflüssig hielt. Jetzt ists gerade das Gegentheil; und, wer nach zwanzig Jahren heute das erstemal wieder nach Bonn kömmt, weiß nicht, wie ihm geschieht: so sehr hat sich alles geändert.[55]

Schoenebeck stand mit dem Kreis der Bonner Illuminati um Neefe in Kontakt.[56] Besonders lobt er die reich bestückte, öffentlich zugängliche Bibliothek im Schloss sowie das Naturalienkabinett:

> Anfangs sammelte man nur aus Mode und Regis ad exemplum; unvermerkt kam man weiter [...]; man laß; lernt, die Natur aus ihren Produkten kennen; ward mit ihren Wirkungen, ihrer Oekonomie vertrauter; – aufgeklärter; – besser. So viel kann ein weitsehender Fürst, auch mittelbar und ohne es zu scheinen, auf den Geist und die Sitten seines Volkes wirken![57]

---

53 Neefes Rolle als Beethovens Lehrer wurde in letzter Zeit kritisch hinterfragt: Jos van der Zanden, „Beethoven and Neefe – A Reappraisal", in *Music & Letters* 102/1 (2021), S. 30–53. Zu Neefes Wirken in Bonn siehe auch Ian Woodfield, „Christian Gottlob Neefe and the Bonn National Theatre, with New Light on the Beethoven Family", in *Music & Letters* 93/3 (2012), S. 289–315.

54 Peter Claus Hartmann, „Das Heilige Römische Reich, die Epoche der Französischen Revolution und Napoleons sowie des Deutschen Bundes zur Zeit Beethovens", in Rampe, *Beethovens Welt* (wie Anm. 3), S. 197–209.

55 Adolf von Hüpsch und Bernhard Constantin von Schoenebeck, *Mahlerische Reise am Nieder-Rhein. Merkwürdigkeiten der Natur und Kunst aus den Gegenden des Niederrheins*, Bonn 2018 [1783], S. 11.

56 Braubach, *Kurköln* (wie Anm. 39), S. 419 u. 444.

57 Hüpsch/Schoenebeck, *Mahlerische Reise am Nieder-Rhein* (wie Anm. 55), S. 13.

Maximilian Friedrich starb 1784, als Beethoven 14 Jahre alt war. Als dann letzter amtierender Kurfürst von Köln unternahm der Habsburger Maximilian Franz in Beethovens Tagen die Neuordnung der Justiz, wozu eine neue Appellationsinstanz gehörte, schuf eine moderne Finanzverwaltung und versah den Hof mit einer sparsameren Organisation. Auch verbesserte er das Schulwesen, um Kinder entsprechend aufgeklärten Prinzipien zu eigenständigem Denken anzuregen.[58] Eine wichtige Voraussetzung für die Unterhaltung des kulturellen Lebens im Kurstaat wurden seine wirtschaftlichen Reformen, die er nach merkantilistischen Grundsätzen anging. Zur Förderung der Binnenindustrie trat er gegen Kapitalflucht ein, lockerte den Zunftzwang und schützte gleichzeitig Land- und Forstwirtschaft.[59] All dies waren Errungenschaften, die das spätere preußische Regime aus der öffentlichen Erinnerung der Region weitgehend tilgen sollte.

Ähnlich seinen regierenden Brüdern kümmerte sich Maximilian Franz auf minutiöse Weise selbst um trivialste Verwaltungsvorgänge. Wie alle Habsburger seit Maria Theresia vertrat er eine Staatsauffassung, der zufolge der Herrscher der erste Diener des Staates sei. Seine Macht beruhte auf einem Gesellschaftsvertrag, der ihm direkte Verantwortung für sein Volk anvertraute.[60] Diese Unterstellung des Fürsten unter Staat und Gesellschaft war die politische Umsetzung der Prinzipien des aufgeklärten Absolutismus.

Im November 1786 erhob Maximilian Franz die bereits von seinem Vorgänger gegründete kurfürstliche Akademie zu einer mit vier Fakultäten und Promotionsrecht ausgestatteten Universität.[61] Sie ist für unser Verständnis von Beethovens Ideenwelt von nicht unwesentlicher Bedeutung. Als junger Mann war er dort kurzfristig eingeschrieben (eine Voraussetzung für den Hofdienst im aufgeklärten Staat), doch unabhängig davon bildete die Bonner Universität die Grundlage dafür, dass sich im Rheinland, mit wesentlichen Einflüssen auf das philosophische und ästhetische Denken selbst noch des späten Beethoven, die Ideen Kants und noch viel stärker die der Kantianer etablierten.[62] Damit verstand sich die junge Universität in Bonn als Gegenpol zur konservativen Universität der freien Reichsstadt Köln, auf die der Kurfürst keinen Einfluss hatte, was zu zahlreichen akademisch-theologischen, politischen und rechtlichen

---

58 Braubach, *Kurköln* (wie Anm. 39), S. 402–416. Zu den Umständen der Wahl Maximilian Franz' siehe Aretin, *Das Alte Reich* (wie Anm. 45), S. 212 f.
59 Braubach, *Maria Theresias jüngster Sohn Max Franz* (wie Anm. 50), S. 136.
60 Ebd., S. 93.
61 Braubach, *Die erste Bonner Universität* (wie Anm. 49), S. 35.
62 Braubach, *Maria Theresias jüngster Sohn Max Franz* (wie Anm. 50), S. 177 f.; ders., „Vom Westfälischen Frieden bis zum Wiener Kongreß" (wie Anm. 33), S. 306. Zur Unterscheidung zwischen Kant und den Kantianern auch Hinrichsen, *Ludwig van Beethoven* (wie Anm. 3), S. 21.

Konflikten zwischen Köln und der Bonner Regierung führte, die zuletzt auch vor dem Reichskammergericht und dem Reichshofrat ausgetragen wurden.[63] Zu den frühen Kantianern an der neuen Bonner Universität gehörte Elias van der Schüren, der den Königsberger Philosophen vom Vorwurf der Religionsfeindlichkeit zu befreien suchte.[64] Der bereits erwähnte Schoenebeck, von Hause aus Mediziner, verfasste 1787 ein *Gesetzbuch der reinen Vernunft*.[65] Um seine Universität weiter auszubauen, entsandte der Kurfürst zahlreiche junge Talente zur akademischen Qualifizierung an die besten deutschsprachigen Universitäten der Zeit, finanziert durch Stipendien oder Gehaltsfortzahlungen. Beliebt waren die Göttinger Reform-Universität, aber auch Leipzig und immer wieder Wien. So wurde auch Beethovens Freund Wegeler zum Medizinstudium nach Wien geschickt, bevor er 1789 in Bonn Professor für Geburtsmedizin und dann während der Franzosenzeit noch kurz Rektor der Universität wurde.[66] Verschiedene Maler durften sich auf Kosten des Kurfürsten auch in Rom fortbilden.

Viele dieser jungen, weltoffenen Künstler und Gelehrten gehörten Beethovens Kreis an und teilten mit ihm fortschrittliche Gedanken, auf die sich auch der späte Beethoven noch in seinen Aufzeichnungen und Kompositionen berief. Ein wichtiger Förderer des Kantianismus in Bonn wurde als Kurator der Universität der kurkölnische Hofkammerpräsident Franz Wilhelm von Spiegel, der nicht zuletzt durch seine Zugehörigkeit zur Freimaurerei über viele entsprechende Kontakte verfügte. Unter seinem Schutz ersetzte der Philosoph Peter van der Schüren katholische durch protestantische Lehrbücher. Der zum Freigeist gewandelte ehemalige Franziskaner Eulogius Schneider vertrat eine von Kant beeinflusste Ästhetik, die er jedoch bald mit Sympathien für die Revolution in Frankreich verband, woraufhin er seinen Lehrstuhl verlor, nur um dann später doch der Guillotine zum Opfer zu fallen.[67]

Ein weiterer Kantianer unter den frühen Bonner Professoren der Beethovenzeit war der Jurist und Naturrechtler Bartholomäus Fischenich. Als er sich in Jena auf die Bonner Professur vorbereitete, lernte er dort Schiller kennen und bezeugte später Beethovens frühe Begeisterung für den Dichter, die von vielen im Kreis des jungen Musikers geteilt wurde. In dem berühmten Stammbuch, das die Freunde und Freundinnen anlässlich von Beethovens Abschied

---

63 Braubach, *Die erste Bonner Universität* (wie Anm. 49), S. 15 u. 26 f.
64 Lutz-Henning Pietsch, *Topik der Kritik. Die Auseinandersetzung um die Kantische Philosophie (1781–1788) und ihre Metaphern*, Berlin 2010 (Frühe Neuzeit 150), S. 167.
65 [J. B. K. von Schönebeck], *Das Gesetzbuch der reinen Vernunft, Oder kurze Darstellung dessen, was die Vernunft allen Menschen zur Regel ihres Betragens und zur Sicherung ihrer Glückseligkeit vorschreibt*, Bonn 1787.
66 Braubach, *Die erste Bonner Universität* (wie Anm. 49), S. 171 f.
67 Braubach, *Maria Theresias jüngster Sohn Max Franz* (wie Anm. 50), S. 179.

aus Bonn anlegten, zitierten allein drei aus dem *Don Karlos*.[68] Dem gleichen
Kreis gehörte neben verschiedenen Familien aus dem Umfeld der Universität
und des Hofbeamtentums auch der aus Böhmen stammende Graf Ferdinand
von Waldstein-Wartenberg an, der Diplomat im Dienst des Bonner Hofs und
Mitglied des Staatsrats des Deutschen Ordens war. Gleichzeitig war Waldstein
einer der ganz wenigen, die dem Kurfürsten Maximilian Franz nicht nur als
Günstling, sondern auch als Mensch nahestanden.[69] Deutlich zeigt sich hier
der fortschrittliche Geist im Umfeld Beethovens, aber auch eine gewisse Nähe
zur Macht, weshalb dieses Milieu kaum als revolutionär oder gar demokratisch
missverstanden werden sollte.

Dass auch Beethoven in die Nähe des kurfürstlichen Machtbereichs kommen sollte, hatte viel mit den musikalischen Interessen Maximilian Franz' zu
tun, den manche Zeitgenossen als den größten Förderer der Musik seiner Epoche sahen. Wie alle Söhne Maria Theresias hatte er eine gebührende musikalische Ausbildung genossen und trat vor allem in jüngeren Jahren regelmäßig
auch selbst als Pianist und wie Beethoven als Bratscher, vielleicht auch als Cellist und Flötist hervor.[70] Familienkonventionen der Habsburger entsprechend,
sang er mit seinen Geschwistern zudem Partien aus den Opern seiner Zeit und
trat auch als Tänzer auf.[71] In Bonn erwählte Maximilian Franz dann den bereits
oben erwähnten, aus Chemnitz gebürtigen und in Leipzig von Johann Adam
Hiller ausgebildeten Neefe zu seinem Tonsatzlehrer.[72] Blieb die universitäre
Wissenschaft dem männlichen Geschlecht vorbehalten, waren die örtlichen
Debatten zu Literatur und Philosophie auch von zahlreichen Protagonistinnen
geprägt, was sich in Beethovens Briefwechsel widerspiegeln sollte, wo er literarische Überlegungen meist mit Freundinnen teilte, während ihn mit den
Freunden häufig ein eher derber Humor verband. Bereits der eingangs zitierte
von Schoenebeck wurde über seine Frau Barbara Eichhoff in die Bonner philosophischen Kreise eingeführt: eine Form geschlechtsübergreifender Soziabili-
tät, welche die Spätaufklärung in ganz Europa bestimmte.[73]

---

68 *Die Stammbücher Beethovens und der Babette Koch*, hrsg. von Max Braubach, Bonn 1970. Dazu
    Maria Rößner-Richarz, „Zwischen Hofmusik und freiem Künstlertum – Beethovens soziale
    Stellung", in Rampe, *Beethovens Welt* (wie Anm. 3), S. 227–256, hier S. 229 f.
69 Zu Graf Waldstein vor allem Braubach, *Kurköln* (wie Anm. 39), S. 487 f.; Braubach, *Maria The-
    resias jüngster Sohn Max Franz* (wie Anm. 50), S. 242 f. Zu seinen musikalischen Interessen auch
    Reisinger, *Musik machen* (wie Anm. 50), S. 184 f.
70 Reisinger, *Musik machen* (wie Anm. 50), S. 40 f., 86, 111 f. u. 177.
71 Braubach, *Maria Theresias jüngster Sohn Max Franz* (wie Anm. 50), S. 246 f.; Reisinger, *Musik ma-
    chen* (wie Anm. 50), S. 45–59 u. 127.
72 Braubach, *Kurköln* (wie Anm. 39), S. 461; Braubach, *Maria Theresias jüngster Sohn Max Franz* (wie
    Anm. 50), S. 249.
73 Berühmtes Beispiel ist der Salon von Rahel Varnhagen in Berlin, der für Friedrich von Gentz
    zur Gedankenschule wurde: Golo Mann, *Friedrich von Gentz. Gegenspieler Napoleons, Vordenker
    Europas*, Frankfurt am Main 1995 [1947], S. 75. Ähnlich wurde auch Klemens Wenzel Lothar

1789 wurde das Bonner Hoftheater dem Geist der Zeit entsprechend zum Nationaltheater, was weniger mit Nation im modernen Sinne des Wortes als mit Bildungsauftrag zu tun hatte.[74] Hier wurde der Böhme Antonín Reicha zu Beethovens Freund, eine weitere frühe Verbindung nach Prag und Wien, aber auch in die engeren Kreise des kurfürstlichen Hofs, denn Reicha war mit dem Fürstbischof bereits seit dessen Tagen als Erzbischof bekannt. Viele Mitglieder der Hofkapelle gehörten dem Bonner Orden der Illuminati an.[75] Nachdem die Hofkapelle in den 1760er- und 1770er-Jahren vor allem Baldassare Galuppi, Niccolò Piccinni, den am Hof ansässigen Andrea Lucchesi und andere italienische Komponisten auf die Bühne gebracht hatte, modernisierte sich in den 1780er-Jahren bis zur Auflösung der Hofkapelle 1794 das Bonner Repertoire durch Aufführungen der Werke Haydns und Mozarts.[76] Mozarts *Entführung aus dem Serail* bot man den Bonnern bereits ein Jahr nach der Wiener Uraufführung, aber auch *Don Giovanni* und *Le nozze di Figaro* sowie die in Wien wichtigen Opern Antonio Salieris und Giovanni Paisiellos. Diese Schwerpunkte entsprachen dem musikalischen Bestreben des Kurfürsten, zu dessen Ehren der fast gleichaltrige Mozart bereits in Salzburg seine Oper *Il re pastore* vorgestellt hatte, woraufhin Maximilian Franz in Wien wiederholt Interesse an Mozart zeigte. Später war Mozarts Anstellung am Bonner Hof im Gespräch, die sich dann allerdings nicht realisierte, doch sammelte Maximilian Franz weiterhin dessen Werke.[77]

Über seine Einbindung in das kulturelle und intellektuelle Leben der Residenzstadt hinausgehend, war der junge Beethoven Beamter des kurfürstlichen Hofs. Dadurch waren das Kurfürstentum, und damit auch das Heilige Römische Reich, die zentralen Bezugspunkte seiner politischen Lebenswelt, zu

---

von Metternich durch den literarischen Salon seiner Mutter geprägt. – Zum Wiener Salon der Caroline Pichler siehe den Beitrag von Karen Hagemann im vorliegenden Band.

74 Zur kulturellen und musikalischen Tradition der Residenz siehe auch Elisabeth Reisinger, „Persönliches Amusement und politische Agenda – Bedeutungen von Musik für Kurfürst Maximilian Franz", in *Beethoven. Die Bonner Jahre*, hrsg. von Norbert Schloßmacher, Köln 2020 (Bonner Geschichtsblätter 69/70), S. 241–262; Braubach, „Vom Westfälischen Frieden bis zum Wiener Kongreß" (wie Anm. 33), S. 293 f.

75 Siegfried Kross, „Beethoven und die rheinisch-katholische Aufklärung", in *Beethoven. Mensch seiner Zeit*, hrsg. von dems., Bonn 1980, S. 9–36, hier S. 9.

76 Dazu neuerdings Elisabeth Reisinger, Juliane Riepe und John D. Wilson, in Zusammenarbeit mit Birgit Lodes: *The Operatic Library of Elector Maximilian Franz: Reconstruction, Catalogue, Contexts*, Bonn 2018 (Schriften zur Beethovenforschung 30; Musik am Bonner kurfürstlichen Hof 2); John D. Wilson, *Das Bonner Opernleben zur Zeit des jungen Beethoven / Operatic Life in Bonn during Beethoven's Youth*, Bonn 2015 (Begleitpublikationen zu Ausstellungen 24); der Spielplan steht auch digital als Datenbank zur Verfügung: *The Music Library of Elector Maximilian Franz* <https://musikwissenschaft.univie.ac.at/forschung/projekte/abgeschlossene-projekte/the-music-library-of-elector-maximilian-franz> (20.03.2023).

77 Vgl. dazu kritisch Elisabeth Reisinger, „The Prince and the Prodigies. On the Relations of Archduke Maximilian Franz with Mozart, Beethoven, and Haydn", in *Acta Musicologica* 91/1 (2019), S. 48–70. Auch Reisinger, *Musik machen* (wie Anm. 50), S. 77, 132 u. 138–143.

einer Zeit als von Deutschland, selbst im Sinne einer Kulturnation, noch kaum gesprochen wurde. Diese Bezugspunkte hatten für Beethoven auch eine klare dynastische Dimension, die im Fall des Kurfürstentums den lokalen Herrscher mit dem Kaiserhaus verband. Zu Beethovens ersten bedeutenden Auftragswerken in Bonn gehörten die Kantaten auf den Tod Kaiser Josephs II. im Jahr 1790 und zur Thronbesteigung von dessen Bruder Leopold. Maximilian Franz hatte in der auf den Tod Josephs folgenden, vor allem von Preußen verursachten Reichskrise eine diplomatisch entscheidende Rolle gespielt und so die Krönung Leopolds maßgeblich beeinflusst. Im Gegensatz zu Joseph II. bezog dieser dann seine Geschwister von Anfang an in die Reichspolitik mit ein, was sich auch auf das politische Klima Bonns auswirkte.[78] Kurköln stand dadurch im Zentrum europäischer Politik, zu einer Zeit als die Französische Revolution bereits die Grundfesten der gesellschaftlichen Ordnung ins Wanken gebracht hatte.

Die Texte von Beethovens sogenannten Kaiserkantaten stammten von einem Schüler des oben genannten, revolutionsbegeisterten Bonner Professors Eulogius Schneider. Wie Hans-Joachim Hinrichsen in Erinnerung gerufen hat, thematisiert Beethovens erste Kantate, wie Joseph II. „die Menschen ans Licht" geführt habe: eine Idee, die Beethoven mit der gleichen Melodie noch Jahrzehnte später im *Fidelio* zitieren sollte, wo der eigentliche Protagonist und Retter ebenfalls der aufgeklärte Herrscher sein sollte.[79] In der Neunten Sinfonie werden die befreiten Menschen dann zu Brüdern. Es verwundert nicht, dass der junge Beethoven den prestigeträchtigen Auftrag, die Kaiserkantaten zu schreiben, annahm; und doch würde es schwerfallen, die Annahme nicht auch als Bekenntnis zum Reich zu verstehen. Dieser Auftrag entsprach ganz den Idealen seines habsburgischen Dienstherrn, der statt Partikularinteressen die Reichsverfassung retten wollte, „von der das Wohl so vieler Individuen abhängt".[80] Wie der Kurfürst aus diesem Anlass Franz Georg Graf Metternich-Winneburg kundtat, bedeutete dieses Bekenntnis für ihn, „die Sprache der Wahrheit, des Gesetzes [zu] führen, indem er den andern die Sprache der Politik [überließ]".[81] Kurköln, das Heilige Römische Reich, Wien und die Habsburger: das war auch Beethovens Welt. Doch war es eine Welt, die bald von den Ereignissen überholt wurde.

1794 besetzten französische Truppen die linksrheinischen Gebiete Kurkölns, was die Auflösung der bereits weitgehend zum Erliegen gekommenen Hofmusik nach sich zog. 1801, mit dem Frieden von Lunéville, wurde Kurköln

---

78   Adam Wandruszka, *Leopold II.* (wie Anm. 5), Bd. 2, S. 249.
79   Hinrichsen, *Ludwig van Beethoven* (wie Anm. 3), S. 30.
80   Maximilian Franz an Franz Georg Graf Metternich-Winneburg, 24. November 1790, zit. nach Braubach, *Maria Theresias jüngster Sohn Max Franz* (wie Anm. 50), S. 207, siehe auch S. 210.
81   Ebd.

französisches Staatsgebiet, ein eigenes *département*, dies nicht ohne die Mitwirkung lokaler Fürsprecher, die jedoch im Rheinland nie eine Gefolgschaft von mehr als 2.000 Personen auf sich zu vereinen wussten.[82] Zum Zeitpunkt der Auflösung des Hofes, 1794, befand sich Beethoven bereits in Wien, wiederum dank der großzügigen Förderung durch seinen Kurfürsten. Auch diese Erfahrung band ihn an das Herrscherhaus. Schließlich regierte dort der Bruder seines Bonner Dienstherren als Territorialfürst, aber auch als Römischer Kaiser. In diesem Zusammenhang zu sehen sind auch Erfahrungen wie die Enthauptung Marie-Antoinettes, der Schwester seines Kurfürsten, oder einige Jahre später die schon erwähnte Flucht der kaiserlichen Familie aus Wien und ganz allgemein Beethovens Leiden an Krieg und Besatzung in Europa.

Kurz nach Beethovens Aufbruch nach Wien schied Preußen als erste Macht aus der bis dahin weitgehend geschlossenen Front der Verbündeten aus und schloss 1795 mit dem republikanischen Frankreich einen Separatfrieden, der die territoriale Neuaufteilung Europas zu Frankreichs und Preußens Gunsten beinhaltete: ein Affront gegen Frankreichs Hauptgegner Österreich, aber auch ein Skandal hinsichtlich der jüngsten Ereignisse im revolutionären Frankreich, die mit den Idealen der Aufklärung immer weniger gemein hatten.[83]

Beethoven und die Habsburgermonarchie

Das 1804 entstandene Kaisertum Österreich hatte seinen Ursprung in der Umstrukturierung der habsburgischen Länder, nachdem der tausendjährige Staatsverband des Heiligen Römischen Reiches in Folge von Napoleons Eroberungen obsolet geworden war und aufgrund mangelnden Engagements der alten Territorien sowie des Deputationshauptschlusses von 1803 auch nicht mehr gerettet werden konnte. Die Gründung des zweiten Rheinbundes durch Napoleon im Jahr 1806 versetzte dem Alten Reich gewissermaßen den Todesstoß, woraufhin Franz II. die Krone des Heiligen Römischen Reiches schließlich niederlegte.[84] Seine österreichischen Länder regierte er jedoch weiter als Franz I., worin sich das neue österreichische Kaisertum begründete.[85] Infolge dieses Rechtsakts kam die Dynastie den konstitutionellen Verpflichtungen gegenüber ihren Kronländern nach, fand aber auch eine Antwort auf das

---

82 Braubach, „Vom Westfälischen Frieden bis zum Wiener Kongreß" (wie Anm. 33), S. 330 f.
83 Weitsichtig war hier die Sicht von Metternichs zukünftigem Berater Friedrich von Gentz. Siehe Mann, *Friedrich von Gentz* (wie Anm. 71), S. 59.
84 Aretin, *Das Alte Reich* (wie Anm. 45), S. 525 f.
85 R. J. W. Evans, „Communicating Empire: The Habsburgs and their Critics, 1700–1919", in *Transactions of the Royal Historical Society* 19 (2009), S. 117–138. Für eine kritischere Sicht aus Perspektive der Reichsverfassung siehe Schmidt, *Geschichte des Alten Reiches* (wie Anm. 45), S. 343; Aretin, *Das Alte Reich* (wie Anm. 45), S. 510 f. u. 528.

erstarkende Nationalgefühl ihrer Völker. Statt nach dem Beispiel Frankreichs oder Großbritanniens die Errichtung einer nationalen Monarchie anzustreben, gründete sich die österreichische Staatsidee damit auf supranationale Prinzipien, die die Völker dieses neuen Reiches zusammenbinden sollten.[86] Gleichzeitig reflektierte diese auf den Statuten der Kronländer beruhende Konstruktion das von Denkern wie Montesquieu am Alten Reich so bewunderte Equilibrium zwischen Reich und Reichsständen, verstanden als natürliche Schranke gegen Despotismus und monarchische Gewalt.[87]

Diese neue Konstruktion der Habsburgermonarchie stand in direktem Widerspruch zu den geschichtsphilosophisch häufig als alternativlos dargestellten Nationalstaaten, war aber der Situation großer Teile Zentraleuropas mit seinem Gemisch von Völkern und Religionen funktional gut angepasst. Jahre später, verschreckt von den expansionistischen Ambitionen der Frankfurter Paulskirche 1848, veranlasste diese Konzeption den Historiker František Palacký, Haupt der tschechischen Nationalbewegung, zu dem berühmten Ausspruch, dass man das österreichische Kaiserreich erfinden müsste, und zwar im Interesse der Menschheit, wenn es dieses nicht schon gäbe.[88]

Angesichts der neueren Forschung lässt sich der habsburgische Vielvölkerstaat kaum noch auf die Phrase des Völkergefängnisses reduzieren.[89] Studien wie die aus dem Umfeld Pieter M. Judsons betonen vielmehr die weitverbreitete Indifferenz gegenüber nationalen Bewegungen, aber auch die Fähigkeiten der Monarchie, einen auf die Kronländer und den Gesamtstaat ausgerichteten Patriotismus herauszubilden. Auch die rechtsstaatliche Tradition der Monar-

---

86　Zum dynastischen Prinzip in der Konstruktion von Staatlichkeit siehe auch *Transnational Histories of the „Royal Nation"*, hrsg. von Milinda Banerjee, Charlotte Backerra und Cathleen Sarti, London 2017.

87　Die Partizipationsrechte der Reichsstände als Mittel gegen monarchischen Despotismus zitiert beispielsweise Barbara Stollberg-Rilinger, *Das Heilige Römische Reich deutscher Nation. Vom Ende des Mittelalters bis 1806*, München 2006, S. 110. Alle Söhne Maria Theresias waren von Montesquieu beeinflusst und legten darauf besonderen Wert. Als sich Joseph und Leopold 1769 in einem Doppelporträt durch den Maler Pompeo Batoni malen ließen, wurde auf einem Tisch liegend auch die zweibändige Ausgabe des *Esprit des loix* symbolträchtig verewigt: Graf, *Der Verfassungsentwurf* (wie Anm. 51), S. 129. Siehe auch Braubach, *Maria Theresias jüngster Sohn Max Franz* (wie Anm. 50), S. 92 f.; Wandruszka, *Leopold II.* (wie Anm. 5), Bd. 2, S. 250.

88　Dazu Axel Körner, „National Movements against Nation States. Bohemia and Lombardy between the Habsburg Empire, the German Confederation and Piedmont", in *The 1848 Revolutions and European Political Thought*, hrsg. von Douglas Moggach und Gareth Stedman Jones, Cambridge 2018, S. 345–382.

89　Dem tschechischen Historiker Jiří Kořalka zufolge waren die verschiedenen Nationalitäten Zisleithaniens weitaus besser gestellt als nationale Minderheiten in anderen Staaten Europas: Jiří Kořalka, *Tschechen im Habsburgerreich und in Europa 1815–1914. Sozialgeschichtliche Zusammenhänge der neuzeitlichen Nationsbildung und der Nationalitätenfrage in den böhmischen Ländern*, Wien u. a. 1991, S. 174.

chie spielte dabei eine Rolle.[90] Auf Beethovens Zeiterfahrung bezogen wurde Franz I. von den Völkern der Monarchie vor allem als ‚Friedenskaiser' verehrt, der dem Morden der Napoleonischen Kriege ein Ende bereitet hatte. Mehr noch als philosophische Prinzipien prägten gerade diese konkreten Erfahrungen des Krieges die Menschen und so auch Beethoven. Ganze Bände sind geschrieben worden über Beethovens Verhältnis zur Revolution und zu Napoleon, weshalb diese Debatte hier nur auf die Frage seiner Beziehung zum österreichischen Kaiserstaat zugespitzt werden soll. In Wien „hätte eine *Revolution* ausbrechen sollen", berichtete Beethoven 1794 dem Bonner Freund und Verleger Nikolaus Simrock, „aber ich glaube, so lange der österreicher noch Braun's <u>Bier</u> und <u>würstel</u> hat, *revoltirt* er nicht".[91] Dies suggeriert eine eher ironische Einstellung nicht nur gegenüber seinen neuen Mitbürgern, sondern auch zur Bedeutung der Revolution überhaupt. Hauptsorge schien, so Beethoven, es könnte „bald kein <u>gefrornes</u> mehr" geben.[92] Die Prinzipien der Französischen Revolution teilte er, ähnlich wie Kant und Schiller, weniger aber, was daraus politisch wurde. Als man Beethoven 1802 antrug, eine Violinsonate mit einem außermusikalischen Programm zu den Ereignissen der Revolution zu komponieren, schrieb er nach Leipzig:

> Reit euch der Teufel insgesammt meine Herrn? – mir Vorzuschlagen eine Solche <u>Sonate zu machen</u> – zur Zeit des *Revoluzionsfieber's*, nun da – wäre das so was gewesen[;] aber jezt, da sich alles wieder in's alte Gleiß zu schieben sucht, *buonaparte* mit dem Papste das *Concordat* geschlossen – so eine Sonate? [...] hoho – da laßt mich aus – da wird nichts draus –[93]

Die Wortwahl spiegelt Enttäuschung über Napoleon wider, aber auch Distanz zum politischen Geschehen überhaupt. Gleichzeitig erwähnte der Brief die Widmung seines Septetts an die eigene Kaiserin, und dies ohne jedes Anzeichen der Entfremdung gegenüber der Monarchie.

Meist ranken sich Diskussionen um Beethovens Verhältnis zu Napoleon um die Anekdoten zur zurückgezogenen Widmung der *Eroica*, die sich im Herbst

---

90 Für eine Synthese des neueren Forschungsstands siehe vor allem Judson, *The Habsburg Empire* (wie Anm. 35); auch John Deak, *Forging a Multinational State. State Making in Imperial Austria from the Enlightenment to the First World War*, Stanford 2015.
91 Beethoven an Nikolaus Simrock, 2. August 1794, BGA 17.
92 Ebd. Anders liest Knud Breyer die Episode: „Beethovens politische Einstellung im Zeichen von Revolution, Krieg und Restauration", in Rampe, *Beethovens Welt* (wie Anm. 3), S. 210–218, hier S. 212 f.
93 Beethoven an Hoffmeister & Kühnel, 8. April 1802, BGA 84.

1804 ereignete.[94] Die hier zitierte Äußerung zu Napoleon wurde jedoch bereits mehr als zwei Jahre zuvor geschrieben, ohne in herkömmlichen Erörterungen zu diesem Thema Berücksichtigung zu finden. Diskussionen um die Widmungsgeschichte der *Eroica* berufen sich vornehmlich auf wenige, in sich nicht unproblematische Augenzeugenberichte sowie auf den physischen Nachweis der vom Komponisten getilgten Dedikation. Doch lässt der Brief an die Leipziger Verleger darauf schließen, dass Beethovens Entzauberung Napoleons weniger eine wilde Kurzschlusshandlung war, als es der heroische Mythos will. Vielleicht konzentriert sich die Debatte um die Widmungsgeschichte der *Eroica* ohnehin zu sehr auf Beethovens angebliche Enttäuschung über Napoleons politisches Programm. Dessen Kaiserkrönung stand nicht nur für die Abkehr von republikanischen Prinzipien, sondern auch für die Hybris einer Kaiserkrönung selbst, die für die meisten Menschen der Zeit einem Affront gegenüber dem angestammten Amt der Kaiserwürde gleichkam.

Andere Quellen zeigen, wie sich der Eindruck des Krieges auf Beethovens Bild der Revolution und ihres Generals auswirkte. Diese sprechen vor allem vom Leiden, ja der Verzweiflung am Krieg, der für Beethoven seit der Besetzung Wiens auch eine existenzielle Bedrohung geworden war: seines künstlerisch-schaffenden wie auch seines politischen Daseins.[95] So schreibt er im Juli 1809 an Breitkopf & Härtel in Leipzig:

[S]ie irren sich wohl, wenn sie mich so wohl glaubten, wir haben in diesem Zeitraum ein recht zusammengedrängtes Elend erlebt, wenn ich ihnen sage, daß ich seit dem 4ten May [– das ist das Datum der Flucht der kaiserlichen Familie –] wenig zusammen hängendes auf die Welt gebracht[,] beynahe nur hier oder da ein Bruchstück – der ganze Hergang Der Sachen hat bey mir auf leib und Seele gewirkt [...] der Himmel weiß, wie es weiter gehen wird [...] Welch zerstörendes wüstes Leben um mich her[,] nichts als trommeln der Kanonen Menschen Elend in aller Art[96]

Auch Mitleid spielte in Beethovens Einschätzung der Kriegsfolgen eine Rolle, so als sein geschätzter Schüler, „der <u>arme Rieß</u> [...] in diesem unglückseligen

94 Für einen Überblick zur Entstehung dieser Mythen in ihren nationalen Varianten siehe Beate Angelika Kraus, „Who is the Hero? The Early Reception of the Eroica", in: November, *The Cambridge Companion to the Eroica Symphony* (wie Anm. 14), S. 183–197. Für eine kritische Diskussion der Rezeption siehe auch das erste Kapitel von Mathew, *Political Beethoven* (wie Anm. 11).
95 Hierzu auch Tunbridge, *Beethoven* (wie Anm. 3), S. 107 f. Zu den Auswirkungen der Revolutions- und Napoleonischen Kriege auf die europäische Zivilbevölkerung siehe auch Ute Planert, *Der Mythos vom Befreiungskrieg. Frankreichs Kriege und der deutsche Süden. Alltag – Wahrnehmung – Deutung, 1792–1841*, Paderborn u. a. 2007 (Krieg in der Geschichte 33), S. 175–182 u. 211–335, zur Auswirkung auf die Habsburgermonarchie S. 499.
96 Beethoven an Breitkopf & Härtel, 26. Juli 1809, BGA 392.

Krieg [mußte,] [d]ie Muskete auf die schultern nehmen[d]".⁹⁷ Ries verkörperte gewissermaßen die Konsequenzen zerstörter Staatlichkeit, die nun durch den Kampf der Nationen ersetzt wurde. Obwohl in Wien wohnhaft, war Ries als Bonner französischer Untertan geworden und unterlag so der Konskription, weshalb er sich in Wien in Feindesland befand. Eine nicht nur für Beethoven absurde Welt.

Immer wieder weist die Korrespondenz mit den Leipziger Verlegern auch auf die geschäftlichen Konsequenzen des Krieges hin, auf „die leidigen Umstände, die uns auf allen Seiten beschränken, musikalische Geistesprodukte anständig zu remunerieren [sic]", so Breitkopf & Härtel bereits im Juni 1802.⁹⁸ Hier erschienen Kultur und Geist als erste Opfer des Krieges. Resigniert schreibt Beethoven im November 1809: „[W]as sagen sie zu diesem Todten Frieden?" und bezieht sich damit auf die Tatsache, dass die napoleonischen Truppen Wien auch nach dem Friedensschluss weiter besetzt hielten. „[I]ch erwarte nichts stetes mehr in diesem Zeitalter, nur in dem Blinden Zufall hat man Gewißheit – leben sie wohl mein geehrter Freund".⁹⁹ Diese Briefe lesen sich als dramatische Zeugnisse der Erfahrung historischer Zeitlichkeit. Dazu kamen noch die eher alltäglichen Probleme eines Lebens im Kriegszustand, die auch an Beethoven nicht vorbeigingen: „Zum Kochen muß ich jemand haben, so lange die schlechtigkeit der LebensMittel so fortdauert, werde ich immer krank", schreibt er an Nikolaus Zmeskall. „[I]ch eße heute zu Hause, des beßern Weins halber."¹⁰⁰ Der österreichische Staatsbankrott von 1811 führte zudem zu einer gravierenden Erschütterung des öffentlichen Vertrauens in die Regierung.¹⁰¹ Im Fall Beethovens verringerte sich der Wert seiner von den adeligen Förderern finanzierten Jahresrente auf ungefähr ein Fünftel, bei ganz erheblich steigenden Preisen: Allein zwischen Mai und Juli 1809 waren die Preise um das Dreifache gestiegen, während sich beispielsweise im gleichen Zeitraum das Gewicht der (immerhin behördlich kontrollierten) Mundsemmel von vier auf zwei Lot halbierte. Für Beethoven eventuell noch entscheidender, verteuerte sich der Wein in Wien zwischen 1790 und 1817 um 1.500 %.¹⁰²

97 Beethoven an Josephine Sophie Fürstin Liechtenstein, 13. November 1805, BGA 240.
98 Breitkopf & Härtel an Beethoven, 10. Juni 1802, BGA 92; siehe ähnlich auch BGA 189.
99 Beethoven an Breitkopf & Härtel, 22. November 1809, BGA 408.
100 Beethoven an Nikolaus Zmeskall, November 1809, BGA 411.
101 Selbst die Polizeihofstelle sorgte sich nun um die moralischen Folgen der staatlichen Finanzkrise für die Bevölkerung, die sämtliche Hoffnungen auf eine bessere Zukunft verlor: Josef Karl Mayr, Wien im Zeitalter Napoleons. Staatsfinanzen, Lebensverhältnisse, Beamte und Militär, Wien 1940 (Abhandlungen zur Geschichte und Quellenkunde der Stadt Wien 6), S. 17 f. Diese Zusammenstellung von Daten durch den späteren Leiter des Haus-, Hof- und Staatsarchivs ist noch immer grundlegend, enthält aber grobe antisemitische Vorurteile, so S. 112 f.
102 Ebd., S. 110, 160 f. u. 163.

Auch das Ende des Krieges und der von enormen Unkosten für die öffentliche Hand begleitete Wiener Kongress änderten daran zunächst kaum etwas, auch wenn der Kongress selbst für Beethoven den Höhepunkt seiner öffentlichen Karriere darstellte und so auch finanzielle Einkünfte mit sich brachte.[103] Der österreichische Staat litt an den finanziellen und wirtschaftlichen Folgen des Krieges bis in die 1820er-Jahre. Protagonist des Kongresses und der folgenden Jahre im Kaiserstaat war Klemens von Metternich, dessen herkömmliches Bild die neuere Historiographie zur Habsburgermonarchie in wesentlichen Zügen infrage stellt.[104] Metternichs Rolle als der eigentliche Architekt der postnapoleonischen Ordnung Europas wurde vor allem durch die Geschichtsschreibung der Nationalbewegungen grundlegend negativ bewertet. Nach den alles überschattenden Erfahrungen des Krieges lässt sich Metternichs internationale Sicherheitsstrategie – in ihren Auswirkungen auf die nationalen und demokratischen Bewegungen – jedoch nur im Zusammenhang mit dem übergeordneten Ziel einer Rückkehr zur Herrschaft des internationalen Rechts erklären.[105]

Für Metternich, dessen Ausbildung und Studium stark von den philosophischen Errungenschaften der französischen Aufklärung geprägt waren, zerstörte die Französische Revolution die kosmopolitischen Ideale des alten Europa, an deren Platz eine Welt der Intoleranz und des Fanatismus getreten war, die dann ein Blutbad anrichtete, wie es Europa seit dem Dreißigjährigen Krieg nicht erlebt hatte.[106] Wolfram Siemanns bedeutende Biographie Metternichs zeigt uns einen höchst sensiblen Staatsmann, dem der moderne Krieg, das Morden, die Verrohung der Zivilgesellschaft zutiefst verhasst waren, was vor allem in den bis dahin wenig studierten Briefen an seine Freundinnen und

---

103 *Beethoven und der Wiener Kongress (1814/15). Bericht über die vierte New Beethoven Research Conference Bonn, 10. bis 12. September 2014*, hrsg. von Bernhard R. Appel, Joanna Cobb Biermann, William Kinderman und Julia Ronge, Bonn 2016 (Schriften zur Beethoven-Forschung 26); Mathew, *Political Beethoven* (wie Anm. 11), S. 30 f.; Ingrid Fuchs, „„… in tiefster Ehrfurcht gewidmet'. Ludwig van Beethovens Dedikationen an Adelige und Regenten während des Kongresses", in *Europa in Wien. Der Wiener Kongress 1814/15*, Ausstellungskatalog, hrsg. von Agnes Husslein-Arco, Sabine Grabner und Werner Telesko, München u. a. 2015, S. 294–298. Zum weiteren politisch-kulturellen Rahmen Brian E. Vick, *The Congress of Vienna. Power and Politics after Napoleon*, Cambridge (Mass.) 2014.
104 Siehe hier vor allem Wolfram Siemann, *Metternich. Stratege und Visionär. Eine Biografie*, München 2016. Nuancierter als die traditionelle Bewertung Metternichs ist auch Luigi Mascilli Migliorini, *Metternich. L'artefice dell'Europa nata dal Congresso di Vienna*, Rom 2014. Zu Metternichs Einfluss auf das Opernleben der Habsburgermonarchie siehe Axel Körner, „Culture for a Cosmopolitan Empire: Rossini between Vienna and the Lands of the Bohemian Crown", in Narici/Sala/Senici/Walton, *Gioachino Rossini* (wie Anm. 19), S. 357–380.
105 Siemann, *Metternich* (wie Anm. 104), S. 607.
106 Zu seiner frühen Prägung durch die französische Aufklärung siehe ebd., S. 64 f. u. 80.

Geliebten hervortritt.[107] Wie im Fall Beethovens war auch die Welt von Metternichs aus dem Bonner Umland stammenden Familie durch den Krieg zerstört worden, weshalb er in Wien häufig als Flüchtling und Emporkömmling gesehen wurde, obwohl er aus einer alten Reichsfamilie stammte.[108] Metternichs bereits oben zitierter Vater gehörte als Wiener Gesandter in Kurköln über viele Jahre zum engeren Umfeld von Beethovens Bonner Dienstherrn und spielte eine entscheidende Rolle beim Erhalt dynastischer Kontinuität in den letzten Jahren des Alten Reiches.[109] Vergleichbar dem oben genannten Beispiel Goethes waren auch Metternichs Kindheitserinnerungen von den Kaiserkrönungen des Alten Reiches geprägt, bei denen seine Familie wichtige Funktionen wahrnahm. Für Beethoven begründeten gerade diese, von der Musikwissenschaft selten beachteten Verbindungen zwischen Bonn und Wien ein Gefühl heimatlich-dynastischer Loyalität, die der Komponist sicherlich nie sklavisch bediente, die aber doch seine politisch-territoriale Selbstverortung prägten.

Nach 1815 zielte Metternichs Politik in erster Linie darauf ab, einen Rückfall in die Barbarei des Krieges und des Nationenhasses mit allen Mitteln der Staatskunst zu verhindern[110] – eine Sichtweise auf die jüngste Vergangenheit, die ganz ähnlich auch Beethovens Erfahrung des Kriegselends entspricht und für die Eindrücke breiter Schichten der Bevölkerung Europas steht. Dieser Hintergrund lädt auch dazu ein, die Quellen zu Beethovens Sicht der politischen Entwicklungen neu zu betrachten und dabei eine Tendenz zu hinterfragen, die Beethoven immer wieder leichtfertig zum politischen Revolutionär macht, um dieses Bild dann auf die Idee des musikalischen Rebellen zurück zu projizieren.[111]

So behauptet beispielsweise die Einleitung zum ersten Band der Konversationshefte, der die Jahre 1818 bis 1820 behandelt, dass diese Zeit „[b]esonders deutlich" Beethovens „Enttäuschung über die Metternichsche Restaurationspolitik" widerspiegele.[112] Als Beleg wird die angebliche Parteinahme Beethovens gegen die französische Intervention in der spanischen Revolution von

---

107 Zu Metternichs Eindruck des Leids Siemann, *Metternich* (wie Anm. 104), S. 476–486 u. 552. Zur neuen Qualität des Kriegs um 1800 siehe Andres Engberg-Pedersen, *Empire of Chance. The Napoleonic Wars and the Disorder of Things*, Cambridge (Mass.) 2015; auch Leighton S. James, „The Soldiers' Experience of War", in *The Cambridge History of the Napoleonic Wars*, Bd. 3, *Experience, Culture and Memory*, hrsg. von Alan Forrest und Peter Hicks, Cambridge 2022, S. 9–29.
108 Siemann, *Metternich* (wie Anm. 104), S. 173
109 Braubach, *Maria Theresias jüngster Sohn Max Franz* (wie Anm. 50), S. 53.
110 Siemann, *Metternich* (wie Anm. 104), S. 483.
111 Hierzu vor allem Hinrichsen, *Ludwig van Beethoven* (wie Anm. 3), S. 8.
112 Karl-Heinz Köhler und Grita Herre, „Einführung", in BKh 1, S. 5–16, hier S. 15 f.

1823 genannt.[113] Die Konversationshefte geben jedoch in erster Linie nicht die Meinungen des ertaubten Beethovens wieder, sondern die seiner Gesprächspartner, wobei der gedankliche Austausch durch den Gebrauch von Konversationsheften ohnehin stark eingeschränkt war. Zahlreiche Zeitungsredakteure gehörten zu Beethovens Wiener Kreis, von denen viele exponiertere Meinungen zum Tagesgeschehen vertraten als der Komponist selbst.[114] Von ihren Ideen lässt sich daher kaum auf Beethovens Gedanken rückschließen.

Ähnliche Probleme bei der politischen Einordnung stellen sich, wenn die Konversationshefte kolportieren, dass der Komponist in der öffentlichen Meinung angeblich als „zweiter Sand" gelte, weil er so viel über den Kaiser und die Erzherzöge schimpfe.[115] Die Bemerkung bezieht sich auf Karl Ludwig Sand, den Mörder des Dichters August von Kotzebue, von den Radikalen denunziert als reaktionärer Agent des russischen Zaren. Es spricht jedoch wenig dafür, dass Beethoven diese Sichtweise teilte. Beethoven selbst hat sich immer wieder um Textvorlagen Kotzebues zur Vertonung bemüht;[116] und er komponierte die bekannten Bühnenmusiken für dessen *Ruinen von Athen* und *König Stephan*, was Sympathie für seine Ermordung unwahrscheinlich macht. Kotzebue schrieb Werke, die mitunter auch Staatszwecken dienten, doch galt er gleichzeitig als ausgesprochen volksnaher Dichter, dessen Possen sich großer Beliebtheit erfreuten, sodass er insbesondere zur Zeit der sogenannten Befreiungskriege regelmäßig die Aufmerksamkeit der Zensur erregte.[117] Bei der Einordnung von Beethovens Verhältnis zum Dichter erscheint auch dessen Rolle als russischer Staatsrat wichtig. Beethoven bewunderte Zar Alexander, durch dessen Bemühungen Napoleon besiegt worden war, und drückte seinen Respekt unter anderem durch die Widmung zahlreicher Werke an den Zaren und Mitglieder seiner Familie aus, obwohl selbstverständlich (nicht zuletzt finanzieller) Pragmatismus solche Entscheidungen beeinflusste.[118] Darüber hinaus war jedoch das

113 Zum historischen Hintergrund siehe Jens Späth, *Revolution in Europa 1820–23. Verfassung und Verfassungskultur in den Königreichen Spanien, beider Sizilien und Sardinien-Piemont*, Köln 2012 (Italien in der Moderne 19).
114 Knud Breyer, „Beethovens politische Einstellung" (wie Anm. 92), S. 210.
115 Karl-Heinz Köhler, „Vorwort", in BKh 1, S. 17–24, hier S. 21; unter Bezug auf eine Äußerung Abbé Gelineks, von der Carl Joseph Bernard im März 1820 berichtet, vgl. BKh 1, S. 339.
116 Beethoven an August von Kotzebue, 28. Januar 1812, BGA 546; Kotzebue an Beethoven, 6. März 1812, BGA 559; Kotzebue an Beethoven, 20. April 1812, BGA 573.
117 Karen Hagemann, „*Mannlicher Muth und Teutsche Ehre*". Nation, Militär und Geschlecht zur Zeit der Antinapoleonischen Kriege Preußens, Paderborn u. a. 2002 (Krieg in der Geschichte 8), S. 130 f. Kritisch in Bezug auf die Befreiungskriege als Volkskriege: Planert, *Der Mythos vom Befreiungskrieg* (wie Anm. 95).
118 Dabei spielte vor allem die Zarin Elisabeth Alexejewna eine wichtige Rolle. Siehe Ingrid Fuchs, „Ludwig van Beethovens Dedikationen" (wie Anm. 101), S. 296. Generell zu diesem Thema siehe den Beitrag von Martin Scheutz im vorliegenden Band sowie Bernhard R. Appel, „Widmungsstrategien. Beethoven und die europäischen Magnaten", in ders./Raab, *Widmungen bei Haydn und Beethoven* (wie Anm. 17), S. 140 f.; Günter Brosche, „Widmungen", in Rampe,

russische Wien, dem Kotzebue nahestand, ein zentrales Element von Beethovens System musikalischer Patronage. Dazu zählten Andreas Graf Rasumowsky, russischer Botschafter und Minister des Zaren beim Wiener Kongress, wie auch Prinz Nikolaus Galitzin, Generalleutnant der russischen Armee, der den ersten Familien Russlands angehörte, und viele andere mehr.[119] Wie Mark Ferraguto und Birgit Lodes kürzlich herausgearbeitet haben, waren viele dieser Mäzene, über die finanziellen Aspekte der Vergabe von Auftragskompositionen hinausgehend, für den Komponisten auch wichtige Quellen künstlerischer Inspiration, die formale und auch inhaltliche Aspekte von Beethovens Kammermusik prägten.[120] Aus Bemerkungen von Beethovens Gesprächspartnern Rückschlüsse auf dessen politische Einstellungen zu ziehen, spricht daher nicht nur für mangelnde Quellenkritik; auch in Bezug auf Beethovens Verankerung in der Welt der Habsburgermonarchie und im adelig-kosmopolitischen Wien ist diese Position nicht schlüssig. Einmal mehr scheint hier der ideologische Wunsch Ursprung des Gedankens: Teil der Mythenbildung, im Fall der DDR-Edition der Konversationshefte vielleicht auch das Bestreben, Beethoven in das eigene politische Erbe einzubauen. Als Beethoven in den Konversationsheften einmal direkt gefragt wurde, ob er ein Revolutionär sei, brachte er das Gespräch hingegen ganz schnell auf sein enges Verhältnis zu Erzherzog Rudolph.[121]

In den letzten Jahren hat sich die Musikwissenschaft vermehrt Beethovens politisch inspirierten Gelegenheitswerken gewidmet, deren Bedeutung in eine Einschätzung von Beethovens Verhältnis zur Habsburgermonarchie einfließen sollte. Mit Nicholas Mathew fällt es schwer, diese Werke aus der Zeit des Siegs über Napoleon und des Wiener Kongresses weiterhin lediglich als ,Unfälle' Beethovens musikalischer Entwicklung abzutun.[122] Verschiedene seiner Patriotica gehen bereits auf das Jahr 1809 und die zu diesem Zeitpunkt in Österreich weit verbreitete Begeisterung für einen Krieg gegen Napoleon zurück, der dem

---

Beethovens Welt (wie Anm. 3), S. 300–305. Siehe auch das Themenheft „Widmungen", *Die Tonkunst* 14/1 (2020).

119 Larissa Kirillina, „‚Galitzin, der Cellist'. Fürst Nikolai Borisowitsch Galitzin als Mensch und Musiker", in Appel/Raab, *Widmungen bei Haydn und Beethoven* (wie Anm. 17), S. 261–286.

120 Ferraguto, *Beethoven* (wie Anm. 3), mit Bezug auf Rasumowsky v. a. S. 70–112. Zum russischen Netzwerk siehe auch Matthias Henke, *Beethoven. Akkord der Welt. Biografie*, München 2020, S. 149. Birgit Lodes, „Zur musikalischen Passgenauigkeit von Beethovens Kompositionen mit Widmungen an Adelige. *An die ferne Geliebte* op. 98 in neuer Deutung", in Appel/Raab, *Widmungen bei Haydn und Beethoven* (wie Anm. 17), S. 171–202; auch Birgit Lodes, „Gaben und Gegengaben. Ehepaare des Wiener Hochadels als Beethovens Mäzene", in *Beethoven. Menschenwelt und Götterfunken*, hrsg. von Thomas Leibnitz, Salzburg u. a. 2019, S. 54–67.

121 BKh 3, S. 158, im April 1823.

122 Mathew, *Political Beethoven* (wie Anm. 11). Für eine Einordnung siehe auch Stephen Rumph, *Beethoven After Napoleon: Political Romanticism in the Late Works*, Berkeley 2004.

Kontinent endlich wieder Frieden bringen sollte.[123] Ähnlich wie die Bonner
Kaiserkantaten müssen diese Kompositionen auch als Bekenntnisse zur Dynastie gelesen werden. Das berühmteste dieser Werke war *Wellingtons Sieg* op.
91, ursprünglich für Johann Nepomuk Mälzels Panharmonikon geschrieben, für
das Beethoven beim Wiener Kongress regelrecht gefeiert wurde und das ihn
in England endgültig zur Berühmtheit machte. Auch andere Werke wie die
Militärmärsche WoO 18 und 19, erstmals aufgeführt 1810, zeigen, wie Beethoven dem Zeitgeschehen verbunden war und dazu einen musikalischen Beitrag
leisten wollte.[124] Auf den Vorschlag Erzherzog Rudolphs, zu der entsprechenden Pferdedressur musikalisch beizutragen, reagierte Beethoven in spaßiger
Weise, der man nicht ablesen kann, dass er sich zum Schreiben der Märsche
nur verpflichtet sah: „Es sey, ich will sehen, ob dadurch die Reitenden einige
geschikte Purzelbäume machen können – Ei Ei ich muß doch lachen, wie Euer
Kaiserl. Hoheit auch bey dieser Gelegenheit an mich denken [...]."[125] Selbstverständlich war das Schreiben solcher Werke auch lukrativ; und Beethoven
festigte so seine öffentliche Anerkennung.[126] Doch scheint es wenig plausibel,
sie nicht auch im Zusammenhang mit einem Bekenntnis zu den Institutionen
der Monarchie zu sehen.

Beethovens Einbindung in den österreichischen Kaiserstaat lässt sich nicht
zuletzt auch auf Grundlage der ebenfalls in der neueren Forschung bevorzugt
behandelten Soziabilitätsstrukturen nachzeichnen. Bereits in Bonn war er mit
einer gewissen Durchmischung der Stände vertraut,[127] was auch eine Folge der
von der Aufklärung geprägten Gesellschaftsstrukturen war. Als Hofbeamter
gehörte er in Bonn einer privilegierten Schicht an,[128] weshalb romantisieren-
de Darstellungen von Beethoven als einem eingefleischten Demokraten schon
deshalb zu hinterfragen sind. Auch die im Briefwechsel detailliert dokumentierten, immerwährenden Klagen über sein eigenes Dienstpersonal sprechen
nicht für eine besondere Nähe zum Volk. An die Freundin Nanette Streicher,
die ihn in Haushaltsangelegenheiten beriet, schrieb er im Dezember 1817:

---

123 Burstein, „,Lebe wohl tönt überall' and a ‚Reunion after So Much Sorrow'" (wie Anm. 3), S. 376.
   Geringere Bedeutung misst Appel diesen Werken zu: „Widmungsstrategien" (wie Anm. 116),
   S. 143 f.
124 Appel, „Widmungsstrategien" (wie Anm. 118), S. 150.
125 Beethoven an Erzherzog Rudolph, [Ende Juli/Anfang August 1810], BGA 462.
126 Siehe dazu seine Äußerung in BKh 3, S. 148, im April 1823: „[I]ch schreibe nur das nicht, was
   ich am liebsten möchte, sondern des geldes wegen, was ich brauche, [–] Es ist deswegen nicht
   gesagt, daß ich bloß ums Geld schreibe - ist diese Periode vorbey, so hoffe ich endlich zu
   schreiben, was mir u. der Kunst das höchste ist -".
127 Breyer, „Beethovens politische Einstellung" (wie Anm. 92), S. 212.
128 Maria Rößner-Richarz, „Zwischen Hofmusik und freiem Künstlertum - Beethovens soziale
   Stellung", in Rampe, *Beethovens Welt* (wie Anm. 3), S. 227–256.

„[I]ch meiner Seite achte u. höre nie das Geschwäz des *Pöbels* an";[129] und wenige Wochen später bezeichnete er seine Dienstboten als „Mistvolk", sich damit brüstend, im Hause für Ruhe gesorgt zu haben, indem er „der B.[aberl]" seinen „schweren sessel am Bette auf den Leib" geschmissen habe.[130] Als die Küchenmagd beim Holztragen „ein etwas schiefes Gesicht" machte, rief er ihr taktvoll in Erinnerung, „daß unser Erlöser sein Kreuz auch auf Golgatha geschleppt" habe.[131] Ein weiterer Bedienter hat „das Glück von Gott [...], einer der ersten Esel des Kaiserstates (welches viel gesagt ist,) zu seyn [...]".[132] Gleichzeitig erklärt sich das häufig offen gezeigte Selbstbewusstsein gegenüber den adeligen Förderern auch aus dem Bewusstsein seiner eigenen sozialen Stellung: daher die Rebellion gegen jeglichen Eindruck, als musikalischer Lakai behandelt zu werden. Teil dessen waren die vergeblichen Bemühungen, seinen niederländischen Namen – zu Deutsch „vom Rübenhof" – als Adelsprädikat durchgehen zu lassen, nebst dem Mythos, ein illegitimer Sohn Friedrichs II. zu sein.[133]

Die mit Adelsprädikaten ausgestatteten Männer- und Gasthausfreunde Beethovens waren wirtschaftlich kaum besser gestellt als der Komponist selbst, so vor allem Nikolaus Zmeskall von Domanovecz, den er in seiner Korrespondenz immer wieder als „Liebstes gräferl wie auch *Barönerl*", „liebster Baron Dreckfahrer" oder auch als „liebster graf – liebstes schaf" tituliert.[134] Aus diesen Äußerungen spricht ein aufgeklärtes Gleichheitsideal, aber auch Ungezwungenheit im Umgang. Zmeskall konnte zwar auf eine bedeutende Beamtenkarriere verweisen,[135] doch mehr zählten für Beethoven der Schüler Mozarts und Johann Georg Albrechtsbergers, dessen Kenntnisse als Komponist zahlreicher Streichquartette, Konzerte und Sinfonien[136] und vor allem sein herausragendes Können als Cellist. Damit hatte er die Möglichkeit, mit ihm auch technische und musiktheoretische Fragen zu besprechen, wie sie beispielsweise in Zmeskalls Beiträgen zur Entwicklung moderner Metronome

129 Beethoven an Nannette Streicher, [27. Dezember 1817], BGA 1205.
130 Beethoven an Nannette Streicher, [Januar 1818], BGA 1223.
131 Beethoven an Nannette Streicher, [12. Januar 1818], BGA 1224.
132 Beethoven an Tobias Haslinger, [Februar 1817], BGA 1092.
133 Henke, *Beethoven* (wie Anm. 118), S. 150, 156 u. 250; Lewis Lockwood, „Beethoven as Sir Davison. Another Look at his Relationship to the Archduke Rudolph", in *Bonner Beethoven-Studien* 11 (2014), S. 133–140; Hinrichsen, *Ludwig van Beethoven* (wie Anm. 3), S. 250.
134 Brief vom Juni 1801 [?], BGA 75; Brief um 1798, BGA 35; sowie Brief vom November 1802 [?], BGA 115. Zu Beethovens humoristischen Wortspielen in der Korrespondenz siehe auch Birgit Lodes, „‚Ich, der Hauptmann.' Humoristische Wortspiele in Beethovens Briefen an Frauen", in *Die Tonkunst* 14/3 (2020), S. 280–293.
135 Károly Vörös, „Beiträge zur Lebensgeschichte von Nikolaus Zmeskáll", in *Studia Musicologica Academiae Scientiarum Hungaricae* 4/3–4 (1963), S. 381–409.
136 Anna Schirlbauer, „Das Testament Nicolaus Zmeskalls" (wie Anm. 24).

dokumentiert sind.[137] Diese Hochschätzung wurde dem Gründungs- und Vorstandsmitglied der Gesellschaft der Musikfreunde nicht nur durch Beethoven zuteil: Haydn widmete ihm seine Streichquartette op. 20.

Aus dem engeren Freundeskreis hatte eine vergleichbare Stellung als adeliger Hofbeamter auch der Baron Gottfried van Swieten – als Präses der Studien- und Buchzensurhofkommission zeitweilig ein Vorgesetzter des jungen Zmeskall –, dem Beethoven die Erste Sinfonie widmete. Doch Zmeskall soll hier als Beispiel dienen, die soziale Bedeutung entsprechender Kontakte Beethovens zu untersuchen. Trotz seiner Zugehörigkeit zum ungarischen Adel und seiner herausgehobenen Stellung in der ungarischen Hofkanzlei hatte Zmeskall aus dem oberungarischen Grundbesitz der Familie kaum Einkünfte und teilte so das Schicksal unzähliger ungarischer Adeliger, die sich ihr Überleben durch Anstellung im Staatsdienst sichern mussten.[138] Dabei spielten die hervorragende juristische Ausbildung in Pressburg (Bratislava/Pozsony), Budapest und Wien, seine Vielsprachigkeit – neben Deutsch, Latein und Ungarisch auch Tschechisch und Französisch – und vermutlich auch Verbindungen zu den Freimaurern eine entscheidende Rolle, während die starke Verwurzelung im protestantischen Milieu seit Joseph II. nicht länger die Beamtenlaufbahn beeinträchtigte.[139] Gleichzeitig bedeuteten gerade diese Integration in den Staatsdienst und die Verwurzelung in Wien eine Treue zur Dynastie, die in seiner Generation nicht mehr von allen ungarischen Adeligen geteilt wurde. In Zmeskalls Fall beeinflussten dabei auch die ursprüngliche Herkunft der Familie aus dem böhmischen Schlesien und die deutschsprachige Mutter die Einstellung zur Monarchie.[140]

Was jedoch die Karriere im Staatsdienst in den Jahren der Napoleonischen Kriege nicht mehr garantierte, war ein auf der beruflichen Stellung beruhendes finanzielles Auskommen, das in irgendeiner Weise als privilegiert angesehen werden konnte. Spätestens seit der Jahrhundertwende waren die Beamten des Kaiserstaats mit häufig dramatischen Auswirkungen der Armut preisgegeben, da die in der Regel verspäteten Gehaltserhöhungen auf keine Weise mit der bereits beschriebenen Teuerung der Lebensverhältnisse und der Geldentwertung mithielten. Selbst für Erzherzog Karl waren 1808 Beamte und Hungerleider identische Begriffe; und der Staatsrat Sigmund von Schwitzen

137 Nicolaus von Zmeskall, „Tactmesser, zum praktischen Gebrauch geeignet (Beschluss.)", in *Allgemeine Musikalische Zeitung mit besonderer Rücksicht auf den österreichischen Kaiserstaat* 1/36 (1817), 4. September, Sp. 305–308.
138 Vörös, „Beiträge zur Lebensgeschichte von Nikolaus Zmeskáll" (wie Anm. 135).
139 Anna Schirlbauer, „Nicolaus Zmeskall" (wie Anm. 17). Zur Ausbildung auch Anna Schirlbauer-Grossmannová, „Mladost' a gymnaziálne roky Mikuláša Zmeškala (1759–1833)", in *Slovenská hudba* 33/2 (2007), S. 212–244.
140 László Zolnay, „Zur Biographie des Komponisten Nikolaus Zmeskál (1759–1833)", in *Studia Musicologica Academiae Scientiarum Hungaricae* 13/1–4 (1971), S. 311–319.

vermochte nicht mehr zu begreifen, wie selbst die höheren Beamten mit ihren Gehältern auch nur die allernötigsten Bedürfnisse bestreiten konnten: Er bezeichnete sie als „die unglücklichste Menschenklasse der Monarchie".[141] Entsprechende Bittgesuche an den Kaiser wurden in Anbetracht der dramatischen Situation der öffentlichen Finanzen ignoriert, mit der Folge, dass das Gehaltsniveau 1816 um das Vier- bis Sechsfache niedriger war als um die Jahrhundertwende, erheblich unter dem eines Buchhalters in einer Handelsgesellschaft. Ein Gehalt von 1.200 Gulden deckte so kaum noch den Lebensunterhalt, wobei Zmeskall nach seiner Beförderung zum Abteilungsdirektor innerhalb der Kanzlei immerhin um die 1.800 Gulden verdiente.[142] Was Zmeskall vor dem finanziellen Ruin schützte, war die Tatsache, dass er keine Familie zu versorgen hatte und zumindest geringe Zusatzeinkünfte aus Grundbesitz hatte. Vielen Beamtenwitwen fehlte es zu der Zeit sogar an Mitteln, einen Totengräber zu bestellen. Obwohl immer wieder Befürchtungen geäußert wurden, dass der wirtschaftliche Verfall des Beamtenstandes zu Korruption und Veruntreuung führen könnte, blieb der überwiegende Teil dem Kaiserstaat und der Dynastie loyal verbunden.

Die gesellschaftliche Stellung des Freundes Zmeskall war trotz Adelsprivileg also in keiner Weise mit derjenigen von Beethovens hochadeligen Mäzenen zu vergleichen. Diese trugen in Wien ganz erheblich zu Beethovens Lebensunterhalt bei, als zahlende Konzertgänger, Käufer von kammermusikalischem Notenmaterial, aber vor allem als Auftraggeber oder zahlende Widmungsträger seiner Werke, obwohl auch deren Einkünfte von der Wirtschafts- und Finanzkrise direkt betroffen waren. Das bekannteste Beispiel einer direkten finanziellen Förderung ist der berühmte Rentenvertrag aus dem Jahr 1809, mit dem Erzherzog Rudolph, Fürst Kinsky und Fürst Lobkowitz Beethovens Verbleib in Wien absicherten. Doch auch dieser verlor durch das Kriegsgeschehen bald erheblich an Wert und führte in Folge wiederholt zu Schwierigkeiten und gerichtlichen Auseinandersetzungen.[143] Trotzdem ging das Verhältnis Beetho-

141 Mayr, *Wien im Zeitalter Napoleons* (wie Anm. 101), S. 207.
142 Ebd., S. 208; Vörös, „Beiträge zur Lebensgeschichte von Nikolaus Zmeskáll" (wie Anm. 135), S. 393.
143 Der Briefwechsel dazu ist umfangreich. Für einen Überblick der Auseinandersetzung nach dem Staatsbankrott siehe Franz Oliva an Karl August Varnhagen von Ense in Prag, 3. Juni 1812, BGA 578; Beethoven an Maria Charlotte Fürstin Kinsky, 30. Dezember 1812, BGA 608; Beethoven an Joseph Fürst Schwarzenberg (Konzept), 24. Juli 1813, BGA 663. Die Schwierigkeiten mit den Erben Fürst Kinskys wurden erst 1815 durch einen Vergleich beigelegt. Siehe vor allem Martella Gutiérrez-Denhoff, „O Unseeliges Dekret. Beethovens Rente von Fürst Lobkowitz, Fürst Kinsky und Erzherzog Rudolph", in *„Alle Noten bringen mich nicht aus den Nöthen!!" Beethoven und das Geld. Begleitbuch zu einer Ausstellung des Beethoven-Hauses in Zusammenarbeit mit dem Archiv der Gesellschaft der Musikfreunde in Wien und der Österreichischen Nationalbank*, hrsg. von Nicole Kämpken und Michael Ladenburger, Bonn 2005 (Veröffentlichungen des Beethoven-Hauses. Ausstellungskataloge 16), S. 28–44.

vens zu seinen Mäzenen über rein finanzielle Aspekte hinaus. Während Ferraguto vor allem die künstlerische Komponente dieser Beziehungen betont[144] und Hinrichsen die Bedeutung des gesellschaftlichen Rahmens vor allem für die Kammermusik hervorhebt,[145] betont Bernhard Appel, dass Beethoven im Falle der Widmungen an Lichnowsky und Lobkowitz immer auch hochgestellte Funktionsträger des Kaiserstaats beehrte, mit denen er sich in ständigem, auch persönlichem Kontakt befand.[146] Beethovens künstlerische Bedeutung ist deshalb zu einem ganz gewichtigen Anteil auch aus dieser Stellung innerhalb der Monarchie zu erklären.

Gelegentlich kritische Bemerkungen zu Regierung und österreichischer Verwaltung, wie wir sie in den Konversationsheften und im Briefwechsel finden, dürfen daher nicht unbedingt als Äußerungen einer ablehnenden Haltung zum Kaiserstaat gelesen werden. Eine Bemerkung wie, der Kaiser habe „so viele Kreaturen um sich, die nichts taugen",[147] kann vielmehr als Anerkennung des Herrschers gelesen werden, dessen Entourage seiner Erhabenheit nicht gewachsen ist. Darauf bezog er sich, als er sich 1816 bei Gottfried Christoph Härtel beklagt, daß „bey unß [...] immer u. ewig der Eurus bleiben [wird], ein Stillstehender Sumpf!!!"[148] Gleichzeitig zeigen eher alltägliche Eintragungen in die Konversationshefte die emotionale Seite der Bindung an das Kaiserhaus, ob es sich nun darum handelt, in der Hofbäckerei die gleichen Semmeln wie der Kaiser zu kaufen oder sich nach dem Wohlbefinden der auf Reisen befindlichen kaiserlichen Familie zu erkundigen.[149]

Im Gegensatz zu anderen Mitgliedern des Hauses war zwar Kaiser Franz II./I. Beethovens Musik weniger zugeneigt, empfand diese vielleicht ästhetisch betrachtet als zu revolutionär. Daran änderte auch die Widmung von Beethovens ausgesprochen populärem Septett an die Kaiserin nichts.[150] Doch erlaubt dies nicht, auf eine negative Einstellung zum Monarchen oder zur Monarchie allgemein zu schließen. Beethovens Einstellung zu Metternich, der die italienische Oper bevorzugte, lässt sich aufgrund der wenigen direkten Verweise in

---

144 Ferraguto, *Beethoven* (wie Anm. 3).
145 Hinrichsen, *Ludwig van Beethoven* (wie Anm. 3), S. 44–50. Ein weiteres Beispiel ist der im Bonner Beethovenhaus erhaltene Satz italienischer Streichinstrumente, die Beethoven als Geschenk von Karl Fürst Lichnowsky erhielt, der ihn damit zum Schreiben von Quartetten animieren wollte: Lewis Lockwood und Jessie Ann Owens, „Beethoven and His Royal Disciple", in *Bulletin of the American Academy of Arts and Sciences* 57/3 (2004), S. 2–7.
146 Appel, „Widmungsstrategien" (wie Anm. 118), S. 153.
147 BKh 1, S. 52, siehe auch Karl-Heinz Köhler, „Vorwort" (wie Anm. 115), S. 21 f.
148 Beethoven an Gottfried Christoph Härtel in Leipzig, 19. Juli 1816, BGA 950.
149 Vgl. BKh 3, S. 299, im Mai 1823; BKh 6, S. 61, im April 1824; BKh 8, S. 316, im Februar 1826.
150 Appel, „Widmungsstrategien" (wie Anm. 118), S. 158. Zur Widmungsgeschichte des Septetts siehe Tunbridge, *Beethoven* (wie Anm. 3), S. 19–42; John A. Rice, *Empress Marie Therese and music at the Viennese court, 1792-1807*, Cambridge u. a. 2003, S. 244–248.

der Korrespondenz oder den Konversationsheften schwerer beurteilen, doch finden sich keine Äußerungen, die sich direkt gegen den Kanzler richten. Als Stratege des Wiener Kongresses war er an Beethovens dortiger Rolle nicht unbeteiligt. Zeitweise könnte Beethoven einen Kopisten aus dem Stab Metternichs beschäftigt haben.[151] Zudem erwog er, von dessen Gütern Rheinwein zu erwerben.[152]

Gespräche im Hause Beethoven zur Zensur richteten sich nicht gegen Metternich, sondern dessen internen Gegenspieler Josef Graf Sedlnitzky, Präsident der Polizeihofstelle, der für diesen Bereich alleinige Verantwortung trug, wobei dem Kaiser wiederum eine positive Einflussnahme zugesprochen wurde: „[D]er Kaiser soll den *Regißeurs* des Hoftheat.[ers] gesagt haben, daß es mit der *Censur* bald besser werden wird, wenn der Graf *Sedlnitzky* wegkömmt[,] der so engbrüstig ist", heißt es 1824 in einer in den Konversationsheften dokumentierten Unterhaltung.[153] Auch Anton Schindlers Bemerkungen in den Konversationsheften zu Franz Grillparzer richten sich gegen Sedlnitzkys „*Chicane*" bei der Zensur: „[D]er Kaiser weis nichts davon, sondern wie G.[rillparzer] sagt, blos der G[ra]f *Sedlnitzky*."[154] Zahlreiche Belege zur Bewertung des Verhältnisses zwischen Verwaltung, Kaiserhaus und musikliebendem Hochadel ließen sich hier anfügen. In ironischem Ton prangert Beethoven immer wieder Missstände an, nimmt aber den Herrscher von der Verantwortung dafür aus: „[J]a solche Ehremänner haben wir um unß herum, o über den gütigen christlichen Monarchen", so 1816 im Briefwechsel mit Johann Nepomuk Kanka in Prag;[155] oder an Antonie Brentano, der er verkündet, dass „unsre Regierung immer mehr zeigt, daß sie regiert werden müße".[156]

Diese Differenzierung zwischen Verehrung des Kaiserhauses und Ärger über dessen schwerfällige Verwaltungsvertreter zieht sich durch die gesamte Geschichte der Habsburgermonarchie und lässt sich im Falle Beethovens auch durch persönliche Erfahrungen, beispielsweise die gerichtlichen Auseinandersetzungen um seinen Neffen oder die Durchsetzung seiner Rentenansprüche, erklären. So ist auch der Witz zu verstehen, den er sich in einem Brief an den Verleger Sigmund Anton Steiner erlaubt: „Seine Majestät haben aus allerhöchst eigenen Antriebe befohlen, daß der Metronom Mäelzels im Finanzministerium eingeführt werde, um nach demse[l]ben das Tempo der Finanzen zu bestimmen –".[157] Vor dem Versagen der Verwaltung nahm Beethoven das

---

151 BKh 3, S. 57 f., im Februar 1823 (Schindler).
152 Ebd.; BKh 6, S. 295, Juni–Juli 1824.
153 BKh 6, S. 21, im April 1824 (Schindler).
154 BKh 6, S. 70, im April 1824 (Schindler).
155 Beethoven an Johann Nepomuk Kanka in Prag, 28. Dezember 1816, BGA 1019.
156 Beethoven an Antonie Brentano in Frankfurt, 29. September 1816, BGA 978.
157 Beethoven an Sigmund Anton Steiner[?], [21. Februar 1818], BGA 1245.

Kaiserhaus hingegen häufig in Schutz: „Behörden [geben] oft auch dem Kais.
[er] die schuld [...], oder man glaubt wenigstens[,] daß die Behörde auf Befehl
des Kais.[ers] handle."[158] Gerade deswegen sah man sich gezwungen, die Hilfe der kaiserlichen Familie zu ersuchen, um Verwaltungsabläufe zu beeinflus-
sen.[159]

Weder Mozart noch Haydn hatten zu irgendeinem Zeitpunkt ein derart
persönliches Verhältnis zum Kaiserhaus, wie wir es in der Beziehung Beethovens zu Erzherzog Rudolph finden.[160] Geboren 1788 im Florentiner Palazzo
Pitti, Sohn des späteren Kaisers Leopold II. und Bruder des nun regierenden
Kaisers Franz II./I., traf Rudolph erstmals 1803 oder 1804 bei den musikalischen Abendveranstaltungen des Fürsten Lobkowitz mit Beethoven zusammen, auch wenn es zu regelmäßigem Klavier- und Kompositionsunterricht erst
später kam.[161] Beethoven zeigte eine beinahe uneingeschränkte Anerkennung
für das musikalische Talent des Erzherzogs. Dies ist zumindest teilweise in den
95 überlieferten Briefen an den Schüler bekundet, wenn auch viele dieser Dokumente vornehmlich krankheitsbedingte Entschuldigungen für versäumten
Unterricht sind.[162] Die unter Beethovens Anleitung entstandenen Kompositionen erregten eine bisher nur selten gewürdigte öffentliche Aufmerksamkeit
und erfüllten so auch eine nicht unwichtige kulturpolitische Funktion, die das
dynastische Staatsverständnis stärken sollte.[163]

Dem Erzherzog widmete Beethoven mehr Werke als jedem anderen seiner
Förderer, darunter neben der eingangs erwähnten Klaviersonate das Vierte und Fünfte Klavierkonzert, die Violinsonate op. 96, das „Erzherzog-Trio"
op. 97 sowie für dessen Inthronisation als Erzbischof von Olmütz (Olomouc)
die monumentale *Missa solemnis*, auch wenn diese erst verspätet vollendet wurde.[164] Selbstverständlich zeigte sich Beethoven gelegentlich durch seine Mäzene verstört. Gleichwohl stehen diese Beziehungen für eine nicht zu unterschätzende Einbindung des Komponisten in den österreichischen Kaiserstaat,
ein politisch-verfasstes System, das ihm Heimat, aber auch Grundlage künstlerischen Schaffens geworden war.

---

158 BKh 3, S. 113, im März 1823; siehe auch BKh 8, S. 186 f., im November 1825.
159 BKh 7, S. 262, im April–Mai 1825 (Stephan von Breuning).
160 Burstein, „„Lebe wohl tönt überall' and a ‚Reunion after So Much Sorrow'" (wie Anm. 3), S. 372.
161 Lewis Lockwood, *Beethoven. The Music and the Life*, New York 2003, S. 300 f.
162 Zum Verhältnis des Lehrers zu seinem Schüler vor allem Kagan, *Archduke Rudolph* (wie Anm. 4).
163 Jones, „Shared Identities and Thwarted Narratives" (wie Anm. 25).
164 Für eine Übersicht siehe Lockwood/Owens, „Beethoven and His Royal Disciple" (wie Anm. 143),
     S. 4. Zur Entstehungsgeschichte der Messe siehe William Drabkin, *Beethoven: Missa Solemnis*,
     Cambridge 1991, S. 11–18; auch Birgit Lodes, „Composing with a Dictionary: Sounding the
     World in Beethoven's *Missa Solemnis*", in *Beethoven Studies* 4 (2020), S. 189–208.

Menschheitsphilosophie

Beethovens eigenwillige Orthographie, auch seine unleserliche Handschrift werden häufig mit mangelnder Schulbildung in Zusammenhang gebracht, wobei sich diese Eigenart zugleich gut mit dem Bild des wenig verbildeten, gleichsam wilden Naturgenies vereinbaren lässt. Auch diese Idee muss sich jedoch der Quellenkritik stellen. Eckhard Roch hat kürzlich darauf hingewiesen, wie viel kompositorische Strategie – *detractio, amplificatio,* ganz bewusst *obscuritas* – sich in Beethovens Briefstil verbirgt.[165] Beethovens entsprechende Eigenwilligkeiten sollten daher nicht im Sinne des Mythos verklärt werden. Und an Bildung mangelte es Beethoven ohnehin nicht: Hatte er gewisse Dinge in der Schule nicht gelernt, bibliographierte er eben, um die Lücken zu füllen, und er war sich nicht zu fein, dabei auch prosaische Werke wie das *Elementarbuch der Kaufmännischen Rechenkunst* zurate zu ziehen.[166]

Seine auf die Bonner Jahre zurückgehenden philosophischen und literarischen Studien vertiefte Beethoven in Wien, wobei er sich seine Lektüre häufig aus der Bücherstadt Leipzig schicken ließ.[167] Mitten im Krieg bat er Breitkopf & Härtel um eine Gesamtausgabe Goethes und um Wielands Shakespeare-Übersetzung. Auch verlieh er seine Bücher, nutzte öffentliche Büchereien sowie die Bibliotheken seiner Freundinnen und adeligen Förderer, angefangen mit den Büchern, die er im Salon der Helene von Breuning bereits in Bonn kennenlernte.[168]

Seine umfangreichen Studien, auch noch in späteren Jahren, dokumentiert unter anderem das Tagebuch der Jahre 1812 bis 1818, das zahlreiche Zitate von Herder, Schiller und Kant enthält sowie umfangreiche Hinweise zum Studium von Sekundärliteratur zu Philosophie, Religion und Literatur.[169] Die langen Exzerpte zu brahmanischen Religionssystemen – aus der Rigveda, der Bhagavad-Gita, Werken von Kālidāsa, der „Hymne auf Narayena" von William Jones – dokumentieren nicht nur Beethovens Nachdenken über die Idee eines immateriellen Gottes, sondern sprechen auch für sein humanistisches Weltbild, das den Menschen als solchen, nicht den einer bestimmten Kultur im Zentrum

165 Eckhard Roch, „Briefe, Tagebücher und Konversationshefte", in Rampe, *Beethovens Welt* (wie Anm. 3), S. 108–130, hier S. 117.
166 Ebd., S. 119.
167 Hinrichsen, *Ludwig van Beethoven* (wie Anm. 3), S. 41. Auch Scott Burnham zeigt, wie der Leser Beethoven seine Ideenwelt musikalisch verarbeitete: „Beethoven and Heroism in the Age of Revolutions", in November, *The Cambridge Companion to the Eroica Symphony* (wie Anm. 14), S. 7–23.
168 Knud Breyer, „Beethovens Verhältnis zur Literatur", in Rampe, *Beethovens Welt* (wie Anm. 3), S. 219–226, hier S. 219; Ronge, „Treue Freunde" (wie Anm. 12), S. 284.
169 Dazu auch Hinrichsen, *Ludwig van Beethoven* (wie Anm. 3), S. 191 f.

sieht. Wenn man den Einfluss von Kālidāsas *Shakuntala* auf Goethes *Faust* bedenkt, war diese Auseinandersetzung weniger exzentrisch, als es uns heute erscheinen mag. Hierin fügt sich auch Beethovens Beschäftigung mit Herders *Ideen zur Philosophie der Geschichte der Menschheit*, die er im Tagebuch gemeinsam mit Sanskrit-Schriften zitiert.[170] Die musikalischen Ergebnisse dieser Konfrontation finden sich im *Fidelio* wie auch in seiner Bearbeitung von Schillers *Ode an die Freude* in der Neunten Sinfonie. Diese Ideenwelt war nicht spontane Eingabe, sondern das Ergebnis einer jahrzehntelangen philosophischen Auseinandersetzung mit Weltliteratur.

Die Bedeutung dieser Lektüren sollte jedoch nicht zu einer Verklärung der daraus resultierenden Musik führen. Mathews *Political Beethoven* fordert uns heraus, diese Schöpfungen menschlicher Erhabenheit entlang der vom Geniekult häufig als Irrtümer beiseite geschobenen Werke zu verstehen: so manchen Schauspielmusiken, Werken ohne Opuszahl oder den aus spezifischen Strukturen der Sozialität entstandenen Gelegenheitskompositionen.[171] Das Lesen war für Beethoven nicht nur Auseinandersetzung mit Menschheitsidealen sondern auch das Nachdenken über Fragen der eigenen Zeit. Bücher verblieben für Beethoven nicht unangetastet im Bücherschrank, sie konstituierten vielmehr seine Arbeitsbibliothek. So waren noch 1826 Voltaire, griechische Philosophie und der alte Orient Themen in den Konversationsheften.[172]

Wie lange bekannt und in seiner Bedeutung kürzlich vor allem von Hinrichsen untersucht, gehörte zu diesen Büchern auch Kant. Beethoven war direkt vertraut mit dessen *Allgemeiner Naturgeschichte* von 1755 und mit der *Kritik der praktischen Vernunft*. Das ist nicht wenig, doch ähnlich wie bei Goethe erreichte ihn das Kant'sche Denken vor allem aus Sekundärquellen, bereits über den Bonner Freundeskreis, später über Werke von Kant beeinflusster Autoren, dann über seinen Freund Christoph August Tiedge und dessen Lehrgedicht *Urania*.[173] „Das Moralische Gesez in unß, u.[nd] der gestirnte Himmel über unß' – Kant!!!" notierte er zu Beginn des Jahres 1820 in sein Konversationsheft,[174] einen Zeitungsartikel des bekannten Astronomen und Kantianers Joseph Johann Littrow zitierend, der auch Direktor der Wiener Sternwarte und ein Vertrauter des Freundes Zmeskall war und so zumindest indirekt Beethovens Kreis

170 Maynard Salomon, „Beethoven's Tagebuch of 1812–1818", in *Beethoven Studies* 3 (2009), S. 193–288, hier S. 241 f.
171 Mathew, *Political Beethoven* (wie Anm. 11).
172 BKh 9, S. 219 f., im April 1826.
173 Zur Rolle Tiedges siehe Hinrichsen, *Ludwig van Beethoven* (wie Anm. 3), S. 104–115. Siehe auch BGA 521 und 525.
174 BKh 1, S. 235, Januar–Februar 1820.

angehörte.[175] Der Satz scheint eine erhabene Welt zu beschreiben, in welcher der Mensch die Nichtigkeit seines Daseins durch seine Vernunft aufhebt. Ganz ähnlich lautet es im Schlusswort von Kants *Kritik der praktischen Vernunft*: „Zwei Dinge erfüllen das Gemüth mit immer neuer und zunehmender Bewunderung und Ehrfurcht, je öfter und anhaltender sich das Nachdenken damit beschäftigt: *der bestirnte Himmel über mir und das moralische Gesetz in mir.*"[176]

Beethovens Eintrag im Konversationsheft ist auf das Jahr 1820 datiert, doch findet sich eine ganz ähnliche Idee bereits im zweiten Teil des Briefs an die „Unsterbliche Geliebte" vom 6. Juli 1812, abends: „[...] und wenn ich mich im Zusammenhang des Universums betrachte, was bin ich und was ist der – den man den Größten nennt – und doch – ist wieder hierin das Göttliche des Menschen [...]."[177] Der Gedanke bestärkt die Vermutung, dass es sich bei Littrows Zitat nicht um eine spontane Notiz handelt, sondern um ein weiteres Element einer philosophischen Wahrheitssuche, die Beethoven über Jahrzehnte beschäftigte. Für Beethoven wurde diese Konzeption menschlichen Daseins nicht nur Programm seines musikalischen Schaffens, sondern Grundlage der Überwindung seines eigenen Leidens an der Welt. Kritiker wie E. T. A. Hoffmann und Adolf Bernhard Marx erkannten schon früh, dass es sich bei Beethovens Musik um Philosophie handelte. Ganz in diesem Sinne war Musik für ihn Kunst, nicht Abbildung. Genau darin lag für Beethoven die Herausforderung der Beziehung zwischen Form und Inhalt.

Wenn Schillers Idee der Erhabenheit die moralische über die physische Freiheit setzt, folgt dies direkt aus Kant, schafft aber zugleich ästhetische Prinzipien, an denen Beethoven sich seit seiner Jugend orientierte. Zeugen dafür sind die *Don Karlos*-Exzerpte im oben zitierten Stammbuch vom Abschied aus Bonn. Beethoven bestand darauf, dass man sich seine Musik erarbeiten musste. Philosophisch-literarische Bildung bot dazu eine wichtige Voraussetzung, auch wenn er in einigen seiner letzten Klaviersonaten und Streichquartetten

---

175 Die Zugehörigkeit Littrows zu dem Kreis lässt sich dadurch rekonstruieren, dass er Jahre später als Zeuge das Testament Zmeskalls unterschrieb: Schirlbauer, „Das Testament Nicolaus Zmeskalls" (wie Anm. 24), S. 140. Auch der bekannte Schattenriss Zmeskalls stammt aus einem Familienalbum der Littrows: Zolnay, „Zur Biographie des Komponisten Nikolaus Zmeskál" (wie Anm. 140), S. 319.

176 Immanuel Kant, *Kritik der praktischen Vernunft*, in ders., *Kritik der praktischen Vernunft. Kritik der Urtheilskraft*, hrsg. von der Königlich Preußischen Akademie der Wissenschaften, Berlin 1908 (Kant's gesammelte Schriften 1/5), S. 1–163, hier S. 161. Zur Bedeutung dieser Konzeption für Beethoven siehe auch Birgit Lodes, „,In der ungeheuern Weite'. Beethoven und die Ahnung des Göttlichen in *Meeres Stille und Glückliche Fahrt, Missa solemnis* und Neunte Symphonie", in *Beethoven und der Wiener Kongress (1814/15). Bericht über die vierte New Beethoven Research Conference Bonn, 10. bis 12. September 2014*, hrsg. von Bernhard R. Appel, Joanna Cobb Biermann, William Kinderman und Julia Ronge, Bonn 2016, S. 139–165 (Schriften zur Beethoven-Forschung 26).

177 Beethoven an eine unbekannte Adressatin, 6. Juli 1812, abends, BGA 582.

in Kauf nahm, dass man ihm auf diesem Weg nicht mehr unbedingt folgen konnte. Auch das widerspricht der Idee des Volkskomponisten.

Viele der hier zur Rekonstruktion von Beethovens Zeiterfahrung herangezogenen Quellen wurden in anderen Zusammenhängen von der Musikwissenschaft bereits zitiert. Eine kritische Betrachtung dieses Materials aus der Perspektive der Historik öffnet jedoch den Blick auf eine Lebenswelt Beethovens, die sich mit der teleologischen Verengung historischer Zeitlichkeit auf den Nationalstaat kaum vereinbaren lässt. Die Betrachtung widerspricht zudem einer Idee politischer Moderne, die als historische Zukunft längst Vergangenheit geworden ist. Wir wissen, welches Leid diese Moderne gebracht hat, wie die Konstitution von Nationalstaaten mit Nationenhass einherging, dem im vergangenen Jahrhundert Völkermorde, die Shoah und das Ende jeglicher Idee von Menschenrecht folgten. Diese Ideologie bestand auf der Nation, die jedoch dem Einzelnen nie gerecht wird. Deshalb hat Amartya Sen in *Identity and Violence* darauf hingewiesen, dass nationale und religiöse Identität immer nur einzelne Faktoren unter vielen sind, die uns bestimmen. Gewalt folgt, wo Nationalität und Religion als essenziell betrachtet werden.[178]

Beethoven war Patriot. Sein Patriotismus war mit Kurköln und der Habsburgermonarchie verbunden, nicht aber mit einem Begriff von Nation, der zu dieser Zeit kaum vorstellbar war. Goethe und Schiller, die Beethoven so nahestanden, schrieben 1796 in den Xenien:

> Zur *Nation* euch zu bilden, ihr hoffet es, Deutsche, vergebens;
> Bildet, ihr könnt es, dafür freier zu Menschen euch aus![179]

Oder malte hier der von der Revolution befeuerte, neue Begriff der Nation bereits seine Schatten an die Wand, weshalb man Goethe und Schiller als Warnung lesen sollte? Der freie Mensch, den Goethe und Schiller hier beschwören, scheint der Menschheitsidee Herders zu folgen, der wir in Beethovens Tagebüchern immer wieder begegnen: „Humanität ist der Zweck der Menschennatur, und Gott hat unserm Geschlecht mit diesem Zweck sein eigenes Schicksal in die Hände gegeben."[180] Doch aus der Warnung der *Xenien* spricht auch das Denken Kants, für den der „nationalwahn auszurotten [sei], an dessen stelle patriotism und cosmopolitism treten" sollen.[181] Natürlich erkannte Beethoven

---

178 Amartya Sen, *Identity and Violence. The Illusion of Destiny*, London u. a. 2006, S. 156.
179 Johann Wolfgang von Goethe und Friedrich Schiller, *Xenien* („Deutscher Nationalcharakter"), hrsg. von den Nationalen Forschungs- und Gedenkstätten der Klassischen Deutschen Literatur in Weimar, Berlin u. a. 1988 (Goethes Werke 1), S. 223–236, hier S. 228.
180 Johann Gottfried Herder, *Ideen zur Philosophie der Geschichte der Menschheit*, hrsg. von Heinz Stolpe, Berlin u. a. 1965, Bd. 2, S. 214.
181 Immanuel Kant, *Anthropologie*, hrsg. von der Königlich Preußischen Akademie der Wissenschaften, Berlin u. a. 1923 (Kant's gesammelte Schriften 3/15), ii, S. 591.

die außerordentliche Bedeutung der Französischen Revolution, in welcher der Mensch sich die Wirklichkeit nun selbst erbaute. Doch merkte er bald, dass der Mensch dabei leicht jenes innere moralische Gesetz vergaß, welches er nach Kant zitierte. Für die mit Kant Aufgeklärten beruhte das Ende des Despotismus auf einem Menschheitsideal, das unvereinbar war mit jener von der *volonté générale* propagierten unteilbaren Nation. So gab es in diesem Menschheitsideal auch keinen Platz für den Nationenhass eines Ernst Moritz Arndt, Johann Gottlieb Fichte oder Friedrich Ludwig Jahn, der sich unter den ehemals kritischen Denkern nun zunehmend breitmachte. So hatte Beethovens an Kant und Schiller geschulte Lebenswelt mit dem Nationalstaat, der den Kult um seine Person hervorbringen sollte, wahrlich nichts zu tun.

ABSTRACT

Beethoven Before the Nation-State.
Historical Life Worlds and Experiences of Time

Beethoven's most intense period of work was overshadowed by his experience of the Napoleonic Wars and the demise of the Holy Roman Empire, a polity to which he felt closely attached through his early life at the court of the Habsburg elector Maximilian Franz in Bonn, as well as after his subsequent move to Vienna. Due to Napoleon's imperial expansion, the Holy Roman Empire ceased to exist and was superseded by the foundation, in 1804, of the Austrian Empire, a new polity based on a supranational concept of the state. This new form of monarchy not only survived France's imperial ambition, at the Congress of Vienna it was able to impose a new political order in Europe that explicitly aimed to prevent the continent from falling back into a new era of revolution, turmoil and brutal warfare. Recent historiography on the Habsburg monarchy has moved away from the idea of an Empire conceived as a prison of peoples to highlight its ability to use imperial patriotism and dynastic loyalty to foster consensus among its many peoples and nationalities. It has also started reassessing the merits of the Holy Alliance as a return, after decades of warfare, to the principles of international law and the inviolability of internationally agreed borders. This novel historiographical agenda imposes a new evaluation of Beethoven's experience of historical time during the transition from the *ancien régime* to a new age of nationalism. The chapter explores the composer's correspondence and his conversation booklets in an attempt to rethink the ways in which Beethoven related his own experience of time to the changing political contexts around him.

"Kunstjünger" and "Kunstfreunde."
Supporting and Promoting Beethoven in Post-Napoleonic Austria

David Wyn Jones

One of the most familiar documents relating to Beethoven's career in post-Napoleonic Austria is the petition addressed to the composer in 1824 urging him to present his most recent works, the Ninth Symphony and the *Missa solemnis*, to the Viennese public. The two words in the title of this essay, "Kunstjünger" and "Kunstfreunde," come from the opening sentence of the petition:

> From the wide circle of reverent admirers that surrounds your genius in this your second city, a small number of disciples of art [Kunstjünger] and lovers of art [Kunstfreunde] approach you today to express desires long cherished, to give modest voice to requests long restrained.[1]

The handwritten petition was first presented to Beethoven in private towards the end of February 1824 and then made public in two local journals in April 1824, the *Wiener allgemeine Theaterzeitung* (see Fig. 1) and the *Wiener allgemeine musikalische Zeitung mit besonderer Rücksicht auf den österreichischen Kaiserstaat.*[2] Very reasonably, biographers have assigned this private and public petition a central role in the narrative that led to the two concerts in May 1824 that included the premiere of the Ninth Symphony and the first performance in

---

1   "Aus dem weiten Kreis der sich um *Ihren* Genius in seiner zweiten Vaterstadt, in bewundernder Verehrung schließt, tritt heute eine kleine Zahl von Kunstjüngern und Kunstfreunden vor Sie hin, um längst gefühlte Wünsche auszusprechen, lange zurükgehaltene [sic] Bitten, ein bescheiden freies Wort zu geben." BGA 1784; *Letters to Beethoven and Other Correspondence,* ed. Theodore Albrecht (Lincoln, NE, etc., 1996), iii, 4–11. Translation (slightly modified) from Thayer/Forbes, 897–99.
2   *Allgemeine Theaterzeitung und Unterhaltungsblatt für Freunde der Kunst, Literatur und des geselligen Lebens* [= *Wiener allgemeine Theaterzeitung*] 17/46 (1824), 15 April, 181–82; *Wiener allgemeine musikalische Zeitung mit besonderer Rücksicht auf den österreichischen Kaiserstaat* 8/22 (1824), 21 April, 87–88.

Vienna of movements from the *Missa solemnis*. This essay, however, focuses on the individuals, the "reverent admirers," that signed the petition to probe wider issues of musical patronage and culture in Vienna in the post-Napoleonic period that help to fashion Beethoven's standing not only in the critical year of 1824 but more broadly.

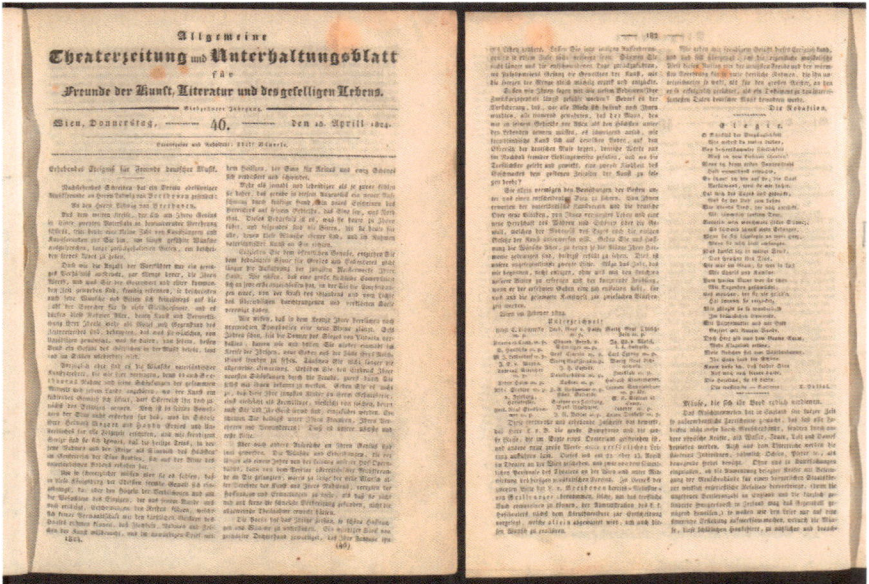

Fig. 1: Printed petition addressed to Beethoven, in *Allgemeine Theaterzeitung und Unterhaltungsblatt für Freunde der Kunst, Literatur und des geselligen Lebens* [= *Wiener allgemeine Theaterzeitung*] 17/46 (1824), 15 April, 181–82. Source: ANNO (https://anno.onb.ac.at/)

As can be seen in Figure 1, 30 individuals signed the petition, in no particular order. Only seven of these came from the high aristocracy, the 'Hochadel,' Prince Eduard Lichnowsky (brother of Prince Karl, the early supporter of Beethoven, who had died in 1814), Count Ferdinand Stockhammer, Count Ferdinand Pálffy, Count Johann Rudolph Czernin, Count Moritz Fries, Count Moritz Dietrichstein and Count Moritz Lichnowsky. The remaining 23 included civil servants from the imperial and local governments, bankers, musicians, music publishers and literary figures, with a number of individuals belonging to more than one category. This mix of social and professional background contrasts very strongly with that featured in an equally well-known list of patrons from near the beginning of Beethoven's adult career, those who had subscribed to the Op. 1 piano trios published by Artaria in 1795; of the 124 subscribers on that list over half were from the Austrian high aristocracy, princes and princesses, counts and countesses, complemented by two British aristocrats, Lord Longford and Lord Templeton.[3]

Across the 29 years that separate these two lists, musical life in Vienna changed considerably, including the nature of patronage, whether specific or general. But we should resist the temptation to say that one form of patronage replaced another, with aristocrats giving way to the bourgeoisie. It was a more nuanced process, with many of the newer aspects evident in the 1824 petition having a substantial pre-history. Rather than polar opposites, it is more appropriate to think of a shift in the balance of social background, working in tandem with changes in the nature of the associated patronage.

Let's begin with a summary of the role of the high aristocracy in Beethoven's career. It is striking how many of the key individuals disappear from the composer's life between 1812 and 1816. Prince Ferdinand Kinsky, the war hero, died in 1812 after falling from his horse; Prince Karl Lichnowsky died in 1814 (though his patronage had not been an active one for several years); in the same year a disastrous fire in Count Andrey Razumovsky's palace seems to have put an end to his musical patronage; and, finally two years later, 1816, the most generous of them all, Prince Franz Joseph Maximilian Lobkowitz died.[4] There were no equivalent successors to any of these individuals, though Beethoven was to maintain the financial support of the Kinsky and Lobkowitz families for the rest of his life as a result of the agreement struck in 1809 between them and Archduke Rudolph to provide an annuity to the composer.

The absence of new individuals to replace Kinsky, Razumovsky and Lobkowitz is reflected in Beethoven's dedication practice in the rest of his life. The last work to be dedicated to Prince Lobkowitz was *An die ferne Geliebte* (Op. 98), published by Steiner in October 1816, two months before Lobkowitz's death. During the remainder of Beethoven's life only one further publication was dedicated to a member of the Viennese high aristocracy, the two cello sonatas, Op. 102, published by Simrock in Bonn in 1817 and Artaria in 1819, dedicated to

---

3   For a reproduction of the subscription list and discussion see Birgit Lodes, "Gaben und Gegengaben. Ehepaare des Wiener Hochadels als Beethovens Mäzene," in *Beethoven. Menschenwelt und Götterfunken*, exhibition catalogue, ed. Thomas Leibnitz (Salzburg etc., 2019), 54–67; and David Wyn Jones, *Music in Vienna. 1700, 1800, 1900* (Woodbridge, 2016), 81–83.

4   Karl Bozenek, "Beethoven und das Adelsgeschlecht Lichnowsky," in *Ludwig van Beethoven im Herzen Europas. Leben und Nachleben in den böhmischen Ländern*, eds. Oldrích Pulkert and Hans-Werner Küthen (Prague, 2000), 120–70; Jaroslav Macek, "Beethoven und Ferdinand Fürst Kinsky," in Pulkert/Küthen, *Beethoven im Herzen Europas*, 218–44; Jaroslav Macek, "Die Musik bei den Lobkowitz," in Pulkert/Küthen, *Beethoven im Herzen Europas*, 175–216; Mark Ferraguto, "Representing Russia: Luxury and Diplomacy at the Razumovsky Palace in Vienna, 1803–1815," in *Music & Letters* 97 (2016), 383–408; Mark Ferraguto, *Beethoven 1806* (New York, 2019), 97–105.

Countess Marie Erdődy. While Beethoven remained in contact, usually through
his lawyers, with the Lobkowitz family and the Kinsky family for the rest of his
life, acknowledgement of this continuing support was minimal: the song *An die
Hoffnung* (Op. 94) was dedicated to Princess Kinsky, a capable singer, in 1816,[5]
and Beethoven wrote a cantata for the 25th birthday of the new Lobkowitz
prince, Ferdinand, in 1822, *Es lebe unser teurer Fürst* (WoO 106).

With Countess Erdődy's move to Munich in 1823, Princess Kinsky spending most of her time in Prague, and Prince Ferdinand Lobkowitz most of his
time in Bohemia it is not surprising that they are not among the 30 signatories
of the 1824 petition. But the names of seven aristocrats do feature, as noted
above. Their support for Beethoven was more broadly based, a musical interest founded on a presence in governmental and cultural society that saw
the promotion of the composer as key to the vitality of public musical life in
post-Napoleonic Vienna. Count Pálffy (1774–1840) had been the proprietor of
the Theater an der Wien since 1813, Beethoven's favorite venue for his benefit
concerts. Within days of the petition, he offered a favourable deal to the composer to give his planned concert in that theatre, a plan that unravelled largely
because of a dispute about who should lead the orchestra.[6] Count Moritz Fries
(1777–1826) was considered Austria's richest person, the majority holder of a
bank named after him who invested heavily and successfully in factories and
textile mills. His sponsorship of music and the arts in general was similarly
generous, already acknowledged by Beethoven in four dedicated publications:
two violin sonatas (Op. 23, Op. 24) and the String Quintet in C (Op. 29), all from
1801, and Steiner's publication of the Seventh Symphony in 1816, though one
wonders whether the last mentioned was instigated by the publisher rather
the composer.

Although Count Moritz Dietrichstein (1775–1864) only fleetingly figures in
Beethoven biographies he had been a dominant figure in Viennese musical life
from the turn of the century onwards.[7] His presence on this list reveals another
strand in musical patronage in post-Napoleonic times, one that reached back
into the imperial court. After a distinguished career in the army in the 1780s
and 1790s he became one of the most influential figures in the furtherance

5   For Princess Kinsky as a singer and her collection of vocal music, see *Collectio operum musicali-
    um quae in Bibliotheca Kinsky adservantur*, ed. Eliška Bastlová, Artis Musicae Antiquioris Catalo-
    gorum Series 8 (Prague, 2013), 25; see also Gundela Bobeth's contribution in this volume.
6   Thayer/Forbes, 901–6.
7   The standard biography of Dietrichstein was written a few years after his death by his friend,
    Franz Carl Weidmann, *Moritz Graf von Dietrichstein. Sein Leben und Wirken aus seinen hinterlasse-
    nen Papieren* (Vienna, 1867). Beethoven's name is mentioned only once (p. 42), alongside those
    of Gyrowetz, Lobkowitz, Sonnenfels, Weigl and other individuals who met regularly in Die-
    trichstein's home.

of German spoken theatre in Vienna in the first decade of the 19th century, promoting the plays of Shakespeare in translation and nurturing the career of Heinrich von Collin. He had composition lessons from Abbé Stadler, a fellow signatory on the petition, became a very skilful composer of several sets of published songs and was one of the organizers of the Liebhaber Concerte of 1807–08 that had included a number of works by Beethoven, including two performances of the *Coriolan* overture, a work stimulated by Collin's play of that name.[8] From 1819 to 1826 he held the position of 'Hofmusikgraf.' First established over a 100 years earlier, during the reign of Emperor Joseph I, the post had always been held by a member of the aristocracy, someone who functioned as the representative of the emperor in musical matters. By Dietrichstein's time direct responsibilities were limited to the Hofkapelle, now almost entirely devoted to the provision of liturgical music, with the day-to-day administration of the two court theatres, the Burgtheater and the Kärntnertortheater, being devolved to managers. For several years the chain-of-command between the Hofmusikgraf and the managers was strengthened by an additional title for the former; accordingly, between 1821 and 1826, Dietrichstein held the post of Director of the Court Theatres too. His signature on the 1824 petition signalled the tacit support of the imperial court, one that was ultimately demonstrated to the mutual, if unspoken, satisfaction of the composer in the two concerts in May 1824: the first occurred in the Kärntnertortheater, one of the court theatres, the second in the Großer Redoutensaal, part of the Hofburg complex itself.

Some 17 months earlier, in the winter of 1822–23, Beethoven had written to the Hofmusikgraf, expressing an interest in succeeding the recently deceased Anton Teyber as a court composer; Dietrichstein replied via an intermediary that the post was not going to be filled. The letter also makes it clear that he "openly admired" the composer ("den ich so aufrichtig verehre") and that he would visit him in person at a later date.[9] While the turn of phrase was a routine courtesy and there is no record of a conciliatory meeting, there is no reason to doubt Dietrichstein's sincerity.

A very different kind of patronage is associated with the four music publishers on the list, demonstrating a commercial imperative, certainly, but also informed by more enlightened considerations appropriate to a 'Kunstjünger' and a 'Kunstfreund.' Sharing a wider outlook that the perceived difficulty of Beethoven's music was something that was to be celebrated rather than

---

8   Otto Biba, "Beethoven und die 'Liebhaber Concerte' in Wien im Winter 1807/08," in *Beiträge '76–78. Beethoven Kolloquium 1977. Dokumentation und Aufführungspraxis*, ed. Rudolf Klein, Beiträge der Österreichischen Gesellschaft für Musik 6 (Kassel etc., 1978), 82–93; David Wyn Jones, *The Symphony in Beethoven's Vienna* (Cambridge, 2006), 123–29.

9   Letter of 23 February 1823, BGA 1578; Albrecht, *Letters to Beethoven* (as in fn. 1), ii, 245–46.

criticized, Artaria & Co., Anton Diabelli and S. A. Steiner & Co. published some of the composer's most challenging music between 1815 and February 1824, when they signed the petition, including the F minor quartet (Op. 95, Steiner), the Seventh and Eighth Symphonies (Steiner), two cello sonatas (Op. 102, Artaria), the "Hammerklavier" sonata (Op. 106, Artaria) and the _Diabelli Variations_ (Op. 120, Cappi & Diabelli). Of these publishers the most enterprising was Sigmund Anton Steiner (1773–1838), someone whose patronage of the composer stands comparison with that of princes Lichnowsky and Lobkowitz, though its nature was very different. If one studies the output of the company from one year to next, typically amounting to over 100 items per annum, the business model is strikingly clear.[10] It is overwhelmingly dominated by publications that appeal to the popular market, piano variations, dances, single numbers from operas and songs, publications that subsidized works that were more expensive to produce, such as the two Beethoven symphonies, _Wellington's Victory_, the Op. 95 quartet and the Op. 101 piano sonata. Moreover, Steiner often tried to bridge the gap between the commercial and the artistically challenging, by issuing arrangements of the latter for a range of performing circumstances, private and public, for the capable amateur and the professional. The Seventh Symphony, for instance, was available in five arrangements: Harmoniemusik, string quintet, piano trio, piano duet and piano solo; Steiner was also the first of Beethoven's publishers to issue the symphonies simultaneously as scores, primarily to facilitate direction but also to benefit quiet study. The title pages of originals and arrangements alike routinely indicate those publishers in other parts of Europe from which Steiner's editions could be purchased: in the case of the Seventh Symphony, they included Breitkopf & Härtel (Leipzig), Peters (Leipzig), Simrock (Bonn), André (Offenbach), Nägeli (Zurich), Zulehner (Eltville) and Schlesinger (Berlin), plus unnamed music dealers in Augsburg, Braunschweig, Frankfurt, Hamburg, Munich, Milan, Naples, Stuttgart, and, finally, "all book- and art-dealers in the imperial-royal Austrian provinces" ("als auch in allen Buch- und Kunsthandlungen der k. k. oester. Provinzen," see Fig. 2). As a result of this commercial form of patronage this was music from Vienna that reached out to a wider audience that was predominantly – but not exclusively – a German-speaking one, encouraging a wider sense of ownership and, with that, an increasing sense of universality for the music itself.

---

10   Alexander Weinmann, _Vollständiges Verlagsverzeichnis Senefelder, Steiner, Haslinger_, vol. 1, _A. Senefelder, Chemische Druckerey, S. A. Steiner, S. A. Steiner & Comp. (Wien, 1803–1826)_, Beiträge zur Geschichte des Alt-Wiener Musikverlages 2/19 (Munich etc., 1979), 130–87.

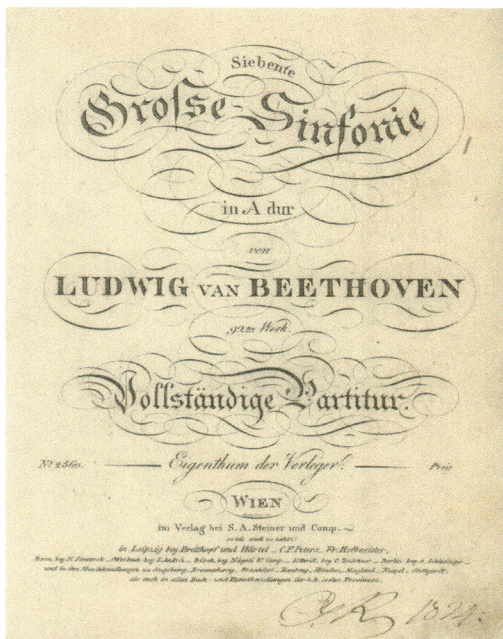

Fig. 2: Title page of Ludwig van Beethoven, *Siebente Grosse Sinfonie in A dur. Vollständige Partitur* (Vienna, [1816]). © Beethoven-Haus Bonn (C 92 / 39). Permalink: https://www.beethoven.de/de/media/view/4932743188185088/scan/0

This duality of the local and the international, the Austrian and the broadly German, is apparent in another aspect of Steiner's activity. For the first five years of its existence, from 1817 to 1821, S. A. Steiner was the publisher of a new music journal in Vienna that embodied those two aspects in its title: *Allgemeine musikalische Zeitung mit besonderer Rücksicht auf den österreichischen Kaiserstaat* (*Universal Musical Journal with particular regard to the Austrian Imperial State*). To a certain extent, it served as a house journal for Steiner's publications and the fourth issue, for instance, includes a lengthy review of the Seventh Symphony. Readers of the journal were continually presented with a picture of Beethoven as Austria's leading composer, justified by extensive commentary on particular works, the ultimately futile attempts to get him to compose an oratorio for the Gesellschaft der Musikfreunde, the subject of two adulatory poems, and a new engraving issued after the two concerts of May 1824. The fact that this journal should include the full petition of 1824 in print was a natural expression of a devotion to the composer that had been nourished across the eight years of its existence.[11]

An additional dimension to Steiner's patronage was essentially a private one, destined for a single, moneyed enthusiast. On the initiative of one of his business partners, Tobias Haslinger, a complete edition of Beethoven's music was undertaken in 1817, not in utilitarian print but in manuscript form, a document to be treasured which, by 1821, had reached 62 volumes. In 1823, a year before the petition, it was sold to Archduke Rudolph for the considerable sum of 4,000 gulden.[12]

While the seven aristocrats and the three publishers who signed the 1824 petition represented very different constituencies of support and interest, they do not constitute the majority of the signatories. Approximately half can be broadly described as professional bureaucrats, civil servants who devoted their lives to working as officials in various departments of the imperial government or local government, but who also had an influential and sustained presence in the musical life of Vienna, as capable amateur performers, composers or writers on music. The most familiar is Nikolaus Zmeskall (1759–1833), one of Beethoven's oldest friends in Vienna. He had worked as an official in the Hungarian Chancellery in Vienna for nearly 40 years, but severe gout affected his professional and social life from 1817, forcing him to retire in 1825. He had been a capable cellist, a competent composer and a well-connected organizer of house concerts, a connoisseur to whom Beethoven dedicated his unprecedentedly challenging F minor quartet (Op. 95). The War Ministry was the professional base of two signatories, Raphael Georg Kiesewetter (1773–1850), a keen musical historian with interests that stretched back to the medieval period, and Christoph Kuffner (1780–1846), a poet as well as a musician and the likely author of the text to Beethoven's *Choral Fantasia* (Op. 80).

Undoubtedly the most influential of these bureaucrats-cum-musicians-cum-authors was Ignaz von Mosel (1772–1844), someone who had helped to shape many aspects of Viennese musical life from the beginning of the 19th century, while simultaneously pursuing a successful career as a civil servant in the Court Chancellery.[13] As a competent musician, who played the violin and

11 For a fuller discussion of Beethoven's presence in this journal, see David Wyn Jones, "Shared Identities and Thwarted Narratives: Beethoven and the Austrian *Allgemeine musikalische Zeitung, 1817–1824,*" in *Beethoven Studies* 4 (2020), 166–88.

12 Michael Ladenburger, "Beethoven und seine Verleger," in Leibnitz, *Beethoven. Menschenwelt und Götterfunken* (as in fn. 3), 77–85, at 84; Weinmann, *Vollständiges Verlagsverzeichnis* (as in fn. 10), i, 10.

13 Details of Mosel's career are taken from Theophil Antonicek, "Ignaz von Mosel (1772–1844). Biographie und Beziehungen zu den Zeitgenossen," PhD thesis, University of Vienna, 1962, *passim*.

the cello, he, like Dietrichstein, had studied with Abbé Stadler; he prepared two well-regarded arrangements of Haydn's *Creation* (for string quartet and for two pianos), composed stage works and several sets of dances and, over a period of years from 1812 onwards, edited a series of large-scale versions of Handel oratorios, including *Alexander's Feast, Samson, Jephtha, Salomon* and *Messiah,* conducting most of them in subsequent performances. As a writer he contributed to journals throughout German-speaking Europe, was a great proponent of German opera and, in Vienna, the role of oratorio, new and old, in its musical life.[14] From 1821 onwards he was Deputy Director of the two court theatres, where he worked alongside Count Dietrichstein. He had known Beethoven personally from at least 1812, when he met him in Zmeskall's apartment. A year before the petition he had arranged several movements from Beethoven piano sonatas for orchestra, performed as incidental music for spoken plays in the Burgtheater,[15] and, at the time of the petition itself, was still actively involved in the attempt to persuade the composer to compose an opera, *Melusine,* on a libretto prepared by Franz Grillparzer, a project alluded to in the petition.[16]

From the representative signatories considered so far, two complementary characteristics are clear: first, the varied social and professional background of the individuals and, secondly, their willingness to participate in a network beyond their particular status or occupation, as 'Kunstjünger' and 'Kunstfreunde,' in order to promote an active and progressive musical environment. Beethoven's music and, equally important, his perceived stature constituted the artistic and intellectual currency of that network.

One could carry on establishing the activities, both professional and amateur, of all 30 of the signatories and, remembering the opening sentence of the petition which clearly states that only "a small number of disciples of art and lovers of art from a wide circle of reverent admirers" were represented, move on to explore the linked networks of sympathetic individuals who were not able to sign it. For instance, one might have expected the editors of the two journals that published the petition to have been signatories, Adolf Bäuerle (*Wiener allgemeine Theaterzeitung*) and Friedrich August Kanne (*Wiener allgemeine musikalische Zeitung*), the latter also a close friend and a fervent advocate of Beethoven's music. However, one particular institution, rather than any one individual, binds together many of the signatories, the Gesellschaft der Musikfreunde, ten years old in 1824. No fewer than 13 of the signatories were, or had been, associated with the Gesellschaft der Musikfreunde, including Dietrich-

---

14 On the oratorio in Viennese concert life at beginning of the 19th century, see also Constanze Köhn's contribution in this volume.

15 LvBWV 1, 16, 70, 190, 247.

16 LvBWV 2, 618–19.

stein, Fries, Kiesewetter, Mosel, Steiner and Zmeskall.[17] For those closely involved with the society in 1824 there was a particular reason for their interest: after years of prevarication Beethoven had informed the Gesellschaft in January
1824 that he could not compose the oratorio that had been commissioned from
him, Der Sieg des Kreuzes, at least not without substantial changes to the text.[18]
This petition was partly designed to get Beethoven to honour the commission.
At the same time, the wide social base of the signatories mirrors an outlook
that had been a determining characteristic of the Gesellschaft der Musikfreunde since its inception, representing wider social, political and musical values.

   One of the most striking features of the founding of the Gesellschaft der
Musikfreunde a decade earlier was the egalitarian nature of the process, bottom up rather than top down, reflecting all levels of society: an eruption of
enthusiasm and considered decision making without precedent in the musical
history of the city.[19] The success of the two performances of Handel's Alexander's
Feast in the Winter Riding School in November–December 1812, when Mosel
directed combined choral and orchestral forces of over 500 to a combined audience of some 5,000, went far beyond the stated purpose of gathering money
for two charitable causes, the people of Baden whose town had been ravaged
by fire the previous summer and to various areas north of the Danube that had
suffered badly in the war of 1809. There was now a clear collective will that a
permanent organisation should be established to promote public musical life
in the city. People were invited to sign a register placed in the Lobkowitz palace, a few minutes away from the Riding School. Over 500 people did so, from
whom 50 representatives were chosen to take matters forward. The make-up of
this group is interesting. Like the 1824 petition to Beethoven, aristocrats were
in the minority, just 11 in number, including Count Dietrichstein and Count
Fries; civil servants were strongly represented, including Vinzenz Hauschka,
Kuffner, Mosel and Zmeskall. The driving force was another bureaucrat, Joseph
Sonnleithner (1766–1835), a 'Konzipist' at the imperial court, that is a drafter
of legal documents, who had written the original libretto to Fidelio and whose
commercial acumen lay behind a publishing venture, the Kunst- und Industrie

---

17 Albrecht's extensive notes on the petition identifies ten individuals associated with the Gesell-
     schaft at the time it was written; three individuals formerly associated are not noted, Dietrich-
     stein, Fries and Zmeskall. Albrecht, Letters to Beethoven (as in fn. 1), iii, 9–11.
18 Letter of 23 January 1824, BGA 1773.
19 The following account of the founding and early years of the Gesellschaft der Musikfreunde
     draws extensively on three complementary volumes: Carl Ferdinand Pohl, Die Gesellschaft der
     Musikfreunde des österreichischen Kaiserstaates und ihr Conservatorium (Vienna, 1871); Richard
     von Perger, Geschichte der k. k. Gesellschaft der Musikfreude in Wien. I. Abteilung: 1812–1870 (Vienna,
     1912); and Eusebius Mandyczewski, Zusatz-Band zur Geschichte der k. k. Gesellschaft der Musik-
     freunde in Wien: Die Sammlungen und Statuten (Vienna, 1912).

Comptoir, that had published three of Beethoven's symphonies (Nos. 2, 3 and 4) a decade earlier. Establishing the administrative framework that was to underpin the ambition of the new society took 18 months and was finally approved by Emperor Franz in June 1814. Reflecting the professional expertise of its creators there were no fewer than 96 statutes that laid down a comprehensive administrative structure for the working of the new society, one that continued to draw on a wide range of expertise and interests. Once more the various committees include several individuals who were to sign the 1824 petition: the first Vice President was Count Dietrichstein, who held the post for a few months in 1815 before being succeeded by Count Fries; from 1821 onwards Kiesewetter held that position in addition to the post of director of the conservatoire; the Steering Committee (Leitender Ausschuß) at various times up to 1824 included the following individuals, Castelli, Hauschka, Mosel and Zmeskall; and, finally, Joseph Sonnleithner's nephew, Leopold Sonnleithner, a lawyer who was entitled to practise in the high court (Hof- und Gerichtsadvokat) and was to join the committee a year after he signed the petition. Since this was an institution that had been formally approved by the emperor, the role played by imperial civil servants in its founding ensured a wider political significance, revealed in the full title of the society, Gesellschaft der Musikfreunde des österreichischen Kaiserstaates. It was cemented by the naming of Archduke Rudolph as the first Protector of the Gesellschaft, an intermediary between the imperial court and the society, someone who by inheritance and through his musical interests and capabilities embodied the outlook of both: brother of the emperor and the ultimate 'Kunstjünger' and 'Kunstfreund.' During the ten years that were to elapse between the official founding of the Gesellschaft and the petition to Beethoven, the values and outlooks of its founders and members gained an increasingly assured presence in the city, helping to define the new era.

Although the sense of a new era that followed the end of the Napoleonic Wars and the Congress of Vienna is deeply embedded in historical consciousness, it would be a mistake to think that the characteristics of musical patronage in Vienna were entirely new, forged in a spirit of collective endeavour and co-operation. Three long-term processes were at work: the very considered, but also very subtle, shift from direct to indirect support of music by the imperial court, the changing nature of aristocratic patronage of music, and the increasingly influential role of a comparatively new element, a highly professionalized imperial bureaucracy. From the latter decades of the 18th century through to the post-Napoleonic period these intertwining processes yielded constantly unfolding networks of musical patronage.

The broadest of these historical processes was that of the imperial court. In a way that is unmatched by any other ruling family in Europe, successive generations of the Habsburg family stretching back to the 15th century considered music to be central to their individual and collective identity, in private and public. During the middle years of the 18th century the formerly mainly private theatres became public theatres with direct control devolved to managers. As well as doing without a Hofmusikgraf for all of his reign, Joseph II reversed the latter process for a few years, partly in order to establish opera in the German language (Deutsches Nationalsingspiel), but once that had been achieved, returned the court theatres to managerial control. While the Habsburgs had never been direct supporters of public concert life, their enthusiasm in private for music making was still a notable one up to the reign of Franz I. He was a competent violinist who liked to play trios and quartets, while his second wife Marie Therese (to whom Beethoven had dedicated his Septet, Op. 22) organized private concerts at court in which she often participated as a competent soprano.[20] Her brother-in-law, Archduke Rudolph, was a constant presence in the musical life of Vienna in the first decades of the 19th century and, as one of Beethoven's most long-standing friends, he has always been accorded his due status by biographers. Nevertheless, the continuing hovering presence of the Habsburgs in general in musical life in the early decades of the 19th century has been underplayed in music historiography, partly because it does not fit with the indulgent trope of Beethoven, the free creative artist. One of the underappreciated characteristics of the 1824 petition are the lines of communication that lead back to the imperial court.

Aristocratic patronage of music had also undergone a process of gradual change. Four years before the end of 18th century, Johann Ferdinand von Schönfeld had commented in his *Jahrbuch der Tonkunst von Wien und Prag* that "It was formerly the strong custom that our large princely houses possessed their own house *Kapellen*, where often the most splendid geniuses were formed (an example of this is our great Haydn). It can only be a coldness for the love of art, a change of taste or economy plus other reasons that this laudable practice has disappeared."[21] Aristocratic courts with a full-time Kapellmeister and retinue of musicians were, indeed, a thing of the past, but Schönfeld's adduced

---

20   John A. Rice, *Empress Marie Therese and Music at the Viennese Court, 1792-1807* (Cambridge, 2003), 69–109, 279–309.

21   "Es war vormals stark die Gewohnheit, daß unsere großen, fürstlichen Häuser eigene Hauskapellen hielten, bei welchen sich oft die herrlichsten Genies bildeten (ein Beweis hievon ist unser großer Haiden) allein, es sey nun Erkältung für Kunstliebe, oder Mangel am Geschmacke, oder Häuslichkeit, oder auch andere Ursachen, kurz, zum Schaden der Kunst hat diese löbliche Gewohnheit sich verloren." Johann Ferdinand von Schönfeld, *Jahrbuch der Tonkunst von Wien und Prag*, facsimile of 1796 edition, ed. Otto Biba (Munich etc., 1976), 77.

reasons for this change are oddly uncertain. Economy was certainly a factor, one that was to become increasingly pressing during the Napoleonic Wars; on the other hand, enthusiasm for music and the willingness to support it had not changed. The roles of key individuals, such as Prince Lichnowsky and Prince Lobkowitz, in Beethoven's career are well understood, offering limited or targeted support, rather than employing the composer on a full-time basis. There was a newer trend too, the willingness of aristocrats to come together to support music events in private and in public: Gottfried van Swieten's Gesellschaft der Associierten Cavaliers that organized performances of old and new choral works from the late 1780s through to Swieten's death in 1803; the Liebhaber Concerte of 1807–08 whose leading figures included Dietrichstein, Lobkowitz and Prince Ferdinand Trauttmansdorff; and the consortium of no fewer than nine aristocrats who formed a joint stock company to run the court theatres from 1806 onwards. The annuity provided to Beethoven by Archduke Rudolph, Prince Kinsky and Prince Lobkowitz forms part of this trend, two aristocrats and an archduke working together to ensure that the composer remained in Vienna. Aristocrats working on behalf of a perceived wider public good is clearly a feature of the 1824 petition.

The most numerous of the signatories, the government bureaucrats, also had a sense of prestige derived from accrued status, one that is less commonly asserted in music scholarship. Rather than being centuries old, as in the case of the nobility, its origins go back only a few decades, to the 1770s and 1780s, when Joseph II instigated a major, often contentious, overhaul of governmental structures and processes, including the establishment of a professionalized civil service. Instead of the traditional grace-and-favour practices of the past, individuals were now recruited on merit following a competitive examination, appointed on a permanent basis with a salary and a pension, and worked regular hours within a clear hierarchical structure, typically headed by an equally competent member of the aristocracy.[22] As these reforms took hold the imperial bureaucracy emerged as a major power base in Austrian politics, enhanced by the award of the noble 'von' to former commoners who worked in it and collectively referred to as the Second Society (Zweite Gesellschaft). Counts Czernin, Dietrichstein and Fries, Ignaz von Mosel, Johann Baptist Steiner von Felsburg, Johann Jakob Steiner von Felsburg, Raphael Georg Kiesewetter von Wiesenbrunn, Nikolaus Paul Zmeskall von Domanovecz und Lestine, plus Christoph Kuffner, Franz Nehammer and Leopold Sonnleithner all belonged to this new establishment.[23]

---

22 Derek Beales, *Joseph II.*, vol. 2, *Against the World 1780–1790* (Cambridge, 2009), 46–49, 337–40, 681.
23 See also Martin Scheutz's contribution in this volume.

While individual aristocrats, civil servants, bankers, businessmen of various kinds, together with practising musicians such as Abbé Stadler, Carl Czerny, Anton Diabelli and Anton Halm, belonged to networks associated with their social status or profession, it is abundantly clear that musical networks often transcended status and profession. In his memoirs, written in the early 1860s, Leopold von Sonnleithner provided a survey of this musical environment, one that he had frequented from about 1815 onwards, mentioning several individuals featured in this essay along with many more; indeed, towards the end of his survey he admits he is unable to list all the private houses of the aristocracy and the professional classes that hosted musical events at the time.[24]

This pervasive presence of music in social life is reflected in Sonnleithner's routine use of the terms 'Kunstfreund' and 'Musikfreund,' but not the much rarer word 'Kunstjünger' that is encountered in the 1824 petition. At one level 'Kunstjünger' reflects the familiar idea of the informed connoisseur, the 'Kenner' of 'Kenner und Liebhaber,' but perhaps, too, there is a subservient sense of the art form being a master, even a quasi religious master, someone who is endlessly demanding of the willing disciple. Used in the context of a petition directed to Beethoven it is a statement of faith in that composer's unequalled ambition, articulated in his well-known remark to Karl Holz: "Art demands of us that we shall not stand still."[25]

While a shared love of music, specifically Beethoven's music, permeates the petition, an equally clear characteristic of the document is the view that the composer and his music belong to Vienna, a statement that had its own set of associations. The immediate reason was the concern that the Missa solemnis and the Ninth Symphony might be performed in Berlin, rather than in Vienna. The petition itself never mentions Berlin or Prussia by name, referring instead to a "foreign power" ("fremde Gewalt"), a clear hint at wider political issues. While Prussia had emerged from the Napoleonic period with notably increased territories Austria, thanks to the masterly diplomacy of Metternich, had retained its centuries-old status as a German power, signalled by Metternich's position as chair of the German Confederation, a body that represented the interests of German-speaking Europe, a Holy Roman Empire for the new age. Austria needed to assert a wider presence, and music was one way of doing that. Musicians and politicians in Vienna – and, indeed, Berlin – knew the strength of

24   Otto Erich Deutsch, "Leopold von Sonnleithners Erinnerungen an die Musiksalons des Vormärzlichen Wiens," in Österreichische Musikzeitschrift 16/2 (1961), 49; SMS VI, 324.
25   "Die Kunst will von uns, dass wir nicht stehen bleiben." TDR 5, 318; Thayer/Forbes, 982.

the Austrian case (as opposed to the Prussian case) for musical pre-eminence in German-speaking Europe, and the petition confidently asserts it:

> [I]t is Austria that is best entitled to claim him [Beethoven] as her own. Among her inhabitants appreciation for the great and immortal works, which Mozart and Haydn created for all time within the lap of their homeland still lives, and they are conscious with joyous pride that the sacred triad in which these names and yours glow, as the symbol of the highest within the spiritual realm of tones, sprang from the soil of our fatherland.[26]

One signatory of the petition, in particular, would have approved of these sentiments, Ignaz von Mosel. He had always been an advocate of opera in German, as a contributor to the *Vaterländische Blätter* he had bemoaned the lack of any musical institution to promote the undoubted interest of the Viennese in music, yoked Handel and his oratorios to the national cause, was a member of the Steering Committee of the Gesellschaft der Musikfreunde des österreichischen Kaiserstaates and, very likely, helped to set up the *Allgemeine musikalische Zeitung mit besonderer Rücksicht auf den österreichischen Kaiserstaat* in 1817.[27]

While it is true that networks of patronage and taste – as opposed to individuals – have been undervalued in Beethoven studies – for earlier periods in his life as well as the post-Napoleonic period – it would be naïve to assume that they constantly and unavoidably governed the composer's actions. The tension between a strong-willed creative individual and wider societal expectations (however well-intentioned and enlightened) was a constant feature. As is well known, whereas the 1824 petition did yield performances of the Ninth Symphony and movements from the *Missa solemnis* in Vienna, the composer did not write a single note of either the oratorio for the Gesellschaft der Musikfreunde or the German opera for the court theatres.

It would also be inappropriate to elevate the notion of 'Kunstjünger' and 'Kunstfreunde' into a Beethovenian ideal – 'Alle Menschen werden musikalische Brüder', as it were. Better to acknowledge that it had an engaged presence in musical society, one that allowed the composer to flourish and to be an

---

26 "[...] darf Oesterreich ihn doch zunächst den seinigen nennen. Noch ist in seinen Bewohnern der Sinn nicht erstorben für das, was im Schooße ihrer Heimath *Mozart* und *Haydn* Großes und Unsterbliches für alle Folgezeit erschufen, und mit freudigen [sic] Stolze sind sie sich bewußt, daß die heilige *Trias*, in der jene Namen und der *Ihrige* als Sinnbild des Höchsten im Geisterreich der Töne strahlen, sich aus der Mitte des vaterländischen Bodens erhoben hat." BGA 1784. Translation (slightly modified) from Thayer/Forbes, 897.
27 Theophil Antonicek offers a broad survey of what he terms "the patriotic awakening of music in Vienna" in "'Vergangenheit muß unsre Zukunft bilden': Die patriotische Musikbewegung in Wien und ihr Vorkämpfer Ignaz von Mosel," in *Revue belge de Musicologie* 26/27 (1972–1973), 38–49.

individual. Late Beethoven has been too easily characterized as a period when the composer was cut off from society and society from him. In many ways he was as much a product of post-Napoleonic Vienna as he had been of Napoleonic Vienna.

ABSTRACT

"Kunstjünger" and "Kunstfreunde."
Supporting and Promoting Beethoven in Post-Napoleonic Austria

This essay scrutinizes the network of musical patronage revealed in the petition submitted to Beethoven in 1824 that led to the first performance of the Ninth Symphony and several movements from the *Missa solemnis*. Thirty signatories represented a wide range of musical society, high aristocracy, the new second aristocracy, imperial bureaucracy, commerce as well as creative figures, and reflected the new dynamic of musical life in Vienna in the post-Napoleonic period. This variety had its origins in the late 18th century and was evident too in the newly established Gesellschaft der Musikfreunde. The petition was not a narrowly musical one but fed into the political imperatives of the newly confident Austrian empire. While the role of individual patrons in Beethoven's career is well understood, the role of networks is undervalued, particularly those that combined musical interest with governmental and commercial responsibilities. Likewise, the familiar image of Beethoven in the last decade of his life as a socially isolated individual who wrote difficult music needs to be refined. The 1824 petition reveals the composer and his music to be at one with wider political and cultural aspirations.

Weiße Raben:
Caroline Pichler und die frühe literarische Erinnerung an die Napoleonischen Kriege in Österreich

Karen Hagemann

1846 schrieben die *Oesterreichischen Blätter für Literatur und Kunst* in einer Rezension zu Caroline Pichlers vierbändigen *Denkwürdigkeiten aus meinem Leben*, die 1844, ein Jahr nach ihrem Tod, von dem befreundeten Hofbibliothekar Ferdinand Wolf herausgegeben worden waren: „Memoiren von Österreichern sind so selten, wie weiße Raben".[1] Ebenso selten waren zu dieser Zeit Autobiographien von Frauen, die die Zeit der Napoleonischen Kriege von 1803 bis 1815 erinnerten, was der Rezensent ebenfalls kommentierte. Primär als Autorinnen von Zeitromanen und historischen Romanen hatten Frauen eine etwas größere und im Laufe des 19. Jahrhunderts wachsende Bedeutung in der Erinnerungsproduktion an die Napoleonischen Kriege. Eine der ersten Schriftstellerinnen war hier Caroline Pichler (1769–1843), die weit über Wien hinaus auch als Salonière bekannt war und in ihrem Haus Musiker, Künstler, Schriftsteller und Politiker empfing.

Dieser Beitrag wird anhand des Beispiels von Caroline Pichler die frühe literarische Erinnerung an die Zeit der Napoleonischen Kriege in Österreich und ihre historischen Entstehungsbedingungen in den Blick nehmen und mit der in anderen Staaten des Deutschen Bundes in der ersten Hälfte des 19. Jahrhunderts vergleichen. Die Forschung hierzu ist bemerkenswert unterentwickelt. Es gibt zwar neue und innovative Gesamtdarstellungen zur Geschichte der Habsburgermonarchie und zu führenden österreichischen Politikern der Napoleonischen Ära wie Klemens Wenzel von Metternich und Friedrich von

---

1 „Memoiren-Literatur", in *Oesterreichische Blätter für Literatur und Kunst* 3/54 (1846), 5. Mai, S. 417–421, hier S. 417. Erstausgabe von Caroline Pichler, *Denkwürdigkeiten aus meinem Leben*, 4 Bde., Wien 1844.

Gentz,[2] aber eine Forschung, die mit der Vielzahl und Breite der Publikationen
zu anderen Regionen des deutschsprachigen Raumes in der Napoleonischen
Ära und den im 19. Jahrhundert produzierten Erinnerungen vergleichbar wäre,
existiert nach wie vor nicht.[3] Eine Studie der Geschichte der Habsburgermonarchie in der Zeit der Napoleonischen Kriege fehlt bisher. Lediglich der erfolglose
Krieg Österreichs gegen Napoleon 1809[4] und der Tiroler Aufstand im selben
Jahr sowie deren kollektive Erinnerung sind besser erforscht.[5] Hinzu kam in
den letzten Jahren eine Vielzahl von Publikationen zum Wiener Kongress, der
von September 1814 bis Juni 1815 in der Hauptstadt der Habsburgermonarchie
stattfand.[6] Musik- und Kulturwissenschaften befassten sich hingegen intensi-
ver mit Österreich und Wien in dieser Zeit.[7] Auch Caroline Pichler wurde als

2   Vgl. Pieter M. Judson, *The Habsburg Empire: A New History*, Cambridge (Mass.) 2016; *Glanz -
    Gewalt - Gehorsam: Militär und Gesellschaft in der Habsburgermonarchie (1800 bis 1918)*, hrsg. von
    Laurence Cole, Christa Hämmerle und Martin Scheutz, Essen 2011 (Frieden und Krieg 18);
    Rußland und Österreich zur Zeit der Napoleonischen Kriege, hrsg. von Anna Maria Drabek, Wal-
    ter Leitsch und Richard G. Plaschka, Wien 1989 (Veröffentlichungen der Kommission für die
    Geschichte Österreichs 14); Wolfram Siemann, *Metternich. Stratege und Visionär. Eine Biografie*,
    München 2016; Harro Zimmermann, *Friedrich Gentz: Die Erfindung der Realpolitik*, Paderborn
    2012.
3   Als Forschungsüberblicke vgl. Katherine Aaslestad und Karen Hagemann, „1806 and its After-
    math: Revisiting the Period of the Napoleonic Wars in German Central Europe", in *Central
    European History* 39/4 (2006), S. 547–579; Karen Hagemann, *Umkämpftes Gedächtnis. Die Anti-
    napoleonischen Kriege in der deutschen Erinnerung*, Paderborn 2019, S. 9–32 (Kap. „Die Anti-
    napoleonischen Kriege in Geschichtsschreibung und Erinnerung").
4   Karen Hagemann, „‚Be Proud and Firm, Citizens of Austria!' Patriotism and Masculinity in
    Texts of the ‚Political Romantics' Written During Austria's Anti-Napoleonic Wars", in *German
    Studies Review* 29/1 (2006), S. 41–62; Hans-Christian Maner, „... die würdigen Vorläufer der gro-
    ßen Befreiungskriege'. Die Kämpfe gegen Napoleon in der österreichischen Geschichtskultur",
    in *Die Napoleonischen Kriege in der europäischen Erinnerung*, hrsg. von Caroline Klausing und
    Verena von Wiczlinski, Bielefeld 2017, S. 101–118.
5   Laurence Cole, „*Für Gott, Kaiser und Vaterland". Nationale Identität der deutschsprachigen Bevöl-
    kerung Tirols 1860-1914*, Frankfurt am Main 2000; Brigitte Mazohl-Wallnig, *Abschied vom Frei-
    heitskampf? Tirol und „1809" zwischen politischer Realität und Verklärung*, Innsbruck 2009; *Außen-
    perspektiven: 1809. Andreas Hofer und die Erhebung Tirols*, hrsg. von Helmut Reinalter, Florian
    Schallhart und Eva Lavric, Innsbruck 2010; Florian Kern, *Der Mythos „Anno Neun". Andreas Hofer
    und der Tiroler Volksaufstand von 1809 im Spiegel der Geschichtsschreibung (1810-2005)*, Frankfurt
    am Main u. a. 2010.
6   Alan Allport, *The Congress of Vienna*, New York 2011; Martin Haidinger und Günther Steinbach,
    Der Wiener Kongress. Jahrhundertspektakel zur Machtverteilung, Wien 2014; Brian E. Vick, *The Con-
    gress of Vienna. Power and Politics after Napoleon*, Cambridge (Mass.) 2014; Karin Schneider und
    Eva Maria Werner, *Europa in Wien. Who is who beim Wiener Kogress 1814/15*, Wien u. a. 2015; *Die
    „Neuordner" Europas beim Wiener Kongress 1814/1815*, hrsg. von Winfried Böttcher, Baden-Baden
    2017; Hazel Rosenstrauch, *Congress mit Damen. Europa zu Gast in Wien 1814/15*, Wien 2014.
7   Vgl. jüngst *Beethoven.An.Denken. Das Theater an der Wien als Erinnerungsort*, hrsg. von Julia
    Ackermann und Melanie Unseld, Wien u. a. 2020; sowie Birgit Lodes, „‚Le congrès danse': Set
    Form and Improvisation in Beethoven's Polonaise for Piano, Op. 89", in *The Musical Quar-
    terly* 93/3-4 (2010), S. 414–449; Elisabeth Fritz-Hilscher, „Musik und Musikleben rund um den
    Wiener Kongress (1814/1815) aus der Sicht einiger Zeitzeugen", in *Studien zur Musikwissen-
    schaft* 57 (2013) S. 215–239; John D. Wilson, „Beethoven's Popular Style: Der glorreiche Augen-
    blick and the Art of Writing for the Galleries", in *Beethoven und der Wiener Kongress (1814/15)*.

eine bedeutende deutschsprachige Schriftstellerin vor allem von Literaturwissenschaftlerinnen wiederentdeckt. Deren Untersuchungen konzentrieren sich jedoch zumeist primär auf die „schriftstellernde Frau" und isolieren Pichler zu sehr von dem spezifischen historischen, kulturellen und politischen Kontext.[8] Basierend auf diesen Studien und meiner eigenen Forschung[9] werde ich im Folgenden als historischen Kontext zunächst die Beteiligung Österreichs an den Napoleonischen Kriegen und die österreichische Zensurpolitik der Zeit skizzieren. Beides hatte weitreichende Auswirkungen auf die öffentliche Meinung und die literarische Erinnerung an die Kriege, die in der Monarchie, wie in den anderen deutschen Staaten, bereits während der Kriege selbst begann. Anschließend werde ich Caroline Pichler als eine der österreichischen Schriftsteller:innen vorstellen, die bereits während der Kriege von 1813 bis 1815 patriotisch-nationale Texte produzierten und damit früh zur literarischen Erinnerungsproduktion beitrugen. Am Schluss wird ihr Schaffen in die österreichische und deutsche Erinnerungsproduktion an die Napoleonischen Kriege eingeordnet.

Bericht über die vierte New Beethoven Research Conference Bonn, 10. bis 12. September 2014, hrsg. von Bernhard R. Appel, Joanna Cobb Biermann, William Kinderman und Julia Ronge, Bonn 2016, S. 219–288 (Schriften zur Beethoven-Forschung 26); Gundela Bobeth, „,Wellington! Welcome to us!' – Der Wiener Kongress im Spiegel der zeitgenössischen Liedproduktion", in *Der Wiener Kongress 1814/15,* Bd. 2, *Politische Kultur,* hrsg. von Werner Telesko, Elisabeth Hilscher und Eva Maria Werner, Wien 2019, S. 257–268; David Wyn Jones, *Music in Vienna. 1700, 1800, 1900,* Woodbridge 2019, S. 120–149 (Kap. „Music, War and Peace").

8   Barbara Becker-Cantarino, „Caroline Pichler und die ‚Frauendichtung'", in *Modern Austrian Literature* 12/3–4 (1979), S. 1–23; dies., „Caroline Pichler", in *Major Figures of Nineteenth-century Austrian Literature,* hrsg. von Donald G. Daviau, Riverside 1998, S. 417–434; Susanne Kord, „‚Und drinnen waltet die züchtige Hausfrau'? Caroline Pichler's Fictional Auto/Biographies", in *Women in German Yearbook* 8 (1993), S. 141–158; Anke Gilleir, „Geschlecht, Religion und Nation: Caroline Pichlers *Agathokles* als Antwort auf den Nationalismus der napoleonischen Ära in Österreich", in *Colloquia Germanica* 35/2 (2002), S. 125–144; Karin Baumgartner, „Staging the German Nation: Caroline Pichler's *Heinrich von Hohenstaufen* and *Ferdinand II*", in *Modern Austrian Literature* 37/1–2 (2004), S. 1–20; Ritchie Robertson, „The Complexities of Caroline Pichler: Conflicting Role Models, Patriotic Commitment, and *The Swedes in Prague* (1827)", in *Women in German Yearbook* 23 (2007), S. 34–48.

9   Vgl. Karen Hagemann, „*Mannlicher Muth und Teutsche Ehre". Nation, Militär und Geschlecht zur Zeit der Antinapoleonischen Kriege Preußens,* Paderborn 2002 (Krieg in der Geschichte 8); dies., *Revisiting Prussia's Wars Against Napoleon: History, Culture, and Memory,* Cambridge 2015; dies., *Umkämpftes Gedächtnis* (wie Anm. 3); sowie u. a. *Soldiers, Citizens and Civilians: Experiences and Perceptions of the French Wars, 1790-1820,* hrsg. von Alan Forrest, Karen Hagemann und Jane Rendall, Basingstoke 2009; *War Memories: The Revolutionary and Napoleonic Wars in Modern European Culture,* hrsg. von Alan Forrest, Étienne François und Karen Hagemann, Basingstoke 2012; *War, Demobilization and Memory: The Legacy of War in the Era of Atlantic Revolutions,* hrsg. von Alan Forrest, Karen Hagemann und Michael Rowe, Basingstoke 2016.

Österreich in der Zeit der Napoleonischen Kriege

Von Anfang an war Österreich eine der führenden Mächte im Kampf gegen
das revolutionäre Frankreich. Als Franz II. im Juni 1792 König von Ungarn und
Böhmen, Erzherzog von Österreich und Herr der übrigen Länder der Habsburgermonarchie wurde, war der Revolutionskrieg von der jungen französischen
Republik gerade zwei Monate zuvor erklärt worden. Im Juli 1792 wurde Franz II.
zum Kaiser des Heiligen Römischen Reiches gewählt, womit ihm die Führung
im Kampf gegen das revolutionäre Frankreich übertragen wurde. Der Erste und
der Zweite Koalitionskrieg endeten mit einem Sieg der jungen französischen
Republik. Während des Ersten Koalitionskrieges von 1792 bis 1797 annektierte
Frankreich die linksrheinischen Gebiete und die österreichischen Niederlande,
die es zur Batavischen Republik umwandelte; zudem gründete es in Italien
und der Schweiz Tochterrepubliken. Der Sieg im Zweiten Koalitionskrieg 1799
bis 1802 sicherte Frankreich die vorherigen Eroberungen. Nachdem Napoleon
sich im Mai 1804 zum Kaiser Frankreichs gekrönt hatte, erhob Franz II. sich im
August 1804 selbst zum Kaiser von Österreich und machte damit seine deutschen Provinzen und Reichsländer gemeinsam mit den anderen Kronländern
der Habsburger (vor allem Böhmen und Ungarn) zu einem Erbkaisertum. Mit
diesem Schritt versuchte er, die Ranggleichheit mit Napoleon zu wahren.[10]
	Im Dritten Koalitionskrieg von 1803 bis 1806 kämpften die Alliierten Groß-
britannien, Österreich, Neapel, Russland und Schweden gegen Napoleons
Armee, die unter anderem durch seine süddeutschen Verbündeten Württemberg, Bayern und Baden verstärkt wurde. Die vereinigte russisch-österreichi-
sche Armee wurde im Dezember 1805 in der Schlacht bei Austerlitz von Napoleon besiegt. Österreich musste den Frieden von Pressburg schließen. Napoleon
dominierte nun in Kontinentaleuropa. Im Juli 1806 schuf er den Rheinbund,
dessen zunächst 16 Mitglieder aus dem Heiligen Römischen Reich austraten.
Daraufhin legte Franz II. am 6. August die Krone des Reiches nieder. Am Vierten
Koalitionskrieg 1806 bis 1807 beteiligte sich Österreich nicht; er wurde primär
von Preußen und seinen Verbündeten Sachsen und Russland geführt, die eine
vernichtende Niederlage erlitten.
	Noch ein letztes Mal versuchte die österreichische Monarchie im Jahr 1809
im Fünften Koalitionskrieg Napoleon und seine imperialen Expansionsbestre-
bungen in die Schranken zu weisen. Unterstützt von Großbritannien erklärte
sie im April Napoleon den Krieg. In der österreichischen Armee wurde neben

---

10   Vgl. als Überblicke im Folgenden auch Gregory Fremont-Barnes, *The French Revolutionary
	Wars*, New York 2012; Charles J. Esdaile, *The Wars of Napoleon*, London u. a. 1995 (erweiterte
	Neuausgabe London 2019).

der professionellen Truppe erstmals auch die im Juni 1808 neu eingeführte Landwehr eingesetzt.[11] Doch nur sechs Monate später war Franz II. gezwungen, dem Vertrag von Schönbrunn mit Frankreich zuzustimmen. Österreich verlor rund 100.000 Quadratkilometer mit etwa dreieinhalb Millionen Einwohnern, musste 85 Millionen Francs Kriegskontribution an Frankreich zahlen, sich der anti-britischen Kontinentalsperre anschließen und sein Heer auf 150.000 Mann reduzieren. Nach dieser vernichtenden Niederlage war der leitende Minister Johann Philipp von Stadion genötigt zurückzutreten und wurde von Metternich abgelöst, der einen vorsichtigeren außenpolitischen Kurs begann, um den Erhalt der Monarchie zu sichern, die mit rund 600.000 Quadratkilometern und über 24 Millionen Einwohnern eine europäische Großmacht blieb.[12]

Die Verbindung des Hauses Habsburg mit dem französischen Kaiserreich durch Napoleons Heirat mit Marie-Louise von Österreich, der zweiten Tochter von Franz II., im April 1810 sollte helfen, den Frieden zu sichern. Doch im Juni 1812 waren Österreich wie auch Preußen genötigt, den Russlandfeldzug Napoleons mit einem Hilfskorps zu unterstützen. Dieser Feldzug endete mit der ersten dramatischen Niederlage Napoleons und der Ausblutung seiner etwa 685.000 Mann starken Armee. Von den 33.000 Soldaten des österreichischen Korps, das Anfang Januar 1813 seine Kampfhandlungen einstellte, kehrten nicht mehr als 20.000 zurück.[13] Diese Niederlage Napoleons wollten Russland und Preußen nutzen, um den Gegner endgültig niederzuzwingen, und schlossen sich im Februar 1813 zu einer Koalition zusammen, die am 16. März Frankreich den Krieg erklärte. Den Waffenstillstand vom 4. Juni bis zum 20. Juli 1813 nutzten alle Seiten, um aufzurüsten.[14] Österreich unterzeichnete am 27. Juni 1813 in Reichenbach mit Preußen und Russland ein geheimes Abkommen, das den Eintritt in die Koalition festschrieb, wenn Napoleon bis zum 20. Juli den Friedensbedingungen nicht zustimmen sollte, und rüstete zugleich heimlich weiter auf. Die österreichische Staatsführung unter Metternich hoffte weiter auf Frieden und versuchte, auf dem Friedenskongress in Prag vom 12. Juli bis zum 10. August 1813 zu vermitteln. Erst als die Verhandlungen gescheitert waren, trat auch Österreich am 11. August 1813 der Sechsten Koalition der Alli-

---

11 Vgl. Ernst Zehetbauer, *Die Landwehr und der Krieg von 1809. Österreichs Milizexperiment zwischen Altem Reich und moderner Nationsbildung*, Hamburg 2017.

12 Vgl. Eduard Wertheimer, „Zur Geschichte Wiens im Jahr 1809. Nach ungedruckten Quellen", in *Archiv für österreichische Geschichte* 74 (1889), S. 161–202.

13 Adam Zamoyski, *Moskau 1812: Napoleon's Fatal March*, London 2004; Alexander Mikaberidze, *Russian Eyewitness Accounts of the Campaign of 1812*, New York 2012; Reinhard Münch, *Als die Österreicher für Napoleon fochten*, Taucha 2015.

14 Zur Geschichte der Kriege von 1813 bis 1814 in Mitteleuropa siehe auch im Folgenden Michael V. Leggiere, *Napoleon and the Struggle for Germany: The Franco-Prussian War of 1813*, 2 Bde., Cambridge 2015; ders., *The Fall of Napoleon*, Bd. 1, *The Allied Invasion of France, 1813–1814*, Cambridge 2007.

ierten gegen Napoleon bei, der zu diesem Zeitpunkt bereits Großbritannien, Mecklenburg-Schwerin, Portugal, Preußen, Russland, Schweden und Spanien angehörten.

Am Donnerstag, dem 19. August 1813, erschien in der *Oesterreichisch-Kaiserlichen privilegirten Wiener Zeitung* das „Manifest Sr. Majestät des Kaisers von Oesterreich, Königs von Ungarn und Böhmen".[15] In diesem „Kriegsmanifest" erklärte Franz II. seinen Untertanen höchst umständlich, weshalb er trotz seiner ausgeprägten Friedensliebe nach langem Zögern aufgrund der gescheiterten Friedensverhandlungen beschlossen hatte, sich dem Kampf gegen Napoleon anzuschließen. Mit seinem Kriegsmanifest scheint Franz II. auf den ersten Blick dem Vorbild des preußischen Königs Friedrich Wilhelm III. gefolgt zu sein, der am 17. März 1813, einen Tag nach der Kriegserklärung an Frankeich, mit seinem Aufruf „An Mein Volk" „Brandenburger, Preußen, Schlesier, Pommern, Litthauer" um Unterstützung im Kampf gegen Napoleon gebeten hatte.[16] Die Verbreitung des Aufrufs erfolgte zunächst am 20. März 1813 durch Abdruck in der *Schlesischen privilegirten Zeitung* in Breslau, wo der preußische Hof sich damals aufhielt, und danach in vielen anderen Blättern der Monarchie. Neu und sensationell war zumindest für die gebildeten Zeitgenossen, dass hier ein Monarch sein Volk nicht nur um Unterstützung im Krieg bat, was eine lange Tradition hatte, sondern ihm die Motive und Ziele erläuterte und dabei die Einheit von Krone, preußischer und deutscher Nation beschwor. In einer Zeit, in der Kriege mit Massenheeren von professionellen Soldaten, Freiwilligen und Männern der Landwehr oder Milizen geführt wurden, war nicht nur die Mobilisierung der wehrfähigen Männer für den Kriegsdienst, sondern zugleich der gesamten Zivilbevölkerung für die Kriegsunterstützung notwendig. Hierin unterschieden sich die Gegner Napoleons nicht von Frankreich.[17]

Dem Vorbild von Friedrich Wilhelm III. folgten die anderen deutschen Monarchen und Fürsten bei ihrem Kriegseintritt gegen Napoleon im Jahr 1813 und verfassten alle Aufrufe an ihre Untertanen. Auch Franz II. fühlte sich offenbar genötigt, seine Untertanen im August 1813 für den Krieg zu mobilisieren. Das österreichische Kriegsmanifest war aber sehr viel vorsichtiger formuliert und weit weniger aufrüttelnd im Ton als das preußische. Während der eineinhalb Seiten kurze preußische Aufruf „An Mein Volk" die deutsche Bevölkerung weit über Preußen hinaus zum Kampf in einem ‚Volkskrieg' aufrief und dabei nicht

---

15   Franz II., „Manifest Sr. Majestät des Kaisers von Oesterreich, Königs von Ungarn und Böhmen", in *Wiener Zeitung* 99 (1813), 19. August, S. 407–411.

16   Friedrich Wilhelm III., „An Mein Volk", in *Schlesische privilegirte Zeitung* 34 (1813), 20. März, S. 593 f., hier S. 593; vgl. auch im Folgenden Hagemann, „*Mannlicher Muth*" (wie Anm. 9), S. 281–284.

17   Vgl. Esdaile, *The Wars* (wie Anm. 10), S. 182–216.

vor dem Gebrauch von nationalem Pathos zurückschreckte, argumentierte das österreichische Kriegsmanifest auf vier eng bedruckten Seiten sehr umständlich und vermied alles, was nationale Gefühle erregen konnte. Es appellierte primär an monarchisch-landespatriotische Emotionen, stellte aber zugleich, wie der preußische Aufruf, den Gedanken der „Selbstvertheidigung" in den Vordergrund:

> Aus angeborner Neigung, aus Pflicht-Gefühl, aus Liebe zu Ihren Völkern dem Frieden zugethan, allen Eroberungs- und Vergrösserungs-Gedanken fremd, haben Se. Majestät nie die Waffen ergriffen, als wenn die Nothwendigkeit unmittelbarer Selbstvertheidigung, oder die von eigener Erhaltung unzertrennliche Sorge für das Schicksal benachbarter Staaten, oder die Gefahr, das ganze gesellschaftliche System von Europa durch gesetzlose Willkür zertrümmert zu sehen, dazu aufforderten. Für Gerechtigkeit und Ordnung haben Se. Majestät zu leben und zu regieren gewünscht [...].[18]

Nun aber, da die Friedensverhandlungen gescheitert waren, sei es dem Kaiser täglich immer fühlbarer geworden, „wie unmöglich es seyn würde, beym weitern Fortgange" des Krieges „ein unthätiger Zuschauer zu bleiben".[19] Das Kriegsmanifest von Franz II. holte historisch weit aus und versuchte, die Zurückhaltung der Monarchie, sich der Koalition gegen Napoleon anzuschließen, zu erklären. Diese Politik war vor allem in der preußischen Presse seit dem Frühjahr 1813 heftig kritisiert worden, was nach dem Einmarsch der siegreichen russischen Truppen seit Januar 1813 überall in der Monarchie möglich geworden war, da die Armeeführung die Pressefreiheit de facto eingeführt hatte, indem sie zum Zweck der Kriegsmobilisierung vorübergehend jede Zensur aufhob.[20] Die Kriegspropaganda, die im Frühjahr und Sommer 1813 in den befreiten deutschsprachigen Regionen verbreitet wurde, erreichte unter Umgehung der Zensur auch Österreich, obwohl sie hier weiter verboten war. Die österreichische Monarchie scheint daher auch gegenüber den eigenen Untertanen einen Erklärungsbedarf für die lange Zurückhaltung verspürt zu haben. Franz II. und seiner Regierung war klar, dass ohne breite Unterstützung der Bevölkerung der Kampf gegen Napoleon nicht erfolgreich sein konnte.

Das Kriegsmanifest Franz' II. verwies auf die Geschichte seit den 1790er-Jahren, insbesondere die wiederholten erfolglosen Bemühungen, Frankreich

---

18 Franz II., „Manifest Sr. Majestät" (wie Anm. 15), S. 407.
19 Ebd., S. 410.
20 Karen Hagemann, „Literaturmarkt, Zensur und Meinungsmobilisierung. Die politische Presse Preußens zur Zeit der Napoleonischen Kriege", in *Agenten der Öffentlichkeit. Theater und Medien im 19. Jahrhundert*, hrsg. von Meike Wagner, Bielefeld 2014 (Vormärz-Studien 29), S. 171–196.

in seine Schranken zu weisen und die österreichische Souveränität zu retten,
sowie die schweren territorialen und materiellen Verluste, die die österreichischen Niederlagen von 1801, 1805 und 1809 und die erzwungene Beteiligung
am Russlandfeldzug 1812 gebracht hatten. Mit dieser Geschichte wurden den
Untertanen die vorsichtige Haltung der österreichischen Monarchie im Jahr
1813 und deren erneuter Versuch, durch Verhandlungen mit Napoleon Frieden
auf dem europäischen Kontinent zu erlangen, zu erklären versucht. In dem
Kriegsmanifest hieß es dementsprechend:

> Nicht ohne tiefe Betrübniß, und allein durch das Bewußtseyn getröstet, daß
> alle Mittel, die Erneuerung des Kampfes zu vermeiden, erschöpft worden sind,
> sieht der Kaiser Sich zu diesem Schritte [der Kriegserklärung an Frankreich]
> gezwungen. Se. Majestät haben drey Jahre lang mit unermüdeter Beharrlichkeit
> darnach gestrebt, die Grundlage der Möglichkeit eines wahren und dauerhaften
> Friedens für Oesterreich und für Europa auf milden und versöhnenden Wegen
> zu gewinnen. Diese Bemühungen sind vereitelt; kein Hülfsmittel, keine Zuflucht
> mehr, als bey den Waffen.[21]

Die Vorbehalte des österreichischen Kaisers und seines leitenden Ministers
Metternich, einen weiteren Krieg zu beginnen, scheinen 1813 von vielen
Untertanen geteilt worden zu sein. Darauf deuten zumindest die Polizeiberichte hin.[22] Die über zwei Jahrzehnte anhaltenden Kriege hatten weitreichende negative Auswirkungen auf die Finanzen und die Wirtschaft der Monarchie, die wie Preußen vor dem Bankrott stand. Die Bevölkerung erinnerte
sich zudem mit Schrecken an die beiden kurzen französischen Okkupationen
nach den Niederlagen von 1805 und 1809, während derer die Grande Armée
Niederösterreich und Wien besetzt hatte, was mit Plünderungen und Verwüs-
tungen, Einquartierungen, Requisitionen und Kontributionen einherging, die
breite Bevölkerungskreise schwer trafen. Vor allem die Okkupation von 1809
hatte Mangel und Teuerung, Hunger und Not gebracht.[23]

Die Erinnerungen an die vorherigen Niederlagen und deren Folgen, die
schwierige wirtschaftliche Lage und die weiter anhaltende Teuerung führten
dazu, dass laut der Polizeiberichte die Angst vor einem neuen Krieg in der

---

21 Franz II., „Manifest Sr. Majestät" (wie Anm. 15), S. 411.
22 Vgl. Eduard Wertheimer, „Wien und das Kriegsjahr 1813. Ein Beitrag zur Geschichte der Be-
    freiungskriege. Nach ungedruckten Quellen", in *Archiv für österreichische Geschichte* 79 (1893),
    S. 357–400, v. a. S. 369–372.
23 Vgl. Karl August Schimmer, *Die Französische Invasion in Österreich und die Franzosen in Wien in*
    den Jahren 1805 und 1809, Wien 1846; Walter Boguth, *Die Okkupation Wiens und Niederösterreichs*
    durch die Franzosen im Jahre 1809 und ihre Folgen für das Land, Wien 1908.

Bevölkerung Österreichs und Wiens 1812/13 weit verbreitet war.[24] Im Sommer 1813 scheint die öffentliche Stimmung in Österreich ihren Tiefpunkt erreicht zu haben. Nur die kleine Gruppe deutsch-national oder landespatriotisch gesinnter Befürworter eines Anschlusses an die Sechste Koalition gegen Napoleon, zu denen in Wien auch der Kreis um Caroline Pichler gehörte, war frustriert über die Politik der eigenen Regierung. Ein Kreis um Erzherzog Johann, den Bruder des Kaisers, und Joseph Freiherr von Hormayr zu Hortenburg, den Direktor des Wiener Haus-, Hof- und Staatsarchivs, mit dem Pichler eng befreundet war, und andere Männer bereitete im Februar 1813 gar einen Aufstand in Tirol vor, die sogenannte „Alpenrevolution". Tirol sollte sich aus eigener Kraft von der napoleonischen Vorherrschaft befreien und so das Signal für eine Kriegsbeteiligung Österreichs geben. Der Plan scheiterte jedoch, da er durch abgefangenen Schriftverkehr entdeckt und Beteiligte verraten wurden. Der Erzherzog wurde vom Kaiser ‚zurechtgewiesen‘ und Hormayr verhaftet und 13 Monate im Gefängnis festgehalten. Besonders bedenklich war für Metternich, dass in die Verschwörung nicht nur politische Prominenz weit über Österreich hinaus verwickelt war, sondern sie gar von der britischen Regierung unterstützt wurde.[25]

Anders als die kleine elitäre Gruppe, die einen antinapoleonischen Aufstand in Tirol anstiften wollte, war die überwiegende Mehrheit der Wiener wie der österreichischen Bevölkerung hingegen „kleinmüthig" und „dumpf"[26] gestimmt und lehnte einen weiteren Krieg ab, wie Franz Freiherr Haager von Altensteig, seit 1809 Vizepräsident der obersten Polizei- und Censur-Hofstelle und seit 1813 deren Präses, in einem Brief an Franz Anton Graf Kolowrat-Liebsteinsky, Mitglied des Regentschaftsrates, am 3. August 1813 berichtete: „Die öffentliche Meinung [...] hat nach den Wahrnehmungen, die ich zu machen Gelegenheit hatte, in dem gegenwärtigen kritischen Zeitpunkt die übelste Richtung genommen [...]".[27] Sie fürchtete einen Kampf gegen Napoleon, da sie an seinen Sieg glaubte und der Stärke des eigenen Militärs und der Kompetenz seiner Heerführer misstraute. Kritisiert wurde vor allem Karl Philipp Fürst zu Schwarzenberg, dem – dessen ungeachtet – auf Betreiben von Metternich bereits Ende Juni 1813 der Oberbefehl über die verbündeten Streitkräfte gegen Napoleon übertragen wurde.[28]

---

24 „Notizen über die dermalige hierortige Stimmung", 14. Juli 1813, zit. nach Wertheimer, „Wien und das Kriegsjahr 1813" (wie Anm. 22), S. 393–395.
25 Siemann, *Metternich* (wie Anm. 2), S. 379–381; zu Hormayr vgl. auch Wertheimer, „Wien und das Kriegsjahr 1813" (wie Anm. 22); Karl Glossy, „Hormayr und Caroline Pichler", in *Jahrbuch der Grillparzer-Gesellschaft* 12 (1902), S. 212–343.
26 Wertheimer, „Wien und das Kriegsjahr 1813" (wie Anm. 22), S. 374 u. 395 bzw. S. 370.
27 Ebd., S. 370.
28 Ebd.

Als die österreichische Regierung dann am 11. August 1813 entschied, sich
den Alliierten anzuschließen, brachte sie etwa 200.000 Soldaten in das Militär-
bündnis ein, darunter wie bereits 1809 eine erhebliche Zahl von Landwehr-
männern. Damit wurden die Truppen der Alliierten entscheidend verstärkt,
die in Mitteleuropa zu diesem Zeitpunkt aus circa 271.000 preußischen, 296.000
russischen und 27.000 schwedischen Soldaten bestanden. Die Koalitionsarmee
erreichte nun eine Größe, welche die der Grande Armée Napoleons übertraf,
und war damit in den nächsten Monaten in der Lage, Frankreich und seine ver-
bliebenen Alliierten zu besiegen.[29]

Kommunikationskontrolle, öffentliche Meinung und Literaturproduktion

Polizeiaufsicht und Zensur waren in der Zeit während und nach den Revolu-
tions- und Napoleonischen Kriegen in allen europäischen Monarchien
entscheidende Mittel der politischen Repression aller frühliberalen und
deutschnationalen oder gar noch radikaleren „jakobinischen" Tendenzen.
Massenhaftes Lesen betrachteten die konservativen Eliten seit der ersten
Leserevolution im späten 18. Jahrhundert als politisch gefährlich.[30] Vor allem
seit der Französischen Revolution befürchteten sie, dass oppositionelle und
subversive Texte nun nicht mehr nur im kleinen Kreis der Gebildeten kursie-
ren würden, sondern breite Bevölkerungskreise erreichen könnten. Um diese
Gefahr zu bannen, erließen fast alle deutschen Territorialstaaten Anfang der
1790er-Jahre schärfere Zensurgesetze.[31] Dazu gehörte auch Österreich unter
Franz II. Mit dem Erlass der Generalzensurverordnung vom 22. Februar 1795,
die alle bisherigen Einzelverordnungen zusammenfasste, war das Zensursystem der Monarchie ausgebaut und hatte in dieser Form bis 1819 Gültigkeit.
Norbert Bachleitner fasst dessen wichtigste Bestimmungen in seiner Studie zur
literarischen Zensur in Österreich zwischen 1751 und 1848 zusammen:

> Kein Manuskript durfte ohne Bewilligung gedruckt, kein im Ausland gedruck-
> tes Buch ohne vorherige Zulassung verkauft werden. Manuskripte mussten in
> zwei Exemplaren eingereicht werden, damit ein Exemplar, das nach der Lek-
> türe durch den Zensor im Bücherrevisionsamt verblieb, nach Fertigstellung des

---

29 Michael V. Leggiere, *Napoleon and Berlin. The Franco-Prussian War in North Germany, 1813*, Nor-
    man 2002, S. 141–176.
30 Vgl. Albrecht Koschorke, *Körperströme und Schriftverkehr. Mediologie des 18. Jahrhunderts*, 2.,
    durchges. Aufl., München 2003, S. 398–403.
31 Als Überblick zur Geschichte der Zensur vgl. Dieter Breuer, *Geschichte der literarischen Zensur
    in Deutschland*, Heidelberg 1982, S. 93–155; Wolfram Siemann, „Ideenschmuggel. Probleme
    der Meinungskontrolle und das Los deutscher Zensoren im 19. Jahrhundert", in *Historische
    Zeitschrift* 245 (1987), S. 71–106.

Buches mit dem Druck verglichen werden konnte. Bei Manuskripten konnte der Zensor Auslassungen [...] oder die Angabe eines ausländischen Druckorts [...] verlangen. Wem ein Manuskript zur Zensur zugewiesen wurde, entschied das Bücherrevisionsamt, Kontakte zwischen Zensor und Autor bzw. Verleger waren zu vermeiden. Nachdrucke und Übersetzungen waren ebenso wie Manuskripte zur Zensur einzureichen. Auch Verzeichnisse von zum Verkauf oder zur Versteigerung angebotenen Büchern mussten der Zensur vorgelegt werden. Wenn dabei grob anstößige oder ehrenrührige Schriften auftauchten, wurden sie nicht wie sonst üblich außer Landes geschickt, sondern kurzerhand vernichtet. Die Versendung von in Österreich verbotenen Manuskripten zum Druck im Ausland war verboten.[32]

Die meisten Paragraphen wurden, so Bachleitner, geschaffen, um „Missbräuche"[33] in der Buchproduktion und -distribution abzustellen. Dazu gehörten alle Angriffe auf die Religion, die Geistlichkeit, die monarchische Regierungsform, den Regenten oder die Verwaltung des Staates sowie ferner Verletzungen der Sittlichkeit und persönliche Beleidigungen. Erlaubt waren hingegen in Österreich nun auch protestantische Schriften, sofern sie nicht die katholische Religion oder die Kirche auf bösartige Weise angriffen. Selbst die Veröffentlichung von Verzeichnissen der in Wien verbotenen Bücher wurde nicht gestattet, da sie die Nachfrage nach verbotenen Titeln beförderte.[34] Um die Verbreitung von Lesegut an breitere lesekundige Schichten zu verhindern, wurden in Österreich auch die in anderen deutschsprachigen Territorialstaaten so beliebten Leihbibliotheken zwischen 1798 und 1811 verboten, da sie preisgünstigen Zugang zu Druckerzeugnissen gewährten. Im Durchschnitt waren um 1800 in Mitteleuropa erst ca. 25 % der Bevölkerung lesefähig. Bis 1840 stieg der Anteil auf 40 % an, wobei allerdings die Unterschiede zwischen Norden und Süden, Stadt und Land, Protestanten und Katholiken sowie Männern und Frauen im deutschsprachigen Raum sehr ausgeprägt waren. Am höchsten war die Lesefähigkeit in der männlichen Bevölkerung der protestantischen Städte des deutschen Nordens und Westens.[35]

Insgesamt wurde die Zensur und mit ihr die Meinungskontrolle in Österreich zwischen 1795 und 1819 merklich verschärft. Die Verbotszahlen kletterten während und nach den Napoleonischen Kriegen, vor allem zwischen 1810 und 1815, auf eine Höhe, die selbst gegen Ende des Vormärz in den 1840er-Jahren trotz stark angestiegener literarischer Produktion nicht mehr über-

---

32 Norbert Bachleitner, *Die Literarische Zensur in Österreich von 1751 bis 1848*, Wien u. a. 2017 (Literaturgeschichte in Studien und Quellen 28), S. 94 f.
33 Ebd., S. 95.
34 Vgl. im Folgenden auch ebd., S. 93–123.
35 Hagemann, *„Männlicher Muth"* (wie Anm. 9), S. 116.

troffen wurde.[36] Das österreichische Zensursystem galt wegen seiner Strenge
als vorbildlich in den Regierungskreisen der anderen konservativen Monarchien auf dem europäischen Kontinent. Verbunden wurde es mit einer zunehmend besser ausgebauten Polizeiaufsicht, die nicht nur den Briefverkehr und
das Gepäck grenzüberschreitender Besucher kontrollierte, sondern auch das
Vereins- und Versammlungsleben.[37] Selbstverständlich unterlagen auch alle
öffentlichen Theater der Zensur, die hier besonders streng betrieben wurde, da
Theaterstücke, Opern und Singspiele in den Städten breite Volkskreise anspra-
chen und auch das leseunkundige Publikum erreichten. So waren beispielsweise alle Stücke Friedrich Schillers zwischen 1794 und 1808 verboten und
auch Ludwig van Beethovens einzige Oper *Fidelio* konnte im November 1805
in Wien in ihrer ersten Fassung, *Fidelio oder Die eheliche Liebe*, erst nach einem
kurzzeitigen Verbot und von der Zensur geforderten Textänderungen mehr
als zwei Monate später als geplant uraufgeführt werden.[38] Diese Politik wurde
mit der im Januar 1810 erlassenen *Vorschrift für die Leitung des Censurwesens
und für das Benehmen der Censoren* bekräftigt, die „ernsthaften und innovati-
ven wissenschaftlichen Beiträgen" mehr Toleranz versprach, aber eine noch
strengere Zensur „wertlose[r] Unterhaltungsliteratur" forderte, die sich an das
breite Publikum richtete.[39]

Nur zweimal wagte die österreichische Regierung eine kurze Lockerung
der Zensur, im Frühjahr und Sommer 1809 und im Sommer und Herbst 1813.
Die Regierung unter Stadion hatte 1809 die Publikation einer Vielzahl patriotischer Texte mit dem Ziel gefördert, den Enthusiasmus der Massen zu erregen
und für die Kriegsunterstützung zu gewinnen. Damals hatten sich aber nicht
nur landespatriotisch-monarchische Stimmen erhoben, sondern auch früh-
liberale und deutsch-nationale, die Einheit und Freiheit für das ganze deutsche
Vaterland gefordert hatten, weshalb nach der Niederlage die österreichische
Zensur und die Polizeiaufsicht erfolgreich alles versuchten, um wieder eine
strenge Kommunikationskontrolle durchzusetzen.[40]

Eine Wiederholung dieser Situation wollte Metternich im Sommer 1813 auf
jeden Fall verhindern. Die Zensur wurde zwar gelockert, aber nur sehr mode-

---

36 Bachleitner, *Die Literarische Zensur* (wie Anm. 32), S. 95.
37 Ebd., S. 104.
38 Norbert Bachleitner, „Die Theaterzensur in der Habsburgmonarchie im 19. Jahrhundert", in
    LiTheS. Zeitschrift für Literatur- und Theatersoziologie 3/3 (2010), S. 71–105, zu Schiller S. 77 und
    zu Beethoven S. 90; ders., „The Habsburg Monarchy", in *The Frightful State: Political Censorship
    of the Theater in Nineteenth-Century Europe*, hrsg. von Justin Goldstein, New York 2009, S. 228–
    264.
39 Bachleitner, *Die Literarische Zensur* (wie Anm. 32), S. 106–108, hier S. 107.
40 Vgl. Hagemann, „Be Proud and Firm'" (wie Anm. 4).

rat.[41] Um mehr Kriegsunterstützung in der Bevölkerung zu mobilisieren, aber zugleich eine Politisierung zu verhindern, legte der Kaiser selbst die Richtlinien der Öffentlichkeitsarbeit fest. Er bestimmte in einem Brief vom 28. Juli 1813 an Haager von Altensteig ausdrücklich, dass zum Zwecke der öffentlichen Kriegsmobilisierung „auch die Zeitungen und andere öffentliche Blätter gehörig benützet" und Flugschriften produziert, aber „alle leidenschaftlichen Ausbrüche vermieden" werden sollten und die Texte derart verfasst zu sein hatten,

> dass sie mehr bleibende als vorübergehende Eindrücke erregen, mehr den Verstand überzeugen als die Einbildungskraft reizen, die Sache des Vaterlandes jedem, der Sinn dafür hat, ans Herz legen und die Nothwendigkeit des Krieges sowie die Kraftanstrengungen, die zur Erreichung eines baldigen und glücklichen Ausganges gemacht worden sind, anschaulich darstellen.[42]

Hauptziel war es, so der Kaiser weiter, „auf die öffentliche Meinung gehörig" einzuwirken, sobald der Krieg ausbrechen sollte, „dem allenfalligen Missmuthe" zu begegnen und „eine günstige Stimmung" herbeizuführen.[43] Nur die Beförderung der „heiligen Liebe zu Thron und Altar" und der untertänigen Unterstützung eines von Fürsten und Generälen geführten „Verteidigungskrieges" waren erwünscht. Franz II. wollte die Verbreitung der andernorts lautstark in der Tagesliteratur propagierten Idee eines „Volkskrieges" für die „Einheit und Freiheit" des „deutschen Vaterlandes" verhindern, die den Kampf für äußere und innere Freiheit verband.

Es ist nicht verwunderlich, dass die österreichische Regierung angesichts dieser Zensurbedingungen nur einzelne Schriftsteller fand, die bereit waren, für sie Texte zu verfassen. Zu ihnen gehörten 1813 der Volksschriftsteller Johann Michael Armbruster mit seiner Schrift *Wer ist ein österreichischer Patriot im Geist und in der Wahrheit?*, der Hofmeister Jacob Holler mit seinem Text *Das Jahr 1813, oder: Warum haben wir Krieg?* und der Dramaturg und Dichter Ignaz Franz Castelli mit *Ein Wort zu rechter Zeit eines Österreichers an seine verzagten Mitbürger.* Castellis „Kriegslied für die österreichische Armee", das Teil seiner Sammlung *Neue Wehrmanns-Lieder* war, wurde zudem im August 1813 in hoher Auflage an die österreichischen Soldaten verteilt.[44]

Insgesamt trugen die Kriegserklärung und die damit einhergehenden verzweifelten Versuche der österreichischen Regierung, die Bevölkerung zu mobilisieren, offenbar im Herbst 1813 zu mehr Kriegsunterstützung bei. Doch

---

41 Wertheimer, „Wien und das Kriegsjahr 1813" (wie Anm. 22), S. 371–374.
42 Kaiser Franz an Freiherrn von Hager, Brandeis, 28. Juli 1813, zit. nach ebd., S. 395 f., hier S. 396.
43 Ebd.
44 Wertheimer, „Wien und das Kriegsjahr 1813" (wie Anm. 22), S. 373.

grundlegend scheint sich die öffentliche Meinung erst nach dem Sieg in der
Leipziger Völkerschlacht vom 16. bis 19. Oktober 1813 geändert zu haben. „Erst
als kein Zweifel mehr an dem glänzendsten Erfolg gestattet war und Napoleon
in der gewaltigen Völkerschlacht aufs Haupt geschlagen worden, athmeten die
Wiener beruhigt auf", hieß es in einem Polizeibericht vom 25. Oktober 1813.[45]
Nicht nur Dichter und Schriftstellerinnen wie Caroline Pichler teilten diese
Erleichterung und Freude, sondern auch Musiker wie Beethoven, der im Herbst
sein sinfonisches Schlachtengemälde *Wellingtons Sieg* komponierte, das den
Triumph der vereinigten britischen, portugiesischen und spanischen Truppen
unter dem Oberbefehl von Arthur Wellesley, First Duke of Wellington, über die
Armee Napoleons in der Schlacht bei Vitoria am 21. Juni 1813 feierte und im
Dezember 1813 in Wien mit großem Erfolg uraufgeführt wurde. Johann Nepomuk Mälzel hatte Beethoven zu dieser Komposition angeregt, da er ein wir-
kungsvolles Musikstück für sein neues mechanisches Panharmonikon suchte.[46]

Weitere Zäsuren der patriotischen Hochstimmung waren in Wien der glän-
zend gefeierte Einzug des Kaisers am 16. Juni 1814, mit dem auch der Sieg über
Napoleon und der Pariser Friedensvertrag vom 30. Mai 1814 zelebriert wurden,[47] und der Wiener Kongress, der am 18. September 1814 begann, bis zum
9. Juni 1815 dauerte und mit der Gründung des Deutschen Bundes endete. Vor
allem die ersten zwei Monate des Kongresses waren von einem umfangreichen
öffentlichen Festprogramm begleitet, dessen Höhepunkt am 18. Oktober 1814
das große Praterfest zur Feier des Sieges in der Leipziger Völkerschlacht war.
Auch zu diesen Anlässen wurde wieder fleißig patriotisch Gestimmtes gedichtet und komponiert.[48]

Doch die kurzfristige und geringfügige Lockerung der Kommunikationskontrolle im Herbst 1813 wurde von der österreichischen Regierung schnell
wieder aufgehoben. Die deutschnationalen Hoffnungen auf politische Freiheit und nationale Einheit, die in anderen Territorialstaaten von einer gebildeten Minderheit in den Jahren 1813 bis 1815 in der Tagesliteratur vehement
artikuliert wurden, hatten in der österreichischen Monarchie keinen Platz.
Selbst der im deutschen Sprachraum andernorts in der Tagesliteratur der

---

45 Paraphrasierung von Eduard Wertheimer, ebd., S. 375 f.
46 Vgl. Nicholas Mathew, „History under Erasure: ,Wellingtons Sieg', the Congress of Vienna,
    and the Ruination of Beethoven's Heroic Style", in *The Musical Quarterly* 89/1 (2006), S. 17–61;
    ders., *Political Beethoven*, Cambridge 2013, S. 111–117.
47 Vgl. Judson, *The Habsburg Empire* (wie Anm. 2), S. 97–102.
48 Vgl. die zeitgenössische Beschreibung in *Chronic des allgemeinen Wiener Kongresses* VII (1814),
    25. Oktober u. VIII (1814), 28. Oktober. Zur Festkultur allgemein Vick, *The Congress* (wie
    Anm. 6), S. 21–65; zur Musik Mathew, *Political Beethoven* (wie Anm. 46), S. 103–117; Bobeth,
    „„Wellington! Welcome to us!'" (wie Anm. 7); Appel/Biermann/Kinderman/Ronge, *Beethoven
    und der Wiener Kongress* (wie Anm. 7).

Jahre 1813 bis 1815 vorherrschende monarchische Landespatriotismus musste extrem moderat artikuliert werden, um die österreichische Zensur passieren zu können. Folge war, dass die Karlsbader Beschlüsse vom September 1819, die das Resultat einer Ministerialkonferenz des Deutschen Bundes waren, überall die Kommunikationskontrolle verschärften, nur in Österreich nicht. Hier konnte die bisherige Praxis schlicht fortgesetzt werden. In den übrigen Staaten des Deutschen Bundes führten die Karlsbader Beschlüsse hingegen nicht nur zur politischen Verfolgung der national-liberalen Opposition, sondern auch zu einer weiteren Intensivierung der Zensur. Das Polizeisystem der Vorzensur, das zusammen mit den Karlsbader Beschlüssen nun überall im Deutschen Bund wieder eingeführt wurde, hatte weitreichende Konsequenzen für die Produktion von Büchern, Zeitschriften und Zeitungen. Zensurmaßnahmen konnten nicht nur von dem Bundesstaat, in dessen Grenzen der Verlag oder die Druckerei ihren Sitz hatte, vorgenommen werden, sondern auch von jedem Mitglied des Deutschen Bundes, wenn dessen Regierung dies für angemessen hielt, wie auch von der Pressekommission der Bundesversammlung. Auf diese Weise konnten besonders konservative Staaten wie Österreich und Preußen auch in den liberaleren Staaten wie Sachsen und Württemberg ihre Zensurpolitik durchsetzen. Zudem wurde auf diese Weise versucht, die übliche Praxis des Unterlaufens der Zensur durch den Wechsel in einen anderen Territorialstaat mit weniger strenger Zensurgesetzgebung zu unterbinden.[49]

Zwar fanden die Kultur- und Literaturproduzent:innen in Österreich, wie andernorts, immer wieder Mittel und Wege, die Zensur zu unterlaufen, indem Briefe beispielsweise nicht per Post versandt, sondern reisenden Freund:innen mitgegeben wurden, indem verbotene Texte im deutschsprachigen Ausland gedruckt und wieder zurückgeschmuggelt oder verbotene Publikationen heimlich erworben, verkauft oder weitergegeben wurden. Doch die Auswirkungen auf die Literaturproduktion Österreichs waren nachhaltig, da die Zensur in erheblichem Maße Umfang und Inhalt beeinträchtigte, was unter anderem die Publikationsverzeichnisse des Buchhandels zeigen. Zu einem wichtigen Forum der unzensierten literarischen und künstlerischen Öffentlichkeit wurden in gebildeten und besitzenden Kreisen in Wien, Prag, Budapest und andernorts private Geselligkeiten, bei denen Texte vorgelesen und diskutiert sowie verbotene Theaterstücke in verteilten Rollen gelesen oder gar aufgeführt wurden.[50] Die extrem strenge österreichische Zensurpolitik beeinflusste auch die Bedingungen der literarischen Erinnerungsproduktion an die

---

49 Vgl. Reinhard Wittmann, *Geschichte des deutschen Buchhandels*, 3. Aufl., München 2011, S. 227–226; Franz Schneider, *Pressefreiheit und politische Öffentlichkeit. Studien zur politischen Geschichte Deutschlands bis 1848*, Neuwied am Rhein u. a. 1966 (Politica 24), S. 243–274.
50 Bachleitner, *Die Literarische Zensur* (wie Anm. 32), S. 134–146.

Napoleonischen Kriege in der Monarchie, wie das literarische Schaffen von
Caroline Pichler zeigt.

Caroline Pichler und ihr Salon

Caroline Pichler wurde 1769 als Tochter des Hofrates Franz Sales von Greiner
und seiner Frau Charlotte in Wien geboren. Sie erhielt wie ihr Bruder eine sehr
gute Ausbildung durch Privatlehrer, lernte mehrere Fremdsprachen und erhielt
Gesangs- und Klavierunterricht. Durch den stadtbekannten Salon ihrer ebenfalls sehr gebildeten Mutter, die Kammerzofe und Vorleserin der Kaiserin Maria
Theresia gewesen war, lernte sie bereits in jungen Jahren bekannte Literaten,
Künstler und Musiker ihrer Zeit kennen. Im Salon der Mutter waren unter
anderem Wolfgang Amadé Mozart und Joseph Haydn zu Gast. Eine Lithographie
Johann Stadlers aus dem Jahr 1843 mit dem Titel „Caroline von Greiner, nachmals Pichler als sechzehnjähriges Mädchen" zeigt sie in dieser Zeit als junge,
selbstbewusste und wohlhabende Schönheit (Abb. 1). 1796 heiratete Caroline
von Greiner mit 27 Jahren den fünf Jahre älteren Regierungssekretär Andreas
Pichler. Dessen Bruder Anton Pichler war ein bekannter Wiener Buchhändler
und Verleger, bei dem auch einige ihrer Bücher erschienen. Das Paar hatte eine
1797 geborene Tochter, Karoline, die erst 1824 das elterliche Haus verließ, um
den Adeligen Joseph Edlen von Pelzeln zu heiraten. Die Pichlers gehörten zum
gehobenen gebildeten Bürgertum der Stadt Wien und der Monarchie.[51]

Gemeinsam mit ihrer verwitweten Mutter, Charlotte von Greiner, die ab
1798 bei ihr wohnte, führte Caroline ein offenes Haus, das sie nach deren Tod
im Jahr 1815 allein weiter betrieb. Mutter und Tochter waren der Mittelpunkt
ihres gemeinsamen Salons, der immer Dienstag- und Donnerstagabend abgehalten wurde. Hinzu kam am Sonntag eine mehr familiäre Geselligkeit im
kleinen Kreis. Die Liste der Besucher liest sich über die Jahre wie ein Who's
who der literarischen und künstlerischen Gesellschaft Wiens. Frühe Stamm-
gäste waren unter anderem die Schriftsteller Heinrich Joseph und Matthäus
von Collin, der Hofrat, Historiker und Publizist Hormayr sowie der Orientalist
und Diplomat Joseph von Hammer-Purgstall. Später kamen die Gelehrten und
Schriftsteller Adam Müller, August Wilhelm und Friedrich von Schlegel sowie
der Dichter und Theologe Zacharias Werner und die Schriftstellerinnen Therese von Artner, Johanna Franul von Weißenthurn und Marie Elisabeth Zay von
Csömör hinzu. Daneben verkehrten auch der Dramatiker Franz Grillparzer,

---

51 Zu Pichler vgl. Becker-Cantarino, „Caroline Pichler und die ‚Frauendichtung‘"; dies., „Caroline Pichler"; Kord, „‚Und drinnen waltet die züchtige Hausfrau‘?"; Gilleir, „Geschlecht, Religion und Nation: Caroline Pichlers *Agathokles*"; Baumgartner, „Staging the German Nation";
Robertson, „The Complexities of Caroline Pichler" (alle wie Anm. 8).

der Dichter Johann Ludwig Tieck, der Offizier Anton Prokesch von Osten und die Musiker Franz Schubert und Carl Maria von Weber in ihrem Haus. Mit der Schriftstellerin Dorothea Schlegel verband sie eine langjährige Freundschaft. Daneben pflegte Caroline Pichler einen intensiven und umfangreichen Briefverkehr.[52] Eine ihrer langjährigsten Brieffreundinnen war Therese Huber, die von 1817 bis 1823 Chefredakteurin des von Johann Friedrich Cotta seit 1807 herausgegebenen *Morgenblatt für die gebildeten Stände* war, für das auch Caroline Pichler seit dessen Gründung regelmäßig schrieb.[53]

Abb. 1: „Caroline von Greiner, nachmals Pichler als sechzehnjähriges Mädchen",
Lithographie von Johann Stadler (1804–1859), Wien 1843.
Quelle: Wikimedia commons (https://commons.wikimedia.org/wiki/
File:Karoline_Pichler_Litho.jpg)

---

52 Alle aufgeführten Personen werden von Pichler in ihren Erinnerungen genannt. Hier ist leider nicht der Raum, um alle aufzuzählen oder gar vorzustellen; vgl. Text und Index von Caroline Pichler, *Denkwürdigkeiten aus meinem Leben*, neu hrsg. von Emil Karl Blümml, 2 Bde., München 1914.
53 Brigitte Leuschner, „Therese Huber und Karoline Pichler – Schriftstellerinnen und Schwesterseelen", in *Schriftstellerinnen und Schwesterseelen. Der Briefwechsel zwischen Therese Huber (1764–1829) und Karoline Pichler (1769–1843)*, hrsg. von ders., Marburg 1995, S. 7–21.

Caroline Pichler stand so nicht nur in engem Kontakt mit den bekanntesten Persönlichkeiten des literarischen Wien, sondern war weit darüber hinaus bestens vernetzt. In ihrem Salon Station zu machen, war auch für Durchreisende selbstverständlich, wie zum Beispiel für den Dichter Clemens Brentano, die Schriftstellerinnen Henriette Herz, Germaine de Staël und Karoline von Woltmann sowie den preußischen Gelehrten und Politiker Wilhelm von Humboldt und dessen Frau Caroline. „Die Pichler", schrieb ihr Biograph Emil Karl Blümml, war „eine geistige Macht in Wien".[54] Während des Wiener Kongresses war ihr Haus einer der vielen Orte für Geselligkeiten, vor allem für künstlerisch und literarisch Interessierte, wie den preußischen Gesandten und Schriftsteller Karl-August Varnhagen von Ense, der ihren Salon in seinen Erinnerungen erwähnte.[55]

Ihre Gesellschaftsabende vereinigten Männer und Frauen der besseren bürgerlichen Kreise und des niederen Adels mit Hofbeamten, niederen Diplomaten und Offizieren sowie literarischen und künstlerischen Größen, die in Wien lebten oder dort zeitweilig weilten. Die Unterhaltung drehte sich um Tagesereignisse, Kunst und Literatur.[56] Es ging so „gesittet und ruhig" im Hause Pichler zu, dass Eltern auch ihre ledigen Söhne und Töchter teilnehmen ließen.[57] Anders als in den Wiener Salons der sehr viel wohlhabenderen Fanny von Arnstein oder Cäcilie von Eskeles, wo sich Hochadel und höhergestellte Diplomaten und Militärs trafen, wurde bei Pichlers keine reiche Bewirtung, sondern nur leichte Erfrischungen geboten.[58] Stattdessen wurden Manuskripte von Romanen und Novellen in Auszügen vorgelesen und diskutiert, Theaterstücke in verteilten Rollen vorgetragen, Gedichte rezitiert, Musikstücke zum Besten gegeben und gemeinsam gesungen. Gern wurden auch eigene und fremde Texte vorgetragen, deren Publikation oder Aufführung von der Zensur nicht erlaubt worden war, wie zum Beispiel die meisten Theaterstücke Friedrich Schillers.[59]

Viele ihrer Gäste unterstützten den Kampf gegen Napoleon leidenschaftlich. Einige waren mehr monarchisch-landespatriotisch, andere durchaus deutsch-national, klein- oder großdeutsch und frühliberal gesinnt. Von 1812

---

54 Emil Karl Blümml, „Einleitung", in Pichler, Denkwürdigkeiten (wie Anm. 52), Bd. 1, S. XIII.
55 Karl-August Varnhagen von Ense, Ausgewählte Schriften, Bd. 4, Denkwürdigkeiten des eigenen Lebens, Dritte vermehrte Auflage, Leipzig 1871, 4. Teil, S. 186.
56 Brief von Pichler an Huber, 11. Dezember 1819, zit. nach Leuschner, Schriftstellerinnen (wie Anm. 53), S. 47.
57 Blümml, „Einleitung" (wie Anm. 54), S. XIV; Pichler, Denkwürdigkeiten (wie Anm. 52), Bd. 2, S. 87.
58 Vgl. Rosenstrauch, Congress mit Damen (wie Anm. 6), S. 8–45.
59 Blümml, „Einleitung" (wie Anm. 54), S. XIII f.; Pichler, Denkwürdigkeiten (wie Anm. 52), Bd. 1, S. 408.

bis 1813 gehörten beispielsweise auch der aus Sachsen stammende junge Poet Theodor Körner, der seit 1812 am Wiener Hoftheater als Theaterdichter angestellt war, und seine Verlobte, die Hofschauspielerin Antonie Adamberger, zu den regelmäßigen Besucher:innen. Pichler beschreibt in ihren Erinnerungen, wie Körner regelmäßig seine neuesten Dichtungen während ihrer Geselligkeiten vorlas und man gemeinsam und sehr leidenschaftlich seine deutsch-nationalen Lieder sang.[60] Von Körner wusste sie auch, dass er in seiner Funktion als Hoftheaterdichter im Februar 1813 für Ludwig van Beethoven das Opernlibretto *Ulysses' Wiederkehr* entwarf, das allerding nicht mehr fertig wurde. Körner meldete sich im März 1813 als Freiwilliger zum Lützowschen Freikorps der preußischen Armee, fiel im August 1813 und wurde durch seine deutschnational gesinnten Gedichte und Lieder, vor allem seine Freiwilligenlyrik, weit über Wien hinaus im deutschen Sprachraum schnell populär.[61] Pichler und ihr Familien- und Freundeskreis waren vom Tod Körners „aufs Äußerste betroffen".[62] Vor allem ihre große Vorliebe für Körner und seine Lieder deuten in Pichlers Erinnerungen auf ihre politische Gesinnung in den Jahren 1812 bis 1815 hin: Sie war österreichische Patriotin, liebte die Monarchie und unterstützte zugleich den Gedanken einer brüderlichen deutschen Einheit und die Forderung nach mehr politischer Freiheit. Darauf verweist auch ihre langanhaltende und enge Freundschaft mit dem deutsch-national, frühliberal und wie Pichler als Österreicher selbstverständlich großdeutsch gesinnten Hormayr, der an der Vorbereitung von Aufstandsplänen in Tirol im Frühjahr 1813 beteiligt war und nach seiner Haftentlassung nur teilweise rehabilitiert wurde.[63]

Andreas Pichler fand selten Zeit, an den Geselligkeiten teilzunehmen; er begleitete seine Schwiegermutter, Frau und Tochter auch nur kurz zu den längeren sommerlichen Besuchen von befreundeten Familien, die Landsitze außerhalb Wiens hatten, wo Caroline Pichler auf gleichgesinnte Schriftstellerfreundinnen traf.[64] Aber wie sie in den *Denkwürdigkeiten* betonte, war er es, der ihre erste Veröffentlichung, eine Sammlung von Erzählungen mit dem Titel *Gleichnisse*, anregte, die 1800 im Verlag seines Bruders erschien.[65] Seitdem hat er, wie sie schrieb, „stets warmen Antheil an allen meinen literarischen

---

60 Pichler, *Denkwürdigkeiten* (wie Anm. 52), Bd. 1, S. 389, 391 u. 405 f.
61 Theodor Körner, *Zwölf freie deutsche Gedichte*, [Leipzig] 1813; ders., *Leyer und Schwerdt*, Berlin 1814. Vgl. BSZ, S. 518–520. Zu Körner vgl. René Schilling, „*Kriegshelden". Deutungsmuster heroischer Männlichkeit in Deutschland 1813–1945*, Paderborn 2002 (Krieg in der Geschichte 15), S. 126–151.
62 Ebd.
63 Vgl. Wertheimer, „Wien und das Kriegsjahr 1813" (wie Anm. 22), S. 383–386; Glossy, „Hormayr und Caroline Pichler" (wie Anm. 25).
64 Pichler, *Denkwürdigkeiten* (wie Anm. 52), Bd. 2, S. 142 f.
65 Caroline Pichler, *Gleichnisse*, Wien 1800.

Arbeiten genommen, sie immer zuerst gelesen, wie ich sie am Morgen niedergeschrieben und oft selbst noch nicht überschaut hatte".[66] Andreas Pichler war
es auch, der sie motivierte, neben Erzählungen und Romanen Theaterstücke zu
schreiben, was sie aber selbst nicht so liebte, da ihre Stücke, die sie vor allem in
den Jahren 1812 bis 1816 verfasste, zu erheblich mehr Zensurproblemen führten und weniger erfolgreich waren als ihre Romane und Novellen.[67] Pichler
schrieb bis an ihr Lebensende, zog sich aber nach dem Tod ihres Mannes 1837
immer mehr aus der Gesellschaft zurück und verfasste nun ihre Lebenserin-
nerungen, die auf ihren Wunsch hin ein Jahr nach ihrem Tod 1844 unter dem
Titel *Denkwürdigkeiten* erschienen. Ihre zwischen 1820 und 1844 veröffentlichten *Sämmtlichen Werke* umfassen 53 Bände. In den ersten drei Jahrzehnten des
19. Jahrhunderts dürfte Caroline Pichler die am meisten gelesene Schriftstellerin im gesamten deutschen Sprachraum gewesen sein.[68]

In dreifacher Hinsicht ist Caroline Pichler eine Ausnahmeerscheinung
unter den deutschsprachigen Literaturschaffenden ihrer Zeit. Nicht nur
waren Kontinuität und Ausmaß ihres geselligen Wirkungskreises in Wien, ihre
unerschöpfliche Produktivität und der Umfang ihres Werkes bemerkenswert,
erstaunlich ist auch, dass sie das alles als Frau erreichte. Der Anteil der Autorinnen unter den Produzent:innen von Belletristik war Anfang des 19. Jahrhunderts mit geschätzten 5 % noch sehr gering; bis zu den 1830er-Jahren stieg er
auf 15 %. Die Vorbehalte gegen „gelehrte und schriftstellernde Frauenzimmer"
waren so groß, dass ein erheblicher Teil von ihnen anonym oder unter einem
Pseudonym veröffentlichte.[69] Für nicht wenige war das Schreiben und Über-
setzen nicht nur eine Leidenschaft, sondern eine Notwendigkeit. Sie mussten
als Geschiedene oder Witwen ihren Lebensunterhalt verdienen, wie Therese
Huber, oder wollten dem Partner das unbeschwerte Schreiben ermöglichen,
wie Caroline Schlegel. Für viele schreibende Frauen war es eine große Herausforderung, die von ihnen erwarteten Aufgaben als Hausfrau und Mutter mit
den gesellschaftlichen Verpflichtungen und dem literarischen Schaffen zu vereinbaren.[70]

---

66 Pichler, *Denkwürdigkeiten* (wie Anm. 52), Bd. 1, S. 398.
67 Ebd., S. 398–400.
68 Vgl. Becker-Cantarino, „Caroline Pichler" (wie Anm. 8).
69 Vgl. Norbert Otto Eke und Dagmar Olasz-Eke, *Bibliographie. Der deutsche Roman 1815–1830.
    Standortnachweise, Rezensionen, Forschungsüberblick*, München 1994 (Corvey-Studien zur Lite-
    ratur- und Kulturgeschichte des 19. Jahrhunderts 3), S. 25–27; *Frauen in der literarischen Öffent-
    lichkeit, 1780–1918*, hrsg. von Caroline Bland und Elisa Müller-Adams, Bielefeld 2007, S. 14–19.
70 Zu den Schwierigkeiten von Schriftstellerinnen in der damaligen Zeit vgl.: Karin Baumgart-
    ner, *Public Voices. Political Discourse in the Writings of Caroline de la Motte Fouqué*, Oxford u. a.
    2008 (North American studies in nineteenth century German literature 44); Bland/Müller-
    Adams, *Frauen in der literarischen Öffentlichkeit* (wie Anm. 69); *Schwellenüberschreitungen. Poli-
    tik in der Literatur von deutschsprachigen Frauen 1780–1918*, hrsg. von Caroline Bland und Elisa

Caroline Pichler konnte zu dieser Ausnahmeerscheinung nur werden, weil sie in mehrfacher Hinsicht privilegiert war. Sie wurde von ihrer Familie und ihrem Mann unterstützt, der ausreichend verdiente. Sie hatte Zeit zum Schreiben, weil erst die Mutter und später die Tochter ihr die Führung des Haushaltes weitgehend abnahmen und Dienstpersonal zur Verfügung stand.[71] Trotzdem scheint sie sich genötigt gefühlt zu haben, in den *Denkwürdigkeiten* immer wieder darauf zu verweisen, dass die Erfüllung ihrer häuslichen und mütterlichen Pflichten selbstverständlich höchste Priorität für sie hatte. Diese Haltung erwartete sie auch von ihren schriftstellerisch tätigen Freundinnen. In ihren Erinnerungen schrieb sie:

> In allen diesen Frauen lebte jene Achtung für echte Weiblichkeit, Häuslichkeit und Ordnung, welche allein, nach meinem Gefühl, weiblicher Schriftstellerei ihren wahren Wert und Freibrief gibt, unter welchem sie sich, ohne gerechten Tadel zu fürchten, der Welt zeigen darf.[72]

Auch in ihrem Briefwechsel mit Therese Huber, der für die Jahre 1818 bis 1829 vollständig erhalten ist, betont sie immer wieder, dass sie „in Gesellschaft wie jede andere ordentliche Hausfrau" erscheinen wolle und „gar nichts pikantes, interessantes, grandiöses, romantisches" an sich habe.[73] Ansonsten befasst sich dieser Briefwechsel, wie auch der mit Hormayr, aber vor allem mit dem schriftstellerischen Schaffen, dem Leben und Treiben im gemeinsamen großen Freundeskreis und sehr vorsichtig auch der Tagespolitik.[74]

Nur der Umstand, dass Pichler ihren hausfraulichen und mütterlichen Pflichten erklärtermaßen Priorität gab, erlaubte ihr in der damaligen Zeit als Frau das Schreiben. Nur ihre stete Betonung der eigenen Bescheidenheit gestatte es ihr, als Frau so produktiv und erfolgreich zu sein. Auch ihre Autobiographie ließ Pichler posthum publizieren, um negative Reaktionen zu vermeiden. Die Veröffentlichung einer Autobiographie durch eine noch lebende Frau hätte zu viel Aufsehen erregt. Die Forschung zu Pichler hat diese Zusammenhänge lange nicht gesehen. Sie bezeichnete sie wegen ihrer anhaltenden Betonung von weiblicher ,Häuslichkeit', ,Ordnung' und ,Bescheidenheit'

Müller-Adams, Bielefeld 2007.

71 Briefe von Pichler an Huber, 29. u. 30. Oktober 1822, zit. nach Leuschner, *Schriftstellerinnen* (wie Anm. 53), S. 94 f.

72 Pichler, *Denkwürdigkeiten* (wie Anm. 52), Bd. 2, S. 409.

73 Brief von Pichler an Huber, 11. Dezember 1819, zit. nach Leuschner, *Schriftstellerinnen* (wie Anm. 53), S. 44.

74 Vgl. die Briefe von Hormayr an Pichler, die er zwischen 1806 und 1841 verfasste, in Glossy, „Hormayr und Caroline Pichler" (wie Anm. 25), S. 241–323.

vielmehr als konservativ.[75] Eine solche Interpretation verkennt aber völlig die Zeitverhältnisse. Frauen wie Männer der gebildeten Kreise teilten ganz unabhängig von der politischen Gesinnung ein neues Geschlechterbild, das in der Aufklärung aufgekommen war und von naturbedingten physiologischen Unterschieden zwischen Mann und Frau ausging, aus denen je spezifische Geschlechtscharaktere abgeleitet wurden, die wiederum begründeten, dass beide Geschlechter in komplementären Sphären tätig sein sollten: Männer in der öffentlichen Welt von Wirtschaft, Politik und Militär, Frauen in der privaten Sphäre von Haushalt und Familie. Kulturell repräsentiert wurde dieses Geschlechterbild durch die auf einer klaren geschlechtsspezifischen Arbeitsteilung beruhende bürgerliche Familie.[76]

Auch Caroline Pichler und ihre Freundinnen teilten diese Vorstellung, die aber für sie nicht ihrem Anliegen widersprach, schreibend die eigene weibliche Stimme in der von Männern dominierten literarischen Öffentlichkeit zu erheben. Ausnahmetalente und -situationen gestatteten für sie Grenzüberschreitungen. Frauen waren in ihren Augen zwar aufgrund der naturbedingten Unterschiede anders als Männer, aber nicht weniger wert.[77] Mit ihrer anhaltenden Betonung der eigenen weiblichen Rolle und ihrer erklärten Prioritätensetzung zeigte Pichler an, dass sie durch ihr grenzüberschreitendes Vielschreiben und ihre über die der höflichen Gastgeberin weit hinausgehende Rolle in ihrem Salon die Geschlechterordnung nicht infrage stellen wollte. Sie erlaubte sich, was ungewöhnlich war, in ihrem Salon nicht nur über alles, gegebenenfalls auch die Politik, mitzudiskutieren, sondern las ihre eigenen Texte vor und stellte sie zur Diskussion. Das war allgemein primär Männern vorbehalten. Ihre Selbstrepräsentation ermöglichte ihr nicht nur, Teil der besseren Wiener Gesellschaft zu bleiben, sondern mit ihrem Salon und ihrem schriftstellerischen Schaffen zu einem literarischen und kulturellen Zentrum und zu einer „geistige[n] Macht in Wien" zu werden.[78]

Ganz ähnlich widersprüchlich ist die Einschätzung von Caroline Pichlers Gesellschaftsbild und politischer Haltung. Für die einen ist sie österreichisch konservativ,[79] für die anderen patriotisch-national. Dabei wird vor allem von Literaturwissenschaftler:innen gern übersehen, wie stark die historischen

---

75 Becker-Cantarino, „Caroline Pichler" (wie Anm. 8), S. 417–434; Robertson, „The Complexities of Caroline Pichler" (wie Anm. 8), S. 35 f.
76 Vgl. Karin Hausen, *Geschlechtergeschichte als Gesellschaftsgeschichte*, Göttingen 2012 (Kritische Studien zur Geschichtswissenschaft 202), S. 19–49 (Kap. „Die Polarisierung der ‚Geschlechtscharaktere'. Eine Spiegelung der Dissoziation von Erwerbs- und Familienleben"); Hagemann, *Revisiting* (wie Anm. 9), S. 107–113.
77 Kord, „‚Und drinnen waltet die züchtige Hausfrau'?" (wie Anm. 8), S. 141–158.
78 Blümml, „Einleitung" (wie Anm. 54), S. XIII.
79 Robertson, „The Complexities of Caroline Pichler" (wie Anm. 8), S. 35.

Zeitumstände und die strenge österreichische Kommunikationskontrolle das literarische Schaffen von Pichler und ihren österreichischen Schriftsteller-kolleg:innen prägten, die die Zensur bereits beim Schreiben antizipierten. Selbstzensur war unter den damaligen Bedingungen eine Voraussetzung für jede Chance auf Veröffentlichung in Österreich. Wie patriotisch-national gesinnt Pichler war, zeigen nicht nur ihre Freundschaften mit Körner und Hor-mayr, sondern auch ihre Schriften aus den Jahren 1813 bis 1815 und ihr Kampf mit der Zensur.

Caroline Pichler als Zeitschriftstellerin

Wie stark selbst in der Zeit der Kriege von 1813 bis 1815, während derer im deutschsprachigen Raum außerhalb Österreichs die Zensur zunächst de facto außer Kraft gesetzt worden war und dann erst mühsam von den Regierungen wieder durchzusetzen versucht wurde, die rigide staatliche Kommunikations-kontrolle in Österreich das Schreiben und Publizieren von Caroline Pichler beeinflusste, lässt sich am deutlichsten an ihrer Dramenproduktion zeigen, die sich auf die Jahre 1812 bis 1816 konzentrierte. Wie bei Romanen und Novellen bevorzugte sie auch hier historische Stoffe und nutzte die Vergangenheit, um die Gegenwart zu kommentieren. Dafür wählte sie das Sujet entsprechend aus und studierte historische und zeitgeschichtliche Literatur zum Thema. Bei der Auswahl des Stoffs und der Lektüre half ihr der befreundete Historiker Hor-mayr. Beide teilten „eine meiner Lieblingsideen, die Anwendung der reden-den und bildenden Kunst auf vaterländische Gegenstände, die Potenzierung des geschichtlich *Wahren* durch das *Schöne*", wie Hormayr in einem Brief aus Brünn am 28. Dezember 1814 an Pichler schrieb.[80] Sie wollte mit ihren auf realen historischen Ereignissen beruhenden Dramen zur „patriotischen Volkserzie-hung" beitragen und zugleich die katholische und österreichische Perspektive in die deutsche Geschichte einbringen, um ein insgesamt ausgewogeneres Bild zu erreichen. In der 33 Seiten langen „Vorrede" ihres historischen Schauspiels *Ferdinand der Zweyte. König von Ungarn und Böhmen*, das 1816 veröffentlicht wurde, erläuterte sie ausführlich ihre Arbeitsweise und ihren Ansatz:

> Selbst bey dem besten Willen dazu, und dem aufrichtigsten Streben nach Unpartheylichkeit müssen jene gewaltigen Einwirkungen, denen kein mensch-liches Herz widerstehen kann, den Geist des Schriftstellers doch einigermaßen

---

80 Brief von Hormayr an Pichler, Brünn, 28. Dezember 1814, zit. nach Glossy, „Hormayr und Caroline Pichler" (wie Anm. 25), S. 260.

bestimmen, und der Protestant wird ewig nicht die katholischen Angelegenheiten aus dem ganz richtigen Gesichtspunkt beurtheilen, so wenig als ein katholischer und österreichischer Geschichtsschreiber über die Reformation völlig partheylos wird schreiben können. [...] die Wahrheit dürfte dann für den aufrichtigen Forscher in der Mitte liegen.[81]

Zugleich verweist diese „Vorrede" darauf, dass sie, anders als spätere Historiker und Schriftsteller, noch nicht zwischen literarischem und historischem Schreiben unterschied. Sie setzte vielmehr beide bei der Arbeit an historischen Gegenständen gleich. Der Hauptunterschied war für sie, dass Autor:innen von literarischen Texten auch das Innenleben der Figuren thematisieren, damit das Gefühl ansprechen und so ein breiteres Publikum erreichen konnten. Auch andere bekannte Zeitgenossen, wie Wilhelm von Humboldt, vertraten in den ersten beiden Jahrzehnten des 19. Jahrhunderts noch eine ähnliche Auffassung.[82] Erst im Zuge der akademischen Institutionalisierung und Professionalisierung der Geschichtswissenschaft, die in den 1830er-Jahren verstärkt einsetzte, wurde sie infrage gestellt.[83]

Pichlers erstes Drama *Germanicus* war 1812 noch ohne den Namen der Autorin auf der Bühne des kaiserlichen Hofburgtheaters aufgeführt worden. Es beschwor den Befreiungskampf der Germanen gegen die Römer und „erlebte [...] nur wenige Vorstellungen". Sie selbst beschied in ihren *Denkwürdigkeiten*, dass dies nicht verwunderlich sei, da es dramaturgisch nicht gelungen war.[84] Am 27. Oktober 1813, aus Anlass des Sieges in der Völkerschlacht bei Leipzig, wurde dann ihr Trauerspiel *Heinrich von Hohenstauffen. König der Deutschen* im Hofburgtheater aufgeführt, an dem sie den ganzen Sommer und Herbst 1813 gearbeitet hatte. Es erzählt die Geschichte von Heinrich VI., der das Heilige Römische Reich zwischen 1169 und 1191 als Kaiser regiert und um dessen Einigung gekämpft hatte. Auf Bitten der Theaterdirektion stellte sie dem Stück einen dem Festanlass angemessenen patriotischen „Prolog" voran, der mit folgenden Worten begann: „Der Kampf um Recht und Freyheit ist gelungen; / Von Deutscher Treu', vereinter Kraft bezwungen, / Seh'n wir den Feind aus unseren Gauen flieh'n."[85] Die erste Vorstellung, die „zum Vortheile der verwundeten österreichischen Krieger" gegeben wurde, nahm das Wiener Publikum jubelnd auf, das bei jeder Stelle, in die es eine Anspielung auf die Zeitverhält-

81 Caroline Pichler, „Vorrede", in dies., *Ferdinand der Zweyte. König von Ungarn und Böhmen. Historisches Schauspiel in fünf Aufzügen*, Leipzig 1816, S. III–XXXVI, hier S. XIX f.
82 Hagemann, *Umkämpftes Gedächtnis* (wie Anm. 3), S. 226 f. u. 300–305.
83 Zur frühen Geschichtsschreibung zu den antinapoleonischen Kriegen ebd., S. 216–251.
84 Pichler, *Denkwürdigkeiten* (wie Anm. 52), Bd. 1, S. 400.
85 Caroline Pichler, „Heinrich von Hohenstauffen. König der Deutschen. Trauerspiel in fünf Aufzügen", in dies., *Dramatische Dichtungen*, Wien 1815 (Sämmtliche Werke 15), S. 5–153, hier S. 7; s. a. Pichler, *Denkwürdigkeiten* (wie Anm. 52), Bd. 2, S. 3–7.

nisse hineinlesen konnte, „heftig applaudiert[e]".[86] Die Wiener waren, wie die Zensoren immer wieder beklagten, im Heraushören von Anspielungen außerordentlich geübt und „entdeckte[n] sogar Anspielungen, wo keine waren. Diese Anspielungs-Manie war die Kehrseite der paranoischen Haltung der Politiker und Zensoren", kommentiert Bachleitner die extrem strenge österreichische Theaterzensur.[87] Insgesamt wurden mehr als 27 Vorführungen gegeben, was auch wohlwollend von der Kritik aufgenommen wurde. Im Winter 1815 kam es sogar zu zwei Aufführungen unter Goethes Leitung am Weimarer Hoftheater.[88]

Aufgrund des Erfolges dieses Stückes wurde Caroline Pichler, wie sie in ihren *Denkwürdigkeiten* berichtet, von der Direktion des Hofburgtheaters gebeten, für den Anlass des Sieges über Napoleon und den Einzug des Kaisers und seiner Garde in Wien im Juni 1814 ein weiteres „kleines, nur zweiaktiges Stück, unter dem Titel: Wiedersehen, zu schreiben, dessen Inhalt aus der Zeitgeschichte genommen war und daher bloß warme Vaterlandsliebe für Deutschland und Österreich und Widerwillen gegen Frankreich atmete".[89] Das Stück wurde zwischen dem 15. und 28. Juni 1814 viermal im Hofburgtheater gegeben und „vom Publikum sehr warm aufgenommen".[90]

Das dritte Stück hingegen, das ursprünglich für die Rückkehr des Kaisers in Auftrag gegeben worden und dann für die Feier des Jahrestages der Leipziger Völkerschlacht geplant war, fiel, wie auch alle ihre weiteren Theaterstücke, der Zensur zum Opfer. Es sollte von dem Komponisten Louis Spohr vertont werden, der seit 1813 als Konzertmeister am Theater an der Wien tätig war. Spohr beschreibt in seinen Erinnerungen, wie er und Pichler bei der Produktion eng zusammenarbeiteten: „[...] sie lieferte mir dann ein Textbuch, das im reichen Wechsel häuslicher und kriegerischer Scenen eine Reihe sehr günstiger Momente für Composition darbot".[91] Diese Komposition war im März 1814 weitgehend fertig, kam aber dann in Wien nicht zur Aufführung.

Pichler hatte die Kantate *Das befreyte Deutschland* im Andenken an Körner geschrieben. In den *Denkwürdigkeiten* kommentierte sie, ihr Hauptziel sei es gewesen, Körners „Verdienst ums Vaterland, für dessen Freiheit er [als] einer der ersten das Schwert gezogen" mit dem Stück die „billige[ ] Anerkennung" zu geben.[92] Die Kantate erzählt die Geschichte der Befreiung Deutschlands

---

86 Pichler, *Denkwürdigkeiten* (wie Anm. 52), Bd. 2, S. 4 f.
87 Bachleitner, „Die Theaterzensur" (wie Anm. 38), S. 83.
88 Pichler, *Denkwürdigkeiten* (wie Anm. 52), Bd. 2, S. 6 u. 415 f.; Baumgartner, „Staging the German Nation" (wie Anm. 8), S. 1.
89 Pichler, *Denkwürdigkeiten* (wie Anm. 52), Bd. 2, S. 34; dies., „Wiedersehen. Schauspiel in zwey Aufzügen", in: dies., *Dramatische Dichtungen*, Wien 1815 (Sämmtliche Werke 15), S. 155–238.
90 Pichler, *Denkwürdigkeiten* (wie Anm. 52), Bd. 2, S. 429 (Anm.).
91 Louis Spohr, *Louis Spohr's Selbstbiographie*, Kassel u. a. 1860, Bd. 1, S. 196.
92 Pichler, *Denkwürdigkeiten* (wie Anm. 52), Bd. 2, S. 8.

in den Jahren 1812 bis 1814 als Erfolg des Kampfes der geeinten Nation, die durch das Bild der wehrhaften Volksfamilie repräsentiert wird. In dem Werk treten ein „Greis", ein „Mann" und ein „Jüngling", eine „Frau" und ein „Mädchen" auf, die jeweils ihre Aufgabe und Perspektive im Kampf um die Befreiung beschreiben, sowie Chöre der „deutschen Völker" und der russischen, französischen und verbündeten Heere. Das Bild der Nation, oder wie es im zeitgenössischen Diskurs hieß, des „Vaterlandes" als wehrhafter Volksfamilie, war in der deutschsprachigen patriotisch-nationalen Tagesliteratur und Musik der Zeit weit verbreitet. Auch Beethoven benutzte dieses Bild in seiner Kantate *Der glorreiche Augenblick* op. 136 (1814), die er für die Eröffnung des Wiener Kongress komponierte. In ihr lässt er am Ende Frauen, Kinder und Männer erst gesondert und dann zusammen den abschließenden Jubelchor anstimmen.[93]

Mit dem populären Bild der Nation als wehrhafter Volksfamilie wurde beiden Geschlechtern und jeder Generation eine je spezifische und zugleich natürliche Aufgabe bei der Befreiung und Verteidigung des „deutschen Vaterlandes" zugewiesen, die der gesellschaftlichen Ordnung und den vorherrschenden Geschlechterbildern entsprach und die sozialen Hierarchien und die Geschlechterordnung nicht nur reflektierte, sondern bekräftigte: Die waffentragenden Jünglinge und Männer waren die Befreier und Verteidiger des Vaterlandes, die für ihren Freiheitskampf mehr politische Rechte erwarteten; die Jungfrauen, Frauen und Mütter bestärkten die Krieger in ihrem Kampfeswillen, sorgten für deren Ausstattung, kümmerten sich um die kranken und verwundeten Soldaten, empfingen die zurückkehrenden Helden und trauerten um die Gefallenen; die Kinder repräsentierten die Zukunft.[94] Pichlers Kantate *Das befreyte Deutschland* drückte so nicht nur die großen patriotisch-nationalen Hoffnungen und Freiheitssehnsüchte des gebildeten Bürgertums der Zeit aus, die auch sie teilte, sondern artikulierte zugleich ihre Vorstellung von der nationalen Geschlechterordnung. Das Stück war zu deutsch-national, passierte deshalb die österreichische Zensur nicht und musste von ihr in Leipzig in der *Minerva. Taschenbuch für das Jahr 1815* publiziert werden. Am 18. Oktober 1815, anlässlich der zweiten Jahresfeier der Leipziger Völkerschlacht, wurde

93 Vgl. Ludwig van Beethoven, *Kantaten*, hrsg. von Ernst Herttrich (Beethoven Werke. [Neue] Gesamtausgabe X/1), München 1996. Zum Kontext Tobias Janz, „Christus am Ölberge, Kantaten, Chorlyrik", in *Beethoven-Handbuch*, hrsg. von Sven Hiemke, Kassel 2009, S. 252–279, zu „Chormusik zum Wiener Kongress" und der *Der glorreiche Augenblick* s. S. 273–279.
94 Caroline Pichler, „Das befreyte Deutschland", in dies., *Dramatische Dichtungen. Erster Theil*, neue verbesserte Auflage, Wien u. a. 1822 (Sämmtliche Werke 19), S. 239–267. Zum Bild der Nation als Volksfamilie in der Zeit vgl. Karen Hagemann, „‚A Valorous Volk Family': The Nation, the Military, and the Gender Order in Prussia in the Time of the Anti-Napoleonic Wars, 1806–15", in *Gendered Nations. Nationalisms and Gender Order in the Long Nineteenth Century*, hrsg. von Ida Blom, Karen Hagemann und Catherine Hall, Oxford u. a. 2000, S. 179–205; dies., „Mannlicher Muth" (wie Anm. 9), S. 350–393.

die Kantate mit der Musik von Spohr dann in Frankenhausen in Thüringen uraufgeführt. Erst am 25. März 1819 wurde sie vom kleineren Musikverein im Müllerschen Kunstsaal in Wien erstmals aufgeführt und „erregte einen seltenen Enthusiasmus".[95] Am 28. und 30. November 1819 führte die Gesellschaft der Musikfreunde im großen Redoutensaal die Kantate unter Zugrundelegung einer gekürzten Fassung „musterhaft" auf.[96] Was die österreichischen Zensoren nun motivierte, das Stück zuzulassen, ist unbekannt.

Die Zensur verhinderte auch die Aufführung von *Ferdinand der Zweyte. König von Ungarn und Böhmen,* in dessen Zentrum der Habsburger Erzherzog Ferdinand II. steht, der von 1619 bis 1637 Kaiser des Heiligen Römischen Reiches war und dessen Truppen im Dreißigjährigen Krieg (1618–1648) mitkämpften.[97] Das Stück spielt im Jahr 1619 und propagiert die Idee, dass das Heilige Römische Reich, das für das deutsche Vaterland steht, nur durch das direkte Eingreifen und die Opferbereitschaft des einfachen Volkes gerettet wurde, das bereitwillig für Ferdinand II. kämpfte – eine Idee, die leicht auf die Kriege von 1813 bis 1815 übertragen werden konnte. Im veröffentlichten Diskurs der deutschsprachigen Tagesliteratur standen sich bereits während der Kriege zwei Interpretationen gegenüber, die das gesamte 19. Jahrhundert weiter diskutiert wurden: Die monarchisch-konservative sprach von „Befreiungskriegen", in denen die Untertanen dem Ruf ihrer Könige und Fürsten gefolgt seien und angeführt von deren Generälen gekämpft hätten.[98] Die liberale deutsch-nationale Interpretation sprach hingegen von „Freiheitskriegen", die das deutsche Volk „aus *freyer, selbsteigener* Bewegung" als Freiheitskampf nach außen wie nach innen geführt habe.[99]

Da *Ferdinand der Zweyte* mehr die deutsch-nationale Interpretationslinie der Kriege von 1813 bis 1815 nahelegte, verwundert es nicht, dass das Stück trotz mehrfachen Vorlegens bei der Polizei- und Censur-Hofstelle, diversen Textanpassungen an die Forderungen der Zensoren, einer langen erläuternden „Vorrede" und dem Vorsprechen bei Metternich nicht zugelassen wurde.[100]

---

95 „Wien. Uebersicht des Monats März", in *Allgemeine musikalische Zeitung* 21/16 (1819), 21. April, Sp. 272.

96 „Concert", in: *Der Sammler. Ein Unterhaltungsblatt* 11/145 (1819), 4. Dezember, S. 580, s. a. Pichler, *Denkwürdigkeiten* (wie Anm. 52), Bd. 2, S. 417 (Anm.).

97 Pichler, *Ferdinand der Zweyte* (wie Anm. 81); vgl. auch Briefe von Hormayr an Pichler, Brünn, 2. u. 28. April 1815, zit. nach Glossy, „Hormayr und Caroline Pichler" (wie Anm. 25), S. 273 f. u. 279 f.

98 Heinrich von Treitschke, *Deutsche Geschichte im Neunzehnten Jahrhundert,* Leipzig 1879, Bd. 1, S. 269, 417, 429 f. u. 434 f.

99 Karl von Rotteck, *Allgemeine Geschichte vom Anfang der historischen Kenntniß bis auf unsere Zeiten,* Freiburg 1826, Bd. 9, S. 775.

100 Vgl. Briefe von Hormayr an Pichler, Brünn, 2. u. 28. April 1815 (wie Anm. 97); sowie Baumgartner, „Staging the German Nation" (wie Anm. 8).

Es erschien erneut zunächst im Ausland. 1816 brachte der Leipziger Verleger
Gerhard Fleischer die erste Ausgabe heraus. Am 18. Oktober 1816 wurde das
Stück im Bremer Stadttheater uraufgeführt, aus Anlass des dritten Jahrestages
der Leipziger Völkerschlacht. Ein Jahr später, am 25. Oktober 1817, wurde es
in Bremen aus dem gleichen Anlass wiederholt.[101] Auch das Hamburger Stadttheater zeigte das Stück am 18. Oktober 1816 anlässlich der Feier der Völkerschlacht, was dem örtlichen Kritiker im *Deutschen Beobachter* in seinen „Ham-
burgischen Theaternachrichten" aber nur die Bemerkung wert war, dass es ein
Stück ohne „besondere[] Erheblichkeit" sei.[102] 1819 wurde es dann erstmals
in Wien im Verlag von Caroline Pichlers Schwager Anton Pichler veröffentlicht, kam hier aber nie auf die Bühne.[103] Nicht nur die Zensur machte ihr als
Theaterschriftstellerin das Leben schwer. Auch die Kritik reagierte nicht so,
wie sie hoffte. Wenn ihre Stücke nicht völlig ignoriert wurden, so wie etwa im
Deutschen Beobachter, dann warfen ihr die männlichen Kritiker vor, dass ihre
Darstellung eine weibliche Hand verrate und vor allem hinsichtlich der männlichen Figuren zu kraftlos sei.[104] Aufgrund der anhaltenden Auseinandersetzungen mit der scharfen Wiener Theaterzensur und dem mäßigen Erfolg im
deutschsprachigen Literaturraum beschloss sie, dass *Ferdinand der Zweyte* ihre
„letzte dramatische Arbeit" sein sollte.[105]

Nun wandte sie sich endgültig dem Genre des historischen Romans zu, mit
dem sie seit der Veröffentlichung von *Agathokles* im Jahr 1808 den größten
Erfolg hatte.[106] Der Roman erzählt die Geschichte des Tyrannen Agathokles von
Syrakus, der als König eines von ihm geschaffenen sizilianischen Reiches einer
der mächtigsten Herrscher der griechischsprachigen Welt war, aber am Ende
an seinen eigenen Großmachtplänen scheiterte. Die Parallele zu Napoleon lag
für die Leser:innen auf der Hand. Caroline Pichler wurde mit diesem Roman
und vielen folgenden Publikationen nach Benedikte Naubert eine Wegbereite-
rin des historischen Romans im deutschen Sprachraum, zu dem auch der Zeitroman gerechnet werden muss. Bereits ihr erster Zeitroman *Frauenwürde*, der
1818 dreibändig zugleich bei Liebeskind in Leipzig und Pichler in Wien heraus-
kam, war ein Erfolg nicht nur auf dem österreichischen, sondern auch auf dem
übrigen deutschen Buchmarkt. Er erreichte allein in den 1820er-Jahren sieben

---

101 Theaterzettel des Bremer Stadt-Theaters vom 15. Oktober 1816, 20. Dezember 1816, 18. Juni
   1816 u. 25. Oktober 1817, <https://brema.suub.uni-bremen.de/suubtheater/search/
   quick?query=Pichler> (20.03.2023).
102 „Hamburgische Theaternachrichten. Stadttheater", in *Deutscher Beobachter oder priviliegirte
   Hanseatische Zeitung* 421 (1816), 22. Oktober, o. S.
103 Pichler, *Denkwürdigkeiten* (wie Anm. 52), Bd. 2, S. 85.
104 Vgl. Pichler, *Denkwürdigkeiten* (wie Anm. 52), Bd. 2, S. 430 f. (Anm.).
105 Brief von Hormayr an Pichler, Brünn, 28. April 1815 (wie Anm. 97), S. 280.
106 Caroline Pichler, *Agathokles*, Wien 1808.

weitere Auflagen und wurde in verschiedenen literarischen Blättern umfangreich besprochen.[107] Mit diesem multiperspektivischen Briefroman erinnerte
sie an die Zeit der Napoleonischen Kriege. Er schildert die Jahre 1810 bis 1814
in einem fiktiven Rheinbundstaat. Im Zentrum steht der aristokratische Held
Ludwig von Fahrnau, der erst durch die Teilnahme an den Befreiungskriegen
von 1813 bis 1815 und die Liebe seiner Frau Leonore zum ehr- und wehrhaften
und damit wahren deutschen Mann wird. Das *Literarische Wochenblatt* fasste
den Beginn des Romans in seiner Besprechung 1818 wie folgt zusammen: „Ein
Ehepaar aus der Provinz, *Ludwig und Leonore von Fahrnau*, jung und wohlha-
bend, edel, häuslich und treu, machen eine Reise in ein Bad, und dort wird ihre
stille Glückseligkeit untergraben."[108] Ludwig beginnt eine ehrlose Affäre und
verlässt Gut, Frau und Kinder. Leonore aber behauptet ihre Frauenwürde und
führt das Gut durch die Kriegszeiten allein weiter. Ihrer weiblichen Tugend
wird die oberflächliche, verführerische Geliebte Ludwigs gegenübergestellt.
Am Ende des Romans ist nicht nur die verlorene Ehre des Vaterlandes durch
dessen Befreiung in den Kriegen von 1813 bis 1815 wiederhergestellt, auch
Ludwig wird durch seine Kriegsteilnahme geläutert und kann seine verlorene
Mannesehre durch das Blut, das er willig geopfert hat, wiederherstellen. Er
kehrt reumütig zu seiner Ehefrau zurück, die ihm hochherzig verzeiht. Das
Paar zieht sich wieder auf das Gut und in die Privatheit der Familie zurück.
In diesem Roman werden zwar die alte soziale Ordnung und die Geschlechterordnung nach dem Krieg wiederhergestellt, doch dem neuen, bürgerlichen
Werten nachstrebenden Mann der gebildeten Oberschicht wird in der Nachkriegszeit weiterhin kein Platz und keine Rolle im öffentlichen Raum und der
Politik geboten, trotz aller von den Monarchen 1813 gegebenen Versprechen,
als Lohn für den geleisteten Wehrdienst allen Männern, die das Vaterland ver-
teidigt hatten, mehr politische Freiheitsrechte zuzugestehen.[109] Ihm bleibt nur
der Rückzug in die Privatsphäre. Die deutsche Nation wird auch hier als Volksfamilie dargestellt, in der Männer und Frauen sich komplementär ergänzen.
Von der „Ehre und Wehrhaftigkeit des Mannes" und der „Würde der Frau in
Haushalt und Familie" hängt das Schicksal der Familie und damit der Nation
ab, die auf der Familie basiert.[110]

107 Caroline Pichler, *Frauenwürde*, Wien u. a. 1818; weitere Auflagen von Pichlers *Frauenwürde*:
Leipzig u. a. 1820, 1821, 1826, 1828; Reutlingen 1820; Stuttgart 1821, 1828.
108 „Frauenwürde, ein Roman von Carol. Pichler", in *Literarisches Wochenblatt* 2/38 (1818),
S. 303 f., hier S. 303.
109 Vgl. Hagemann, *Revisiting* (wie Anm. 9), S. 155–170.
110 Zu Pichlers Roman vgl. Baumgartner, *Public Voices* (wie Anm. 70), S. 147–150; zu ihren Ideen
über die Geschlechterordnung vgl. Lucia Lauková, „Die emanzipierte Emanzipationsgegnerin.
Caroline Pichlers theoretische Schriften", in *New German Review* 24/1 (2009), S. 95–111.

Die männlichen Rezensenten liebten Pichlers Roman *Frauenwürde* und sein Frauenbild, nahmen ihn, wie die meisten ihrer folgenden Romane und Erzählungen, allerdings primär als „Frauendichtung" wahr, ein Begriff, der dem Text „wahre" literarische Qualität absprach.[111] Pichlers Freundin Therese Huber war allerdings mit dem Roman nicht ganz so zufrieden. Als Chefredakteurin des *Morgenblatts für gebildete Stände* hatte sie einen scharfen Blick auf Literatur und Zeitverhältnisse. In einem Brief an Caroline Pichler vom 28. September 1820 schrieb sie: „Ludwig leider von der treffendsten [Wahrheit] – fühlten Sie denn nicht drückend was für ein armseliges Ding wir schildern wenn wir einen vortrefflichen Deutschen darstellen?"[112] Pichler antwortete am 20./23. Dezember 1820, dass der Roman sich in der Gegenwart anders lese, als sie ihn ursprünglich intendiert habe. Aufgrund des Laufes „der Weltbegebenheiten" – sie meinte damit die Restauration und die Karlsbader Beschlüsse von 1819 – erscheine „die Theilnahme an dem großen Völkerkampfe [...] nicht mehr in so reinem Lichte".[113] Beide waren sich einig, wie unglücklich die gegenwärtige politische Entwicklung sei und wie wenig von den Hoffnungen der Jahre 1813 bis 1815 geblieben war. Diese Einschätzung teilte auch Pichlers Freund Hormayr, der ihr in einem Brief vom 28. Dezember 1814 schrieb:

> Überall möchten wohl die jetzt von Norwegen bis Sizilien aufstrebenden Ideen von konstitutionellen, repräsentativen Gouvernements, gemäßigter Preßfreiheit, Responsabilität der Minister bessern Eingang finden als bei uns, [wo sie] vielmehr einen Triumph des Obskurantismus bewirken, wie in den Jakobinerzeiten. [...] Das Gottesgericht von 1812 bis 1814, theilweise unendlich groß und erhaben, zerbröckelt sich gleichwohl in den Resultaten gar sehr.[114]

Caroline Pichlers *Frauenwürde* gehörte zur kleinen Gruppe von frühen Nachkriegsromanen, die die Zeit der Napoleonischen Kriege erinnerten. Die literarische Erinnerungsproduktion zur Zeit der Napoleonischen Kriege begann bereits während der Kriege, wichtig waren zunächst vor allem patriotischnationale Gedichte und Theaterstücke. Besonders populär waren bis in das 20. Jahrhundert hinein die Gedichte und Lieder von Körner und Ernst Moritz

---

111 Vgl. z. B. die folgenden Rezensionen: „Frauenwürde, ein Roman von Carol. Pichler" (wie Anm. 108); „Pichler, Carolina, sämmtliche Werke", in *Literarischer Anzeiger* 1/44 (1819), Sp. 347–349; „Sämmtliche Werke von Caroline Pichler", in *Jahrbücher der Literatur* 6 (1819), S. 77–86.

112 Brief von Huber an Pichler, Stuttgart, 28. September 1820, zit. nach Leuschner, *Schriftstellerinnen* (wie Anm. 53), S. 64.

113 Brief von Pichler an Huber, Wien, 20./23. Dezember 1820, zit. nach ebd., S. 69.

114 Brief von Hormayr an Pichler, Brünn, 28. Dezember 1814, zit. nach Glossy, „Hormayr und Caroline Pichler" (wie Anm. 25), S. 262 f.

Arndt.[115] Hinzu kamen schon während der Kriege Lieder, von denen viele Vertonungen patriotisch-nationaler Gedichte bekannter Autoren waren, Singspiele und Kantaten, Märsche, Schlachtenmusiken und heroische Instrumentalmusik sowie nicht zuletzt Karikaturen, Lithographien und Gemälde, die
zusammen nachhaltig die intermediale Erinnerung formten. Die Bilder und
Narrative dieser multimedialen Erinnerungsproduktion waren von Konflikten,
Brüchen und Widersprüchen geprägt.[116]

Die ersten Romane zu den Napoleonischen Kriegen erschienen 1815. Dazu
gehörten Caroline de La Motte Fouqués *Edmund's Wege und Irrwege. Ein Roman
aus der nächsten Vergangenheit* und Carl Gottlob Cramers *Das Eiserne Kreutz. Ein
kriegerischer Halb-Roman aus den Jahren 1812, 1813 und 1814.*[117] Doch gemessen an
der Gesamtproduktion von Romanen in den Jahren 1815 bis 1820 war der Anteil
der Zeitromane, die sich mit der unmittelbaren Vergangenheit befassten, noch
vergleichsweise gering; nicht mehr als circa 6 % aller im deutschen Sprachraum veröffentlichten Romane thematisierten in den ersten fünf Nachkriegs-
jahren die jüngsten Zeitereignisse.[118] Keiner dieser frühen Romane, zu denen
auch Caroline Pichlers *Frauenwürde* gehörte, erreichte viele Neuauflagen oder
schaffte es in den Kanon der Literaturwissenschaft, aber alle waren sehr beliebt
bei den Leser:innen der kommerziellen Leihbibliotheken, dem wichtigsten Ort
zur Verbreitung von Literatur in der damaligen Zeit. Die Verfasser:innen dieser
frühen Romane gehörten zwischen 1815 und 1848 zu den Erfolgsautor:innen,
und Cramer und Pichler blieben in den Leihbibliotheken und den später auf-
kommenden kommunalen und gewerkschaftlichen Bücherhallen bis zum Ende
des 19. Jahrhunderts populär.[119] Auch die Schriftsteller:innen, deren Romane
zur Zeit der Napoleonischen Krieg in den 1820er- bis 1840er-Jahren erschienen,
erreichten mit Ausnahme von Ludwig Rellstab nicht die hohe Zahl von Neuauflagen und Übersetzungen wie die Bestsellerautor:innen historischer Romane in
der zweiten Jahrhunderthälfte. Doch Schriftsteller wie Willibald Alexis, der in

---

115 Zur Bedeutung von patriotisch-nationalen Gedichten in der Zeit vgl. Hagemann, „*Männlicher Muth*" (wie Anm. 9), S. 135–143 u. 304–349; sowie Ernst Weber, *Lyrik der Befreiungskriege
(1812–1815). Gesellschaftspolitische Meinungs- und Willensbildung durch Literatur*, Stuttgart 1991
(Germanistische Abhandlungen 65).
116 Vgl. Karen Hagemann, „Gendered Images of the German Nation: The Romantic Painter Friedrich Kersting and the Patriotic-National Discourse during the Wars of Liberation", in *Nation
and Nationalism* 12/4 (2006), S. 653–679; sowie dies., *Umkämpftes Gedächtnis* (wie Anm. 3).
117 Caroline de La Motte Fouqué, *Edmund's Wege und Irrwege. Ein Roman aus der nächsten Vergangenheit*, 3 Bde., Leipzig 1815; Carl Gottlob Cramer, *Das Eiserne Kreutz. Ein kriegerischer Halb-
Roman aus den Jahren 1812, 1813 und 1814*, Hamburg 1815.
118 Dirk Göttsche, *Zeit im Roman. Literarische Zeitreflexion und die Geschichte des Zeitromans im späten 18. und im 19. Jahrhundert*, München 2001 (Corvey-Studien 7), S. 304.
119 Alberto Martino, *Die deutsche Leihbibliothek. Geschichte einer literarischen Institution, 1756–1914*,
Wiesbaden 1990 (Beiträge zum Buch- und Bibliothekswesen 29), S. 276–288 u. 404–208; vgl.
Hagemann, *Umkämpftes Gedächtnis* (wie Anm. 3), S. 315–320.

den frühen 1820er-Jahren seine Karriere begann, Friedrich de la Motte Fouqué und Karl Ludwig Häberlin, alias H. E. R. Belani, waren bei ihren zeitgenössischen Leser:innen sehr bekannt, worauf unter anderem die Verzeichnisse der damaligen Leihbibliotheken und Bücherhallen hindeuten. Ihr Leserkreis war aufgrund des geringen Grades der allgemeinen Lesefähigkeit sozial allerdings noch deutlich begrenzter als der der Romanautor:innen in der zweiten Hälfte des 19. Jahrhunderts. 1871 lag die Lesefähigkeit im Deutschen Reich bereits bei circa 88 % und hatte sich damit seit den 1840er-Jahren verdoppelt.[120]

Die meisten dieser frühen Romane, die an die Zeit der Napoleonischen Kriege erinnerten, stellten diese als einen Epochenumbruch dar, den sie je nach Weltanschauung als Bedrohung der überkommen Ordnung, Neuanfang oder ambivalenter als beides zugleich beschrieben. Dieser Umbruch wirkte sich in den Romanen in dramatischer Weise auch auf die sozialen Beziehungen im privaten Innenraum der Gesellschaft aus: dem Freundes- und Familienkreis. Zugleich wird in den meisten Romanen, wie auch in Pichlers *Frauenwürde*, die große Bedeutung der Familie für die kulturelle Demobilmachung der Gesellschaft, die Wiederherstellung der sozialen Ordnung und die Wiedereingliederung der Landwehrmänner und Freiwilligen der Kriege von 1813 bis 1815 in das Zivilleben dargestellt. Die glückliche Heimkehr und erfolgreiche Wiedereingliederung der Veteranen in die Friedensgesellschaft wird in der Regel mit einer Heirat oder der Aufnahme in den Schoß der Familie belohnt. So wie die durch die „Franzosenzeit" gefährdete moralische und soziale Ordnung durch die Kriege von 1813 bis 1815 und den Sieg über Napoleon restauriert wird, wird die durch die Anforderungen der Kriege bedrohte (Geschlechter-)Ordnung der Privatsphäre durch die Gründung einer neuen Familie oder die Zusammenführung einer bestehenden wiederhergestellt. Mit der Heirat, Ehe und Familie, die am Ende fast aller untersuchten Romane stehen, wird nicht nur der jungen Generation, sondern symbolisch der gesamten Nachkriegsgesellschaft eine Zukunft versprochen. Die politischen Dispute der Kriegsjahre 1813 bis 1815 zwischen konservativ-monarchischen und landespatriotischen Kreisen, die in Befreiungskriegen kämpften, und deutsch-nationalen und frühliberalen Kräften, die in Freiheitskriegen stritten, die sich in der Nachkriegszeit schnell intensivierten, deuten sich zwar in den ersten Romanen bereits an, erlangen aber erst in den 1820er-Jahren größere Bedeutung. Die Tendenz der frühen Zeitromane ist insgesamt noch hoffnungsvoll; dies änderte sich in den nächsten Jahrzehnten erheblich.[121]

---

120 Vgl. Göttsche, *Zeit im Roman* (wie Anm. 118), S. 304–334; Hagemann, *Umkämpftes Gedächtnis* (wie Anm. 3), S. 213–216 u. 320–330.
121 Vgl. Hagemann, *Umkämpftes Gedächtnis* (wie Anm. 3), S. 315–325.

Caroline Pichler und die frühe literarische Erinnerungsproduktion in Österreich

Frauenwürde war bis zur Veröffentlichung ihrer Erinnerungen der letzte Text Caroline Pichlers, der sich mit der Zeitgeschichte befasste. Alle folgenden historischen Romane widmeten sich sehr viel weiter zurückliegenden Zeitperioden. Insgesamt war in Österreich der Umfang der Produktion von Zeit- und historischen Romanen, die die Zeit der Napoleonischen Kriege erinnerten, erheblich geringer als in anderen Regionen des deutschen Sprachraums, was zum einen auf das konservative politische Klima und zum anderen auf die strenge Zensurpolitik zurückzuführen sein dürfte. In einem Innsbrucker Projekt zu deutschsprachigen historischen Romanen unter Leitung von Kurt Habitzel und Günter Mühlberger wurden 1.218 deutschsprachige historische Romane erfasst, die zwischen den 1780er- und 1850er-Jahren publiziert wurden.[122] Nur 85 dieser Romane (7 %) wurden von Autor:innen aus der Habsburgermonarchie geschrieben, wovon sich lediglich fünf Romane (6 %) mit der Zeit der Napoleonischen Kriege befassten. Deren Autoren waren neben Pichler der 1811 in Warasdin (Ungarn) geborene Journalist Eduard Breier, der *1809. Historischer Roman* (erschienen Leipzig 1847) und *Der Congreß zu Wien. Historischer Roman* (erschienen Wien 1854) verfasste;[123] der 1803 in Wien geborene Offizier, Redakteur und Schriftsteller Anton Johann Gross-Hoffinger mit *Cilli, die Tyrolerin, Historischer Roman* (erschienen Berlin 1854);[124] und der 1824 in Wien geborene Journalist und Theaterkritiker Anton Langer mit seinem historischen Roman *Ein Denunciant von Anno Neune* (erschienen Prag 1854).[125] Bevorzugte Themen der historischen Romane österreichischer Autor:innen zu den Napoleonischen Kriegen waren und blieben der Krieg von 1809, der Tiroler Aufstand im gleichen Jahr sowie der Wiener Kongress.

Im betrachteten Zeitraum erschienen in den anderen deutschsprachigen Regionen deutlich mehr Zeitromane und historische Romane zu den Napoleo-

---

122 Kurt Habitzel, Günter Mühlberger und Wolfgang Wiesmüller, „Habsburgische Landschaften im Historischen Roman vor 1850", in *Die habsburgischen Landschaften in der österreichischen Literatur. Beiträge des 11. Polnisch-Österreichischen Germanistentreffens, Warschau 1994*, hrsg. von Stefan H. Kaszynski und Slawomir Piontek, Posen 1995, S. 23–56; online verfügbar unter <www.uibk.ac.at/germanistik/histrom/docs/habsburg.html> (30.08.2021). Kurt Habitzel und Günther Mühlberger definieren hier als historische Romane „fiktionale Prosawerke, die selbständig im Original in deutscher Sprache erschienen sind und die eine Mindestlänge von 10 Druckbögen (oder 160 Seiten) haben". Der Inhalt muss nachprüfbare personale, zeitliche und räumliche Referenzen aufweisen. Vgl. Kurzbeschreibung zum *Projekt Historischer Roman* <https://www.uibk.ac.at/germanistik/histrom/docs/about.htm> (20.03.2023).
123 Eduard Breier, *1809. Historischer Roman*, Leipzig 1847; ders., *Der Congreß zu Wien. Historischer Roman*, Wien 1854.
124 Anton Johann Gross-Hoffinger, *Cilli, die Tyrolerin. Historischer Roman*, Berlin 1854.
125 Anton Langer, *Ein Denunciant von Anno Neune*, Prag 1854.

nischen Kriegen. In der von mir erstellten Datenbank habe ich 195 Romane erfasst, die zwischen 1815 und 1914 publiziert wurden und sich mit dieser Zeit befassten. Immerhin 21 (11 %) der untersuchten Romane kamen bereits zwischen 1815 und 1829 heraus. 33 (17 %) wurden zwischen 1830 und 1849 veröffentlicht, 82 (42 %) zwischen 1850 und 1869, 23 (12 %) zwischen 1870 und 1889 und 36 (18 %) nach 1890, davon ein erheblicher Teil anlässlich der Hundertjahrfeiern zwischen 1910 und 1914.[126] Der Höhepunkt der Produktion von historischen Romanen zu den Napoleonischen Kriegen lag überall im deutschen Sprachraum in den beiden Jahrzenten nach der gescheiterten Revolution von 1848/49. In dieser Zeit erreichte auch der Anteil der Texte zu den Napoleonischen Kriegen an der Gesamtproduktion historischer Romane Spitzenwerte, die bis auf 20 % im Jahr 1860 anstiegen. Das Sujet des „Freiheitskampfes" von 1813 bis 1815 wurde von national-liberal gesinnten Autor:innen nun bevorzugt genutzt, um an die alten Versprechungen der Monarchen von nationaler Einheit und politischer Freiheit zu erinnern.[127]

Die 195 untersuchten historischen Romane wurden von 93 Autoren und 30 Autorinnen (24 %) verfasst, damit entsprach der Frauenanteil dem Durchschnitt bei den Produzent:innen von Belletristik. Von den 123 Autor:innen stammten nur 10 % aus Österreich, hingegen 40 % aus Preußen. Der Rest verteilte sich über andere deutschsprachige Regionen. Generell hatte allerdings die regionale Herkunft eines Autors oder einer Autorin wenig Einfluss auf den Erfolg eines Romans, viel wichtiger war der nationale Bekanntheitsgrad des Verlages, in dem der Roman veröffentlicht wurde. Hauptpublikationsorte von deutschsprachigen historischen Romanen waren im langen 19. Jahrhundert Leipzig und Berlin. Von den 195 untersuchten Texten erschienen 64 in Leipzig, 30 in Berlin und nur zehn in Wien. Hauptabsatzgebiete im deutschen Sprachraum waren bis zur Gründung des Deutschen Reiches 1871 die Regionen, die zum 1834 gegründeten Deutschen Zollverein gehörten, dem sich die Habsburgermonarchie nie anschloss, was den Vertrieb der Literatur österreichischer Autoren auf dem übrigen deutschen Markt erheblich erschwerte, wenn sie nicht, was häufig der Fall war, gleich bei Verlagen publizierten, die im Gebiet des Zollvereins ansässig waren. Wer erfolgreich sein wollte, musste das Schreiben professionell betreiben und ganz unabhängig von der regionalen Herkunft Kontakt zu anerkannten Verlagen und Kollegen aufbauen und halten. Die Romanhandlung der erfolgreichen historischen Romane zu den Napoleonischen Kriegen konnte in einer spezifischen Region angesiedelt sein, das Sujet

---

126 Hagemann, *Umkämpftes Gedächtnis* (wie Anm. 3), S. 307. Die Ergebnisse der Datenbank flossen in diese Studie ein.
127 Ebd., S. 315–325.

musste aber ein Thema behandeln, das breitere Kreise ansprach und die Region mit der Nation verknüpfte.[128] Generell galt, so Habitzel und Mühlberger, „daß sich Professionalisierungsgrad und Erfolg wechselseitig" bedingten.[129] Dementsprechend wurde die Hälfte der erfolgreichen und sehr erfolgreichen Romane von professionellen Schriftsteller:innen publiziert, die nicht nur das Talent und die Erfahrung besaßen, sondern auch die richtigen Beziehungen hatten. Diese Gruppe stellte auch die größte Zahl der Autor:innen, die mehr als einen historischen Roman zur Zeit der Napoleonischen Kriege publizierten, was nur auf 37 % aller 123 untersuchten Schriftsteller:innen zutraf.[130]

Ein ganz ähnliches Bild ergibt sich bei den Autobiographien, die im deutschen Sprachraum zwischen 1815 und 1914 veröffentlicht wurden und an die Zeit der Napoleonischen Kriege erinnerten. Von den von mir untersuchten 269 Erstausgaben von Autobiographien stammten nicht mehr als 15 von Frauen. Die weit überwiegende Zahl erschien in der zweiten Hälfte des langen 19. Jahrhunderts: 61 (23 %) wurden zwischen 1830 und 1849 publiziert, 66 (25 %) zwischen 1850 und 1869, der Rest danach. Nicht mehr als 14 aller Autobiographien wurden in Wien publiziert, hingegen 51 in Leipzig und 42 in Berlin. Von den 269 Autobiographien stammten nur 12 (4 %) von österreichischen Verfasser:innen, darunter waren zwei Frauen, eine davon Caroline Pichler. Ihre Autobiographie war die einzige der 14, die bereits in der ersten Hälfte des 19. Jahrhunderts erschien.[131] Auch biographische Texte, die an denkwürdige Frauen aus der Zeit der Napoleonischen Kriege erinnerten, wurden in sehr viel geringerem Umfang veröffentlicht als Heldenbiographien. Eine Ausnahme war der Kult um die preußische Königin Luise, die 1810 verstorben war und zur Mutter des preußischen Volkes und Märtyrerin des Befreiungskampfes gegen Napoleon stilisiert wurde.[132] Erst in den letzten Jahrzehnten vor dem Ersten Weltkrieg wurden mehr Texte veröffentlicht, die der *Heldenmädchen und Frauen aus großer Zeit* gedachten.[133]

128 Ebd., S. 309–312.
129 Kurt Habitzel und Günther Mühlberger, „Gewinner und Verlierer. Der Historische Roman und sein Beitrag zum Literatursystem der Restaurationszeit (1815–1848/49)", in *Internationales Archiv für Sozialgeschichte der deutschen Literatur* 21/1 (1996), S. 91–123, hier S. 104.
130 Hagemann, *Umkämpftes Gedächtnis* (wie Anm. 3), S. 309–312.
131 Ebd., S. 254–260.
132 Vgl. Philipp Demandt, *Luisenkult. Die Unsterblichkeit der Königin von Preußen*, Köln u. a. 2003; Birte Förster, *Der Königin Luise-Mythos. Mediengeschichte des „Idealbilds deutscher Weiblichkeit",* 1860–1960, Göttingen 2011; Daniel Schönpflug, *Luise von Preußen. Königin der Herzen. Eine Biographie*, München 2010.
133 Otto Karstädt, *Heldenmädchen und Frauen aus großer Zeit*, Hamburg 1913 (Als Deutschland erwachte 16); vgl. Karen Hagemann, „Women, the Nation and the Collective Memory of the Napoleonic Wars", in *The Cambridge History of the Napoleonic Wars*, Bd. 3, *Experience, Culture and Memory*, hrsg. von Alan Forrest und Peter Hicks, Cambridge 2022, S. 451–474.

Angesichts dieser Situation erstaunt es nicht, dass Caroline Pichlers *Denkwürdigkeiten* in zweifacher Hinsicht Aufsehen erregten: nicht nur, weil eine Frau, sondern auch, weil eine Österreicherin sie verfasst hatte. In der Einleitung schrieb sie, der Tradition des Bildungsromans folgend, „die Bestimmung dieser Blätter" sei es, „zu zeigen, wie ich durch Umgebung, Umstände und eigene Anlagen die Bildung erhalte, die jetzt meine Persönlichkeit ausmacht". Niemand solle daher „merkwürdige Vorfälle, sonderbare Schicksale, oder hervorragende Punkte der allgemeinen Geschichte des Vaterlandes" erwarten.[134] In der Tat berichten ihre *Denkwürdigkeiten* höchst ausführlich von Familie und Freunden sowie ihrer eigenen Laufbahn als Schriftstellerin und entwerfen dabei ein anschauliches Bild des gesellschaftlichen und kulturellen Lebens in Wien. Pichler zeigt unter anderem, wie sich der österreichische Patriotismus und eine ausgeprägte Abneigung gegen Napoleon in den Kriegsjahren 1809 und 1812 bis 1815 in der Kunst und Literatur der Zeit zu artikulieren versuchten, aber aufgrund der Zensur vor allem in den privaten Gesellschaften einen Ort fanden, an dem beidem Ausdruck verliehen werden konnte. Im Allgemeinen behandelt Pichler Politik und Kriege der napoleonischen Ära in ihrer Autobiographie allerdings hauptsächlich als historischen Hintergrund für die Entwicklung ihres eigenen Lebens und ihrer Arbeit.

Die Rezensenten reagierten unterschiedlich auf Pichlers *Denkwürdigkeiten*. Die *Oesterreichischen Blätter für Literatur und Kunst* priesen sie enthusiastisch als „würdigen keuschen Charakter", der die „österreichischen Heldenjahre" mit „wahre[r] innige[r] Vaterlandsliebe" beschreibe, und schließen: „Die Pichler ist ein Wesen[,] wie es nur wenige gibt; Harmonie, Vollkommenheit [...] ist der Charakter dieser schönen Seele".[135] Das 1841 gegründete und in Leipzig erscheinende Blatt *Die Grenzboten*, ein einflussreiches Sprachrohr des national-liberalen Bürgertums, nannte sie „eine ehrenwerthe, brave Frau, [...] eine wohlbegabte edle Schriftstellerin".[136] Pichler sei eine „eifrige Oesterreicherin und getreue Unterthanin", die beim Schreiben ihrer Erinnerungen in der „Sphäre ihres Geschlechts und ihres Standes" bleibe „und über Staats- und höchste Gesellschaftswelt nur insofern" urteile, „als diese in ihre Sphäre" hineinfalle. Deutlich kritisiert wird in dem Blatt allerdings ihre bisweilen hervorbrechende „Schärfe und der Unmuth" gegenüber „noch lebende[n] Personen, [...] die [...] bei dieser milden Verfasserin schlechter fahren, als sie es von dem schärfsten Autor gewärtigen könnten".[137]

---

134 Pichler, *Denkwürdigkeiten* (wie Anm. 52), Bd. 1, S. 5 u. 3.
135 „Memoiren-Literatur", in *Oesterreichische Blätter für Literatur und Kunst* 3/54 (1846), S. 417–421, hier S. 417–420.
136 „Notizen. Die Denkwürdigkeiten aus meinem Leben, von Caroline Pichler", in *Die Grenzboten* 3/1 (1844), S. 665–667, hier S. 665.
137 Ebd., S. 666 f.

Zwischen den Zeilen kann man die frauenfeindliche Haltung des Autors der *Grenzboten* gegenüber Autorinnen erkennen, die er mit anderen Literaturkritikern teilte. Sie alle scheinen davon überzeugt gewesen zu sein, dass Frauen keine Memoiren schreiben sollten, da sie nichts Interessantes zu erzählen hätten. Dementsprechend hieß es in einem späteren Artikel der *Grenzboten* mit dem Titel „Schriftstellerinnen": „[D]em Weib [fehlt] jene Beobachtung der Wirklichkeit (wir möchten sie die historische nennen), die nur dem Mithandelnden möglich ist: sie ist darauf angewiesen, entweder das eigne Herz zu öffnen, oder ihre ganz äußerlichen Beobachtungen zu copiren."[138] Frauen standen für die meisten männlichen Gelehrten und Schriftsteller der Zeit aufgrund des vorherrschenden Geschlechterbildes außerhalb der Geschichte, die mit Krieg und Politik gleichgesetzt wurde. Wenn sie, so wie Pichler, über diese Gegenstände schrieben, konnten sie das nur, indem sie sich männliche Erfahrungen aneigneten, also schlicht „copir[t]en". Romane und Memoiren von Frauen, die sich mit zeithistorischen Stoffen befassten, konnten deshalb kaum gehaltvoll oder wahr sein. Ihren Verfasserinnen wurde die Kompetenz zur Beurteilung von Zeitereignissen abgesprochen.[139] Diese Haltung scheint von den meisten männlichen Historikern, Literaturkritikern und Verlegern geteilt worden zu sein und führte dazu, dass die weit überwiegende Zahl der veröffentlichten autobiographischen Erinnerungen, aber auch der historischen Romane zur Zeit der Napoleonischen Kriege in Österreich und anderen Teilen des deutschen Sprachraums bis 1914 von Männern stammte.[140]

***

Der vergleichende Blick auf die frühe literarische Erinnerungsproduktion zu den Napoleonischen Kriegen in Österreich macht die Ausnahmeposition von Caroline Pichler sichtbar. Sie gehörte schon während der Kriege gemessen an der großen Zahl von Autor:innen, die im übrigen deutschsprachigen Raum Tagesliteratur produzierten, nicht nur zu den wenigen Österreicher:innen, die 1813–1815 patriotisch-nationale Texte veröffentlichten, sondern auch zu der sehr kleinen Gruppe von Schriftstellerinnen. Sie war zudem eine der wenigen österreichischen Autor:innen und Frauen, die mit ihren Texten zur literarischen Erinnerungsproduktion an diese Kriege beitrugen, die sowohl bei historischen Romanen als auch bei Autobiographien von Männern dominiert wurde, die aus anderen deutschsprachigen Regionen stammten. Beides nahmen auch

---

138 „Schriftstellerinnen", in *Die Grenzboten* 18/1/1 (1859), S. 161–181, hier S. 175.
139 Ebd.
140 Siehe auch „Deutsche Memoiren-Literatur", in *Wissenschaftliche Beilage der Leipziger Zeitung* 50 (1859), 23. Juni, S. 218–220.

die Zeitgenossen sehr deutlich wahr. Eine österreichische Perspektive auf die Geschichte der Napoleonischen Kriege war außerhalb der Habsburgermonarchie in bürgerlichen, zumeist national-liberal gesinnten Kreisen nicht gefragt, die eine Hauptgruppe der Leser:innen von Kriegserinnerungen und historischen Romanen stellten. Der Einfluss der österreichischen Zensur und Polizeiaufsicht ist zudem nicht zu unterschätzen, die alle radikal-demokratischen, deutschnationalen, frühliberalen und selbst landespatriotischen Texte radikal zensierte oder schlicht verbot. Dies galt selbst für die Ausnahmejahre 1809 und 1813, in denen die Zensur ein wenig gelockert wurde. Diese Erfahrung musste auch Caroline Pichler machen, die deshalb das Schreiben historischer Dramen nach 1816 aufgab und sich nach 1818 auch nicht mehr der Zeitgeschichte widmete. Das hinderte sie aber nicht daran, weiter zu schreiben, nur suchte sie sich ihre Stoffe weiter zurück in der Geschichte. Dass sie als Frau so viel Zeit zum Schreiben fand, verdankte sie dem damals sehr ungewöhnlichen Umstand, dass die ganze Familie einschließlich ihres wohlhabenden Mannes sie darin bestärkte und unterstützte. Der große künstlerische und literarische Freundeskreis der Familie, der sich über lange Jahre bei den regelmäßigen Geselligkeiten im Hause traf, bot ihr den Raum, nicht nur das ihr eigene schriftstellerische Talent durch vielfältige Anregungen weiterzuentwickeln, sondern auch ihre Gabe als Salonière und glänzende Netzwerkerin zu entfalten. Ihr umfangreiches Netzwerk war wiederum, wie ihre guten Kontakte zu Verlegern, eine Voraussetzung für ihren Erfolg.

ABSTRACT

White Ravens: Caroline Pichler and the Early Production of Austrian Memories of the Anti-Napoleonic War

In 1846, the *Österreichische Blätter für Literatur und Kunst* (Austrian Journal for Literature and Art) wrote in a review of Caroline Pichler's four-volume *Denkwürdigkeiten aus meinem Leben* (Memorabilia from my Life), which was published one year after her death in 1844, "Memoirs by Austrians are as rare as white ravens." Equally rare at this time were autobiographies written by women remembering the time of the Anti-Napoleonic Wars between 1806 and 1815. Primarily as authors of historical novels, women played an increasingly important role in the production of memories of these wars over the course of the 19th century. One of the first female authors here was Caroline Pichler (1768–1843), who was known far beyond Vienna as a *salonnière* who welcomed musicians, artists, writers and politicians to her house. Pichler, her social circle and her literary works played an important role in the early production of literary memories of the period of the Anti-Napoleonic Wars. Using her example, the article explores the early literary memory production in Austria and compares it with those in other states of the German Confederation in the first half of the 19th century.

Aristocratic Dedications and Spas as a Networking Strategy. Beethoven and the Nobility

Martin Scheutz

Vienna as one of the most dynamic residence cities of the Holy Roman Empire

Vienna, as one of the capitals of the Holy Roman Empire (until 1806) and later as the undisputed metropolis of the Austrian Empire, was a lucrative place for members of various classes in the late 18th century; civil servants, entrepreneurs, nobles and workers found various sources of income here. The growth figures of the royal capital Vienna also illustrate the great social, economic and political-administrative attractiveness of the city, which lay at the center of west-east-Danube and north-south trade. While in the first census under Maria Theresia in 1754, Vienna with its suburbs only had 175,043 inhabitants, by around 1800, the population had already reached 231,949.[1] Between 1820 and 1830, Vienna, the largest consumer center in Central Europe, exhibited the most dynamism with annual growth rates of 2.3% (previously they had only been 0.5%).[2] After the deaths of Joseph II and then, less than two years later, Leopold II, the Habsburg Monarchy lurched from enlightened absolutism to restoration, from fear of revolution to censorship and to the Austrian Jacobin conspiracy in 1794. Chiefly determining their domestic and foreign policy were, until 1815, the Coalition Wars, including the two occupations of the city in 1805 and 1809, and thereafter, politically, the Congress System and the restorationist Carlsbad Decrees (1819) and, economically, the beginning of the Industrial

---

1   The present text owes much to the detailed suggestions made by Constanze Köhn, Birgit Lodes and Melanie Unseld – many thanks! Andreas Weigl, *Demographischer Wandel und Modernisierung in Wien*, Kommentare zum Historischen Atlas von Wien 1 (Vienna, 2000), 55–63.

2   Ernst Bruckmüller, *Sozialgeschichte Österreichs* (Vienna etc., ²2001), 216–17.

Revolution with its new spirit of entrepreneurship.[3] The concentration of
bureaucracy, military, nobility and court in the city led to the trades gradually
dispersing into the Viennese suburbs, where commercial and early industrial
districts flourished – as in the "Brillantengrund" of Schottenfeld, for example.[4]

Vienna was the center of the old, Austria-wide aristocracy or *Erste
Gesellschaft*, which found its employment opportunities primarily in the central
administration, at court, in the army and in the Catholic Church. As patrons,
these approximately 100 families, who were able to significantly increase
their share of the city's real estate between 1779 and 1849,[5] competed with
the imperial court.[6] These first-society families also imitated the *Séjour* of the
imperial court, spending the summer in the country and the winter in Vienna.
The *Zweite Gesellschaft*, "second society," consisting of the old lower nobility
(simple aristocracy ["von"], knights, barons) and the newly ennobled, could
also hold high positions in the administration and the army or achieve great
wealth as bankers and industrialists, but a glass ceiling separated them from
the first society. The families of around 20 princes and 70 counts, secured and
woven together through marriage, formed the old nobility – the first society
in Vienna.[7] Beethoven, who in 1792 arrived at the seat of the Viennese Court
from the Electoral Court of Bonn, came to a city where a new ruler, Franz II,
had just ascended the throne (coronation July 14, 1792 in Frankfurt). Some 14
years later, the Konsumstadt (consumer city) of Vienna was downgraded from
the hub of the empire with its many diplomats to a purely "Austrian" administrative and governmental center. However, with the Congress of Vienna in
1814–15 (including patriotic music by its musical star Beethoven), the Danube
metropolis's importance experienced a new diplomatic and economic peak.

3   See Ernst Bruckmüller, *Österreichische Geschichte von der Urgeschichte bis zur Gegenwart* (Vienna
    etc., 2019), 313–21.
4   On the bourgeois entrepreneurs, see especially Ingrid Mittenzwei, *Zwischen gestern und morgen.
    Wiens frühe Bourgeoisie an der Wende vom 18. zum 19. Jahrhundert*, Bürgertum in der Habsburger-
    monarchie 7 (Vienna, 1998).
5   The high nobility was able to buy up numerous town houses during this time: Elisabeth Lich-
    tenberger, *Die Wiener Altstadt. Von der mittelalterlichen Bürgerstadt zur City* (Vienna, 1977), 153–
    154.
6   Bertrand Michael Buchmann and Dagmar Buchmann, "Die Epoche vom Ende des 18. Jahrhun-
    derts bis um 1860," in *Wien Geschichte einer Stadt*, vol. 3, *Von 1790 bis zur Gegenwart*, eds. Peter
    Csendes and Ferdinand Opll (Vienna, 2006), 15–46, at 27–30.
7   According to the American envoy John Lothrop Motley (1814–1877, ambassador in Vienna
    1861–1867) who was shocked by Viennese court society, without proof of a "flawless" family
    tree, ironically, a "native could enter this society no more easily than the moon": Brigitte
    Hamann, "Der Wiener Hof und die Hofgesellschaft in der zweiten Hälfte des 19. Jahrhunderts,"
    in *Hof und Hofgesellschaft in den deutschen Staaten im 19. und beginnenden 20. Jahrhundert*, ed. Karl
    Möckl, Deutsche Führungsschichten in der Neuzeit 18 (Boppard am Rhein, 1990), 61–78, at 72.
    On the Viennese court, see Martin Scheutz, *Der Wiener Hof und die Stadt Wien im 20. Jahrhundert.
    Die Internalisierung eines Fremdkörpers*, Enzyklopädie des Wiener Wissens 11 (Vienna, 2010).

The world of the old high nobility – including Lobkowitz, Kinsky, Pálffy and Esterházy – had been changed by the state bankruptcy of 1811. And after 1815, their patronage practices were transformed by a dynamically developing music market and new performance practices. Thus, towards the end of his life, the nobility played a lesser role in Beethoven's financial affairs than at the beginning of his career.[8] Beethoven might have arrived in 1792 as a virtuoso "keyboard tiger" and a potential court servant in search of a position as Court Kapellmeister, but he died in 1827 as a bourgeois, "national" musical prince and "honorary citizen" of Vienna, who – through skillful negotiations with publishers, careful granting of performance rights and prudent transactions concerning dedications – had achieved share equity and relative prosperity.

From the perspective of a musician, aristocratic Vienna was not only a potentially rewarding location for court music, but also for cultural life and music publishing. In addition to the important court orchestra, which boasted fine instrumentalists and singers and played mainly at court concerts and church ceremonies, there were five music theaters (Burgtheater, Theater an der Wien, Kärntnertortheater, Leopoldstädter Theater and Josefstädter Theater),[9] which together shared an orchestra that could also be booked for concerts and academy events at certain times, numerous churches as important music venues, and restaurants (such as the Mehlgrube or the Augarten), in whose larger halls musical events were held. They might also enter the service of a high nobleman as a house musician or house virtuoso and then function as the musical calling card of their lord or noble house in public.[10] Although there was no regular, professional concert business, musicians could take the initiative to organize academy events at their own risk in theaters, multi-purpose halls or even outdoors, and sometimes there were also benefit concerts, for example after a fire. The salons, which were considered accessible to the public, also offered good venues for musicians to perform, and after 1800 the

---

8 Jan Caeyers, *Beethoven. Der einsame Revolutionär. Eine Biographie* (Munich, ⁴2017), 666–67, 113–14; on the nobility's participation in the subscription lists, see Martin Geck, *Ludwig van Beethoven* (Reinbek, ⁹2020), 49–50; Tia DeNora, *Beethoven and the Construction of Genius. Musical Politics in Vienna 1792–1803* (Los Angeles etc., 1995), 37–44.

9 Otto Biba, Art. "Theater in Wien," in *Das Beethoven-Lexikon*, eds. Heinz von Loesch and Claus Raab, Das Beethoven-Handbuch 6 (Laaber, 2008), 768–69.

10 Caeyers, *Beethoven* (as in fn. 8), 193: About the manic, music-obsessed Franz Joseph Maximilian von Lobkowitz: "For a decade and a half, Lobkowitz was a kind of music 'godfather,' a combination of Secretary of State for Culture, General Director, impresario, library manager, conservatory director and top lobbyist for the arts." Using the example of music competitions, Caeyers writes in *Beethoven*, 127–28, "It took Lichnowsky little time to realize that Beethoven might fill the gap left by Mozart's death and that he himself had the unique opportunity to distinguish himself through him before other old noble families and before the rising *Briefadel* [newly ennobled commoners] and rich bourgeoisie."

range of performance opportunities began to expand rapidly. The Gesellschaft der Musikfreunde (Society of Friends of Music), founded in 1812, was able to establish its own orchestra of professional musicians and well-trained "dilettantes" for its own performances.

The following article attempts to characterize the nobility as a social formation in its own right and then locates Beethoven's dedicatory behavior in the field of tension between nobility and bourgeoisie. As a site of encounter between middle-class and aristocratic guests, the spa cities became a field of experimentation for a newly constituted society after the Napoleonic Wars.

The nobility as a socially heterogeneous group during the "saddle time" (1750–1850)

According to Zedler's *Universal-Lexicon*, the entire nobility – numerically the smallest group of the early modern population and comprising first and second societies – operates in European history as a privileged and landed gentry, internally differentiated between high and low nobility, through "an honorary status conferred by the highest authority in recognition of preceding virtues and services, and which is bequeathed to descendants."[11] The titled nobility or the intrinsically heterogeneous aristocracy possessed no obvious external features, but understood itself rather on the one hand as a group "'embodying' a clear self-image and an innate sense of superiority,"[12] and on the other as an expression of acquired legal titles, which through considerable effort was displayed in the most diverse forms (including documentary proof of noble ancestry, family trees, genealogical studies, coats of arms). In the Holy Roman Empire, the nobility as a whole – which comprised about 0.3 to 1% of the population, it varied from region to region – saw itself as the bearer of special inherited virtues (forms of behavior and cultural practices) and its individual families saw themselves as guardians of a specific house tradition. At the same time, from the beginning of the modern era the former warrior class increasingly transformed itself into the administrative elite – at court,[13] in the (impe-

---

11 Johann Heinrich Zedler, *Grosses vollständiges Universal-Lexicon Aller Wissenschafften und Künste*, vol. 1 (Halle/Saale etc., 1732), column 467.

12 Gerhard Ammerer, Elisabeth Lobenwein, and Martin Scheutz, "Adel, Umrisse einer sozialen Gruppe in der Krise. Zur Einleitung," in *Adel im 18. Jahrhundert. Umrisse einer sozialen Gruppe in der Krise*, eds. Gerhard Ammerer, Elisabeth Lobenwein, and Martin Scheutz, Querschnitt 28 (Vienna, 2017), 7–19, at 7.

13 On court administration, see Martin Scheutz, "Die Elite der hochadeligen Elite. Sozialgeschichtliche Rahmenbedingungen der obersten Hofämter am Wiener Kaiserhof im 18. Jahrhundert," in Ammerer/Lobenwein/Scholz, *Adel* (as in fn. 12), 141–94.

rial) church, in the military,[14] and in the central and regional administration of the Habsburg Monarchy. Above all, the consummate presentation of family tradition – i.e., the glorious ancestral and kinship ties – were characteristic of nobility throughout Europe, whereby it attempted to merge past and present together. The emphasis on a special, glorious family tradition made the aristocratic present seem part of an indisputable natural order, but it also placed a great burden on the present holder of the family honor: successfully continuing the line, increasing the house's fame, profitably managing the estates and cultivating an aristocratic, even arrogant, self-image were associated demands that had to be successfully fulfilled before the curious eyes of the rest of society. But abundant examples from Beethoven's environs reveal how challenging the demand to maintain financial liquidity in particular was: the music-loving Joseph Franz Maximilian Lobkowitz (1772–1816) was put into receivership due to his financial plight, and the princely House of Kinsky found itself in dire financial straits after the unexpected death of Ferdinand Johann Nepomuk in 1812. Efficient management of an aristocratic estate or a noble "Hantierung" such as a bank or an industrial enterprise had to provide the means for one's life both at court and in the expensive Viennese society – no easy task in view of the Napoleonic wartime economy, continental blockade, 1811 national bankruptcy and ongoing economic crises.

At the end of the 18th century, the nobility found itself on the one hand confronting the compulsion to integrate, but on the other still emphasizing its unique self-image and habitus as a special form of distinction.[15] The broad aristocratic social formation became blurred in the saddle period between 1750 and 1850 as it increasingly absorbed newly ennobled members of middle-class descent, the so-called *Briefadel*.[16] In addition, in the wake of the French Revolution, increasingly indefensible noble privileges were gradually abolished. The aristocracy's proverbial "staying on top" as the state's premier class demanded above all tenacious defense of its sociocultural and symbolic capital[17] and adjustment to the new political culture and the altered economic conditions. Adapting to a new era after the dissolution of the Holy Roman Empire

---

14 Laurence Cole, "Adel und Militär am Ende des Alten Regimes," in Ammerer/Lobenwein/ Scholz, *Adel* (as in fn. 12), 117–40.

15 *Der europäische Adel im Ancien Régime. Von der Krise der ständischen Monarchien bis zur Revolution (ca. 1600–1789)*, ed. Ronald G. Asch (Cologne etc., 2001).

16 Ewald Frie, "Adel und bürgerliche Werte," in *Bürgerliche Werte um 1800. Entwurf – Vermittlung – Rezeption*, eds. Hans-Werner Hahn and Dieter Hein (Cologne etc., 2005), 393–414; Michael G. Müller, "Adel und Elitenwandel in Ostmitteleuropa. Fragen an die polnische Adelsgeschichte im ausgehenden 18. und 19. Jahrhundert," in *Zeitschrift für Ostmitteleuropa* 50 (2001), 497–513.

17 Rudolf Braun, "Konzeptionelle Bemerkungen zum Obenbleiben: Adel im 19. Jahrhundert," in *Europäischer Adel 1750–1950*, ed. Hans-Ulrich Wehler, Geschichte und Gesellschaft. Sonderheft 13 (Göttingen, 1990), 87–95, at 93.

in 1804/06 and maintaining an independent social identity became the nobility's central tasks: in the face of fundamental economic and social change, they had to deal flexibly with tradition and lineage, family and marriage ties, and upholding a status-appropriate lifestyle, as well as their habitus and political participation in power.[18]

The latest research on the nobility around 1800 therefore underscores the competition and disparity within this social formation, as it had to develop new behavioral dispositions against the background of economic crises caused by the Coalition Wars such as the 1811 national bankruptcy or the political reorientation due to the Napoleonic Wars (for example, the dissolution of the Holy Roman Empire). The old society of estates was transformed into a newly structured national society, involving a shift in elites.[19] However, it also seems important to conceptually relate the "citizenry" and the "nobility," because in urban as well as suburban areas, their lives were so closely intertwined through both competitive and cooperative relationships.[20] Considering the saddle period from the perspective of early modern research, one is likely to see a society of largely intact estates, whereas from the perspective of the 19th century, one tends to see an emerging "bourgeois society."[21] Recent studies, for example, interpret the social biotope of Weimar-Jena around 1800 as a "laboratory of bourgeois value production,"[22] whereas other studies see the period as a

---

18 Ronald G. Asch, "Zwischen defensiver Legitimation und kultureller Hegemonie. Strategien adliger Selbstbehauptung in der frühen Neuzeit," in *Selbstverständnis - Selbstdarstellung - Selbstbehauptung. Der Adel in der Vormoderne I*, eds. Gudrun Gersmann and Michael Kaiser, issue of *zeitenblicke* 4/2 (2005), <http://www.zeitenblicke.de/2005/2/Asch/index_html> (accessed March 20, 2023); Ewald Frie, "Adel um 1800. Oben bleiben?", in *Selbstverständnis - Selbstdarstellung - Selbstbehauptung. Der Adel in der Vormoderne II*, eds. Gudrun Gersmann and Michael Kaiser, issue of *zeitenblicke* 4/3 (2005), <http://www.zeitenblicke.de/2005/3/Frie/index_html> (accessed March 20, 2023).

19 Müller, "Adel und Elitenwandel" (as in fn. 16), 497–513.

20 *Adel und Bürgertum in Deutschland 1770-1848*, ed. Elisabeth Fehrenbach, Schriften des Historischen Kollegs 31 (Munich, 2009). See also Marko Kreutzmann, *Zwischen ständischer und bürgerlicher Lebenswelt. Adel in Sachsen-Weimar-Eisenach 1770 bis 1830*, Veröffentlichungen der Historischen Kommission für Thüringen 23 (Cologne etc., 2008).

21 Rebekka Habermas, *Frauen und Männer des Bürgertums. Eine Familiengeschichte (1750-1850)*, Bürgertum 14 (Göttingen, 2000).

22 Ute Lotz-Heumann, "Kurorte im Reich des 18. Jahrhunderts – ein Typus urbanen Lebens und Laboratorium der bürgerlichen Gesellschaft. Eine Problemskizze," in *Bäder und Kuren in der Aufklärung. Medizinaldiskurs und Freizeitvergnügen*, eds. Raingard Eßer and Thomas Fuchs, Aufklärung und Europa 11 (Berlin, 2003), 15–35. For an overview of "Education" (Michael Maurer); "Work, Diligence, and Order" (Dieter Hein); "Marriage, Family, and Gender" (Katja Deinhardt and Julia Frindte); "Independence and Participation" (Lothar Gall), see Hahn/Hein, *Bürgerliche Werte* (as in fn. 16), 227–38; 239–52; 253–72; 291–301.

"laboratory before [classical] modernity" for the nobility.[23] The aristocracy and the bourgeoisie tentatively approached each other creating temporary transitional spaces; but at the same time both social groups attempted to preserve the distinctions between them. Although the aristocracy and the bourgeoisie preserved the social distinctions between them, they also approached each other creating temporary experimental and transitional spaces in the process.

The aristocratic patronage system – Beethoven's work as a site for exchanging social capital

Dedications on title pages of artistic works or on thesis pages of dissertations functioned as both an outwardly visible expression of an artist's appreciation of, patronage by or affiliation to a person or institution (a monastery, city, or fraternity), and a more or less profitable form of income for artists and scientists.[24] Artists, including musicians, were "part of an artistic production system"[25] and dedications are usually understood as expressing a relationship between a patron and a musician. According to Marcel Mauss, every gift requires a counterpart; specifically, gifts respond to prior and anticipated performance, which could be manifest not only in monetary terms but also in "friendship." But publishers also intervened in the choice of a dedicatee to "raise the financial return on a musical work or the status of an author."[26] The aristocracy used pre-modern clientele systems in an attempt to assert private interests in the public sphere.[27] For his part, Beethoven's concern when dedicating pieces of music was to obtain material and immaterial advantages from the patron (e.g., a position, the granting of loans) or to express appreciation for advantages already gained.[28]

---

23 Frie, "Adel um 1800" (as in fn. 18), 15; 14: "While for the nobility as a class the time around 1800 was a period of upheaval, in which the past was considered to be dead and the future seemed unpredictable, this was even truer for the individual noble families."

24 Günter Brosche, Art. "Widmungen," in Loesch/Raab, *Beethoven-Lexikon* (as in fn. 9), 845–49.

25 Laurenz Lütteken, Art. "Auftraggeber. Musik," in *Enzyklopädie der Neuzeit*, ed. Friedrich Jaeger, vol. 1 (Stuttgart etc., 2005), columns 838–40, at 838.

26 Axel Beer, *Musik zwischen Komponist, Verlag und Publikum. Die Rahmenbedingungen des Musikschaffens in Deutschland im ersten Drittel des 19. Jahrhunderts* (Tutzing, 2000), 371.

27 In German scholarship, "modern" means the long 19th century, 1789–1914; "early modern" in this essay therefore refers to the period around the turn of the 19th century.

28 For an overview, see for example Hillard von Thiessen, Art. "Klientel," in *Enzyklopädie der Neuzeit*, ed. Friedrich Jaeger, vol. 6 (Stuttgart etc., 2007), columns 780–86.

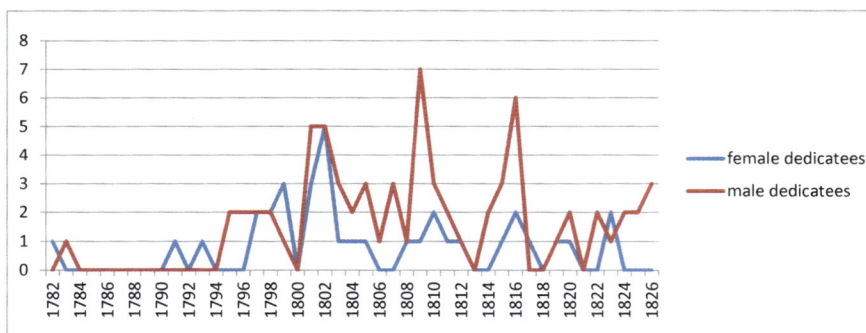

Fig. 1: Dedications separated according to gender (1792–1826), survey according
to LvBWV 2, 864–72. © Martin Scheutz

Artists of the pre-modern age, in which dedications must be understood as
paratexts, had to proceed in a highly strategic and businesslike manner due to
the fact that the practice signaled affiliation to a patron as a client and therefore often required them to address high-ranking personalities as potential
"benefactors" for this purpose. The line of communication often ran from
bottom to top.[29] Some high-ranking dedicatees, often not personally known
to the artists, paid considerable funds or gave valuable material goods for the
dedication address. From the perspective of the dedicatees, economic capital
could be transformed into social-symbolic capital. According to the Beethoven
catalog, a total of 63 dedicatees are listed on the printed title pages of his composed works.[30] Of these, 40 are men, 23 women, and towards the end of his life,
the number of dedications to men increases significantly compared to those
to women (see Fig. 1). Front-runners in the dedication statistics were Archduke Rudolph (1788–1831)[31] with 11 works, Joseph Franz Maximilian, seventh
Prince Lobkowitz with seven, Karl Alois, Prince Lichnowsky (1761–1814)[32] with
five, and Prince Nikolai Borisovich Galitzin (1794–1866)[33] as the youngest with
four works. Among the women, Countess Anna Luise Barbara Keglevicz (after

29 Andre Horch, *Buchwidmungen der Frühen Neuzeit als Quellen der Stadt-, Sozial- und Druckge-
    schichte. Kritische Analyse der Dedikationen in volkssprachlichen Mainzer Drucken des 16. Jahrhun-
    derts unter Verwendung statistischer, netzwerkanalytischer und textinterpretatorischer Methoden*,
    Mainzer Studien zur Neueren Geschichte 32 (Frankfurt am Main, 2014); Reinhard Wittmann,
    "Der Gönner als Leser – Buchwidmungen als Quellen der Lesergeschichte," in *Parallelwelten
    des Buches. Beiträge zu Buchpolitik, Verlagsgeschichte, Bibliophilie und Buchkunst. Festschrift für
    Wulf D. von Lucius*, ed. Monika Estermann (Wiesbaden, 2008), 1–28, at 5; on the relationship
    between bourgeois authors and noble patrons see 14–19.
30 This information refers to the dedications on the title page: LvBWV 2, 864–72.
31 Clive, 295–97.
32 Clive, 202–5.
33 Clive, 135–37.

marriage, Princess d'Erba-Odescalchi, 1780–1813[34]) ranks first with four dedications.[35] Surprisingly, several important and influential families are missing from the dedicatees without any discernable cause. While the Prussian and English royal house and the tsarist house and its milieu (Tsar/Tsarina, Rasumovsky, Galitzin, Browne-Camus) are prominently represented, the conspicuous absence of the imperial family (apart from Archduke Maximilian Franz and Archduke Rudolph)[36] in this highly noble bouquet is striking. Recent research clarifies the accurate class-based "fit"[37] of Beethoven's dedications, but also their articulation of the gender hierarchies found in the 18th and 19th centuries. The social rank and the instrumental mastery of the dedicatee determined how "elevated" the style with respect to genre and how demanding the compositions were for performers or listeners: piano works and occasionally songs were dedicated to women; symphonies and other public works as well as string quartets were mostly received by high-ranking men, or men in government (see Fig. 2 and Fig. 3).[38] Beethoven dedicated to the banker Moritz Johann Graf Fries[39] not only the Seventh Symphony Op. 72 in 1817, but also two violin sonatas Op. 23 and Op. 24 in 1801 and the String Quintet in C major Op. 29 in 1802. Based on his knowledge of their musical practices, Beethoven responded sensitively to the interests of the dedicatee. In 1802, for example, Beethoven dedicated a piano sonata (C sharp minor Op. 27, No. 2) to his piano student, Countess Julie Guicciardi (1784–1856).[40] The Count and (until 1807) Russian envoy Andrey Razumovsky (1752–1836),[41] Lichnowsky's brother-in-law,

---

34   Clive, 250.
35   Ernst Herttrich, "Beethovens Widmungsverhalten," in *Der "männliche" und der "weibliche" Beethoven. Bericht über den internationalen musikwissenschaftlichen Kongress vom 31. Oktober bis 4. November 2001 an der Universität der Künste Berlin*, eds. Cornelia Bartsch, Beatrix Borchard, and Rainer Cadenbach, Schriften zur Beethoven-Forschung 18 (Bonn, 2003), 221–236, at 21.
36   Through dedications, Beethoven reached the level of the imperial chamberlains and to some extent the imperial family (WoO 87: Cantata on the Death of Joseph II, WoO 88: Cantata on the Accession of Emperor Leopold II, WoO 18/19: Military Marches for Archduke Anton Viktor, Septet, Op. 20 dedicated to Empress Marie Therese); Bernhard R. Appel, "Widmungsstrategien. Beethoven und die europäischen Magnaten," in *Widmungen bei Haydn und Beethoven. Personen – Strategien – Praktiken. Bericht über den Internationalen musikwissenschaftlichen Kongress Bonn, 29. September bis 1. Oktober 2011*, eds. Bernhard R. Appel and Armin Raab, Schriften zur Beethoven-Forschung 24 (Bonn, 2015), 139–70, at 154: "Despite various strategic composition- and performance-based efforts, Beethoven never reached the Emperor but instead encircled him, as it were, with a number of worthy persons from the imperial environment."
37   For a broad overview of Beethoven's behavior regarding dedications, see Birgit Lodes, "Zur musikalischen Passgenauigkeit von Beethovens Kompositionen mit Widmungen an Adelige," in Appel/Raab, *Widmungen bei Haydn und Beethoven* (as in fn. 36), 171–202.
38   Herttrich, "Beethovens Widmungsverhalten" (as in fn. 35).
39   Clive, 120–21.
40   Clive, 142–43.
41   Clive, 277–78.

as organizer of chamber music evenings and violinist, paid for and received the three string quartets Op. 59, which were dedicated to him in 1808.

The social composition of the dedicatees tends towards the high and low nobility. Dedications to members of ruling houses were socially attractive, but not always financially successful.[42] The dedicatees comprise nine members of ruling houses (seven men), 13 members of the high nobility (eight men), 28 members of the low nobility (12 men), five entrepreneurs (only men) and eight artists (only men) – 50 nobles (27 men, 23 women) thus contrasted with only 13 middle-class men (see Fig. 4). The absence of middle-class women is striking. Symphonies were mostly dedicated to members of ruling houses and the high nobility.[43] String quartets were dedicated to commoners as well as aristocrats – Op. 131 and Op. 135 to Johann Nepomuk Wolfmayer (1768–1841) in 1826, for instance.[44] Other commoners were in receipt of piano works, Op. 76 for the bank clerk and secretary Franz Oliva (1786–1848) in 1810,[45] or songs and canons, *Abendlied unterm gestirnten Himmel* WoO 150 (as well as WoO 189–190) for the physician Anton Georg Braunhofer (1780–1845).[46]

The end of the Holy Roman Empire not only dealt a lasting blow to early modern aristocratic culture, but also to its members' employment opportunities, due to the fact that traditional occupations in the central administration of the Holy Roman Empire, imperial diplomacy, the imperial church system or the Imperial Court Council were partially eliminated.[47] Among the dedicatees of Beethoven's works, the imperial nobility continue unbroken through the 1804–06 break. Beethoven's very earliest dedications (in the pieces composed in Bonn up to 1792), included benefactors such as the von Breuning family of the Bonn nobility. Even after the end of the Holy Roman Empire, Vienna retained the significance for the aristocracy it had always had, and the relations between the region and the former imperial centers remained close: the

42 Appel, "Widmungsstrategien" (as in fn. 36).
43 The piano reduction of Symphony No. 7 was dedicated to Elisabetha, Tsarina of Russia, who was considered for the *Missa solemnis* (BGA 1807); Symphony No. 9 was dedicated to Frederick William III of Prussia; Symphony No. 2 to Karl Lichnowsky; Symphony No. 3 to Franz Joseph Lobkowitz; Piano Concerto No. 3 to Louis Ferdinand of Prussia; Piano Concerto No. 5 and the *Missa solemnis* to Archduke Rudolph.
44 Clive, 401.
45 Clive, 250–52.
46 Clive, 45–46. WoO 189 and 190 ("Doktor sperrt das Tor dem Tod," "Ich war hier, Doktor, ich war hier") were dedicated in gratitude to the physician Anton Georg Braunhofer in Baden 1825, LvBWV 2, 513–15; Op. 38 was dedicated to the violinist Johann Adam Schmidt in gratitude for medical services, LvBWV 1, 223.
47 Wolfgang Burgdorf, "Finis Imperii – Das Alte Reich am Ende. Ein Ergebnis langfristiger Entwicklung?" in *Lesebuch Altes Reich*, eds. Stephan Wendehorst and Siegrid Westphal, bibliothek Altes Reich 1 (Munich, 2006), 13–20, at 18: the fall of the Old Reich "without sound or song" in August 1806.

family of the Frankfurt Senator (after 1816) Franz Brentano (1765–1844),[48] the Frankfurt silversmith family Graumann (later of Dorothea von Ertmann, 1781–1849),[49] the Bonn Waldstein[50] families acted as dedicatees, and many of these nobles met Beethoven in Vienna. In addition to the imperial nobility, Tsar Alexander and Tsarina Elisabeta as well as the Russian nobility were of great importance: Prince Nikolai Galitzin, who never met Beethoven personally,[51] the Governor of the Grand Duchy of Poznan and participant of the Congress of Vienna Prince Antoni Henryk Radziwiłł (1775–1833),[52] and the diplomat Count Andrey Razumovsky,[53] who was severely affected by the fire at his palace in 1814, or the Curonian brigadier general Count Johann Georg von Browne-Camus (1767–1827) and his wife[54] who emerged in the 1790s as Beethoven's most ardent patrons after Lichnowsky.[55]

The Austrian aristocracy – which comprised the Inkolat from the various parts of the Habsburg Monarchy such as Bohemia, Moravia, Hungary and the Austrian hereditary lands – features prominently among Beethoven's dedicatees. Bohemian families clearly predominated, especially high noble families, such as Kinsky, Lichnowsky,[56] Lobkowitz, Schwarzenberg,[57] and Thun-Hohenstein.[58] Hungarian magnate families, such as Esterházy[59] and Erdődy,[60] which had lived in Vienna since the beginning of the 19th century, were also well represented. Aside from the high nobility, the whole Austrian aristocracy is represented by Hungarian families such as that of the Count Brunsvik de

---

48 Clive, 47–48.
49 Dedication of Op. 101 to Dorothea Baroness von Ertmann in 1817: Clive, 102–4.
50 Dedication of Op. 53 to Count Ferdinand Ernst Waldstein in 1805.
51 Dedications of Op. 124, and of the string quartets Opp. 127, 130 and 132 to Prince Nikolai Borisovich Galitzin in 1825, 1826, and (twice) 1827, respectively. Galitzin had commissioned the string quartets.
52 Dedications of Opp. 108 and 115 to Prince Antoni Henryk Radziwiłł in 1810–1820 and 1814 or 1815: Clive, 275.
53 Dedication of Opp. 59, 67, and 68 to Count Andrey Razumovsky in 1808, 1809, and 1809.
54 Dedication of Opp. 9, 22, WoO 46 and Op. 48 to Count Johann Georg von Browne-Camus in 1798, 1802, 1802, and 1803; dedication of WoO 71, Op. 10 and WoO 76 to Countess Anna Margarete Browne-Camus in 1797, 1798, and 1799: Clive, 60–61.
55 See Birgit Lodes, "Jenseits der Einsamkeit: Beethoven am Hof und im Salon," in Birgit Lodes, Melanie Unseld, and Susana Zapke, *Wer war Ludwig van? Drei Denkanstöße*, Wiener Vorlesungen 197 (Vienna, 2020), 13–34, at 25–6.
56 The Lichnowsky family holding in Silesia technically belonged to the Prussian royal family: see Julia Ronge's contribution to this volume. The occurrence of the Bohemian national saint Nepomuk in his given name, Carl Alois Nepomuk Vinzenz Leonhard, makes clear his affiliation to the Bohemian nobility.
57 Dedication of Op. 16 to Prince Joseph Johann Nepomuk von Schwarzenberg in 1801.
58 Dedication in 1798 of Op. 11 to Maria Wilhelmine Countess of Thun-Hohenstein, née Ulfeld, whose daughters married into the Lichnowsky and Razumovsky family.
59 Dedication of Op. 45 to Princess Maria Josepha Hermenegild Esterházy de Galantha in 1804.
60 Dedication of Opp. 70 and 102 to Countess Anna Maria Erdődy in 1809 and 1819.

Korompa,[61] whose wealth lay in Buda (Ofen in German), the Keglevicz de Buzin
family,[62] and Silesian nobles such as the Oppersdorff family from Głogów
(Glogau). [63] But some of Beethoven's dedicatees came from aristocratic fam-
ilies with a Jewish background (whose existence directly resulted from the
Josephine Patent of Tolerance), such as the Eskeles family,[64] descended from
Moravian rabbis and ennobled in 1797, or that of Joseph von Sonnenfels.[65]

Beethoven's aristocratic dedicatees divide into high noble latifundium
owners, such as the Erdődy, Esterházy, Kinsky, Lichnowsky, Liechtenstein or
Oppersdorff families and noble court officials and *Briefadel*, such as treasury
official Karl Nickl von Nickelsberg, Court War Council official Stephan von
Breuning (originally from Bonn), and lawyer and Court War Council Konzipist
(a civil servant in Austria-Hungary called upon to draft "concepts," i.e., programs, theories, solutions to problems etc., for their institution), Ignaz von
Gleichenstein. In around 1809, Beethoven dedicated the Violin Concerto Op. 61
to Stephan von Breuning (1774–1827),[66] who had studied the violin together
with Beethoven in Bonn, and dedicated the piano transcription of the work
(Op. 61a) to his wife Julie (née Vering, 1791–1809), a fine pianist. Also notable
was the son of the court physician Johann Baptist Pasqualati (1777–1830),[67]
who created wealth as a court factor (or "court jew," a Jewish banker who
lent money to royalty) and wholesaler and acted as a landlord, lender, lawyer
and advisor in Beethoven's network. Joseph Deym von Střítež (1752–1804),
the husband of Josephine von Brunsvik (1779–1821), worked as court statute
and built up the famous Müller waxworks.[68] Of particular advantage to Beethoven were the nouveau riche bankers such as the co-founder of the Austrian
National Bank Bernhard Freiherr von Eskeles (1753–1839),[69] the prototypical
squanderer Moritz Johann Christian Graf Fries or the precisely calculating silk-
ware manufacturer, theater tenant and director of the Theater an der Wien,
Peter Andreas Freiherr von Braun (1758–1819).[70] For comparison, the profes-

---

Dedication of Opp. 57 and 77 to Count Franz Brunsvik de Korompa in 1807 and 1810; dedication of Op. 78 to Countess Therese Brunsvik de Korompa in 1810.

62 Dedication in 1797 and 1801 of Opp. 7 and 15 to Countess Anna Luise Barbara von Keglevicz,
who when married became Princess d'Erba-Odescalchi.

63 Dedication of Op. 60 to Imperial Count Franz Joachim Wenzel Oppersdorff in 1808/09.

64 Dedication of WoO 151 to Marie von Eskeles.

65 Piano Sonata Op. 28 (1802).

66 On Stephan von Breuning, see Clive, 53; on his wife Julie, see Clive, 54.

67 Clive, 258–59.

68 Gabriele Hatwagner, "Die Lust an der Illusion – über den Reiz der 'Scheinkunstsammlung' des
Grafen Deym, der sich Müller nannte," diploma thesis, University of Vienna, 2008.

69 Clive, 104.

70 Michael Lorenz, "Neue Forschungsergebnisse zum Theater auf der Wieden und Emanuel
Schikaneder," in *Wiener Geschichtsblätter* 63/4 (2008), 15–36; Clive, 43–45.

sions of the bourgeois dedicatees: Anton Georg Braunhofer and Johann Adam
Schmidt (1759–1809) were doctors,[71] Johann Nepomuk Wolfmayer a rich cloth
merchant, and Karl Kövesdy (later ennobled, died 1800) the Viennese Stadt-
obrist (military administrator), Beethoven commemorating his departure to
the front in 1796.

Beethoven was not always successful in his efforts to secure dedications
given that, due to the deluge of requests, some territorial princes exercised
the "Privilegium de non respondendo."[72] For his *Wellington's Victory* (*Wellingtons Sieg oder die Schlacht bei Vittoria*) Op. 91, which was popular throughout
Europe, Beethoven received neither response nor any apparent form of financial compensation from English king George IV (1762–1830). The dedications
to Prince Lobkowitz, by contrast, yielded comparatively large sums of money:
200 fl. for the six String Quartets Op. 18 and 1,040 fl. for the Third Symphony.[73]
The dedication of the three Violin Sonatas Op. 30 in 1803 to the Russian Tsar
Alexander I (1777–1825) was initially unsuccessful. Only after dedicating the
Polonaise Op. 89 to the Tsarina in 1815 did Beethoven finally receive 100 ducats
from her for the sonatas.[74]

Channels of communication in advance of dedications, especially with
ruling houses, were labyrinthine and their contents confidential, as they were
for the Ninth Symphony, for which many dedication ideas were floated: "It
would be more advantageous if Beethoven were to dedicate the symphony to
a foreign ruler. [... T]he emperor of Russia will no doubt also send a gift."[75]
After carefully considering possible dedicatees, such as the King of Saxony, the
Prussian King Frederick William III was finally secured via the Prussian envoy
in Vienna.[76] The Prussian monarch expressed his gratitude by sending a dia-
mond ring on December 12, 1826, which Beethoven sold straight away in the

---

71 Clive, 318–19.
72 Cited in Beer, *Musik* (as in fn. 26), 372. On May 14, 1805, a brief note on the subject of "Ein
    Worth über den Dedications-Unfug" appeared in the Berlin journal *Der Freimüthige* 96 (1805).
73 Tomislav Volek and Jaroslav Macek, "Beethoven und Fürst Lobkowitz," in *Beethoven und Böh-
    men. Beiträge zu Biographie und Wirkungsgeschichte Beethovens*, eds. Sieghard Brandenburg and
    Martella Gutiérrez-Denhoff (Bonn, 1988), 203–17, at 205, 213.
74 LvBWV 1, 177–78.
75 LvBWV 1, 818.
76 LvBWV 1, 818: At the beginning of March 1826, Beethoven turned to the Prussian envoy in
    Vienna, Franz Ludwig Prince Hatzfeld zu Trachenberg: "Ich bin im Begriff, meine größte
    Symph. die ich bisher geschrieben, herauszugeben. Ich würde es mir zu höchster Ehre u.
    Gnade rechnen, wenn ich Selbe S.M. dem K. v. Preußen widmen dürfte. Ich nehme mir daher
    die Freyheit, E.D. zu bitten, daß dieselbe die Gnade haben möchten, dieß S.M. zu eröffnen; u. d.
    Sache auf eine günstige Arte vorzutragen. E.D. werden keine Unehre damit einlegen. Auch
    wünsche ich, daß S.M. wissen möchten, daß ich ebenfalls zu Ihren Unterthanen vom Rhein
    gehöre, u. als solcher um somehr wünschte, ihnen meine Ehrfurcht zu bezeugen." BGA 2129
    ("I am about to publish the greatest symphony which I have so far composed. I would count it

second half of December.[77] For dedicating the Piano Variations WoO 71 to the
Countess Anna Margarete von Browne-Camus, according to Ferdinand Ries,
Beethoven received a riding horse as a gift from her Riga-born husband, the
Russian military officer and landowner Johann Georg von Browne-Camus.[78] The
Russian Prince Galitzin accepted the dedication to the overture to Carl Meisl's
The Consecration of the House (Die Weihe des Hauses) Op. 124, but the 25 ducats he
promised in gratitude did not arrive in Vienna during Beethoven's lifetime.[79]
Thus, Beethoven dedicated the Piano Sonata Op. 7 in 1797 and the Piano Concerto Op. 15 in 1801 to the high noble Hungarian Countess Anna Luise Barbara
von Keglevicz,[80] his pupil since at least 1797, who in 1801 married Prince Inno-
cenzo d'Erba-Odescalchi (1778–1831), the later Vice President of the Society
of Friends of Music (1818–1821).[81] The various "strategic" dedications to Josephine von Braun (among others, the two Piano Sonatas Op. 14 in 1799 and the
Sonata for Piano and Horn Op. 17 in 1801), the wife of theater director Peter
von Braun, apparently failed in their purpose. Performance opportunities and
the provision of concert halls were essential to composers;[82] but in the end, von

---

the highest honour and favour if I might be allowed to dedicate it to H.M. the King of Prussia.
Hence I am taking the liberty of requesting Y.E. to be so gracious as to inform H.M. and to put
my affair before him in a favourable manner. By so doing Y.E. will not bring any dishonour on
yourself. Moreover I should like H.M. to know that I too am one of his Rhenish subjects and as
such desire all the more to do him homage." LoB 1508).

77   LvBWV 1, 819: On December 7, Beethoven wrote to Franz Gerhard Wegeler: "Vor Kurzem hat
ein gewisser *Dr. Spicker* meine letzte große *Symphonie* mit Chören nach Berlin mitgenommen;
sie ist dem Könige gewidmet, u. ich mußte die *Dedication* eigenhändig schreiben. Ich hatte
schon früher bey der Gesandtschaft um Erlaubniß, das Werk dem Könige zueignen zu dürfen,
angesucht, welche mir auch von ihm gegeben wurde. Auf *Dr. Spickers* Veranlassung musste ich
selbst das *corrigirte* Manuskript mit meinen eigenhändigen Verbesserungen demselben für
den König übergeben, da es in die k. Bibliothek kommen soll. Man hat mir da etwas von dem
rothen Adler-Orden 2ter Klasse hören lassen; wie es ausgehn wird, weiß ich nicht." BGA 2236
("A short time ago a certain Dr. Spiker took with him to Berlin my latest grand symphony with
choruses; it is dedicated to the King, and I had to write the dedication with my own hand. I
had previously applied to the Legation for permission to dedicate this work to the King, which
His Majesty then granted. At Dr. Spiker's instigation I myself had to give him the corrected
manuscript with the alterations in my own handwriting to be delivered to the King, because
the work is to be kept in the Royal Library. On that occasion something was said to me about
the Order of the Red Eagle, Second Class. Whether anything will come of this, I don't know, for
I have never striven after honours of that kind. Yet at the present time for many other reasons
such an award would be rather welcome." LoB 1542).

78   LvBWV 1, 52.

79   LvBWV 1, 806.

80   Clive, 250; on the dedication of Op. 78 to Therese von Brunsvik, see LvBWV 1, 490; on the dedication of WoO 74 to Josephine von Brunsvik, see LvBWV 2, 184–85.

81   LvBWV 1, 36, 79.

82   For dedications in gratitude for performance opportunities (for example, Razumovsky), see
LvBWV 1, 328.

Braun did not let Beethoven use the Theater an der Wien for an academy event as the composer had hoped.[83]

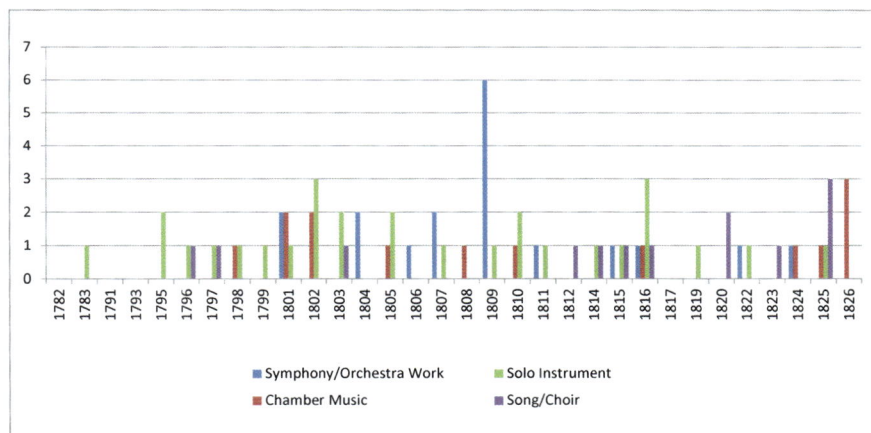

Fig. 2: Male dedicatees by musical genre (1782–1826), survey undertaken using LvBWV 2, 864–72. © Martin Scheutz. Works for piano, violin or cello are understood as solo instrumental works, but not duets, say, for piano and cello. Dedications on manuscripts or special dedicatory copies of a print run have not been included.

83 LvBWV 1, 73: Kaspar Karl van Beethoven on April 22, 1802, to Gottfried Christoph Härtel in Leipzig: His brother was "jezt zu nichts aufgelegt, weil ihm der Theater-Direcktor *Baron v. Braun* der bekanntlich ein dummer und roher Mensch ist, das Theater zu seiner Akademie abgeschlagen, und es andern äuserst mittelmäsigen Künstlern überlasen hat, und ich glaube daß es Ihn mit recht verdriesen muß, sich so unwürdig behandelt zu sehn, besonders da der Baron keine Ursache [hat] und der Bruder seiner frau mehrere Werke gewidmet hat," BGA 85. (Beethoven was "now in no mood for anything, because the theater director *Baron v. Braun*, who, as is well known, is a stupid and coarse man, has turned down [my brother's] request to use the theater for his academy and given its use instead to other extremely mediocre artists, and I believe that he is right to feel he's being treated disgracefully, especially since the Baron has no reason and my brother has dedicated several works to his wife.") See also Birgit Lodes' contribution in this volume.

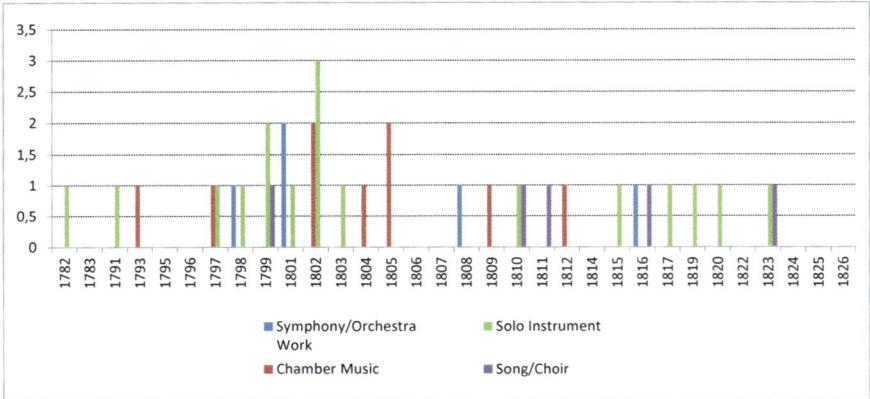

Fig. 3: Female dedicatees according to musical genres (1782–1826), survey according to LvBWV 2, 864–72. © Martin Scheutz

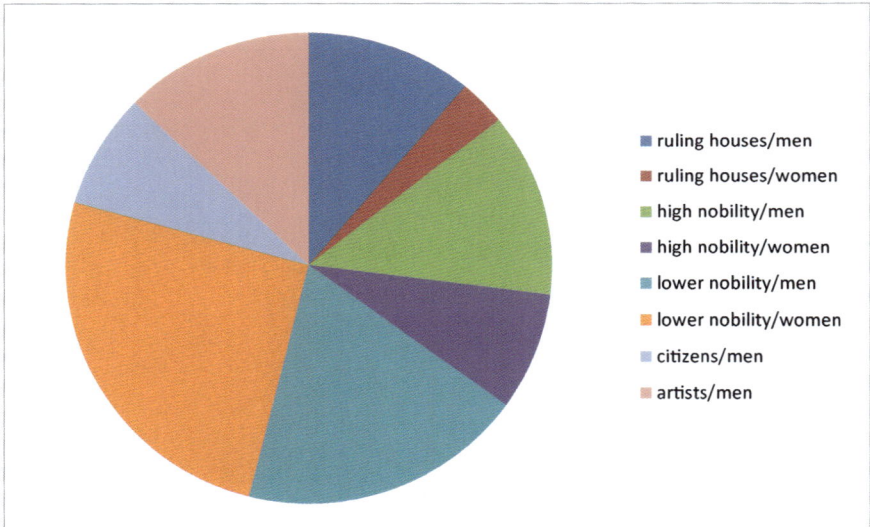

Fig. 4: Dedicatees by social status (63 data: 40 men, 23 women), survey undertaken using LvBWV 2, 864–72. © Martin Scheutz

Beethoven demonstrated his awareness of the underlying mechanisms at work in dedications when dedicating his Piano Sonata Op. 109 to Maximiliane Brentano (1802–1861) in 1821: "nun Es [= die Widmung] ist keine, wie d.g. in Menge gemißbraucht werden – Es ist der Geist, der edle u. bessere Menschen auf diesem Erdenrund zusammenhält, u. keine Zeit den zerstören kann."[84] Or, while working on the Ninth Symphony, which he had first wanted to dedicate to his pupil Ferdinand Ries: "da Sie [Ferdinand Ries], wie es scheint eine *Dedication* von mir wünschen, wie gern willfahre ich Ihnen, lieber als dem größten großen Herrn[,] *entre nous* der Teufel weiß, wo man nicht in ihre Hände gerathen kann."[85] Due to his increasing financial difficulties, Beethoven would sometimes even rededicate pieces of music before going to press: thus, Op. 51 was not dedicated to Julie von Guicciardi, but rather to Maria Henriette von Lichnowsky (1769–after 1829) in 1802.[86] Beethoven regretfully informed Franz Joachim Reichsgraf Oppersdorff (1778–1818)[87] by letter that "Noth zwang mich [...] an Jemanden andern zu veräußern [sic]."[88]

In his dedications to men, Beethoven was clearly "calculating" how he could best exploit the dedicatees for his own purposes. And he repeatedly used his aristocratic network to push negotiations in the direction he desired. Anna Maria Countess of Erdődy (Op. 70; 1778–1837)[89] and Ignaz Freiherr von Gleichenstein (Op. 69) were involved in negotiations for the annuity contract and pension of 4,000 gulden in 1808/09 with Prince Franz Joseph Maximilian Lobkowitz, Prince Ferdinand Johann Nepomuk Kinsky (1781–1812)[90] and Archduke Rudolph; in return, they received dedications as symbolic payment for their activities.[91] When the pension contract was secured after a lengthy legal battle arising from a combination of the state bankruptcy of 1811, Kinsky's tragic death in a riding accident in 1812, and the financial difficulties of

---

84   Letter from December 6, 1821, LvBWV 1, 699; BGA 1449 ("Well, this is not one of those dedications which are used and abused by thousands of people – It is the spirit which unites the noble and finer people of this earth and which *time* can *never* destroy." LoB 1062).

85   Letter from the beginning of May 1823, LvBWV 1, 818; BGA 1641 ("Since you, it seems, would like to have a dedication from me, how gladly will I gratify your desire, much more gladly, *entre nous*, than the desires of the greatest bigwigs. The devil knows how one is to avoid being manhandled by them." LoB 1175).

86   LvBWV 1, 279. On Maria Henriette von Lichnowsky, see Clive, 202. The First Symphony Op. 21 (published 1801) was also rededicated; it was first addressed to his then employer, Elector Maximilian Franz, but then – Maximilian Franz had since died – to Gottfried van Swieten, LvBWV 1, 127. The String Quartet Op. 131 has a long history of rededication: it was first dedicated to Johann Nepomuk Wolfmayer, then to Joseph von Stutterheim, then once again to Wolfmayer, LvBWV 1, 889. The dedication history of the "Eroica" could also be cited here.

87   Clive, 252–53. Beethoven received 500 fl. each for the Fourth and Fifth Symphony from Count Oppersdorff: Knud Breyer, Art. "Finanzen," in Loesch/Raab, *Beethoven-Lexikon* (as in fn. 9), 246–50, at 248.

88   Letter from November 1, 1808, LvBWV 1, 335; BGA 340 ("But necessity drove me to hand over to someone else [...]." LoB 178).

89   Clive, 101–2.

90   Clive, 183–84.

91   Martella Gutiérrez-Denhoff, "'O Unseeliges Dekret.' Beethovens Rente von Fürst Lobkowitz, Fürst Kinsky und Erzherzog Rudolph," in Brandenburg/Gutiérrez-Denhoff, *Beethoven und Böhmen* (as in fn. 73), 91–145.

each of the two princes' houses in 1815, Beethoven dedicated the Six Songs Op. 75 to Princess Karolina Kinsky (1782–1841), perhaps as a kind of eulogy.[92] Apparently, Beethoven often made dedications in return for services he had received.[93] Thus, the dedication of the String Quartet Op. 131 to Joseph Freiherr von Stutterheim (1764–1831)[94] in 1826, a military officer and regiment leader from Lemberg, seems to have been a token of gratitude for taking on Beethoven's nephew Karl van Beethoven (1806–1858)[95] as a cadet in the regiment, following his failed suicide attempt.[96] In addition, there were also occasional pieces expressing "gratitude," such as New Year greetings and entries in Stammbücher (autograph albums).[97]

Beethoven addressed only around 30% of his male but 75% of his female dedicatees as social equals with the informal "du."[98] While the dedications mentioned so far illustrate that Beethoven respected the aristocratic patron/client system, his dedications to the lower nobility, to whom Beethoven considered himself to be of equal rank, and the bourgeois testify that he communicated more symmetrically with these two groups.[99] Myriad intentions can be ascertained from Beethoven's many dedications to his young female piano students. As well as expressing his personal esteem to the dedicatee, he was also considering the effect it would have on his network.[100] Beethoven believed that dedications were appreciated by women – which made them especially valuable because many of his female dedicatees were recognized in Vienna as out-

---

92 LvBWV 1, 473; for more detail, see Birgit Lodes, "Gaben und Gegengaben. Ehepaare des Wiener Hochadels als Beethovens Mäzene," in Beethoven. Menschenwelt und Götterfunken, ed. Thomas Leibnitz (Salzburg etc., 2019), 54–67, at 63–64.

93 Dedication in gratitude for patronage: Beethoven used the communication and transport facilities of the banking house of Count Moritz Johann Christian Fries, who was a member of the founding committee of the Society of Friends of Music (Vice-President 1815–17). The piano competition with Daniel Steibelt also took place in Fries's house in the spring of 1800: LvBWV 1, 137. The dedication of the Piano Concerto No. 2, Op. 19 to Carl Nickl Edler von Nickelsberg (1738–1805), Privy Councilor of the Imperial and Royal Finance and Commerce Court, was probably related to Beethoven's brother Kaspar Karl's possible employment in the Universal-Staatschuldenkassa, LvBWV 1, 112.

94 Clive, 361.

95 Clive, 17–20.

96 LvBWV 1, 864.

97 Stammbuch piece for the Baroness Maria von Eskeles (1760–1826) WoO 151, LvBWV 2, 358; WoO 176: new year's canon for Countess Anna Maria Erdődy, LvBWV 2, 494. On Stammbuch practice see Henrike Rost's and Birgit Lodes' contributions to the present volume.

98 Herttrich, "Beethovens Widmungsverhalten" (as in fn. 35), 22.

99 Birgit Lodes has rightly pointed out that the importance of aristocratic women (e.g. Lichnowsky, Kinsky etc.) for Beethoven has been almost completely ignored, especially in his biography, even though Beethoven dedicated many works to them, see Lodes, "Gaben und Gegengaben" (as in fn. 92).

100 On the dedication of piano works to women, see the contribution by Birgit Lodes in the present volume.

standing pianists.[101] In 1817, Beethoven dedicated the Piano Sonata Op. 101 to Dorothea von Ertmann,[102] his piano student since around 1804, who promoted his music through her exceptional playing. The dedication ran as follows: "Der Zufall [im Sinne von 'die Gelegenheit'] macht, daß ich auf folgende Dedication gerathen."[103] But there were also other reasons for dedications: They could function as wedding gifts,[104] memorial gifts marking the anniversary of a late wife's death,[105] or as a symbol of gratitude for medical services or financing a publication (to Franz Brentano, for example, for the *Missa solemnis*).[106]

Dedications made patronage and clientele networks visible. Beethoven could not only market himself through publishing revenues,[107] the granting of exclusive performance rights or performance fees, but also by drawing on the resources and connections of his aristocratic patrons, as is evident in his choices of residence. Many of the 29 confirmed apartments of Beethoven's 35 Viennese years[108] – from 1800 on, Beethoven mostly spent the summer months in the countryside – were connected in some way to his noble patrons and patrons, especially in the years up to 1809. Beethoven frequently lived in houses belonging to his noble patrons or near important aristocratic salons such as the Uhlfeld Palace near the Friars Minor Conventual Church (Minoriten-kirche),[109] an important music salon in Vienna. From 1794 to 1795, Beethoven lived in a city apartment owned by Prince Lichnowsky;[110] from May to June 1804, Beethoven stayed with Stephan von Breuning in one of Prince Esterházy's houses, a stay that ended in a quarrel with his long-time friend.[111] The end of

---

101 LvBWV 1, 770: In connection with the English edition of Op. 120, in a letter to Ferdinand Ries dated July 16, 1823: "Die Dedication an Ihre Frau konnte ich nicht selbst machen, da ich ihren Namen nicht weiß. Machen Sie also selbe im Namen Ihres und Ihrer Frau Freundes; überra-schen Sie die Ihrige damit; das schöne Geschlecht liebt dies." BGA 1703 ("I could not draft the dedication to your wife myself because I do not know her name. So write it out on behalf of your and your wife's friend. Give your wife a surprise with this, for the fair sex likes to have surprises – " LoB 1209).

102 Clive, 102–4.

103 LvBWV 1, 639. ("Chance [in the sense of 'opportunity'] allows me to make the following dedi-cation.")

104 About Op. 61, LvBWV 1, 346–47.

105 Dedication of Op. 118 in 1814 on the third anniversary of Eleonore Pasqualati's death (1787–1811), LvBWV 1, 639.

106 See also the dedication of the *Diabelli Variations* Op. 120 to Antonie Brentano, LvBWV 1, 770.

107 Matthias Tischer, Art. "Verlage / Verlagswesen", in Loesch/Raab, *Beethoven-Lexikon* (as in fn. 9), 811–13.

108 Kurt Smolle, *Wohnstätten Ludwig van Beethovens von 1792 bis zu seinem Tod* (Bonn, 1972); Knud Breyer, Art. "Wohnungen," in Loesch/Raab, *Beethoven-Lexikon* (as in fn. 9), 853–57.

109 Dedication of Op. 11 in 1798 to the patron of Mozart, Haydn, and Gluck, Countess Maria Wil-helmine von Thun-Hohenstein (daughter of the Imperial Count Anton Corfiz von Uhlfeld), who ran the abovementioned salon, LvBWV 1, 57.

110 Smolle, *Wohnstätten Ludwig van Beethovens* (as in fn. 108), 14.

111 Garnisongasse 11, Smolle, *Wohnstätten Ludwig van Beethovens* (as in fn. 108), 26–27.

princely patronage also meant the end of tenancies. The composer and music writer Johann Friedrich Reichardt (1752–1814) reported in 1808: "Endlich fand ich ihn, in einer großen, wüsten, einsamen Wohnung [...]. Er wohnt und lebt viel bei einer ungarischen Gräfin Erdödy, die den vorderen Theil des großen Hauses bewohnt, hat sich aber von dem Fürsten Lichnowsky, der den oberen Theil des Hauses bewohnt und bei dem er sich einige Jahre aufhielt, gänzlich getrennt [...]."[112] Beethoven also behaved controversially in this Krugerstraße apartment (where he stayed in the winter of 1807–08 and from fall 1808 to early 1809) when a dispute arose with the owner of the house, the Countess Erdödy, over a servant.[113] From October 1804 to summer 1808 and from the beginning of 1810 to March 1814, he stayed at Baron Pasqualati's house.

Beethoven was clearly dependent on his aristocratic network for his regular income until the late 1810s. When his employment as court musician to Elector Maximilian Franz (1756–1801) ended in 1794 and his salary stopped, Beethoven was forced to stabilize his finances in Vienna, not least through an intelligent dedication policy. From 1800 on, he received an annual salary of 600 florins from Prince Lichnowsky. Lichnowsky effectively continued the support Waldstein had previously provided in Bonn until a quarrel at Hradec/Grätz Castle in 1806 – or perhaps also changes in the Bohemian high nobleman's financial circumstances[114] – put an end to these payments.[115]

Beethoven's increasing deafness forced him to abandon his performing career in 1808 and, in order to prevent him from accepting the job of Kapellmeister at the Cassel court and keep him in Vienna, Archduke Rudolph, Princes Kinsky and Lobkowitz drew up a contract in March 1809 offering him a lifelong pension of 4,000 florins a year. The state bankruptcy of 1811,[116] devaluation of the Viennese currency (which lost 40% against the Dutch guilder)[117] and rising

---

112 Krugerstraße 10, Smolle, *Wohnstätten Ludwig van Beethovens* (as in fn. 108), 39. ("At last I found him in a large, desolate, lonely apartment [...]. He lived and spent a great deal of time with a certain Hungarian Countess Erdödy, who lived in the front part of the large house, but kept completely apart from Prince Lichnowsky, who lived in the upper part of the house and with whom he had stayed for several years [...].") This passage by Reichardt also shows that Lichnowsky's relationship to Beethoven had broken down after the legendary Grätzer affair of 1806: see Julia Ronge's chapter.

113 Claus Raab, Art. "Erdödy," in Loesch/Raab, *Beethoven-Lexikon* (as in fn. 9), 220–21.

114 Jürgen May, "Beethoven and Prince Karl Lichnowsky," in *Beethoven Forum* 3 (1994), 29–38, at 34–35, 37.

115 No authentic document exists. See Julia Ronge's contribution in the present volume.

116 Peter Rauscher, "Staatsbankrott und Machtpolitik. Die österreichischen Finanzen und die Kosten des Wiener Kongresses," in *Der Wiener Kongress. Die Erfindung Europas*, eds. Thomas Just, Wolfgang Maderthaner, and Helene Maimann (Vienna, 2014), 254–67.

117 Martella Gutiérrez-Denhoff, "'O Unseeliges Dekret.' Beethovens Rente von Fürst Lobkowitz, Fürst Kinsky und Erzherzog Rudolph," in *"Alle Noten bringen mich nicht aus den Nöthen!" Beethoven und das Geld*, eds. Nicole Kämpken and Michael Ladenburger, Veröffentlichungen des Beethoven-Hauses 16 (Bonn, 2005), 28–44.

inflation reduced the value of the pension. Lobkowitz's temporary insolvency from 1813 and the Kinsky's unexpected death in 1812 drove Beethoven to file lawsuits against his contractual partners, which with lawyer Johann Nepomuk Kanka's help were successful. The court hearings on Beethoven's pension reached their climax during the Congress of Vienna.[118] After 1815, Lobkowitz was again solvent and Beethoven was able to reach an agreement with the Kinsky heirs. Lobkowitz only appeared rarely in Vienna after the financial collapse – Beethoven's patron of many years could no longer be seen in the first Viennese society.

Spas as laboratories for a new middle-class and aristocratic contact space – opening and closing social meeting places

For a long time, spa towns as a separate type of locality between city and village were regarded as a rather insignificant field of research, which mainly attracted the interest of regional historians, who focused on famous female and male spa visitors to the site. Only in the last 20 years or so has research depicted European spa towns or "fountains of health" with predicates such as "urbanity in the countryside,"[119] "laboratory of civil society,"[120] "mondaine."[121] Recent research emphasizes the tension between urban planning and infrastructural modernity, on one hand, and the garden town idyll, the promenades and recreation, on the other. In the spa resorts – sitting somewhere between health and holiday resorts, and synonymous with luxury and excessive consumption – the nobility and the middle-classes mingled in an opulent atmosphere of leisure, sociability, bucolic idyll and, due to the visitors from far-flung places, exoticism.[122] Situated between the bourgeois, aristocratic and court cultures, spa towns can be described as what Foucault referred to as *heterotopias*. Heterotopias are delimited, illusionary, compensatory spaces distinguished by socio-cultural and economic difference to the worlds their members usually

---

118 Maria Rößner-Richarz, "Beethoven und der Wiener Kongress aus der Perspektive von Beethovens Briefen und Dokumenten," in *Beethoven und der Wiener Kongress (1814/15). Bericht über die vierte New Beethoven Research Conference Bonn, 10. bis 12. September 2014*, eds. Bernhard R. Appel, Joanna Cobb Biermann, William Kinderman, and Julia Ronge, Schriften zur Beethoven-Forschung 26 (Bonn, 2016), 79–118, at 86–89.
119 Reinhold P. Kuhnert, *Urbanität auf dem Lande. Badereise nach Pyrmont im 18. Jahrhundert*, Veröffentlichungen des Max-Planck-Instituts für Geschichte 77 (Göttingen, 1984).
120 Lotz-Heumann, "Kurorte im Reich" (as in fn. 22), 15–35.
121 Burkhard Fuhs, *Mondäne Orte einer vornehmen Gesellschaft. Kultur und Geschichte der Kurstädte 1700-1900* (Hildesheim, 1992).
122 Andrea Pühringer, "Der Taunus – Konjunkturen einer traditionsreichen Bäderlandschaft," in *Die Taunusbäder. Orte der Heilung und der Geselligkeit*, eds. Christina Vanja and Heide Wunder (Kassel, 2019) 149–76.

inhabit – in Beethoven's case, the capital and royal residence of Vienna.[123] Spa towns in the saddle period also underwent a substantial change. In the 18th century, they were only used seasonally between April and September and French gardens were cultivated to express their identifying characteristic of urbanity in the countryside. Around 1800, the image of the spa town had come increasingly to resemble the landscape or an English landscape garden. The sovereign princes appeared in a spirit of "bonum commune" and, against a mercantilist background, as determined patrons of spa towns, most of which were denominationally neutral and functioned as temporary summer residences, as Karlsbad and especially Baden bei Wien illustrate.

During the summer months, spa towns became places of information exchange where national and international professional news was shared and political decisions were discussed. Intensively patronized by sovereign princes, they also served as prime marriage markets for the "fountain guests": potential alliances could be negotiated and marriage options that fitted the new saddle-period concept of love explored through low-level flirting.[124] It is not entirely coincidental, therefore, that Beethoven wrote his letter to the legendary "Immortal Beloved" (dated July 6–7, 1812) while visiting a spa resort.[125] Spa towns were also places of encounter for Beethoven. In 1812, for example, the couple Franz and Antonie Brentano came to Teplitz while Beethoven was there to take the waters or, hardly distinguishable, for a summer holiday. However, according to the spa list, the famous interpreter of Beethoven's piano works Dorothea von Ertmann had also been in Karlsbad since June 25, 1812.[126]

Beethoven was certainly interested in the curative potential of the resorts due to his deteriorating health, but at the same time, in keeping with the developing fashion of the "aristocratic" summer retreat, he very rarely spent his summers in the capital and seat of royal power. Instead, he chose to stay in Heiligenstadt, Hetzendorf, Jedlesee, Nußdorf, Penzing, Unterdöbling, and Oberdöbling; but Mödling (1799, 1818–20)[127] was also a popular summer destination. Beethoven's small, but select library illustrates his interest. He owned

---

123 Foucault used the term heterotopia only for a short period: Michel Foucault, *Die Heterotopien. Der utopische Körper. Zwei Radiovorträge*, trans. Michael Bischoff (Frankfurt am Main, 2005), 7–22.

124 Ute Lotz-Heumann, "Der Kurort als Heterotopie des 18. Jahrhunderts und der Sattelzeit. Die Entstehung einer bürgerlichen Kultur und Gesellschaft," habilitation thesis, Humboldt University of Berlin, 2010, 259.

125 Claus Raab, Art. "Unsterbliche Geliebte," in Loesch/Raab, *Beethoven-Lexikon* (as in fn. 9), 798–801; Caeyers, *Beethoven* (as in fn. 8), 203–12, 330–49, 463–71, 559–68.

126 Max Unger, "Beethovens Teplitzer Badereise von 1811 und 1812," in *Neue Musikzeitung* 30 (1931), 86–93, at 90.

127 Beethoven also wanted to buy a house in Mödling: Walter Szmolayn, "Beethoven-Funde in Mödling," in *Österreichische Musikzeitschrift* 26 (1971), 9–16, at 12–13.

a copy, for example, of that early classic of balneographic literature, Christoph Wilhelm Hufeland's (1762–1836) 1815 survey of the "most excellent healing springs in Germany."[128] The Prussian court physician and prolific writer Hufeland – the physician of Wieland, Goethe, Herder and Schiller[129] – emphasized the special healing power of the three Teplitz thermal springs not only on gout, but also on deafness (understood in contemporary terms as paralysis of the hearing).[130] Beethoven also possessed Carl Schenk's book on spas in Lower Austria.[131] But while Beethoven visited spa towns for their therapeutic effects on his digestive troubles, gout and hearing loss, he also valued the opportunity to make contact with patrons, writers, and musicians, without forgetting, in the case of Baden, the imperial house, through the person of the emperor himself. Spa lists have been printed for Baden since 1805, making it possible to determine who else was there during Beethoven's stay. Composing was not Beethoven's sole occupation at the health resorts, he also held in-depth discussions that transgressed the boundaries of social status and geographical origin; he established contacts and set various projects in motion. Although Beethoven, as is well known from contemporary witnesses, lived rather frugally and spent comparatively little on clothing or furnishings for a member of the upper middle class, his summer sojourns at the spas were nevertheless quite expensive. It remains unclear how much actually Beethoven took advantage of the cure and instead simply enjoyed the relaxing summer retreat. Hybrid forms – mixing therapy and relaxation, consuming on the nobility's invitation and at his own expense – were common at the spas. It is quite unlikely, as has been claimed, that, in 1797 and again in 1802 on the advice of his physician Johann Adam Schmidt, Beethoven took the cure for his ear complaint in the

---

128 Hanns Jäger-Sunstenau, "Beethoven – Akten im Wiener Landesarchiv," in *Beethoven-Studien. Festgabe der Österreichischen Akademie der Wissenschaften zum 200. Geburtstag von Ludwig van Beethoven*, ed. Erich Schenk, Sitzungsberichte der Österreichischen Akademie der Wissenschaften. Philosophisch-historische Klasse 270 (Vienna, 1970), 11–36, at 22; Knud Breyer, "Bibliothek Beethovens," in Loesch/Raab, *Beethoven-Lexikon* (as in fn. 9), 112–14; Christoph Wilhelm Hufeland, *Praktische Uebersicht der vorzüglichsten Heilquellen Teutschlands* (Berlin, 1815).

129 Christina Kröll and Hartmut Schmidt, "Bäderkunde und Badepraxis in der Goethe-Zeit," in *"Was ich dort gelebt, genossen ..." Goethes Badeaufenthalte 1785–1823. Geselligkeit – Werkentwicklung – Zeitereignisse*, ed. Jörn Göres (Königstein, 1982), 13–42, at 14–15. Kröll and Schmidt's text gives a valuable insight into taking and drinking the waters at the end of the 18th and the beginning of the 19th century; it also contains a collection of excerpts from the balneological literature of the time.

130 Sigrid Bresch, "Beethovens Reisen zu den böhmischen Bädern in den Jahren 1811 und 1812," in Brandenburg/Gutiérrez-Denhoff, *Beethoven und Böhmen* (as in fn. 73), 311–48, at 317.

131 Carl Schenk, *Taschenbuch für Badegäste Badens und Niederösterreichs* (Vienna etc., 1805).

Erdődy-controlled Hungarian spa town Pistany (today Piešťany in Slovakia).[132] Although the archives are not completely clear, he continued to return to Baden from 1803 (sometimes only before or after cures there),[133] and in 1811/12 made a longer trip to Teplitz, Karlsbad and Franzensbrunn.[134]

Summer health resorts were places where artists could enhance their visibility and garner public acclamation for performing at charitable events. The tension between aristocratic demands for representation and bourgeois demands for equality opened up spaces for artists in both social spheres. Moreover, potentially lucrative lines of communication could be established through concerts, private performances or personal encounters. For example, although Beethoven was undoubtedly deeply affected by the catastrophic fire that almost completely destroyed Baden on St. Anne's Feast Day, July 26, 1812, while he was holidaying in the far-flung Bohemian spa triangle of Teplitz-Karlsbad-Franzensbrunn, and his desire to raise money for the victims is illustrated by his disappointment that the benefit concert that he held together with the Turin violinist Johann B. Polledro in Karlsbad on August 12, 1812 did not make more money, the event would also have provided an opportunity to promote his talents and maintain or even expand his network.[135] On the whole, spas were less places of rest for artists, but rather places of work, where they were expected to demonstrate their virtuosity within the framework of charity events. In Teplitz, for example, the Clary-Aldringic Palace boasted a separate chateau theater from 1778, where operas and concerts were performed.[136]

---

132 Smolle, *Wohnstätten Ludwig van Beethovens* (as in fn. 108), 17, 21; on the uncertain archival basis of this, see Marianne von Czéke, "Séjours de Beethoven en Hongrie," in *Neues Beethoven Jahrbuch* 6 (1935), 52–58, at 53.

133 Theodor von Frimmel, "Beethoven im Kurort Baden bei Wien," in *Neues Beethoven Jahrbuch* 4 (1930), 39–106; Alfred Willander, "Beethovens Aufenthalte in Baden," in *Beethoven in Baden*, ed. Beethovenhaus Baden (Baden, 2018), 10–24; Knud Breyer, Art. "Sommeraufenthalte," in Loesch/Raab, *Beethoven-Lexikon* (as in fn. 9), 698–700. Frimmel writes that Beethoven was not in Baden in 1802, unlike Breyer. Beethoven's summer stays: Baden – 1803, 1804, 1807–1810, 1812–1817, 1821–1825; Hetzendorf – 1805; Graetz/Ober-Glogau – 1806; Mödling – 1818–1820; Teplitz – 1811; Teplitz, Karlsbad, Franzensbrunn – 1812. Regarding the stay at Gneixendorf in 1826, see Theodor von Frimmel, "Beethovens letzter Landaufenthalt," in Theodor von Frimmel, *Bausteine zu einer Lebensgeschichte des Meisters*, Beethoven-Studien 2 (Munich etc., 1906), 143–67.

134 Unger, "Beethovens Teplitzer Badereise" (as in fn. 126), 86–93.

135 Jaroslav Čeleda, Oldřich Pulkert, and Jan Šaroch, "Beethoven in Böhmischen Bädern", in *Ludwig van Beethoven im Herzen Europas*, eds. Oldřich Pulkert and Hans-Werner Küthen (Prague, 2000), 327–70, at 364–65. See also 1822 WoO 181a: „Gedenket heute an Baden!", a commemoration of the tenth anniversary of the Great Fire of Baden, LvBWV 2, 501.

136 For the example of Nestroy's stays in Ischl (1855–1861), see for example Walter Obermaier, *Nestroy-Stadt Bad Ischl* (Vienna, 2010), 36–57. Unfortunately, the book does not contain footnotes, but Obermaier, as co-editor, draws on earlier contributions to the "Nestroyana." On the Teplitz Castle Theater, see Čeleda/Pulkert/Šaroch, "Beethoven in Böhmischen Bädern" (as in fn. 135), 335.

These musical impulses galvanized the composer – Beethoven's time at spa resorts was often spent composing intensively.[137]

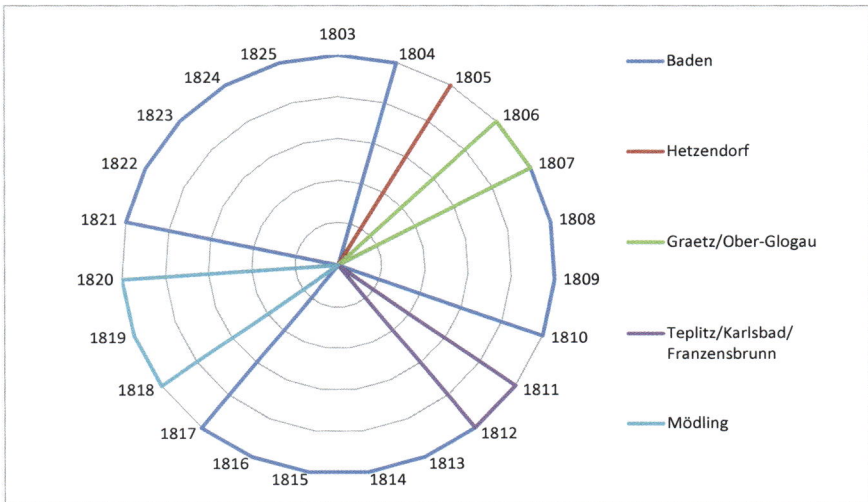

Fig. 5: Beethoven's summer stays 1803–1825, after Theodor von Frimmel, "Beethoven im Kurort Baden bei Wien," in *Neues Beethoven Jahrbuch* 4 (1930), 39–106; Kurt Smolle, *Wohnstätten Ludwig van Beethovens von 1792 bis zu seinem Tod* (Bonn, 1972). © Martin Scheutz

Baden, Mödling and the Czech resorts Teplitz-Schönau, Karlsbad and Franzensbrunn gave members of different denominations, people from various nations, estates, and professions the opportunity to meet in a low stakes environment. The so-called "Brunnenfreiheit" ("freedom of the springs"), for example, allowed Jewish bathers to meet middle-class and aristocratic guests taking the waters: records show that during Beethoven's stay at Karlsbad, for example, the Jewish banker Eskeles and the Calvinist bankers Geymüller and Fries also visited.[138] The spa guest's day would begin by drinking from the spring – in 1825, Beethoven ordered his nephew Karl in Baden: "morgen geh mit ihr [seiner Dienstbotin] wegen dem selterwaßer bejm Karolinen Thor."[139] The daily routine continued with a stroll around the town and, from the 1780s, its "delightful" surroundings, during which lively conversations were held. The day concluded in the evenings with social activities buzzing with "secrets."

---

137 He expressed his "inclination to observe the '*Nulla dies sine linea*'" for example in a letter to Johann Andreas Stumpff sent from Baden on September 29, 1824 (LoB 1311, BGA 1885).

138 Unger, "Beethovens Teplitzer Badereise" (as in fn. 126), 89.

139 Jean and Brigitte Massin, *Beethoven. Materialbiographie, Daten zum Werk und Essay* (Munich, 1970), 368. ("tomorrow, go with her [his servant] for the seltzer water at Karoline Gate.")

The new health resorts really began to take off in the 1810s and 20s, when they were heavily promoted by the regional princes and became known throughout Europe.[140] The spa towns, which were planned as royal residences, experienced a surge of building activity, as Baden nicely illustrates:[141] a casino was built in 1786; paved streets and canals were installed between 1804 and 1816; and defortification saw the passing of the city gates (Theresientor in around 1804). In 1792, a park outside the Theresientor had already been opened for spa guests to stroll around and to "parade" the latest fashions and their class-based habitus.

In the context of middle-class criticism of the nobility, the traditional spa society, which until the middle of the 18th century was neatly divided into "citizens" and "nobles" or "persons of rank," had gradually dissolved into upper-class "circles," which cultivated a cordial "tone" inspired by Enlightenment ideas. The "limits on spa encounters" shifted as the old-fashioned hierarchical dining arrangements of the "public banquet" were abandoned and leisure activities (such as dance events), which had previously been organized along class lines, were opened up.[142] In the 19th century, old salt towns as well as spa towns that had been of little significance in the 18th century, quickly transformed into new health resorts such as Ems, Wiesbaden, Baden-Baden or Karlsbad whose renown spread throughout Europe. Franzensbrunn/-bad was provided with a spa building in 1793 on the orders of Franz II (I). In the 1820s, on the initiative of court physician Franz Wirer (1771–1844) (later Ritter von Rettenbach), the spa town of Ischl was developed into a glamorous new salt health resort. As soon as Franz II (I) graced it with his bathing, it secured court favor.[143] Johann Nepomuk Huber (1807–1887), Princess Mathilde Schwarzenberg's family doctor, was instrumental in opening a health resort at Meran, which later became known as the "Sun Terrace of the Habsburg Monarchy."[144] The spa doctors' advertising brochures advanced some health resorts' prestige throughout Europe.[145] As in the Bohemian spas, the Baden spa guests could call upon various doctors, such as the medical officer Carl Schenk (1765–1830).[146]

---

140 Lotz-Heumann, "Kurorte im Reich" (as in fn. 22), 22–23.

141 Frimmel, "Beethoven im Kurort Baden" (as in fn. 133), 44, 53–55.

142 Lotz-Heumann, "Kurort als Heterotopie" (as in fn. 124), 203–55, quote at 212.

143 For example, Kristian Streicher, "Die Ischler Kurlisten des 19. Jahrhunderts als sozialgeschichtliche Quelle," master thesis, University of Vienna, 2019, 10–12.

144 Johann Huber, Ueber die Stadt Meran in Tirol, ihre Umgebung und ihr Klima. Nebst Bemerkungen über Milch-, Molken- und Traubenkur und nahe Mineralquellen (Vienna, 1837; repr. Meran, 1985).

145 Lotz-Heumann, "Kurort als Heterotopie" (as in fn. 124), 123; for the example of the Pyrmont spa doctors, such as Johann Georg Ritter von Zimmermann or Heinrich Matthias Marcard, see Kuhnert, Urbanität auf dem Lande (as in fn. 119), 59–73.

146 D[r. Carl] Schenk, "Heilung einer Hepatalgie," in Triumph der Heilkunst oder durch Thatsachen erläuterte practische Anweisung zur Hülfe in den verzweiflungsvollsten Krankheitsfällen. Ein Reper-

Johann Malfatti, Beethoven's doctor between 1809 and 1817, sent Beethoven to Teplitz and Karlsbad. Jacob Staudenheim, who looked after Beethoven between 1817 and 1824 in Vienna, certainly also gave Beethoven spa advice. The doctors who recommended cures to Beethoven were well paid[147] – the names of those consulted in Baden are barely known. According to the spa doctors' way of thinking, which was based on contemporary dietetics, "fountain parties" – an important aspect of the spa town's heterotopic status – were not supposed to work.[148] Beethoven did not, or rather was unable to, follow this prescription: "[...] statt daß andere sich beym *Bade* gebrauch erlustigen fordert meine Noth, daß ich alle Tage schreibe [...]."[149] Beethoven, with his daily routine of morning work and afternoon walks,[150] exemplified instead the bourgeois or noble spa guest's conquest of the landscape, which had been in evidence since the beginning of the 19th century, in his strolls through the extended English landscape garden.

In addition to the cure, spa guests' main concern was – as Beethoven put it – to meet "interessante Menschen,"[151] in other words to exploit the expensive health resorts as a powerful network resource. Until well after the Congress of Vienna, members of ruling houses dominated the social life at the large health resorts, which they saw as aristocratic residences in the country. During Beethoven's 1811 stay in Teplitz, for example, Karl August von Sachsen-Weimar (1757–1828) and Friedrich Ludwig, Hereditary Grand Duke of Mecklenburg-Schwerin (1778–1819) both visited. During the same stay he met aristocrats such as Prince Nikolaus Esterházy, Count Razumovsky and Princess Theresia Lobkowitz.[152] Archduke Rudolph wanted Beethoven near him in Baden so he could accompany him on the piano every week at a noble society

torium für Aerzte und Wundärzte, ed. Christian August Struve (Wrocław, 1803), 71–81; on the Baden doctors, see Frimmel, "Beethoven im Kurort Baden" (as in fn. 133), 50; Carl Schenk, *Die Schwefelquellen von Baden in Niederösterreich. Ein Handbuch über die Untersuchung der physisch-chemischen Bestandtheile, der Wirkungen, und des Gebrauches der Badner Schwefelquellen nebst einer kurzen topographisch-historischen Beschreibung der Stadt Baden und ihrer Umgebungen* (Baden, 1817).

147 On Beethoven's physicians, see Knud Breyer, Art. "Ärzte," in Loesch/Raab, *Beethoven-Lexikon* (as in fn. 9), 55–57.
148 Lotz-Heumann, "Kurort als Heterotopie" (as in fn. 124), 355.
149 As he wrote to Ferdinand Ries, BGA 1740. ("[...] instead of enjoying as others do the pleasures of bathing, my finances demand that I should compose every day [...]": LoB 1237).
150 Frimmel, "Beethoven im Kurort Baden" (as in fn. 133), 62; the English pianist and music teacher Charles Neate (1784–1877) describes Beethoven as a nature-loving person: "Nature was his sustenance, he seemed to positively thrive in it." (Frimmel as above).
151 Letter to his publisher Härtel of July 17, 1812, BGA 586; ("interesting people": LoB 375); Unger, "Beethovens Teplitzer Badereise" (as in fn. 126), 92; Čeleda/Pulkert/Šaroch, "Beethoven in Böhmischen Bädern" (as in fn. 135), 348.
152 Unger, "Beethovens Teplitzer Badereise" (as in fn. 126), 87; Čeleda/Pulkert/Šaroch, "Beethoven in Böhmischen Bädern" (as in fn. 135), 338.

("Union").[153] But numerous members of the lower nobility cavorted there, including the Baron Joseph von Pasqualati, who was an important figure for Beethoven. The health resorts served as meeting points for those interested in building enlightened societies. During Beethoven's 1811 visit to Teplitz, the erudition of European university culture was manifest in a visit from idealist philosopher, temporary freemason and later incendiary speaker against Napoleon, Johann Gottlieb Fichte (1774–1819) from Berlin.[154] The complex interactions made possible by health resorts in their function as social heterotopia is underlined by Count Browne-Camus having him to stay, and Archduke Rudolph providing him with a spa apartment in 1813 – although he was expected to make music with each.[155] That spa towns were upper class meeting places was also highlighted by the clothing. While the bourgeois spa guests nominally rejected aristocratic "ostentatious clothing" (Kleiderpracht) and courtly etiquette, they still tended to imitate them.[156] In Baden in 1822, the publisher and composer Johann Friedrich Rochlitz (1769–1842) met the elegantly dressed Beethoven for a walk – the promenade was the most common spa practice besides drinking:

> Doch hinderte ihn [Beethoven] dies nicht, (es war ein heißer Tag) bei einem Spaziergange im Helenenthal – und das heißt, auf dem Wege, den Alles, selbst der Kaiser und sein hohes Haus geht, und wo Alle auf meist schmalem Pfade hart an einander vorbei müssen – den feinen schwarzen Frack auszuziehen, ihn am Stocke auf dem Rücken zu tragen und blosarmig zu wandern.[157]

Besides encounters with potential patrons and dedicatees, those with other artists were also important. In Teplitz in 1811, he contacted the singer Amalie Sebald (1787–1846) and the violin virtuoso Polledro (who stayed in the same house as Beethoven). At the same location in 1812, he met the veteran bather Goethe.[158] The privy councilor and great writer saw in Beethoven "eine ganz ungebändigte Persönlichkeit, die zwar gar nicht unrecht hat wenn sie die Welt detestabel findet, aber sie freylich dadurch weder für sich noch für andere

---

153 As reported by Therese von Hauer between 1804 and 1808, BSZ, 426.
154 Unger, "Beethovens Teplitzer Badereise" (as in fn. 126), 87.
155 Frimmel, "Beethoven im Kurort Baden" (as in fn. 133), 46–48; on Archduke Rudolph renting the apartment for Beethoven, see at 59.
156 Lotz-Heumann, "Kurort als Heterotopie" (as in fn. 124), 227–28.
157 BSZ, 717. "But this did not prevent him [Beethoven] during a walk in Helenenthal – that is, along the route where everyone, even the emperor and his high house, has to pass each other on a mostly narrow path – from taking off his fine black tails to carry them over his back on a stick (it was a hot day) and walking with bare arms."
158 Goethe visited Karlsbad 13 times alone (between 1785 and 1823); in total he made 22 visits to Bohemian baths, as well as others to Pyrmont, Berka, Wiesbaden and Tennstadt: Jörn Göres, "Einführung," in Göres, Goethes Badeaufenthalte (as in fn. 129), 9–12, at 11, resp. list at 313–15.

genußreicher macht."[159] The story, liberally embellished by Bettina von Arnim (1785–1859), that Beethoven, while walking in the countryside around Teplitz with Goethe, refused to make way for the Viennese court, is apocryphal,[160] but it nevertheless illustrates how easy it was to make contact with the European aristocracy at spa towns. When Beethoven later complained about Goethe, whom he held in high esteem, "Göthe behagt die Hofluft zu sehr[,] mehr als einem Dichter ziemt,"[161] he only meant that the court atmosphere was unconducive to creativity. During his first stay in Teplitz in 1811, he became acquainted with the lawyer and writer Christoph August Tiedge (1752–1841) and his companion, the writer Elisabeth von der Recke (1756–1833), as well as the biographer, soldier and later diplomat Karl August Varnhagen von Ense (1785–1858) and the woman he would eventually marry, the writer and prominent salon host Rahel Levin (1771–1833, from 1814 Varnhagen von Ense).[162] Beethoven hatched a number of artistic plans with Varnhagen: he gave Beethoven some Uhland poems to set to music, and he and Rahel Levin were to translate an opera libretto for Beethoven – but none of these schemes ever bore fruit.[163]

In the spa towns' dense societies, an upper-class, international clientele of publishers, musicians, patrons and admirers were squeezed together, and were therefore of immense benefit to Beethoven's professional advancement. Class segregation typically coexisted alongside social intermingling, and the various parties were all concerned with communicating directly with one another to procure and allocate services.[164] In 1825, the Parisian publisher Maurice Schlesinger (1798–1838) made an appearance in the spa town of Baden in search of printable music;[165] however, at the same location Beethoven also met his friend, Viennese publisher and composer Tobias Haslinger (1787–1842),

---

159 Peter Rummenhöller, Art. "Goethe," in Loesch/Raab, *Beethoven-Lexikon* (as in fn. 9), 291–93, at 291. ("[Beethoven has] a thoroughly untamed personality, and while not completely wrong in thinking the world detestable, hardly makes it any more pleasant for himself or others.")

160 Renate Moering, "Bettine von Arnims literarische Umsetzung ihres Beethoven-Erlebnisses," in Bartsch/Borchard/Cadenbach, *Der "männliche" und der "weibliche" Beethoven* (as in fn. 35), 251–77, at 261.

161 Rummenhöller, "Goethe" (as in fn. 159), 292. ("Goethe is more comfortable in the court air than befits a poet.")

162 On Tiedge see Clive, 368; on Recke 278–79; on Sebald 332–33; on Varnhagen von Ense and Levin 377–79. On books by Tiedge in Beethoven's library, see Jäger-Sunstenau, "Beethoven – Akten" (as in fn. 128), 22; on the significance of Tiedge for Beethoven, see the recent Hans-Joachim Hinrichsen, *Ludwig van Beethoven. Musik für eine neue Zeit* (Kassel etc., 2019), 104–115.

163 Bresch, "Beethovens Reisen zu den böhmischen Bädern" (as in fn. 130), 333.

164 The resources spa resorts made available is clear from Kuhnert, *Urbanität auf dem Lande* (as in fn. 119), 214–49; for the example of Goethe at the Bohemian spas, where the spa as network resource becomes particularly clear, see Christina Kröll, "Kultur – Geschichte – Literatur – Kunst," in Göres, *Goethes Badeaufenthalte* (as in fn. 129), 81–94.

165 Massin/Massin, *Beethoven* (as in fn. 139), 366.

with whom he maintained a jocular correspondence and to whom he had dedicated the canon *O Tobias* in 1821.[166] Beethoven was also able to meet important exponents of his works in Baden in 1825, such as the Dutch rentier and amateur cellist Samson Moses de Boer (1771–1839),[167] a member of the Amsterdam Academy. In Baden, Beethoven met the Danish concertmaster and court composer Daniel Friedrich Kuhlau (1786–1832)[168] as well as Sir Georg Smart (1776–1867),[169] a member of the board of directors and founding member of the Philharmonic Society in London, who was important for the reception of Beethoven's music in Great Britain – Smart led the premiere of the Ninth Symphony in London on March 21, 1825. In 1824 in Baden, Thuringian harp and piano manufacturer Johann Andreas Stumpff (1769–1846), who was visiting from London, met Beethoven, who was again with the publisher Haslinger, and went for walks with him,[170] presumably viewing him as a guide to the local area.[171] The spa towns of Beethoven's time were no longer perceived as royal residences, but rather as places where aristocrats and the bourgeoisie could engage in face-to-face communication, a world in which class had receded in favor of interest-led circles – a feature Beethoven exploited strategically.

The eccentric Beethoven as an artist in the interstice between social boundaries

The weighty 60-volume biographical dictionary of the Habsburg Monarchy (1891), written by Constantin von Wurzbach (1818–1893) (who by his own admission was "sick and tired of dictionaries" by the time he had finished), lists among the 24,254 entries not only 3,420 nobles, 900 physicians, and 589 musicians, but also 144 "eccentrics and otherwise by their abilities strange" people.[172] The "eccentric" was a recognized and even accepted feature of Viennese cultural practice in the 19th century.[173] Beethoven's eccentricity

---

166 WoO 182 (canon in D minor) "O Tobias" of September 1821, LvBWV 2, 502; Clive, 151–52; Haslinger also wrote piano pieces ("Der Brand in Baden").
167 WoO 35 (canon in A major) of August 3, 1825, gift for Samson Moses de Boer, LvBWV 2, 89–90.
168 TDR 5, 234–35; Clive, 200.
169 TDR 5, 246–48; WoO 192 (puzzle canon in F major) "Ars longa, vita brevis" of September 16, 1825 for Smart, LvBWV 2, 517.
170 According to the librettist Joseph von Seyfried (1780–1849) who visited Beethoven in Baden in September 1825, see Massin/Massin, *Beethoven* (as in fn. 139), 365.
171 Massin/Massin, *Beethoven* (as in fn. 139), 353–55; Clive, 359–61.
172 Constant von Wurzbach, *Biographisches Lexikon des Kaiserthums Oesterreich*, vol. 60 (Vienna, 1891), IV–XVI; on the quotation, see Elisabeth Lebensaft and Hubert Reitterer, "Wurzbach-Aspekte," in *Wiener Geschichtsblätter. Sonderheft* 47/1 (1992), 1–13, at 1.
173 TDR 4, 448: Schindler speaks about the "drollest experiences with the great eccentric"; Caeyers, *Beethoven* (as in fn. 8), 647–48. On the eccentric type in literature, see Herman Meyer, *Der Sonderling in der deutschen Dichtung* (Frankfurt am Main, 1990).

and unpredictability stood in a complex relationship to his longing for financial security. Throughout his life, Beethoven desired a permanent position in
the court music establishment. As late as 1823, Prince Moritz Lichnowsky and
Court Music Director (the so-called "Music-Count") Moritz Dietrichstein made
one final attempt to secure Beethoven a permanent position at court after the
death of the court composer Anton Teyber (1756–1822) in November 1822.[174]

Almost as a matter of course and following the path of the professional
court musician, which he had striven for since childhood, Beethoven acquired
wigs, powder, pomade and a dance master's address when he arrived in Vienna,
thus imitating the habitus and dress codes of the nobility.[175] Coming from the
family of a Bonn court musician, he was familiar with aristocratic customs and
was aware of the employment opportunities open to a musician in an aristocratic setting. Like numerous other pianists, Beethoven aspired to become the
"Hauspianist" of a nobleman and patron of the arts – towards this end, he had
to appear at Lichnowsky's table dressed as a "domestic servant"[176] according to
the codes of early modern *Tischgemeinschaft* (table fellowship).[177] In return for
regular payment, Beethoven appeared as Lichnowsky's client at his own regular house concerts as well as in other social circles (for example, in competition
with Daniel Steibelt (1765–1823) at Count Fries).[178]

Beethoven apparently presented himself as a permanent border crosser
between the bourgeois and aristocratic worlds. Only the trial for the guardian-
ship of his nephew Karl revealed that rather than a marker of his aristocratic
provenance the name "van" merely designated his origin.[179] This meant that
the Imperial Royal *Landrecht*, the court of nobility, was no longer competent
but rather the Vienna magistrate, the civil legal authority. In another context,

---

174 Massin/Massin, *Beethoven* (as in fn. 139), 324.
175 Knud Breyer, Art. "Umgangsformen," in Loesch/Raab, *Beethoven-Lexikon* (as in fn. 9), 796–98.
176 "'Nun soll ich,' sagte Beethoven, 'täglich um halb 4 Uhr zu Hause sein, mich etwas besser
     anziehen, für den Bart sorgen u. s. w. – Das halt' ich nicht aus!'" Wegeler/Ries, 33 ("'Conse-
     quently,' Beethoven said, 'I would have to be home by half past three every day, change into
     something better, see that I was properly shaven, etc. – I can't stand all that!'" Wegeler/Ries/
     Noonan, 36). See Julia Ronge's and Martin Eybl's chapters in this volume.
177 Andreas Gestrich, Art. "Tischgemeinschaft," in *Enzyklopädie der Neuzeit*, ed. Friedrich Jaeger,
     vol. 13 (Stuttgart etc., 2011), columns 592–95.
178 On these "sporting events," exemplified through two piano athletes (Beethoven versus Wölfl)
     in an eccentric aristocratic world, see DeNora, *Beethoven and the Construction of Genius* (as in
     fn. 8), 150–169.
179 On this wide field of Beethoven research, see Stefan Wolf, *Beethovens Neffenkonflikt. Eine psy-
     chologisch-biographische Studie* (Munich, 1995), 43 (after Salomon), 91. "The ambiguity of the
     'van,' whose interpretation by contemporaneous Viennese society remains obscure even
     today, is nevertheless the most precise sign of this diffuse contact [between noblemen and
     citizens]" (Wolf, *Beethovens Neffenkonflikt*, 67). On December 11, 1818, Beethoven admitted
     that he did not possess a diploma of nobility and on December 18, 1818, the "Nephew Case"
     files were transferred from the Imperial Royal *Landrecht* to the civil magistrate court (Wolf,
     Beethovens Neffenkonflikt, 269).

Beethoven said, "nie habe ich derley Ehrenbezeugungen [Adel] gesucht. Doch wäre sie mir in diesem Zeitalter wegen Manches Andern nicht unlieb."[180]

Beethoven's sometimes unusual behavior both as an "unlicked bear" (Cherubini)[181] and as an enlightened citizen – emulating the "simplicity of English customs" – repeatedly violated the social norms of the Viennese aristocracy, but was nevertheless an integral part of his marketing: he presented himself as an artist who could effortlessly flit between the first and second Viennese societies and the bourgeoisie, and seek his advantage wherever he could. The Bonn musician gained respect "through disrespect."[182] Beethoven conceived his social conduct as fluctuating between indifference and deliberate provocation – but this approach also opened up social and economic opportunities for him. Only, the increasing social isolation imposed by his deafness exacerbated his misanthropic traits.

Conclusion

The period around 1800 was one of economic, political, and national upheaval for the nobility, during which they struggled to "stay on top," as is clearly demonstrated by Beethoven's patrons – whether their name was Lichnowsky, Lobkowitz, or Kinsky. The social habitus of the nobility was characterized by ambivalence: on the one hand, the first and second societies organized salons and house concerts to which upper class visitors were invited. On the other hand, the close marriage circles testify to the continued adherence to social boundaries. Beethoven moved in sharply differentiated circles, switching between various families. Initially he worked as a house pianist as a stepping stone to a permanent position at court. The profession of court musician, as understood in the 18th century, was undergoing a fundamental transformation. Even though the post remained throughout the 19th century, its importance for aspiring composers waned due to the rapidly developing music market, new opportunities for performance and, in the wake of the Congress of Vienna, dynamically developing bourgeois musical culture. Beethoven certainly took advantage of the emerging music market, but for a long time was simultaneously able to rely on a network of noble patrons from the first and second Viennese societies, as is confirmed by his rationally conceived, but sometimes overly assertive dedication strategy. Beethoven was supported above all by

---

180 Geck, *Beethoven* (as in fn. 8), 127. ("I have never sought such honors [a noble title]. But in this age, it would not be unwelcome to me because of many other things.")
181 Breyer, "Umgangsformen" (as in fn. 175), 796.
182 Knud Breyer, Art. "Marketing," in Loesch/Raab, *Beethoven-Lexikon* (as in fn. 9), 481–83, at 482 (quote).

Bohemian and Hungarian nobles, while the old "Austrian" court nobility (such as the Auersperg, Dietrichstein, Khevenhüller families) were scarce among his patrons. Although he presented himself as an eccentric genius and critic of the nobility in his later years,[183] Beethoven's aristocratic patrons opened up numerous opportunities for him.[184] Rehearsal rooms, libraries, instruments and even apartments became available to Beethoven precisely because he was willing to submit to the patron-client system.[185] But the bourgeois currents in Beethoven's environment became apparent, especially at the end of his life, in the unconventional man's outspoken public pronouncements on the government or the "amorality" of the nobility.[186] One could see Beethoven at the beginning of his career as a musician "de type ancien," i.e. as a Fürstendiener, a servant of the prince. By this – to borrow a term coined by Hillard von Thiessen discussing the history of diplomacy[187] – is meant a person who was not only a personal servant to the high nobility, but also in a quid-pro-quo relationship of exchange with their patron. In contrast to a diplomat "de type ancien," however, a court musician's professional competence superseded his social background: only those who had mastered music (as instrumentalists, singers, or composers) could hope to secure the position. Early in his career, Beethoven carried out the diversity of roles expected from a potential court musician: he served his aristocratic employers as a virtuoso, composer and general artist. During his lifetime, Beethoven was both a Fürstendiener, a court musician versed in ceremonies, and a bourgeois artist critical of the nobility. Beethoven lived in a mixed society and understood how to operate successfully in the various social milieus.[188]

183 Caeyers, *Beethoven* (as in fn. 8), 652.
184 On Beethoven's genesis as a "genius musician" in the wake of Haydn and Mozart, see "From Haydn's Hands" in DeNora, *Beethoven and the Construction of Genius* (as in fn. 8), 83–114.
185 For an overview, see Lodes, "Gaben und Gegengaben" (as in fn. 92), 54–67; piano teachers were "paid" in Vienna around 1800 with apartments: DeNora, *Beethoven and the Construction of Genius* (as in fn. 8), 46.
186 Caeyers, *Beethoven* (as in fn. 8), 651–52.
187 Hillard von Thiessen, "Diplomatie vom 'type ancien.' Überlegungen zu einem Idealtypus des frühneuzeitlichen Gesandtschaftswesens," in *Akteure der Außenbeziehungen. Netzwerke und Interkulturalität im historischen Wandel*, eds. Hillard von Thiessen and Christian Windler (Cologne, 2010), 471–503, at 487–93: as an ideal-typical model: (1) personal employment relationship with the Prince, (2) professionalism of the diplomat based on "class rather than career," (3) collaboration of numerous "semi-official or informal actors" in the embassy, (4) diplomats interpreted their embassy as a "life-cycle" activity (i.e. they were not lifelong diplomats), (5) "variety of roles and ties" – the diplomat also had to take care of his own family, friends, networks, (6) the ambassador was head of the household of his embassy. Court musicians sometimes composed under the name of their patrons for a fee, like the educated embassy staff who provided their expertise to the actual noble ambassador in the 18th century.
188 Lodes, "Jenseits der Einsamkeit" (as in fn. 55), 20–22.

Both the nobility and upper middle-class began to visit the health resorts around Vienna, which became not just a contact zone between the two classes, but also a laboratory for the nascent aristocratic-bourgeois society, where new modes of interaction could be tested in a protected space. The changed position of the (high) nobility during the Congress of Vienna became clear when their prestigious appearance, private activities and cultural life appeared before the eyes of the bourgeois public. In his diary, the Geneva banker Jean-Gabriel Eynard (1775–1863) noted both shrewdly and bitingly his impressions of the Vienna Congress and a new festive culture, but above all of the princes observed at close range: Franz II (I) had "ein denkbar unansehnliches Äußeres, er erscheint gebrochen und alt; er ist klein, schmächtig, hat einen gekrümmten Rücken und nach innen gebogene Knie. Er trägt immer denselben Gala-Anzug." The emperor appeared to Eynard "wie ein harmloser kleiner Bürger aus einer Provinzstadt."[189] While Beethoven could long rely on the incomes from his noble patrons, he was finally buried as a bourgeois composer in a solemn ceremony on March 29, 1827, conveyed from the Schwarzspanierhaus to the Dreifaltigkeitskirche der Minoriten, the Trinity Church of the Minorites, on Alserstraße and on to Währing Cemetery – to be interred in a row of bourgeois poets, artist colleagues and musicians, lying next to nobility!

ABSTRACT

Aristocratic Dedications and Spas as a Networking Strategy.
Beethoven and the Nobility

The inhomogeneous nobility around 1800 was in a period of upheaval. Political, social and economic changes made the nobility appear to be an important, but not always reliable, support group for Beethoven. Bohemian and Hungarian nobles in particular supported Beethoven, while the old "Austrian" court nobility was comparatively scarce among Beethoven's patrons – this is also clear from the official dedications of Beethoven's music. The noble patrons opened up various fields of activity for Beethoven, who was sometimes quite critical of the nobility: rehearsal rooms, libraries, instruments or even flats became accessible to Beethoven through this patronage. The spas of the late 18th century such as Baden (nearby Vienna) or Karlsbad/Karlovy Vary were important for Beethoven; they can be understood as a kind of laboratory of a new supranational society. Beethoven was able to make good use of this new meeting space for his musical career.

---

189 Cited in Reinhard Stauber, *Der Wiener Kongress* (Vienna, 2014), 232. (Franz II [I] had "an extremely unsightly appearance, looking broken and old; he is small, slender, has a curved back and inwardly bent knees. He always wears the same gala suit." He seemed "like a harmless little citizen from a provincial town.")

Erschließung neuer Räume im Geflecht persönlicher Beziehungen. Die Aufführungen von *Christus am Ölberge* in Wien Anfang des 19. Jahrhunderts

Constanze Marie Köhn

Ludwig van Beethovens einziges Oratorium *Christus am Ölberge* entstand 1803 in einer Phase, die im Hinblick auf die Geschichte des Oratoriums vielfach als „Dürrezeit"[1] beschrieben wurde. Die Rede ist von einer nur mehr „marginale[n] Bedeutung"[2] der Gattung; Wien sei „mit Beginn des 19. Jahrhundert[s] keine Hochburg des Oratoriums mehr"[3] gewesen. Blickt man einzig auf die Anzahl der Neukompositionen, so tritt nach Joseph Haydns um die Jahrhundertwende entstandenen Oratorien *Die Schöpfung* (1798) und *Die Jahreszeiten* (1801) tatsächlich eine Periode geringerer Produktivität ein.[4] Begünstigt wird dieser Befund sicherlich auch durch das Ende der sogenannten Gesellschaft der associierten Cavaliers, die seit den späten 1780er-Jahren regelmäßig Oratorienaufführungen in Wiener Adelspalais – sowie in Einzelfällen in öffentlichen Theatern – organisiert und Haydns Oratorien in Auftrag gegeben hatte. Unter der Leitung von Gottfried Freiherr van Swieten finanzierte diese Gruppe überwiegend hoher Adeliger neben den Werken Haydns auch die Aufführung von

---

Ich danke Birgit Lodes und Melanie Unseld sehr herzlich für viele wertvolle Anregungen und Hinweise und ihre umfangreiche Unterstützung bei der Arbeit am vorliegenden Text!

1 Joanna Cobb Biermann, „Das Oratorium *Christus am Ölberge*", in *Beethovens Vokalmusik und Bühnenwerke*, hrsg. von Birgit Lodes und Armin Raab, Laaber 2014 (Das Beethoven-Handbuch 4), S. 135–153, hier S. 146; bezugnehmend auf Arnold Schering, *Geschichte des Oratoriums*, Leipzig 1911, S. 390.

2 Tobias Janz, „‚Christus am Ölberge' op. 85", in *Beethoven Handbuch*, hrsg. von Sven Hiemke, Kassel 2009, S. 263–270, hier S. 267.

3 Christine Blanken, *Franz Schuberts „Lazarus" und das Wiener Oratorium zu Beginn des 19. Jahrhunderts*, Stuttgart 2002 (Schubert: Perspektiven – Studien 1), S. 24.

4 Auch ein zeitgenössischer Rezensent merkte 1813 an, dass seit den *Jahreszeiten* in Österreich mit Beethovens *Christus am Ölberge* (1803), Joseph Weigls *La passione di Gesù Cristo* (1804) und Joseph Eyblers *Die vier letzten Dinge* (1810) lediglich drei neue Oratorien entstanden seien; siehe „Oratorium", in *Wiener allgemeine musikalische Zeitung* 5 (1813), 30. Januar, Sp. 66–75, hier Sp. 68.

Händel-Oratorien in Bearbeitungen Wolfgang Amadé Mozarts.[5] Mit dem Tod des Initiators van Swieten 1803 und dem Ende des organisierten adeligen Engagements fiel somit auch eine wesentliche Stütze der Oratorienpflege im Wiener Musikleben weg. Von einem Desinteresse der Zeitgenoss*innen am Oratorium kann mit Blick auf das Konzertleben Anfang des 19. Jahrhunderts jedoch keine Rede sein: Die Tonkünstler-Societät, die bereits seit 1772 in ihren zweimal jährlich stattfindenden Akademien den Programmschwerpunkt auf Oratorien gelegt hatte, führte ihre Konzerttätigkeit unvermindert fort, wobei die Werke Haydns schnell zum dominierenden Repertoire avancierten.[6] Für Wohltätigkeitskonzerte etablierten sich Oratorium und Kantate ebenfalls als Standardrepertoire; der große Zuspruch zu diesen Veranstaltungen führte 1812 schließlich zur Gründung der Gesellschaft der Musikfreunde. Eine weitere Initiative, die im ersten Jahrzehnt des 19. Jahrhunderts neben der Tonkünstler-Societät regelmäßig Konzerte mit entsprechendem Programmschwerpunkt organisierte, gab es jedoch nicht, sodass die Aufführung von Oratorien in dieser Zeit stark von dem Unternehmungsgeist Einzelner und, der Größe der Gattung entsprechend, von einem funktionierenden Netzwerk möglicher Musiker*innen, Finanziers und Organisator*innen abhängig war. Besonders deutlich wird dies anhand der Aufführungskontexte von *Christus am Ölberge* bis 1815, denen ich im Folgenden nachgehe. Wie Anja Mühlenweg gezeigt hat, erfreute sich das Werk in Wien trotz anfänglicher Kritik zu Beginn des 19. Jahrhunderts recht großer Beliebtheit.[7] Keine zwei Jahre nach den ersten Aufführungen der *Jahreszeiten*, die noch durch den Adel protegiert worden waren, sah sich Beethoven jedoch für die Realisierung seines Oratoriums mit gänzlich anderen Bedingungen konfrontiert: Mit der Uraufführung im Theater an der Wien setzte er neue Impulse für eine Etablierung des Hauses als Aufführungsort für Oratorien; weitere Darbietungen wurden in den Folgejahren durch unterschiedliche Akteure

---

5   Der Gruppierung um van Swieten widmet sich mein Promotionsvorhaben mit dem Arbeitstitel „Die Gesellschaft der associierten Cavaliers. Adelige Mentoren von Oratorienaufführungen in Wien, 1780–1810".

6   Zur Programmgestaltung der Tonkünstler-Societät in jüngerer Zeit siehe etwa Elisabeth Fritz-Hilscher, „Die großen Oratorien-Produktionen der Tonkünstler-Societät in Wien – Kontrapunkt oder Nachfolger der höfischen Oratorienpflege des Barock?", in *Musicologica Brunensia* 49/1 (2014), S. 211–234; Peter Niedermüller, „Ein ‚historischer Nullpunkt‘ des Kanons? Das Konzertleben im Wien Beethovens", in *Der Kanon der Musik. Theorie und Geschichte. Ein Handbuch*, hrsg. von Klaus Pietschmann und Melanie Wald-Fuhrmann, München 2013, S. 415–435, hier S. 427–430.

7   Anja Mühlenweg, *Ludwig van Beethoven „Christus am Oelberge" op. 85. Studien zur Entstehungs- und Überlieferungsgeschichte*, 2 Bde., Diss. Julius-Maximilians-Universität zu Würzburg 2005 (alle folgenden Verweise beziehen sich auf Bd. 1); vgl. die umfangreiche Aufführungsliste, S. 138–143, auf der auch Tab. 2 in diesem Beitrag beruht; für einen Überblick über die Bewertung und Diskussion des Oratoriums in der zeitgenössischen Presse siehe S. 112–125.

innerhalb der musikalischen Netzwerke in Wien in teilweise bis dahin nicht für Oratorienaufführungen genutzten Räumen realisiert.

Das Theater an der Wien als Aufführungsort für Oratorien

Die Uraufführung von *Christus am Ölberge* fand an einem für Oratorien zu diesem Zeitpunkt eher ungewöhnlichen Aufführungsort statt: Am 5. April, dem Dienstag der Karwoche 1803, war das Oratorium erstmals im Theater an der Wien zu hören. Die Aufführung war Teil einer Akademie, die Beethoven zu seinem eigenen finanziellen Vorteil veranstaltete. Bereits in seiner ersten Akademie im Burgtheater 1800, die in einem damals üblichen Mischprogramm neben Eigenkompositionen auch Werke Mozarts und Haydns umfasste, hatte er mit zwei Vokalnummern aus der *Schöpfung* auf Ausschnitte der bestimmenden Oratorienkomposition dieser Zeit zurückgegriffen. Im Gegensatz dazu enthielt das ebenfalls gemischte Programm von Beethovens erstem Konzert im Theater an der Wien neben dem Oratorium mit der Ersten Sinfonie und den Uraufführungen der Zweiten Sinfonie sowie des Dritten Klavierkonzerts ausschließlich eigene Werke. Dennoch bildete das Oratorium eindeutig den Fokus der Akademie: Beethoven bewarb sein umfangreiches Konzert wiederholt in der Wiener Presse, wobei der Hinweis auf „ein neues von ihm in Musik gesetztes Oratorium"[8] klar im Vordergrund stand. Eine alleinige Aufführung von *Christus am Ölberge* kam jedoch aufgrund der Kürze des Werkes nicht in Frage, worauf auch der anonyme Verfasser der ersten ausführlichen Werkrezension explizit hinweist: „Die Dauer des ganzen Werks kann sich höchstens auf drey Viertelstunden erstrecken. Es eignet sich mithin auch in diesem Betracht sehr gut, theils einen Hauptabschnitt eines grossen Concerts auszufüllen [...]."[9] Auch bei zwei weiteren Aufführungen im Theater an der Wien in den folgenden Jahren stand das Oratorium nicht für sich, sondern bildete stets den großbesetzten, vokalen Abschluss eines gemischten Programms.

Mit dieser Programmgestaltung markiert die Erstaufführung von *Christus am Ölberge* den Beginn einer andauernden Reihe von Akademien, die schwerpunktmäßig ein großbesetztes Vokalwerk beinhalteten und durch die sich das Theater an der Wien Anfang des 19. Jahrhunderts zeitweilig als Ort für

---

8   „Nachricht", in *Wiener Zeitung* 24 (1803), 23. März, S. 1029; 25 (1803), 26. März, S. 1073; 26 (1803), 30. März, S. 1120. Die Ankündigungen in auswärtigen Zeitungen nennen ebenso ausschließlich das neue Oratorium: „Nachrichten", in *Allgemeine musikalische Zeitung* [= AmZ] 5/27 (1803), 30. März, Sp. 458; „Wien", in *Der Freimüthige oder Berlinische Zeitung für gebildete, unbefangene Leser* 58 (1803), 12. April, S. 229.

9   „Christus am Oelberge. Oratorium v. Beethoven. (Beschluss [...])", in *AmZ* 14/2 (1812), 8. Januar, Sp. 18–25, hier Sp. 24 f.

Oratorienaufführungen profilierte.[10] Bereits in der Vorgängerinstitution des Theaters, im Freihaustheater auf der Wieden, waren in den 1790er-Jahren vereinzelt Akademien gegeben worden, die neben gemischten Programmen vorrangig konzertante Opernaufführungen brachten. An einem Großteil der spielfreien Tage, die in Wien seit der Mitte des 18. Jahrhunderts verstärkt für Konzerte genutzt wurden, blieb das Theater allerdings schlicht geschlossen.[11] Zu Beginn des 19. Jahrhunderts bestanden diese sogenannten Normatage, die sich am kirchlichen Festkalender orientierten, unter anderem noch an Mariä Verkündigung (25. März), in der Karwoche von Palmsonntag bis Ostern, an Leopoldi (15. November) und um Weihnachten vom 22. bis 25. Dezember.[12] Im neuen Theater an der Wien wurden im ersten Jahrzehnt nach der Eröffnung an diesen Tagen insgesamt 29 Akademien veranstaltet (siehe Tab. 1). Davon brachte ein Großteil (21) ein komplettes Oratorium oder anderes großbesetztes Vokalwerk allein oder, wo es die Kürze des Stückes erforderte, als Teil eines gemischten Programms; drei weitere Akademien enthielten einzelne Chorsätze. Das Vokalwerk, oftmals mit biblischem Sujet, bildete dabei jeweils den Kulminationspunkt der Aufführung. Diese Programmgestaltung war allerdings kein Alleinstellungsmerkmal des Theater an der Wien, sondern spiegelte die allgemeine Bedeutung erhabener Chorwerke im Wiener Konzertleben dieser Zeit, wie Nicholas Mathew gezeigt hat.[13]

Bereits vor Beethovens Akademie wiesen zwei Konzerte im Theater an der Wien einen entsprechenden Programmschwerpunkt auf: Die erste Akademie im neu eröffneten Theater wurde am 25. März 1802 auf Anregung des Arztes Leopold Anton Gölis zugunsten des Wiener Kinder-Kranken-Instituts veranstaltet. Unter Haydns Leitung erklang *Die Schöpfung*,[14] die inzwischen als Standardrepertoire für Wohltätigkeitszwecke etabliert war. In einer Akademie an Mariä Verkündigung im folgenden Jahr wurde die geistliche Oper *Moses oder*

---

10 Zum Theater an der Wien als Aufführungsort von Oratorien siehe auch Eduard Hanslick, *Geschichte des Concertwesens in Wien*, Wien 1869, S. 192–195.

11 Vgl. die Spielpläne des Freihaustheaters auf der Wieden in Tadeusz Krzeszowiak, *Freihaustheater in Wien 1787–1801. Wirkungsstätte von W. A. Mozart und E. Schikaneder. Sammlung der Dokumente*, Wien 2009, S. 422–470.

12 Vgl. die Auswertung der Normatage der Wiener Theater in THEO Theaterzettel Online <http://www.theaterzettel.at/forschung/norma-und-schliestage> (20.03.2023).

13 Unter dem Schlagwort „The sounds of power and the power of sounds" arbeitet Mathew auch die ästhetischen und politischen Implikationen des Chorischen differenziert heraus: siehe Nicholas Mathew, *Political Beethoven*, Cambridge u. a. 2013, S. 102–135, v. a. S. 126–130. Er weist zudem darauf hin, dass unter der zeitgenössischen Bezeichnung „Oratorium" in diesem Kontext „any grand choral composition that harnessed the gravitas of sacred themes for aesthetic ends in the concert hall" subsumiert wurde (ebd., S. 128).

14 *Preßburger Zeitung* 31 (1802), 20. April, zit. nach Marianne Pandi und Fritz Schmidt, „Musik zur Zeit Haydns und Beethovens in der Preßburger Zeitung", in *Haydn Yearbook* 8 (1971), S. 165–265, hier S. 210; siehe auch Georg Feder, *Joseph Haydn. Die Schöpfung*, Kassel u. a. 1999, S. 162.

Der Auszug aus Ägypten von Franz Xaver Süßmayr konzertant gegeben.[15] In weiterer Folge wurde anknüpfend an die nicht zuletzt durch die Veranstaltungen der Tonkünstler-Societät etablierte Form des Wohltätigkeitskonzerts bis einschließlich 1809 jährlich mindestens eine Akademie zugunsten der Orchestermitglieder beziehungsweise des Theater-Armenfonds veranstaltet.

Daneben erhielten ausgewählte Mitglieder des Theaterpersonals die Möglichkeit, Akademien zu ihrem eigenen Benefiz zu veranstalten. Mit Ausnahme der Konzerte von Franz Xaver Mozart 1805 und Beethoven 1808 – die jedoch auf enge Verbindungen zum Haus zurückblicken konnten – wurden alle Akademien von aktuellen Mitarbeitern des Theaters organisiert. Beethovens Konzert im Jahr 1803, in dem sich der Komponist ausschließlich mit eigenen Werken vorstellte und dabei den Schwerpunkt auf das Oratorium legte, bildete den Anfang dieser Reihe. Ihm folgten bis 1805 zwei weitere Akademien, in denen Komponisten ihre eigenen geistlichen Vokalwerke präsentierten: Georg Joseph Vogler (1749–1814), von Emanuel Schikaneder zeitgleich mit Beethoven zur Komposition einer Oper an das Theater an der Wien verpflichtet, führte 1804 seine Kantate *Israels Gebet zu Jehova* auf. Franz Teyber (1758–1810), von 1801 bis 1805 Komponist und Musikdirektor des Theaters, gab 1805 sein Oratorium *Der sterbende Jesus*. Auch Beethoven schuf für seine Akademie 1808 mit der *Chorfantasie* wiederum eigens eine Neukomposition, die den chorischen Abschluss des Konzerts bildete.

Auf dem Programm der Benefizkonzerte zugunsten einzelner Theatermitglieder standen jedoch nicht nur Neukompositionen: So erlebte Beethovens Oratorium *Christus am Ölberge* zwei weitere Aufführungen durch Musikerkollegen am Theater an der Wien. Am 27. März 1804, dem Dienstag der Karwoche genau ein Jahr nach der Uraufführung, veranstaltete Friedrich Sebastian Mayer (1773–1835), seit 1793 Bassist am Freihaustheater auf der Wieden und anschließend am Theater an der Wien, eine Akademie zu seinen Gunsten.[16] Nur wenig später arbeitete er mit Beethoven im Zuge der Realisierung des *Fidelio* intensiv zusammen: Mayer übernahm bei der Uraufführung die Partie des Don Pizarro sowie bei der Premiere der zweiten Fassung zusätzlich die Regie. Mit

---

15 Geistliche Stoffe erfreuten sich zu dieser Zeit auch auf der Bühne großer Beliebtheit, wie Christine Blanken anhand des biblischen Dramas und Barbara Babić am Beispiel des biblischen Melodrams gezeigt haben. Blanken fasst diese Tendenz in unterschiedlichen Gattungen unter dem Begriff ‚Bühnen-Oratorium' zusammen. Als einzige geistliche Oper wurde jedoch nur Süßmayrs *Moses* auch konzertant im Rahmen einer Akademie gegeben. Siehe Blanken, *Wiener Oratorium* (wie Anm. 3), S. 65–102; Barbara Babić, *Between the Sacred and the Profane. Biblical Melodrama in Paris and Vienna, 1800–1820*, Diss. Universität Wien 2019.
16 Zu Mayer siehe Clive, S. 230 f., und Uwe Harten, Art. „Mayer (Maier), Friedrich Sebastian", in *Oesterreichisches Musiklexikon online* (2002) <https://www.musiklexikon.ac.at/ml/musik_M/Mayer_Friedrich.xml> (20.03.2023).

Beethoven verband ihn spätestens ab dieser Zeit ein freundschaftliches Verhältnis. Seine Akademie 1804 begann mit Beethovens Zweiter Sinfonie und endete mit dessen Oratorium.[17] Die Solopartien übernahmen die frisch an das Theater engagierte Sopranistin Louise Müller (um 1779 – nach 1837), die später die Rolle der Marzelline in der Uraufführung des *Fidelio* interpretierte, der Tenor Matthias Rathmayer,[18] Professor an der Ritter-Akademie Theresianum, der schon bei der Uraufführung der *Schöpfung* 1798 als Solist zu hören gewesen war, und der Veranstalter der Akademie selbst. Während die am Tag zuvor von Georg Joseph Vogler veranstaltete Akademie intensiv in der Wiener Presse beworben worden war, kündigte Mayer sein Konzert wohl nur mittels Theaterplakaten an.

Mit einigem zeitlichen Abstand wurde das Oratorium an Heiligabend 1809 erneut als Teil einer Akademie gegeben, die der Geiger Franz Clement (1780–1842) veranstaltete. Clement war seit 1802 Orchesterdirektor am Theater an der Wien.[19] Nachdem er bereits in vorangegangenen Akademien, darunter in Mayers Konzert 1804, solistisch aufgetreten war, veranstaltete er von 1805 bis 1809 jährlich selbst eine Akademie zu seinen Gunsten. Zu Beethoven pflegte er spätestens seit 1794 einen freundschaftlichen Kontakt. Neben seinen eigenen Kompositionen wurden in den Akademien 1805 die Dritte Sinfonie Beethovens und 1806 dessen Violinkonzert op. 61, das Beethoven eigens für ihn komponiert hatte, erstmals öffentlich aufgeführt. Seine Konzerte enthielten zudem mit Haydns Chor *Der Sturm* und Beethovens *Chorfantasie* sowie Chören aus Händels *Ode auf St. Caecilia* bereits zuvor großbesetzte Vokalwerke. Dass Beethovens Oratorium zum Zeitpunkt seiner fünften Akademie 1809 keine übermäßige Zugkraft zugesprochen wurde, macht die Ankündigung Clements deutlich, die das Werk nicht nannte.[20]

Sowohl in den Akademien der Musiker Mayer und Clement, die mit einer gewissen Kontinuität Konzerte veranstalteten, als auch in den Akademien weiterer Theatermitglieder standen umfangreichere Vokalwerke im Fokus der Programme. Mit Blick auf das Repertoire fällt jedoch auf, dass die ansonsten

---

17 Das Oratorium wurde wahrscheinlich schon in der revidierten Fassung gegeben; vgl. Mühlenweg, *Christus am Oelberge* (wie Anm. 7), S. 96 u. 114.
18 Die Lebensdaten sind unbekannt. Zur Identität von Rathmayer siehe Feder, *Schöpfung* (wie Anm. 14), S. 261, Anm. 6.
19 Zu Clement siehe Clive, S. 72–74; Bruno Aulich und Ilka Sührig, Art. „Clement, Franz Joseph", in *MGG Online* (2000/2016) <https://www.mgg-online.com/mgg/stable/12123> (20.03.2023); Manfred Merk, *Franz Clement (1780-1842). Mit thematischem Katalog*, Diss. Universität Wien 1969.
20 „Nachricht", in *Wiener Zeitung* 100 (1809), 20. Dezember, S. 3604. Auch die knappe Nachricht von der Aufführung bemerkt lapidar: „Den Schluss machte: *Christus am Oelberge*, ein Oratorium von L. van Beethoven. Est [sic] ist schon früher aufgeführt und damals darüber gesprochen worden." „Nachrichten", in *AmZ* 12/17 (1810), 24. Januar, Sp. 266.

viel gespielten Oratorien Haydns im Theater an der Wien nicht zur Aufführung gelangten. Als etabliertes Stammrepertoire der Tonkünstler-Societät waren sie in Wien bereits in großer Regelmäßigkeit und in traditionsreichem Rahmen zu hören. Eine Aufführung im Theater an der Wien dürfte daher wenig lukrativ gewesen sein. Da die Akademien teilweise an denselben Tagen wie die Konzerte der Tonkünstler-Societät gegeben wurden, standen sie überdies in direkter Konkurrenz und mussten durch ein eigenständiges Programm bestehen.

Die Akademien im Theater an der Wien bildeten in den Jahren 1806 und 1807 jedoch einen eigenen Schwerpunkt auf Oratorien Händels aus, die in den Bearbeitungen Mozarts rezipiert wurden.[21] Die Initiative, diese über mehrere Jahre in Wien nicht gehörten Werke wieder aufzugreifen, ging von Mayer aus, der zunächst am 31. März 1806 den *Messias* und am 22. März 1807 *Das Alexanderfest* (schließlich 1811 noch *Acis und Galatea*) aufführen ließ. In ihrer Aufmachung hoben sich die Akademien mit Händel-Oratorien von jenen mit anderem Repertoire ab: Die Ankündigungen adressierten explizit den „hohen Adel" und appellierten ausdrücklich an dessen „ächte[n] Musikgeschmack"[22] beziehungsweise das „tiefe Kunstgefühl"[23], das Mayer durch die Aufführung zu bedienen suche. Zudem wurde die Größe der Besetzung mit „mehr als 120 Personen" für den *Messias* in Anlehnung an die Ankündigungen der Tonkünstler-Societät explizit hervorgehoben. Schließlich wurden auch die Textbücher, die im Theater an der Wien gewöhnlich käuflich zu erwerben waren, wie bei den Aufführungen von Haydns Oratorien durch die Gesellschaft der associierten Cavaliers und die Tonkünstler-Societät gratis ausgegeben.[24] Möglicherweise versuchte Mayer hier bewusst an ein vormals schwerpunktmäßig durch den Adel gepflegtes ‚klassisches' Repertoire und dessen Aufführungstradition anzuknüpfen.

---

21 Die gehäufte Aufführung von Werken mit biblischem Sujet in den Akademien zwischen 1806 und 1811 ist auch mit der Übernahme der Direktion durch die Theater-Unternehmungs-Gesellschaft ab 1807 in Verbindung gebracht worden, z. B. Babić, *Between the Sacred and the Profane* (wie Anm. 15), S. 203. Allerdings handelte es sich bei diesem Konsortium von Adeligen weder um eine Fortsetzung der Gesellschaft der associierten Cavaliers, wie wiederholt behauptet, noch scheinen mögliche Vorlieben der beteiligten Aristokraten für geistliche Musik als Erklärung für die Programmgestaltung der von den Musikern organisierten Akademien wahrscheinlich. Der Trend zur Aufführung von Oratorien im Theater an der Wien setzte zudem bereits deutlich früher ein.

22 Theaterzettel, Ankündigung der Aufführung des *Messias* am 31. März 1806, A-Wtm, Sign. 147.449.

23 Theaterzettel, Ankündigung der Aufführung des *Alexanderfests* am 22. März 1807, A-Wtm, Sign. 147.449.

24 Bei der jeweils zweiten Aufführung der Händel-Oratorien im Theater an der Wien mussten die Textbücher wieder käuflich erworben werden.

Die Händel-Aufführungen wurden vom Publikum „mit dem lautesten Enthusiasmus aufgenommen"[25] und auch in der Presse überwiegend positiv rezensiert.[26] Die von Mayer organisierten Akademien waren offensichtlich derart erfolgreich, dass sie zeitnah Nachahmer auf den Plan riefen.[27] Die jährliche Akademie zum Vorteil der Theaterarmen brachte am 15. November 1806 (sowie am 26. März 1809) ebenfalls Händels Messias; Das Alexanderfest wurde am 22. Dezember 1807 zugunsten „des minderen Theaterpersonals"[28] wiederholt. Nachdem in den Konzerten der Tonkünstler-Societät seit der wenig erfolgreichen Aufführung des Judas Maccabaeus 1779 nur vereinzelt Chorsätze Händels zur Aufführung gekommen waren, wurde in den Adventskonzerten am 22. und 23. Dezember 1806 mit Judas Maccabaeus erstmals wieder ein vollständiges Händel-Oratorium gegeben, das jedoch für einige Jahre erneut das einzige bleiben sollte.[29] Nur zwei Tage später war zudem auch im regelmäßig abgehaltenen Benefizkonzert zugunsten des Bürgerspitals St. Marx im Großen Redoutensaal der Messias zu hören; mit Marianne Marconi und Johann Michael Weinkopf wirkten hier zwei Solist*innen aus Mayers Akademie mit.[30]

Nachdem die ersten beiden Akademien im neu eröffneten Theater an der Wien noch auf für dieses Format bereits etablierte Werke gesetzt hatten, wurde mit Christus am Ölberge am Kardienstag 1803 erstmals ein neukomponiertes Oratorium gegeben. Dieses erlebte als einziges der dort aufgeführten Oratorien mehr als zwei Aufführungen und steht damit am Anfang einer knapp zehn Jahre dauernden Aufführungstradition von Oratorien im Theater an der Wien, das sich auf diese Weise zu Beginn des 19. Jahrhunderts neben der Institution

25   „Nachrichten. Wien, den 2ten April", in AmZ 8/29 (1806), 16. April, Sp. 461 f. (Die Aufführung ist hier fälschlicherweise auf den 30. statt den 31. März datiert.) 1809 ist von Aufführungen „mit gewohntem Erfolg" die Rede, „Vorläufige Notizen", in AmZ 11/31 (1809), 3. Mai, Sp. 492.

26   Für eine kritischere Beurteilung siehe z. B. „Nachrichten. Wien, den 6ten April", in AmZ 9/30 (1807), 22. April, Sp. 481 f.

27   Zu Händels Oratorien im Repertoire kommerzieller Konzerte nach 1806 siehe Peter Niedermüller, Funktionen des Konzertlebens in Wien im späten 18. und frühen 19. Jahrhundert, Habil. Johannes Gutenberg-Universität Mainz 2010, S. 235–240.

28   Theaterzettel, Ankündigung der Aufführung des Alexanderfests am 22. Dezember 1807, A-Wtm, Sign. 147.449.

29   Bernd Edelmann sieht in Anlehnung an die von Werner Rackwitz aufgezeigte Koinzidenz von Aufführungen des Judas Maccabaeus mit Kriegsereignissen im 18. Jahrhundert einen Zusammenhang der Aufführung 1806 mit der Abdankung Kaiser Franz' II. und dem Ende des Heiligen Römischen Reichs Deutscher Nation. Siehe Bernd Edelmann, „Der bürgerliche Händel. Deutsche Händel-Rezeption von 1800 bis 1850", in Händel unter Deutschen, hrsg. von Ulrich Tadday, München 2006 (Musik-Konzepte. Neue Folge 131), S. 23–51, hier S. 29 f.; Werner Rackwitz, „Über die Bearbeitung von Händels Judas Maccabaeus durch Joseph Starzer und über ihre Wirkungsgeschichte", in Göttinger Händel-Beiträge 9 (2002), S. 245–265, hier S. 258.

30   „Wien", in Wiener Zeitung 7 (1807), 24. Januar, S. 311. Die Aufführung im Theater an der Wien diente als Referenzpunkt: die Wirkung des Oratoriums sei dort „ungleich grösser" gewesen; „Nachrichten. Wien, Ende Jan.", in AmZ 9/21 (1807), 18. Februar, Sp. 336.

der Tonkünstler-Societät als Aufführungsort für Oratorien in Wien verdient machte.[31]

Aufführungen von *Christus am Ölberge* im persönlichen Umfeld Beethovens

Nachdem Beethoven selbst die Uraufführung seines Oratoriums verantwortet hatte, wurden die zwei Wiederholungen von *Christus am Ölberge* im Theater an der Wien von Kollegen aus dem unmittelbaren Umfeld Beethovens organisiert: Die Berufsmusiker Mayer und Clement zählten zeitgleich zum Personal des Theaters, arbeiteten intensiv mit Beethoven zusammen und waren mit ihm freundschaftlich verbunden. Auch die weiteren Aufführungen des Oratoriums in Wien (siehe Tab. 2) wurden zunächst in einem Geflecht persönlicher Beziehungen musikalisch interessierter Zirkel realisiert.

Noch vor der Wiederaufnahme im Theater an der Wien war *Christus am Ölberge* in zwei Konzerten im Sommer 1803 zu hören. Diese ersten Darbietungen nach der Uraufführung fanden im Gastlokal des Augartens, einer der größten Erholungsstätten Wiens,[32] statt und damit in einem Raum, der – mit einer Ausnahme – bisher nicht als Aufführungsort für Oratorien gedient hatte. Organisiert wurden die Konzerte von dem Violinisten Ignaz Schuppanzigh (1776–1830), der in den 1790er-Jahren die Leitung einer bereits seit 1782 bestehenden Konzertreihe im Augarten übernommen hatte.[33] Die sogenannten Morgenkonzerte fanden während der Sommermonate sehr früh am Tag statt, im Jahr 1803 an Donnerstagen um sieben Uhr morgens. Zur Aufführung gelangten Mischprogramme mit einem Schwerpunkt auf größeren Orchesterwerken. Oratorienaufführungen bildeten eine absolute Ausnahme: Vor dem Sommer 1803 ist lediglich eine Aufführung der *Schöpfung* am 30. September 1802 bekannt.[34] Auch in der Saison 1803 wurden die Konzerte wie bereits in

---

31 Im Jahr 1813 wurden die Oratorienaufführungen von musikalisch-deklamatorischen Akademien abgelöst.

32 Zum Augartensaal und seiner musikgeschichtlichen Bedeutung siehe Helmut Kretschmer, „Gast- und Vergnügungsstätten", in *Wien Musikgeschichte. Von der Prähistorie bis zur Gegenwart*, hrsg. von Elisabeth Fritz-Hilscher und Helmut Kretschmer, Wien 2011, S. 541–548, hier S. 542 f.; Rudolf Klein, „Musik im Augarten", in *Österreichische Musikzeitschrift* 28/5–6 (1973), S. 239–248; 28/9 (1973), S. 397; Hanslick, *Geschichte des Concertwesens* (wie Anm. 10), S. 69–75.

33 Zu Schuppanzigh als Leiter der Augartenkonzerte siehe Clemens Hellsberg, *Ignaz Schuppanzigh (Wien 1776–1830). Leben und Wirken*, Diss. Universität Wien 1979, S. 21 f., S. 267–276. Neben den von Schuppanzigh organisierten Morgenkonzerten veranstalteten auch durchreisende Virtuosen Konzerte im Augarten.

34 Joseph Carl Rosenbaum, Tagebucheintrag vom 30. September 1802, Bd. 4, fol. 74ᵛ, zit. nach Peter Prokop, *Die Tagebücher des Joseph Carl Rosenbaum (ÖNB SN 194–204). Eine Arbeitstranskription* (2016) <https://db.adler-wien.eu/adler_rosenbaum_list.php> (20.03.2023); s. a. Blanken, *Wiener Oratorium* (wie Anm. 3), S. 311.

den Jahren zuvor „beinahe ganz von Dilettanten gegeben".[35] Das Publikum der Akademien bestand überwiegend aus Angehörigen des Adels, doch hielt ein Zuhörer 1803 fest, dass sich daneben auch „alles vom Mittelstande" bei den Konzerten versammele.[36]

Den Veranstalter der Konzerte hatte Beethoven bereits 1794 bei Karl Fürst Lichnowsky kennengelernt, in dessen Streichquartett Schuppanzigh als Primgeiger wirkte. Aus der engen künstlerischen Zusammenarbeit der folgenden Jahre entwickelte sich eine lebenslange Freundschaft. Schuppanzigh leitete mehrfach Erstaufführungen von Kompositionen Beethovens und machte sich auch als Leiter der Konzerte im Augarten um die Aufführung der Musik Beethovens verdient.[37]

In der Saison 1803 begann die von Schuppanzigh unter dem Namen „Liebhaber Concerte" veranstaltete Abonnementreihe am 26. Mai.[38] Erst zwei Tage zuvor hatte Beethoven gemeinsam mit dem Geiger George A. Polgreen Bridgetower seine „Kreutzer-Sonate" in einem Mittagskonzert im Augarten erstmals aufgeführt. Beethovens Oratorium *Christus am Ölberge* gab Schuppanzigh am 21. Juli 1803 „um die gewöhnliche Morgenstunde", allerdings nicht im Rahmen des Abonnements, sondern als Teil einer Akademie „zu seinem Vortheile".[39] Schon der Erlös der *Schöpfung*, der ersten Aufführung eines Oratoriums im Augarten, war 1802 Schuppanzigh selbst zugute gekommen.[40] Ein Oratorienprogramm schien mithin eine besondere Zugkraft für ein kommerziell erfolgreiches Konzert zu versprechen. Nachdem die erste Aufführung von *Christus am Ölberge* beim Publikum tatsächlich auf große Resonanz stieß, wurde das Oratorium wiederum mit aufgehobenem Abonnement am 4. August anstelle des angesetzten Abonnementkonzerts, das um zwei Tage verschoben wurde, wiederholt.[41] In der Presse erfuhren die Konzerte jedoch keine Aufmerksamkeit.[42]

---

35 –kk–d., „Schreiben aus Wien, den 16ten Juli", in *Der Freimüthige oder Berlinische Zeitung für gebildete, unbefangene Leser* 121 (1803), 1. August, S. 483 f., hier S. 483.

36 Ebd.

37 Zu Schuppanzigh siehe Clive, S. 329–331; Donald W. MacArdle, „Beethoven and Schuppanzigh", in *The music review* 26 (1965), S. 3–14.

38 „Musikalische Academie", in *Wiener Zeitung* 39 (1803), 14. Mai, S. 1841; 41 (1803), 21. Mai, S. 1957.

39 „Musikalische Akademie", in *Wiener Zeitung* 57 (1803), 16. Juli, S. 2750.

40 „Musikalische Nachricht", in *Wiener Zeitung* 77 (1802), 25. September, S. 3471; Rosenbaum, Tagebucheintrag vom 30. September 1802 (wie Anm. 34).

41 „Musikalische Nachricht", in *Wiener Zeitung* 61 (1803), 30. Juli, S. 2895; s. a. TDR 2, S. 387.

42 Unter den „gewöhnlichen Frühmusiken im Augarten" wird das Werk nicht erwähnt. Besonders hervorgehoben wird lediglich das Debüt der Pianistin Katharina Hochenadl, die 1815 eine Aufführung von *Christus am Ölberge* organisierte, siehe F–b–t., „Nachrichten aus Wien. Oeffentliche Konzerte. Panorama. Französische Opern. (Wien 2 Norbr. [sic] 1803.)", in *Zeitung für die elegante Welt* 135 (1803), 10. November, Sp. 1074–1076.

Infolge der Drucklegung von *Christus am Ölberge* in Partitur und Klavierauszug 1811 fand das Werk schnell eine größere Verbreitung und wurde in den folgenden Jahren in zahlreichen Städten insbesondere im deutschsprachigen Raum aufgeführt.[43] In Wien war das Oratorium hingegen erst nach einer mehrjährigen Pause wieder zu hören: Die erste Aufführung nach den Darbietungen im Theater an der Wien und Augarten fand im Hotel Zum römischen Kaiser (Auf der Freyung, heute: 1., Renngasse 1) statt.[44] Ursprünglich ein einfacher Einkehrgasthof, avancierte die Gaststätte unter dem Pächter Emanuel Eppinger (1768–1846) zur Zeit des Wiener Kongresses zu einem der vornehmsten Quartiere für Diplomaten und österreichische Staatsmänner. Musikgeschichtliche Bedeutung erlangte das Lokal, da der größere Tanzsaal im frühen 19. Jahrhundert verstärkt als Konzertstätte, überwiegend für kammermusikalisches Repertoire, genutzt wurde. Eppinger förderte diese Entwicklung, indem er den großen Saal seines Hotels explizit als möglichen Aufführungsort für „Akademien, Kunstausstellungen u. dgl. gegen billige Bedingnisse"[45] bewarb oder ihn Musiker*innen sogar unentgeltlich für Konzerte zur Verfügung stellte. Zu den Musikern, die den Saal als Aufführungsort nutzten, gehörte Ignaz Schuppanzigh, der hier regelmäßig Streichquartettkonzerte realisierte. Auch Beethoven, der im Winter 1816/17 zeitweise in dem Hotel wohnte, brachte dort im April 1814 sein Klaviertrio op. 97 gemeinsam mit Schuppanzigh und dem Cellisten Joseph Linke zur Aufführung.

Ebenfalls für 1814 berichtet Leopold von Sonnleithner (1797–1873) in seinen „Musikalischen Skizzen aus Alt-Wien"[46] von einer Aufführung des *Christus am Ölberge* im Hotel Zum römischen Kaiser am 1. März. Organisiert wurde das Konzert nach Aussage Sonnleithners von einem „kleine[n] Verein von Musikfreunden" mit dem Namen „Reunion".[47] Die „Unternehmer" dieser Gesellschaft

---

43   Vgl. die Aufführungstabelle bei Mühlenweg, *Christus am Oelberge* (wie Anm. 7), S. 139–143.

44   Zu dem Gebäude und seiner musikgeschichtlichen Bedeutung siehe Kretschmer, „Gast- und Vergnügungsstätten" (wie Anm. 32), S. 547 f.

45   Z. B. „Anzeige", in *Wiener Zeitung* 359 u. 360 (1814), 26. Dezember, S. 1434; vgl. auch die Würdigungen Eppingers in „Concerte", in *Allgemeine musikalische Zeitung mit besonderer Rücksicht auf den österreichischen Kaiserstaat* 2 (1818), 10. Januar, Sp. 14; „Neuigkeiten", in *Außerordentliche Beylage zur Wiener allgemeinen Theaterzeitung* 3 (1818), 7. März, S. 10.

46   SMS VI, S. 305–307.

47   Sonnleithner berichtet, dass sich dieser Zusammenschluss „[i]n derselben Zeit" gebildet habe, in der er beim Großhändler Heinrich Christian Krippner eingeführt worden sei, was er mit Herbst 1814 angibt; das von ihm genannte Aufführungsdatum von *Christus am Ölberge* liegt jedoch noch vor diesem Zeitraum; siehe SMS VI, S. 305. Nicole Strohmann nennt – auch für die Aufführung des *Christus am Ölberge* – irrtümlicherweise das Jahr 1813; siehe Nicole Strohmann, „Beethovens neue Räume: Wiener Konzertsäle zur Jahrhundertwende", in *Beethovens Welt*, hrsg. von Siegbert Rampe, Laaber 2019 (Das Beethoven-Handbuch 5), S. 363–368, hier S. 367. Damit übernimmt sie offensichtlich die Datierung Hanslicks, der von einer Gründung der „Reunion" 1812 oder 1813 ausgeht und die Oratorienaufführung auf den 1. März, den Rosenmontag des Jahres 1813 datiert; siehe Hanslick, *Geschichte des Concertwesens* (wie

waren der Administrator des Hotels, Emanuel Eppinger, und dessen Bruder (Leopold) Joseph Eppinger (1775/6–1860), ein promovierter Jurist, der für das musikalische Programm verantwortlich zeichnete.[48] Die Vereinigung veranstaltete in den Wintermonaten an Dienstagabenden musikalische Unterhaltungen, die „gegen ein mäßiges Abonnement"[49] zugänglich waren. Das Publikum dürfte überwiegend aus Mittelstand und Adeligen bestanden haben, die das Hotel regelmäßig frequentierten.

Neben Kammermusik mit Klavier oder Streichinstrumenten wurde „zeitweise [...] auch eine größere Produktion mit vollem Orchester" gegeben, an der sowohl Dilettant*innen als auch Berufsmusiker, darunter Schuppanzigh mit seinem Quartett, mitwirkten. Als Beispiel für das größer besetzte Repertoire führt Sonnleithner die Aufführung von *Christus am Ölberge* unter der Leitung von Beethoven an, an der er selbst als Chorsänger mitwirkte. Die Solopartien übernahmen die Dilettant*innen Therese Klieber (1796 – nach 1822), Mathias Tuscher (ca. 1775–1860) und Josef Johann Götz (1787–1822), die auch in den folgenden Jahren eine aktive Rolle im Wiener Konzertleben einnahmen: Die Sopranistin Klieber, eine „eben so rühmliche als bescheidene Sängerinn und Dilettantinn"[50], war erstmals 1810 in einem Konzert der Tonkünstler-Societät als Solistin in Haydns *Schöpfung* in Erscheinung getreten und zwischen 1812 und 1817 regelmäßig als Solistin in Oratoriendarbietungen zu hören.[51] Auch bei der ersten Aufführung von Beethovens *Christus am Ölberge* durch die Tonkünstler-Societät im Frühjahr 1817 wirkte sie als Solistin. Der Bassist Götz, Beamter bei Josef II. Johann Nepomuk Fürst Schwarzenberg und seit Anfang 1813 in dessen Wiener Hofkanzlei tätig,[52] trat 1815 als Solist bei den Aufführungen des *Messias* durch die Gesellschaft der Musikfreunde auf.[53] Das Tenorsolo übernahm der k. k. Magistratsrath Tuscher,[54] der zum Kreis der ersten Reprä-

---

48   Zu den Brüdern Eppinger siehe Clive, S. 100 f.
49   SMS VI, S. 305 f.
50   „Miscellen", in *Allgemeine musikalische Zeitung mit besonderer Rücksicht auf den österreichischen Kaiserstaat* 3/9 (1819), 30. Januar, Sp. 72.
51   Carl Ferdinand Pohl, *Denkschrift aus Anlass des hundertjährigen Bestehens der Tonkünstler-Societät*, Wien 1871, S. 68–70.
52   Jiří Záloha, „Josef Götz und Josef Barth. Zwei Schubert-Sänger böhmischer Herkunft", in *Studien zur Musikwissenschaft* 30 (1979), S. 263–276. Im Jahr 1821 verließ Götz den fürstlichen Dienst, um k. k. Hofkapellsänger zu werden.
53   Carl Ferdinand Pohl, *Die Gesellschaft der Musikfreunde des österreichischen Kaiserstaates und ihr Conservatorium*, Wien 1871, S. 96.
54   „Verstorbene", in *Wiener Zeitung* 171 (1860), 21. Juli, S. 2958.

sentanten der Gesellschaft der Musikfreunde gehörte und 1818, gemeinsam mit Götz, erneut in deren Repräsentantenkörper gewählt wurde.[55]

Schon ein Jahr nach der von Sonnleithner beschriebenen Aufführung war Beethovens Oratorium erneut am selben Ort und durch dieselben Ausführenden zu hören: Es spielte ein „aus Dilettanten bestehende[s] Orchester"[56] mit Ignaz Schuppanzigh als Konzertmeister unter der Leitung von Beethoven. Emanuel Eppinger bewarb die musikalische Akademie am 5. März 1815 in den Tagen zuvor ausführlich in der *Wiener Zeitung*.[57] Er trat selbst als Veranstalter auf, sodass eine Organisation durch den Kreis der „Reunion" naheliegend ist. Wie bereits bei verschiedenen musikalischen Veranstaltungen zuvor nutzte Eppinger die Akademie, um deren Erträge für patriotische Anliegen zu spenden: Der Erlös aus den Eintrittsgeldern sollte einem „wohlthätigen militarischen [sic] Zweck, dessen nähere Bezeichnung sich vorbehalten wird, gewidmet"[58] werden. Dabei konnte Eppinger auf die Anwesenheit eines zahlungskräftigen Publikums im Rahmen des Wiener Kongresses hoffen.[59] Die Einnahmen flossen wohl in den neu errichteten Fonds zur Unterstützung österreichischer Militär-Invaliden.[60]

Während die Aufführung des Jahres 1815 – ebenso wie zahlreiche weitere Konzerte im Hotel Zum römischen Kaiser – durch Ankündigungen und Erwähnungen in der Presse gut dokumentiert ist, finden sich für die von Sonnleithner beschriebene Darbietung 1814 keine derartigen Quellen. Denkbar ist durchaus, dass Sonnleithner sich in seinen knapp 50 Jahre später verfassten „Skizzen" im Jahr irrte und es sich lediglich um eine Aufführung handelte. Dafür sprechen neben der fehlenden Erwähnung in der *Wiener Zeitung* die nah beieinanderliegenden Aufführungsdaten Anfang März. (Allerdings passt das

55   Pohl, *Gesellschaft der Musikfreunde* (wie Anm. 53), S. 5; „Inländische Nachrichten", in *Österreichischer Beobachter* 200 (1818), 19. Juli, S. 1071 f. Ein besonderes Vertrauensverhältnis Beethovens zu Tuscher zeigte sich 1819 auch darin, dass Tuscher zeitweise die Vormundschaft für Beethovens Neffen Karl übernahm, vgl. TDR 4, S. 139–143.
56   „Oratorium von Beethoven", in *Wiener Zeitung* 60 (1815), 1. März, S. 239; 62 (1815), 3. März, S. 248 (statt S. 245, wie bei Mühlenweg, *Christus am Oelberge* [wie Anm. 7], S. 163).
57   Ebd.
58   Ebd.
59   HHStA, Zeremoniell Protokoll 1814 und 1815, abgedruckt als „The Congress of Vienna, Day by Day", in *Danmark og den dansende Wienerkongres. Spillet om Danmark / Denmark and the Dancing Congress of Vienna. Playing for Denmark's Future*, Kopenhagen 2002, S. 288–327, hier S. 316; auch zit. in Mathew, *Political Beethoven* (wie Anm. 13), S. 113. Zu karitativen und „patriotischen" Akademien während des Wiener Kongresses siehe Michael Ladenburger, „Der Wiener Kongress im Spiegel der Musik", in Lodes/Raab, *Beethovens Vokalmusik und Bühnenwerke* (wie Anm. 1), S. 257–276, hier S. 259 f.
60   „Wien", in *Wiener Zeitung* 99 (1815), 9. April, S. 389. Zu patriotisch motivierten Spenden Eppingers siehe auch Constantin von Wurzbach, *Biographisches Lexikon des Kaiserthums Oesterreich*, Bd. 4, Wien 1858, S. 59; „Emanuel Eppinger", in *Oesterreichischer Bürger-Kalender für das Jahr 1847*, Wien 1847, S. 22–24.

von Sonnleithner genannte Datum in den Aufführungsturnus der „Reunion"
an Dienstagabenden, während die für 1815 belegte Akademie tatsächlich an
einem Sonntag „um die Mittagsstunde"[61] stattfand.) Zudem weisen sowohl
Vorankündigungen als auch Berichterstattung ausdrücklich auf „den Genuß
der schon lange nicht mehr gehörten herrlichen Musik des Oratoriums"[62] hin,
sodass eine erst im vorangegangenen Jahr erfolgte Aufführung bei der verhält-
nismäßig unregelmäßigen Darbietung von *Christus am Ölberge* als zeitlich zu
nahe erscheint, um eine derartige Aussage zu rechtfertigen.

In einem ähnlichen musikalischen Zirkel war Beethovens Oratorium in unmit-
telbarer zeitlicher Nähe, jedoch in einem nicht-kommerziellen Kontext, erneut
zu hören: Nur eine Woche nach der Aufführung im Hotel Zum römischen Kaiser
wurde *Christus am Ölberge* am 12. März 1815 im Haus der bürgerlichen Familie Hochenadl gegeben.[63] Die Wohnung des Hofkriegs-Vizebuchhalters Joseph
Hochenadl (1754/55–1842) im sogenannten Bürgerspital (Stadt Nr. 1100, heute:
1., Block zwischen Kärntner Straße, Lobkowitzplatz und Gluckgasse)[64] war
zwischen ca. 1810 und 1824/25 Aufführungsort regelmäßiger musikalischer
Geselligkeiten, die zwischen Mitte November und Ostern sonntags zur Mittags-
zeit stattfanden.[65] Veranstaltet wurden die Konzerte von Hochenadls Tochter
Katharina (1785–1861), die als Pianistin, Sängerin und Musiklehrerin tätig war.
Zu den Ausführenden zählten sowohl Berufsmusiker*innen als auch dilettie-
rende Bürgerliche, vor allem des Beamtenstandes, die gleichzeitig einen Teil
des Publikums bildeten. Unter den von Sonnleithner angeführten regelmäßigen Mitwirkenden finden sich der Tenor Tuscher und der Bassist Götz, die

---

61   „Oratorium von Beethoven" (wie Anm. 56).
62   „Tagsblatt", in *Friedensblätter. Eine Zeitschrift für Leben, Literatur und Kunst* 2/29 (1815), 9. März,
     S. 116; ähnlich auch in „Oratorium von Beethoven" (wie Anm. 56); „Korrespondenz-Nachrich-
     ten. Wien, am 23. März", in *Morgenblatt für gebildete Stände* 90 (1815), 15. April, S. 359 f., hier
     S. 360.
63   Rosenbaum, Tagebucheintrag vom 12. März 1815, Bd. 8, fol. 50ᵛ, zit. nach Prokop, *Die Tagebü-
     cher* (wie Anm. 34). Zwar war bekannt, dass auch Beethovens Oratorium im Hause Hochenadl
     aufgeführt wurde; da jedoch ein konkretes Datum bisher fehlte, findet sich die Darbietung
     nicht in der Aufführungsliste von Mühlenweg, *Christus am Oelberge* (wie Anm. 7), S. 141.
64   Die Wohnung des Hochenadls befand sich im Hof 5, 9. Stiege, 3. Stockwerk, siehe SMS I, S. 739.
65   SMS I, S. 739–741. Zu Oratorienaufführungen im Hause Hochenadl siehe auch Blanken, *Wiener
     Oratorium* (wie Anm. 3), S. 255–259; Christine Pollerus, Art. „Hochenadl (Hochenadel, Hohe-
     nadel, Hohenadl), Katharina", in *Österreichisches Biographisches Lexikon ab 1815*, 2. überarbei-
     tete Auflage online (2016), <https://doi.org/10.1553/0x00347835> (20.03.2023); Herfrid Kier,
     Raphael Georg Kiesewetter (1773–1850). Wegbereiter des musikalischen Historismus, Regensburg
     1968 (Studien zur Musikgeschichte des 19. Jahrhunderts 13), S. 84–86. Zu den Praktiken der
     Salonkultur und musikalischen Geselligkeit in Wien um 1800 siehe auch den Beitrag von
     Melanie Unseld im vorliegenden Band.

bereits im Hotel Zum römischen Kaiser die Solopartien der Aufführung(en) von *Christus am Ölberge* übernommen hatten.[66] Nachdem anfangs ein kammermusikalisches Repertoire gepflegt wurde, standen bald umfangreichere Werke, insbesondere Oratorien und Kantaten unter anderem von Händel im Fokus. Auch diese wurden jedoch in kleiner Besetzung, mit einer durch ein Violoncello verstärkten Klavierbegleitung gegeben.[67] Den Schwerpunkt des aufgeführten Repertoires bildeten damit Werke „der klassischen Musik", „welche zu hören man damals in Wien nirgends Gelegenheit hatte", wie Sonnleithner in seinen Erinnerungen mehrfach betont.[68] *Christus am Ölberge* zählte – neben Andreas Rombergs erst 1809 uraufgeführter Kantate *Das Lied von der Glocke* – mit Abstand zu den jüngsten Werken, die in diesem Rahmen zur Aufführung gebracht wurden.[69] Da die einzelnen Kompositionen „von Zeit zu Zeit wiederkehrten, so waren sie trefflich einstudirt, den Mitwirkenden sowie den Stammgästen unter den Zuhörern genau bekannt, und gewährten daher einen seltenen Kunstgenuß in einer für ernste Musik wenig günstigen Zeitperiode".[70] Joseph Carl Rosenbaum (1770–1829), ehemaliger Stallrechnungsführer von Nikolaus II. Fürst Esterházy, der bereits in den Wintern 1812/13 und 1813/14 die Hauskonzerte der Familie Hochenadl besucht hatte, beschrieb auch die Darbietung von *Christus am Ölberge* in seinem Tagebuch als eine „gute Aufführung".[71]

Ausblick

Im Gegensatz zu Haydn noch wenige Jahre zuvor konnte Beethoven für die Aufführung(en) seines Oratoriums *Christus am Ölberge* nicht mehr von den etablierten Strukturen der Gesellschaft der associierten Cavaliers und der Tonkünstler-Societät profitieren. Einen Versuch, sein Werk zeitnah im Programm der prestigeträchtigen Tonkünstler-Akademien zu platzieren, unternahm er durchaus: Unmittelbar nach der Revision seines Oratoriums schlug Beethoven

---

66 SMS I, S. 741.

67 Katharinas Bruder, der Rechnungsrat Thomas Hochenadl (1788/89–1853), wirkte als Cellist an den Hausmusiken der Familie mit. Die Klavierauszüge für die Aufführung der Oratorien wurden teilweise von Raphael Georg Kiesewetter eingerichtet.

68 SMS I, S. 740.

69 Niedermüller verweist darauf, dass die Aufführungen bei Hochenadl zwar Teile des öffentlichen Konzertlebens kopierten, jedoch nur in begrenztem Ausmaß auf „großformatige neue Kompositionen zurückgreifen" konnten, siehe Niedermüller, *Funktionen des Konzertlebens* (wie Anm. 27), S. 74 u. 78.

70 SMS I, S. 740.

71 Rosenbaum, Tagebucheintrag vom 12. März 1815 (wie Anm. 63). Die Uraufführung des Oratoriums hatte Rosenbaum zwar zur Kenntnis genommen, jedoch nicht selbst besucht; da er das Werk bis 1815 nicht mehr erwähnt, könnte er das Oratorium in diesem Rahmen zum ersten Mal gehört haben.

es der Societät Anfang 1804 für deren Frühjahrsakademien vor. Die Aufführung konnte jedoch aufgrund von nicht näher erläuterten „unübersteiglichen Hindernisse[n]"[72] nicht realisiert werden; stattdessen führte Mayer *Christus am Ölberge* in seiner Akademie am 27. März 1804 auf.

Auch vonseiten der Aristokratie scheint Beethovens Oratorium trotz des offensichtlich weiterhin bestehenden Interesses einzelner Adeliger an dieser Gattung – die von Aristokraten organisierten „Liebhaber Concerte" endeten 1808 etwa mit einer triumphalen Aufführung der *Schöpfung*[73] – keine besondere Aufmerksamkeit erfahren zu haben. Aufführungen von *Christus am Ölberge* durch den hohen Adel sind nicht bekannt, was angesichts des ansonsten stark protegierten Schaffens Beethovens durch seine aristokratischen Mäzene, darunter auch ehemalige Mitglieder der Gesellschaft der associierten Cavaliers, erstaunt. Einzig Karl Fürst Lichnowsky (1761–1814) setzte sich wiederholt für das Werk ein, indem er nach Aussage von Ferdinand Ries durch die Verköstigung der Mitwirkenden zum Gelingen der Probenarbeit und damit mittelbar auch der Uraufführung selbst beitrug.[74] Zudem unterstützte er (erfolglos) Beethovens Bemühungen um eine zeitnahe Publikation des Oratoriums.[75]

Ohne strukturelle Unterstützung waren die Aufführungen von *Christus am Ölberge* umso stärker von der Initiative Einzelner abhängig. Schon die Uraufführung organisierte Beethoven selbst. Alle weiteren Darbietungen im ersten Jahrzehnt fanden im unmittelbaren künstlerischen Umfeld Beethovens statt, sie wurden mit den Berufsmusikern Schuppanzigh, Mayer und Clement sowie dem Unternehmer Eppinger durch Akteure aus seinem persönlich-beruflichen Netzwerk initiiert.[76] Die Drucklegung ermöglichte zudem eine größere Verbreitung des Oratoriums auch abseits des kommerziellen Konzertlebens, die sich in der Aufführung im Hause Hochenadl widerspiegelt. Die Familie

---

72 Protokoll der Sitzung am 24. Februar 1804, datiert 23. März 1804, zit. nach Rita Steblin, „Beethoven Mentions in Documents of the Viennese Tonkünstler-Societät, 1795 to 1824", in *Bonner Beethoven-Studien* 10 (2012), S. 139–188, hier S. 178, Faksimile S. 148. Auch zitiert in Pohl, *Denkschrift* (wie Anm. 51), S. 49. Rita Steblin weist darauf hin, dass Beethoven die Musikalien bereits vor der Protokollegung am 23. März 1804 von der Tonkünstler-Societät, der diese zur Beurteilung vorlagen, zurückverlangt haben musste, damit das Werk in Mayers Akademie aufgeführt werden konnte (Steblin, „Beethoven Mentions", S. 147 u. 160).

73 Zu dieser Konzertreihe vgl. Stefan Weinzierl, „Die *Liebhaber Concerte* der Saison 1807/08 als Prototyp des modernen Symphoniekonzerts", in *1808 – ein Jahr mit Beethoven*, hrsg. von Ute Jung-Kaiser und Matthias Kruse, Hildesheim u. a. 2008 (Wegzeichen Musik 3), S. 249–266; Otto Biba, „Beethoven und die ‚Liebhaber Concerte' in Wien im Winter 1807/08", in *Beiträge '76–78. Beethoven Kolloquium 1977. Dokumentation und Aufführungspraxis*, hrsg. von Rudolf Klein, Kassel u. a. 1978, S. 82–93.

74 Wegeler/Ries, S. 76 f.

75 Siehe Mühlenweg, *Christus am Oelberge* (wie Anm. 7), S. 98 f.

76 Vor der Publikation bedingte nicht zuletzt auch die Bereitstellung des Notenmaterials die Möglichkeiten einer Aufführung; vgl. Steblin, „Beethoven Mentions" (wie Anm. 72), S. 147 u. 159 f.; Mühlenweg, *Christus am Oelberge* (wie Anm. 7), S. 107–111.

gehörte zwar nicht mehr zum direkten Umfeld Beethovens, ihre musikalischen Geselligkeiten speisten sich jedoch aus denselben musikinteressierten Wiener Netzwerken. Beethovens Oratorium fand somit zunächst in einem Geflecht persönlicher Beziehungen zwischen Musiker*innen, Organisator*innen und Musikliebhaber*innen Verbreitung, die gemeinsam an unterschiedlichen Initiativen des Musiklebens dieser Zeit partizipierten.

Die Realisierung von Aufführungen von *Christus am Ölberge* durch unterschiedliche Akteure dieses Netzwerks führte zugleich zu einer Erschließung neuer Aufführungskontexte und -räume, die vielfach zuvor erst vereinzelt für Oratorienaufführungen genutzt worden waren. Die bereits in der zweiten Hälfte des 18. Jahrhunderts zu beobachtende „institutionelle Verweltlichung"[77] der Gattung Oratorium setzte sich dabei fort: Aufführungsorte waren mit den Gastlokalsälen im Augarten und im Hotel Zum römischen Kaiser nun auch dezidierte Orte des Vergnügens und bei den Aufführungsdaten im Hochsommer löste sich jeglicher Konnex zum Kirchenjahr auf. Neben den bereits etablierten Akademien der Tonkünstler-Societät im Burgtheater und den vermehrt stattfindenden Wohltätigkeitskonzerten im Großen Redoutensaal, konnte sich auch das Theater an der Wien – nicht zuletzt dank des Impulses durch *Christus am Ölberge* – Anfang des 19. Jahrhunderts als Aufführungsort für Oratorien etablieren.

Erst ab 1815, in einer Zeit, in der das Oratorium im Wiener Konzertleben eine zentrale Rolle einnahm,[78] und möglicherweise auch befördert durch Beethovens nochmals gesteigerte Popularität infolge des Wiener Kongresses,[79] fand *Christus am Ölberge* Eingang in die Programme der Wiener Konzertinstitutionen: Ende 1815 war das Oratorium in der seit 1801 jährlich veranstalteten Akademie zugunsten des Bürgerspitals in St. Marx erneut in Wien zu hören.[80] In den folgenden Jahren wurde Beethovens Oratorium im Frühjahr 1817 durch die Tonkünstler-Societät,[81] 1821 im Rahmen der neu begründeten Concerts

77   Günther Massenkeil, *Oratorium und Passion*, Laaber 1999 (Handbuch der musikalischen Gattungen 10), Bd. 2, S. 56.
78   Dazu z. B. David Wyn Jones, „„What Noble Simplicity, What Strength and, Certainly, Melody This Music Has.' Handel's reputation in Beethoven's Vienna", in *Händel-Jahrbuch* 63 (2017), S. 73–86, v. a. S. 80–86.
79   Steblin, „Beethoven Mentions" (wie Anm. 72), S. 161; Ladenburger, „Der Wiener Kongress" (wie Anm. 59), S. 266–274.
80   „Wien", in *Wiener Zeitung* 6 (1816), 6. Januar, S. 21.
81   Joseph Eybler schlug noch zu Lebzeiten Beethovens dessen Oratorium 1824 erneut zur Aufführung vor; stattdessen wurden jedoch die *Jahreszeiten* gegeben, siehe Steblin, „Beethoven Mentions" (wie Anm. 72), S. 166.

spirituels und 1823 durch die Gesellschaft der Musikfreunde aufgeführt.[82] Das
Werk fand damit in den Jahren nach dem Ende der Napoleonischen Kriege und
dem Wiener Kongress eine gewisse Verbreitung im Wiener Konzertleben, das
maßgeblich von den kulturpolitischen Bestrebungen Ignaz von Mosels (1772–
1844) geprägt wurde: Der Gattung Oratorium als „public demonstration of the
power of a participatory culture", die in öffentlichen Institutionen wie der
Tonkünstler-Societät und der Gesellschaft der Musikfreunde in einer gemeinsamen Anstrengung von Bürgertum und Adel gepflegt wurde, kam in Mosels
Vision eines patriotisch-österreichischen Musiklebens eine herausgehobene
Bedeutung zu.[83]

Das rege öffentliche Interesse am Oratorium führte in den Folgejahren wiederholt zu dem Versuch, auch von Beethoven einen weiteren Beitrag zu dieser
Gattung zu erhalten:[84] Schon kurz nach ihrer Gründung gab die Gesellschaft der
Musikfreunde 1815 ein neues Oratorium bei ihm in Auftrag. Beethoven selbst
bot der Tonkünstler-Societät unmittelbar nach der Aufführung von *Christus
am Ölberge* im April 1817 die unentgeltliche Komposition eines weiteren Oratoriums an, sollte ihm die Societät ein geeignetes Libretto vermitteln. Diese – und
weitere – Oratorienpläne Beethovens nach *Christus am Ölberge* wurden jedoch
bekanntlich nie realisiert.

---

82   Siehe Mühlenweg, *Christus am Oelberge* (wie Anm. 7), S. 141–144. Bei der von Mühlenweg
     angeführten Wiener Aufführung des Jahres 1822 handelt es sich tatsächlich um ein Konzert
     der Laibacher Philharmonischen Gesellschaft, das in Laibach/Ljubljana stattfand; vgl. „Cor-
     respondenz-Nachrichten. Aus Laibach. (Beschluß.)", in *Allgemeine Theaterzeitung und Unter-
     haltungsblatt für Freunde der Kunst, Literatur und des geselligen Lebens* 16/50 (1823), 26. April,
     S. 200.
83   Dazu in jüngerer Zeit: David Wyn Jones, „Shared Identities and Thwarted Narratives: Beet-
     hoven and the Austrian *Allgemeine musikalische Zeitung*, 1817–1824", in *Beethoven Studies* 4,
     hrsg. von dems. und Keith Chapin, Cambridge 2020, S. 166–188, v. a. S. 175–180, hier S. 176. Ich
     danke David Wyn Jones, dass er mir den Text freundlicherweise bereits vor der Publikation
     zur Verfügung stellte. Siehe auch Theophil Antonicek, „‚Vergangenheit muß unsre Zukunft
     bilden.' Die patriotische Musikbewegung in Wien und ihr Vorkämpfer Ignaz von Mosel",
     in *Revue belge de Musicologie / Belgisch Tijdschrift voor Muziekwetenschap* 26/27 (1972/1973),
     S. 38–49.
84   Zum Kompositionsauftrag der Gesellschaft der Musikfreunde siehe Michael Ladenburger,
     „Beethoven und die Gesellschaft der Musikfreunde in Wien. Mitteilungen zum Oratorium
     ‚Der Sieg des Kreuzes' oder: Das Verdienst der Geduld", in *Festschrift Leopold M. Kantner zum
     70. Geburtstag*, hrsg. von Michael Jahn und Angela Pachovsky, Tutzing 2002 (Studien zur
     Musikwissenschaft 49), S. 253–298. Zum Kompositionsangebot an die Tonkünstler-Societät
     siehe Steblin, „Beethoven Mentions" (wie Anm. 72), S. 161–166. Zu weiteren Oratorienplänen
     siehe LvBWV 2, S. 621–632; Blanken, *Wiener Oratorium* (wie Anm. 3), S. 44–47 (Kap. „‚Christus
     am Ölberg' im Kontext anderer Oratorienpläne Beethovens"); Hermann Ullrich, „Ludwig van
     Beethovens letzte Oratorienpläne. Eine Studie", in *Studien zur Musikwissenschaft* 33 (1982),
     S. 21–41.

ABSTRACT

Opening Up New Spaces in the Personal Network.
Performances of *Christus am Ölberge* in Vienna in the Early 19th Century

When Beethoven completed his oratorio *Christus am Ölberge* in 1803, he could no longer benefit from the structures of an aristocratic oratorio cultivation that had led to the performances of Haydn's oratorios around 1800 just a few years earlier. Thus, performances of Beethoven's oratorio were highly dependent on the initiative of individuals from his Viennese circle. The premiere of *Christus am Ölberge* and following academies featuring the oratorio organized by Beethoven's colleagues (Friedrich Sebastian Mayer, Franz Clement) contributed significantly to establishing the Theater an der Wien as a performance venue for oratorios in early 19th-century Vienna. Further performances were also achieved exclusively by musicians and organizers from Beethoven's broad professional and personal network (Ignaz Schuppanzigh, Emanuel Eppinger, Katharina Hochenadl). They mostly took place at venues which had rarely seen oratorio performances before (Garden Hall of the Augarten, Hotel "Zum römischen Kaiser"). This chapter demonstrates how the first eight performances of *Christus am Ölberge* in Vienna between 1803 and 1815 were organized exclusively within Beethoven's immediate circle, resulting in new performance venues and contexts.

Tab. 1: Großbesetzte Vokalwerke in den Akademien im Theater an der Wien 1801–1812[85]

Datum	Normatag	Veranstalter*in / Begünstigte*r	Komponist / Bearbeiter
25. Mär 1802	Mariä Verkündigung	Kinder-Kranken-Institut	Joseph Haydn
15. Nov 1802	Leopoldi	?	–
25. Mär 1803	Mariä Verkündigung	?	Franz Xaver Süßmayr
5. Apr 1803	Kardienstag	Ludwig van Beethoven	Ludwig v. Beethoven
26. Mär 1804	Karmontag	Georg Joseph Vogler	Georg Joseph Vogler
27. Mär 1804	Kardienstag	Friedrich Sebastian Mayer	Ludwig v. Beethoven
15. Nov 1804	Leopoldi	Orchestermitglieder	?
25. Mär 1805[86]	Mariä Verkündigung	Franz Teyber	Franz Teyber[87]
7. Apr 1805	Palmsonntag	Franz Clement	Joseph Haydn
8. Apr 1805	Karmontag	Constanze Mozart / Franz Xaver Mozart	Franz Xaver Mozart
9. Apr 1805	Kardienstag	Theater-Armenfonds	Wolfgang A. Mozart
25. Mär 1806	Mariä Verkündigung	Philipp Teimer	–
31. Mär 1806	Karmontag	Friedrich Sebastian Mayer	Georg F. Händel / Wolfgang A. Mozart
15. Nov 1806	Leopoldi	Theater-Armenfonds	Georg F. Händel / Wolfgang A. Mozart

85 Die Tabelle enthält nur als „Akademie" bezeichnete Veranstaltungen, nicht jedoch (szenische) Opernaufführungen, die das Theater ebenfalls zum Besten seiner „Armen" gab. Die Angaben basieren auf der ausführlichen Spielplanübersicht in Anton Bauer, *150 Jahre Theater an der Wien*, Zürich u. a. 1952, den überlieferten Theaterzetteln des Theater an der Wien (A-Wtm, Sign. 147.449) sowie ergänzend auf Ankündigungen und Berichterstattung in der Presse.

86 Blanken gibt fälschlicherweise den 15. April 1805 als Datum an, Blanken, *Wiener Oratorium* (wie Anm. 3), S. 312.

87 Über Identität und Autorschaft des Oratoriums herrscht in der Literatur einige Verwirrung. Bauer schreibt das Oratorium irrtümlicherweise Peter von Winter (1754–1825) zu (Bauer, *Theater an der Wien* [wie Anm. 85], S. 278), dessen gleichnamige Komposition jedoch erst 1813 in München erstmals aufgeführt wurde, siehe Martin Geck, *Deutsche Oratorien 1800 bis 1840. Verzeichnis der Quellen und Aufführungen*, Wilhelmshaven 1971 (Quellen-Kataloge zur Musikgeschichte 4), S. 38. Die *Allgemeine musikalische Zeitung* berichtet über die Akademie des „Herr[n] Teyber" im Theater an der Wien ausdrücklich, dass „ein Oratorium von seiner Komposition: Der sterbende Jesus" gegeben worden sei, „Nachrichten. Wien, den 5ten April", in *AmZ* 7/29 (1805), 17. April, Sp. 469. Blanken identifiziert den Komponisten als Anton Teyber (1756–1822), den Bruder Franz Teybers, siehe Blanken *Wiener Oratorium* (wie Anm. 3), S. 312. Zudem setzt sie die genannte deutschsprachige Komposition *Der sterbende Jesus* mit der italienischen *La passione di Gesù Cristo* gleich, einem um 1790/1792 entstandenen

Titel	Theater-zettel	Programmzusammensetzung
Die Schöpfung		Oratorium
–	x	gemischtes Programm
Moses oder Der Auszug aus Ägypten	x	Bühnen-‚Oratorium'/ Oper (konzertant)
Christus am Ölberge		Oratorium in gemischtem Programm
Trichordium und Trias Harmonica oder Lob der Harmonie; Israels Gebet zu Jehova	x	Kantate(n) in gemischtem Programm
Christus am Ölberge	x	Oratorium in gemischtem Programm
?		?
Der sterbende Jesus		Oratorium in gemischtem Programm
Der Sturm	x	gemischtes Programm mit Chorsatz
Kantate zu Haydns 73. Geburtstag	x	Kantate in gemischtem Programm
Requiem		Requiem in gemischtem Programm
–	x	gemischtes Programm
Der Messias	x	Oratorium
Der Messias	x	Oratorium

Oratorium Antons. Die *MGG* nennt zwar ein nicht überliefertes Oratorium *Der sterbende Jesus* von Franz Teyber, gibt jedoch als mögliche Entstehungszeit das Jahr 1810 an, siehe Christian Fastl, Art. „Teyber, Franz", in *MGG Online* (2006/2016), <https://www.mgg-online.com/mgg/stable/371949> (27.07.2020). Diese Annahme basiert offensichtlich auf der Angabe Constantin von Wurzbachs, der das Oratorium als „eine seiner [= Franz'] letzten Arbeiten, aufgeführt am Theater der Leopoldstadt in Wien, zum Besten der musikalischen Witwen- und Waisen-Societät" beschreibt, siehe Constantin von Wurzbach, *Biographisches Lexikon des Kaiserthums Oesterreich*, Bd. 44, Wien 1882, S. 111. Zwar war Franz von 1807 bis 1810 am Leopoldstädter Theater engagiert, doch führte die Tonkünstler-Societät sein Werk nie auf. Peter Branscombe vermutet, dass das von Wurzbach genannte Werk mit dem am 25. März 1810 im Theater in der Leopoldstadt aufgeführten Oratorium *Die sieben Worte des Heilands* identisch sei, siehe Peter Branscombe, Art. „Teyber family", in *Grove Music Online* (2001), <https://doi.org/10.1093/gmo/9781561592630.article.27759> (27.07.2020); s. a. Blanken, *Wiener Oratorium*, S. 314. Dabei handelte es sich jedoch um Haydns Komposition, siehe Rudolph Angermüller, *Wenzel Müller und „sein" Leopoldstädter Theater. Mit besonderer Berücksichtigung der Tagebücher Wenzel Müllers*, Wien u. a. 2009 (Wiener Schriften zur Stilkunde und Aufführungspraxis 5), S. 210. Tatsächlich dürfte es sich bei dem in einer Akademie des Kapellmeisters Franz Teyber 1805 aufgeführten Oratorium um eine eigenständige Komposition des zu dieser Zeit noch am Theater an der Wien tätigen Komponisten handeln, siehe auch „Geschichtliche Rückblicke", in *Neue Wiener Musik-Zeitung* 3/45 (1854), 9. November, S. 192.

Datum	Normatag	Veranstalter*in / Begünstigte*r	Komponist / Bearbeiter
23. Dez 1806	Weihnachten	Franz Clement	Georg F. Händel / Wolfgang A. Mozart
22. Mär 1807	Palmsonntag	Friedrich Sebastian Mayer	Georg F. Händel / Wolfgang A. Mozart
23. Mär 1807	Karmontag	Philipp Teimer	Johann N. Hummel
24. Mär 1807	Kardienstag	Theater-Armenfonds	?
22. Dez 1807	Weihnachten	minderes Theaterpersonal	Georg F. Händel / Wolfgang A. Mozart
23. Dez 1807	Weihnachten	Franz Clement	?
11. Apr 1808	Karmontag	Friedrich Sebastian Mayer	Wolfgang A. Mozart
12. Apr 1808	Kardienstag	Theater-Armenfonds	Wolfgang A. Mozart
22. Dez 1808	Weihnachten	Ludwig van Beethoven	Ludwig v. Beethoven
23. Dez 1808	Weihnachten	Franz Clement	Ludwig v. Beethoven
26. Mär 1809[91]	Palmsonntag	Theater-Armenfonds	Georg F. Händel / Wolfgang A. Mozart
8. Sep 1809	Mariä Geburt	Theater-Armenfonds	Georg F. Händel / Wolfgang A. Mozart
24. Dez 1809[92]	Weihnachten	Franz Clement	Ludwig v. Beethoven
23. Dez 1811	Weihnachten	Friedrich Sebastian Mayer	Georg F. Händel / Wolfgang A. Mozart
22. Mär 1812	Palmsonntag	Franz Clement	Andreas Romberg

88 Möglicherweise wurde in dieser Akademie die Kantate *Die Rückkehr des Vaters* mit Musik von Ignaz von Seyfried und Anton Fischer erstmals aufgeführt, siehe „Nachrichten. Wien, den 6ten April", in *AmZ* 9/30 (1807), 22. April, Sp. 482.
89 Mayer kündigte Mozarts Kantate als „ein seltenes Werk des unvergeßlichen Meisters" an, „welches in dieser Kaiserstadt noch nie gehört worden ist" (Anschlagzettel, A-Wtm, Sign. 147.449). Tatsächlich war die Kantate bereits 1785 in den Frühjahrskonzerten der Tonkünstler-Societät in Wien aufgeführt worden, siehe Pohl, *Denkschrift* (wie Anm. 51), S. 58.
90 Das Programm wurde in der *AmZ* 11/17 (1809), 25. Januar, Sp. 267, abgedruckt.
91 Morrow und Blanken geben das Datum irrtümlicherweise mit 27. März an, siehe Mary Sue Morrow, *Concert life in Haydn's Vienna. Aspects of a Developing Musical and Social Institution*, Stuyvesant 1989 (Sociology of Music 7), S. 354; Blanken, *Wiener Oratorium* (wie Anm. 3), S. 314.
92 Bauer gibt fälschlicherweise den 23. Dezember als Datum an, Bauer, *Theater an der Wien* (wie Anm. 85), S. 287.

Titel	Theater-zettel	Programmzusammensetzung
zwei Chöre aus: *Ode auf St. Caecilia*	x	gemischtes Programm mit Chorsatz
Das Alexanderfest	x	Ode
Das Lob der Freundschaft	x	Kantate in gemischtem Programm
? [88]		?
Das Alexanderfest	x	Ode
?		?
Davide penitente [89]	x	Kantate in gemischtem Programm
Davide penitente	x	Kantate in gemischtem Programm
Chorfantasie		Chorwerk in gemischtem Programm [90]
Chorfantasie		Chorwerk in gemischtem Programm
Der Messias		Oratorium
„Hallelujah" aus: *Der Messias*		gemischtes Programm mit Chorsatz
Christus am Ölberge		Oratorium in gemischtem Programm
Acis und Galatea		Serenata in gemischtem Programm
Das Lied von der Glocke		Kantate in gemischtem Programm

Tab. 2: Aufführungen von Beethovens *Christus am Ölberge* in Wien 1803–1815

Datum	Normatag	Ort	Veranstaltung	Veranstalter	Musiker*innen
5. Apr 1803	Kardienstag	Theater an der Wien	Akademie	Ludwig van Beethoven	Ignaz von Seyfried (Leitung) ? Louise Müller (Sopran) ? (Tenor) ? Friedrich Sebastian Mayer (Bass)[93]
21. Jul 1803	Do	Augartensaal	Akademie	Ignaz Schuppanzigh	Ignaz Schuppanzigh (Leitung)
4. Aug 1803	Do		Liebhaberkonzert		Ignaz Schuppanzigh (Leitung)
27. Mär 1804	Kardienstag	Theater an der Wien	Akademie	Friedrich Sebastian Mayer	Louise Müller (Sopran) Matthias Rathmayer (Tenor) Friedrich Sebastian Mayer (Bass)
24. Dez 1809[94]	Heilig Abend		Akademie	Franz Clement	
(1. Mär 1814)[95]	Di, Fastenzeit	Hotel Zum römischen Kaiser	Musikalische Abendunterhaltung	„Reunion" (Emanuel Eppinger)	Ludwig van Beethoven (Leitung) Therese Klieber (Sopran) Mathias Tuscher (Tenor) Joseph Götz (Bass) Leopold von Sonnleithner (Chor)
5. Mär 1815	4. Fastensonntag		Akademie	Emanuel Eppinger („Reunion"?)	Ludwig van Beethoven (Leitung) Ignaz Schuppanzigh (Konzertmeister)
12. Mär 1815	5. Fastensonntag	Wohnung Hochenadl, Bürgerspital	Hauskonzert	Katharina Hochenadl	Katharina Hochenadl (Klavier) Thomas Hochenadl (Violoncello)
25. Dez 1815	Christtag	Gr. Redoutensaal	Akademie	Bürgerspitalfonds	Ludwig van Beethoven (Leitung) Anton Wranitzky (Konzertmeister) Michael Umlauf (Klavier) Antonia Campi (Sopran) Julius Radichi (Tenor) Carl Weinmüller (Bass)

---

93 Die Solist*innen sind nicht überliefert. Alexander Wheelock Thayer schließt von der Besetzung der Aufführung im Theater an der Wien im Jahr 1804 auf die Solist*innen 1803 (TDR 2, S. 387). Allerdings kommt der Tenor Matthias Rathmayer als Solist nicht in Frage, da er am selben Abend nachweislich im Burgtheater sang.

94 Bauer gibt irrtümlicherweise den 23. Dezember als Datum an, siehe Bauer, *Theater an der Wien* (wie Anm. 85), S. 287.

95 Zur Problematik dieses Datums und der Frage, ob es sich tatsächlich um zwei verschiedene Aufführungen im Hotel Zum römischen Kaiser handelt, siehe S. 165 f.

Ankündigungen, Berichte	Literatur (Auswahl)
Rosenbaum *AmZ* (1803), Sp. 458, 489, 590 u. 734 *Cäcilia* (1828), S. 219 f. *Freimüthige* (1803), S. 229 u. 310 f. *Musicalisches Taschen-Buch* (1805), S. 211 *WZ* (1803), S. 1029, 1073 u. 1120 *ZeW* (1803), S. 362–364	TDR 2, S. 384–87 Hanslick, *Geschichte des Concertwesens*, S. 192 Bauer, *Theater an der Wien*, S. 66 u. 272 Blanken, *Wiener Oratorium*, S. 311 Mühlenweg, *Christus am Oelberge*, S. 139
WZ (1803), S. 2750	TDR 2, S. 387 Mühlenweg, *Christus am Oelberge*, S. 139
WZ (1803), S. 2895 Giulietta Guicciardi (BSZ, S. 410)	TDR 2, S. 387 Mühlenweg, *Christus am Oelberge*, S. 139
Theaterzettel	TDR 2, S. 387 Bauer, *Theater an der Wien*, S. 275 Mühlenweg, *Christus am Oelberge*, S. 139
AmZ (1810), Sp. 266 *WZ* (1809), S. 3604	TDR 3, S. 159 Bauer, *Theater an der Wien*, S. 287 Mühlenweg, *Christus am Oelberge*, S. 139
SMS VI, S. 305 f.	Clive, S. 101 Blanken, *Wiener Oratorium*, S. 257 Mühlenweg, *Christus am Oelberge*, S. 141
Friedensblätter (1815), S. 116 *Morgenblatt* (1815), S. 359 f. *WZ* (1815), S. 239 u. 248	TDR 3, S. 489 Clive, S. 101 Mühlenweg, *Christus am Oelberge*, S. 141
Rosenbaum Tagebuch SMS I, S. 740	Blanken, *Wiener Oratorium*, S. 258 Strohmann, „Beethovens neue Räume", S. 365
Rosenbaum Tagebuch *AmZ* (1816), Sp. 78 *WZ* (1815), S. 1407, 1416 u. 1424; (1816), S. 21	TDR 3, S. 528 Mühlenweg, *Christus am Oelberge*, S. 141

Musical Sociability
amongst Nobles and Higher Bourgeoisie

Aristocratic Dance in Beethoven's Vienna

Erica Buurman

The relatively small quantity of music for social dancing within Beethoven's output reflects the changing landscape of social dance practice throughout his lifetime. During his first decade in Vienna, Beethoven's dance compositions include minuets and German dances for the Redoutensäle (WoO 7 and WoO 8) and a set of orchestral contredanses (WoO 14), all of which belonged to the standard dance repertoire of the late-18th-century ballroom. Although he composed no more orchestral dances in his later years, he did contribute two short waltzes (WoO 84–85) and an ecossaise (WoO 86) for collections of keyboard dances published for the carnival season during the 1820s. By this time the minuet and the contredanse had declined in popularity in Viennese society, and the waltz was the dominant social dance form in both public and private dance contexts. The ecossaise, which was popular in the early decades of the 19th century, particularly at small private dance gatherings in the home, was a lively dance performed in sets of multiple couples. It was essentially a more informal version of the contredanse, since its figures did not need to be learned or rehearsed in advance and could even be improvised by the dancers.

The transformation of the social dance repertoire during Beethoven's lifetime mirrored broader shifts in culture and society at the turn of the 19th century. Social historians typically identify the decline of the minuet and the rise of the waltz as the defining trend in social dance practice during this period. Rudolf Braun and David Gugerli view the rise of the waltz as part of a "revolution in dance, movement, and bodily culture" in which naturalness, simplicity, and directness of expression came to be valued over mannered affectations.[1] This transition is also associated with the rise of middle-class cultural values across society as a whole, with the aristocratic minuet giving way to the bour-

---

1 Rudolf Braun and David Gugerli, *Macht des Tanzes – Tanz der Mächtigen: Hoffeste und Herrschafts-zeremoniell 1550–1914* (Munich, 1993), 166–202 (chapter "Der große Umbruch in der Tanz-, Bewegungs- und Körperkultur").

geois waltz.[2] The Congress of Vienna is often viewed as a turning point in this regard, with its famous balls cementing the position of the Viennese waltz in the social dance practice of European nobility.[3]

Theatrical dance saw a similar shift in this period towards more natural and expressive forms of movement. From the middle of the 18th century, Vienna had been a major center in the emergence of *ballet d'action*, with two of its leading exponents, Gasparo Angiolini and Jean-Georges Noverre, employed by the Viennese court theater in the 1760s and 1770s. *Ballet d'action* incorporated pantomime gestures and conveyed dramatic action through dance, and its choreographers deliberately moved away from the large set-pieces in which the dancers formed symmetrical, geometrical patterns, without dramatic purpose, that characterized divertissements of earlier stage works. In the 1790s, Salvatore Viganò's ballet productions introduced further developments to Viennese dance by relying less on pantomimic gestures and emphasizing the whole body as a vehicle for expression. In 1793 Viganò and his wife, Maria Viganò (née Medina) created a stir in Vienna with their "Rosenfarben Pas de deux," in which Maria danced with bare feet and figure-hugging robes reminiscent of ancient Greek iconography. Although Viganò's ballets caused controversies, they attracted a large following from all classes of society.[4] In all areas of the city's dance culture, the defining trend during Beethoven's period was a broad shift away from the stiff mannerisms of earlier social and theatrical dance towards more natural forms of movement and expression.

For music scholars, this shift in dance culture provides a meaningful social context for dance allusions in the music of Beethoven and his contemporaries. Daniel Chua, for instance, views the contrasting characters in the *Allegro ma non tanto* second movement of Beethoven's Quartet Op. 132 as being heightened by the social contexts implied by the different dance styles, with the outer sections evoking a minuet that simulated "the unaffected grace of a Rococo court," in contrast with the "bagpipes, fiddles, and bucolic stamping" in the trio.[5] For Chua, the juxtaposition of these social opposites "jars like a mixed metaphor," in keeping with eclecticism and disintegration in the work as a

---

2   Heinrich Eduard Jacob, for instance, states that "[t]he minuet and the waltz, the dance of the gentleman and the dance of the bourgeois, could not exist side by side; there was eternal hostility between them." Heinrich Eduard Jacob, *Johann Strauss, Father and Son: A Century of Light Music* (New York, 1939), 14.

3   See especially Ruth Katz, "The Egalitarian Waltz," in *Comparative Studies in Society and History* 15/3 (1973), 368–77.

4   Gunhild Oberzaucher-Schüller, "Von 'exaltierten Freigeistern': Viganò und Beethoven (Teil I/1)," in *Wiener Tanzgeschichten Blog* (July 25, 2020), <https://www.tanz.at/index.php/wiener-tanzgeschichten/2360-von-exaltierten-freigeistern-vigano-und-beethoven-teil-i-1-v2> (accessed March 20, 2023).

5   Daniel K. L. Chua, *The "Galitzin" Quartets of Beethoven: Opp. 127, 132, 130* (Princeton, 1995), 109.

whole.[6] The social contrast between the minuet and the waltz also plays out in Beethoven's *Diabelli Variations*, where the final variation takes the form of a minuet that William Kinderman identifies as a "spiritualized reminiscence of Diabelli's country dance."[7] The allusion to the minuet ensures that the sense of reminiscence extends beyond the trajectory of the work; contemporary listeners of Beethoven's generation would have memories of the minuet's heyday in the 18th-century ballroom, and younger listeners would recognize it a historic dance rather than a current one.[8]

Musical interpretations that connect dance types with their social dimension fare best in a strictly hierarchical context, such as that in the ball scene of Mozart's *Don Giovanni*. Mozart assigns different dance types to the characters on stage according to their social status, communicating the three layers of society represented in the scene: a minuet for aristocratic characters (Don Ottavio and Donna Anna), a German dance for the low characters (Masetto and Leporello), and a contredanse for Don Giovanni and Zerlina (whose figures require equal participation from all dancers and therefore temporarily negate the class divide that separates them). Yet this strict hierarchy was not characteristic of the dance culture of Beethoven's lifetime. The noble gestures of courtly dance and behavior were already losing their relevance in ballroom and theatrical dance, and the mixed-class environment of the public ballroom undermined traditional associations of specific dance types with different social classes.

What, then, was the immediate social context for "aristocratic" dance in Beethoven's musical language? Answering this question necessarily involves unpicking two separate contexts: the actual dancing of the aristocracy, and dancing that evokes aristocracy regardless of who is dancing. The latter encompasses the minuet and the polonaise, both of which belonged to the repertoire of the public ballroom during Beethoven's lifetime as well as being recognizable music types. Since dance historians tend to position aristocratic dance culture in Beethoven's lifetime within a general narrative of decline, with middle-class values shaping the dance culture of all classes, a closer look at aristocratic dance at the turn of the 19th century can illuminate class tensions in the culture and society of the period. Furthermore, considering the variety of contexts for aristocratic dance types allows us to move beyond a narrow conception of the relationship between music and its social context, in which dance music derives meaning from contemporary ballroom dance

6   Chua, *The "Galitzin" Quartets*, 109.
7   William Kinderman, *Beethoven's Diabelli Variations* (New York, 1989), 125.
8   See Julian Horton, "Listening to Topics in the Nineteenth Century," in *The Oxford Handbook of Topic Theory*, ed. Danuta Mirka (New York, 2014), 642–64.

practice. A more nuanced understanding of the notion of aristocracy within Viennese dance culture can, as this essay seeks to illustrate, shed light on some of the complex interactions between social classes as the public ballroom was still in its infancy, as it formed a significant context for the musical language of the period.

Aristocratic dance in public and private

When Joseph II decreed in 1772 that Vienna's Redoutensäle were to be opened to the public during the carnival season, the city's ballroom dance culture ceased to belong to the exclusive realm of the aristocracy. The glittering imperial ballrooms, each with their own orchestra, were now open to the wealthy bourgeoisie, and the minuets, German dances, and contredanses of the ballroom repertoire came to be danced by the upper and middle classes alike. Joseph's decree stipulated that any person could attend the carnival balls with the exception of servants wearing livery,[9] though, as the author of the *Neueste Sittengemählde von Wien* noted, this type of obstacle was easily overcome by a change of dress.[10] By the turn of the 19th century, the vast growth in the number of dance halls meant that ballroom dance culture was no longer concentrated in opulent inner-city venues but was also spread throughout the middle-class suburbs.

The Viennese aristocracy, as Joonas Korhonen has noted, responded to the increasing democratization of the city's ballroom dance culture by retreating from public balls.[11] Aristocratic dance culture came to be centered in private gatherings, including court balls in smaller chambers within the Hofburg, and in the palaces of the upper nobility. The result of these broad shifts at the end of the 18th century was that aristocratic dance culture was no longer distinguished from that of the lower classes by its repertoire but by venue and performance context. The minuet, whose long association with the courtly culture of the *ancien régime* extends back to the formal balls at the court of Louis XIV, now belonged to the public dance repertoire and ceased to be a literal marker of nobility. The contredanse similarly functioned as a dance of all classes, though the need for coordination amongst all dancers made it more suitable for small gatherings than the carnival balls in the Redoutensäle, which could

---

9   Reingard Witzmann, *Der Ländler in Wien: Ein Beitrag zur Entwicklungsgeschichte des Wiener Walzers bis in die Zeit des Wiener Kongresses*, Veröffentlichungen der Kommission für den Volkskundeatlas in Österreich 4 (Vienna, 1976), 101–2.
10 Anton Pichler, *Neuestes Sittengemählde von Wien* (Vienna, 1801), 102.
11 Joonas Jussi Sakari Korhonen, "Urban Social Space and the Development of Public Dance Hall Culture in Vienna, 1780–1814", in *Urban History* 40/4 (2013), 606–24.

attract upwards of 3,000 guests at the peak of the season. Only the triple-meter turning dances – the Ländler and the German dance or waltz – marked a clear distinction between the repertoire of aristocratic and middle-class balls. A report in the *Journal des Luxus und der Moden* of a court ball in the Rittersaal of the Hofburg in 1808 noted that the dancing consisted of minuets, ecossaises and contredanses, since "waltzes are excluded from court balls."[12]

Although the nobility preferred to dance in private, they did participate in dancing in public settings on certain ceremonial occasions, when their dancing took the form of formal performances of elite dancers for a public audience. At a public ball at Schönbrunn in 1781, held in honor of Grand Duke Paul of Russia and attended by more than 3,000 people, a group of nobles performed two sets of contredanses in Roman and Tartar costume. Mozart, who was present at the occasion, described the event in a letter to his father, and noted that the public spectators crowded the dancers so closely that the Grand Duchess was pushed forward into the path of the dancers, upon which Emperor Joseph II "began to stamp furiously, cursed like a lazzarone, pushed back a crowd of people and dealt blows right and left."[13] A similar formal dance performance took place at a public masked ball in the Redoutensaal on the occasion of the marriage of Emperor Franz I to Maria Ludovika of Austria-Este in January 1808. According to a report of the ball, a group of 70 aristocrats and principal dancers of the ballet performed a representation of a "procession of the great Mogul" which included a small ballet.[14] An equestrian version of aristocratic dance performances also took place at the famous Carousel in the Winter Riding School during the Congress of Vienna. At the Carousel, 24 "knights" from some of Europe's oldest noble dynasties performed exercises on horseback, as well as an equestrian ballet to musical accompaniment similar to the choreographed displays that are still performed to tourists in the Vienna Hofburg today.

Dance performances by the aristocracy took place in private as well as in public. As John Rice has pointed out, Empress Marie Therese routinely organized festivities for the birthdays and name days of her husband, the Emperor Franz II (I), which typically involved performances of choral or theatrical works specially commissioned for the occasion.[15] Dance played an important role in these occasions, and in some years the main entertainment took the form of a divertissement or ballet. Paul Wranitzky composed several such

---

12   "Miscellen aus Wien," in *Journal des Luxus und der Moden* 23/3 (1808), March, 198: "die Walzer sind von Hofbällen ausgeschlossen."
13   Letter from Mozart to his father of December 5, 1781, cited in *The Letters of Mozart & His Family*, ed. Emily Anderson (London, 1938), iii, letter no. 435.
14   "Miscellen aus Wien," 199.
15   John A. Rice, *Empress Marie Therese and Music at the Viennese Court, 1792–1807* (Cambridge, 2007), 107–9.

works for these court entertainments, including a divertissement titled *Die Binder* for Franz's birthday 1801, and a "ball" (*Ball zum 4ten Octob. 1801*) for his name day in the same year.[16] Rice points out that it is rarely clear who actually danced at these performances, but it is safe to assume that members of the court took part in at least some of the ensemble dances; as Rice notes, "the boundary between performers and audience [...] was often thin and porous."[17] He notes further that Marie Therese almost certainly took part in planning some of the choreography, as evidenced by several choreographic plans that were preserved in her estate.[18] The plans consist of various contredanse figures, using notation similar to that developed by the French dancing master De La Cuisse in the 1760s in his published notations for social dancing. One set of plans, which sets out 24 contredanse figures as performed at the empress's own birthday in 1800 (*Ventiquatro Figure di Contradanza eseguitta il Giorno Sei di Giugno 1800*), has the eight dancers holding garlands ("archi con fiori") and forming various patterns around a central pedestal.

The dance performances that took place at the birthday and name day celebrations at court, as well as the aristocratic performances that took place at public occasions, generally took the form of contredanses whose figures traced out geometric figures across the floor. They more closely resemble entrées of 18th-century ballets than the contredanses of the public ballroom, given their formal performance context and the elaborate costumes that often alluded to historic or exotic subjects (as in the case of the "procession of the great Mogul"). In contemporary theatrical dance, this emphasis on spectacle in combination with formal, symmetrical choreography was by now markedly old-fashioned due to the innovations of Noverre and Viganò. They were well suited, however, for formalized court entertainments, particularly those that involved the nobility as participants as well as spectators. According to Herbert Lager and Hilde Seidl, at the end of the 18th century the contredanse as performed amongst the higher classes overlapped to a large extent with ballet, with two to three hours of daily dance practice required to achieve the standard of excellence required for accomplished contredanse performance.[19] The contredanses performed at court and at public balls allowed noble dancers to display their refined technique, developed through the rigorous dance instruction that was an obligatory part of the aristocratic education.

---

16   Rice, *Empress Marie Therese*, 108.
17   Rice, *Empress Marie Therese*, 124.
18   Rice, *Empress Marie Therese*, 124–27.
19   Herbert Lager and Hilde Seidl, *Kontratanz in Wien: Geschichtliches und Nachvollziehbares aus der theresianisch-josephinischen Zeit* (Vienna, 1983), 14.

Although by the turn of the 19th century mainstream social dance culture was increasingly shaped in the public ballroom, aristocratic dance still had a distinct identity. This identity centered on performance context, rather than on specific dance types. The minuet was by now as much a dance of the public ballroom as of the aristocratic court, and the contredanse was danced by middle classes and nobility alike. Yet the performance of a pre-rehearsed contredanse by an elite group of dancers was a clear marker of aristocratic dance both at private court festivities and at grand public occasions where the aristocracy was present.

The aristocratic contredanse apparently resisted the innovations that were shaping Viennese social and theatrical dance by the end of the 18th century. Social dance culture saw a shift towards dances that were easier to perform and did not require figures to be learned or rehearsed in advance. Similarly, contemporary theatrical dance was moving away from the symmetrical geometric figures that played a prominent role in earlier 18th-century ballet. In a period of great transformation in wider dance culture, the style of dancing favored by the aristocracy was characterized by its conservative nature, preserving of formal aspects of choreography and performance that fell out of fashion amongst the middle classes.

The minuet: middle-class nobility in the public ballroom

It may come as a surprise that the contredanse, rather than the minuet, represented the most distinctive aspect of aristocratic dance culture at the turn of the 19th century, given the widely understood social connotations of both dance types. In his overview of late-18th-century ballroom dances, Eric McKee places each of them at opposite ends of a spectrum in both execution and expression. Whereas the minuet was "designed and performed as a spectator dance to showcase all the accruements of aristocratic behavior," the contredanse was designed for the pleasure of the dancers themselves "as a communal social activity that required a minimum of technique and hence a minimum of practice."[20] Numerous contemporary dance treatises on which McKee draws confirm that these were indeed the widely perceived characteristics of both dances in ballroom dance culture across Europe.

The actual performance practice in the Viennese ballroom, however, apparently contradicts the perceived social dimensions of each dance, at least in certain contexts. As we have seen, when performed by elite dancers in the

---

20 Eric McKee, "Ballroom Dances of the Late Eighteenth Century," in *The Oxford Handbook of Topic Theory* (as in fn. 8), 164–93, at 168.

public ballroom, the contredanse took on the characteristics normally associated with the minuet: namely, a spectator dance designed to focus attention
on the skill and cultural refinement of the dancers. In the same environment,
the minuet functioned as the dance for general participation. The *Neuestes
Sittengemählde von Wien* explained in 1801 that minuets and German dances
were the only dances performed in most public ballrooms because these were
the only two dances that were learned by all classes of society.[21] Vienna saw
an influx of dancing masters at the end of the 18th century, whose dancing
schools came to serve even the lower orders of society as the number of public
ballrooms expanded rapidly.[22] Somewhat paradoxically, despite its new universal status in late-18th-century Vienna, the minuet retained its traditional
association with aristocracy – as attested, for instance, in the *Don Giovanni* ball
scene, where the aristocratic status of Don Ottavio and Donna Anna is signaled
by their dancing the minuet.

The minuet's association with nobility is only paradoxical, however, when
the contemporary ballroom is viewed as the direct source of its social connotations. In fact, as I argue elsewhere, the nobility of the minuet can be viewed
as stemming from a network of associations beyond the realm of social dance
practice, including theater and masquerade, where the minuet signaled nobility in a context that was understood as fantastical rather than an imitation of
life.[23] Furthermore, the physical gestures and performing context of the late-
18th-century minuet were not as "aristocratic" as is often assumed. In fact, the
ballroom minuet of Beethoven's lifetime embodied ideal middle-class behavior
more than it alluded to the courtly-aristocratic realm in which the dance originated.

The precise nature of minuet dancing at Viennese public balls by the end
of the 18th century is surprisingly poorly documented, though recent work by
Joseph Fort has shed light on both the ballroom dance form and on the relations between the minuet's music and its physical gestures.[24] The Viennese
ballroom minuet certainly involved none of the courtly formalities that sur-
rounded minuet performance in its original form, as danced at the court of
Louis XIV a century earlier. Pierre Rameau's 1725 treatise *Le maître à danser*
describes the rigid etiquette of minuet performance at the Bourbon court,

---

21 Pichler, *Neuestes Sittengemählde* (as in fn. 10), 108.
22 Joseph Fort, "Thinking on our Feet: A Somatic Enquiry into a Haydn Minuet," in *Musicology
    and Dance: Historical and Critical Perspectives*, eds. Davinia Caddy and Maribeth Clark (Cam-
    bridge, 2020), 71–90.
23 Erica Buurman, *The Viennese Ballroom in the Age of Beethoven* (Cambridge, 2021).
24 Joseph Fort, "Incorporating Haydn's Minuets: Towards a Somatic Theory of Music," PhD the-
    sis, Harvard University, 2015, 57–104, and Fort, "Thinking on our Feet" (as in fn. 22), 71–90.

where the minuet formed the ceremonial opening dance at formal court balls.[25] The highest-ranking individual (the "présence") danced the minuet with their partner first while the rest of the company looked on, before taking their seat to preside over the ball. Successive couples then performed the minuet in order of rank, making their elaborate opening reverences to their partners as well as to the présence. The dance itself centered on its characteristic step, the "pas de menuet," which the dancers performed while tracing a "Z" pattern across the floor.

According to contemporary dance treatises, the standard form of the minuet in the late-18th century still involved the basic "pas de menuet" and the "Z" pattern traced by both dancers, but it was no longer limited to a single couple before a non-dancing audience.[26] Most sources are silent about how dancers should arrange themselves when multiple couples are dancing, but a 1772 treatise published in Braunschweig by the dancing master Carl Joseph von Feldtenstein suggested ways in which couples could coordinate in the ballroom so as not to collide with each other.[27] One option was to have couples arranged in columns and execute the steps simultaneously. Feldtenstein further recommended that a new row could begin their minuet as the first row finishes theirs, which could be achieved by having the new row perform their opening reverences simultaneously with the closing reverences of the first row. This would ensure that the dance floor is never empty and that "sad boredom can never take the place of pleasure and amusement."[28] A second option was to have the dancers perform the "pas de menuet" in circles, in that case apparently dispensing with the Z-figure.

No evidence has been discovered to suggest that minuet dancers in Vienna's Redoutensäle attempted to coordinate with other couples during public balls, however. Contemporary images of the Redoutensaal confirm that the dance floor was a space for conversation and general socializing as well as dancing (see Fig. 1). Carnival balls held there were furthermore on such a large scale that they were impractical for dances involving coordination between multiple couples. Johann Pezzl considered 1,500 to 1,800 to be the ideal number for a comfortable ball in the imperial ballrooms, though attendance of around 3,000 or more was common in the final days of carnival.[29] The *Neuestes Sittengemählde von Wien* furthermore stated that contredanses were an almost

---

25 Pierre Rameau, *Le maître à danser* (Paris, 1725), 52–54.
26 Fort, "Incorporating Haydn's Minuets" (as in fn. 24), 57–104.
27 C[arl] J[oseph] von Feldtenstein, *Erweiterung der Kunst nach der Choreographie zu tanzen, Tänze zu erfinden, und aufzusetzen [...]* (Braunschweig, 1772), 80–81.
28 Feldtenstein, *Erweiterung*, 80–81: "so bleibt der Tanzsaal niemals leer, und die traurige Langeweile darf den Platz der Freude und des Vergnügens niemals einnehmen."
29 Johann Pezzl, *Beschreibung der Haupt- und Residenz-Stadt Wien* (Vienna, 1800), 297.

impossible undertaking at the Redoute, given the vast numbers of people who attended.[30]

Fig. 1: Johann Jaresch, *K. k. Redouten-Saal*, plate no. 5 from *Collection de vues des principaux Palais, Eglises, Batimens publics, Campagnes & jardins tant de Vienne que de ses Environs. Ansichten-Sammlung der Berühmtesten Palläste Gebäude und der Schönsten Gegenden von und um Wien* (Vienna, 1812). Collection of the Ira F. Brilliant Center for Beethoven Studies

Coordination between couples dancing the minuet could be achieved more easily if a dancing master presided over the dancing, as is known to have occurred at some public balls during this period. According to a set of ball regulations ("Redouten=Ordnung") from Augsburg in the year 1804, two dancing masters were present to ensure the German dancing would take place in "orderly rows" ("ordnungsmäßigen Reihentanz").[31] In the same year, an announcement in the *Wiener Zeitung* for a public ball at the Mehlgrube in Vienna indicated that a dancing master would be present to organize the dancing of contredanses or

---

30 *Neuestes Sittengemählde von Wien* (as in fn. 10), 108.
31 Monika Fink, *Der Ball: Eine Kulturgeschichte des Gesellschaftstanzes im 18. und 19. Jahrhundert*, Bibliotheca musicologica 1 (Innsbruck, 1996), 76.

ecossaises.[32] The ballet master Antonio Muzzarelli received four free tickets to the inaugural ball of the Pensionsgesellschaft bildender Künstler in Wien in the imperial ballrooms on November 25, 1792, which suggests that he played an active role in the production of the ball.[33] Muzzarelli did not, however, receive free tickets to these events in subsequent years, which indicates that the involvement of a ballet master was not a regular occurrence at these occasions. Furthermore, surviving payment records connected with the organization of carnival balls in the Redoutensäle in the 1780s and 1790s do not mention a dancing master among the numerous personnel hired for these events, who included musicians and music copyists, police inspectors, and individuals responsible for heating, lighting, and decoration.[34]

Of numerous contemporary eyewitness descriptions of carnival balls in the Redoutensäle, none, to my knowledge, describes the dancing as being directed by a dancing master. The dancing at these occasions took place simultaneously in both the large and small ballrooms, each of which had their own orchestra. According to Pezzl, the orchestras alternated between minuets and German dances, performing each for an hour at a time.[35] The music normally consisted of sets of twelve individual dances, with each dance formed of two repeated strains (usually eight bars each), sometimes including a trio section. Many sets also included an extended coda, though introductions were not common until the era of Joseph Lanner and Johann Strauss later in the 19th century. Dancers could begin and end their dance at any point while the music was playing, and since neither minuets nor German dances include choreographic figures that necessitate coordination between the dancers, there was perhaps no need for a dancing master in the imperial ballrooms.

In the absence of a dancing master or coordination between couples, the minuet shares certain traits with the German dance. Reingard Witzmann views the point at which the German dance was danced by couples independently of one another, rather than in organized columns, as an important stage in the development of the 19th-century Wiener Walzer.[36] The independence of waltzing couples also underscored a crucial aesthetic aspect of waltz dancing, as Elizabeth Aldrich has observed: the waltz was danced "not primarily for the

---

32 "Musik-Nachricht vom Saale zur Mehlgrube," in *Wiener Zeitung* 77 (1804), September 26, 3919.
33 Howard C. Robbins Landon, *Haydn: Chronicle and Works*, vol. 3, *Haydn in England, 1791–1795* (London, 1976), 207. Many other individuals involved in the production of the ball, including Joseph Haydn (who composed the minuets and German dances) and the ballroom orchestra directors, also received free tickets.
34 Payment records for most of the years from 1780 to 1799 are preserved in Vienna, Haus-, Hof- und Staatsarchiv, Generalintendanz der Hoftheater, Sonderreihe, SR 35–48.
35 Pezzl, *Beschreibung* (as in fn. 29), 297.
36 Witzmann, *Der Ländler in Wien* (as in fn. 9), 78–80.

pleasure of a viewing audience, but, rather, for the pleasure of the dancers themselves."[37] This aspect of waltz dancing is often contrasted with that of the minuet, when the latter is characterized as a dance designed to showcase the skill of the dancers to non-dancing spectators. Yet in the crowded environment of the Viennese Redoutensaal the purpose of the minuet was identical to that of the German dance, and neither dance required an audience.

The gestures of the minuet in its late-18th-century form had furthermore shed many of the stylized gestures found in the earlier courtly form of the dance, bringing it closer to the choreographic realm of the waltz than of the aristocratic dancing of the French court. Gerhard Ulrich Anton Vieth observed in his 1795 *Encyklopädie der Leibesübungen* that in minuet dancing "these days one sees little or even no *porte de bras*; rather, the arms hang down without any movement."[38] The closing reverences of the minuet dance, according to Gottfried Immanuel Wenzel's *Der Mann von Welt*, were to be performed with "humility and modest restraint," in other words, in a manner befitting ideal middle-class polite behavior.[39] Even as the dance began to fall out of fashion at the turn of the 19th century, dancing masters continued to promote the minuet in dancing schools and published manuals as the ideal dance for developing the behavior and personal bearing of a cultivated individual. In fact, as Heikki Lempa has noted, the minuet was "the most appropriate dance for the habitus of *Bildung*," containing essential components such as "personal development, the labor of spirit through the complicated steps and figures, a highly sublimated erotic undertone, and, finally, a sophisticated code of mutual recognition,"[40] the latter embodied within the opening and closing reverences.

The nobility of the minuet in Beethoven's lifetime is best understood as a concept associated with *Bildung* rather than with the courtly-aristocratic world of the earlier minuet. Performed with appropriate grace and simplicity, the minuet was a model of ideal middle-class behavior, and a marker of nobility of character rather than aristocratic ostentation. This conception of the

---

37 Elizabeth Aldrich, "A New Look at an Old Dance: The Waltz," in *Conference papers: 5th Hong Kong International Dance Conference* (Hong Kong, 1990), i, 29–46, at 30; quoted in Eric McKee, *Decorum of the Minuet, Delirium of the Waltz: A Study of Dance-Music Relations in ¾ Time* (Bloomington etc., 2012), 95.

38 Gerhard Ulrich Anton Vieth, *Versuch einer Encyklopädie der Leibesübungen* (Berlin, 1795), ii, 430: "Heutiges [sic] Tages sieht man wenig oder gar keine Portebras, sondern die Arme hängen ohne Bewegung herunter."

39 Gottfried Immanuel Wenzel, *Der Mann von Welt; oder Grundsätze und Regeln des Anstandes, der Grazie, der feinen Lebensart, und der wahren Höflichkeit* (Vienna, 1801), 99–100: "Das Oeffnen der Arme bey der Beendigung der Menuett muß voll Ergebenheit und bescheidener Zurückhaltung, das Gesicht voll freundlichen Ernstes und schamhafter Zärtlichkeit seyn."

40 Heikki Lempa, *Beyond the Gymnasium: Educating the Middle-Class Bodies in Classical Germany* (Lanham, MD, 2007), 122.

minuet helps to explain why the dance could retain its traditional association with nobility while being the ubiquitous dance of the Viennese public ballroom and dancing school at the end of the 18th century. The minuet communicated nobility, but in an abstract sense that was underpinned by firmly middle-class values.

The polonaise at the Congress of Vienna: Representing aristocracy in the public ballroom

At the end of the 18th century, the polonaise was known in Vienna as one of what Jonathan Bellman terms "peripheral national dances," together with others outside the Austro-German and French traditions such as the fandango and the seguidilla.[41] One of the simplest of all ballroom dances, the polonaise is essentially a procession of couples in a column, performed with a noble, upright bearing where the steps mark the time of the music. As a formal processional dance the polonaise symbolized courtly elegance, and it also represented the Polish national character: as Bellman writes, to the western European mind Poland was "peripheral, Slavic, exotic [...] but withal possessed of an ancient dignity and nobility."[42]

Residents of Vienna at the end of the 18th century might encounter the polonaise as a theatrical dance in the context of opera or ballet, as a national dance taught in dancing schools, or as a dance type in instrumental music. However, it was not part of the mainstream Viennese social dance repertoire until the 19th century, when it rose to prominence in the specific context of the Congress of Vienna (1814–15). The polonaise became a defining dance of the grand court-sponsored Congress balls in the Viennese imperial palace, where it took on new significance as an aristocratic dance in the context of public dance culture.

On October 2, 1814, the Viennese Habsburg court hosted a grand ball in the imperial ballrooms and the Winter Riding School that marked the official opening of the Congress. Around 10,000 people attended, including numerous dignities from across Europe and several heads of state. This event was one of three festivities that had been in the planning for months, along with a ceremonial ball ("Redoute parée") for 4,000 people, and a public concert in the Winter Riding School. These events took place over consecutive Sundays in October, but tickets had been allocated in July, before their dates had even

---

41 Jonathan Bellman, "*Ongherese,* Fandango, and Polonaise: National Dance as Classical-Era Topic," in *Journal of Musical Research* 31/2–3 (2012), 70–96.
42 Bellman, "*Ongherese,* Fandango, and Polonaise," 89.

been fixed. A printed handbill, a copy of which survives in the Haus-, Hof- und Staatsarchiv, announced the terms of ticket distribution.[43] From July 6 to 9, members of the public had been able to apply in person to the Festivals' Committee to request tickets for themselves, their wives and children, but no further relations or acquaintances. Tickets were free of charge and were strictly non-transferable. Once the Committee had decided on the distribution of tickets, they published an index of all the successful ticket applications, and the tickets themselves were delivered to the address given on the application one or two days before the event. When the date of the ball finally arrived, anticipation had been building up for months.

Every aspect of the event itself was calculated to inspire awe, from the opulent surroundings of the Vienna Hofburg to the participation of the most powerful and influential individuals in Europe. The small ballroom was transformed into an orangery, silk hangings decorated the galleries in the Winter Riding School, and thousands of candles illuminated the whole palace interior.[44] The music was provided by an orchestra of 80 players, uniformed in the Habsburg imperial colors of red and gold, directed by the regular ballroom orchestra director Joseph Wilde.[45] Lavish buffets offered food and drink of all kinds, served up on imperial silverware (a great deal of which was found to be missing after the ball).[46]

The allied sovereigns were only present for part of the occasion, making a grand entrance at around eleven o'clock, heralded by a blast of trumpets. At this point the orchestras in each ballroom simultaneously struck up a newly composed polonaise by deputy Hof-Kapellmeister Joseph Eybler, which accompanied the sovereigns as they performed a tour of the whole ballroom complex. The sovereigns formed a column that was organized by rank and degree of importance: the Russian Tsar Alexander and the Austrian empress took the lead, followed by the Austrian emperor and the Russian empress, then the king of Denmark and the queen of Bavaria, and then further monarchs, dukes, and duchesses. Their tour allowed the public to view up close the most powerful men and women in Europe, assembled and on display for the first time in

---

43 Haus-, Hof- und Staatsarchiv in Vienna, Hofmusikkapelle (HHStA HA HMK), Karton 9 (Akten 1814–1815), fol. 22.
44 "Tagsblatt," in *Friedensblätter. Eine Zeitschrift für Leben, Literatur und Kunst* 1/42 (1814), October 6, 174.
45 *Carl Bertuchs Tagebuch vom Wiener Kongreß*, ed. Hermann Freiherr von Egloffstein (Berlin, 1916), 20–21. Wilde's waltzes were later published as *Alexander's favorit Tänze für das Clavier. Verfasst und aufgeführt bey den Kaiserlichen Hof-Bällen sowohl, als bey Sr. Durchlaucht Herrn Fürsten von Metternich während der Anwesenheit der hohen und höchsten Monarchen in Wien von Joseph Wilde, Musik Director des k.k. Redouten-Saales* (Vienna, 1814).
46 Brian E. Vick, *The Congress of Vienna: Power and Politics after Napoleon* (Cambridge, MA, etc., 2014), 49.

history, and the *Friedensblätter* reported that the crowds were "in transports" at the sight.[47]

The polonaise of the allied sovereigns proved to be one of the most memorable aspects of the opening ball. The polonaise was not part of the normal repertoire at Viennese balls before this point, and a grand processional entrance in the form of a dance by the guests of honor was similarly unfamiliar in the context of public balls in the imperial ballrooms. The procession was both glamorous and novel, and it sparked an immediate polonaise craze. Nine days later the Prince Chamberlain (Obersthofmeister), Prince Ferdinand Trauttmansdorff, issued a last-minute directive that the orchestra was to include polonaises alongside the usual minuets and German dances at a private court ball scheduled for October 13.[48] The sovereigns repeated their processional polonaise at further public balls in October and November, and it became an obligatory feature of public balls at which the monarchs were present. The German journalist Carl Bertuch reported that at a public ball on November 10 "the rulers for an hour and a half walked through the figures of the polonaise in the huge Riding hall."[49] The third of Eybler's polonaises quickly became known as "Alexander's Favorite" after the dance-loving Russian Tsar,[50] and was soon available to purchase in keyboard transcription (see Ex. 1).[51] For the Caroussel, or medieval tournament, held on November 23 in the Winter Riding School, Trauttmansdorff instructed the Hofmusikgraf, Count Johann Ferdinand Kuefstein, that the orchestra was to perform "the beloved polonaise" as the 24 knights entered the large ballroom for the public ball following the tournament.[52] A keyboard transcription of the music played at the Caroussel, published by Artaria soon after the event, also included Eybler's "favorit Polonaise."[53]

---

47 Cited in Vick, *The Congress of Vienna*, 50.

48 Written directive from Trauttmansdorff to Kuefstein, October 11, 1814, A-Wös, Hofmusik-kapelle (HHStA HA HMK), Karton 9 (Akten 1814–1815), fol. 72.

49 Cited in Birgit Lodes, "'Le congrès danse': Set Form and Improvisation in Beethoven's Polonaise for Piano, Op. 89," in *The Musical Quarterly* 93/3–4 (2010), 414–49, at 418.

50 Johann Baptist Skall, "Memorabilien vom Königs-Congresse zu Wien im Jahre 1814 und 1815. 1. Teil." [1828], unpublished MS, A-Wös, HHStA HS W 1094, 299–301. See also the publication *Alexander's favorit Tänze* (mentioned in fn. 45).

51 Joseph Eybler, *Allgemein beliebte Polonoises, Eccossoises und Contre-Taenze welche bey den k.k. Hof-und Kammerbällen, wie auch in der k.k. Reitschule, während der Anwesenheit der hohen und höchsten Monarchen in Wien, von Joachim Höllmayr, Director im großen Redoutensaale, aufgeführt worden sind* (Vienna, c. 1814).

52 Written directive from Trauttmansdorff to Kuefstein, November 21, 1814, marked "dringend" (urgent), A-Wös, Hofmusikkapelle (HHStA HA HMK), Karton 9 (Akten 1814–1815), fol. 57.

53 *Caroussel-Musik des am 23ten Nov. und 1ten Dec. 1814 abgehaltenen Hof-Caroussells in der k. k. Reitschule nebst der favorit Polonaise des Bal-paré für das Pianoforte eingerichtet* (Vienna, 1814).

Ex. 1: Keyboard transcription of the Polonaise no. 3 in Joseph Eybler,
Allgemein beliebte Polonoises, Eccossoises und Contre-Taenze (Vienna, 1814).
© Erica Buurman

The polonaise of the sovereigns at the grand balls of the Congress of Vienna
had a similar function to the presentational contredanses performed by elite
dancers at public balls. In both cases the dance drew the collective attention
towards the dancers and emphasized the social hierarchy that separated the
dancing elites from the non-dancing public. The participants in the polonaise
were not merely high-powered members of the nobility, however, but included
the ruling powers of the major European nations and empires. With its overt
emphasis on monarchy, the polonaise came closer than any other social dance
of the public ballroom to the representational culture that characterized the
ancien régime, in which the emphasis was to represent the power of the monarch
and the state.[54] In the realm of dance, the grand court balls under Louis XIV
epitomized representational culture, particularly in the performance context
of the minuet, which was danced only by the most powerful individuals in the
room while the rest of the assembly participating merely as spectators.

The sovereigns' polonaise did not merely recreate the culture of court balls
under the *ancien régime*, however. Representational culture certainly played
a role in the public festivities during the Congress of Vienna – whether in the
grand military parades, the Prater festival on October 18, or the grand balls,
the participation of the allied sovereigns invariably placed them at the center
of a spectacle designed to present the power of European aristocracy. Nevertheless, as Brian E. Vick has argued, while the court-sponsored festivities at the
Congress of Vienna drew heavily on traditional forms of courtly-aristocratic
representational culture, they were also shaped by the mechanisms of the new
public sphere, including print culture and market-driven entertainment.[55] As
a result, Congress festive culture "tended to bring the classes closer together

---

54 Jürgen Habermas, *The Structural Transformation of the Public Sphere: An Inquiry into a Category
    of Bourgeois Society*, trans. Thomas Burger with the assistance of Frederick Lawrence (Cam-
    bridge, MA, 1989).
55 Vick, *The Congress of Vienna* (as in fn. 46), 23–24.

and to shrink rather than exaggerate the distances within social hierarchies and between rulers and subjects."[56]

The polonaise was a particularly effective medium for the combination of old and new forms of representation at the Congress of Vienna. At the grand Congress balls, the polonaise clearly drew on courtly-aristocratic representational culture, since the dance functioned as a means of displaying the assembled might of the European monarchy, with the public involved merely as spectators. Nevertheless, the dance very quickly became a commodity and indeed was deliberately marketed as such by the court, with Eybler's *Allgemein beliebte Polonoises, Eccossoises und Contre-Taenze* published by the Hoftheater's own publishing firm. Even those who had not been present at the balls themselves could not help but have been aware of the polonaise craze gripping the city through second-hand reports of the Congress balls and the flood of commemorative polonaises on the sheet music market. Beethoven himself contributed to this repertoire in composing his Polonaise Op. 89, with a dedication to the Russian Tsarina on the occasion of her birthday in January 1815, for which she rewarded him with a handsome gift of 50 ducats.[57] As Birgit Lodes has shown, the Tsarina was the dedicatee of many polonaises, which were frequently performed for her birthday at the Russian court (a tradition of which Beethoven was probably aware when he began work on his Polonaise in December 1814).[58] Franz Weiß, the viola player of Count Andrey Razumovsky's house string quartet, similarly dedicated polonaises to the Tsarina during the Congress of Vienna, perhaps hoping for a financial reward as generous as the one Beethoven had received.[59]

The polonaise craze at the Congress of Vienna was relatively short-lived and mostly centered on the grand festive balls in the final months of 1814. By January 1815 Count Karl Nostitz already complained of being bored by the balls in Vienna, which now consisted of "almost nothing but polonaises, danced by old ladies and grand gentlemen."[60] Later in the century the polonaise became a regular opening dance at Viennese balls, though there is little evidence of

---

56 Vick, *The Congress of Vienna* (as in fn. 46), 24.

57 TDR 3, 486–87; Thayer/Forbes, 603.

58 Lodes, "'Le congrès danse'" (as in fn. 49), 418–22.

59 Franz Weiß, *III. Favorit Polonoisen mit Trios für das Piano-Forte componirt und Ihrer Majestaet der regierenden Kaiserin aller Reussen Elisabetha Alexiewna in tiefster Ehrfurcht gewidmet, und producirt bey den Bällen des Kaiserlich russischen geheimen Raths, herrn. Grafen v. Rasumoffsky Excellenz* (Vienna, 1815).

60 Karl von Nostitz, *Aus Karls von Nostitz [...] Leben und Briefwechsel* (Dresden etc., 1848), 149: "[...] jetzt fast nichts als Polonaisen, die von alten Damen mit den großen Herren durch die Reihen der Zimmer abgetanzt werden."

this being standard practice before the 1830s,[61] and polonaises by the main ballroom dance composers of the Congress period (including Joseph Wilde and Michael Pamer) appeared only sporadically on the sheet music market after 1815. For those who were present in Vienna during 1814 and 1815, the polonaise retained a specific association with the grand Congress balls at which Europe's sovereigns processed to Eybler's polonaise music. It therefore became the dance type most literally associated with aristocracy, at a time when the minuet had long since been absorbed into the dance culture of the middle classes.

Like the minuet, however, the polonaise functioned as a marker of nobility within the essentially middle-class context of the public ball. While it may have been only the sovereigns who danced the polonaise at the Congress balls, it was immediately disseminated and absorbed into middle-class society. The sheet music market ensured that the Congress polonaise was quickly commodified in musical form, whereas the dance itself was easily imitated in wider social dance practice, given the simplicity of its choreography. In the context of the Viennese ballroom, the minuet connoted an abstract form of nobility that actually was part of the ideal of middle-class behavior, whereas the polonaise had a more literal association with the aristocratic class through its role at the Congress of Vienna. The nobility of the polonaise nevertheless depended upon a combination of courtly representational culture with new market-driven forms of mass entertainment, and as such was essentially middle class.

Conclusions

Aristocracy was a recognizable concept in the social dance culture of Beethoven's lifetime, but not in the form of a straightforward relationship between particular dance types and their social contexts. The archetypal aristocratic dance of the period, both according to contemporary views and to today's understanding of the period, was the minuet, whose gestures were remnants of an ideal of aristocratic etiquette under the *ancien régime*. Yet the minuet was ubiquitous in Viennese social dance, being danced at formal court balls as well as being taught at dance schools for the lower classes, and its restrained

---

61 Dance cards, which outline the order of dances at a specific ball, frequently indicate that a polonaise opened the ball (one such card from 1834 is cited in Lodes, "'Le congrès danse'" [as in fn. 49], 416.). Since few of these survive from the 1810s and 1820s it is not clear whether dance cards were already common in this period. In any case, at the turn of the 19th century the repertoire in the imperial ballrooms consisted almost exclusively of minuets and German dances, making dance cards unnecessary.

gestures were compatible with ideal middle-class behavior at the turn of the 19th century.

The social dance culture of the Viennese aristocracy centered on the same range of dance types as that of the public ballroom, with the exception of the waltz or German dance, which was excluded from formal balls at court. The most distinctive aspect of the social dancing of the Viennese aristocracy was the role of dance in their participation at public balls, where members of the nobility performed only presentational dances. Prior to the Congress of Vienna, the contredanse was the main vehicle for aristocratic dancing in public settings, where the elaborate costumes, virtuosic footwork, and carefully rehearsed figures more closely resembled the earlier 18th-century ballet tradition than the social dancing of the public ballroom. The Congress brought unprecedented opportunities for placing aristocracy at the center of public spectacle, and the polonaise quickly became the presentational dance of the European monarchy at public balls.

While aristocratic dance was obviously distinct from the dancing of the wider public in these specific performing contexts, this distinction was not differentiated musically. The minuet, contredanse and polonaise were generic types that were recognizable through their characteristic meters and rhythms, but these could not communicate the specific social contexts that distinguished the dancing of the aristocracy from that of the public. The "favorite polonaise" that accompanied the European monarchs as they presented themselves to the public was quickly transferred from its original context to middle-class homes in the form of keyboard arrangements. The music that accompanied the presentational contredanses of the nobility at public balls was familiar from other areas of cultural life, including in theatrical dance, social dance, and as a common movement-type in instrumental music. It was the performing context, rather than the dance type and its accompanying music, that communicated the notion of aristocracy in Viennese dance culture.

Dances such as the minuet and the polonaise signified nobility, but more as an idealized concept than as a political reality. The middle classes could participate in this concept of nobility through dancing the minuet, and they could also experience it as a form of entertainment and spectacle at the Congress of Vienna, where the aristocratic polonaise became the emblematic dance of the grand public balls in the Hofburg. By performing these ostensibly aristocratic dances, middle-class citizens were not explicitly celebrating the aristocracy any more than they celebrated the peasantry through dancing the German dance. Nevertheless, as the cultural and political influence of the nobility came under threat in the period following the French Revolution, Vienna's ball culture – and by extension its music – ensured that the concept of aristocracy continued to have relevance in the everyday social lives of the wider populace.

ABSTRACT

Aristocratic Dance in Beethoven's Vienna

Viennese social dance culture plays an important role in understanding the dance types used in instrumental music of Beethoven's period. The expressive content of dance types, according to topic theory, derives from their dance characteristics and their social contexts: minuet music signals the aristocratic values of grace and noble deportment, in contrast with the rustic associations of the German dance, which originated as a folk dance. The perceived social hierarchy of these dance types derives, however, from pre-Revolutionary European society, and their social contexts shifted greatly during Beethoven's lifetime. At the same time, new contexts for social dancing emerged in the 19th century that reflected the new social order, particularly at the famous balls at the Congress of Vienna. This chapter focuses on the two social dances from the turn of the nineteenth century that are most closely associated with aristocratic culture – the minuet and the polonaise – and considers how their changing performing contexts shaped their expressive content as musical topics during Beethoven's lifetime.

Beethoven, "Salon Music," and Musical Sociability in Vienna around 1800

Melanie Unseld

The various "modes of understanding" that Hans-Joachim Hinrichsen has identified as characteristic of the piano pieces Beethoven composed for Viennese musical culture around 1800 were tied to a conversational culture that, for Hinrichsen, was clearly associated with a particular social space – the salon.[1] With clever arguments and pointed rhetorical flourishes, Hinrichsen demonstrates how Beethoven's piano sonatas Op. 10, No. 3, Op. 13, Op. 53 and the *Andante favori*, WoO 57 thus deserve the epithet "salon music." For Hinrichsen, "salon music" is about "understanding and being understood" "in the intimate circle of the salon,"[2] where music is not only a topic of communication, but also a medium through which communication takes place. Beethoven himself and his music were "an integral part of a salon culture centered around conversation as entertainment."[3]

However, the term "salon", which offers such a refreshingly solid take on the communicative aspect of Beethoven's music, is freighted with a cluster of peculiarities and difficulties: the definition of the term itself is as debated as salon culture practices are diverse. And diversity in salon culture ranges across questions of region and nationality, institutionality and space, accessibility and

---

1 Hans-Joachim Hinrichsen, *Ludwig van Beethoven. Musik für eine neue Zeit* (Kassel etc., 2019), 43–72 (chapter "Arten des Verstehens: Salonmusik und Gesprächskultur"). Taking this chapter as a starting point, the final discussion at the *Beethoven-Geflechte* symposium was devoted to "Beethoven in the Salon? Networks, Conversations, and the Difficult Questions about an Ephemeral Practice." In addition to Hans-Joachim Hinrichsen, Gundela Bobeth, Martin Eybl, Annegret Fauser, Karen Hagemann, Birgit Lodes, Jennifer Ronyak, Christine Siegert, and Glenn Stanley participated in the discussion under my moderation. Nicholas Mathew, Sabine Meine, Abigail Fine, and Erica Buurman, among others, also communicated extensively and stimulatingly in the chat – which, in keeping with the theme, gave rise to a digital-Salonesque hubbub. The thoughts expressed here draw at times on that final round-table. I would like to express my sincere thanks to all those who participated and thus enriched this article.
2 Hinrichsen, *Ludwig van Beethoven*, 46.
3 Hinrichsen, *Ludwig van Beethoven*, 46.

exclusivity, as well as, specifically in music salons themselves, the proportion of music played (and discussed), the repertoire, the performers, and much more. Within this heterogenous field, the salon as an "intimate circle" is just one among many possibilities, and the theoretical reformulation of the phenomenon by philosophers such as Friedrich Schleiermacher (*Versuch einer Theorie des geselligen Betragens*, 1799)[4] are, at worst, narrow, and at best, generalizing utopian fantasies of a lively, boundlessly proliferating practice. Hinrichsen is right, then, that the great desideratum of Beethoven "salon music" scholarship is an understanding of what was meant by a (music) salon in Vienna around 1800.[5]

I cannot hope to bridge this chasm in knowledge in what follows. The published sources are sadly opaque about the "salon culture" in which Beethoven moved (or might have moved). Most offer frustratingly few details about what actually went on in salons. And scholars lack meaningful categories for the great variability of musical sociability in Vienna around 1800 and the beginning of the 19th century through which they might systematically assay the sources. This chapter addresses only the last of these three problems primarily by delving into selected published sources on musical sociability in late 18th- and early 19th-century Vienna. But some remarks on the term "salon" are necessary first.

The salon and musical sociability

The term "salon" is generally understood to mean a sociocultural phenomenon centered around "gatherings taking place periodically on a 'fixed day' (*jour fixe*)," at which "specific forms of sociability are practiced."[6] Salon attendance

4   Hinrichsen, *Ludwig van Beethoven*, 47–48.
5   Hinrichsen, *Ludwig van Beethoven*, 50.
6   Margarete Zimmermann, Art. "Salon", in *Enzyklopädie der Neuzeit*, ed. Friedrich Jaeger, vol. 11 (Stuttgart etc., 2010), columns 549–461, at 549–50. The salon research literature ranges broadly across time and discipline, consisting above all of studies on individual salons. Research on musical salons thus far concentrates predominantly on the "long" 19th century. With a view to both interdisciplinarity and the focus on the long 19th century, the following may serve as a selection: Verena von der Heyden-Rynsch, *Europäische Salons. Höhepunkte einer versunkenen weiblichen Kultur* (Munich, 1992); Peter Seibert, "Der literarische Salon – ein Forschungsüberblick," in *Internationales Archiv für Sozialgeschichte der deutschen Literatur. Sonderheft* 3 (1993), 159–220; Petra Wilhelmy-Dollinger, *Die Berliner Salons. Mit historisch-literarischen Spaziergängen* (Berlin etc., 2000), see also chapter "Bemerkungen zum Salonbegriff"; Myriam Chimènes, *Mécènes et musiciens. Du salon au concert à Paris sous la IIIe République* (Paris, 2004); Brunhilde Wehninger, "Der Salon. Ein Modell kultureller Begegnungsräume weiblicher Prägung," in *Brennpunkte kultureller Begegnungen auf dem Weg zu einem modernen Europa. Identitäten und Alteritäten eines Kontinents*, eds. Cornelia Klettke and Ralf Pröve, Schriften des Frühneuzeit-

was characterized by its performative nature, and, occurring on the "threshold between private and public [...], facilitated various forms of mixed-gender, often cross-status sociability, which usually revolved around a *salonnière* [...], sometimes around a couple or a family."[7] Salon culture was distinguished by its orality ("culture of conversation"[8]), thus by its openness and contingency, but also by the dynamic circulation of knowledge and cultural practices.

The sociocultural practices broadly defined here can certainly be observed in great number and variety in late 18th- and early 19th-century Viennese salons. However, when the term "salon" (or "music salon") was used in this context – in the contemporary press for example[9] – it designated a specific place rather than a sociocultural phenomenon. A salon in this usage was a room that held a large group of people, usually centrally located, and able to host ceremonies, exhibitions, musical or other entertainments. In the home of Ignaz von Sonnleithner's large family, for example, "[bot] ein freier Salon mit mehreren Nebenzimmern bequeme Räumlichkeiten" ("a spare salon with several adjoining rooms offered comfortable space") for holding "wöchentliche Zusammenkünfte" ("weekly gatherings"). These musical gatherings soon started to resemble concerts – not only due to the audience size, but also the repertoire performed, the musicians' virtuosity, and the ticketing system. The fact that tickets were issued for the event, did not change the room's designation as a "salon."[10]

The constellation of sociocultural practices that was referred to as a "salon" in Paris, Berlin, and elsewhere – and for which modern scholarship also uses the term "salon" – had no such single unifying term in Vienna. Rather the opposite: it went by a dizzying abundance of labels. In Johann Ferdinand Schönfeld's *Jahrbuch der Tonkunst*, musical social gatherings are mostly

---

zentrums Potsdam 1 (Göttingen, 2011), 203–12; *Der Musiksalon*, eds. Sabine Meine and Manuela Schwartz, issue of *Die Tonkunst* 1 (2010), with contributions about salons in the late 19th and early 20th centuries; *Musical Salon in the Long Nineteenth Century*, eds. Anja Bunzel and Natasha Loges (Woodbridge, 2019); *Klingende Innenräume. GenderPerspektiven auf eine ästhetische und soziale Praxis im Privaten*, eds. Sabine Meine and Henrike Rost, Musik – Kultur – Geschichte 12 (Würzburg, 2020).

7 Zimmermann, "Salon," column 550.

8 See, among others, Benedetta Craveri, *La civiltà della conversazione* (Milan, 2001).

9 Keyword search in ANNO (*Wiener Theaterzeitung, Zeitung für die elegante Welt, Morgenblatt für gebildete Stände* and others).

10 SMS V, 370–71: "der Zudrang war so lebhaft, daß es nöthig wurde Eintrittskarten auszugeben, obschon die Räume mehr als 120 Personen faßten" ("the crowd was so lively that it became necessary to issue tickets, even though the rooms held more than 120 people").

recorded in the chapters "Dilettantenakademien"[11] and "Privatakademien."[12] In his travel letters, Johann Friedrich Reichardt speaks variously of *Assemblee*, *Diner* (formal dinner), *kleine Familiengesellschaft* (small family society), *Souper* (dinner), *Einladung* (invitation-only party), *Abendassemblee* (evening gathering), *Teegesellschaft* or *eleganter Tee* (tea party), *Morgenmusik* (morning concert), *großes Haus* (grand house), *musikalischer Abend* (musical evening), *Konzert* (concert), *große Gesellschaft* (large party), *Nachmittagsmusik* (matinee concert), and *großes Konzert* (grand concert). Leopold von Sonnleithner uses terms such as *Gesellschaft* (party or sociability), *Vereinigung* or *Vereine* (society), *Hausmusik*, *wöchentliche Zusammenkünfte* (weekly meetings), and *Familienkreise* (family-hosted gatherings).[13] Terms such as *Zirkel* (circle)[14] or *ein Haus machen* (an idiom of the time meaning "to nurture and sustain sociable relationships") are also common.[15] The terminological variety alone forces one to sit up and take notice. It reveals a proliferating assortment of salonesque forms of sociability. But it is precisely this diversity that calls for a new perspective on the phenomenon, and above all for a set of meaningful categories that will help distinguish the wide range of forms.

The lexical multiplicity includes those terms that come close to the (now common) concept of the salon, which were used for gatherings that more closely approximated the concert. In 1825, the *Allgemeine musikalische Zeitung* used the term "Musikalische Privat-Unterhaltung" ("musical private-entertainment") for an event that took place not in a family or salonnière's home but rather, for example, "[i]m Locale des Musikvereins" ("on the Musikverein premises") or "im Saale zum römischen Kaiser" ("in the hall at the hotel Zum Römischen Kaiser") and was given for the benefit of a single artist or "zur Unterstützung einer dürftigen Familie" ("to support a poor family").[16] In this context, the prefix "Privat-" does not refer to the place (the apartment, house, or home) as it usually would in German, but the fact that the proceeds accrue

---

11 These are organized by "Musikliebhaber[n]" "welche theils in gewissen bestimmten Zeiten, theils gelegenheitsweise große Akademien, aber auch nur Quartetten geben" ("music lover[s]," "they comprise, sometimes at fixed times, sometimes on occasions, large academies or just quartets,") [Johann Ferdinand von Schönfeld], *Jahrbuch der Tonkunst von Wien und Prag* ([Vienna], 1796), 69; <http://mdz-nbn-resolving.de/urn:nbn:de:bvb:12-bsb10599456-9> (accessed March 20, 2023). Schönfeld's term "dilettante" includes names such as Gottfried van Swieten, Marianne Martines, and Ignaz Schuppanzigh.

12 Schönfeld, *Jahrbuch der Tonkunst*, 74.

13 Leopold von Sonnleithner (SMS I–V) uses the latter terms.

14 Anon., *Bemerkungen oder Briefe über Wien eines jungen Bayern auf seiner Reise durch Deutschland an eine Dame von Stande* (Leipzig, [1804]), 109.

15 Anon., *Bemerkungen*, 102: "[...] die, wie man im Sprachgebrauch zu sagen pflegt, ein Haus machen" ("[...] who, as the saying goes, make a home [lit.]"), among which the anonymous author counts Viennese families such as Sonnenfels, Arnstein and others.

16 *Allgemeine musikalische Zeitung* [= AmZ] 27/21 (1825), May 25, column 346.

to a private individual – such as the "Concertgeber" (person giving the concert). The *Wiener Theater-Zeitung* also uses the term ("Musikalische Privat-Unterhaltung" or "Musikalisch-deklamatorische Privat-Unterhaltung") in the same way – also, incidentally, synonymous with "Akademie."[17] And such events being extensively reviewed by newspapers underlines their concert-like character. Eduard Hanslick emphasized that until 1830, what were referred to as "Privat-Concerte [...] einen sehr beträchtlichen, mitunter überwuchernden Bestandtheil des Wiener Musiklebens bildete" ("private concerts [...] formed a considerable, sometimes excessive part of Viennese musical life"), the format of which, however, could not be "durch eine genaue Definition [...] ab[ge]-grenz[t]" ("encapsulated by a precise definition").[18] In fact, it is difficult to draw a line between concert-like performances and musical sociability. Ignaz Schuppanzigh's string quartet events seem to count as a form of musical sociability; and yet, attendees had to purchase tickets for them, bringing them closer to concerts: "Herr *Schupanzig*, ein braver Violinist, bei dem ehemahligen Russischen Gesandten am hiesigen Kaiserhofe, Grafen *von Rusamowsky* [sic]," hat seinen "Quartett-Morgen" "für den Winter auf Subskription eröffnet [...]. Alle Donnerstage von zwölf bis zwei Uhr wird es in einem Privathause Statt haben. Den vorigen Donnerstag hörten wir es zum ersten Mahl; es war noch eben keine große Gesellschaft da, sie bestand aber aus lauter sehr eifrigen, aufmerksamen Musikfreunden, und das ist eben das rechte Publikum für diese feinste und gemüthlichste aller Musikvereine."[19] As long as aristocratic houses maintained quartets and orchestras, one cannot define the boundary between musical sociability and concert-giving according to the size of the ensemble performing. It makes more sense not to merely keep the boundaries between

---

17   *Wiener Theater-Zeitung* (1818), March 12, 124: "Die Akademie wurde äußerst zahlreich besucht". ("The Academy was attended in extremely large numbers").

18   Eduard Hanslick, *Geschichte des Concertwesens in Wien* (Vienna, 1869), 268. Hanslick devotes a separate chapter to Beethoven (with Schubert), but there, he focuses on Beethoven's appearances in his large-scale works; for Hanslick, Beethoven's appearances in the Viennese salons are not the subject of *Concertwesen* (concert life).

19   RVB 1, 204. "Herr *Schupanzig*, a fine violinist with the former Russian envoy to the imperial court here, Count *von Rusamowsky* [sic]," has established a "quartet matinee" "during the winter by subscription [...]. It will take place every Thursday from twelve to two o'clock at a private house. Last Thursday we went for the first time; the company was as yet not that large, but only very eager, attentive music lovers were in attendance, and that is just the right audience for this finest and most pleasant of all music societies." – Reichardt mentions that Schuppanzigh's quartet events did not exclusively feature string quartets in the following: "An jenem ersten Quartett-Morgen ward außer einem sehr naiven lieblichen *Quartett* von *Haydn* [...] und einem kräftigern, mehr gearbeiteten von *Mozart*, das schöne klare *Sestet* [sic] von *Bethoven* mit Blasinstrumenten gemacht, und that gar schöne, kräftige Wirkung." ("On that first quartet matinee, in addition to a very naive, charming *quartet* by *Haydn* [...] and a more powerful, more highly wrought one by *Mozart*, the beautiful, clear *Sestet* [sic] by *Bethoven* was played with wind instruments, and had a beautiful, powerful effect.") (RVB 1, 208).

definitions permeable, but also to interrogate the very idea that contemporary Viennese even imagined such a boundary existed. In addition, performance and sociability practices changed noticeably in Vienna over a few short decades, due equally to shifts in both aesthetics and tastes on one hand and the (socio-)political conditions governing sociability on the other. The relationship between censorship and the public sphere played an important role in the latter, as did changes to (and adaptations of) aristocratic practices and their representational functions.

In the light of these general considerations, research on musical sociability in Vienna around 1800 poses a challenge. Meeting it requires analytical categories that capture the specific forms of sociability involved: for example, the perspective on space and practices, especially their diversity and entanglement. When considering the actors involved, categories such as class, gender, generation, and religion play an important role, for just as a musical sociability could cut across classes (and was perceived as doing so in a highly positive way by observers such as Reichardt), any particular event was a snapshot in time that did not point to a more general mixing of classes.[20] The question of the forms that mixed-sex or homosocial sociability took is also central to the early 19th century, as are questions of who had access to which sites (and forms) of sociability and who initiated them. It is true that many important Viennese salons were hosted by women, such as Theresia Sonnenfels, Fanny Arnstein, Henriette Pereira, Caroline Pichler, Maria Theresia Paradis, and others; and like their European counterparts in, say, Berlin or Paris, they were also known as salonnières. At the same time, however, the Viennese sources often mention entire families (including Hochenadl, Jacquin, Krufft, Brentano, Greiner/ Pichler), couples (both father and daughter, such as Paradis, as well as married couples, such as Lobkowitz and Lichnowsky), and men (as head of the household) as hosts.

In the following I formulate the required categorization first of sites and then practices of musical sociability by providing exemplary excerpts from the printed sources, confident that a systematic evaluation of this kind represents a research desideratum worth tackling. (A systematic evaluation of both printed *and* unprinted sources, though very much desired, will have to wait for the time being.) I especially consider writing that recalls the variety of musical sociability,[21] whose clarity about the details should not be overlooked: the varied perspectives from which the writers remember is particularly notice-

---

20   Cf. the contribution by Martin Eybl in the present volume.
21   In particular, the following were evaluated: *Jahrbuch der Tonkunst* (as in fn. 11), RVB, SMS and Caroline Pichler, *Denkwürdigkeiten aus meinem Leben*, 4 vols. (Vienna, 1844). Contemporary newspapers, journals, and diary entries also serve occasionally as sources.

able in sources where oral and performative practices are concerned. For instance, a contemporary witness such as Johann Friedrich Reichardt brought to Vienna the perspective of a Berlin court conductor. He was almost overwhelmed by the surfeit of opportunities to hear music (played well), but at the same time observed a society that was (at least partially) quite foreign to him – in some ways he acted as a field researcher *avant la lettre*.[22] Leopold von Sonnleithner, another (less transient) contemporary witness, published his memories of an "Old Vienna," by which he meant the years after the Congress of Vienna (1814–15). Sonnleithner, who was over 60 years old when he published, describes the earlier lively musical activity in Viennese homes at a time when Viennese musical culture had become much more institutionalized (1861–62) – a process in which he himself actively participated. His focus is thus on describing a (domestic) musical culture before a (public) concert system was established. In addition to this (albeit cursory) indication that each source used should be taken seriously from its respective perspective, it is no less important to emphasize that the repeatedly mentioned overabundance of events is strikingly undercut by the paucity of sources: many groups met daily during peak periods, at least during the winter; nevertheless, sources that treat them are comparatively rare and certainly insufficient to make generalized statements about Viennese musical sociability over a long period. Further, the sources provide information about different stages of a socio-politically dynamic period, so they do not correspond exactly with each other or even cover a specific period of time: The *Jahrbuch der Tonkunst* (*Musical Yearbook*) covers the state of affairs in the year it was printed, 1796, although some continuities with the time up to 1796 are also mentioned. Johann Friedrich Reichardt's *Vertraute Briefe* (*Intimate Letters*) treats one season (winter 1808/09) and thus constitutes a particularly selective source. Sonnleithner, who participated in Vienna's musical sociability as a child, a youth and for his whole adult life, describes the period from around 1815, when he first started attending salons, but writes from the perspective of the second third of the 19th century, tracing the antecedents of the practices common at the time he was writing. In her *Denkwürdigkeiten* (*Memorable Moments*), Caroline Pichler, on the other hand, considers sociability in an intergenerational way: from her parents' generation to her own present. The selected sources provide information about different periods, and the manner in which they describe them varies. Despite

---

22   On issues concerning the perspectivity of contemporary witnesses and on dealing with contemporary witness sources, see also Melanie Unseld, "Wer erinnert wie und warum? Erinnerungen von Zeitgenossen über Musikerinnen und Musiker," in *Zeitzeugen der Musik. Texte über und zur Musik*, ed. Elisabeth Schmierer (Laaber, [forthcoming]).

(and mindful of) the potential pitfalls, I attempt to scrutinize the sites and practices of musical sociability in Vienna more closely.

Venues for sociability

Given the remarkable variety of terms used to describe musical sociability in Vienna, it can be helpful to bear the specific venues in mind. For if it makes sense to distinguish musical sociability from other performance situations (such as concerts), then the location of the event is not insignificant. It is not without good reason that Leopold von Sonnleithner described in particular detail the respective spaces of those "Privatkreise [...], welche sich nicht nur eine vorübergehende musikalische Unterhaltung, sondern vielmehr die *Pflege einer bestimmten Geschmacksrichtung* zum Ziele gesetzt hatten" ("private groups [...] which had set themselves the goal not primarily of makeshift musical entertainment, but rather the *cultivation of a certain taste*").[23] It should first be noted that musical gatherings took place in all types of apartment and house, regardless of size or furnishings.[24] The rooms described for musical gatherings were the outer domestic spaces[25] to which guests to the house had access. The Hochenadl family's "bescheidene Wohnung" ("modest apartment"), for example, "im so genannten 'Bürgerspitale' [...] im fünften Hofe, neunte Stiege, im dritten Stockwerke" ("in what is known as the 'Bürgerspital' [...] in the fifth courtyard, ninth staircase, on the third floor"),[26] is described by Sonnleithner as if one entered it as a guest, which underlines his narrative

---

23   Here, Sonnleithner explicitly contrasts the concept of the private with the "'öffentlichen' musikalischen Leistungen Wiens" ("'public' musical life in Vienna") (SMS I, 737), about which Hanslick published a book a few years after Sonnleithner's "Musikalische Skizzen aus Alt-Wien" (see fn. 18).

24   *Ex negativo*, theaters and churches can be excluded as venues for musical sociability; spaces outside the family context (hotels, inns, etc.) were mainly used for gatherings called "private concerts" or academies.

25   Inken Schmidt-Voges proposes a distinction be made between outer and inner domestic spaces in order to describe and differentiate the fluid spaces of action in the home beyond a (historically imprecise, at least) dichotomy between "public" and "private." Inken Schmidt-Voges, "Das Haus in der Vormoderne," in *Das Haus in der Geschichte Europas. Ein Handbuch*, eds. Joachim Eibach and Inken Schmidt-Voges (Berlin, 2016), 1–18, at 12. See also *Geschichte des privaten Lebens*, vol. 3, *Von der Renaissance zur Aufklärung*, eds. Philippe Ariès and Roger Chartier (Frankfurt am Main, 1991) (esp. chapter "Gesellschaft, Staat, Familie: Bewegung und Spannung").

26   SMS I, 739. The large building complex of the Bürgerspitalzinshaus in today's 1st Viennese district (see Felix Czeike, *Historisches Lexikon Wien*, 6 vols. (Vienna, 1992–1997), <https://www.geschichtewiki.wien.gv.at/Bürgerspitalzinshaus> [accessed March 20, 2023]) was home not only to numerous Kärntnertortheater artists, but also to the Krufft family, which hosted musical gatherings (see Gundela Bobeth's chapter in the present volume), as well as to Nikolaus Zmeskall von Domanovecz, the *Hofkonzipist* (a sort of project manager) of the Royal Hungarian Court Chancellery. Sonnleithner also reported on the building.

attitude as a contemporary witness: "Durch eine kleine Küche gelangte man in ein Zimmer mittlerer Größe, welches, nebst den daranstoßenden kleineren Gemächern, gar oft der Versammlungsort gewählter Kunstfreunde war, und zu gelungenen musikalischen Aufführungen benützt wurde."[27] Sonnleithner compares the space in the Kiesewetters' house to the Hochenadl family apartment: "Die Wohnung war freundlicher und räumlicher als bei *Hochenadl*, und insbesondere der für die Ausübenden bestimmte Salon ließ auch die Unterbringung eines kleinen Orchesters zu."[28] Whatever their size, apartments used for musical gatherings usually had a main room ("Salon"/"Musiksalon") and several connecting side rooms. Whether the adjoining rooms were used primarily for listening or other activities, they varied and provided an opportunity for contemporaries to characterize musical social gatherings: Anton Pettenkoffer's *Gesellschaft* (from 1818) met "im dritten Stockwerke des Hauses Nr. 581 am Bauernmarkt [...], wo ein schöner Salon für die Ausübenden und zwei geräumige Nebenzimmer für die Zuhörer zu Gebote standen" ("on the third floor of house No. 581 on Bauernmarkt [...], which boasted a beautiful salon for the performers and two spacious adjoining rooms for the listeners").[29] The situation was different with Ferdinand Müller von und zu Müllegg, who organized "sehr gewählte musikalische Abendunterhaltungen" ("very select musical evening entertainments"), but whose "diplomatische Stellung" ("diplomatic position") required him "auch Gäste aus den 'höheren' Ständen einzuladen, welche dann oft in den Nebenzimmern beflissen waren, durch lebhaftes Gespräch und durch Klappern mit Theetassen und Spielmarken den Grad ihrer Kunstkennerschaft zu beurkunden" ("to invite guests from the 'higher' classes too, who in the adjoining rooms were then often eager to prove their connoisseurship through animated conversation and the clatter of tea cups and gaming chips").[30]

---

27 SMS I, 739. "Passing through a small kitchen, one reached a room of medium size, which, together with the adjoining smaller rooms, was where select friends of the arts would often meet, and was used for successful musical performances." According to Sonnleithner, in these rooms "[wurde] zunächst der Kammermusik (Klaviersonaten mit und ohne Begleitung, Streichquartette, Sologesänge für eine und mehrere Stimmen) die Aufmerksamkeit zugewendet [...], dann aber auch größere[n] Werke, als: Oratorien, Kantaten, oder ältere Opern, mit Begleitung des durch ein Violoncell verstärkten Klaviers" ("attention was initially given to chamber music (piano sonatas with or without accompaniment, string quartets, solo songs for one or more voices) [...], but then also to larger works, such as oratorios, cantatas, or older operas, with piano accompaniment augmented by a violoncello") (SMS I, 739). The repertoire of the Hochenadl family, whose domestic events took place regularly for years (until the winter of 1824/25), also included string quartets, songs, and Beethoven's *Christus am Oelberge*. On these oratorio performances, see Constanze Köhn's contribution to the present volume.

28 SMS II, 755. "The apartment was friendlier and more spacious than *Hochenadl's*; the salon intended for performers was even large enough to accommodate a small orchestra."

29 SMS IV, 179.

30 SMS VII, 324.

In the house of the mineralogist, scholar, and court councilor Ignaz von Born, on the other hand, people put on theater, played cards, and conversed in the side rooms.[31]

Despite the sometimes-cramped conditions, visitors were even able to enjoy oratorio performances. The experienced listener Joseph Carl Rosenbaum, for example, noted in his diary entry of March 12, 1815: "Bei Hohenadel [sic] 'Christus am Ölberg' von Beethoven, gute Aufführung."[32] Other visitors felt more oppressed by the rooms' restricted size: Prince Lobkowitz had taken Reichardt to a "Liebhaberkonzert [...], das mich seiner äußern Einrichtung nach aber fast getödtet hat, ungeachtet die Gesellschaft sehr angenehm war. In drei ziemlich kleinen Zimmern, wie ich sie hier fast noch nie gesehen hatte, war eine große Menge Zuhörer aus allen Ständen und eine fast eben so große von Musikern zusammengepfropft, daß mir Luft und Gehör verging. [...] selbst sehr gute Sachen von *Bethoven* [sic], *Romberg, Pär* u. a. konnten keine Wirkung thun, da man in dem engen Raum von dem Lerm [sic] der Trompeten und Pauken und allen möglichen Blaseinstrumenten ganz betäubt ward."[33] A "Neapolitan guitarist" and "zwei Italiener mit ihm, mit angenehmer Tenor- und Baßstimme, [musizierten] eine kleine Französische Romanze: *La Sentinelle*" ("two Italians, with pleasant tenor and bass voices, performed a small French romance, *La Sentinelle*"), which was better suited to the venue: "Das paßte ganz fürs Zimmer und für die Gesellschaft, die auch davon entzückt war; es aber nicht zu fühlen schien, daß der ganze angenehme Eindruck durch *Bethovens* übermächtige gigantische *Ouverture* zu *Collins Coriolan*, wieder zerstört wurde. Gehirn und Herz wurden mir von den Kraftschlägen und Rissen in den engen Zimmern fast zersprengt, die sich Jeder bemühte so recht aus Leibeskräften zu verstärken, da

---

31 Pichler, *Denkwürdigkeiten* (as in fn. 21), i, 171–72.

32 Joseph Carl Rosenbaum, *Tagebücher*, 11 vols., Austrian National Library, Department of Manuscripts and Rare Books, Cod. Ser. n. 194–204, vol. 8, fol. 50ᵛ, cited in Peter Prokop, *Die Tagebücher des Joseph Carl Rosenbaum (ÖNB SN 194–204) – eine Arbeitstranskription*, <https://db.adler-wien.eu/adler_rosenbaum_list.php?qs=Beethoven&criteria=or&goto=3#> (accessed March 20, 2023). "At Hohenadel [sic] Beethoven's 'Christus am Ölberg', good performance." On Rosenberg as an observer of music culture und as a diarist, see also Clemens Kreutzfeldt, "'Die Kunst floh scheu vor rohen Krieges-Scenen.' Zwei Wiener Theaterbesucher in Zeiten französischer Belagerung," in *BEETHOVEN.AN.DENKEN. Das Theater an der Wien als Erinnerungsort*, eds. Julia Ackermann and Melanie Unseld (Vienna etc., 2020), 95–108.

33 RVB 1, 219. An "amateur concert, whose layout almost killed me, despite the company being very pleasant. In three rather small rooms, the like I had almost never seen here before, there was a large crowd of listeners from all walks of life and an almost equally large crowd of musicians, so that I lost my breath and my hearing. [...] even very good pieces by *Bethoven* [sic], *Romberg, Pär* and others did not have any effect, since one was completely deafened in the confined space by the noise of the trumpets, timpani and all kinds of other wind instruments."

der Komponist selbst gegenwärtig war."[34] Occasionally, the tight space offered new opportunities: "Die Fenster des Musiksalons im ersten Stockwerk waren offen, und die Straße war von den Bewohnern der Nachbarschaft dicht besetzt, welche den kräftigen Leistungen der im Schweiße des Angesichts arbeitenden Kunstfreunde begierig lauschten."[35] In any case, any consideration of the specific space necessarily involves questions about accessibility: who had access to which societies can be interpreted not least as a reflection of a firmly established, if slowly changing and *temporarily* penetrable, social order, in which such factors as class, gender, religion, network (e.g., belonging to the Freemasons), profession or skills, family, and generation were relevant.

We can now see that in Viennese parlance and usage of the late 18th and early 19th century, "salon" referred to an architectural space. However, where music researchers talk about the "salon," they have in mind the socio-cultural phenomena that took place in these (and other) rooms, rather than the room itself – as a research term attempting to capture this variegated culture, the term therefore obscures more than it illuminates. At best, the scholarly term "salon" seems to be too narrow to encompass all the kinds of musical sociability taking place in Vienna during this period. Therefore, in the following, I will drop the term "salon" – even if that means losing the attractive possibility of calling Beethoven a composer of "salon music," and the associated sense of the "rhetorical flourishes" mentioned at the beginning – and, *with a view to the situation in Vienna around 1800*, I will instead consciously speak of "musical sociability" *(musikalische Geselligkeit)*. The fact that the term was retrospectively reintroduced in the 1860s for these forms of sociability will require its own commentary later.

---

34 RVB 1, 220. "This was quite suitable for the room and for the company, which was also enchanted by it; but they didn't seem to feel that the whole pleasant impression was destroyed by *Beethoven's* overpowering, gigantic *Overture to Collin's Coriolan*. My brain and heart were almost torn apart by the force of the blows and lacerations in the tiny rooms, which all the performers tried to intensify with all their might, since the composer himself was present." When Reichardt later heard the *Coriolan Overture* again at a "Morgenkonzert [...] im kleinen Redoutensaale" ("matinee concert [...] in the small Redoutensaal,") he judged: "Zum Anfange ward eine sehr glänzende *Symphonie* von *Beethoven* recht brav und kräftig gespielt, und zum Schlusse seine herkulische *Ouverture* zum *Coriolan*, die sich hier im großen Saale besser ausnahm, als letzt im engen Zimmer." ("At the beginning a magnificent *symphony* by *Beethoven* was played quite well and energetically, and at the end, his Herculean *Overture* to *Coriolan*, which sounded better in the large hall here than in the small room I last heard it.") (RVB 1, 234–35).

35 SMS IV, 179–80. "The windows of the music salon on the second floor were open, and the street was densely occupied by neighborhood residents, who avidly listened to the spirited performances of the music lovers toiling in the sweat of their brow." Musical sociability at "Kaufmann Anton *Röhrich* [...] in dessen Familienhause Nr. 522 auf der neuen Wieden, 'zur goldenen Presse' benannt," ("merchant Anton *Röhrich* [...] in his family home at No. 522 auf der Wieden, named 'zur goldenen Presse,'"). The current address is Margaretenstraße 33/Preßgasse, in the 4th district of Vienna.

Practices of musical sociability

A great variety of activities geared toward the enjoyment of company took place in the outer domestic spaces – especially during the winter season: eating and drinking were just as central as conversation and the wide range of entertainment on offer: music, dance, theater, and games. Each "Haus" (house)[36] had its own characteristics, and even strangers quickly grasped where to go for what purpose – announced or unannounced.

Frequency/continuity: the events discussed here were not one-off events, but typified by their (weekly) periodical nature[37] or grouping into a well-defined series (Ignaz Schuppanzigh's quartet events, for example, comprised a series to which one could subscribe), and Caroline Pichler remembers the "Cyklus gesellschaftlicher Freuden, der sich jedes Jahr im Hause meiner Ältern abrollte" ("cycle of social pleasures that unwound every year in my parents' house.")[38] The chapter for these forms of musical sociability ("Dilettantenakademien") in the *Jahrbuch der Tonkunst* as well as its comparative "view from the outside" being impressed by the regularity of the events also attests to their continuity.[39]

---

36   "Haus" is not understood here as enclosed space, but as a social unit. On the term "Haus," see Eibach/Schmidt-Voges, *Das Haus in der Geschichte Europas* (as in fn. 25). On the application of the term "Haus" to music see also Melanie Unseld, "Musikerfamilien. Kontinuitäten und Veränderungen im Mikrokosmos der Musikkultur um 1800," in *Beethoven und andere Hofmusiker seiner Generation. Bericht über den internationalen musikwissenschaftlichen Kongress Bonn, 3.–6. Dezember 2015*, eds. Birgit Lodes, Elisabeth Reisinger, and John D. Wilson, *Musik am Bonner kurfürstlichen Hof* 1 (Bonn, 2018), 25–54.

37   "Privatkreise [...], welche sich nicht nur eine vorübergehende musikalische Unterhaltung, sondern vielmehr die *Pflege einer bestimmten Geschmacksrichtung* zum Ziele gesetzt hatten," ("Private groups [...] which had set themselves the goal not primarily of a makeshift musical entertainment, but rather the *cultivation of a certain taste*,") SMS I, 737; see also fn. 44.

38   Pichler, *Denkwürdigkeiten* (as in fn. 21), i, 170, see also 127, where Pichler describes the variety of artistic practices throughout the year.

39   "Der Tag sollte wieder einmahl ganz, von Morgen bis Abend mit Musik angefüllt sein. In der Frühstunde hatte ich schon einem Quartett bei Herrn *von Czerini* beigewohnt, wo eine sehr angenehm pikante Klaviersonate mit Violinbegleitung und ein schönes Quintett von Saiteninstrumenten, beides von *Rieß*, exekutirt wurde. [...] Den Abend wurde bei dem Grafen *von Apponi* der Geburtstag der schönen Gräfin mit einem feinen Konzert, vor einer edlen, sehr ausgewählten, wiewol gemischten Gesellschaft aus der großen und feinen Welt, in einem sehr schönen Konzertsaale recht passend künstlerisch gefeiert. [...] Wenn ich Dir nun noch sage, daß ich zwischen diesen Morgen-, Tags- und Abendmusiken noch die Freude hatte, der Fürstin *von Lobkowitz* [...] und ihren liebenswürdigen Töchtern einige Akte aus *Schillers Wilhelm Tell* vorzulesen, und Abends an einer witzigen feinen Szene Theil zu nehmen, die beim Diner der Frau *von Arensteiner* zur Geburtstagsfeier ihrer von Allen geliebten Schwester verabredet wurde; so hast Du einen Tag, wie man ihn wol nur in Wien erlebt." ("Once again, the day was to be filled with music from morning to evening. In the morning, I had already attended a quartet at Herr *von Czerini's*, where a very pleasantly piquant piano sonata with violin accompaniment and a beautiful string quintet, both by *Rieß*, were performed. [...] In the evening, the beautiful Countess's birthday was celebrated with a fine concert at Count *Apponi's* house, in front of a noble, very select, and mixed company from the great and fine world, in a very

Conversation: Musical sociability can be considered to comprise the two core elements of conversation and music-making; but the manner each is reported in sources is strikingly different: music-making practices appear in the sources, even though the details are not as concrete as scholars may wish; but oral communication, by its very nature, was not recorded.[40] Although "discourse" is mentioned,[41] conversations sometimes described ("angenehm" / "pleasant",[42] "freier und lebhafter" / "free and lively",[43] or even "gelehrt" / "intellectual"[44]), and reference made to those who participated and how, our

---

beautiful concert hall. [...] If I now tell you that between these morning, afternoon, and evening concerts, I still had the pleasure of reading a few acts from *Schiller's Wilhelm Tell* to the Princess *von Lobkowitz* [...] and her amiable daughters, and in the evening taking part in a witty, fine scene, which was arranged at the dinner of Frau *von Arensteiner* for the birthday celebration of her sister, who is loved by everyone; then you have a day that one can only experience in Vienna.") (RVB 1, 387–88, 391–92).

40 For a foundational treatment of this idea, see Jan Assmann, *Das kulturelle Gedächtnis. Schrift, Erinnerung und politische Identität in frühen Hochkulturen* (Munich, 1992); Aleida Assmann, *Erinnerungsräume. Formen und Wandlungen des kulturellen Gedächtnisses* (Munich, 1999).

41 "Ueber die letzten Aufführungen in den Theatern, da kann hier in Gesellschaften wol ein Discours aufkommen. Da aber auch dafür hier keine schriftliche kritische Autorität gilt; so hört man doch wenigstens eines Jeden eigne Meinung aussprechen." ("Discussion certainly arises in the societies here about the recent performances in the theaters. But since there is no written critical authority, one can at least hear everyone express their own opinion.") (RVB 1, 288–89).

42 "Bei einem angenehmen Diner bei Herrn *von Pereira* habe ich auch die interessante Bekanntschaft *Carpani's*, des Dichters mehrerer beliebten Italienischen Opern [...] gemacht, und in ihm einen angenehm gesprächigen Weltmann kennen gelernt, der viel Sinn und Geschmack für Künste und besonders für Musik hat. Wir haben uns am Fortepiano eine halbe Stunde angenehm unterhalten." ("At a pleasant dinner at Herr *von Pereira's* I had an interesting encounter with *Carpani*, the librettist of several popular Italian operas [...], and in him met a pleasantly talkative man of the world, who shows great understanding and taste in his appreciation of the arts, especially music. We talked pleasantly at the fortepiano for half an hour.") (RVB 1, 158).

43 "Mittag" ("Noon") at Count Moritz Dietrichstein's. "Dieser machte uns [d. h. Reichardt und Collin] die Freude, uns ganz *en famille* mit seiner liebenswürdigen Familie sein zu lassen, und unsre Unterhaltung war dadurch um so freier und lebhafter." ("He allowed us [Reichardt and Collin] the pleasure of interacting completely *en famille* with his charming family, and our conversation was all the freer and livelier as a result.") (RVB 1, 326).

44 Caroline Pichler says of the Jacquin family house: "Da wurden nun an den *Mittwoch-Abenden*, die, seit ich denken kann, in diesem Hause der Geselligkeit gewidmet waren, auch selbst im Winter, wann die Familie Jacquin [...] im Botanischen Garten wohnte, in den Zimmern des Vaters gelehrte Gespräche geführt, und wir jungen Leute plauderten, scherzten, machten Musik, spielten kleine Spiele, und unterhielten uns trefflich." ("On *Wednesday Evenings*, which, ever since I can remember, were devoted to socializing [sociability] in this house, even in winter, when the Jacquin family [...] lived in the Botanical Garden, learned conversations were held in the father's rooms, and we young people chatted, joked, made music, played little games, and entertained ourselves splendidly.") (Pichler, *Denkwürdigkeiten* [as in fn. 21], i, 180). Therese Sonnenfels' circle is also described as particularly learned: "Man sieht daher in diesem Zirkel das bessernde Verdienst neben dem anspruchlosen Gelehrten, den mächtigen Minister neben dem bescheidenen Künstler in gefälliger Eintracht; nach Maßgabe seines geistigen Vermögens theilt jedes von seinen Schätzen mit, keine Karte wird angerührt. Aus diesem allen können Sie nun abnehmen, wie angenehm und belehrend zugleich eine Gesellschaft seyn muß, in welcher der Staatsmann, der hell denkende Gelehrte und der denkende Artist

historical gaze cannot ascertain precisely what was discussed. The substantial practices – conversation, amusement, discussion, discourse – remain imperceptible in the sources. We can only conclude indirectly that topics could be explored more deeply in smaller groups or, when guests where invited, conversation might center around particular themes. This was partly because the performative character of musical sociability meant it couldn't be accurately notated, but mainly because the idea of writing things down – and more generally of transcribing, archiving, and reflectively writing about – would have been incongruous in a situation of such a thoroughly contingent character. Put more succinctly, the sort of notetaking practices that would have resulted in detailed sources would have fundamentally contradicted the idea of sociability. What Mark Evan Bonds notes about the chief characteristic of contemporary *fantasieren* (improvisation) is thus also applicable to salon practices:[45] during *fantasieren*, contemporaries sought to recognize the deepest character of the improviser, and yet the art of *fantasieren* can only be experienced in the moment, never captured in notation.

It is not only important to bear this in mind for the culture of conversation as a whole, but also especially for musical sociability, because contemporary accounts – which describe the performers and repertoire quite precisely, sometimes even reporting them in the manner of a review – might give the impression that most such events resembled concerts. However, the fact that rehearsals, musical contests, *Scherzspiel* and much more took place, argues for imagining musical sociability as a highly discursive space – after all, these activities are hardly possible without verbal communication. Thus, conversation must have been rooted at the core of musical sociability, and beyond its semantic content, which is irretrievably lost, its dialogical interplay can be found in the music played at these events.

---

die Resultate ihrer Beobachtungen und ihres Studiums so liebevoll mittheilen! auch glaube ich, daß dieß das einzige Haus in Wien sey, welches sich dieses Vorzugs rühmen kann. Die Nahmen der Mitglieder dieses frohen und lehrreichen Zirkels werden stets in meiner dankbaren Erinnerung leben, denn ich verdanke ihnen so manche heitre Stunde, so manchen Erwerb fürs Leben gemeinnütziger Kenntnisse." ("In this circle, therefore, one sees the self-improving student next to the unpretentious scholar, the powerful minister next to the modest artist, all in pleasing concord; each shares his treasures according to his intellectual ability, no card is touched. From all this, you can see how pleasant and instructive a society must be, in which the statesman, the bright scholar, and the thoughtful artist share the results of their observations and studies so warmly! I also believe that this is the only house in Vienna that can boast of this privilege. The names of the members of this happy and instructive circle will always live in my grateful memory, for I owe them many a cheerful hour, many an acquisition of lifelong beneficial knowledge.") Anon., *Bemerkungen* (as in fn. 14), 57–58.

45 Mark Evan Bonds, *The Beethoven Syndrome. Hearing Music as Autobiography* (New York, 2020), esp. the chapter "Hearing Composers in Their Work."

Practice clusters: From the travelogues and diaries especially, one gathers that the various practices constituting musical sociability were fluid and constantly in transition[46] and it is only possible therefore to list a cluster of activities, any one of which may or may not have been present in any particular instance: music-making, auditioning and listening, improvising and *fantasieren* – sometimes competitively, dancing, playing games, reciting e.g. poetry, performing plays, performing tableaux vivants, talking shop and debating, promoting and initiating careers, making acquaintances and networking, arranging and carrying out collaborations, rehearsing, circulating *Stammbücher*,[47] among many others.[48] It is just these kind of practice clusters that Schönfeld means in *Jahrbuch der Tonkunst* when he talks about the actors giving the music "durch allerlei Weege" "eine Schwungkraft und Glanz" ("a momentum and splendor" in "all kinds of ways"). The actors are classed as

---

46   Compare for example Reichardt's report from Lobkowitz's house: there a *Souper* turned into a musical performance in which the prince participated, giving rise to the idea of quickly making further arrangements in order to perform them shortly afterwards: "Souper im Hause des *Fürsten von Lobkowitz*, das einzig in seiner Art, und für mich eine neue, hier in Wien vielleicht nur mögliche Erscheinung war: denn hier blüht für die Künstler das alte Paris wieder neu auf. Nachdem ich einen Vormittag, von zwölf bis zwei Uhr, mit dem *Fürsten von Lobkowitz*, der ein unermüdeter, unersättlicher, echter Kunstenthusiast ist, an seinem Fortepiano aus meiner *Rosmonda*, aus *l'heureux Naufrage*, meiner letzten Arbeit in Cassel, und aus dem *blauen Ungeheuer*, das ich halb vollendet mit hernahm, fast die Seele ausgesungen hatte, bestand der Fürst darauf, daß ich in größter Eile einige Duetten, Trio's und Quartetten aus jenen Opern in Stimmen ausschreiben lassen sollte, schickte mir auch gleich einen sehr verständigen Kopisten dazu, um den zweiten Abend darauf, an einem kleinen musikalischen Abend, den er recht ausgesucht für mich in seinem Hause veranstalten wollte, so viel als möglich davon mit einiger Instrumentalmusik von seinem Orchester hören zu lassen. Demoiselle *Fischer* und noch eine junge Sängerin, die beiden Tenoristen *Simoni* und *Vogel*, wurden zu den Singepartien eingeladen, und der Fürst selbst übernahm die Baßsingpartie mit seiner starken, vollen Baßstimme. Vorher sollte eine Probe davon gehalten werden. Das wurde denn auch alles glücklich ausgeführt, und es war dazu eine Versammlung von Großen und schönen Zuhörern und Zuhörerinnen eingeladen [...]" ("Souper in the house of *Prince von Lobkowitz*, which was truly one of a kind, and for me a new phenomenon, perhaps only possible here in Vienna: for here the old Paris blossoms anew for the artists. After I had spent a morning, from twelve till two o'clock, with *Prince von Lobkowitz*, who is an indefatigable, insatiable, genuine art enthusiast, at his fortepiano, almost singing my soul out in my *Rosmonda*, in *l'heureux Naufrage*, my last work in Cassel, and in the *blauen Ungeheuer*, which I took with me half finished, the Prince insisted that I should have the parts of some duets, trios and quartets from those operas written out posthaste, and he sent me a very understanding copyist to do just that, so that he could have as much of it as possible, along with some instrumental music performed by his orchestra, heard two days later, at a small, select musical evening he wanted to organize for me in his house. Demoiselle *Fischer* and another young female singer as well as the two tenors *Simoni* and *Vogel* were invited to sing the parts, and the Prince himself took over the bass part with his strong, full bass voice. A rehearsal was to be held beforehand. This was then all happily executed, and an assembly of great and beautiful listeners was invited [...]"). (RVB 1, 182–83).

47   See the contribution by Henrike Rost in the present volume.

48   Martin Eybl also counts collecting music as a musical sociability practice in Vienna: Martin Eybl, *Sammler*innen. Musikalische Öffentlichkeit und ständische Identität, Wien 1740–1810* (Bielefeld, 2022), especially the chapter "Sammeln und Geselligkeit", 99–118).

"[b]esondere[n] Freunde[n], Beschützer[n] und Kenner[n]" ("special friends, protectors and connoisseurs") of music, and all of the 21 names and houses he mentions cultivated some form of musical sociability.[49]

Making music, listening to music: Participating in music-making activities was highly valued in Vienna. The sources continually mention that, both in the high nobility and in the Second Society,[50] family members of the hosting house itself performed and that guests were offered the opportunity to play or sing along. Of course, the musicians who were employed in noble houses were available, and a house could also invite musicians especially. The respective form of sociability and the guests then formed the performance setting or the (select or diverse) audience for them. Summarizing the constellation that formed a versatile basis for musical practices: in addition to concert-like performances (in which skills and compositions were presented to a diverse or select audience), the sources speak of music-making scenes which saw people trying pieces out[51] and rehearsing, teaching and learning,[52] or workshopping

---

49   Schönfeld, *Jahrbuch der Tonkunst* (as in fn. 11), 1.
50   "In einem großen Konzert beim Fürsten *Lobkowitz* haben wir wieder das in einem Fürsten so seltne, ausgezeichnete Talent des *Erzherzogs Rudolph* bewundert. Die schwersten Konzerte von *Bethoven* und Sonaten von Prinz *Louis Ferdinand* spielte der Erzherzog mit großer Besonnenheit, Ruhe und Genauigkeit. An demselben Abend hörten wir auch den dritten Akt von *Zingarellis* Oper *Romeo und Julie*, der so viel Rührendes und Pathetisches hat, von der schönen Fürstin *Kinsky* und dem Fräulein *von Goubeau* singen, und ich habe fast nie zwei schönere Stimmen zusammen gehört" ("At a large concert at Prince *Lobkowitz*'s we again admired *Archduke Rudolph*'s exceptional talent, so rare in a prince. The Archduke played the most difficult concertos by *Bethoven* and sonatas by Prince *Louis Ferdinand* with great thoughtfulness, calm, and accuracy. That same evening, we also heard the third act of *Zingarelli*'s opera *Romeo und Julie*, which has so many touching and pathetic moments, sung by the beautiful Princess *Kinsky* and the Fräulein *von Goubeau*, and I have rarely heard two more beautiful voices together.") (RVB 1, 357–58).
51   "Kleine Proben von den beiden ersten Akten meiner *Bradamante*, hab' ich auch schon bei dem Fürsten *Lobkowitz* gehalten, dessen Haus die wahre Residenz und Akademie der Musik ist. Zu jeder Stunde kann man da in dem besten schicklichsten Lokale Proben nach Gefallen veranstalten, und oft werden mehrere Proben und Uebungen in verschiedenen Sälen zu gleicher Zeit gehalten." ("I have already held some small rehearsals for the first two acts of my *Bradamante* at Prince *Lobkowitz*'s, whose house is the true residence and academy of music. At any hour, one can hold rehearsals in the best and most elegant premises, and often several groups of people can be found rehearsing and practising in different halls at the same time.") (RVB 1, 468). "Mein zweiter Akt der *Bradamante* ist auch vollendet, und wir haben ihn letzt bereits beim Fürsten Lobkowitz mit gleich gutem Erfolg probirt. Das Diner nachher, bei welchem viele Künstler, auch der brave *Bethoven*, zugegen waren, war eines der heitersten, das ich hier erlebt habe." ("I've completed the second act of my *Bradamante*, and we have already rehearsed it at Prince *Lobkowitz*'s with equal success. The dinner held afterwards, at which many artists, including the good *Bethoven*, were present, was one of the most cheerful I have experienced here.") (RVB 1, 361–62).
52   Teaching also enabled composers to add their own names and works to the dynamic circulation of new music through the Viennese houses. Students were also trained by composers to perform their works, as with Dorothea Ertmann or Marie Bigot as piano pupils and interpreters of Beethoven, a practice highly valued in Vienna.

pieces in progress.[53] One of the most significant musical sociability practices was listening to music. Those who moved within the lively sociability network were offered plentiful opportunities to listen to the Viennese repertoire[54] in a variety of ways, significantly encouraging music expertise in the process: from smaller circles for connoisseurs[55] and "attentive music lovers,"[56] which might have included as few as "six, eight good musical souls,"[57] up to "large societies" in which the musicians accommodated a dance-loving audience,[58] every gradation was conceivable. And again and again, the sources show that musicians oriented themselves to what pleased the listeners.[59]

Repertoire: None of the venues for musical sociability focused on a single (selected) genre or ensemble. Pieces other than string quartets were also played at Schuppanzigh's or Nikolaus Kraft's quartet gatherings; in the Lobkowitz house, opera arrangements were heard alongside Beethoven violin sonatas.[60] Instead, a general pleasure in variety was characteristic, meaning the preferences of participants, the house, and the visiting guests could all be accommodated. Music was habitually arranged and adapted as necessary, indicating that genre boundaries were traversed without qualms in musical sociability practice. The repertoire, as far as documented, tilted heavily towards

---

53 Julia Ackermann and Melanie Unseld, "Dichtung – Wahrheit – Narrativ? Erinnerungen an die *Fidelio*-Soiree im Palais Lichnowsky," in Ackermann/Unseld, *BEETHOVEN.AN.DENKEN* (as in fn. 32), 33–46.

54 See for example the references in SMS I–VI.

55 Karl Zinzendorf wrote about Rasumowsky's soirée in his diary on April 23, 1795: "Le soir chez Me de Rasumofsky ou je trouvais Bedhofen jouant du clavessin, et personne que Christiane et son mari et Me de Thun née Kolowrath de Prague." (BSZ, 1114).

56 RVB 1, 204 (see also fn. 19).

57 Written by Reichardt about a musical social gathering at Countess Erdődy's, to which Beethoven had invited him (RVB 1, 190).

58 "Schon den Abend vorher hatte ich das Glück, die Frau *von Ertmann* in einer großen Gesellschaft bei ihrem Schwager *Frank* zu hören. Bei dieser war es aber mehr auf den Tanz angesehen, der bald darauf folgen sollte, und den viele schöne junge Welt mit Begierde erwartete. Sie hatte also absichtlich nur angenehme kleine Sätze ausgewählt, um die Neugierde der zahlreichen Gesellschaft zu befriedigen. Aber auch jene spielte sie mit einer Präzision und Eleganz, die eine große Meisterschaft voraussetzt." ("The evening before, I had the good fortune to hear Frau *von Ertmann* at a large party at her brother-in-law *Frank*'s house. There, however, the bright young people were more eagerly awaiting the dance that was to follow. So, she had deliberately chosen only pleasant little movements to satisfy the curiosity of the large company present. But she played even these with a precision and elegance that betokened great mastery.") (RVB 1, 386). Ertmann came from Frankfurt am Main and thus was not a native, but she drew "ihren größten Gewinn von Beethovens Nähe" ("her greatest benefit from her closeness to Beethoven") (RVB 1, 387).

59 See Birgit Lodes' contribution to this volume.

60 Zinzendorf: "Après 6h chez les Lobkowitz. Le citoyen Creutzer y joua du violon et Bedhofen du clavessin. Il y avaient Fürstenberg et sa fille, Rasum[owsky], les Guilfords et la P[rincesse] A. cet air *brillar la gioventù* fut produit avec des variations." (BSZ, 1115; there are also details about those present).

Viennese compositions.[61] The great joy taken in singing is also reflected in
the variety of vocal music genres found in the sources (oratorios, arias/opera
ensembles, invariably also in arrangements, as well as musically accompanied
lyric poetry[62] – with a decidedly open border onto recitation, declamation,
melodrama, etc.).

   In view of the range of ensembles and genres, it is remarkable that for the
"Soiréen bei Professor Johann *Zizius*, welche er in seiner Wohnung am Ende der
Kärnthnerstraße 1038, im zweiten Stockwerke, über dem dermaligen Probe-
salon des Hofoperntheaters gab" ("soirées that Professor Johann *Zizius* hosted
at his apartment at the end of Kärnthnerstraße 1038, on the second floor, above
the current rehearsal salon of the Court Opera Theater"), Sonnleithner retrospectively emphasizes two categories which were not explicitly differentiated
in the contemporary sources. At Zizius's place, "theils klassische Stücke, theils
die neueste pikante Salonmusik" ("partly classical pieces, partly the latest
piquant salon music")[63] were performed. Sonnleithner's formulation resonates with a conception of "salon music" from the beginning of the 1860s that
was delimiting and above all pejorative. Similarly, a few years earlier, in 1855,
Wilhelm Heinrich Riehl had also emphatically distinguished a sort of music for
the salon that aimed "[a]uf den Schimmer des *äusseren Effektes*" ("for the gleam
of *external effect*") from the "schlichte[n], ehrliche[n] deutsche[n] Hausmusik"
("simple, honest German domestic music") that for him served as the aesthet-
ico-moral basis of home and family.[64] With such a demarcation in place, "salon
music" served as an aesthetic zone from which adherents could set Beethoven's

61   Reading the *Vertraute Briefe*, one has the distinct impression that Reichardt, in addition to the
     Viennese repertoire, had heard much music by Prince Louis Ferdinand of Prussia in the Vien-
     nese circles. However, one cannot therefore deduce that Viennese sociability had a particular
     soft spot for the recently fallen prince's compositions. Reichardt may simply have mentioned
     Louis Ferdinand so often due to the fact that as Berlin court conductor, his attention was par-
     ticularly drawn to the Prussian prince and his reception in Vienna. See also Thomas Seedorf's
     contribution to the present volume.
62   See also Gundela Bobeth's contribution to the present volume.
63   SMS VII, 322–23.
64   W[ilhelm] H[einrich] Riehl, "Des Tonsetzers Geleitsbrief," in *Hausmusik. Fünfzig Lieder deut-
     scher Dichter, in Musik gesetzt von W[ilhelm] H[einrich] Riehl* (Stuttgart etc., 1855), III–XVI, at
     III. That Riehl also struck national tones with this dichotomous juxtaposition and perceived
     that the (Frenchmarked) salon culture had a dangerous influence on women because ("[...] die
     Dame des europäischen Salons verbringt gar oft ihr Leben ganz in derselben Weise wie das
     ungebildete Weib des orientalischen Harems [...]" / "[...] the lady of the European salon often
     spends her life quite in the same way as the uneducated woman of the oriental harem [...],"
     Wilhelm Heinrich Riehl, *Die Naturgeschichte des Volkes als Grundlage einer deutschen Social-Poli-
     tik*, vol. 3, *Die Familie* [Stuttgart etc., 1855], 41) underscores the discursive entanglements of
     nationalism, gender, and aesthetics. See also Frank Hentschel, *Bürgerliche Ideologie und Musik.
     Politik der Musikgeschichtsschreibung in Deutschland 1776-1871* (Frankfurt am Main, 2006).

music apart. This is the point of Hinrichsen's observation, mentioned at the beginning of the chapter, that Beethoven's salon music reflected salon conversational practice rather than necessarily being "salon music" per se. Nevertheless, one should be careful to note that Sonnleithner drew the distinction as a contemporary of Riehl, not as a contemporary of Beethoven.

Fantasieren: In addition to performing compositions, *Fantasieren* belonged to the musical practice of sociability. Whether initiated spontaneously or staged as a contest, free improvisation not only provided the highlight of the entertainment – the unpredictable ("expect the unexpected"[65]) – but also achieved in music a form so characteristic of the Age of Sensibility: the (inner) monologue.

> Die Phantasie ist der Monolog des Künstlers, in dem er das Eigene, Selbstempfundene rein ausspricht, während er sich zu den gegebenen Formen – zum Oratorium, zur Oper, u. s. f. – nur dialogisirend verhalten, das heisst, nur da geben kann, wozu ihn die gebotenen Formen veranlassen. [...] so sind im Gegentheil in der freyen Phantasie alle Fesseln gebrochen und der Genius des Künstlers ist in seine Urrechte – älter, als die Formen – wieder eingesetzt, als Schöpfer, als Herrscher, im Reich der Klänge.[66]

Reichardt also experienced this pure enunciation of the (male) self[67] during Beethoven's improvisation at Countess Erdődy's house, which remarkably saw the composer switch from his pleasantly cheerful mood:

> Und nun bringen wir den humoristischen *Bethoven* noch ans Fortepiano, und er fantasirt uns wol eine Stunde lang aus der innersten Tiefe seines Kunstgefühls, in den höchsten Höhen und tiefsten Tiefen der himmlischen Kunst, mit Meisterkraft und Gewandheit herum, daß mir wol zehnmal die heißesten Thränen entquollen, und ich zuletzt gar keine Worte finden konnte, ihm mein innigstes Entzücken auszudrücken. Wie ein innig bewegtes glückliches Kind hab' ich an seinem Halse gehangen, und mich wieder wie ein Kind darüber gefreut, daß ihn

65 Bonds, *The Beethoven Syndrome* (as in fn. 45), 59.
66 Ignaz Theodor Ferdinand Cajetan Arnold: "Recension: Phantasie für das Pianoforte, mit Begleitung des ganzen Orchesters und Chor, in Musik gesetzt [...] von Louis van Beethoven, 80stes Werk," in *AmZ* 14/19 (1812), May 6, columns 307–11, at 307. "*Phantasie* is the artist's monologue, in which he expresses his pure self, only what he himself senses; he can only relate to pre-existing forms – the oratorio, the opera, etc. – in a dialogic manner, that is, he can only give what these forms prompt him to give. [...] but, by contrast, in the free *Phantasie* all fetters are broken and the genius of the artist is restored in all its primordial powers – older than the forms – as creator, as sovereign, in the realm of sounds."
67 Kordula Knaus has pointed out that contemporary reviews do not mention that women also participated extensively in this practice, even though the Viennese piano scene knew numerous excellent female pianists. Kordula Knaus, "Fantasie, Virtuosität und die Performanz musikalischer Inspiration. Pianistinnen und Pianisten in Wien um 1800," in *Virtuosität*, eds. Patrick Boenke and Cornelia Szabó-Knotik, Anklänge. Wiener Jahrbuch für Musikwissenschaft (Vienna, 2013), 57–73.

und alle die enthusiastischen Seelen, auch meine Götheschen Lieder glücklich zu machen schienen.[68]

The settings of Giuseppe Carpani's "In questa tomba oscura" also arose from a moment of playful improvisation: "Durch einen musicalischen Scherz wurde vor einiger Zeit ein Wettstreit unter einer Anzahl sehr berühmter Compositoren veranlaßt. Die Gräfin *Rzewuska* improvisirte eine Arie am Claviere; der Dichter *Carpani* improvisirte sogleich einen Text dazu."[69] Out of this beginning, "große Meister und Liebhaber" ("great masters and amateurs alike") were asked for further settings. Rosalia Rzewuska – who is familiar to Beethoven scholars from her memoirs, in which she reported on the literally staggering success of the *premiere* of Beethoven's *Battle of Vittoria* (*Wellington's Victory*) in Vienna[70] – hosted musical gatherings both in Vienna and in Baden. It was in this setting that this musical conversation game came into being spontaneously and became a talking point in Viennese circles for several months.[71] The "kleine Gesellschaft gebildeter Menschen" ("small society of educated people")[72] decided to have the settings printed (1808, with a dedication to Lobkowitz) thereby making public what had at first circulated only within the Rzewuska circle. The collection was revised and reprinted in 1811.[73] The list

68 RVB 1, 190–91. "And at this point we brought to the fortepiano the still-joking *Bethoven*, who improvised for us for about an hour from the innermost recesses of his creative soul, from the highest summits to the profoundest depths of celestial art, with mastery and skill, so that white-hot tears streamed from my eyes time and again, and afterwards I could not find the words to express to him my intense delight. Like a deliriously happy child, I hung on his neck, and rejoiced again like a child that my Goethean songs seemed to make him and all the other enthusiastic souls happy." Later, Reichardt heard Beethoven again at the same house: "ein recht großmusikalischer Abend bei der Gräfin *Erdödy*, wo *Bethoven* wieder neue herrliche Sachen spielte und wundervoll phantasirte, und die Damen auch meinen *Göthe* und *Petrarca* hören wollten." ("a rather grand musical evening at Countess *Erdödy's*, where *Bethoven* again played some splendid new things and improvised wonderfully, and the ladies also wanted to hear my *Göthe* and *Petrarca*.") (RVB 1, 317).
69 Anon., "Miscellen aus Wien," in *Journal des Luxus und der Moden* 21 (1806), November, 718–23, at 720. "Some time ago, a musical joke prompted a competition among a number of very famous composers. The Countess *Rzewuska* improvised an aria on the piano; the poet *Carpani* immediately improvised a text to it." See also the edited collection: *"In questa tomba oscura." Giuseppe Carpanis Dichtung in 68 Vertonungen (1808-1814)*, ed. Walburga Litschauer, Denkmäler der Tonkunst in Österreich 140/141 (Graz, 1986).
70 See BSZ, 759.
71 See RVB 1, 158.
72 "Divertivasi alla campagna una piccola società di colte persone a far musica. Una di queste improvisò per celia una cantilena sul Piano Forte. Perve bella ad un amico delle muse, che il primo l'udí, e su due piedi vi appose delle parole. I dilettanti della piccola società le trovarono be fatte, e vollero provarsi anchessi a metterle in musica. Questo ticchio venne pure ad alcuni maestri di Vienna, ed ecco che in breve, in vece di una arietta fatta senza parole, una decina se ne ebbero di fatte sulle parole istesse.". From the foreword to the original printing from 1808, see Revisionsbericht, Litschauer, *"In questa tomba oscura"* (as in fn. 69), 170.
73 *Journal des Luxus und der Moden*; AmZ; see Litschauer, *"In questa tomba oscura"* (as in fn. 69).

of composers here is impressive, including members of the Rzewuska circle and thus a section of the Viennese musical sociability network – in addition to the hostess, her husband, and her mother-in-law, Salieri, Gelinek, Paër, Vanhal, Koželuch, Franz Xaver Mozart, Beethoven, Gyrowetz, Czerny, Joseph Weigl, Reichardt, and many others appear. But it is more remarkable yet that such playful, entertaining engagements with music, which unfolded in multiple ways in musical sociability, only become historically perceptible in those exceptional cases when – as in this example – they appear in sources (printed music, newspapers). The majority of such moments left no recognizable traces.

Dancing and theatricals: Plenty of dancing also took place, especially during the carnival season. Reichardt recorded several events where people danced, admiring the general physical robustness of Viennese society as much as individual artistry.[74] The mixture between music for listening and music for dancing is also striking:

> Einer zahlreichen großen Assemblee von drei, vierhundert Personen hab' ich einen dieser Abende auch bei dem Baron *Arensteiner* beigewohnt [...]. Ehe noch die ganze Gesellschaft beisammen war[,] spielte Frau von *Pereira* mit dem Fräulein von *Kurzböck* eine sehr brillante Doppelsonate von *Steibelt* recht meisterhaft, und dann mit unglaublicher Langmuth und Güte viele schöne Walzer, nach welchen sich [die] schöne junge Welt in dem immer zunehmenden Gewühle lustig umdrehte. Sobald der äußerste Saal zum Souper eröffnet wurde, entfernte ich mich: es war gegen Mitternacht.[75]

---

74   "[...] in einer frohen glänzenden Gesellschaft im Hennigsteinschen [sic] Hause erlebt. Es war eigentlich ein großer Ball da, in welchem sehr viel schöne junge Welt sehr lustig, und zum Theil recht schön, tanzte; unter den Tänzerinnen prangte besonders die junge Gräfin Potocka [...] durch recht feinen, graziösen, ausgebildeten Tanz. Die trefflichen Söhne und Freunde des Hauses, die ganz in Musik leben, obgleich sie alle Familienväter sind, und viele schöne herrliche Kinder haben, formirten selbst das Orchester zu dem Ball, der bis spät in die Nacht dauerte, und machten mit vieler Abwechselung eine so unterhaltende Tanzmusik, als kaum zehn dazu bestellte Musikanten hätten hervorbringen können." ("I experienced it in cheerful, sparkling company at Hennigstein's [sic] house. There was actually a large ball, at which a large number of beautiful young people danced gaily, and often quite beautifully; among the dancers, the young Countess Potocka [...] stood out with her rather refined, graceful, accomplished dancing. The excellent sons and friends of the house – who although they are all family men with many beautiful, splendid children, live entirely in music – even formed the orchestra for the ball, which lasted until late at night, and made with much variety such entertaining dance music as ten musicians hired for the purpose could hardly have produced.") (RVB 1, 376).
75   RVB 1, 233–34. "One evening, I attended a large party of three or four hundred people at Baron *Arensteiner*'s [...]. Before the entire company had gathered, Frau von *Pereira* and Fräulein von *Kurzböck* played a brilliant double sonata by *Steibelt* quite masterfully, and then, with unbelievable patience and generosity, many beautiful waltzes, to which [the] beautiful young people whirled around giddily in the growing hubbub. As soon as the outermost hall was opened for the *Souper*, I left: it was around midnight."

Recitation and theatrical performances were also part of Viennese sociability. Various performative "Moden" ("fashions") can be identified in the sources: "Geschichten spielen" ("acting out stories") and the "so beliebten als kostspieligen Tableaux" ("much-admired sumptuous tableaux"),[76] performing mimes and "attitudes,"[77] reading aloud or the "[g]emeinschaftliche[n] Lektüre der besten eben damals erscheinenden Stücke von Göthe, Schiller, Werner u. s. w. mit ausgetheilten Rollen" ("joint reading through of the best plays of the time by Goethe, Schiller, Werner, etc., one reader to a part"),[78] recitation and declamation: "Es waren die eben damals [um 1804] in Schwung kommenden Deklamationen, das gesteigerte und mit eigentlich theatralischer Betonung belebte Hersagen schöner oder bedeutender Gedichte."[79] And Sonnleithner mentions the "Großhändler Heinrich Christian *Krippner* [...], in dessen Wohnung (Preßgasse 454) an Sonntagen Mittags musikalisch-deklamatorische Unterhaltungen stattfanden. [...] Die Deklamation war damals mehr als heute gepflegt [...]." ("wholesaler Heinrich Christian *Krippner* [...], in whose apartment (Preßgasse 454) musical-declamatory conversation-entertainments took place on Sundays at noon. [...] Declamation was cultivated then more than today [...].")[80] Musical-declamatory evenings also took place in the house of the calligrapher Friedrich Warsaw, who Tobias Haslinger commissioned in 1817 to design the title pages of a planned complete edition of Beethoven's works.[81] Sonnleithner reports: Warsaw was "ein eifriger Liebhaber der Musik und Deklamation, in welcher letzteren er selbst sich gerne versuchte. Eigenthümlich war der Kreis, den er in seiner ziemlich engen Wohnung (früher Spiegelgasse 1097,

---

76 Pichler, *Denkwürdigkeiten* (as in fn. 21), i, 171.
77 At a social musical gathering at the Lobkowitz house, Reichardt met, among others, the "Tochter oder Pflegetochter einer Polnischen Gräfin *Potocki* [...]. Die Mutter, als sie meine Freude an dem schönen Talent sah, war so gütig mir zu verheißen, daß sie bald einen Kunstabend veranstalten wollte, an welchem ich alle Talente ihrer Tochter, auch im Tanzen und in Attitüden kennen lernen sollte." ("daughter or foster daughter of a Polish Countess *Potocki* [...]. The mother, when she saw my joy in the beautiful talent, was so kind as to promise me that she would soon organize an art evening at which I might become acquainted with all her daughter's talents, which also included dancing and performing attitudes.") (RVB 1, 267; on Countess Potocka see also fn. 74). A tableau vivant, or living picture, when posed by one solo performer, is called an "Attitüde" in German. The paintings or ancient statues posed were often integrated into a sequence and accompanied by music, lighting effects, etc. See, for example, Birgit Jooss, *Lebende Bilder. Körperliche Nachahmung von Kunstwerken in der Goethezeit* (Berlin, 1999).
78 Pichler, *Denkwürdigkeiten* (as in fn. 21), ii, 54. "The type of declamation coming into vogue at that time [around 1804] was the heightened recitation of beautiful or important poems enlivened with theatrical emphasis."
79 Pichler, *Denkwürdigkeiten* (as in fn. 21), ii, 55. See also Rita Steblin, *Beethoven in the diaries of Johann Nepomuk Chotek*, Schriften zur Beethoven-Forschung 24 (Bonn, 2013).
80 SMS VI, 305.
81 BSZ, 929.

später Laurenzergasse 651), durch mehrere Winter an Dienstag-Abenden bei sich versammelte. [...] Unter den Deklamatoren glänzte der Hofschauspieler *Moreau*, der besonders die damals beliebten Parodie-Gedichte in jüdischer Mundart gerne vortrug."[82]

Amusement and musical jokes: Finally, amusement was an integral component of musical sociability, especially since parody, satire, travesty, farce, and persiflage played an important role in Viennese cultural life.[83] Reichardt reports, for example, of "einem allerliebsten musikalischen Spaß" ("a most delightful piece of musical fun") at Henikstein's house: "[S]ie sangen mit acht Männerstimmen [...] eine ganze Instrumentalsymphonie, die wirklich oft so klang, als hörte man von weiten ein ganzes Orchester. Die Blasinstrumente wurden von Einigen mit sehr vieler Diskretion und Feinheit nach dem Effekt nachgeahmt, den sie in der Ferne machen."[84] The popular format of the contest also bears – except in those cases it was used to settle a serious artistic dispute – the hallmarks of elevated amusement: Ignaz von Seyfried, who recorded a detailed account of the contest between Beethoven and Wölfl in Raimund Wetzlar von Plankenstern's house in 1800, did not fail to mention the reactions of the "beyde[n] Mäcenaten" ("two patrons") (Lichnowsky for Beethoven, Wetzlar von Plankenstern for Wölfl), who, "schlüßlich mit altritterlicher Courtoisie dem gegenseitigen Verdienste unbedingt volle Gerechtigkeit wiederfahren ließen" ("in the end, with chivalrous courtesy, did full justice to the other side's merits.")[85] This example shows how the contemporary witness Seyfried directed his attention not only to the two competing musicians, but also to the initiators of the musical sociability who staged the contest. Like Goethe's observations in the Hamilton house, where Lady Hamilton impressed *tout le monde* with her attitudes, Seyfried is not only concerned with what happened in the room, but also with those who

---

82 SMS VI, 306. Warsaw was "an avid music and recitation lover, liking to dabble in the latter himself. The circle he gathered in his rather cramped apartment (formerly Spiegelgasse 1097, later Laurenzergasse 651) on Tuesday evenings through several winters was unusual. [...] Among the reciters, the court actor *Moreau* shone – he especially enjoyed reciting the parody-poems popular at the time in a Jewish accent."

83 See also the popular theater parodies around 1800 or the societies that explicitly saw themselves as "Unsinnsgesellschaften" ("nonsense societies"). See also Rita Steblin, *Die Unsinnsgesellschaft. Franz Schubert, Leopold Kupelwieser und ihr Freundeskreis* (Vienna, 1998).

84 RVB 1, 376–77. "They sang with eight male voices [...] an entire instrumental symphony, which really did often sound as if one was listening to a whole orchestra from far away. Some imitated the wind instruments with such discretion and subtlety that it conjured up the effect of hearing them in the distance."

85 Ignaz von Seyfried, "Biographische Notizen. Ludwig van Beethoven," in Ludwig van Beethoven's Studien im Generalbasse, Contrapuncte und in der Compositions-Lehre, collected from his handwritten estate and edited by Ignaz von Seyfried (Vienna, 1832), Appendix, 3–13, at 7.

shine a light on it: "Der alte Ritter hält das Licht dazu und hat mit ganzer Seele sich diesem Gegenstand ergeben. [...]. So viel ist gewiß, der Spaß ist einzig!"[86]

Beethoven joins in

In conclusion, we might be prone to ask how intensely Beethoven himself was involved in the lively Viennese musical sociability scene. Hinrichsen's convincing thesis that Beethoven's piano music was written for this very scene primarily concerns its aesthetic dimension, the idea of *Unterhaltung* in both senses of the word – namely, both conversation and entertainment. At the same time, however, Beethoven not only understood well the aesthetic dimension, but also the socio-cultural space of Viennese sociability – at least that part of it conducive to his advancement as a pianist and composer. Perhaps more than just actively participating in it, he knew how to perform at the keyboard of sociability in a manner that best furthered his interests. Last but not least, the Beethoven we meet here is a sociable person.[87] Beethoven was a guest in a number of very different Viennese circles: those of the high aristocracy and the Second Society as well as in bourgeois circles, with proven connoisseurs, but also in a circle such as that of Johann Zizius, in which "die neueste pikante Salonmusik" ("the latest piquant salon music") was performed alongside "klassischen Stücken" ("classical pieces"). Incidentally, Ignaz Moscheles also remembered having met Beethoven at Zizius' soirées.[88]

First, the sources indicate that these musical gatherings often witnessed performances of Beethoven's compositions, including the songs (often "Adelaide"), piano music, piano-based chamber music, violin sonatas, the wind sextet, string quartets, the *Coriolan Overture*, *Christus am Oelberge*, and *Fidelio* (for example the four-hand piano version by Hummel). Beethoven's works – and not just the piano music – were thus well represented among the repertoire of Viennese sociability. Beethoven boasted a coterie of highly esteemed interpreters such as Dorothea Ertmann, Marie Bigot, Ignaz Schuppanzigh, musical "ambassadors" who themselves hosted musical gatherings or were invited to them often explicitly as Beethoven interpreters. Listeners thus developed a sense for an authentic Beethoven interpretation – "die rühmlichst bekannte

---

86 Johann Wolfgang von Goethe, *Italienische Reise*, entry Caserta, March 16, 1787, cited in *Project Gutenberg*, <https://www.gutenberg.org/ebooks/2404> (accessed March 20, 2023). "The old knight has held a light up to it and devoted himself heart and soul to this matter. [...]. One thing's for sure, there's no enjoyment quite like it!"

87 See also Birgit Lodes, "Jenseits der Einsamkeit: Beethoven am Hof und im Salon," in *Wer war Ludwig van? Drei Denkanstöße*, eds. Birgit Lodes, Melanie Unseld, and Susana Zapke, Wiener Vorlesungen 197 (Vienna, 2020), 13–34.

88 See BSZ, 583.

Beethoven-Spielerin Fr. Dorothea Freiin v. *Ertmann*, geb. *Graumann*" ("the most famous *Beethoven* player Ms. Dorothea Freiin v. *Ertmann*, née *Graumann*.")[89] But Beethoven also performed himself – not just in the houses where he was directly affiliated, but also elsewhere. Performing means several things: certainly to be available as a musician for (joint) music making, to let himself and his own compositions be heard, to improvise freely, but also to engage in adjacent practices, such as being asked to sit at the pianoforte after a "recht frohen Mahle unter sechs, acht guten musikalischen Seelen" ("quite happy meal among six, eight good musical souls"): "Und nun bringen wir den humoristischen *Bethoven* noch ans Fortepiano, und er fantasirt uns wol eine Stunde lang."[90]

Beethoven is also known to have participated in collective composition, both for the "kleine Gesellschaft gebildeter Menschen" ("small society of educated people") that gathered at Countess Rzewuska's home as well as for a similar occasion initiated by Anton Diabelli in 1819 – although in the latter case Beethoven rather exceeded the requested single variation, composing the *33 Variations on a Waltz by Diabelli* Op. 120 in 1823. Beethoven's going far beyond the sociable goal did not change Diabelli's original plan, which followed a similar idea of musical communication and communion as found in the collection "In questa tomba oscura." Seven names appear in both collections[91] testifying to the overlap between Countess Rzewuska's and Diabelli's networks. The latter titled his project *Vaterländischer Künstlerverein*, thus taking up one of the terms used in Vienna for musical sociability (*Verein*).

Beethoven was also involved in musical gatherings convened to carry out an aesthetic workshop. These include the rehearsal of the *Eroica* at the Lobkowitz house as well as the evening spent at Prince Lichnowsky and his wife's home, discussing the revision of *Fidelio*. At events of this kind, music could be discussed, and revisions tried out and rehearsed. This evening's significance in the reception of *Fidelio* – above all fueling the narrative of Beethoven's genius[92] – divorces it from its context in a continuum of such events, from the practices of musical sociability that offered a site for creative exchange, with which Beethoven was repeatedly involved – even when his own works were not in the spotlight.[93]

---

89   SMS VII, 323.
90   RVB 1, 190. "And at this point we brought to the fortepiano the still-joking *Bethoven*, who improvised for us for about an hour."
91   Joseph Gelinek, Aloys Förster, Franz Xaver Mozart, Wenzel Tomaschek, Carl Czerny and Ludwig van Beethoven.
92   See Ackermann/Unseld, "Dichtung – Wahrheit – Narrativ?" (as in fn. 53).
93   See, for example, Reichardt's report of such an occasion (RVB 1, 361–62).

In the sources on Viennese musical sociability, Beethoven is primarily encountered as a member of Viennese society. Dorothea Ertmann, as reported by her niece Mathilde Marchesi, recalled that Beethoven had been "während einer langen Reihe von Jahren [...] täglicher Gast in unserem Hause" "for a good number of years [...] a daily guest in our house").[94] One does not have to take memoir literature *literally* to see that musical sociability supplied the fabric of Beethoven's Viennese life and his compositional practice, and that the close interweaving of these forms of sociability granted him his scope for maneuver.

ABSTRACT

Beethoven, "Salon Music," and Musical Sociability in Vienna around 1800

The term "salon" generally stands for a specific form of sociability. Not everything that corresponded to this form was called a salon; vice versa, not everything that was called a salon entailed such a social practice. In addition, there are strong presuppositions associated with the term: salon music as "light'" music, for instance. Thus, the term continues to be much debated in academic research. In order to be able to sharpen the focus on Vienna around 1800, this essay does not start with the term, but from the event: it examines the phenomenon of musical sociability and attempts to describe in detail the practices cultivated in this context (musical, literary, theatrical practices, forms of rehearsing, eating), the participants involved in them, and the venues used. Not least, the specific participation of Ludwig van Beethoven (as listener, as pianist) and his music (works, arrangements) in this type of musical sociability becomes recognizable.

---

94 Mathilde de Castrone Marchesi, *Erinnerungen aus meinem Leben* (Vienna, 1877), 7.

Beethoven's Perfectly Tailored Communication with Dilettantes: *Ich denke Dein* (WoO 74) and Other Piano Variations for Aristocratic Salons

Birgit Lodes

Many of Beethoven's compositions were first performed in a "salon"[1] – that is, in the main reception room of a music-lover's or music-loving family's home or palace. There, invited people met at private or semi-public social gatherings, played and listened to music, discussed the music and other topics, and not infrequently ended the get-together with a meal. Some of the personalities who frequently organized such gatherings – usually at a regular weekly time – are familiar to us: from the milieu of Mozart and Haydn, we know Countess Wilhelmine Thun's musical salon (which Beethoven also frequented when he first arrived in Vienna). The names most often mentioned in relation to Beethoven are the high noble houses[2] of Lichnowsky and Lobkowitz, where larger musical meetings were held. The Lichnowskys boasted an in-house string quartet, while the Lobkowitz family had their own house orchestra – so musical performance in this setting was somewhat professionalized. The Beethoven literature seldom mentions the many other (smaller or larger) musical gatherings of various kinds and compositions, at which the hosts or their family members

---

1   On the "salon" as a space, see Melanie Unseld's contribution to the present volume.
2   "House" is used here not spatially, but in the sense of the (extended) household ("whole house"), an economic and social unit, to which, in addition to the father of the house (as legal representative of all the members), the wife and all other family members of various generations, servants, as well as boarders belonged.

played music. Even Beethoven, for a time, held such a gathering at his home;[3] the group also frequently met at his friend Nikolaus Zmeskall's home.[4]

The problem of characterizing the phenomenon of the Viennese "musical salon" in around 1800[5] is a tricky research desideratum. First, the variety of such regular get-togethers was endless – not least of all in terms of the numbers of listeners and the repertoire performed –, so one can hardly consider "the" musical salon as a fixed category. Second, because the gatherings were not public, sources are hard to come by – instead of announcements or even newspaper reviews, one must appraise (often difficult-to-access) diaries, ledgers, and private correspondence. And third, research into musical gatherings suffers from the dubious assumption that the music functioned simply as inconsequential "background music," that it accompanied meals (as was often the case in the 18th century) or was enjoyed as undemanding entertainment (as was often the case in the later 19th century – hence the pejorative German term *Salonmusik*). However, the aristocracy's and affluent middle class's cultivation of the social consumption of music in their homes around the turn of the 19th century – bringing musicians and composers into dialogue with educated and sympathetic listeners – was pivotal for Beethoven's career, as a pianist, improviser, and composer.

Tia DeNora has already pointed out the importance of the aristocratic Viennese scene for Beethoven's reputation.[6] Nevertheless, certain aspects have only been lightly skated over, and I would like to focus on those in this chapter. On the one hand, I analyze the printed dedications, arguing that they often reflect the situation in which the respective piece was written and thus offer a potential window onto a communicative context: I gather evidence that Beethoven

---

3   On November 16, 1801, Beethoven wrote to Franz Gerhard Wegeler (BGA 70): "ich habe einmal bey mir vor einiger Zeit Musick gehabt, wo ausgesuchte Gesellschaft War" ("Some time ago I had music at my rooms and had invited some particularly charming guests" LoB 54). Additionally, in a letter of August 19, 1801, Franz Anton Hoffmeister wrote: "samstags [Aug. 15, 1801] war Musik bei Beethoven, also auch ich, Bernard Forkel, Salieri, Preindl, Pär etc etc samt einer Menge Damen und Cavaliers zugegen warn" ("on Saturday [Aug. 15, 1801], there was music at Beethoven's, where, as well as myself, Bernard Forkel, Salieri, Preindl, Pär etc. etc. were present – not to mention a number of ladies and gentlemen") (Leipzig, Sächsisches Staatsarchiv, Musikverlag C. F. Peters, No. 1404, fol. 70^r). Concerning Beethoven's hunger for new scores for his "Singmusiken" cf. also BGA 392 (1809) and BGA 545 (1812).
4   On Zmeskall, see Axel Körner's chapter in this volume.
5   The terms used in the sources for the sociable musical gatherings are varied; see Melanie Unseld's plea in this volume for the term "musikalische Geselligkeit" ("musical sociability").
6   Tia DeNora, *Beethoven and the Construction of Genius. Musical Politics in Vienna, 1792–1803* (Berkeley, 1997), esp. 115–46; see also Mary Sue Morrow, *Concert Life in Haydn's Vienna: Aspects of a Developing Musical and Social Institution* (New York, 1989), 1–34 and the "Private Concert Calendar" at 365–412 and Julia Virginia Moore, "Beethoven and musical economics," PhD thesis, University of Illinois at Urbana-Champaign, 1987, at 47–88.

"tailored" many of his works to fit the dilettantes of the title,[7] who, at musical get-togethers in their salons, were either able to show off their own skills or at least speak knowledgeably about someone else's performance (for example, Beethoven's). In the final section, utilizing a specific case study for which comprehensive sources are available (letters, diaries, and musical records), I would like to trace how conversations, the genesis of musical and textual art, rituals of friendship, and *Stammbuch* practice (with and without Beethoven's participation) all interweave with one another in order to illustrate one example of musical sociability.

From among all of Beethoven's works that were regularly performed in salons – his piano and chamber music as well as his songs – I will concentrate on his piano variations, which, I believe, make it possible to reposition Beethoven, the biographical subject, in a communicative network in a special way. This realignment is part of a deliberate strategy in the following discussion of bringing the crucial role of women in salon culture to light: women were not only the chief organizers of the musical gatherings in which Beethoven took part, but they also rehearsed, played, listened to, and discussed his music. This approach runs in counterpoint to the established practice in Beethoven studies of marginalizing the contribution of these aristocratic female dilettantes, who were often remarkably knowledgeable about music.

Beethoven's piano music in contemporary conversational culture: On the communicative potential of the variations

In his recent book, in the chapter "Arten des Verstehens: Salonmusik und Gesprächskultur" ("Types of Understanding: Salon Music and Conversational Culture"),[8] Hans-Joachim Hinrichsen specified some coordinates of the new late-18th-century culture of musical understanding that were especially promoted by late Enlightenment aristocrats. Academics such as Immanuel Kant, for example, emphasized the aesthetic appreciation of music as a "means of

---

7 In the late 18th century, "dilettantes" were understood positively as persons who pursued an art form seriously, with interest and appreciation, but not professionally or to be paid ("virtuosi"). They usually belonged to the nobility or upper middle class (second society).

8 Hans-Joachim Hinrichsen, *Ludwig van Beethoven. Musik für eine neue Zeit* (Kassel etc., 2019), pp. 43–72. This chapter was the basis of the final discussion of the conference "Beethoven-Geflechte."

expression and language of the soul," as a "language of sensation;"[9] in the salons, the artist felt himself to be "integrated into a genuinely communicative fellowship," which "emerged as a sacred communion between selected souls, conceived entirely in the spirit of *Empfindsamkeit*."[10] This mutual communicative process, which involved the discursive as well as intuitive understanding of music,[11] could of course only succeed with educated listeners; not many were required, often only a handful, but they needed to concentrate on the artistic presentation and actively participate in it.[12]

Hinrichsen is not alone in noticing this fundamental change in the culture of communication – the transformation of conversational culture is generally considered a feature of the late 18th century and has been dealt with in literary and cultural studies as well as in media theory by, for example, Emanuel Peter and Albrecht Koschorke – but he has been the first to explore its productivity for Beethoven research.[13] In musicology, too, the notion "music as communication" has been increasingly employed in recent times,[14] or, more generally, reference has been made to the "sociability" of late-18th-century music.[15] Hinrichsen demonstrates his thesis by means of two piano works in particular: the ever-popular *Andante favori* WoO 57, in which it is "almost as if the demanding connoisseur is composed into the fabric of the music as an ideal listener," and the *Sonata Pathétique* Op. 13, in which Beethoven negotiates Schiller's much-discussed concept of the "pathetic" (the manner in which the sublime is expressed in tragedy).[16]

In this chapter, I would like to build on Hinrichsen's work by exploring the significance of salon communication for understanding Beethoven's piano variations. In doing so, I focus on a genre that research has so far largely side-

---

9   Hinrichsen, *Ludwig van Beethoven*, 44, with reference to Immanuel Kant, *Critique of Judgment* (Berlin, 1790).
10 Hinrichsen, *Ludwig van Beethoven*, 44–45, referring to Christian Gottlob Neefe, "Ueber das Karackteristische oder über die Sprache der Instrumentalmusick," in *Beiträge zur Ausbreitung nützlicher Kenntnisse* 4 (1784), May 3, 35.
11 Hinrichsen, *Ludwig van Beethoven*, 45, 51.
12 Hinrichsen, *Ludwig van Beethoven*, 46, 48.
13 Emanuel Peter, *Geselligkeiten. Literatur, Gruppenbildung und kultureller Wandel im 18. Jahrhundert*, Studien zur deutschen Literatur 153 (Tübingen, 1999), esp. 262–65; Albrecht Koschorke, *Körperströme und Schriftverkehr. Mediologie des 18. Jahrhunderts* (Munich, 2003), esp. 263–72.
14 For instance in Cornelia Bartsch, *Fanny Hensel geb. Mendelssohn Bartholdy. Musik als Korrespondenz* (Kassel, 2007), esp. 196–256.
15 W. Dean Sutcliffe, *Instrumental Music in an Age of Sociability: Haydn, Mozart and Friends* (Cambridge, 2019); W. Dean Sutcliffe, "Gracious Beethoven?" in *Beethoven Studies* 4 (2020), 24–43; Sutcliffe here explores the communicative potential of the piano sonatas in primarily analytic manner.
16 Hinrichsen, *Ludwig van Beethoven* (as in fn. 8), 53 and 57–63. Schiller's "pathetic" is sometimes rendered as "tragic pity" in English.

lined.[17] The reasons for its neglect are manifold, but above all, there has been a general devaluing of a form built on paratactic sequencing. Beethoven's earlier variations on borrowed themes, not composed by himself, are held in particularly low esteem: his use of contemporary "hits" is usually regarded as an unconscious attempt to jump on a potentially lucrative bandwagon. Such pieces fit neither with the image that music historiography has constructed for Beethoven since the 19th century of a solitary, heroic genius, nor with the related conception of the autonomous artwork, which his compositions have usually been presented as being, thereby relegating to the footnotes any connections to function and opportunity, inspiration by specific persons, instruments, and spaces, or editorial practices and notions of collective authorship.

However, if one accepts that Beethoven did indeed actively participate in the sociable musical discourse in the salons,[18] the supposedly devalued act of borrowing themes for variations turns out to provide a welcome opportunity to better appreciate his musical communication with interested contemporaries. In general, as Elaine Sisman has pointed out,[19] the genre of variation exhibits close parallels to rhetoric: the principle of (varied) repetition is a profoundly rhetorical one, which both guarantees comprehensibility for the listener and elicits the joy of discovery (i.e., is communicative per se).[20] Arnfried Edler stretches the arc even further back and links the principle of variation

---

17 On the background to the marginalization of the form, see Elaine R. Sisman, Art. "Variations," in *Grove Music Online* (2001), <https://doi.org./10.1093/gmo/9781561592630.article.29050> (accessed March 20, 2023).

18 Note also my plea in "Jenseits der Einsamkeit: Beethoven am Hof und im Salon," in Birgit Lodes, Melanie Unseld and Susana Zapke, *Wer war Ludwig van? Drei Denkanstöße*, Wiener Vorlesungen 197 (Vienna, 2020), 13–34.

19 Sisman, "Variations."

20 Abbé Vogler also emphasizes the parallel to rhetoric by beginning his 1793 treatise *Verbesserung der Forkel'schen Veränderungen* (1st chapter: "Wie Veränderungen [i.e. Variationen] beschaffen seyn sollen") with the words: "Veränderungen sind eine Art musikalischer Rhetorik, wo der nämliche Sinn in mancherlei Wendungen vorkömmt." He then elaborates: "[...] mit dem Unterschiede, daß die Gränzlinien viel genauer in der Musik, als in der Redekunst bestimmt werden," and he goes on to compare the effect of the theme in musical variations – in opposition to prose – with a "engen Pfade [...], den uns das Thema ausgesteckt und eingezäumt hat." ("narrow path [...] that the theme has marked out and fenced in for us"). Abbé Vogler, *Verbesserung der Forkel'schen Veränderungen über das Englische Volkslied "God Save the King". Nebst acht Kupfertafeln* (Frankfurt am Main, 1793), 5. – In Sisman's translation: "Variations are a type of musical rhetoric, where the given meaning appears in different guises, with the distinction that the boundary lines are much more rigorously determined in music than in oratory." Sisman, "Variations" (as in fn. 17).

with the old tradition of glossing – that is, a reproduction of the given with commentary.[21]

And it is precisely because in variation form the familiar interplays with the new in such diverse ways across the numerous varied repetitions that the listener following the process might be thrilled, moved, and delighted. The contemporary Leipzig music aesthete Christian Friedrich Michaelis expressed this as follows:

> Erscheint aber das Grundthema, die Hauptmelodie, *auf eine neue Art eingeklei-*
> *det*, gleichsam unter einer zarten durchsichtigen Hülle, so gewinnt die Seele des
> Zuhörers an Vergnügen, indem sie selbstthätig durch den Schleier hindurch-
> blickt, das Bekannte in dem Unbekannten auffindet, und aus demselben ohne
> Anstrengung entwickelt.
> [...] Auch beschäftigt sie [die Variation] die Freiheit der Reflexion bey dem
> Zuhörer, der nun des Hauptgegenstandes sich erst recht bemächtigt zu haben
> weiss, wenn er denselben unter mancherley Umgebungen festzuhalten Anlass
> bekommt. Bewunderung erregt die Variation, in wiefern sie Alles, was in einem
> Grundthema verborgen liegt, allmählich hervorruft und zur reizendsten Man-
> nichfaltigkeit entfaltet.[22]

It is only logical, then, that Hartmut Hein – with reference to Roland Barthes' semiology – should understand Beethoven's early variations in particular as a "medium of communication, [...] as an open play-space [Spiel-Raum] in which the composer might exercise productive control, not just compositionally, but also programmatically and poetically – and as an even larger space of associa-

---

21 Arnfried Edler distinguishes this principle, in which texts were basically "enriched by one's
    own reflection – passed on to one's contemporaries and posterity" from the "contrapun-
    tal-fugal and [...] discursive-sonatalike processing": Arnfried Edler, *Gattungen der Musik für
    Tasteninstrumente*, vol. 2, *Von 1750 bis 1830*, Handbuch der musikalischen Gattungen 7 (Laaber,
    2003), 301.

22 Christian Friedrich Michaelis, "Ueber die musikalische Wiederholung und Veränderung," in
    Allgemeine musikalische Zeitung 5/13 (1803), December 28, 197–200, at 200. A translation of this
    passage can be found in Elaine R. Sisman, *Haydn and the Classical Variation* (Cambridge, MA,
    etc., 1993), 236: "But if the basic theme, the main melody, appears *clothed in a new manner*,
    under a delicate transparent cloak, so to speak, thus the soul of the listener obtains pleasure,
    in that it can automatically look through the veil, finding the known in the unknown, and
    can see it develop without effort. [...] [Variation] also concerns the freedom of reflection of
    the listener to hold on to it [when it appears] in different environments. Variation arouses
    admiration insofar as everything latent in the theme is gradually made manifest and unfolds
    [into] the most attractive diversity."

tive listening (and reading) for both Beethoven's contemporaries and today's listeners."[23] He therefore calls for a new way of hearing this body of work:

> Mit einer solchen Betrachtungsweise von Variationenfolgen als narrativen oder auch performativen Gebilden tritt somit die kompositorische und interpretatorische "Handlung" als regel- oder auch ideengeleiteter Prozess musikalischer Reflexion und Kommunikation in den Vordergrund, einschließlich seiner Möglichkeiten der Normbrechung und Autoreferentialität.[24]

Traces of this potentially infinite communication process can be found throughout this corpus. It is remarkable, for example, that in his variations Beethoven almost always borrowed themes from works – mostly operas – that were being staged at the time (cf. Table 1, column 4). The theme was often already independently circulating in the original (vocal) version in the salons, as can be concluded from separate contemporary copies and prints. The musical themes were thus as well known to contemporaries as the associated (textual) content and the broader work from which the theme was taken: this is indicated on the title pages of the printed variations, which refer to the source vocal incipit and the original "genre." For example, the title of the Variations WoO 70 in the first edition reads "Variazioni sopra il Duetto. Nel cor più no mi sento, dell'Opera Molinara," and, as Hein has suggested, the structure of the duet between the hesitant miller-woman Rachelina and her suitor Calloandro (who sings the second verse) is also reflected in the layout of Beethoven's variations.[25] As recent research has demonstrated, this is by no means an isolated case; rather, it is now clear that Beethoven not only creatively and virtuosically explores the musical substance of his variation themes, but usually also preserves and individually comments on the feelings and contents addressed.[26]

---

23 Hartmut Hein, "Moden und Modelle. Die frühen Variationen WoO 63–77," in *Beethovens Klavierwerke*, eds. Hartmut Hein and Wolfram Steinbeck, Das Beethoven-Handbuch 2 (Laaber, 2012), 364. Note: "Spielraum" without a hyphen means "room for maneuver," a connotation Hein is playing with here.

24 Hein, "Moden und Modelle," 366. ("Conceiving sequences of variations as narrative or performative creations in this way emphasizes how compositional and interpretative 'action' is a rule- or idea-guided process of musical reflection and communication, replete with opportunities for norm-breaking and self-referentiality.")

25 Hein, "Moden und Modelle," 396–97.

26 See the work carried out by Steven Moore Whiting, "To the 'New Manner' Born: A Study of Beethoven's Early Variations," PhD thesis, University of Illinois, 1991; Hein, "Moden und Modelle" (as in fn. 23), 353–420.

The extent to which he goes beyond any similar communicative approaches of his composer contemporaries is a matter for a comparative study.[27] In any case, the Beethoven of the variations is no isolated genius, but rather an imaginative musical "storyteller" who – in both spontaneous improvisation on a given theme[28] as well as in the composition and performance of written variations – communicated effectively with the listeners of his time.

Beethoven was additionally staking out a position in the web of discourse formed by all the other sets of variations on the same theme by other composers (cf. Table 1, column 4). Just one specific example: Beethoven composed his Variations WoO 73 on the theme "La stessa, la stessissima" from Salieri's opera *Falstaff* a few weeks after its premiere on January 3, 1799. Variations by Joseph Weigl and Josepha Auernhammer also appeared in the same year. In the variations, as in the "piano duels,"[29] composers competed to see who had the best (or most daring) ideas for a certain popular theme, which in turn was a contest listeners were eager to judge.[30]

Many outward signs indicate that Beethoven – who in Vienna until 1802 used a separate numbering system for his printed variations that ran parallel to his works with opus numbers[31] – usually took the composition of variations very seriously.[32] He wrote variations not just at the beginning of his compositional career, but throughout his life, and at significant turning points. Thus, it was with a set of piano variations (the *Dressler Variations* WoO 63) that he debuted in musical print in 1782 – and not, as was customary, with a piano sonata.[33] He took his leave from Bonn and introduced himself in Vienna with a long and

---

27 Of particular interest would be a comparison with Mozart's practice.
28 Mark Evan Bonds, *The Beethoven Syndrome. Hearing music as autobiography* (New York, 2020), esp. 58–73.
29 On the communicative potential of piano duels, see DeNora, *Beethoven and the Construction of Genius* (as in fn. 6), esp. 147–69.
30 That Beethoven was aware of the challenge from other variation players and writers and that he faced it competitively, especially in his variations, becomes clear, for example, from his letter to Eleonore von Breuning about the Variations WoO 40 (BGA 11).
31 Cf. BGA 119 (see fn. 42 below) and BGA 123; Robert Nosow, "Beethoven's Popular Keyboard Publications," in *Music & Letters* 78/1 (1997), 56–76; Otto Erich Deutsch, "The Numbering of Beethoven's Minor Works," in *Notes* 4/1 (1946), 36–38.
32 In this sense, see also Stefan Drees (and Kurt von Fischer), Art. "Variation," in *MGG Online* (1998, 2015), <https://www.mgg-online.com/mgg/stable/12035> (accessed March 20, 2023): "With Beethoven, variation, even more than with Haydn, becomes a central form in the overall œuvre of a composer. Of Beethoven's instrumental compositions up to 1800, about one third are variations or contain sets of variations; the independent variation cycles are still in the foreground here."
33 On this unusual decision, see Arnfried Edler, *Gattungen der Musik für Tasteninstrumente* (as in fn. 21), 321.

demanding piece in the form (the *Righini Variations* WoO 65, 1791). In Vienna in 1793, he presented his variations on "Se vuol ballare" as his "Oeuvre I."[34] It was again with piano variations that he heralded his so-called new path in 1802,[35] elevating the form to work status (Op. 34 and 35). And towards the end of his life, during the years 1819 to 1823, he devoted his longest piano work to the form, the *Diabelli Variations* Op. 120. In total, Beethoven composed 22 variation cycles for piano two- or four-hands, seven additional sets for piano accompanied by one or more instruments, and numerous variations on folk songs.[36] It is also salient that the dedicatees appearing on the title pages were usually not only given variations, but also piano sonatas (sometimes even a piano concerto, a symphony, or piano trios) (cf. Table 1, right column) – works that are unquestionably classified as "serious."

If one considers all these factors together, it becomes clear that Beethoven did not just compose variations "out of necessity" to join a wave of arrangement culture that happened to be sweeping through Vienna that he might ride to show off his pianistic skills in a lucrative fashion; he did so, in at least equal measure, to experiment with innovative compositional strategies[37] and to participate actively and creatively in the music-communicative discourses of the time.

---

34   The indication was changed to "N^{ro} I" when the Piano Trios Op. 1 (1795) were published.

35   BGA 108 (letter of October 18, 1802, to Breitkopf & Härtel): "beyde sind auf eine wircklich ganz neue Manier bearbeitet, jedes auf eine andre verschiedene Art [...]. ich höre <sonst> es sonst nur von andern sagen, wenn ich neue Ideen habe, <aber> indem ich es selbst niemals weiß, aber diesmal – <kann>muß ich sie selbst versichern, daß die Manier in beyden Werken ganz neu von mir ist. –" ("Both sets are worked out in quite a *new manner*, and each in a *separate and different way*. [...] Usually I have to wait for other people to tell me when I have new ideas, because I never know this myself. But this time – I myself can assure you that in both these works the *method is quite new so far as I am concerned* –" LoB 62).

36   From 1800 onward, Beethoven increasingly incorporated the variation principle into larger forms, especially sonatas, and in his later works almost every second work contains variations or a variation-like movement.

37   In this sense, see also Glenn Stanley, "The 'wirklich gantz neue Manier' and the Path to It: Beethoven's Variations for Piano, 1783–1802," in *Beethoven Forum* 3 (1994), 53–79.

Tab. 1: Beethoven's dedicated sets of variations for piano two-hands (four-hands, if indicated); data are taken from LvBWV; WoO 40 is included, since it was likely conceived for piano

	Variations on …	No. vars.	Date of composition | First edition	
WoO 63	… a march by Ernst Christoph Dressler (?) [*Dressler Variations*]	9	1782 | Mannheim 1782	
WoO 65	… the ariette "Venni amore," No. 12 from Vincenzo Righini's *XII Ariette Italiane* [*Righini Variations*]	24	1790–91 | Mainz 1791	
WoO 67	… a theme by Count Ferdinand Ernst Waldstein (for piano four-hands) [*Waldstein Variations*]	8	1790–92 | Bonn 1794	
WoO 66 No. 6	… the ariette "Es war einmal ein alter Mann" from Karl Ditters von Dittersdorf's comic opera *Das rothe Käppchen oder hilft's nicht, so schadet's nicht* [*Dittersdorf Variations*]	13	1792 | Bonn 1793	
WoO 40 Oeuvre I => No. 1	… the cavatina "Se vuol ballare" from Wolfgang Amadé Mozart's *Le nozze di Figaro* (for piano and violin, probably conceived for piano solo; LvBWV 2, 101) [*Mozart Variations*]	12	before Nov. 1792 (Bonn); 1st half 1793 (Vienna) | Vienna 1793	
WoO 69 Op. II => No. 2	… the excerpt "Quant' è più bello" from the quintet "Il villan che coltiva il giardino" from Giovanni Paisiello's opera *L'amor contrastato ossia La Molinara* [*Paisiello Variations* WoO 69]	9	2nd half 1795 | Vienna 1795	

---

38 If not stated otherwise, the indications are taken from LvBWV, which in turn follows Carl Friedrich Whistling, *Handbuch der musikalischen Literatur [...]* (Leipzig, 1817), <https://reader.digitale-sammlungen.de/de/fs1/object/display/bsb10598698_00016.html> (accessed March 20, 2023).

39 See Elisabeth Reisinger, Juliane Riepe, John D. Wilson (in collaboration with Birgit Lodes), *The Operatic Library of Elector Maximilian Franz. Reconstruction, Catalogue, Contexts*, Schriften zur Beethoven-Forschung 30 / Musik am Bonner kurfürstlichen Hof 2 (Bonn, 2018), 289–93.

40 Reisinger/Riepe/Wilson, *The Operatic Library of Elector Maximilian Franz*, 199.

Documented performance of the opera or ballet in Beethoven's vicinity • Contemporary variations for piano two-hands [38]	Dedicatee [= dedication withdrawn] (= unofficial dedication)	Other works dedicated to this person by Beethoven
	Imperial Countess Antonie Wolff-Metternich zur Gracht	–
• 1788 Righini's *XII Ariette Italiane* printed in Mainz • Friedrich Joseph Kirmair, Hamburg [after 1799]; Bonn 1813; Mainz [1814] [not in LvBWV]	Countess Maria Anna Hortensia Hatzfeld	–
	– Title of the first edition: "Variations [...] sur un Theme de Monsieur le Comte de Waldstein"	Op. 53 (1805; pf.-son.)
• (premiere Vienna 1788); performed several times in Bonn from April 1792 (with slightly changed text and two new suitcase arias[39])	– (sent to Eleonore von Breuning in the summer of 1792; BGA 4)	WoO 40 (1793; pf. & vn.-var.) WoO 51 (1798?; two pieces for orphica; printed posthumously, but composed for Eleonore) sent together with WoO 66: WoO 41 (1792; pf. & vn.-rondo)
• Bonn 1789/90 and autumn 1792[40]	Eleonore von Breuning	see WoO 66
• premiere Naples 1788; Bonn premiere 10/1792; Vienna premiere 13/11/1790, regularly performed until 1792, revival 2/6/1795 • J. C. Colo (Vienna); J. B. Cramer (Vienna); both before 1817	Prince Karl Lichnowsky	Op. 1 (1795; pf.-trios) Op. 13 (1799; pf.-son.) Op. 26 (1802; pf.-son.) Op. 36 (1804; symph.)

	Variations on …	No. vars.	Date of composition | First edition	
WoO 70 Op. III => No. 2	… the duet "Nel cor più non mi sento" from Paisiello's *L'amor contrastato ossia La Molinara* [*Paisiello Variations* WoO 70]	6	2nd half 1795 | Vienna 1796	
WoO 71 No. [4]	… the Russian dance from the ballet *Das Waldmädchen* by Paul Wranitzky and Joseph Kinsky [*Waldmädchen Variations*]	12	9/1796–3/1797 | Vienna 1797	
WoO 73 No. 6 => No. 8	… the duettino "La stessa, la stessissima" from Antonio Salieri's opera *Falstaff ossia Le tre burle* [*Salieri Variations*]	10	1–3/1799 | Vienna 1799	
WoO 74 No. 27	*Ich denke dein.* Song with variations on a poem by Johann Wolfgang von Goethe (for piano four-hands)	6	5/1799, 1803–04 | Vienna 1805	
WoO 76 No. 10	… the trio "Tändeln und scherzen" from Franz Xaver Süßmayr's Singspiel *Soliman II oder Die drei Sultaninnen* (text: Walburga Willmann, née Huber)[41] [*Süßmayr Variations*]	6 or 8 [depending on how one counts]	autumn 1799 | Vienna 1799	
Op. 34	… an original theme	6	1802 | Leipzig 1803	
Op. 35	… an original theme with fugue [*Eroica/Prometheus Variations*]	15	1802 | Leipzig 1803	
Op. 76	… an original theme	6	1809 | Leipzig 1810	
Op. 120	… a waltz by Anton Diabelli [*Diabelli Variations*]	33	1819–1823 | Vienna 1823	

Beethoven's other sets of variations for piano (without dedication):

WoO 64, … on a Swiss song (6)
WoO 68, … on the Menuett à la Vigano by J. Haibel (12)
WoO 72, … on the theme "Mich brennt ein heißes Fieber" ("Une fièvre brûlante") from A. E. M. Grétry's opera *Richard Löwenherz* (8)
WoO 75, … on the quartet "Kind willst du ruhig schlafen" from Peter von Winter's opera *Das unterbrochene Opferfest* (7)

WoO 77, … [easy variations] (6)
WoO 78, … on the theme "God Save the King" (7)
WoO 79, … on the theme "Rule Britannia" (5)
WoO 80, … [on an original theme] (32)

Documented performance of the opera or ballet in Beethoven's vicinity • Contemporary variations for piano two-hands [38]	Dedicatee [= dedication withdrawn] (= unofficial dedication)	Other works dedicated to this person by Beethoven
• as previous entry • G. Franchi (Paris); C. A. Gabler (Leipzig); J. Gelinek (Vienna); J. N. Hummel (Offenbach); F. Kauer (Vienna); Count Moritz Lichnowsky (Vienna, 1796); J. C. Rieff (Augsburg and Mainz); J. Vanhal (Vienna); all before 1817	– (written at the request of a princess according to Wegeler/Ries, 80)	–
• premiere Vienna 23/9/1796, from then regularly until 1804 • J. Haydn?: Arr. for flute clock (Hob. XIX:4), c. 1796	Countess Anna Margarete Browne-Camus	Op. 10 (1798; pf.-son.) WoO 76 (1799; pf.-var.)
• premiere Vienna 3/1/1799, from then regularly performed until 1802 • Josepha Auernhammer; Joseph Wölfl (before 1817)	Countess Anna Luise Barbara Keglevicz	Op. 15 (1801; 1st pf.-conc.) Op. 7 (1797; pf.-son.) Op. 34 (1803; pf.-var.)
	Countess Josephine Deym von Střítež and Countess Therese Brunsvik de Korompa	Op. 78 (1810; pf.-son., for Therese)
• first performance Vienna 1/10/1799, from then regularly performed until 1801 (the trio was also published as a separate edition)	Countess Anna Margarete Browne-Camus	see WoO 71
	Princess Anna Luise Barbara d'Erba-Odescalchi (née Countess Keglevicz)	see WoO 73
	[Abbé Maximilian Stadler] Count Moritz Lichnowsky	Op. 90 (1815; pf.-son.)
	Francis Oliva	
• Collection of variations on a waltz by Anton Diabelli (Vienna; Diabelli 1824), with one variation by each of 50 other Austrian composers	[German edition: Archduke Rudolph; English edition: Harriet Ries, wife of Ferd. Ries] Antonie Brentano	Op. 110 (1821; pf.-son.: on the dedication plans for the English edition, see BGA 1592; the print, however, appears without dedication) Op. 111 (1823; pf.-son., English edition) Besides several autograph dedications on first editions (see fn. 100)

41 Süßmayr was best man at the wedding between pianist and composer Walburga Willmann and the librettist Franz Xaver Huber on September 28, 1797 (Walburga was singer Magdalena Willmann's sister).

Tailoring to "fit perfectly" in Beethoven's piano variations

From his variation cycles for piano two- or four-hands, in this article, I consider those pieces Beethoven publicly dedicated to or wrote for a specific person (see Tab. 1). Of the 22 variation cycles for piano, eight are dedicated to women, three to men, and 11 are without dedicatee. I include three pieces from the last category since Beethoven demonstrably composed them for or sent them to a specific person: WoO 67, WoO 66, and WoO 70. I also include WoO 40 (the variations for piano and violin on Mozart's "Se vuol ballare") since Beethoven likely conceived them for piano solo and they are officially dedicated to Eleonore von Breuning.

I make the selection not only for reasons of economy, the dedication printed in large letters on the title page can – with further contextualization – also provide valuable insight into the genesis and thus the possible communicative background of the work. The guiding idea here is that the dedicated work – whether it was played by the dedicatee or Beethoven himself – was designed to elicit optimal effect in the dedicatee's salon, encouraging sociable conversation there; and of course, through the printed score, the piece also found its way into other social and musical gatherings. In most cases, a handwritten copy of the work was first given to the dedicatee for their exclusive private use before it officially appeared in print with the dedication.[42] This results in the basic rule – already outlined elsewhere[43] – that Beethoven usually tailored his compositions to fit the dedicatees "perfectly." The rule will be illustrated here through the example of the piano variations.

---

42 Beethoven's brother Kaspar Karl once explained to the publisher Breitkopf & Härtel in an ideal-typical manner the practice of publication and dedication (BGA 119; letter of December 5, 1802): "Wir haben bereits 34 Werke und gegen 18 N^{ro} herraus, diese Stücke sind meistens von Liebhaber bestellt worden, und mit folgendem Kontrackt: Derjenige welcher ein Stück haben will bezahlt dafür, daß er es ein halbes, oder ganzes Jahr, oder auch länger allein hat eine bestimmte Summe, und macht sich verbindlich keinem das Manuscript zu geben, nach dieser Zeit steht es dem Autor frei, damit zu machen was er will." ("We already have 34 works [with opus number] and about 18 [separately numbered] pieces out, these pieces have mostly been commissioned by music lovers, and on the following terms: he who wants a piece pays a specified sum for its exclusive possession for a half or a whole year, or even longer, and binds himself not to give the manuscript to anybody; after this period the author is free to do as he wishes with the piece.")

43 Birgit Lodes, "Zur musikalischen Passgenauigkeit von Beethovens Kompositionen mit Widmungen an Adelige. *An die ferne Geliebte* op. 98 in neuer Deutung," in *Widmungen bei Haydn und Beethoven. Personen – Strategien – Praktiken. Bericht über den Internationalen musikwissenschaftlichen Kongress Bonn, 29. September bis 1. Oktober 2011*, eds. Bernhard R. Appel and Armin Raab, Schriften zur Beethoven-Forschung 25 (Bonn, 2015), 171–202; Birgit Lodes, "Dedicatees and Patrons," in *Beethoven in Context*, eds. Glenn Stanley and John D. Wilson (Cambridge, forthcoming).

On the principle of tailoring to fit in general

Beethoven's dedications were made in what was still an exchange or gift culture. Even if – especially for large works – financial calculations may have been involved, a dedication publicly demonstrated an attachment to and appreciation of the dedicatee and was therefore – like a gift – usually designed to perfectly suit the context of this existing relationship. In the case of dedications to higher-ranking people, the process was formalized with the dedicator having to officially inquire in advance whether the dedication would be accepted.[44] This practice was designed to ensure that public figures' names were not misused for subversive purposes and that dedicatees were only associated with works they actually valued.

In return for a dedicated publication, the dedicator would have expected a gratuity, which was not usually fixed contractually (as in a commercial relationship), but based on a mutually understood relationship with resulting obligations, as was customary in pre-modern societies.[45] The gratuity could have constituted a more or less generous payment (as that from Tsar Alexander I of Russia, who was more than ten years late but paid well for the dedication of the Sonatas for Piano and Violin Op. 30), or even a gift that Beethoven would not have had much use for (as with the Ninth Symphony[46]). As a gesture of friendship it might have taken the form of a handstitched cravat and a handknitted sweater (from Eleonore von Breuning for WoO 41, WoO 66, and WoO 40). Or the dedicatee could have provided the artist with spiritual and material support by providing instruments, housing, practice facilities, legal advice, or administrative services. Such "services" may, of course, have preceded the dedication, in which case the dedication constituted a gesture of gratitude in Beethoven's own currency. A dedication may even have been made at the very last minute, revised at short notice – or even have gone completely awry.

Beethoven's dedicatees – mostly members of the high nobility or the second society – included men as well as women, distributed differently according to genre.[47] The "public" genres, especially symphonies, were reserved for men, although other genres were possible. Women only received dedications to

---

44 Beethoven adhered to this in an exemplary manner with statesmen: see Artur Pereira, *Beethoven's Dedications. Stories behind the Tributes* (London etc., 2021), 47–49.

45 Emily H. Green, *Dedicating Music, 1785–1850* (Rochester, 2019), esp. 43–65.

46 Beethoven sold the "Brillant Ring" that he had been given by the Prussian King Frederick William III for the dedication shortly after receiving it; it might have been less valuable than he had hoped, or he might have preferred a public tribute: this has been recently summarized – with reference to works by Ted Albrecht – in Pereira, *Beethoven's Dedications*, 159–60.

47 On this subject, see also Martin Scheutz's contribution in the present volume; on the various types of dedications to married couples, see my "Gaben und Gegengaben. Ehepaare des Wiener Hochadels als Beethovens Mäzene," in *Beethoven. Menschenwelt und Götterfunken*, ed. Thomas Leibnitz (Salzburg etc., 2019), 54–67.

works that were primarily performed in homes or salons: compositions with piano, including songs – that is, works precisely for those two instruments (piano and voice) that were socially acceptable for women and the only ones they usually learned.[48] In Johann Ferdinand von Schönfeld's listing of the "Virtuosos and Dilettantes of Vienna" from 1796,[49] there are 76 women, almost all of whom were pianists or singers.[50] All the female musicians Christian Gottlob Neefe mentions in his report from Bonn in 1787 are piano-playing dilettantes.[51] Consequently, Beethoven also dedicated piano reductions of works with large instrumentation,[52] the arrangement of his Violin Concerto Op. 61 for piano,[53] and chamber music with piano (but not string quartets[54]) to women. Finally, Beethoven dedicated both light and serious works to women throughout his life – even in his later years.

Beethoven's perfectly tailored dedications are relevant to the theme of musical "communication" in the salon, since they present a public sign of performance situations that are difficult for us to grasp, but for which Beethoven specifically composed these works. Of course, he also played his own music – especially the more demanding cycles – in the aristocratic salons. In addition, there is a close connection between his formidable fantasizing, in which he usually improvised on a given theme, and the playing of written-out

---

48 For a similar point, see Ernst Herttrich, "Beethovens Widmungsverhalten," in *Der "männliche" und der "weibliche" Beethoven. Bericht über den Internationalen musikwissenschaftlichen Kongress vom 31. Oktober bis 4. November 2001 an der Universität der Künste Berlin*, eds. Cornelia Bartsch, Beatrix Borchard, and Rainer Cadenbach, Schriften zur Beethoven-Forschung 18 (Bonn, 2003), 221–36, esp. 234. Herttrich's claims that, in Beethoven's dedications to men, the erudition of the genre (231), and in those to women, infatuation (230, 234) played a role, seem rather tendentious to me.

49 Johann Ferdinand von Schönfeld, *Jahrbuch der Tonkunst von Wien und Prag* (Vienna, 1796; repr. Munich etc., 1976), 3–68.

50 See Freia Hoffmann, *Instrument und Körper. Die musizierende Frau in der bürgerlichen Kultur* (Frankfurt am Main etc., 1991), 100–101.

51 [Christian Gottlob Neefe], "Bonn, vom 8ten April, 1787," in *Magazin der Musik* 2 (1787), July 26, 1386.

52 Thus, the piano reduction of the ballet *The Creatures of Prometheus* Op. 43 was dedicated to Princess Maria Christiane Lichnowsky and the piano arrangements of the Seventh Symphony Op. 92 to Elisabeta Alexeyevna Tsarina of Russia (namely one for two pianos, as well as one each for piano two- and four-hands; on this see BGA 766 and 879).

53 The violin version is dedicated to his violin-playing friend Stephan von Breuning, the piano version (published by the same publisher and with the same opus number) to Breuning's wife, the piano-playing dilettante Julie von Vering – probably as a wedding gift to both of them.

54 The only exception is the dedication of the Septet Op. 20 (1802) to Empress Marie Therese, who owned several works in this unusual instrumentation; John A. Rice, *Empress Marie Therese and Music at the Viennese Court, 1792–1807* (Cambridge, 2003), esp. 246.

variations.[55] Frequently, however, the dedicatees themselves played and sang: Beethoven then experienced his works from the teacher's or listener's perspective – and quite willingly.[56] Since, however, performances of specific piano works in aristocratic salons, let alone the associated conversations, were hardly ever documented,[57] the dedications can be used to ascertain the circle of performers, listeners, and the associated rooms and instruments.[58] Each dedication, of course, represents a specific individual case, which I will briefly sketch.[59] At the same time, I would like to distill some underlying dedication principles from the examples.

Composing to fit perfectly: material, style, and technical demands on the player
As already mentioned, Beethoven almost always dedicated his compositions to people who also played the featured instrument.[60] All the dedicatees or recipients of his variations listed in Table 1 are thus pianist dilettantes. It is important to emphasize this, something that should be obvious, since the literature tends to give the impression that Beethoven dedicated primarily for financial reasons, without considering musical or even practical performance concerns.

---

55 In the case of WoO 40, Beethoven himself explains that he published these variations because he noticed that competing pianists were stealing his ideas: "nie würde ich so etwas gesezt [i.e. niedergeschrieben] haben, aber ich hatte schon öfter bemerkt, daß hier und da einer in v.[ien] war, welcher meistens, wenn ich des Abends *fantasirt* hatte, des andern Tages viele von meinen Eigenheiten aufschrieb, und sich damit Brüstete; weil ich nun voraus sahe, daß bald solche Sachen erscheinen würden, so nahm ich mir vor ihnen zu vor zu kommen." (BGA 11; letter of November 2, 1793, to Eleonore von Breuning). ("I would never have written down such a trifle, but I had often noticed that there was always someone in Vienna who, usually when I had fantasized in the evening, wrote down many of my original ideas the next day and boastfully passed them off as their own; because I now realized that these things would soon appear, I decided to anticipate them.")

56 See, for example, the recollection of Countess Julie Gallenberg (née Guicciardi), as recounted by Otto Jahn: "Er spielte s[ei]ne Sachen nicht gern selbst, phantasirte nur, b[ei]m geringsten Geräusch stand er auf und ging fort." ("He did not like to play his own works, he only fantasized, and at the slightest disturbance he got up and left.") (BSZ, 412).

57 On the sparsity of source material see Klaus Martin Kopitz, "Die frühen Wiener Aufführungen von Beethovens Kammermusik in zeitgenössischen Dokumenten (1797–1828)," in *Beethovens Kammermusik*, eds. Friedrich Geiger and Martina Sichardt, Das Beethoven-Handbuch 3 (Laaber, 2014), 165–212, at 170.

58 Thus, the concept of "perfect fit" that I have proposed does, of course, not primarily hinge on the composer's infatuation. Margret Jestremski has already pointed out the problematic way in which Beethoven research deals with Beethoven's song dedications; Margret Jestremski, "Biographische Bezüge in Beethovens Liedschaffen. Zueignung – Zuneigung," in Bartsch/ Borchard/Cadenbach, *Der "männliche" und der "weibliche" Beethoven* (as in fn. 48), 237–47.

59 Axel Beer has rightly argued that the dedication should be regarded as a "component of the composition" itself and is thus also open to interpretation; Axel Beer, "Widmungen in der Geschichte des Musikdrucks: ein historischer Überblick unter besonderer Berücksichtigung der Zeit Haydns und Beethovens," in Appel/Raab, *Widmungen bei Haydn und Beethoven* (as in fn. 43), 15–28 at 28.

60 See also the overview in Pereira, *Beethoven's Dedications* (as in fn. 44), 42–43; on female singers, see Gundela Bobeth's essay in this volume.

Typically, however, Beethoven went as far as to adjust his output to "fit" the
abilities and skills of the dedicatee "perfectly" when composing and thus acted
less as a self-absorbed "genius" but more in the *aptum* tradition, practicing the
art of attuning one's work to the respective circumstances, person, and situation. This phenomenon is probably best known today in the field of opera with
regard to the star performer,[61] but of course applies equally – as much with
Beethoven as other composers – to many parts that were tailored to specific
performers.[62] Beethoven once put his thoughts on the matter down on paper
in relation to the Tsarina of Russia:

> wenn ich nur so glücklich seyn könnte für ihro Majestät zu schreiben, wozu sich
> ihr Geschmack oder liebhaberey am meisten neigt.[63]

As a pianist and piano teacher, he was confidently able to assess the potentials
and limitations of the instruments available to the dedicatees, as well as the
technical challenges playing his compositions would pose to them.

He thus dedicated technically demanding piano works (or, in this case, variations) mainly to outstanding female pianists, who would be able to play them
themselves – or at least appreciate the technical challenges, if they should
choose to play through the work when alone or in private company and then
listen to a performance by someone else in the salon. In general, contemporary sources affirm that the high pianistic standard of female Viennese virtuosos and dilettantes was in no way inferior to that of their male colleagues.[64]

---

61   On this see, among others, Thomas Seedorf, "'Wie ein gutgemachts kleid.' Überlegungen zu
     einer mehrdeutigen Metapher (nebst einigen Randbemerkungen zu Mozart)," in *"Per ben
     vestir la virtuosa". Die Oper des 18. und frühen 19. Jahrhunderts im Spannungsfeld zwischen Kom-
     ponisten und Sängern*, eds. Daniel Brandenburg and Thomas Seedorf, Forum Musikwissen-
     schaft 6 (Schliengen, 2011), 11–21.
62   For example, the Sonata for Piano and Horn Op. 17 for the horn virtuoso Giovanni Punto
     (= Johann Wenzel Stich); the Sonatas Op. 5 for Jean-Louis Duport (see Birgit Lodes, "Beet-
     hovens Sonaten für Klavier und Violoncello op. 5 in ihrem gattungsgeschichtlichen Kontext,"
     in *Beethovens Werke für Klavier und Violoncello. Bericht über die Internationale Fachkonferenz
     Bonn, 18.–20. Juni 1998*, eds. Sieghard Brandenburg, Ingeborg Maaß, and Wolfgang Osthoff
     [Bonn, 2004], 1–60); or the part of Leonore (in all three versions of the opera *Leonore/Fidelio*)
     for the soprano Anna Milder-Hauptmann, which Beethoven specifically remembered when
     sketching in 1814: "for Milder, high B" (Gustav Nottebohm, "XXXII. Ein Skizzenbuch aus dem
     Jahre 1814", in *Zweite Beethoveniana. Nachgelassene Aufsätze* [Leipzig, 1887], 293–306, at 297).
63   BGA 766: Beethoven at the turn of the year 1814–15, after he had composed the Polonaise
     Op. 89 "to perfectly fit" the Tsarina and now wanted to dedicate it to her publicly ("If only
     I could be so fortunate as to write for Her Majesty whatever her taste or affection is most
     inclined toward."). On this, see Birgit Lodes, "'Le congrès danse': Set Form and Improvisation
     in Beethoven's Polonaise for Piano, Op. 89," in *Musical Quarterly* 93/3–4 (2010), 414–49.
64   On this, see Kordula Knaus, "Fantasie, Virtuosität und die Performanz musikalischer Inspi-
     ration. Pianistinnen und Pianisten in Wien um 1800," in *Virtuosität*, eds. Patrick Boenke and
     Cornelia Szabó-Knotik, issue of *Anklänge. Wiener Jahrbuch für Musikwissenschaft* (2013), 57–73.

For example, the difficult *Righini Variations* (WoO 65) are dedicated to the consummate singer and pianist Countess Hortensia Hatzfeld, and the first variations with an opus number, Op. 34, to the outstanding pianist Countess Babette Keglevics/Odescalchi, to whom Beethoven also bestowed his first piano concerto. (For the short-term rededication of the *Eroica Variations* Op. 35 as well as the *Diabelli Variations*, see below.) Conversely, when Beethoven sent the Variations for Piano and Violin "Se vuol ballare" WoO 40 – for which, while composing the coda, he had his Viennese virtuoso colleagues in mind – to Eleonore von Breuning, he suggested an easier version for her.[65]

Also of interest, regarding how perfectly the technical difficulty was tailored to fit, are Beethoven's Six Variations for piano (WoO 70) on the duet "Nel cor più non mi sento" from Paisiello's *L'amor contrastato ossia La Molinara*, an opera frequently performed at the Kärntnertortheater from June 2, 1795 onwards. The duet was such a huge success in the late 1790s that some singers even inserted it when performing another opera.[66] Contemporary copies and single prints show that this popular number was often sung separately in salons as well. Besides Beethoven, at least eight other contemporary composers wrote sets of variations on it.[67]

Gerhard Wegeler, who lived in Vienna at the time, gives the following background to the genesis of Beethoven's set:

> Beethoven war mit einer ihm sehr werthen Dame in einer Loge, als eben *La Molinara* aufgeführt wurde. Bei dem bekannten: *Nel cuor piu non mi sento*, sagte die Dame: sie habe Variationen über dieses Thema gehabt, sie aber verloren. Beethoven schrieb in der Nacht die VI Variationen hierüber und schickte sie am andern Morgen der Dame mit der Aufschrift: *Variazioni u. s. w. Perdute par la - - ritrovate par Luigi van Beethoven.* Sie sind so leicht, daß die Dame sie wohl *a vista* sollte spielen können.[68]

Thus, Beethoven wrote the Variations WoO 70 for a lady of high standing who played the piano, and he tailored the degree of difficulty to suit her. We may assume that this lady not only played the variations alone at the piano, but also

---

65   BGA 11.
66   Rebecca Grotjahn, "'A compleat nest of nightingales in her throat'. Angelica Catalani und die Stimme(n) der Stars," in Brandenburg/Seedorf, *"Per ben vestir la virtuosa"* (as in fn. 61), 162–76, at 165.
67   LvBWV 2, 173.
68   Wegeler/Ries, 80. ("Beethoven was in a box with a lady who was very dear to him when *La Molinara* was being performed. During the famous 'Nel cuor piu non mi sento' the lady said that she had once had variations on this theme, but had lost them. During the night Beethoven wrote VI variations on the aria and sent them to the lady the next morning with the inscription, *Variazioni, etc. perdute par la - - ritrovate par Luigi van Beethoven.* They are so easy that they were presumably intended for the lady to sight-read." Wegeler/Ries/Noonan, 70).

performed them at social gatherings – in her salon, for example. We even have evidence: the Variations on Paisiello's duet were played on April 5, 1798, at a memorable musical get-together at the Lobkowitz house, where the famous violinist Rodolphe Kreutzer is known to have performed with Beethoven.[69] In attendance was a small circle of music-loving, high-noble friends of the Lobkowitz family: Joachim Egon Landgraf zu Fürstenberg-Weitra and his daughter,[70] the Gilford couple (Lady Caroline was born Thun-Hohenstein; her two sisters were married to Prince Lichnowsky and Prince Rasumowsky), and Princess Maria Josepha Auersperg (née Countess Lobkowitz). This can all be adduced from one of Karl Zinzendorf's diary entries:

> Après 6h chez les Lobkowitz. Le citoyen Creutzer y joua du violon et Bedhofen du clavessin. Il y avaient Fürstenberg et sa fille, Rasum.[owsky], les Guilfords et la P.[rincesse] A. cet air brillar la gioventù fut produit avec des variations.[71]

I find it impossible, given that they were "so easy," that Beethoven would have performed his Variations WoO 70 for this circle.[72] It is much more likely that one of the noble ladies present performed "her" variations,[73] possibly the lady of the house herself, Princess Maria Karoline Lobkowitz, née Schwarzenberg, who was evidently a passable pianist.[74]

As well as the technical level, Beethoven was able to customize his compositions in numerous other ways. He could choose, for example, how elevated the style was, which instrument and genre to use, and whether to include musical material that resonated meaningfully for the anticipated listeners. The

---

69 They probably played from Beethoven's violin sonatas Op. 12.
70 Likely the still unmarried daughter Elisabeth Marie Philippine (who was to marry Prince Nepomuk Trauttmansdorff-Weinsberg in 1801). Her eight-year-senior sister Josephine Sophie (who is usually mentioned in the literature) had been married to Prince Johann Joseph Liechtenstein since 1792 and would almost certainly have been addressed by her new name. Beethoven dedicated the Piano Sonata Op. 27, No. 1 to her in 1802.
71 Diary of Karl Zinzendorf, vol. 43, fol. 81^r; quoted in BSZ, 1115. – Paisiello's duet begins: "Nel cor più non mi sento brillar la gioventù."
72 This is the assumption in BSZ, 1115 and Klaus Martin Kopitz, "Die frühen Wiener Aufführungen" (as in fn. 57), 170–71.
73 Of course, another composer's variations on this theme could also have been heard (cf. Table 1, column 4). Given that Beethoven and Kreutzer were present, however, I don't think this is likely.
74 On this, see Lodes, "Zur musikalischen Passgenauigkeit" (as in fn. 43), 195. If, in fact, Princess Lobkowitz had sat in the box with Beethoven and received the variations from him (Beethoven was, in any event, already acquainted with the Lobkowitz family at that time, having performed at a concert at their palace on March 2, 1795), WoO 70 would, in a certain sense, open the (later) series of works dedicated to her husband.

example of the *Paisiello Variations* (WoO 70) has already clearly demonstrated that the choice of theme can be specially tailored to a particular person. The theme's general favor at the time does not make it impossible that a dedicatee may have personally desired just this theme – on the contrary, the dedicatee would thereby have been able to inscribe themselves particularly well in the sociable musical discourse of the time.

Unfortunately, WoO 70 is the only case that affords such a precise account of its genesis. For some of the other variation sets, however, research has at least been able to establish some credible details about the context. I have managed this for the Righini theme chosen for Countess Hatzfeld (WoO 65)[75] as well as the Goethe text "Ich denke Dein" chosen for the variations in Countesses Josephine and Therese Brunsvik's *Stammbuch* (see below). I would like to offer hints about two further examples here:

The choice of the "Russian" theme for the Twelve Variations for Piano WoO 71,[76] dedicated to "Madame La Comtesse de Browne née de Vietinghoff," was certainly made with considerable care. The Count and Countess Browne-Camus had moved to Vienna from Riga,[77] where the count was a colonel in imperial Russian service.[78] As with the later String Quartets Op. 59 for Prince Andrey Razumovsky,[79] Beethoven was thus musically referring to the "Russian" identity of the dedicatee with the theme.[80] Incidentally, in gratitude for the Variations on the Russian Dance, Beethoven received a riding horse from the husband: is it conceivable that this return gift also "perfectly" suited Beethoven?[81]

---

75 Birgit Lodes, "Mozart und Righini, Liebe und Abschied in Beethovens Klaviervariationen WoO 65," forthcoming.

76 According to LvBWV 2, 176, the variations were probably composed in December 1796/January 1797; the first edition was published by Artaria in April 1797.

77 Livonia, with its capital Riga, had belonged to the Russian Empire since 1721. See Daina Samta, *Bēthovens un Sigulda* ([Sigulda] etc., 2018). I did not appraise the publication for linguistic reasons.

78 On Beethoven's (Kaiser-loyal) Russian network, see Bernhard R. Appel, "Widmungsstrategien. Beethoven und die europäischen Magnaten," in Appel/Raab, *Widmungen bei Haydn und Beethoven* (as in fn. 43), 139–70, esp. 140–42.

79 For recent work on this: Mark Ferraguto, *Beethoven 1806* (New York etc., 2019), 70–112.

80 The Countess's skill as a pianist is also evident from the other piano works that composers dedicated to her.

81 "Einst hatte er [Beethoven] für die Dedication der Variationen in A dur Nr. 5, über ein Russisches Lied, vom Grafen Browne ein schönes Reitpferd zum Geschenk erhalten; er ritt es einigemal, vergaß es aber bald darauf, und, was schlimmer war, auch dessen Futter." (Wegeler/Ries, 120). ("Once he had received a handsome riding horse as a present from Count Browne in return for the dedication of the Variations in A Major, No. 5 on a Russian Song. He rode it a few times but soon forgot all about it and, what was worse, forgot all about feeding it too." Wegeler/Ries/Noonan, 107–8). In October 1810, Beethoven considered acquiring a house in the country, including a riding horse and a carriage horse, and in this context wrote a note

No fewer than two variation cycles – the humorous *Salieri Variations* WoO 73 (with the Allegretto "alla Austriaca" final variation) from 1799 as well as the Six Variations on an Original Theme Op. 34 – are dedicated to Countess Babette Keglevics (Princess Erba-Odescalchi after her marriage in 1801). In addition to these two cycles, Beethoven dedicated two more great piano works to this outstanding pianist – one before and one after her marriage: the first of his piano sonatas to be published as a single opus (the *Grande Sonate*, Op. 7), and the Piano Concerto No. 1 Op. 15.[82] These two multi-movement works contain – in addition to highly virtuosic passages, which the young countess was obviously able to execute masterfully – especially sensitive and variegated slow movements (Op. 7: "Largo, con gran espressione"; Op. 15: "Adagio"). Thus, it is unlikely a coincidence that the Variations Op. 34, which Beethoven dedicated to her, constitute the first variation cycle in music history on an "Adagio" theme[83] with an additional instruction for a "cantabile" tone – in contrast to the cycle's "heroic" compositional counterpart Op. 35, which – in keeping with contemporary gender stereotypes – was dedicated to Prince Moritz Lichnowsky.

Perfectly fitting gifts for the "exchange to ideas"
The dedications of the *Eroica Variations* Op. 35 to Prince Lichnowksy and the *Diabelli Variations* Op. 120 to his longtime friend Antonie Brentano (see Table 1) exemplify Beethoven's habit of dedicating recently completed but still unpublished work when suddenly obligated to give a gift at short notice.[84]

Beethoven initially wanted to dedicate the *Eroica Variations* Op. 35 (15 variations, with an integrated "Introduzione col Basso del Tema" before the theme and an intricate "Finale. Alla Fuga.") to the organist, pianist and com-

---

to himself: "Weniger Eßen öfter reiten und überhaupt weite exkursionen machen, da dies so gute wirkung auf mich hat." ("Eat less, ride more often, and generally take long excursions, since this has such a good effect on me.") (Beethoven-Haus Bonn, Sammlung H. C. Bodmer, HCB Br 275). See Julia Ronge, *Ein Landhaus, ein Pferd und eine Messe für Napoleon. Notizen Beethovens von Oktober 1810. Faksimile und Kommentar*, Jahresgaben des Vereins Beethoven-Haus Bonn 33 (Bonn, 2017), esp. 3–6.

82 On Keglevic and the characteristics of the pieces dedicated to her, see William Kinderman, "'Der Verrückte, die Verliebte, die Priesterin.' Beethovens Widmungen (und Nicht-Widmungen) an Musiker aus seinem Bekanntenkreis," in Appel/Raab, *Widmungen bei Haydn und Beethoven* (as in fn. 43), 287–306, at 291–99.

83 Sisman, "Variations" (as in fn. 17).

84 There are numerous similar cases: for example the dedications of Op. 51, no. 2 (to Countess Henriette Lichnowsky; see BSZ, 412), Op. 69 (to Ignaz von Gleichenstein, see BGA 353), or Op. 131 (to Joseph von Stutterheim; see BGA 2278).

poser Abbé Maximilian Stadler, who was influential in Vienna,[85] and to whom numerous young composers – including Simon Sechter – submitted their works for appraisal.[86] The work's technical challenges and contrapuntal artistry[87] would indeed have perfectly suited Stadler's abilities and reputation as an exceptional contrapuntalist. Stadler had publicly displayed this reputation only shortly before Beethoven's Op. 35 was published with his Op. 1, a set of three fugues for piano (the first of which was "über das Wort Abbé," i.e., on the theme a - b - b - e).[88] In this respect, Beethoven's dedication to Stadler might have been understood as a gesture unequivocally legitimizing the new kind of contrapuntally charged variations found in Opus 35 and thus authenticating

---

85 See the letter from Kaspar Karl to Breitkopf & Härtel of February 12, 1803 (BGA 127). Stadler and Beethoven were in constant contact in Vienna. Stadler, who was quite critical of Beethoven's compositions, signed the address of the Viennese Friends of the Arts to Beethoven that was published in April 1824 (BGA 1784); on this subject, see the essay by David Wyn Jones in the present volume. Beethoven appreciated Stadler's public defense of Mozart's *Requiem* (see Beethoven's letter to Stadler of February 6, 1826, BGA 2113, as well as various entries in the Conversation Books). In addition, Beethoven probably wrote the canon "Signor Abbate" (WoO 178), in which he humorously asks for a blessing for Abbé Stadler.

86 Johannes Prominczel, Art. "Stadler, Abbé Maximilian," in *MGG Online* (2006, 2016), < https://www.mgg-online.com/mgg/stable/24539> (accessed March 20, 2023).

87 Besides the long final fuga and the "Introduzione," the strict "Canon all'ottava" and "scolding" commentary (mm. 9-12) in variation 7 further demonstrate Beethoven's facility with counterpoint.

88 Maximilian Stadler, *Tre Fughe per l'Organo o Piano-Forte. Op. 1*, Vienna: Ignaz Sauer, [1802]. Note the publisher's announcement in the *Wiener Zeitung* 55 (1802), July 10, 2558: "Mit der Herausgabe dieses im strengeren Style geschriebenen, regelmässig eingetheilten, korrekt gestochenen, und auf weisses Papier reinlich abgedruckten Werkes, glaube ich mich bey allen solchen Organisten, Klavierspielern, und andern Liebhabern besonders zu empfehlen. Das Thema Nr. 1 ist über das Wort *Abbé* – das bey Nr. 2 über die *Scala A, B, C, D, E, F, G, H* – und jenes bey Nr. 3 fängt geflissentlich mit einen so ganz besonderem Gesange an, daß nur ein Meistersatz dessen so mannichfaltige Begleitung, Unterstützung, Ausfüllung, Nachahmung, Verängerung, Zusammenziehung, Uebersetzung, unvermuthete Eintrettung bald in dem höchsten Soprane singend, bald in den tiefesten Grundtönen ansprechend, bald in den Mittelstimmen versteckt, hier als Hauptidee, dort als Nebensache, entweder fortgeführet, oder abgebrochen etc. und dieses alles so natürlich und harmonisch ausführen konnte." ("With the publication of this work, written in a strict style, regularly divided, correctly engraved, and printed cleanly on white paper, I believe I can especially recommend myself to all such organists, piano players, and other enthusiasts. The theme No. 1 is on the word *Abbé* – that of No. 2 on the scale *A, Bb, C, D, E, F, G, B* – and No. 3 deliberately begins with such a special melody that only a master movement could boast its manifold accompaniment, support, elaboration, imitation, diminution, contraction, translation, and unexpected entries, one minute singing in the highest soprano, the next charming in the lowest bass tones, only then to hide in the middle voices, here as the main idea, there as a subsidiary line, either continued or broken off, etc., and all of this executed so naturally and harmoniously.") See Johannes Prominczel, "Notenbeilage 2|2019. Abbé Maximilian Stadler (1748–1833) und die Fuge in d-Moll," in *Singende Kirche* 66/2 (2019), 135. – Fugues remained Stadler's trademark: in 1818 Steiner in Vienna published a *Fuge (mit einem Vorspiel) für das Piano-Forte gedruckt. Gewidmet Seiner kaiserl. Hoheit dem durchlauchtigsten Prinzen Rudolf Erzherzog von Oesterreich [...] in tiefer Ehrfurcht*, Vienna [1818]; and later a *Fuge über den Namen des zu früh verblichenen Tonsetzers Franz Schubert*, Vienna [1829].

his attempt to outdo his old friend and rival Anton Reicha, who had carried out
a similar but controversial project.[89]

At the last minute, however, Beethoven changed his mind, and decided to
dedicate the work to Prince Lichnowsky because:

> Er [...] hat mir erst kürzlich eine unerwartete Gefälligkeit erzeigt, und anders
> habe ich keine <Zeit ihm> Gelegenheit jezt ihm etwas angenehmes zu erzeigen
> [...].[90]

The matter was so important to him that, he assured the publisher, he would
even "mit Vergnügen" ("happily") bear the costs if the title page needed to be
amended.

In the case of the *Diabelli Variations*, he gave a similar justification to Ferdinand Ries for switching the dedication to Antonie Brentano, when he had
already promised it to Ries's wife:[91]

> da ich ihr sehr verpflichtet u. nichts anders in dem augenblick heraus geben
> konnte.[92]

We may also assume Beethoven was moved by a similar obligation to dedicate
the Variations Op. 76 to Franz Oliva, who had taken over numerous (unpaid)
secretarial tasks for Beethoven from the summer of 1810 – the year the variations were published.[93]

In these cases, of course, the pieces could not make specific musical references to the dedicatees – but the principle of the general suitability of instrument, form and elevation of style also applies to each one.

All three dedicatees were typically documented as good pianists, who
would thus have been able to play the variations themselves: Prince Moritz
Lichnowsky, like his brother Karl, had apparently been taught the piano by

---

89 See John D. Wilson, "Fashioning the New out of the Old, Two Competing Visions: Beethoven
    and Anton Reicha in 1802–1803," in *Internationale musikwissenschaftliche Symposien, Warszawa
    2015, 2016 und 2017. Im Rahmen des Ludwig van Beethoven Osterfestivals. Konferenzbericht*, ed.
    Magdalena Chrenkoff, Beethoven. Studien und Interpretationen 7 (Krakow, 2018), 289–300.
90 Beethoven to Breitkopf & Härtel on April 8, 1803 (BGA 133). ("He [...] has just recently granted
    me an unexpected favor, and I have no other way of doing something pleasant for him at the
    moment.")
91 See LvBWV 1, 770; BGA 1703; BKh 3, 219.
92 BGA 1740; letter of September 5, [1823]. ("I was under a great obligation to her and could
    publish no other work at the time." LoB 1237).
93 On Oliva, see Clive, 250–52.

Mozart and was also a distinguished composer.[94] Beethoven was later to dedicate the Piano Sonata Op. 90 to him. Oliva was an accomplished enough pianist that he had even once performed in front of Johann Wolfgang von Goethe.[95] Antonie Brentano was also a proficient pianist:[96] Beethoven did not dedicate a mere trifle or bagatelle to her, but a major work, a gift that befitted an educated patroness and salonnière.

In the case of the Brentanos, the sources illuminate the broader social context, at least allowing us to speculate about the manifold entanglements between Beethoven's music-making, composing, and communicating in the salon of these friends. During the three years Franz and Antonie Brentano lived in Vienna, Beethoven was a regular guest in the large house at Erdbergstraße 19, which Antonie had inherited from her late father, the art collector Johann Melchior Edler von Birkenstock, and where literary figures, artists, and musicians frequently met. There, Beethoven apparently mainly listened to string quartets and played and improvised himself – the latter also to comfort Antonie.[97] Judging by the empathetic letters that he wrote to the couple after they had moved to Frankfurt, in which he explicitly mentions the children, he must have felt very comfortable in this company:

> ich wünsche ihnen u. Franz alles innigste Erdenglück mit den Seelen verbunden, küße u. umarme alle ihre lieben kinder in gedanken, u. wünsche, daß Sie dieses wißen mögen, mich aber emphele ich <mich> ihnen, u. seze nur noch hinzu, daß ich die Stunden, welche ich in ihrer beyderSeitigen Gesellschaft zubrachte, als die mir unvergeßlichsten mir gern zurückrufe. –[98]

---

94 See Table 1 entry for WoO 70: Lichnowsky's Variations on Paisiello's "Nel cor più non mi sento."

95 For more details, see Clive, 251.

96 Klaus Martin Kopitz, Art. "Antonie Brentano," in *Musik und Gender im Internet* (2011), <https://mugi.hfmt-hamburg.de/receive/mugi_person_00000116> (accessed March 20, 2023); Klaus Martin Kopitz, "Antonie Brentano in Wien (1809–1812). Neue Quellen zur Problematik 'Unsterbliche Geliebte'," in *Bonner Beethoven-Studien* 2 (2001), 115–44, at 119.

97 Antonie, who was often confined to her bed with serious illness, wrote to Bettina Brentano on March 11, 1811, for example: "*Beethoven* ist mir einer der liebsten Menschen geworden, [...] es spricht für ihn daß ihn wenige kennen, noch weniger verstehen. Er besucht mich oft, beinahe täglich, und spielt dann aus eignen [sic] Antrieb, weil es ihm Bedürfniß ist Leiden zu mildern, und er fühlt daß er es mit seinen himmlischen Tönen vermag." (BSZ, 99–100; further testimonies BSZ, 101–2) ("*Beethoven* has become one of the dearest people to me, [...] it says much for him that few know him, and even fewer understand him. He visits me often, almost daily, and then plays willingly, because it is necessary for him to alleviate suffering, and he feels that he is able to do so with his heavenly tones.")

98 Beethoven on February 6, 1816, to Antonie Brentano; BGA 897. ("I wish you and Franz the deepest joys on earth, those which gladden our souls. I kiss and embrace all your dear children in thought and should like them to know this. But to you I send my best greetings and merely add that I gladly recall to mind the hours which I have spent in the company of both of you, hours which to me are the most unforgettable –" LoB 607).

In 1817, Beethoven reminded the husband, Franz von Brentano, that he had sent him some pieces in order "Freun[d]schaftliches Andenken zurück zu rufen" ("to recall memories of their friendship"): friends exchange gifts with one another – works, pictures, but also financial considerations[99] – and wish the very best for each other, perhaps even pray for each other.[100] In the context of the "communicative web" of salon sociability, Beethoven's claim to value the "exchange of ideas" in the same letter is of particular interest:

> – ihren Umgang wie ihrer Frau Gemalin u. lieben Kinder vermiße ich gar sehr, denn wo wär etwas d.g. hier in unserm Vien zu finden ich gehe daher auch beynahe nirgends hin, da es mir von jeher nicht möglich war, mit Menschen um zu gehn, wo nicht ein gewißer Umtausch der Ideen statt findet –[101]

For their part, it seems the Brentanos in Frankfurt also missed their friend Beethoven's company, for as well as cultivating his music and keeping up a regular correspondence, they also commissioned a likeness from Joseph Karl Stieler at the beginning of 1820, which resulted in what is today probably Beethoven's

---

99 See the entry "Der Freund" in Johann Christoph Adelung, *Grammatisch-kritisches Wörterbuch der Hochdeutschen Mundart* (Vienna, 1811), ii, 283–84: "Der Neigung nach, eine Person, die man liebt, deren Bestes man zu befördern sucht, ohne Rücksicht auf das Geschlecht." ("According to inclination, a person whom one loves, whose fortunes one seeks to promote, without regard to gender.")

100 In addition to the printed dedications (see Table 1), Beethoven assigned a handwritten copy of a first edition to Antonie Brentano on several occasions, most of which were publicly dedicated to another person on the printed title page. The following copies are documented (according to the correspondence, there must have been more): Lieder Op. 83 (1811; "Meiner vortrefflichen Freundin der Frau Toni Brentano"); the piano reduction of *Christus am Ölberge* Op. 85 (1811; "Meiner verehrungswürdigen Freundin Frau Toni von Brentano"); Seventh Symphony Op. 92 (after 1816; score: "Meiner hochverehrten Freundin Antonie Brentano von Beethoven"); the song *So oder so* WoO 148 (1817; "Für meine verehrte Freundin Antonie Brentano vom Verfasser"); cf. also the song *An die Geliebte* WoO 140 ("Den 2ten März 1812 mir vom Author erbethen," probably in Antonie's hand); as well as the two dedications to Antonie's daughter Maxe Brentano: the one-movement Piano Trio WoO 39 (June 26, 1812; in the autograph: "für meine kleine Freundin Maxe Brentano zu ihrer Aufmunterung im Klavierspiel") and the Piano Sonata Op. 109 (1821; for Beethoven's view of the dedication as "andenken einer edlen Familie," in the sense of the "Geist[es], der edle u. besser Menschen auf diesem Erdenrund zusammenhält," see BGA 1449). Scholars who believe that Antonie Brentano was the unknown addressee of Beethoven's letter to the "Immortal Beloved" (July 5–6, 1812), consider the numerous handwritten dedications as evidence that it was meant for her. I see these personal dedications rather in the context of Antonie's almost rapturous interest in the person Beethoven and in his oeuvre: his music was played and discussed in the family salon (in Vienna as well as in Frankfurt) and Beethoven was supported in various ways (including financially), as befits mutual friendships. So far, I am not aware of any other composer having dedicated a work to Antonie Brentano.

101 Letter of February 15, 1817, BGA 1083 ("I very greatly miss your company and that of your wife and your dear children. For where can I find anything like it here in our Vienna? Hence I hardly go to see anyone, for I have never been able to get on with people unless there is some exchange of ideas –" LoB 758).

most famous portrait.[102] In a certain way, "his best friends"[103] always had him there – not just acoustically and mentally, but also visually.

Case study: *Ich denke Dein.*
Song with six variations for piano four-hands (WoO 74)

In January 1805, Beethoven's Variations WoO 74 were published by the Viennese publisher Kunst- und Industrie-Comptoir. The cover page read:

> Lied mit Veränderungen zu vier Händen, geschrieben im Jahre 1800 in das Stammbuch der Gräfinnen Josephine Deym und Therese Brunswick und beyden zugeeignet von Ludwig van Beethoven.[104]

In this case too, the dedication offers a key to understanding the communicative context: Beethoven had written the sequence of variations on the song *Ich denke Dein* on May 23, 1799 in the *Stammbuch* of the Brunsvik sisters, whom he had first met only shortly before and whom he had taught the piano almost daily for about two weeks.[105] The *Stammbuch* is now lost, but Beethoven's personal dedication text for Therese and Josephine Brunsvik has been preserved through a later printing in Prague, which seems to have been copied directly from the *Stammbuch*:

---

102 For recent work on the portrait, see *In bester Gesellschaft. Joseph Stielers Beethoven-Porträt und seine Geschichte*, ed. Silke Bettermann (Bonn, 2019). Stieler had also painted portraits of Antonie and of Franz Brentano.
103 Bettine Brentano wrote to Max Prokop on June 8, 1810: "Niemand wollte mich zu ihm [Beethoven] führen selbst seine besten Freunde nicht, denn sie behaupteten daß er in tiefer Melancholie versuncken sey." ("No one wanted to take me to him [Beethoven], not even his best friends, because they claimed that he was lost in deep melancholy.") Sibylle von Steinsdorff, *Der Briefwechsel zwischen Bettine Brentano und Max Prokop von Freyberg* (Berlin etc., 1972), 68–69.
104 "Song with variations for four hands, written in 1800 in the Countesses Josephine Deym's and Therese Brunswick's *Stammbuch* and dedicated to both of them by Ludwig van Beethoven." – For a description and evaluation of the sources, see Frank Buchstein and Hans Schmidt, *Werke für Klavier zu vier Händen. Kritischer Bericht*, Beethoven Werke. Gesamtausgabe VII/1 (Munich, 2011), 29–37, at 29–31: The original Viennese edition (with the extended version) is listed there as "Source B"; the original *Stammbuch* version of 1799 is preserved in D-B, Mus. ms. autogr. Beethoven Grasnick 23, fol. 7ʳ–9ʳ (Source A), and in a Prague edition from around 1820 (Source C).
105 Countess Anna Brunsvik was in Vienna for a good two weeks in May 1799 with her two daughters Josephine and Therese.

Ich wünsche nichts so sehr, als daß sie sich zuweilen beym durchspielen und singen dieses kleinen musikalischen Opfers, erinnern mögen an ihre sie wahr-haft verehrenden Ludwig van Beethoven. Wien 23ᵗ May 1799.[106]

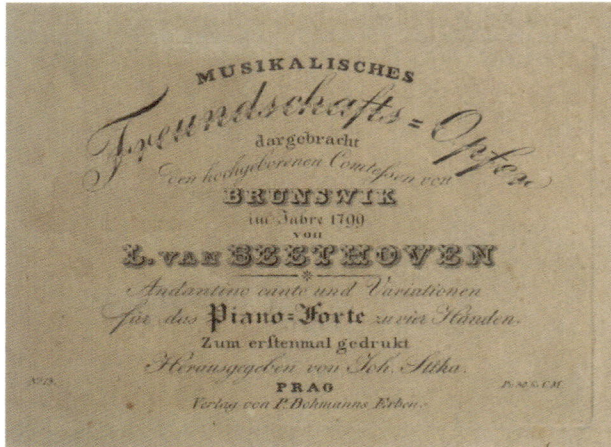

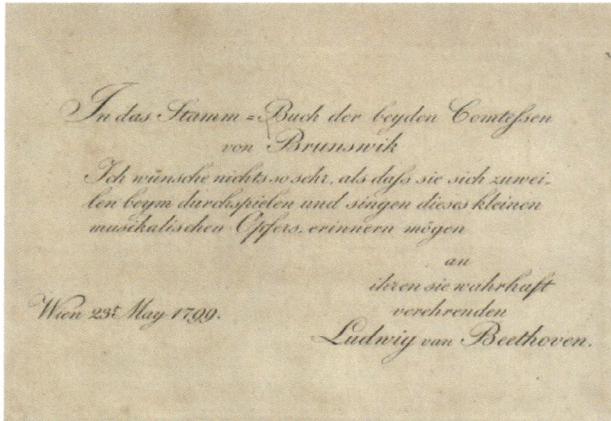

Fig. 1a & 1b: Title page and dedication (p. 3) of *Musikalisches Freundschafts-Opfer dargebracht den hochgeborenen Comtessen von Brunswik im Jahre 1799 [...]* (= Beethoven, *Ich denke dein*. Song with six variations for piano four-hands [WoO 74]), Prague c. 1820. Österreichische Nationalbibliothek, Musiksammlung, SH.Beethoven.643. Permalink: http://data.onb.ac.at/rec/AC09151828

---

106 Preface to the Prague edition of the variations, which was entitled *Musikalisches Freund-schafts-Opfer* (c. 1820). ("I wish nothing more than that, from time to time, while playing through and singing this small musical offering, they may remember their truly adoring Ludwig van Beethoven. Vienna May 23, 1799.")

Beethoven was keen that the Lied theme be played and sung with text (and not just as a musical theme), notating melody and text in a separate system above both the primo and secondo piano parts. Moreover, he explicitly insisted to his Viennese publisher that the words be engraved[107] and the title of this edition be accordingly "Lied mit Veränderungen zu vier Händen." Emphasizing the song-like nature, the later Prague edition is marked "Andantino canto."[108]

Drafts in the Grasnick 2 sketchbook reveal that Beethoven initially wanted to set Goethe's text to music as a large-scale through-composed song,[109] but apparently changed his mind when he suddenly needed a composition for the family album of the departing sisters,[110] who had to hurriedly prepare for Josephine's wedding to Count Joseph Deym von Střítež (vulgo Hofstatuarius Müller).[111] He then wrote the variations for piano duet on the song melody which he had already conceived.

---

107 "Vierhändige V.[ariationen] über ein Lied von mir, wo die Poesie vo[n] Göthe und ebenfalls dabey müßen gestochen werden, da ich diese V. als Andenken in ein Stammbuch geschrieben" (BGA 157; letter of [September 20, 1803]) (*"variations for four hands* on a song composed by me. But the poem by Goethe would have to be engraved too, because I wrote those variations in an album as a keepsake [...]" LoB 82).
108 Simultaneous singing and playing on the piano by the same person was widespread well into the 19th century. The letter from Charlotte Brunsvik quoted below, in which she asks her sister Therese not to show the sheet music to anyone during the performance of Beethoven's song *Andenken*, also suggests that Therese accompanied herself on the piano while singing.
109 Wilhelm Virneisel, *Ein Skizzenbuch zu Streichquartetten aus Op. 18: SV 46*, 2 vols. (Bonn, 1972 and 1974); there are five pages of song sketches (37–39, 41 and 42), as well as a few sketches of the corresponding piano variations on p. 59. See also Paul Reid, *The Beethoven Song Companion* (Manchester, 2007), 182–83 and 219–20.
110 The question of whether the change of genre is causally connected with Josephine's planned marriage must remain open.
111 The Brunsvik family had met Count Joseph Deym shortly after their arrival. Already six weeks after their first meeting, on June 29, 1799 (not July 29, as one often reads), the wedding of Joseph and Josephine was held at the Brunsvik family estate in Martonvásár. Beethoven continued to teach Josephine after the wedding and composed several pieces for Count Deym for a flute playing clock that was exhibited in the "Müllersches Kunstkabinett" in the Rotenturmstraße: The "Scherzo" in G Major (WoO 33a, No. 2) is even notated on the same paper as the working manuscript of the four-hand variations WoO 74 "Ich denke Dein"; for details, see NGA VII/1, 29.

Tab. 2: Poetic and musical discourse between Friederike Brun's (1795),
Johann Wolfgang von Goethe's (1795), Ludwig van Beethoven's (1799, 1803), Friedrich
von Matthisson's (1792), and Therese Brunsvik's (1805) versions of "Ich denke Dein"

Friederike Brun (1795, paraphrasing Matthisson's "Andenken"), her version was set by Zelter	Goethe, "Nähe des Geliebten" (1795 as a response to Brun/Zelter; first ed. 1796)	Beethoven's Variations in the Brunsviks' Stammbuch (1799; D-B Grasnick 32; published Prague c. 1820)

Ich denke dein,
wenn sich im Blütenregen
Der Frühling malt;
Und wenn des Sommers mild
   gereifter Seegen
In Ähren strahlt.
	1) **Ich denke dein,**
	   wenn mir der Sonne Schimmer
	   Vom Meere* strahlt.
	   Ich denke dein,
	   wenn sich des Mondes Flimmer
	   In Quellen mahlt.
		Theme declaims the first verse of Goethe's poem [* B.: "von Meeren"]

Ich denke dein,
wenn sich das Weltmeer tönend
Gen Himmel hebt,
Und vor der Wogen Wuth das Ufer
   stöhnend
Zurücke bebt.
	2) Ich sehe dich,
	   wenn auf dem fernen Wege
	   Der Staub sich hebt;
	   In tiefer Nacht,
	   wenn auf dem schmalen Stege
	   Der Wandrer bebt.
		1st variation with figuration in the right hand: the rising of the dust, the trembling of the wanderer?

Dein denk' ich, wenn der junge
   Tag sich golden
Der See enthebt,
An neugebornen zarten Blumen-
   dolden
Der Frühthau schwebt.
[many further strophes]
	3) Ich höre dich,
	   wenn dort mit dumpfem
	      Rauschen
	   Die Welle steigt.
	   Im stillen Haine geh ich oft
	      zu lauschen,
	   Wenn alles schweigt.
		2nd variation with six-teenth-note "dull roaring" waves in the left hand

Beim trüben Lampenschein,
   in bittern Leiden,
Gedacht' ich dein!
Die bange Seele flehte nah' am Schei-
   den:
"Gedenke mein!"		

Ich denke dein,
bis wehende Zypressen
Mein Grab umziehn;
Und selbst in Lethe's Strom soll
   unvergessen
Dein Name blühn!
	4) Ich bin bei dir,
	   du seyst auch noch so ferne,
	   Du bist mir nah.
	   Die Sonne sinkt,
	   bald leuchten nur die Sterne.
	   O! wärst du da!
		3rd variation: minore; thoughts of death; high note on "soon the stars will shine"; "Would that you were here!" emphasized with a sforzando

Goethe's poem in English translation (by Richard Wigmore, the author of *Schubert: The Complete Song Texts* [London, 1988] and reprinted in the *Hyperion Schubert Song Edition*):

1) I think of you when sunlight glints from the sea; I think of you when the moon's glimmer is reflected in streams.
2) I see you when, on distant roads, dust rises; in the depths of night, when on the narrow bridge the traveller trembles.
3) I hear you when, with a dull roar, the waves surge up. I often go to listen in the tranquil grove when all is silent.
4) I am with you, however far away you are. You are close to me! The sun sets, soon the stars will shine for me. Would that you were here!

Extended version of B's variations (1803; published Vienna 1805)	Friedrich von Matthisson "Andenken" (1792; first ed. 1803); WoO 136 (Beethoven probably gave this song to Josephine at the beginning of 1805)	Therese Brunsvik's poem for the sisters in Vienna, after receiving WoO 136 and the printed version of the variations (2/2/1805)
Theme	1) **Ich denke dein,** Wann durch den Hain Der Nachtigallen Akkorde schallen. **Wann denkst du mein?**	1) **Ich denke dein** beim heitern Früherwachen Und dein gedenkend schlaf ich ein; Und wenn im Schlaf mich Träume glücklich machen – **Dann denk' ich dein.**
1st variation	2) **Ich denke dein,** im Dämmerschein der Abendhell am Schattenquelle. **Wo denkst du mein?**	2) **Ich denke dein** bei jedem Wink der Freude, Bei jeder still verhaltnen Pein, Und wenn ich weinend von der Hoffnung scheide – **So denk' ich dein.**
2nd variation	3) **Ich denke dein** Mit süßer Pein, Mit bangem Sehnen Und heißen Thränen. **Wie denkst du mein?**	
3rd and 4th vars. (newly composed in 1803)		
5th var. (3rd var. in first vers.)	4) **O denke mein,** Bis zum Verein Auf besserm Sterne! In jeder Ferne **Denk' ich nur dein!**	3) **Ich denke dein,** So lang ich athmen werde, Und werd' ich einstens nicht mehr sein, Auch jenseits dieser kummervollen Erde – **Denk' ich nur dein!**

In Goethe's poem "Ich denke Dein," various natural phenomena evoke the presence of the beloved in the lover: "Ich denke dein," "Ich sehe dich," "Ich höre Dich" ("I think of you," "I see you," "I hear you"). In the last stanza, "Ich bin bei Dir" ("I am with you"), the setting sun and the shining stars suggest the end of life – and with it the hope of a reunion in another world.[112]

Fig. 2: "Waves" in the secondo of WoO 74, variation 1, Prague edition c. 1820.
Österreichische Nationalbibliothek, Musiksammlung, SH.Beethoven.643, p. 7.
Permalink: http://data.onb.ac.at/rec/AC09151828

It is remarkable that after the first verse of the poem is sung as the theme, the subsequent instrumental variations make expressive reference to the following verses, although no more text is sung.[113] In the first variation, the sixteenth-note figuration in the primo right hand can be related to the "Heben des Staubes" ("rising dust") on a distant path and the accompanying offbeat chords to the trembling of the wanderer, both in the second verse; the low note A_1 in m. 7 also coincides with where the word "tiefer" ("deep[er]") would be.

---

112 Beethoven was to take up this idea again in numerous compositions, including his song cycle *An die ferne Geliebte,* Op. 98; on this, see Lodes, "Zur musikalischen Passgenauigkeit" (as in fn. 39), esp. 191–202.

113 Whiting and Hiemke each also suspect a semantic relationship, but, unlike my interpretation, they hear Beethoven's first variation paralleling the first verse of the poem and so on (Steven Moore Whiting, "To the 'New Manner' Born: A Study of Beethoven's Early Variations," PhD thesis, University of Illinois, 1991, 299–304; Sven Hiemke, "Klaviervariationen, Bagatellen, Einzelsätze," in *Beethoven-Handbuch*, ed. Sven Hiemke [Kassel, 2009], 405–51, at 449).

The sixteenth notes of the second variation, which rise up from below and then roil throughout, unmistakably evoke the waves rising up with a muffled roar ("wenn dort mit dumpfem Rauschen die Welle steigt") of the third verse. The following minor-key variation (the third variation[114]) captures the sense of the final (fourth) verse as an emotional climax: the protagonist remains united with his lover even after her death, but because she can now only be glimpsed above the stars, his longing overwhelms him. Beethoven emphasizes the final exclamation "[O] wärst [du da!]" ("[Oh,] were [you but here!]") (mm. 10–11) with *crescendo* and *sforzato*. Moreover, the music of the entire minor-key variation fits the text of the fourth verse closely. It begins with an exact return of the beginning of the theme for the heartfelt words "Ich bin bei dir" ("I am with you"). The flickering of the stars is musically symbolized (in the secondo) with the tone repetitions Beethoven always used at such points.[115] And the opposition of the words "Die Sonne sinkt, bald leuchten nur die Sterne" ("The sun is sinking, Soon only the stars will shine") is conveyed sonically by first having the melody in its usual position (i.e., low), but then (starting with "bald" ["soon"], mm. 9f.) unexpectedly shifting it up an octave into the upper register (reaching the piece's high note, e^3). This is followed by the fourth and last variation (returning to the major), a satisfyingly cheerful postlude, especially in the "coda," a piano epilogue that was also already laid out in the song sketches – and which, shortly before the end (mm. 31f.), once again takes up the central opening motif "Ich denke Dein" to give a circular form to the piece.

If my interpretation is correct, the variations both convey and comment on the text of all four strophes of the poem. The stirrings of the lovers' souls and the fervent imagining of the beloved's presence (in what the protagonist thinks, sees, hears, etc.) are convincingly rendered in the music. Each variation, like the sung theme, begins softly. The end of the theme and of each variation (or each "verse") has a four-bar epilogue, which increases in intensity on each occurrence, acoustically capturing the deepening yearning of the poem – and then bringing it to a full, formal culmination in the long coda at the end of the variations.

114 The verse corresponds to the 5th variation in the 1803/1805 version: variations 3 and 4 were inserted later as an extension (see Table 2).
115 On the topos, see, among others, Michael Maier, "Erwartung und Erfüllung in Beethovens Liedern," in *Archiv für Musikwissenschaft* 62/4 (2005), 267–85, esp. 283–84; Birgit Lodes, "'In der ungeheuern Weite.' Beethoven und die Ahnung des Göttlichen in *Meeres Stille und Glückliche Fahrt, Missa solemnis* und Neunte Symphonie," in *Beethoven und der Wiener Kongress (1814/15). Bericht über die vierte New Beethoven Research Conference Bonn, 10. bis 12. September 2014*, eds. Bernhard R. Appel, Joanna Cobb Biermann, William Kinderman, and Julia Ronge, Schriften zur Beethoven-Forschung 26 (Bonn, 2016), 139–64.

On the performative level, the composition presupposes that the players and listeners are already familiar with the poem; otherwise, the variations cannot be related to the text. This kind of "transfer" of a semantically charged poem into a purely instrumental piece was, incidentally, quite common, as Johann Wilhelm Hertel noted explicitly as early as 1760 in the "Vorbericht" to his collection of strophic songs:

> Man singt solche Lieder nicht allezeit, sondern man spielet sie zuweilen nur auf dem Clavier, indem man sich die Worte und die Leidenschaft, die in solchen herrschet, dabey in Gedanken vorstellet.[116]

In view of the many interpretations of this piece in terms of Beethoven's later love for Josephine,[117] it is important to emphasize that Beethoven composed the piece as a "musikalisches Opfer" ("musical offering") for two players and entered it into their joint *Stammbuch*: that is, into a medium situated between private and public, which generally belonged to friendship culture and played an important role in forming one's identity within a circle of friends.[118] Often, such entries are made when saying farewell (as in this case) – and the *Stammbuch* functioned as a medium of remembrance: one looks through it, one shows it around to family and friends, one talks about the (absent) persons who have entered their names, and one also plays and sings the pieces of music they have entered.

---

116 Johann Wilhelm Hertel, *Musik zu Vier und zwanzig neuen Oden und Liedern aus der Feder des Herrn Johann Friedrich Löwen* (Rostock, 1760). ("One does not always sing such songs, but sometimes just plays them on the piano, imagining the words and the passion that reigns in them.") On this see Gundela Bobeth, "'Musick für aller Gattung leute' - Künstlerischer Anspruch und Popularität in der Wiener Liedkomposition der zweiten Hälfte des 18. Jahrhunderts," in *Populares und Popularität in der Musik. XLII. Wissenschaftliche Arbeitstagung Michaelstein, 6. bis 8. Mai 2016*, eds. Christian Philipsen and Ute Omonsky, Michaelsteiner Konferenzberichte 85 (Augsburg, 2017), 209–24, esp. 218–19 with further evidence and examples of the transformation from song to piano piece.
117 Beethoven wrote numerous (love) letters to Josephine between November 1804 and the fall of 1809 (see also fn. 136); Josephine was most likely also the addressee of Beethoven's letter "To the Immortal Beloved" of July 6/7, 1812 (BGA 582). Rita Steblin identified Josephine Brunsvik (following on from preliminary work by Marie Lipsius/La Mara, Harry Goldschmidt and Marie Elisabeth Tellenbach) as the "Immortal Beloved": Rita Steblin, "'In This Way with A Everything Goes to Ruin.' A New Look at Beethoven's Diary Entry and the 'Immortal Beloved'," in *Bonner Beethoven-Studien* 6 (2007), 147–89; Rita Steblin, "New evidence for Josephine as the 'Immortal Beloved' involving Beethoven and England in 1818," in *The Musical Times* 160/1947 (2019), 15–41. Thus, Maynard Solomon's thesis that the "Immortal Beloved" was Antonie Brentano seems to be outdated.
118 For recent work on this: Henrike Rost, *Musik-Stammbücher. Erinnerung, Unterhaltung und Kommunikation im Europa des 19. Jahrhunderts* (Cologne, 2020); see also Rost's contribution in the present volume.

As is well known, Beethoven valued friendship highly – including his friendships with women.[119] And being friends meant taking care of and standing up for one another, emotionally as well as practically and materially. It also meant keeping the friend present in their absence – something I have already discussed with respect to the Brentano family. Typically for the time, the various members of the Brunsvik family celebrated their circle of friends and considered themselves lucky to count Beethoven among them,[120] who was not only present as a piano teacher and pianist, but "who was also present at the festivities." This is how Therese Brunsvik recalls this in her memoirs of 1846:

> Damals [i.e. 1799, als die Brunsviks Beethoven in Wien kennenlernten] ward mit Beethoven die innige, herzliche Freundschaft geschlossen, die bis an sein Lebensende dauerte. Er kam nach Ofen; er kam nach Martonvásár, er wurde in unsere Societäts-Republik von auserlesenen Menschen aufgenommen. Ein runder Platz ward mit hohen edlen Linden bepflanzt; jeder Baum trug den Namen eines Mitgliedes, und auch in deren schmerzlicher Abwesenheit sprachen wir mit ihren Sinnbildern, unterhielten und belehrten uns mit ihnen. Sehr oft, nachdem der gute Morgen gesagt ward, frug ich den Baum um dieß und das, was ich gern erklärt wissen wollte, und er blieb nie die Antwort schuldig![121]

Why, then, might Beethoven have faithfully traced the iconographic and emotional trajectory of Goethe's poem "Ich denke Dein" in the variations he set down in the *Stammbuch*?

---

119 On Beethoven's concept of friendship, which above all implied mutual obligations and was of an almost "cultic character," see Julia Ronge, "Freunde," in *Das Beethoven-Lexikon*, eds. Heinz von Loesch and Claus Raab, Das Beethoven-Handbuch 6 (Laaber, 2008), 266–68; Birgit Lodes, "Friendship, Death, and Transfiguration in Late-Enlightenment Context: Beethoven's *Elegischer Gesang* op. 118," in *Rethinking Beethoven and the Enlightenment*, eds. Daniel K.L. Chua and Nicholas J. Chong (Cambridge, in print).

120 The "friendship" between Beethoven and the various members of the Brunsvik family is by turns invoked very frequently. Franz von Brunsvik is even one of the few friends that Beethoven addresses with "du."

121 BSZ, 161. ("At that time [when the Brunsviks got to know Beethoven in Vienna in 1799], the intimate, deep friendship with Beethoven was formed that lasted until his death. He came to Ofen; he came to Martonvásár, he was admitted to our Social Republic of exquisite people. A round square was planted with high, noble linden trees; each tree had the name of a member, and in their absence, painfully felt, we were talking to their symbols, conversing with them and instructing each other. Very often, after saying Good Morning, I asked the tree for this and that, what I liked explained, and it never failed to answer me!" English translation: Marie-Elisabeth Tellenbach, *Beethoven and his "Immortal Beloved" Josephine Brunsvik. Her Fate and the Influence on Beethoven's œuvre*, trans. John E. Klapproth [Zurich, 1983], 61–62).

Beethoven research has assumed that Beethoven was expressing his own longing for one of the girls. The older literature supposed Therese; but now, since the appearance of Beethoven's love letters,[122] it is her younger sister Josephine. Given these are four-hand variations for two sisters who were just about to travel away from the supposed lover and prepare for a wedding, this does not seem to be a particularly convincing interpretation. Especially because it fits so well in the widespread practice of viewing Beethoven's music as an expression of his Inner Self, a tradition which, according to Mark Evan Bonds, was hardly widespread during his lifetime, only beginning in earnest after his death.[123] Michael Ladenburger has recently argued that Beethoven intended the variations to be humorous: "Keine der beiden konnte wissen: meint er mit dem 'dein' mich oder meine Schwester? Umgekehrt sah es ganz anders aus: Wenn sie singen, huldigen sie beide unmissverständlich Beethoven. Der Schabernack ist gelungen."[124] Without explicitly saying so, Ladenburger thus places the work in the context of friendship and salon sociability. I would like to suggest a similar reading, one that even more strongly presupposes a thorough knowledge of the poem and centers on the dedicatees' perspectives. Goethe's "Ich denke Dein" first appeared in his Singspiel *Claudine von Villa Bella* (1795),[125] in which it is sung by the girls Lucinde and Claudine. Each is daydreaming about her own lover, thus coinciding with Beethoven's idea to put his composition into the hands of two piano-playing girls (and their respective thoughts on love and lovers)[126] just when Josephine had been proposed to and would soon

---

122 Joseph Schmidt-Görg, *Beethoven. Dreizehn unbekannte Briefe an Josephine Gräfin Deym geb. v. Brunsvik* (Bonn, 1957).

123 Bonds, *The Beethoven Syndrome* (as in fn. 28).

124 Michael Ladenburger, *Beethoven zum Vergnügen* (Stuttgart, 2020), 54–55. ("Neither of them could have known: by 'dein' does he mean me or my sister? But when they sang, a different interpretation came to light: they both unmistakably worship Beethoven [i.e., he becomes both their 'dein']. The prank succeeded.")

125 The earlier versions of 1775 and those printed as "Singspiel" in 1788 do not yet include the song. On the convoluted insertion and printing of "Ich denke Dein" based on a newly found source, see David Hill, "*Claudine von Villa Bella* and the Publication of 'Nähe des Geliebten'," in *Goethe Yearbook* 22 (2015), 189–202; on further settings of the text, see Gabriele Busch-Salmen, *Goethe-Handbuch Supplemente*, vol. 1, *Musik und Tanz in den Bühnenwerken* (Stuttgart etc., 2008), 164–98.

126 Hill (Hill, "*Claudine von Villa Bella*," 191) reconstructs the prose dialogue preceding the poem from the surviving role-books: "*Claudine*: Wo nur mein Vater bleiben mag? - Lucinde, warum bist du denn so still? *Lucinde*: Ich weiß gar nicht wie mir ist. Ich weiß nicht ob ich gewacht, oder geträumt habe. Ich hätte darauf schwören wollen, in dem Lärm die Stimme meines Unbekannten zu hören. *Claudine*: Und mir ist's, als hätte ich Pedros Stimme gehört. *Lucinde*: Nun erfahre ich auch, dass man den Geliebten überall sieht und hört, weil man überall an ihn denkt. 'Ich denke dein pp.'" ("*Claudine*: Where can my father be? - Lucinde, why are you so quiet? *Lucinde*: I don't know what I feel. I don't know if I was awake or if I was dreaming. I could have sworn that in the midst of the din I heard the voice of the man whose name I don't know. *Claudine*: And I think I heard Pedro's voice. *Lucinde*: Now I too understand how one sees and hears one's lover wherever one is because, wherever one is, one is thinking about him.

marry.[127] The question of whether Beethoven personally was in love with one of the girls at the time, in my view, is not really relevant to the communicative dimension of the piece.

The musical entry of the "Lied mit Variationen" WoO 74 in the Brunsvik sisters' *Stammbuch* did indeed initiate some lively communication and some more creative writing that was exchanged through tokens of friendship that can be easily traced in the edited correspondence between the various family members.[128] A few years later, in the summer of 1803, Therese apparently asked Beethoven to add a few more variations. The sisters once again lent him their family album so he could do this and impatiently awaited its return – which would, however, take months.[129] On September 20, 1803, Beethoven offered the piece, expanded to six variations, to his Leipzig publisher for printing; he seems to have showed no interest. It was eventually published in Vienna in January 1805.

Even before they were printed, however, the variations were certainly played at the Brunsviks' home. At the various places where the family lived, "Musicks" were regularly held, and they were always eager to play works by

---

'I think of you etc.'") No copy of the frequently cited *Arienbuch der Claudine von Villa Bella* has survived. In the first further print in Friedrich Schiller's *Musen-Almanach für das Jahr 1796*, from which Beethoven probably copied, the poem – rather significantly – is titled "Nähe des Geliebten" and a simple song setting by Johann Friedrich Reichardt, with the performance instruction "Innig sehnend," is added.

127 Goethe's poem is a rewriting of an earlier poem by Friederike Brun, with which Goethe had become acquainted through a setting by Carl Friedrich Zelter, and which in turn goes back to Friedrich von Matthisson's poem "Andenken" (see Max Friedländer, *Das deutsche Lied im 18. Jahrhundert. Quellen und Studien* [Stuttgart etc., 1902], ii, 200–202). Thus, here, there is already a veritable "poetry-discourse." We do not know whether Beethoven was aware of it.

128 The source situation is exceptionally good, since many of the family members' letters were gathered and published early, on the assumption that Therese or Josephine might be Beethoven's "Immortal Beloved"; see La Mara [= Ida Marie Lipsius], *Beethovens Unsterbliche Geliebte. Das Geheimnis der Gräfin Brunsvik und ihre Memoiren* (Leipzig, 1909), and La Mara, *Beethoven und die Brunsviks. Nach Familienpapieren aus Therese Brunsviks Nachlaß* (Leipzig, 1920); both volumes translated in *Beethoven and the Brunsviks. Therese Brunsvik and the "Immortal Beloved,"* trans. John E. Klapproth (n.p., 2017); Marianne Czeke, *Brunszvik Teréz grófnö naplói és feljegyzései* (Budapest, 1938); supplementary material can be found in Harry Goldschmidt, "Beethoven in neuen Brunsvik-Briefen," in *Beethoven-Jahrbuch* 9 (1973/77), 97–146.

129 Amongst other evidence, the impatience of their wait is illustrated by a letter from Julie Guicciardi to her cousin Therese von Brunsvik: "Mit Beethoven sprach ich von Deinen kleinen vierhändigen Variationen. Ich zankte ihn darüber aus, er versprach mir alles. Du sollst sie bald wieder haben. Sehe ich ihn noch vor meiner Abreise, so werde ich nicht ermangeln, ihn daran zu erinnern; wir werden sehen, ob ich dann zur Erfüllung Deines Wunsches etwas beizutragen vermag." ("I spoke to Beethoven about your little four-hand variations. I quarreled with him about it, he promised me everything. You shall have them back soon. If I see him before I leave, I won't fail to remind him of it; we'll see then whether I'll be able to contribute something toward fulfilling your wish.") (BSZ, 411). Still on November 1, 1803, Charlotte Brunsvik from Ofen wrote to her brother Franz in Prague: "Beethoven läßt gar nichts von sich hören; das *quattro mani* aus dem Stammbuch hat er noch immer." ("No one's heard anything at all from Beethoven; he still has the *quattro mani* from the *Stammbuch*.") (BSZ, 130).

Beethoven. From August 1799 on in the palace of the Deym couple (Josephine née Brunsvik and Joseph), i.e. in the large hall of the Müller Wax Museum in Rotenturmstraße in Vienna, "tableaux" and "musical soirées" were regularly given – a quality piano was especially purchased for the purpose.[130] It was here that the music-loving brother Franz Brunsvik got to know Beethoven.[131] Many of Beethoven's newest piano and chamber music works were performed for the first time at these "Musicks" with Josephine or Beethoven at the piano and often together with the best soloists of the time – among them, the horn player Johann Wenzel Stich (alias Giovanni Punto, 1801),[132] for whom Beethoven had composed the Horn Sonata Op. 17, and the violinist George Augustus Polgreen Bridgetower (1803), for whom Beethoven had written the Violin Sonata in A Major, Op. 47 (the "Kreutzer" Sonata) and whom Beethoven had even actively invited to the Deyms.[133]

After Count Joseph Deym died in January 1804, Beethoven helped the widowed Josephine Deym (née Brunsvik) to re-establish regular "Musicks" in the palace starting in December and to recruit good musicians and friends to join. This is what Beethoven reported:

> Mit *Schuppanzig* ist die Sache gemacht – Er kömmt – und kömmt recht gerne, er wird ihnen deswegen selbst schreiben oder zu ihnen kommen – die Musick können sie alle 14 Täge geben, und den Tag *Schuppanzig* bestimmen [...] in Ansehung der Musick auf künftigen MitteWoch wünschte ich, daß sie entweder keine Musick oder noch mit [dem Geiger] schlesinger hielten, damit nicht der Haß dieser Menschen unverschuldet auf mich falle.[134]

---

130 As can be seen from one of Therese's letters, Beethoven had played at the Deym house in Vienna in August and September of 1799 (Goldschmidt, "Beethoven in neuen Brunsvik-Briefen" [as in fn. 128], 103). For an overview of musical social gatherings at the Deym house, see Tellenbach, *Beethoven and his "Immortal Beloved"* (as in fn. 121), 59–63.

131 Beethoven dedicated published works to various members of the music-loving Brunsvik family: among others, the Piano Sonata Op. 57 ("Appassionata") to Franz von Brunsvik; the Piano Sonata Op. 78 to Therese. Since the Brunsviks were always lacking money, pecuniary considerations were certainly not the primary motivation for these dedications.

132 LvBWV 1, 91.

133 See letter to George Polgreen Bridgetower, between April and July 1803, BGA 151: "Kommen sie mein Lieber B.[ridgetower] heute um 12 uhr zu graf *deym* d.i. dahin, wo wir vorgestern zusammen waren, sie wünschen vieleicht etwas so von ihnen spielen zu hören, das werden sie schon sehen, ich kann nicht eher als gegen halb 2 uhr hinkommen, und bis dahin freue ich mich im bloßen angedenken auf sie, sie heute zu sehen –" ("Go, my dear B[ridgetower], at about noon today to Count Deym's, that is to say, to the same house where we both were the day before yesterday. Those people would probably like to hear you play one of your own compositions. Well, that is for you to decide. I can't turn up there till about half past one. Until then I look forward to seeing you today; and in the meantime I take pleasure in merely remembering you." LoB 75).

134 Letter to Countess Josephine Deym, December 1804, BGA 203 ("We have *fixed things up* with Schuppanzigh – *He is coming* – and is delighted to come. He will write *to you about this* himself or he may got to see you – You can have the musical performances every fortnight and *you*

In turn, Therese informed her brother Franz in Vienna that they also held "Musicks" in Ofen:

> Hier haben wir noch immer, *en depit* aller Abwesenden, Musiken über Musiken, die alle charmant sind; ich bin *quasi* die *prima donna.* Habe doch die Güte, mir Modulationen oder Ausweichungen, die Beethoven soll geschrieben und herausgegeben haben [= Op. 39], zu schicken.[135]

In this winter of 1804–05, Beethoven tirelessly courted the affections of the young widow Josephine Deym and wrote her several heartfelt love letters.[136] He also set to music Matthison's "Andenken," which had triggered the whole "Lieddiskurs" (see fn. 127), and had appeared in print in 1803. In each stanza the assurance "Ich denke Dein" is linked with a question anxiously awaiting a reply: "Wann/Wo/Wie denkst Du mein?" ("When/Where/How do you think of me?"), until the final strophe in the afterlife, which ends with a renewed vow of love. Just as Goethe's and Matthisson's poems are linked to each other via their shared opening line "Ich denke dein," Beethoven also refers to the earlier composition's key (D major), but especially also to its opening motive (similarly it has a quarter-note upbeat to the keynote, which is left and returned to, all underlaid by I–V–I). This connection did not escape the music-loving Brunsvik sisters' attention as is clear from a letter the third Vienna-based Brunsvik sister Charlotte wrote to accompany the song when she sent it to Therese in Ofen:

---

may fix the day for Schuppanzigh [...] As to the music for next Wednesday, I should prefer you either to have no musical performance or to keep *to Schlesinger* for the time being, so that *the hatred of those people* may not be directed against me who is innocent –" LoB 103). On December 19, 1804, Charlotte Brunsvik reported to her sister Therese, who was staying in Ofen (BSZ, 133): "Unsere kleinen Musiken haben endlich wieder angefangen. Letzten Mittwoch hatten wir die erste. Pepi [= Josephine] spielt vortrefflich Klavier; ich selbst finde noch nicht den Mut dazu mich hören zu lassen. Beethoven kommt sehr häufig, er unterrichtet Pepi. Das ist etwas *gefährlich*, gestehe ich dir." ("Our little music sessions have finally begun again. Last Wednesday we had the first one. Pepi [= Josephine] plays the piano splendidly; I myself have not yet found the courage to play in front of others. Beethoven comes very often, he teaches Pepi. That is somewhat *dangerous*, I must admit.")

135 Therese in November/December 1805 to her brother Franz in Vienna; BSZ, 153. ("Here we still have, *en depit* all the absentees, Musicks upon Musicks, all charming; I am quite the *prima donna*. Have the goodness to send me any modifications or key changes that Beethoven is said to have written and published [= Op. 39].")

136 The 13 letters were first published in facsimile and transcription by Joseph Schmidt-Görg, *Beethoven. Dreizehn unbekannte Briefe* (as in fn. 122), and later supplemented by a fourteenth.

Beethoven had just arrived here, when I received your last letter, and I read him
the lines concerning him; he was very much delighted about this, and conveys
his sincere friendship to you. He comes nearly every day, and is infinitely charming. He composed a Song [*Andenken*] for Pepi [Josephine] which she is sending
you; however, she asks you not to show it to anyone, and even when you're singing it, don't let anyone know you have the score. It will, I am sure, please you,
especially the beginning.[137]

Of course, this song was also shared with the other Brunsvik family members.
Thus, Therese told her brother Franz in Paris on January 17, 1805, and her sisters in Vienna on January 20,[138] that she kept singing this "himmlisch schön[e]"
("divinely beautiful") song, *Andenken* WoO 136,[139] Beethoven had written for
Josephine, which "causes a stir" ("Aufsehen"). Developing the theme, she
paints a vivid picture of how completely love has changed her lately, since the
feeling fills not only her heart, but also her soul and her whole being, and it
would inspire her to lead a new life.[140] Four days later, on January 24, 1805, she
took up the subject again. Finally, on February 2, she jotted down several love
poems for her sister Charlotte (including Goethe's "Freudvoll und leidvoll")
and sent over a version of "Ich denke Dein" that she had written herself, in
which, in addition to form and style, she also takes up the idea of the circle of
life which passes through death in the last stanza (see Table 2, right column).[141]
Therese's poem reads both as a mirror of her feelings and as a gift of love to
her sisters, thereby bringing the idea of the "gift of friendship" back full circle.
Thus, it seems to be no coincidence that Therese wrote the letter at the beginning of February 1805, both in response to Beethoven's song *Andenken* WoO 136
and in confirmation of receiving the newly published edition of Beethoven's
"Lied mit Veränderungen" WoO 74.

---

137 La Mara/Klapproth, *Beethoven and the Brunsviks* (as in fn. 128), 169 (translation amended);
     BSZ, 134: "Beethoven war gerade da, als ich deinen letzten Brief erhielt und ich las ihm die
     ihn betreffenden Zeilen vor; er war darüber sehr erfreut und läßt dir alles Freundschaftliche
     sagen. Fast jeden Tag kommt er und ist unendlich liebenswürdig. Er hat ein Lied für Pepi
     komponiert, das sie dir schickt; doch bittet sie dich, es niemandem zu zeigen, ja, wenn du es
     jemandem vorsingst, nicht zu sagen, daß du es auf Noten besitzest. Es wird dir, dessen bin ich
     gewiß, gefallen, *namentlich im Eingang*." (emphasis in the original).
138 La Mara/Klapproth, *Beethoven and the Brunsviks*, 169.
139 See LvBWV 2, 320, based, inter alia, on BGA 216 (n. 1).
140 "What is certain is that my erstwhile feelings were different from those that are currently
     filling not only my heart, but also my soul, my whole being. One errs so often and misunder-
     stands love. Only he who *feels* it can judge it. Love, what omnipotent sensation, what a new life
     in life!" (January 20, 1805; La Mara/Klapproth, *Beethoven and the Brunsviks*, 171 [translation
     slightly amended]).
141 La Mara, *Beethoven and the Brunsviks* (as in fn. 128), 55–56; Czeke, *Brunszvik* (as in fn. 128),
     CXXXVII.

The edited letters between the four Brunsvik de Korompa siblings and their friends – which of course included Beethoven – thus afford some insight into the way they communicated about the great themes of "friendship" and "love." From these letters, it emerges, above all, how closely intertwined personal feelings and the practice of music for the family are. They even spell this out:

> How is your heart bearing up during the carnival? *Così fan tutte*, "Ah, guarda, sorella"! How the duet would make us laugh now! In the meantime, until my knight comes back, I shall sing. Beethoven's song is divinely beautiful. I thank Pips [= Josephine] a thousand times that she was so kind as to send it to me. I've just made a copy myself, which I'm sending you.[142]

The Variations WoO 74 for piano four hands on the song *Ich denke Dein* can be read, I have argued, as a prime example of the novel musical-communicative salon culture described by Hinrichsen. Beethoven created a work for his two students that was tailor-made for them in terms of technical demand and content: he singled out a theme that preoccupied them, elaborated it further in music, and thereby joined in a discourse that is also transmitted in a larger circle through the musical *Stammbuch* and family-based musical gatherings.

These variations are rare among Beethoven's compositions in that the specific communicative networks they are embedded in can be traced with a high degree of certainty. I like to think, however, that many of Beethoven's works that were first performed at musical gatherings belonged to similar communicative contexts, even though admittedly they are now difficult for us to reconstruct.

The salon as a place of communication for Beethoven's piano works

My contribution is based on the overarching thesis that the conversational and communicative culture in the aristocratic salons of the late 18th century was closely interwoven with the music that composers such as Beethoven wrote for them, and it profoundly shaped the way the music was performed and

---

142 Therese Brunsvik from Ofen to her sister Charlotte in Vienna, January 24, 1805; La Mara/ Klapproth, *Beethoven and the Brunsviks* (as in fn. 128), 171 (translation amended). German: "Wie findet sich dein Herz in den Karneval? *Così fan tutte*, 'Ach Schwester, ach sieh doch!' Wie würde das Duett uns jetzt lachen machen! Einstweilen, bis mein Ritter zurückkehrt, singe ich. Beethovens Lied ist himmlisch schön. Ich danke Pips tausendmal, daß sie die liebenswürdige Aufmerksamkeit hatte, es mir zu schicken. Ich habe eben eins gemacht, das ich euch sende. Vielleicht habe ich Glück in der Musik." (La Mara, *Beethoven and the Brunsviks* [as in fn. 128], 55; Czeke, *Brunszvik* [as in fn. 128], CXXXV; not in BSZ). In the duet "Ah, guarda, sorella," the sisters Fiordiligi and Dorabella daydream longingly of their respective amors and sing effusively about their happiness.

perceived. In conclusion, I would like to summarize in seven theses the consequences of the newly gained insights from the example of the Piano Variations
for our understanding of Beethoven's artistic output:

1) Musical sociability formed a central communicative space for Beethoven:
   as a pianist, an improviser, a composer – and as a human being. At these
   gatherings, Beethoven met with friends – both male and female – who
   shared the higher goal of self-improvement (Bildung) and the development
   of humanity.[143] Of course, socializing can also be exhausting, as Beethoven
   complained on several occasions.[144] In certain houses, however, where
   Beethoven was not "paraded" as a virtuoso, but was understood through his
   music and appreciated as a friend, he seems to have felt perfectly comfortable with those present. These positive relationships – such as those with
   the Breunings, Brownes, Brunsviks, Brentanos – are reflected in several
   dedications to various members of these music-loving houses.

2) The idea of salon sociability is fundamental and influential in the period
   around 1800: Wilhelm von Humboldt[145] pinpointed the ideal of salon sociability "aus dem Spannungsverhältnis von Originalität des Individuums und
   Variabilität der äußeren Anstöße zu deren Entfaltung" ("as arising in the
   tension between individual originality and the various external impulses
   shaping its realization"). By embedding Beethoven's compositions more
   thoroughly in the communicative context of musical sociability, I do not
   mean to downgrade them to mere "functional music," with all the term's
   pejorative connotations, but rather to show that – as Humboldt formulated
   it – the "external impulses" present in salon sociability constitute a positive
   force serving the highest consummation of a person's powers – those of
   both Beethoven and his friends. The defining feature of these casual gatherings at the end of the 18th century was the creativity of the participants
   and their appreciation of the others' taste judgments.[146]

3) The dedications printed on the original editions suggest just such communicative interdependence, since they often allow an insight into the work's
   compositional context. I proceed from the assumption that Beethoven's
   dedications in general "fit" the respective dedicatee – in the choice of
   instrument, the genre, the style elevation, the specific theme, and much
   more. This is by no means only true for the piano variations, which I took as
   an example here, but also for the piano sonatas, chamber music and songs.
   With his music, Beethoven did not (only) operate as a "lone revolutionary,"

---

143 On this aspect, see also the contribution of Axel Körner in the present volume.
144 See, for example, Wegeler/Ries, 19.
145 Peter, *Geselligkeiten* (as in fn. 13), 240.
146 Peter, *Geselligkeiten*, 239–40.

but (also) quite comfortably in the friendship and memory culture, as an attentive communicator and gift-giver, who was able to assess and respect (or disregard, if he chose) the interests and capabilities of his interlocutors.

4) Communication was conducted through a variety of media during musical gatherings at the salons: when (jointly) playing and listening to free fantasies as well as to written-out compositions; when reciting poems and posing tableaux vivants; when recollecting or recording ephemera in *Stammbücher*, letters, etc. And communication occurred on a variety of levels: individually (as an aesthetic experience when playing and listening to music, or recalling it), interpersonally (when discursively commenting on and retelling what had been heard), as well as ideally (in the sense of a humanistic sociability transfigured into an ideal).[147]

5) Beethoven's music, performed by himself or various salon members, was embedded in a context of communicative discourse at these social gatherings. The piano variations offer a particularly vivid illustration of how entangled music was with the communicative salon culture. The way variations play with the familiar, dressing them in ever new guises, was not just treated per se as a rhetorical form that challenges the salon listeners in a specific way. In many of his variation cycles, Beethoven also continued to comment on the semantic content of the sources of the variation themes, and thus relied on his listeners' musical competence as well as their familiarity with the communicative object.

6) Women of the highest social circles played a central role in the musical sociabilities – and thus also in Beethoven's composing and fantasizing: they generally belonged to the nobility or second society and had received a thorough musical education. They were active both as organizers of the musical gatherings and as dilettantes (especially as pianists and singers). They communicated with Beethoven as equals – playing, listening, discussing the works – and were by no means just prospective love interests who agreeably adorned the "male society" around Beethoven.

7) Ultimately, the communicative potential of salon music was inseparable from the great ideals of morality, humanity, virtue, higher mission, and friendship. A further ideal was that men and women together – in the interplay between active part and beautiful soul – constituted a unified humanity. These ideals were certainly shared by people from both the first and second societies – and therefore also transcended the longstanding dichotomy between nobility and bourgeoisie.

---

147 See in this sense also Hinrichsen's reflections on successful communication in the salon (Hinrichsen, *Ludwig van Beethoven* [as in fn. 8], 56).

ABSTRACT

Beethoven's Perfectly Tailored Communication with Dilettantes: "Ich denke Dein" (WoO 74) and Other Piano Variations for Aristocratic Salons

Musical sociability formed a central communicative space for composers in Vienna such as Beethoven: as a pianist, an improviser, a composer – and as a human being. At these gatherings in mostly aristocratic salons, Beethoven met with friends – both male and female – who shared the higher goal of self-improvement (*Bildung*) and the development of humanity.

Proceeding from the assumption that his compositions' printed dedications often reflect the situation in which the respective piece was written, I gather evidence that Beethoven "tailored" most of his piano variations to fit the dilettantes of the dedication, who, at musical get-togethers in their salons, were either able to show off their own skills or at least speak knowledgeably about someone else's performance (for example, Beethoven's). In his variation cycles, Beethoven often commented on the semantic content of the voguish themes he picked, and thus relied on his listeners' musical competence as well as their familiarity with the communicative object. Through a specific case study, I trace how conversations, the genesis of musical and textual art, rituals of friendship, and *Stammbuch* practice (with and without Beethoven's participation) all interweave with one another: the Variations WoO 74 for piano four hands on the song "Ich denke Dein," composed for two female aristocratic dilettante pianists, can be read as a prime example of this novel musical-communicative salon culture in Vienna.

Lieddedikationen an den Wiener Adel.
Zur Neupositionierung und Kontextualisierung der Gattung ‚Lied' zur Zeit Beethovens

Gundela Bobeth

Wenn ein ausgewiesener ‚Singekomponist' wie Johann Friedrich Reichardt anlässlich seines Wien-Aufenthaltes 1808/09 aus dem Musikleben einschlägiger Wiener Salongesellschaften berichtet,[1] liegt die Erwartung nahe, unter den zahlreichen von ihm beigesteuerten musikhistorischen Aufschlüssen nicht zuletzt Informationen über jenen Bereich zu erhalten, dem ein Großteil seines eigenen kompositorischen Schaffens galt: über den klavierbegleiteten deutschsprachigen Sologesang, dessen Aufführungspraktiken, -bedingungen und -kontexte aufgrund des ihm angestammten privaten oder halböffentlichen Rahmens in Wien wie andernorts bis in die ersten Dekaden des 19. Jahrhunderts kaum konturiert sind.

Was aus Reichardts zwischen Ende November 1808 und Anfang April 1809 in Wien verfassten *Vertrauten Briefen* jedoch tatsächlich über die Pflege des deutschsprachigen Liedes zu erfahren ist, ernüchtert. Soweit Reichardt als frequenter Gast des hohen und niederen Wiener Adels überhaupt Gesangsvorträge im Salon thematisiert, bleibt das Genre entweder unbestimmt, oder es ist ausdrücklich von italienischen Arien oder anderweitiger „Singemusik"[2] aus italienischen Opern die Rede. Vorträge deutschsprachiger Klavierlieder scheinen Reichardt in Wien kaum begegnet, seinen Angaben zufolge generell kaum verbreitet gewesen zu sein. Nicht einmal „in solchen kleineren Veranstaltungen, wo bloß am Fortepiano gesungen wird", seien Liedkompositionen deutschsprachiger Texte erklungen. Vielmehr sieht sich Reichardt zu der Feststellung veranlasst, dass man in Wien den „feinen und innigen Genuß des Liedes, der

---

1 Zu musikalischer Geselligkeit in Wiener Salons um 1800 vgl. auch den Beitrag von Melanie Unseld im vorliegenden Band.
2 RVB 1, S. 390 u. 391.

Romanze und Kantate" – obgleich „eine der reichsten und interessantesten
Quellen für den Gesang" – sogar „ganz zu entbehren" scheine.[3]

Nach einem ästhetischen Bekenntnis zu „rein empfangenen und frei aus-
geführten Kompositionen, die durch keine Konvention, durch kein Theater-
bedürfniß in Form und Ausführung zu leiden" haben, betont Reichardt, die
deutschsprachige Liedkunst sei „eben ganz besonders reich an jenen kleineren, ihrem inneren Gehalte nach oft sehr hoch stehenden Kompositionen für
den stillen, reinen Genuß kleiner Zirkel". Es schränkt die vorangegangene
Absage an eine Präsenz deutschsprachiger Liedkompositionen in Wien zumindest ein Stück weit ein, wenn er seine Ausführungen zu diesem Thema mit den
Worten abschließt: „[d]ie Wiener Komponisten haben sich zwar weniger damit
beschäftigt als andre, doch haben *Bethoven* [sic] *und Kanne* in der letzten Zeit
auch hierin sehr angenehme und bedeutende Kompositionen geliefert".[4]

Ludwig van Beethoven und Friedrich August Kanne – letzterer überhaupt
erst seit etwa 1806 in Wien ansässig – als die beiden einzigen Wiener Komponisten mit nennenswerten Beiträgen zur deutschsprachigen Liedkomposition?
Was Reichardt seiner Leserschaft hier im ihm eigenen Überzeugungston vermitteln will, frappiert in mehrfacher Hinsicht. Das betrifft weniger die paritä-
tische Nennung der beiden Komponisten in einem Atemzug, die der beachtli-
chen Popularität entsprach, die Kanne – wie Beethoven ein Protegé des Fürsten
Lobkowitz und laut Ernst Ludwig Gerber im Begriff, ein „zweite[r] *Zumsteeg*"[5]
zu werden – im zeitgenössischen Musikleben weit über Wien hinaus genoss.
Erstaunlich erscheint eher, dass mit Beethoven und Kanne zwei Komponisten
angesprochen sind, deren Liedschaffen schon 1808/09 eine enorme stilistische
Bandbreite aufweist und mit Reichardts liedästhetischem Schlichtheitspostulat
kaum pauschal in Einklang zu bringen sein dürfte. Zwar lässt sich mutmaßen,
dass Reichardt, wenn er in diesem Zusammenhang von „kleineren [...] Kompositionen für den stillen, reinen Genuß kleiner Zirkel" spricht, an Beiträge
wie Beethovens 1805 veröffentlichte *Acht Lieder* op. 52 oder Kannes im selben
Jahr erschienene Schlegel-Vertonung *Die verfehlte Stunde* („Qual des ungestill-
ten Sehnens"; 1802) denkt, bei denen es sich um vergleichsweise schlichte
Strophenlieder handelt. Zur selben Zeit waren beide Komponisten aber auch
mit ganz andersartigen, großformatigen und komplexer angelegten Gesangs-
kompositionen hervorgetreten, die sich nicht zuletzt durch musikdramatische
Gestaltungsmerkmale auszeichneten: Kanne etwa mit seinen Vertonungen
von Schillers *Die Erwartung* (1802) und *Der Taucher* (~1802), Beethoven unter

---

3 Ebd., S. 390.
4 Alle Zitate ebd., S. 390 f.
5 Ernst Ludwig Gerber, *Neues historisch-biographisches Lexikon der Tonkünstler* [...], Leipzig 1813,
   Bd. 3, Sp. 12.

anderem mit *Der Wachtelschlag* WoO 129 oder seiner bereits 1797 als „Kantate für eine Singstime [sic] mit Begleitung des Clavier" gedruckten *Adelaide* op. 46 (1804), deren Präsenz im Wiener Salonleben ausdrücklich überliefert ist.[6]

Was jedoch an Reichardts Berichterstattung vor allem Widerspruch provoziert, ist die apodiktisch vertretene Verengung der Perspektive auf zwei Komponisten, die, was eine subtile Vertonung deutschsprachiger Texte betrifft, im Wien ihrer Zeit keineswegs für sich standen. Unter einer Vielzahl heute vergessener Verfassernamen sind es ehemals anerkannte Komponisten wie Anton Eberl und Franz Jakob Freystädtler, beide Schüler Mozarts, der k. k. Kapellmeister Adalbert Gyrowetz, der Vizehofkapellmeister und spätere Salieri-Nachfolger Joseph Eybler, Haydns Schüler Sigismund Neukomm, die Albrechtsberger-Schüler Nikolaus Freiherr von Krufft, Johann Evangelist Fuß und Conradin Kreutzer, der Stadler-Schüler und spätere Hofbibliotheksdirektor Moritz Graf Dietrichstein, der Verlegerkomponist Franz Anton Hoffmeister und der von Beethoven als Klavierpädagoge empfohlene Emanuel Aloys Förster, deren durchaus substanzielle Beiträge zur Wiener Liedkomposition bis heute kaum erschlossen sind. Allein das Reichardts Wien-Besuch vorausgehende Jahrzehnt 1798 bis 1808/09 zeitigte nach aktuellem Kenntnisstand die Drucklegung von über 50 Liedersammlungen sowie rund 40 Einzellieddrucken, die von Wiener beziehungsweise in Wien wohnhaften Komponisten verfasst und/oder von Wiener Verlagshäusern publiziert wurden; mindestens 30 weitere Lieder erschienen darüber hinaus als Beilagen in Wiener Zeitschriften und Taschenbüchern.[7] Damit stehen Liedpublikationen den im selben Zeitraum in Wien veröffentlichten Klavierauszügen von Opernarien – die laut Reichardt so „sehr im Gange" gewesen seien, dass man „fast nichts Anders" höre[8] – zahlenmäßig in nichts nach. Vielmehr ist selbst unter den durch französische Besetzung und Kriegsgeschehen erschwerten Bedingungen auch in den nachfolgenden Jahren ein unablässiger Anstieg der Liedproduktion zu verzeichnen.

Der nicht nur quantitativ erhebliche, sondern auch qualitativ bemerkenswerte Überlieferungsbestand von Liedkompositionen – zum Teil mit Mehrfachauflagen offenbar besonders beliebter Liedersammlungen – ist ohne eine

---

6 Vgl. SMS I, 739. Sonnleithner nennt die *Adelaide* als ein Beispiel für Gesangsdarbietungen im Salon der Familie Hochenadl, wie sie im Rahmen von Hausmusikkonzerten „bereits seit mehreren Jahren im Gange waren", als er 1815 dort eingeführt wurde.

7 Den musikhistoriographisch eklatant unterschätzten Umfang des seit den 1770er-Jahren signifikant anwachsenden Wiener Klavierlied-Œuvres macht meine 2019 abgeschlossene Habilitationsschrift zur Wiener Liedkultur um 1800 deutlich, die den bisher bekannten Bestand an gedruckt oder handschriftlich in Sammlungen, Einzelpublikationen oder Zeitschriftenbeilagen überlieferten Liedern um mehr als das Dreifache erweitert (*Lied im Wandel. Studien zur Wiener Liedkultur um 1800*, Habil. Universität Wien 2019 [Druck i. Vorb.]).

8 RVB 1, S. 390.

florierende zeitgenössische Liedpraxis in Wien nicht denkbar. Kein Verleger wäre das finanzielle Risiko einer Drucklegung von Musikwerken eingegangen, ohne begründeten Anlass zur Erwartung eines erfolgreichen Absatzes zu haben.[9] Zu einer aktiven Liederszene aber werden nicht nur Komponisten mit literarisch-musikalischen Kompetenzen und Zugängen zu geeigneten Texten, Ausführende, Zuhörende, private Gebrauchsräume mit einem Tasten- oder auch einem Saiteninstrument, Kopisten und Verleger gehört haben, sondern auch Gastgeberinnen und Gastgeber von Salongesellschaften sowie Salongäste mit entsprechenden Interessen und Vorlieben. Wie aber ist unter diesen Voraussetzungen Reichardts liedbezogener Erfahrungsbericht zu verstehen, dessen pauschale Gültigkeit als „Panorama des Wiener Musiklebens"[10] bislang kaum in Frage gestellt wurde? Könnte Reichardts Gastrolle in Wien ihn einfach zufällig in Salons geführt haben, in denen just während seiner Anwesenheit gerade keine Liedkompositionen zu Gehör gebracht wurden? Oder sollte die Diskrepanz zwischen der von Reichardt behaupteten Nichtexistenz Wiener Liedkompositionen und deren offenkundig hoher Überlieferungsfrequenz vielleicht als Ausdruck generell unterschiedlicher soziokultureller Kontexte zu verstehen sein? Könnten in den musikalisch-gesellschaftlichen Kreisen, in denen Reichardt verkehrte – den Salons des hohen und niederen Adels –, traditionell andere Gesangspraktiken tonangebend gewesen sein als in bürgerlichen Häusern? Zugespitzt formuliert: Blieb deutschsprachige Liedkunst in Wien im Wesentlichen ein genuines Phänomen der erstarkenden bürgerlichen Musikkultur, während Hof und Hochadel standesgemäß an der Tradition der italienischen Opernarienpflege festhielten?

Die musikhistoriographisch festgeschriebene Kluft zwischen dem bürgerlichen Wirkungskreis, dem wenige Jahre später der junge Franz Schubert seine Etablierung als Liedkomponist verdankte, und der aristokratischen Einflusssphäre Beethovens scheint eine solche Annahme indirekt zu bestätigen. Dass Beethoven mehrere seiner eigenen Liedkompositionen prominenten Vertretern des Hochadels zueignete – darunter gleich drei Liedpublikationen (Sechs Gesänge op. 75, Drei Gesänge op. 83 sowie *An die Hoffnung* op. 94) der bei gesellschaftlichen Anlässen mit eigenen Gesangsdarbietungen reüssierenden Marie Charlotte Caroline Fürstin Kinsky, von der Reichardt übrigens wiederum ausschließlich italienische Gesangsdarbietungen erwähnt[11] –, erscheint aus dieser

---

9   Wie sensibel Musikverleger die Interessen ihres Publikums ausloteten und darauf reagierten, verdeutlicht Axel Beer in seiner Studie *Musik zwischen Komponist, Verlag und Publikum. Die Rahmenbedingungen des Musikschaffens in Deutschland im ersten Drittel des 19. Jahrhunderts*, Tutzing 2000, bes. S. 247–336.
10 Hans-Günter Ottenberg, Art. „Reichardt, Johann Friedrich", in *MGG²*, Personenteil, Bd. 13 (2005), Sp. 1471–1480, hier Sp. 1474.
11 RVB 1, S. 358.

Perspektive als Ausnahme, die sich etwa aus Beethovens gesellschaftlichem Sonderstatus, aus persönlichen biographischen Umständen oder aus einem erweiterten Gattungsverständnis – etwa bezeichnete Beethoven selbst seine Gesänge op. 83 einmal als „Arietten"[12] – erklären ließe.

Sollten deutschsprachige Lieder aber tatsächlich vor allem auf bürgerliche Aufführungskontexte beschränkt gewesen und nur in Ausnahmefällen in den exklusiven Salons der Ersten Wiener Gesellschaft, die sich weiteren Gästekreisen mitunter nur zögerlich öffnete,[13] erklungen sein? Was namentlich die Fürstin Kinsky betrifft, spricht schon der große Anteil von gedruckten und ungedruckten Liedkompositionen, der in ihrer erst vor wenigen Jahren erschlossenen Bibliothek aufgefunden werden konnte, klar gegen eine solche Annahme.[14] Viele der dort verwahrten Sammlungen oder Einzelpublikationen, für die Mauro Giuliani, Joseph Haydn, Friedrich Heinrich Himmel, Kanne, Conradin Kreutzer, Ignaz Pleyel, Wenzel Tomaschek, Carl Maria von Weber und andere namhafte Vertreter der zeitgenössischen Liedkomposition verantwortlich zeichneten, tragen ausdrücklich der Fürstin zuzuordnende Besitzvermerke oder an sie gerichtete Widmungen; handschriftliche Inventarlisten – möglicherweise aus der Feder Caroline Kinskys selbst – verweisen auf einen ambitionierten Umgang mit den Beständen.[15] Ein explizites Zeugnis eines deutschsprachigen Liedgesangs in hocharistokratischer Gesellschaft legt wiederum der welterfahrene Georg Forster ab, wenn er anlässlich seines Wien-Aufenthaltes 1784 brieflich aus dem prominent besuchten und kulturell hochaktiven Salon von Maria Wilhelmine Gräfin Thun-Hohenstein berichtet, dort werde „allerlei witziges Gespräch geführt, [...] Clavier gespielt, deutsch oder italienisch

---

12 Beethoven in einem Brief an Breitkopf & Härtel, Wien, 2. Juli 1810; BGA 451.
13 Zur anhaltenden Kluft zwischen dem als „Erste Gesellschaft" geltenden Altadel und der durch Nobilitierung aufgestiegenen „Zweiten Gesellschaft" vgl. Hannes Stekl, *Adel und Bürgertum in der Habsburgermonarchie, 18. bis 20. Jahrhundert. Hannes Stekl zum 60. Geburtstag*, Wien 2004 (Sozial- und wirtschaftshistorische Studien 31), S. 25 f. Vgl. in diesem Zusammenhang auch den Beitrag von Martin Scheutz im vorliegenden Band. – Eine faktische Aufhebung von Standesgrenzen durch die Musik, wie sie 1808 emphatisch von Ignaz von Mosel formuliert wurde, dürfte jedenfalls nicht überall der Regel entsprochen haben: „Die Tonkunst wirkt hier täglich das Wunder, das man sonst nur der Liebe zuschrieb: Sie macht alle Stände gleich. Adeliche und Bürgerliche, Fürsten und ihre Vasallen, Vorgesetzte und ihre Untergebenen, sitzen an *einem* Pulte beysammen, und vergessen über der Harmonie der Töne die Disharmonie ihres Standes." (Ignaz von Mosel, „Uebersicht des gegenwärtigen Zustandes der Tonkunst in Wien", in *Vaterländische Blätter für den österreichischen Kaiserstaat* 1/6 [1808], 27. Mai, S. 39–44, hier S. 39; vgl. Theophil Antonicek, *Ignaz von Mosel [1772-1844]. Biographie und Beziehungen zu den Zeitgenossen*, Diss. Universität Wien 1962, S. 85).
14 Eliška Bastlová, *Collectio operum musicalium quae in Bibliotheca Kinsky adservantur*, Prag 2013 (Artis Musicae Antiquioris Catalogorum Series 8).
15 Ebd., S. 27.

gesungen [...]".[16] Zwar sind derartige Quellendokumente zur zeitgenössischen
Wiener Liedpraxis – unabhängig von ihrem sozialen Kontext – ausgesprochen
rar. Angesichts des lange unterschätzten Überlieferungsumfangs von Klavierliedern spricht jedoch vieles dafür, den Mangel an Zeitzeugnissen eher dem
inoffiziellen, privaten beziehungsweise halböffentlichen Aufführungsrahmen
als einer etwaigen Randständigkeit der Wiener Liedkomposition zuzuschrei-
ben.[17] Die nicht zuletzt auf Reichardt und andere nord- und mitteldeutsche
Berichterstatter und Rezensenten zurückgehende und das musikhistorische
Bewusstsein bis heute prägende Marginalisierung von Wiener Liedkompositionen, die erst mit den Liedern Schuberts aufbricht, verlangt nach einem Korrek-
tiv, das vermeintliche Gewissheiten kritisch hinterfragt und den tatsächlichen
Stellenwert von Liedern im zeitgenössischen Musikleben unvoreingenommen
zu rekonstruieren versucht.[18]

---

16   Georg Forster in einem Brief an seine Verlobte Therese Heyne am 3. September 1784; Georg
     Forster, *Georg Forsters Werke. Sämtliche Schriften, Tagebücher, Briefe*, Bd. 14, *Briefe 1784 – Juni
     1787*, bearb. von Brigitte Leuschner, Berlin 1978, S. 181. – Zitiert auch im Beitrag Martin Eybls
     im vorliegenden Band.
17   Der Mangel an Quellenaufzeichnungen schränkt nicht nur die Erschließbarkeit der zeitgenös-
     sischen Liedpraxis ein, sondern betrifft jedwede Musikausübung im Bereich der Hausmusik-
     szene. Hier bestehen auch die gravierendsten Lakunen einer Studie wie Mary Sue Morrows
     Concert Life in Haydn's Vienna. Aspects of a Developing Musical and Social Institution, Stuyvesant/
     NY 1989 (Sociology of music 7); vgl. die Rezension von Dexter Edge in *The Haydn Yearbook* 17
     (1992), S. 108–166, bes. S. 137. Einen der wenigen konkreteren Anhaltspunkte bieten in diesem
     Zusammenhang die Aufzeichnungen des Grafen Karl Zinzendorf, die ihrerseits Anhaltspunkte
     für auf Darbietungen deutschsprachiger Gesänge im Kontext hochadeliger Privatveranstal-
     tungen enthalten; vgl. Dorothea Link, „Vienna's Private Theatrical and Musical Life, 1783–92,
     as Reported by Count Karl Zinzendorf", in *Journal of the Royal Musical Association* 122/2 (1997),
     S. 205–257, bes. S. 207 u. 245, wo unter anderem von der Aufführung einer virtuosen deutsch-
     sprachigen Arie von Johann Gottlieb Naumann durch Josepha Duschek 1786 anlässlich eines
     Banketts beim Fürsten Wenzel Johann Joseph Paar die Rede ist. Dabei impliziert der Begriff
     „Arie" keineswegs zwangsläufig eine Opernprovenienz (zumal in Zinzendorfs Aufzeichnun-
     gen ausdrücklich zwischen „Opernarie" und „virtuoser deutscher Arie" unterschieden wird).
     Vielmehr sind zahlreiche deutschsprachige Liedkompositionen – darunter auch Werke Nau-
     manns – nicht nur als „Arien" rubriziert, sondern auch von entsprechenden musikdrama-
     tischen Gestaltungsmitteln gekennzeichnet (lange Koloraturen, rezitativische Einschübe,
     mehrteilige Anlage etc.); vgl. Bobeth, *Lied im Wandel* (wie Anm. 7), bes. Kap. „Dramatisierung
     lyrischer Texte", S. 141–179. – Zumindest sporadische Erwähnungen von Vorträgen deutsch-
     sprachiger Lieder in Salongesellschaften finden sich etwa auch in den Tagebuchaufzeichnun-
     gen von Johann Nepomuk Graf Chotek, u. a. unter Bezugnahme wiederum auf Josepha Duschek
     und die Sängerin Therese Fischer, die Widmungsträgerin einer 1812 erschienenen Lieder-
     sammlung von Nikolaus Freiherr von Krufft; vgl. Rita Steblin, *Beethoven in the Diaries of Johann
     Nepomuk Chotek*, Bonn 2013 (Schriften zur Beethoven-Forschung 24), u. a. S. 30, 103 u. 163.
18   Dass in den Urteilen norddeutscher Musikkritiker über die Wiener Liedkunst häufig Vorur-
     teile und Polemik den Anteil der Sachkenntnis übertreffen, lässt sich paradigmatisch an Rei-
     chardts Vorwort zu seiner Anthologie *Lieder geselliger Freude* (Leipzig 1796) veranschaulichen;
     vgl. dazu Bobeth, *Lied im Wandel* (wie Anm. 7), S. 94–111. – Generell zum konfessionell und
     kulturpatriotisch geprägten Hintergrund nord- und mitteldeutscher Polemiken gegenüber
     Wien vgl. Norbert Christian Wolf, „Polemische Konstellationen. Berliner Aufklärung, Leipzi-
     ger Aufklärung und der Beginn der Aufklärung in Wien (1760–1770)", in *Berliner Aufklärung.
     Kulturwissenschaftliche Studien* 2 (2003), S. 34–64.

Tatsächlich führt eine Auseinandersetzung mit dem überlieferten Liedbestand und insbesondere mit den bislang unberücksichtigt gebliebenen darin enthaltenen Widmungen zu grundsätzlichen Bedenken, was die Glaubwürdigkeit von Reichardts liedbezogenen Aussagen betrifft. An erster Stelle fallen hier zwei Zueignungen von Liederheften an Therese Gräfin Apponyi, geborene von Nogarola, ins Gewicht. Deren Geburtstagsfeier war es, die Reichardt im Februar 1809 miterlebt und die ihn zu seinem eingangs zitierten brieflichen Verdikt über die Wiener Liedpflege veranlasst hatte. Dass im selben Jahr bei Traeg ein Druck mit *Sechs Liedern von Ch. Reissig mit Begleitung des Pianoforte* aus der Feder des damals hochpopulären Adalbert Gyrowetz erschien, den der Komponist ausdrücklich der Gräfin zueignete (siehe Abb. 1), wirft indessen ebenso Zweifel an einer Verallgemeinerbarkeit von Reichardts Einschätzungen auf wie eine wenige Jahre später derselben Adressatin dedizierte Liedersammlung des Nikolaus Freiherrn von Krufft (*Sechs Lieder mit Clavier-Begleitung. In Musik gesetzt und der Frau Grafin von Appony gebornen Gräfin Nogarolla gewidmet vom Freiherrn Niclas von Krufft*, Wien: Pietro Mechetti [1815]). Dass diese Dedikationen nicht zuletzt auf merkantile Interessen oder Nobilitierungsbestrebungen der Verfasser zurückgingen, ist zwar nicht grundsätzlich auszuschließen. In beiden Fällen lässt sich über die Hintergründe der Zueignungen nur spekulieren. Auf bloße Devotionsgesten zur Legitimierung ihrer Werke wären indessen weder Gyrowetz noch Krufft, die beide zum Zeitpunkt der Drucklegung längst als etablierte und weithin anerkannte Komponisten firmierten, angewiesen gewesen. Da das standesmäßige Gefälle zwischen Widmungsgeber und Widmungsempfängerin aber hier wie dort das ausdrückliche Einverständnis Letzterer voraussetzte und „ein potentieller Widmungsträger aristokratischer Stellung die Dedikation eines (nach seinem Dafürhalten) ihm nicht würdigen Werkes unter keinen Umständen angenommen hätte",[19] ist davon auszugehen, dass die Gräfin Apponyi die Widmungen der Liederdrucke – und damit auch die enthaltenen Werke selbst – zumindest nicht als unpassend empfunden haben wird. Die von Birgit Lodes anhand zahlreicher Beispiele namentlich aus dem Bereich der Hocharistokratie offengelegte „Passgenauigkeit"[20] der zeitgenös-

---

19 Axel Beer, „Widmungen in der Geschichte des Musikdrucks. Ein historischer Überblick unter besonderer Berücksichtigung der Zeit Haydns und Beethovens", in *Widmungen bei Haydn und Beethoven. Personen – Strategien – Praktiken. Bericht über den Internationalen musikwissenschaftlichen Kongress Bonn, 29. September bis 1. Oktober 2011*, hrsg. von Bernhard R. Appel und Armin Raab, Bonn 2015 (Schriften zur Beethoven-Forschung 25), S. 15–28, hier S. 23.

20 Vgl. Birgit Lodes, „Zur musikalischen Passgenauigkeit von Beethovens Kompositionen mit Widmungen an Adelige. *An die ferne Geliebte* op. 98 in neuer Deutung", in Appel/Raab, *Widmungen bei Haydn und Beethoven* (wie Anm. 19), S. 171–202; dies., „Gaben und Gegengaben. Ehepaare des Wiener Hochadels als Beethovens Mäzene", in *Beethoven. Menschenwelt und Götterfunken*, hrsg. von Thomas Leibnitz, Salzburg u. a. 2019, S. 54–67; sowie den Beitrag von Birgit Lodes im vorliegenden Band.

sischen Widmungspraxis legt vielmehr nahe, dass Gyrowetz ebenso wie Krufft die betreffenden Liedersammlungen auch oder sogar vor allem deshalb der Gräfin dedizierten, weil diese als Liebhaberin und/oder Förderin deutschsprachigen Liedguts bekannt war.

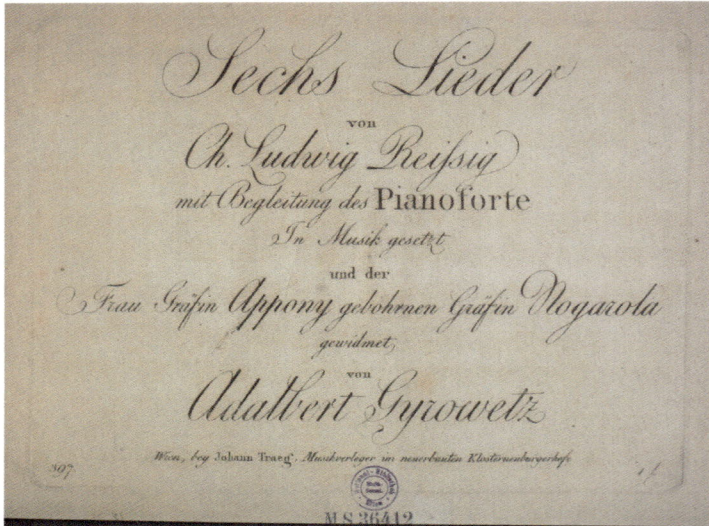

Abb. 1: Titelblatt von *Sechs Lieder von Ch.[ristian] Ludwig Reissig mit Begleitung des Pianoforte. In Musik gesetzt und der Frau Gräfin Appony gebohrnen Gräfin Nogarola gewidmet, von Adalbert Gyrowetz*, Wien: Johann Traeg [1809]. RISM A/I G 5260. Österreichische Nationalbibliothek, Musiksammlung, Sign. MS36412-qu.4°. Permalink: http://data.onb.ac.at/rep/10029E2D

Dedikationen an hochrangige Vertreterinnen und Vertreter des Wiener Adels lassen sich bis in die 1780er-Jahre – und damit fast bis an die Anfänge des 1778 einsetzenden Wiener Liederdrucks – zurückverfolgen. Komponisten wie Jacob Schrattenbach oder Franz Anton Stubenvoll, die im zeitgenössischen Musikleben eher Nebenrollen gespielt haben dürften, adelten ihre Liedersammlungen durch Zueignungen an „Ihro Excellenz Gräfin Josepha von Chandos", damals als Oberhofmeisterin im Dienst der kurz vor der Heirat mit Erzherzog Franz (dem späteren Kaiser Franz II.) stehenden Salieri-Schülerin Elisabeth von Württemberg,[21] oder an Josepha Gräfin Paumgarten, geborene Lerchen-

---

21 *XII. Lieder für das Clavier oder die Harpfe von Herrn Jacob Schrattenbach Ergebenst gewidmet Ihro Excellenz Gräfin Josepha von Chandos oberhofmaist[erin] bey Ihro Hochheit Elisabett von Würthamberg*, Wien: Torricella (PN bei Artaria) [1785].

feld-Sießbach,[22] Favoritin des bayerischen Kurfürsten Carl Theodor und durch Mozarts Briefe als Sängerin und Musikmäzenin (und mutmaßliche Initiatorin des Kompositionsauftrags zur Oper *Idomeneo*) bekannt (vgl. Abb. 2).

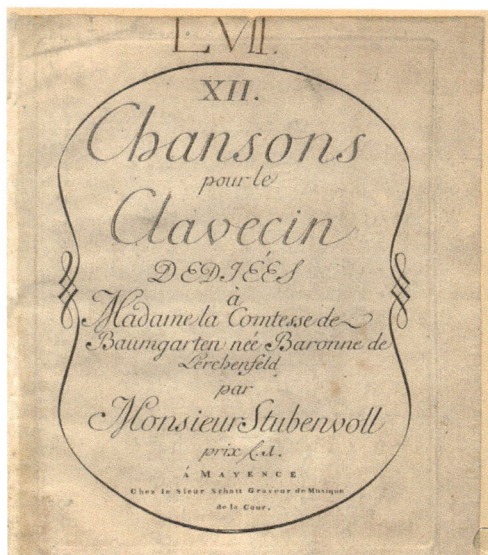

Abb. 2: Titelblatt von *XII. Chansons pour le Clavecin dediées à Madame la Comtesse de Baumgarten neé Baronne de Lerchenfeld par Monsieur Stubenvoll*, Mainz: Schott [~1783]. RISM A/I S 7011; Bayerische Staatsbibliothek, Sign. 4 Mus. pr. 66204. Permalink: https://www.digitale-sammlungen.de/view/bsb11154620?page=1 Bei den *Chansons pour le Clavecin* handelt es sich ausschließlich um Vertonungen deutschsprachiger empfindsamer Texte. Die kurzen Strophenlieder zeichnen sich durch einen zum Teil virtuos hervortretenden, anspruchsvollen Klavierpart aus.

Selbst wenn im einen oder anderen Fall nicht zuletzt auch utilitaristisches Kalkül eine Rolle bei der Widmungsvergabe gespielt haben mag, ist damit keineswegs auszuschließen, dass die dedizierten Werke einem aufführungspraktischen Interesse der Widmungsträgerinnen und -träger entsprachen. So ist von der Wiener Komponistin Maria Theresia Paradis überliefert, dass der Widmung ihrer 1786 bei Breitkopf in Leipzig erschienenen *Zwölf Lieder auf ihrer Reise in Musik gesetzt* an ihre „gnädige Gönnerin", die Herzogin Luise Eleonore von Sachsen-Meiningen, ein substanzieller Druckkostenzuschuss Letzterer vorausging. Dass diese

---

22   *XII. Chansons pour le Clavecin dediées à Madame la Comtesse de Baumgarten neé Baronne de Lerchenfeld par Monsieur Stubenvoll*, Mainz: Schott [~1783]. Ernst Ludwig Gerber bezeichnete Stubenvoll als „itzt zu Wien lebende[n] Tonkünstler" (Ernst Ludwig Gerber, *Historisch-Biographisches Lexicon der Tonkünstler [...]*, Leipzig 1792, Bd. 2, Sp. 605).

fürstliche Förderung einem aufrichtigen Interesse der Herzogin am Erklingen von Paradis' Musik entsprang, dokumentieren nicht nur die an ihrem Hof veranstalteten Konzertaufführungen, bei denen die gastierende Paradis explizit auch als Sängerin auftrat, sondern auch ihre Subskription der Paradis'schen Vertonung von Bürgers *Lenore*, die 1790 in Wien gedruckt wurde.[23]

Im Fall der *Liedersammlung für Kinder und Kinderfreunde am Clavier*, die 1791 auf Initiative von Placidus Partsch bei Alberti in Wien herausgebracht wurde und Werke unter anderem von Wolfgang Amadé Mozart, Johann Baptist Vanhal, Wenzel Müller und Leopold Hofmann enthält, ist die vorangestellte Widmung an den Erzherzog Franz und seine nunmehr zweite Ehefrau, die musikliebende, sängerisch und pianistisch versierte Marie Therese von Neapel-Sizilien, auf einen eindeutig rekonstruierbaren Anlass zugeschnitten, erwartete doch das Thronfolgerpaar im September 1791 sein erstes Kind. Dass die *Frühlingslieder* ebenso wie die *Winterlieder* später in der Musikbibliothek von Franz und Marie Therese identifiziert werden konnten (heute A-Wn MS27064-qu.4° Mus.),[24] macht wahrscheinlich, dass die Lieder tatsächlich auch am Hof Verwendung fanden. Für eine Pflege deutschsprachiger Lieder am Hof spricht auch eine Notiz im *Jahrbuch der Tonkunst für Wien und Prag* von 1796, das eine der zu Marie Thereses Kreis gehörenden Sängerinnen nicht nur als „wirklich musikalisches Genie" bezeichnet, sondern sie ausdrücklich für ihren versierten und ausdrucksvollen Vortrag deutscher Lieder rühmt.[25]

Eine weitere Dedikation an den regierenden Wiener Hochadel steuerte rund 20 Jahre später der für sein widmungspolitisches Geschick bekannte Johann Christoph Kienlen bei, der sich zwischen 1811 und 1816 als Operndirektor und Kapellmeister in Pressburg (Bratislava) und Baden bei Wien aufhielt. Seine um 1813 bei Mechetti gedruckten *Zwanzig Lieder mit Begleitung des Piano-Forte* sind „Seiner Kaiserlichen Hoheit dem Allerdurchlauchtigsten Erzherzog Rudolph von Oesterreich in allertiefster Ehrfurcht" gewidmet,[26] dem Beethoven als sein

---

23 Marion Fürst, *Maria Theresia Paradis. Mozarts berühmte Zeitgenossin*, Köln u. a. 2005 (Europäische Komponistinnen 4), S. 121.

24 David J. Buch, „Introduction", in *Liedersammlung für Kinder und Kinderfreunde am Clavier (1791). Frühlingslieder and Winterlieder*, hrsg. von dems., Middleton 2014 (Recent researches in the music of the classical era 95), S. X.

25 „Empfindsame Lieder singt sie [i. e. „Fräulein Altemonte"] nicht nur mit großer Beurtheilung, sondern auch mit enthusiastischen Gefühle." ([Johann Ferdinand von Schönfeld], *Jahrbuch der Tonkunst für Wien und Prag*, [Wien] 1796, S. 4 f.). Zur Zugehörigkeit des als Katherina Altamonte identifizierten „Fräulein Altemonte" zu Kaiserin Marie Thereses Kreis von Amateursängerinnen vgl. John A. Rice, *Empress Marie Therese and Music at the Viennese Court 1792-1807*, Cambridge u. a. 2003, S. 61.

26 *Zwanzig Lieder mit Begleitung des Piano-Forte in Musik gesetzt und Seiner Kaiserlichen Hoheit dem Allerdurchlauchtigsten Erzherzog Rudolph von Oesterreich in allertiefster Ehrfurcht gewidmet von Kienlen, Operndirector und Kapellmeister der Theater von Presburg und Baaden*, Wien: Pietro Mechetti [~1813].

Lehrer zu dieser Zeit bereits sein Viertes und Fünftes Klavierkonzert op. 58 und op. 73 zugeeignet hatte. Erst wenige Jahre zuvor hatte Kienlen bei Ambrosius Kühnel in Leipzig eine Sammlung mit zwölf Goethe-Vertonungen in Druck gegeben, die nicht minder prominent „Ihro Majestät der Königin von Baiern Friederike Wilhelmine Caroline in aller Ehrfurcht gewidmet" war.[27]

Die Reihe einschlägig dedizierter Wiener Liedersammlungen lässt sich um zahlreiche weitere Beispiele ergänzen. Hochadelige Aufführungskontexte sind als Indikatoren einer zeitgenössischen Wertschätzung von Klavierliedern dabei zweifellos von besonderem Aussagewert: Liedvorträge in einem Rahmen, der aufgrund seiner standesüblichen personellen und materiellen Ressourcen jederzeit auch die Darbietung größer besetzter kammermusikalischer Werke erlaubte, machen unmittelbar ersichtlich, dass sich Klavierlieder in dieser Zeit zunehmend als anderen Musikgenres ebenbürtige Gattung etablierten. Doch auch im Bereich des mittleren und niederen Adels steuern Widmungen von Liedersammlungen aufschlussreiche Informationen bei, zumal es sich in allen betreffenden Fällen um prominente Namen des Wiener Musiklebens handelt, deren Rollen als Musikliebhaber und -liebhaberinnen, Musiker und Musikerinnen, Mäzene und Mäzeninnen sowie Veranstalter und Veranstalterinnen von musikalischen Salons eine unmittelbar aufführungspraktische Bestimmung der zugeeigneten Werke plausibel machen. Das gilt etwa für die Widmung an eine der prominentesten Wiener Salonièren, Fanny von Arnstein, die der schwäbische Komponist Ernst Häussler – der sich von 1797 bis 1801 in Wien aufhielt – seiner 1798 bei Traeg erschienenen Sammlung *VI deutsche Lieder für Gesang und Clavier* voranschickte.[28] Dass sich unter den enthaltenen Liedern die Vertonung eines Textes des Wiener Dichters Aloys Blumauer befindet – *Sehnsucht eines Liebenden* („Immerdar mit leisem Weben") –, der im Wiener Kontext (und nur dort) kurz zuvor bereits von Franz Jacob Freystädtler (1795) und Anton Teyber (1797) vertont wurde (von letzterem mit einer Widmung an die Gräfin Anna Mailáth von Székhely),[29] mag als Reverenz Häusslers gegenüber

27 *Zwölf Lieder von Göthe mit Begleitung des Piano-Forte in Musik gesetzt und Ihro Majestät der Königin von Baiern Friederike Wilhelmine Caroline in aller tiefster Ehrfurcht gewidmet von Kienlen*, Leipzig: Kühnel [1810]. Dazu Beer, „Widmungen" (wie Anm. 19), S. 25.

28 *VI deutsche Lieder für Gesang und Clavier in Musik gesetzt und zugeeignet der Frau Baronesse von Arnstein geborne Itzig von Ernst Häussler*, Wien: Johann Traeg [1798] (A-Wgm Sign. VI 12466 [Q 5881]).

29 *Sechs Lieder der beßten deutschen Dichter in Musik gesetzt vom Herrn Klaviermeister Freystädtler*, Wien: Mus.-Typogr. Gesellschaft 1795, Nr. 4 (Wiederabdruck in *Neue Sammlung vorzüglicher und beliebter Arien und Lieder aus den beßten deutschen Dichtern mit Melodien zum Singen und Spielen am Klavier: Neu komponirt von verschiedenen berühmten Tonkünstlern*, Wien: [s. n.] 1800, Bd. 1, Nr. 18); *Gesänge für Musikkenner beym Klavier, zugeeignet Ihrer Exzellenz der Frau Gräfin Anna Majlath von Szekkely etc. von Anton Teyber, k. k. Hofkapell- und Musikmeister der königl. Hoh.*

dem intendierten Wiener Wirkungskreis zu verstehen sein. Bemerkenswert ist die Sammlung auch insofern, als sie die früheste Wiener Vertonung von Goethes Mignon-Lied „Kennst du das Land, wo die Zitronen blühn" aus dem 1795/96 erschienenen Roman *Wilhelm Meisters Lehrjahre* enthält (vgl. Abb. 3). Mit einer Vertonung dieses Textes eröffnete Beethoven 1809 seine der Fürstin Kinsky gewidmeten Sechs Gesänge op. 75; eine weitere Wiener Parallelvertonung ist in Kruffts *Sammlung deutscher Lieder mit Begleitung des Claviers* (Wien: Anton Strauß 1812) enthalten, die Krufft der „verdienstvollen Sängerinn Therese Fischer" zueignete.[30]

Abb. 3: Ernst Häussler, „Kennst du das Land, wo die Zitronen blühn", aus *VI deutsche Lieder für Gesang und Clavier in Musik gesetzt und zugeeignet der Frau Baronesse von Arnstein geborne Itzig von Ernst Häussler*, Wien: Traeg [1798]; Ausschnitt aus dem Nachdruck Augsburg: Gombartische Musikhandlung [1798/99]. RISM A/I H 1680. Universitäts- und Landesbibliothek Bonn, PGB 2° 1028. Permalink: https://digitale-sammlungen.ulb.uni-bonn.de/content/pageview/7379414

Auch musikalisch fügt sich Häusslers Vertonung nahtlos in den Kontext der Wiener Liedkomposition ein. Mit der rezitativischen Eröffnung jeder Strophe exponiert Häussler hier ein Gestaltungsmittel, dessen Erschließung für die

---

Erzherzoge u. Erzherzoginnen, 1tes Heft, Wien: Eder 1797, Nr. 3.
30 Vgl. Anm. 17.

Liedkomposition musikhistoriographisch primär dem schwäbischen Komponisten Johann Rudolf Zumsteeg zugeschrieben wird, das aber in Wiener Liedkompositionen weit über Beethoven hinaus wesentlich häufiger zum Einsatz kommt, als bislang angenommen wurde, und bis in die 1780er-Jahre zurückzuverfolgen ist.[31] Ebenso gehört Häusslers Vermittlung zwischen strukturell einheitlicher, liedhafter Geschlossenheit und individuellem Textausdruck, die durch die variierte strophische Anlage gelingt – mit strophenweise textspezifischen melodischen und harmonischen Formulierungen und Begleitfiguren –, zu den seit den 1780er-Jahren in charakteristischer Weise präsenten Merkmalen Wiener Liedkompositionen.[32] Auch Beethoven vertonte „Kennst du das Land, wo die Zitronen blühn" als variiertes Strophenlied, und so, wie Häusslers Strophen durch die Verbindung von rezitativischem und kantablem Abschnitt zweigeteilt sind, gliedern sich auch Beethovens Strophen in einen „Ziemlich langsam[en]" und einen „Geschwind[en]" Teil.

Wie die von Arnsteins gehören auch die von Heniksteins zu den Wiener Familien, die um 1800 für ihre musikaffinen Salongesellschaften mit illustren Gästen der Wiener Musikszene bekannt waren. Angehörige beider Häuser begegnen nicht nur auf einschlägigen Subskriptionslisten[33] oder werden im *Jahrbuch der Tonkunst von Wien und Prag* unter ausführlicher Beschreibung ihrer musikalischen – und namentlich auch sängerischen – Kompetenzen genannt,[34] sondern fungieren auch noch zu Zeiten des Wiener Kongresses als prominente Anlaufadressen für kulturbeflissene Gesandte aus ganz Europa.[35] „Jeanette" (Johanna) von Henikstein, geborene von Dickmann-Secherau, die Frau des musizierenden und musikfördernden Großunternehmers Johann von Henikstein, wiederum ist die Widmungsträgerin einer Liedersammlung, die Sigismund Neukomm – Haydn-Vertrauter und ehemals Gesangslehrer von Anna Milder – 1814 bei Mechetti herausbrachte.[36] Neukomm, der zu dieser Zeit im

---

31 Eine ausführliche Diskussion des Einsatzes rezitativischer Techniken in Wiener Liedkompositionen bei Bobeth, *Lied und Wandel* (wie Anm. 7).

32 Dazu auch Bobeth, *Lied im Wandel* (wie Anm. 7), sowie dies., „,Und du singst, was ich gesungen...': Beethoven im Kontext der Wiener Liedkultur", in *Bericht zum Internationalen musikwissenschaftlichen Kongress Beethoven-Perspektiven, Bonn 9.–12. Februar 2020* (Druck i. Vorb.).

33 Etwa auf der Liste der Souscripteurs von Beethovens Drei Klaviertrios op. 1 (Abdruck z. B. im Katalog zur Ausstellung *Beethoven. Welt.Bürger.Musik*, hrsg. von der Kunst- und Ausstellungshalle der Bundesrepublik Deutschland, Bonn und dem Beethoven-Haus Bonn, Köln 2019, S. 75, Abb. 14).

34 [Schönfeld], *Jahrbuch der Tonkunst* (wie Anm. 25), S. 5 u. 71.

35 Vgl. u. a. die diesbezüglichen Aufzeichnungen des Weimarer Gesandten Carl Bertuch (*Carl Bertuchs Tagebuch vom Wiener Kongreß*, hrsg. von Herrmann Freiherr von Egloffstein, Berlin 1916, S. 28, 37, 39, 42, 47 u. a.).

36 *Neun Gesänge mit Klavierbegleitung in Musik gesetzt und der Frau Jeanette Henikstein geb. von Dickmann gewidmet von Sigmund Neukomm*, Wien: Pietro Mechetti 1814.

Dienste Charles-Maurice de Talleyrands stand, war als dessen Begleiter beim Wiener Kongress selbst zugegen und bereitete zusammen mit Antonio Salieri die Aufführung seines c-Moll-Requiems vor, das im Januar 1815 unter Salieris Leitung im Stephansdom aufgeführt wurde. Dass sich zwei der in Neukomms Sammlung enthaltenen Lieder – die Vertonungen von Schubarts *Der Gefangene* und Kazners *Soldaten-Grablied* – als Träger impliziter politischer Aussagen verstehen lassen,[37] legt umso nachdrücklicher nahe, dass Neukomm mit seiner Widmung an Johanna von Henikstein auf einen Gebrauch der Liedersammlung im zeitlichen und personellen Umfeld des Kongresses abzielte.

Einer weiteren aus dem engsten Kongresskontext bekannten Dame ist die 1815 wiederum bei Mechetti erschienene Sammlung *Sechs Lieder gedichtet von Heinrich Schmidt in Musik gesetzt* von Moritz Graf Dietrichstein gewidmet: Sophie Gräfin Zichy, geborene von Széchenyi, die, von Zar Alexander I. zu den Schönheiten des Kongresses erkoren, als „la beauté triviale" von sich reden machte.[38]

Mit Dietrichstein ebenso wie mit Krufft agierten in der Wiener Liederszene zwei Komponisten – ersterer nach Ausweis der Druckdaten spätestens ab 1810, letzterer schon ab 1798 –, die allein schon aufgrund ihrer familiären Hintergründe in ein dichtes Geflecht einschlägiger musikkultureller Kontakte integriert waren. Das gilt in besonderer Weise für das Haus Dietrichstein, in dem „damals führende Persönlichkeiten des geistigen Wien (u. a. L. v. Beethoven, A. Gyrowetz, J. G. Albrechtsberger)" verkehrten.[39] Aus dem Hause Krufft wiederum sind explizit Darbietungen Nikolaus'scher Liedkompositionen sowie Vorträge seiner dichtenden Schwester Justine dokumentiert.[40] Das aus den jeweiligen gesellschaftlichen Beziehungen dieser und entsprechender Häuser aufgespannte Netzwerk systematisch nach potenziellen Aufführungskontex-

---

37 Dazu Gundela Bobeth, „,Wellington! Welcome to us!' – Der Wiener Kongress im Spiegel der zeitgenössischen Liedproduktion", in *Der Wiener Kongress 1814/15*, Bd. 2, *Politische Kultur*, hrsg. von Werner Telesko, Elisabeth Hilscher und Eva Maria Werner, Wien 2019, S. 257–268.

38 *Sechs Lieder gedichtet von Heinrich Schmidt, in Musik gesetzt und der Frau Gräfinn Sophie von Zichy, gebornen Gräfinn von Szechenyi, gewidmet von dem Grafen Moriz von Dietrichstein*, Wien: Pietro Mechetti [1815].

39 Andrea Harrandt und Elisabeth Th. Hilscher, Art. „Dietrichstein-Proskau-Leslie, Moriz Joseph Johann Graf von", in *Oesterreichisches Musiklexikon online*, <https://dx.doi.org/10.1553/0x0015ce27>, aktualisiert 25.07.2017 (20.03.2023).

40 So berichtet Joseph von Hammer-Purgstall in seinen *Erinnerungen*, dass bei Abendgesellschaften im Hause Krufft „öfter Ignaz Sonnleitner die Gesellschaft durch Vorträge höchst witzig unterhielt, der jüngere Sohn, Nikolaus, mit selbstkomponierten Liedern, die er auf dem Fortepiano vortrug, Beifall erntete, oder die jüngere Schwester Justine die Früchte ihrer lyrischen Muse vorlas" (Joseph von Hammer-Purgstall, *Erinnerungen aus meinem Leben: 1774–1852*, hrsg. und bearb. von Reinhart Bachofen von Echt, Wien u. a. 1940, S. 32). Hier ein geeignetes Forum insbesondere für jene Kompositionen des jungen Krufft zu veranschlagen, denen Texte Justines zugrunde liegen, lässt sich zwar nicht ausdrücklich belegen, erscheint aber durchaus plausibel.

ten von Liedkompositionen zu untersuchen, wäre ein lohnendes Unterfangen. Nicht zuletzt wäre damit auch die Erwartung verbunden, neue Aufschlüsse über die Beziehungen Beethovens zu seinen liedkomponierenden Wiener Musikerkollegen zu gewinnen.

In diesem Zusammenhang sei schließlich auf das Beispiel Franz Xaver Kleinheinz' verwiesen, der als Klavierlehrer der Schwestern Brunsvik in engem Kontakt zur Familie Brunsvik stand, ja der Familie Brunsvik gar als „sehr geschickte[r] Klawiermeister, der dem *Bethofen* Ballanz hält" anempfohlen wurde.[41] Mit Beethoven selbst war Kleinheinz wohl bereits seit 1799 persönlich bekannt, in den Jahren 1802/03 war er für Beethoven als Bearbeiter seiner Werke tätig. Kleinheinz' 1802 jeweils im Kunst- und Industrie-Comptoir publizierte Schiller-Vertonungen *Der Handschuh* und *Hektors Abschied* sind beide Georg Graf Berényi gewidmet. Dass diese beiden Werke sicher auch im Hause Brunsvik gespielt wurden, liegt nicht nur aufgrund des persönlichen Naheverhältnisses auf der Hand. Konkrete Hinweise liefert darüber hinaus ein Briefdokument, in dem Charlotte Brunsvik am 15. Januar 1803 ihrer Schwester Josephine von drei neuen Kompositionen von Kleinheinz berichtet, die ihr soeben von ihren Cousinen zugesandt worden seien. Mit an Sicherheit grenzender Wahrscheinlichkeit wird es sich bei diesen „trois pièces de Kleinheinz" neben der den Cousinen gewidmeten *Grande Sonate Pour le Piano-Forte à quatre mains. Composée et dédiée aux Demoiselles les Comtesses Julie et Henriette de Brunswick* um eben jene beiden Schiller-Vertonungen gehandelt haben, die gerade erst druckfrisch erschienen waren.[42]

Vor diesem Hintergrund zu erwägen, ob auch Beethoven die ausgesprochen interessanten und subtil gestalteten Vertonungen[43] von Kleinheinz gekannt haben und welche Bedeutung eine etwaige Auseinandersetzung mit der zeitgenössischen Liedkomposition seines unmittelbaren Wiener Umfelds für Beethovens eigenes Liedschaffen gehabt haben könnte, erscheint als keineswegs abwegiges Gedankenspiel. Von der damaligen Beliebtheit Kleinheinz'scher Lieder zeugt noch im Jahr 1862 ein Bericht über das Musikleben des ab 1815 im Gundelhof geführten Salons Ignaz von Sonnleithners, in dem Lieder von Kleinheinz in einem Atemzug mit Liedern unter anderem von Schubert und Zumsteeg genannt werden.[44]

41   Anton Ruth an Joseph Brunsvik am 11. Juli 1800, zit. nach Rita Steblin, „Franz Xaver Kleinheinz, ‚a very talented pianist who measures up to Beethoven'. New Documents from the Brunsvik Family", in *Bonner Beethoven-Studien* 12 (2016), S. 107–174, hier S. 127.
42   Davon geht auch Steblin aus (Steblin, „Franz Xaver Kleinheinz" [wie Anm. 41], S. 127).
43   Analytische Auswertungen beider Vertonungen in Bobeth, *Lied im Wandel* (wie Anm. 7), S. 171–175 u. 210–212.
44   SMS V, S. 372.

An Reichardt jedenfalls kann eine Komposition wie Kleinheinz' *Hektors Abschied* kaum unbemerkt vorbeigegangen sein. Seine eigene, unmittelbar nach seinem Wien-Aufenthalt komponierte und 1810 in der der Prinzessin Wilhelmine von Preußen zugeeigneten Sammlung *Schillers lyrische Gedichte* abgedruckte Vertonung von *Hektors Abschied* weist so auffallende Berührungspunkte mit Kleinheinz' Version auf – konzeptionell, tonartlich und bis in einzelne musikalische Formulierungen –, dass eine vollkommen unabhängige Entstehung wenig plausibel erscheint (vgl. Abb. 4 und Abb. 5). Dies wiederum führt zur Ausgangsfrage nach der Zuverlässigkeit seiner liedbezogenen Ausführungen zum Wiener Musikleben zurück.

Abb. 4: Franz Xaver Kleinheinz, *Hektors Abschied. Ein Gedicht von Friedrich Schiller in Musik gesetzt und dem Herrn Grafen Georg von Bérényi gewidmet*, Werk 10, Wien: Kunst- und Industrie-Comptoir 1802, S. 2. Österreichische Nationalbibliothek, Musiksammlung, Sign. MS7577-qu.4°. Permalink: https://onb.digital//result/1026797A

Abb. 5: Johann Friedrich Reichardt, *Hektors Abschied*, in *Schillers lyrische Gedichte.*
In Musik gesetzt und Ihrer Königlichen Hoheit der Prinzessin Wilhelmine von Preussen
[...] zugeeignet von Joh. Friedr. Reichardt, Leipzig: Breitkopf [1810], Bd. 1, S. 28.
Sächsische Landesbibliothek – Staats- und Universitätsbibliothek Dresden,
Sign. Mus.3922.K.9-1. Permalink: http://digital.slub-dresden.de/id40333294X

Welche Musikdarbietungen Reichardt bei seinem Wien-Besuch tatsächlich
gehört haben mag – und welche nicht –, ist letzten Endes nicht mehr rekon-
struierbar. Dass unter seinen Salonerlebnissen keine einzige deutschsprachige
Liedaufführung vertreten gewesen sein soll, mag dahingestellt sein. Dass er
aber die Menge der im Druck erschienenen Wiener Liedkompositionen tatsächlich nicht gekannt und von deren Präsenz in adeligen wie bürgerlichen Häusern nichts gewusst haben soll, erscheint indessen zumindest fragwürdig.[45]
Vielmehr stellt sich Reichardts Bericht über einen wenige Wochen umfassenden Wien-Aufenthalt als wertvoller, aber letztlich subjektiver Einblick in einen
zufälligen Ausschnitt des Wiener Musiklebens dar, bei dessen Auswertung im
Blick zu behalten ist, dass Reichardts kulturpolitischer Hintergrund sowie sein
eigenes Selbstverständnis und Geltungsbedürfnis als Liederkomponist seine

---

45 Schon im Vorwort der von ihm herausgegebenen *Lieder geselliger Freude* kolportiert Reichardt
    wider nachweislich besseren Wissens ein auf lückenhaften Quellenkenntnissen basieren-
    des Negativurteil über die Wiener Liedkomposition (*Lieder geselliger Freude* [wie Anm. 18],
    S. VIII f.; vgl. Bobeth, *Lied im Wandel* [wie Anm. 7], S. 94–102).

Berichterstattung beeinflusst und einer objektiven Anerkennung der Wiener Liedkultur zur Zeit Beethovens im Wege gestanden haben dürften.

Mit der Einsicht einer bis in die 1780er-Jahre des 18. Jahrhunderts zurück-zuverfolgenden lebendigen Liedpraxis sowohl in bürgerlichen wie in Kreisen des höheren und mittleren Adels verbinden sich nicht zuletzt Konsequenzen für die Kontextualisierung des Beethoven'schen Liedschaffens. Dass Beethovens Lieder bei aller künstlerischen Originalität in einem breiten und facettenreichen zeitgenössischen Bezugsfeld entstanden sind, verortet sie in einem Geflecht aus Hörerfahrungen, Erwartungen, Kompetenzen, Präferenzen, Inspirationen, Vertonungs- und Aufführungsstandards, dessen Einfluss auf ihre Genese im Einzelnen kaum zu bestimmen ist, dem als Faktor ihrer historischen Bewertung aber eine nicht zu unterschätzende Rolle zukommt.

ABSTRACT

Song Dedications to the Viennese Nobility. Reconsidering and Contextualizing the Genre 'Lied' at the Time of Beethoven

Explicit reports on the practice of piano-accompanied solo singing in Vienna around 1800 are rare. As prime examples of domestic, private, or semi-public music-making, song compositions generally leave open the contexts and performance spaces in which they were specifically heard and the audiences to whom they were addressed. What seems to be beyond question is their genuine rootedness in the realm of bourgeois musical culture, which, with the German-language Lied, developed its own forms of expression and music-making in contrast to the Italian aria composition cultivated by the court and the high nobility. Only certain of Beethoven's songs – insofar as they can be reconstructed through explicit dedications or source notes – seem to have been received in the rooms of the high aristocracy, which is a confirmation both of their special position in music history and the exceptional status of their author. However, in the hitherto largely unknown complete inventory of contemporary Viennese song compositions, further examples can be found that indicate the presence of German-language song compositions in the aristocratic salon and contextualize Beethoven's example on a significant source basis. By presenting and evaluating some of the most relevant dedications of Lied compositions of the time and discussing the intersection of these songs with Beethoven's sphere of influence, the paper opens up new perspectives for the significance and positioning of Viennese Lied culture at Beethoven's time.

Karl Fürst Lichnowsky – Mäzen oder Arbeitgeber?

Julia Ronge

Dieser Text ist hochspekulativ. Er kreist um eine Frage, die mich seit vielen Jahren beschäftigt: Wie konnte eine zunächst erfolgreiche Beziehung wie die zwischen Karl Fürst Lichnowsky und Ludwig van Beethoven so nachhaltig in die Brüche gehen? Gab es ein Missverständnis, eine massive Kommunikationspanne, die dazu führte, dass beide Parteien für sich unterschiedliche Rahmenbedingungen für diese Beziehung definiert haben, sodass sie an ihren jeweiligen Ansprüchen scheitern mussten?

Keine meiner Überlegungen wird sich beweisen lassen. Sie trotzdem laut auszusprechen, ist ein Weg der weiteren Reflektion. Die folgenden Spekulationen sollen aber keineswegs als psychologisches Versuchslabor über die emotionale Beziehung zwischen Lichnowsky und Beethoven dienen. Ich rufe zunächst kurz die wichtigsten Fakten in Erinnerung.

Biographie Lichnowsky

Carl (Karl) Alois Johann Nepomuk Vinzenz Leonhard Fürst Lichnowsky, getauft am 21. Juni 1761 in Wien, † 15. April 1814 in Wien. Der Stammsitz der Lichnowskys lag in Grätz (Hradec nad Moravicí/CZ) bei Troppau (Opava) in Schlesien, die Familie gehörte seit 1773 dem preußischen Fürstenstand an. Lichnowsky wurde auch zum Geburtstagsfest der preußischen Königin eingeladen, worüber die (Wiener) Zeitungen berichteten;[1] die Familie wird noch 1855 in den preußischen Adelslexika geführt, besaß Dörfer sowohl in preußischem als auch in österreichischem Gebiet. Zum österreichischen Fürstenstand gehörte die Familie aber erst ab 1846. Folgerichtig tauchte Lichnowsky in keiner Liste der ersten österreichischen Familien auf, wie sie in zeitgenössischen Reiseberichten, etwa

---

[1] Siehe z.B. *Wiener Zeitung* (1804), 31. März, S. 1179 und *Patriotisches Tagblatt* (1804), 26. Mai, S. 573.

von Johann Friedrich Reichardt oder anderen, genannt werden.[2] Die Familie
Lichnowsky hatte kein eigenes Palais in Wien, sondern man wohnte selbst zur
Miete (was nicht unüblich war).[3]

Lichnowsky studierte von 1776 bis 1780 Jura in Leipzig und von 1780 bis
1782 in Göttingen und begann bereits zu dieser Zeit, Werke von Johann Sebastian Bach zu sammeln. In vielen Lexika wird Lichnowsky als Kammerherr am
kaiserlichen Hof in Wien bezeichnet. Er findet jedoch keine Erwähnung im
Namensregister des Staatshandbuchs in den Jahren 1793 bis 1807. Auch die
Schematismen der Folgezeit sind keine Hilfe. Die ab 1808 veröffentlichten
Staatshandbücher führen die Kammerherren nach ihren Promotionsjahrgän-
gen auf, also ab dem Jahr, in dem sie zum Dienst am Hofe zugelassen waren.
Allerdings fehlen hier die Promotionsjahrgänge zwischen 1781 und 1789 vollständig, lückenlos werden sie erst ab 1790 geführt. Seinem Alter entsprechend
muss Lichnowsky in den 1780er-Jahren zum Kammerherrn ernannt worden
sein,[4] wahrscheinlich nach seiner Rückkehr vom Studium 1782. In den Staats-
handbüchern ist das nicht nachprüfbar.[5] Wichtig wäre der Status allerdings in
Bezug auf Lichnowskys Stellung. Galt er als Fremder oder nicht? In den Tage-
büchern Karl von Zinzendorfs[6] taucht Lichnowsky übrigens nicht auf. Zinzendorf hielt jeden Tag minutiös fest, wen er getroffen hat, egal ob bei Hofe oder
den Abendgesellschaften, in denen er verkehrte. War er bei Hofe, erwähnte er
auch immer den Diensthabenden beim Kaiser, Lichnowskys Name ist jedoch nie
darunter. Auch bei den Abendgesellschaften der Hocharistokratie, die Zinzendorf besuchte, scheint Lichnowsky nicht präsent gewesen zu sein, oder zumindest erschien er dem Tagebuchschreiber keiner Erwähnung wert.

Traditionell gilt Lichnowsky als wichtiger Mäzen Beethovens, möglicherweise sogar als der wichtigste, da er ihm in Wien den Weg geebnet hat. Nicht
nur trug er selbst zu Beethovens frühem Erfolg bei, auch seine Familie unter-

---

2 Friedrich Schulz, *Reise eines Liefländers von Riga nach Warschau, durch Südpreußen, über Breslau,*
   Dresden, Karlsbad, Bayreuth, Nürnberg, Regensburg, München, Salzburg, Linz, Wien und Klagenfurt,
   nach Botzen in Tyrol. Sechstes Heft. Enthaltend einen Abriß von Salzburg und Wien und die Reise
   von dort nach Botzen, Berlin 1796, S. 175 f., nennt beispielsweise Auersperg, Batthyany, Collo-
   redo, Dietrichstein, Esterházy, Kaunitz, Kinsky, Krassalkowitz, Liechtenstein, Lobkowitz, Paar,
   Schwarzenberg und Starhemberg. Siehe auch RVB. Zum Wiener Adel vgl. auch den Beitrag von
   Martin Scheutz im vorliegenden Band.
3 Siehe Anna Schirlbauer, *„Vor 3 oder 4 Tagen begegnete mir Beethoven..." Beethoven, Keglevich.*
   Zmeskall, „Adelaide" und Pressburg 1796 in unbekannten Briefen von Johann Daniel Ribini, S. 7 f.,
   online-Publikation 2019: <https://www.academia.edu/41585010/_Vor_3_oder_4_Tagen_begeg-
   nete_mir_Beethoven..._?email_work_card=view-paper> (20.03.2023).
4 Sein 1789 geborener Sohn Eduard wurde 1813 zum Kammerherrn promoviert.
5 Geprüft wurden die Staatshandbücher von 1793 bis 1814 auf <https://alex.onb.ac.at>
   (20.03.2023).
6 Wien, Haus-, Hof- und Staatsarchiv, Kabinettsarchiv, Nachlass Zinzendorf, online einsehbar
   unter <https://www.archivinformationssystem.at/detail.aspx?ID=21877> (20.03.2023).

stützte den Komponisten nachhaltig, wie zahlreiche Widmungen zeigen. Karl Fürst Lichnowsky sind außer Opus 1 (die Trios hatte er maßgeblich finanziert) noch die Klaviervariationen WoO 69 (ebenfalls 1795 erschienen), die Klaviersonaten op. 13 (1799) und op. 26 (1802) sowie die Zweite Sinfonie op. 36 (1804) gewidmet. Über eine Widmung der Streichquartette op. 59 an ihn hatte Beethoven ausweislich eines Titelentwurfs immerhin nachgedacht.[7]

Der Fürst war der Bruder von Henriette Gräfin Lichnowsky (Widmungsträgerin von Beethovens Rondo für Klavier op. 51 Nr. 2) und Moritz Graf Lichnowsky (Widmungsträger der „Prometheus"-Variationen op. 35 und der Klaviersonate op. 90, langjähriger Freund Beethovens bis an dessen Lebensende). Er war seit 1788 mit Maria Christiane, geborene Gräfin Thun-Hohenstein (Widmungsträgerin des Klavierauszugs zum Ballett *Die Geschöpfe des Prometheus* op. 43 und der Zwölf Variationen für Klavier und Violoncello über ein Thema aus Händels *Judas Maccabaeus* WoO 45), verheiratet.[8] Johann Ferdinand von Schönfeld beschreibt die Fürstin in seinem *Jahrbuch der Tonkunst* von 1796 als „eine starke Tonkünstlerinn, sie spielt das Fortepiano mit Ausdruck und Empfindung"[9] und zählte sie unter die „[b]esondere[n] Freunde, Beschützer und Kenner [der Musik] in Wien".[10] Nach dem Tod ihres Mannes 1814 soll sie Beethoven die Tischstanduhr geschenkt haben, die sich heute im Beethoven-Haus Bonn befindet.

Lichnowsky war außerdem Schwiegersohn von Wilhelmine Gräfin Thun-Hohenstein (Widmungsträgerin des „Gassenhauer-Trios" op. 11; Gönnerin zahlreicher Musiker, darunter Mozart, Haydn, Gluck), über deren Tochter Maria Elisabeth (1764–1806) Schwager von Andreas Kyrillowitsch Graf (später Fürst) Rasumowsky (Auftraggeber und Widmungsträger der drei Streichquartette op. 59). Wilhelmine Thun war die Tante von Graf Ferdinand Ernst von Waldstein (Widmungsträger der Klaviersonate op. 53), dessen Mutter Anna Elisabeth war ihre jüngere Schwester. Die Fürstin Lichnowsky war also Waldsteins Cousine.

Lichnowsky kannte zahlreiche Geistesgrößen seiner Zeit. Er war unter anderem mit Mozart bekannt (und soll von ihm unterrichtet worden sein). Den Mathematiker und Philosophen Lazarus Bendavid unterstützte er während dessen Wiener Zeit (1791–1797). Auf Lichnowskys Vermittlung hin erhielt

---

7   D-B, Mus. ms. autogr. Beethoven, L. v., 35,36 (Schindler-Mappe I); Faksimile nach BGA 305.

8   Zum musikalischen Engagement der Fürstin Lichnowsky siehe Birgit Lodes, „Gaben und Gegengaben. Ehepaare des Wiener Hochadels als Beethovens Mäzene", in *Beethoven. Menschenwelt und Götterfunken*, hrsg. von Thomas Leibnitz, Salzburg u. a. 2019, S. 54–67, hier S. 6 f.

9   Johann Ferdinand von Schönfeld, *Jahrbuch der Tonkunst von Wien und Prag*, Faksimile-Nachdruck der Ausgabe Wien 1796, mit Nachwort und Register von Otto Biba, München u. a. 1976, S. 41.

10   Ebd., S. 1 f.

Bendavid die Erlaubnis, öffentliche Vorträge über Kant[11] und kritische Philosophie zu halten.[12]

Musikalisch galt Lichnowsky als gebildet und talentiert, wie Carl Czerny berichtet: „Fürst Lichnowsky war wirklich ein <u>wahrer</u> Kenner u ein großes musikalisches Talent. Seine Urtheile tief u richtig. Als Schüler Mozarts u *Beethovens* spielte er gut *Clavier*, ebenso sein Bruder Graf *Moritz*."[13] Maximilian Stadler qualifizierte Lichnwosky gar als „große[n] Fortepianospieler und selbst Tonsetzer".[14]

Ein großes Handicap für die Geschichte der Familie Lichnowsky vor allem zur Beethoven-Zeit ist der Mangel an Archivalien. Durch die Auswirkungen des Zweiten Weltkrieges sind nur noch etwa 50 % des ursprünglichen Bestandes erhalten, der Rest ist zerstört oder verloren. So fehlt beispielsweise die gesamte Korrespondenz des 18. Jahrhunderts.[15]

Wie kam der Kontakt zustande?

Wie der junge Beethoven mit Lichnowsky in Kontakt kam, ist nicht bekannt. Czerny behauptete, Lichnowsky habe Beethoven nach Wien geholt, verwechselt diesen wahrscheinlich jedoch mit Graf Waldstein.[16] Sie müssen sich aber schon bald nach Beethovens Umzug begegnet sein, möglicherweise durch Waldsteins Vermittlung, der mit Lichnowsky von Jugend an bekannt (beide gingen zur selben Zeit aufs Theresianum) und mit dessen Frau Maria Christiane verwandt war. Denkbar ist auch, dass die Behauptung vonseiten Lichnowskys aufgebracht (oder ihr zumindest nicht aktiv widersprochen wurde), um

---

11 Denkbar ist, dass Beethovens schon in Bonn grundgelegte Begeisterung für Kant auch durch Bendavid neu gefestigt wurde. Zu Beethoven und Kant siehe Hans-Joachim Hinrichsen, „Bestirnter Himmel und moralische Selbstbestimmung. Beethovens ästhetisches Glaubensbekenntnis und die Philosophie des Idealismus", in *Utopische Visionen und visionäre Kunst. Beethovens ‚Geistiges Reich' revisited. Utopian visions and visionary arts. Beethoven's ‚Empire of the Mind'*, hrsg. von William Kinderman, Wien 2017, S. 44–68.

12 Lazarus Bendavid, [Selbstbiographie], in *Bildnisse jetztlebender Berliner Gelehrten mit ihren Selbstbiographien*, hrsg. von Johann Michael Siegfried Lowe, Berlin 1806, Bd. 2, S. 63 f. Die Erlaubnis war angesichts des Themas nur von kurzer Dauer und wurde bald zurückgenommen.

13 Carl Czerny, „Anecdoten und Notizen über Beethoven" (1852), zit. nach BSZ, S. 219.

14 Maximilian Stadler in einem Manuskript zur österreichischen Musikgeschichte (datiert zwischen 1815 und 1826), zit. nach BSZ, S. 945.

15 Freundliche Auskunft von Dr. Irena Moravcová, Kuratorin des Lichnowsky-Familienarchivs im Regionalarchiv Opava (Zemský archiv v Opavě). Einige Briefe könnten allerdings schon früher verloren gegangen sein; siehe Ulrike von Hase-Schmundt, „Das Beethoven-Bildnis des Isidor Neugaß. Entstehung und kunstgeschichtliche Stellung", in *Das Beethoven-Bildnis des Isidor Neugaß und die Familie Lichnowsky*, hrsg. von Martin Staehelin, Bonn 1983 (Jahresgaben des Vereins Beethoven-Haus 2), S. 9–34, hier S. 11.

16 Siehe allerdings Jürgen May, „Beethoven and Prince Karl Lichnowsky", in *Beethoven Forum* 3 (1994), S. 29–38, hier S. 30 f.

die Patronage deutlicher zu machen und einen gewissen Anspruch auf Beethoven seitens des Fürsten zu erheben.

Der tschechische Musikhistoriker Jaroslav Čeleda (1890–1974), Bibliothekar der Lichnowsky-Familie, behauptet angeblich aufgrund alter, im Krieg vernichteter Unterlagen,[17] Beethoven habe Lichnowsky bereits auf seiner ersten Wien-Reise 1787 getroffen. Demnach habe der Kölner Kurfürst Maximilian Franz Beethoven empfohlen, sich im Palais Thun um eine Unterkunft zu bemühen. Außerdem sei Lichnowsky Beethoven bei der zweiten Reise 1792 bis nach Wirges (im Westerwald, rund 800 km von Wien entfernt) entgegengekommen, um ihn in Empfang zu nehmen. Vermittelt habe diese Dienstleistung Graf Waldstein, der seine Cousine, Lichnowskys Frau, darum gebeten habe. Demnach habe Beethoven nur Reisekosten bis Würges zu zahlen gehabt, danach sei er in der vierspännigen Kutsche Lichnowskys gereist. Auf welcher Datenlage diese Behauptungen fußen, ist nicht nachvollziehbar. Zudem gibt es auch an einigen anderen Stellen Fehler in Čeledas Text, sodass die Angaben zweifelhaft sind. Wenig glaubhaft erscheint vor allem die Behauptung, der Fürst habe den jungen Mann im Taunus abgeholt, was sich allerdings mit Czernys oben erwähnter Behauptung decken würde.

Womit hat Lichnowsky Beethoven unterstützt?

Der Fürst unterstützte Beethoven auf vielfältige Weise und führte ihn in die Wiener Gesellschaft ein, was entscheidend für dessen frühe Erfolge in Wien war. Beethoven berichtete mehrfach, dass er „immer mein wärmster Freund war"[18] und „wirklich – was in diesem Stande wohl ein seltenes Beyspiel ist – einer meiner treuesten Freunde und beförderer Meiner Kunst"[19] sei.

Ab Mitte der 1790er-Jahre unterhielt Lichnowsky ein eigenes Streichquartettensemble, das sogenannte Knabenquartett, dem Ignaz Schuppanzigh, Ludwig Sina, Franz Weiß und Nikolaus Kraft angehörten. In Lichnowskys Haus verkehrten angesehene Musiker (Haydn, Salieri, Förster etc.) und die Aristokratie, jeden Freitagvormittag fanden dort Konzerte statt.[20] Danach speiste man zusammen und diskutierte. Lichnowskys Zirkel bot Beethoven die Gelegenheit aufzutreten und Neuheiten auszuprobieren, aber auch, von Kollegen zu lernen, mit ihnen zu musizieren und seine Repertoirekenntnisse zu erweitern. Zudem

---

17　Siehe Karel Boženek (nach Jaroslav Čeleda), „Beethoven und das Adelsgeschlecht Lichnowsky", in *Ludwig van Beethoven im Herzen Europas*, hrsg. von Oldřich Pulkert und Hans-Werner Küthen, Prag 2000, S. 119–170, hier S. 122 f.

18　Brief an Franz Gerhard Wegeler vom 29. Juni [1801], BGA 65. Zur tieferen Bedeutung des Wortes Freund und Förderer siehe den Aufsatz von Martin Eybl im vorliegenden Band.

19　Brief an Breitkopf & Härtel vom [16. Januar 1805], BGA 209.

20　Wegeler/Ries, S. 29.

standen ihm die Mitglieder des Quartetts für allerlei Versuche zur Verfügung, sie blieben ein Leben lang seine Freunde. Ohne Ignaz Schuppanzigh entstanden keine Kompositionen für Streichquartett, er führte sie alle auf, auch, nachdem er ab 1808 bis 1816 bei Rasumowsky in Diensten stand.

Spätestens von 1794 bis zum Frühjahr 1795 wohnte Beethoven in einem Haus des Fürsten in der Alstergasse (heute Alser Straße)[21] und anschließend bis zum Frühjahr 1800 im „Ogilvischen" Haus von dessen Schwiegermutter Marie Wilhelmine Gräfin Thun. Der Umzug Beethovens in ein Haus Lichnowskys bzw. zu seiner Schwiegermutter ist dabei durchaus nicht nur räumlich, sondern auch im übertragenen Sinne zu sehen. Beethoven schloss sich spätestens mit seinem Einzug unter das gleiche Dach dem Haus Lichnowsky an.

Auch bei Herstellung und Vertrieb von Opus 1 war Lichnowsky von entscheidender Bedeutung. Beethoven wählte für den Druck seiner Klaviertrios den Verlag Artaria. Artaria war der Verlag seines Lehrers Joseph Haydn, aber Beethoven könnte den Verleger auch schon bei dessen Besuch in Bonn 1790 kennengelernt haben. Es ist ein detaillierter Vertrag überliefert,[22] der die Risikohaftung allein dem Autor überließ. Demnach bezahlte Beethoven dem Verlag für die Herstellung 212 fl.[23] Dieser lieferte dafür 400 Exemplare, die Beethoven wiederum mit einem Gulden pro Stück bezahlte. Die atemberaubend hohe Erstauflage gibt zu der Überlegung Anlass, ob Beethoven mithilfe der Lichnowsky'schen Netzwerke bereits vorab einschätzen konnte, wie groß das Abnahmeinteresse an den Trios war, und den Verlagsvertrag abschloss, noch bevor er zur Pränumeration aufrief. Immerhin bestellten 123 Interessierte 250 Exemplare der Trios vor, darunter sind Mitglieder der Familie Lichnowsky mit insgesamt 29 und Mitglieder der Familie Thun mit weiteren 29 Exemplaren verzeichnet. Auf die gelieferte Auflage hatte Beethoven über zwei Monate hinweg das alleinige Verkaufsrecht, erst nach Ablauf dieser Frist durfte Artaria die Trios als rechtmäßiges Eigentum verkaufen. Außerdem übernahm der Verlag nach der Frist die Druckplatten, die er dem Autor mit 90 fl. vergüten musste, die von der Herstellungssumme von 212 fl. abgezogen wurden. Beethoven bot die Trios für einen Dukaten[24] an. Hätte er alle 400 Exemplare verkauft, wären unter Abzug des Einkaufspreises und der Herstellungskosten 1.278 fl. Reingewinn[25] für Beethoven dabei möglich gewesen. Da wohl Fürst Lichnowsky die Herstel-

---

21 Adresse auf einem Billet von Gottfried van Swieten an Beethoven vom 15. Dezember [1794], BGA 18; Wegeler/Ries, S. 28.
22 D-BNba, Slg. H. C. Bodmer, HCB Br 280.
23 Alle Preise in C. M. (Konventionsmünze).
24 1 Dukaten entspricht 4 fl. 30 kr., 1 Gulden enthält 60 Kreuzer.
25 400 Exemplare zu 4 fl. 30 kr (60 Kreuzer = 1 Gulden), abzüglich der Herstellungskosten von 212 fl., bei denen jedoch die 90 fl. für die Platten angerechnet werden, sowie des Einkaufspreises der 400 Exemplare zu je 1 fl.: 400 x 4,50 – 212 + 90 – 400 = 1.278.

lungskosten für Beethoven übernommen hatte,[26] könnte Beethovens Reinerlös sogar bei 1.400 fl. gelegen haben – für einen jungen Musiker ein unglaublich gutes Geschäft. Zum Vergleich: In seinem Notizbuch aus seinem ersten Wiener Jahr[27] hält Beethoven im Dezember 1792 fest,[28] dass er für ein Paar Stiefel 6 fl. ausgab und das Klavier ihn 6 fl. 40 kr. kostete. Wenige Tage später beziffert er das halbe Pfund Kaffee und Zucker jeweils auf 30 kr.,[29] das Mittagessen auf 29 kr.[30] Vom Erlös der Klaviertrios müssten allerdings noch die Kosten abgezogen werden, die Beethoven für die Herstellung der Subskribentenliste, die den vorbestellten Exemplaren beigebunden werden sollte, aufzuwenden hatte, da diese laut Vertrag gedruckt bei Artaria abzuliefern war.[31] Auch die Zeitungsanzeigen und die Auslieferung zumindest an die außerhalb Wiens lebenden Pränumeranten werden wohl zu Lasten Beethovens gegangen sein; die Höhe dieser Kosten ist allerdings nicht bekannt.

1796 veranlasste Lichnowsky Beethoven zu seiner einzigen Konzertreise nach Prag, Dresden und Berlin (und begleitete ihn bis Prag). Schon 1789 hatte Lichnowsky mit Mozart eine ähnliche Reise unternommen; der Künstler als Reisebegleiter des Aristokraten ist Teil der herrschaftlichen Repräsentation.[32] Auf die Art und Weise führte er Beethoven auch beim böhmischen Adel ein, der schon in großer Zahl auf Opus 1 subskribiert hatte. Auch die Berliner Kontakte und vor allem das Vorspiel am preußischen Hof wurden wohl durch Lichnowsky eingefädelt. Im selben Jahr veranlasste der Fürst offenbar zudem das Konzert in Pressburg (Bratislava) im November.[33] 1805 scheint Beethoven gehofft

---

26 Ludwig Nohl, *Beethoven's Leben*, Leipzig 1867, Bd. 2, *Das Mannesalter 1793–1814*, S. 59: „Doch theilte mir Herr Artaria in Wien aus dem Munde seines Vaters ausdrücklich mit, dass derselbe das Geld zur Honorirung Beethoven's ohne dessen Vorwissen vom Fürsten Lichnowsky ausgezahlt erhalten habe!" Da Beethoven kein Honorar bekam, sondern vielmehr das ganze Risiko zu übernehmen hatte, können hier nur die Unkosten gemeint sein. Karel Boženek (nach Jaroslav Čeleda) behauptet, Lichnowsky habe mehrfach Geld aufgenommen, um die Drucklegung finanzieren zu können („Beethoven und das Adelsgeschlecht Lichnowsky" [wie Anm. 17], S. 128).

27 GB-Lbl, Zweig Collection, Zweig MS 14, das so genannte Jugendtagebuch, eigentlich eher ein Notizbuch. Transkribiert und ausführlich beschrieben von Dagmar von Busch-Weise, „Beethovens Jugendtagebuch", in *Studien zur Musikwissenschaft* 25 (1962), S. 68–88.

28 Ebd., fol. 5^r.

29 Ebd., fol. 9^r.

30 Ebd., fol. 9^v. Auf derselben Seite befindet sich ein weiteres Mittagessen um 36 kr sowie der Eintrag „mittags und Abendsessen" um 59 kr. Das Notizbuch weist etliche Eintragungen zu Essen auf, wobei das Mittagessen immer um die 30 kr, das Abendessen etwas weniger kostet.

31 „Das Pränumeranten Verzeichnis wird dem Herrn *Artaria* gedruckt abgeliefert werden, um solches den = für die Herrn Pränumeranten bestimten Exemplarien beiheften zu lassen." Artaria produzierte Stiche, Blätter im Typendruck konnte der Verlag nicht herstellen, sie mussten daher an anderer Stelle hergestellt werden.

32 Siehe Martin Warnke, *Hofkünstler. Zur Vorgeschichte des modernen Künstlers*, Köln ²1996, S. 292 f.

33 Siehe May, „Beethoven and Lichnowsky" (wie Anm. 16), S. 32.

zu haben, mit Lichnowsky eine ähnliche Reise nach Paris unternehmen zu können.[34]

1799 intervenierte Lichnowsky offenbar beim Verlag Breitkopf & Härtel
wegen der Rezension eines Beethoven-Werkes. Joseph Woelfl schrieb im Juli
1799 an den Verlag: „Lichnowski hat Ihnen ein Billet geschrieben (in Punkte
Beethovens Rezension), daß Sie es, wie er sich ausdrückte, nicht ans Fenster
stecken würden."[35] Der Brief Lichnowskys ist leider nicht erhalten, es ist auch
nicht ganz klar, um welche Rezension es sich handelt und ob sie womöglich
in der *Allgemeinen musikalischen Zeitung* erschienen ist oder hätte erscheinen sollen. Der Fürst war aber augenscheinlich von der Qualität der Beethoven'schen Musik überzeugt. Stephan von Breuning hatte schon am 23. November 1796 an Franz Gerhard Wegeler und Christoph von Breuning berichtet,
Lichnowsky sei „disgustirt" gewesen, als Bernhard Romberg ein Stück von
Beethoven nicht habe spielen können und daraufhin über die Komposition
geschimpft habe.[36]

Im Jahr 1800 setzte er Beethoven ein Jahresgehalt von 600 Gulden aus,[37]
das dieser auf unbestimmbare Zeit, wohl aber längstens bis 1806 bezog. Lichnowskys wiederholtes finanzielles Engagement ist umso bemerkenswerter, als
er nicht zu den wohlhabendsten Mitgliedern der Hocharistokratie zählte und
1796 sein Schloss in Grätz um- bzw. neu bauen ließ (infolge eines Brandes am
26. Februar 1796, der das alte Schloss stark beeinträchtigt hatte). 1803 musste
der Fürst zudem die immensen Schulden seiner Schwester Aloysia Gräfin von
Hallberg übernehmen.[38]

Im Heiligenstädter Testament[39] erwähnt Beethoven vier Streichinstrumente (Streichquartettsatz), die ihm der Fürst wahrscheinlich in Anerkennung
der Streichquartette op. 18 geschenkt hatte und die sich heute im Beethoven-
Haus Bonn befinden.[40]

---

34 Siehe den Brief von Charlotte Brunsvik an ihren Bruder Franz vom 21. Dezember 1804: „il
    espère ce printemps de voyager à Paris avec Lichnowsky", André de Hevesy, *Petites Amies de
    Beethoven*, Paris 1910, S. 50.
35 Wilhelm Hitzig, „Die Briefe Joseph Wölfls an Breitkopf & Härtel", in: *Der Bär* (1926), S. 43–63,
    hier S. 49.
36 Beethoven-Haus Bonn, Sammlung Wegeler, W 125.
37 Briefe an Franz Gerhard Wegeler vom 29. Juni [1801], BGA 65 und Carl Amenda am 1. Juli
    [1801], BGA 67.
38 Siehe *Wiener Zeitung* (1803), 13. Juli, S. 2702, wiederholt am 16. und 20. Juli 1803.
39 Oktober 1802, BGA 106.
40 Lange Zeit nahm man an, dass die vier Streichinstrumente, die als Dauerleihgabe des preußi-
    schen Königs 1890 ins Beethoven-Haus kamen, diesem Streichquartettsatz entsprechen. Nach
    neueren Forschungen, vor allem von Kai Köpp, müssen die Instrumente neu geordnet wer-
    den. Alle authentischen Streichinstrumente Beethovens befinden sich im Beethoven-Haus in
    Bonn, dort wird in der Dauerausstellung der neu zusammengestellte Quartettsatz präsen-
    tiert.

1806 soll einer mündlichen Familienüberlieferung zufolge Karl von Lichnowsky bei Isidor Neugaß ein Ölgemälde Beethovens in Auftrag gegeben haben,
das bis Ende des 19. Jahrhunderts in Schloss Grätz hing und sich heute ebenfalls
im Beethoven-Haus befindet.[41]

Ende der Beziehung

Wann und warum Beethovens Beziehung zu Lichnowsky endete, wird nicht
durch Dokumente belegt. Die Anekdote über das Ende der Beziehung zwischen
dem Fürsten und dem Komponisten ist wohlbekannt, wenn auch nur apokryph
in unterschiedlichen Versionen überliefert:[42] Zu Gast in Grätz, wo sich auch
französische Offiziere aufhalten, die der Fürst nicht brüskieren will, weil seine
Besitzungen zu diesem Zeitpunkt im Truppengebiet liegen, wird Beethoven
gebeten, für die anderen Gäste Klavier zu spielen. Von diesem Ansinnen ver-
letzt – es machte aus ihm einen Domestiken – lehnt Beethoven empört ab, strei-
tet sich mit dem Fürsten und verlässt bei Wind und Wetter zu Fuß das Schloss.
Angeblich hat Beethoven (mündlich oder schriftlich) dem Fürsten vorgehal-
ten: „Fürst, was Sie sind, sind Sie durch Zufall und Geburt, was ich bin, bin ich
durch mich; Fürsten hat es und wird es noch Tausende geben; Beethoven gibt's
nur einen ec."[43] Außerdem habe er in diesem Zusammenhang voller Zorn eine
Büste des Fürsten zertrümmert.

Das Zitat mag Legende sein und die gesamte Geschichte dem Beethoven-
Mythos des 19. Jahrhunderts und der Verklärung des unabhängigen Künstlers[44]
entsprechen oder zumindest davon stark überhöht worden sein. Der Widerspruch zu früheren bereitwilligen Auftritten Beethovens im Hause Lichnowsky
bleibt in der Anekdote unberührt – an den Freitagskonzerten hatte Beethoven
widerspruchslos teilgenommen, obgleich die grundsätzliche Situation eines
Auftritts auf Geheiß des Fürsten nicht viel anders gewesen sein dürfte. Beethoven befand sich in den 1790er-Jahren allerdings auf einer anderen Karriere-
stufe und hatte noch nicht so zahlreiche eigene Kontakte und auch nicht so

---

41 Siehe dazu ausführlich Staehelin, *Das Beethoven-Bildnis des Isidor Neugaß* (wie Anm. 15), darin
    auch auf S. 13 f. die Diskussion abweichender Provenienz von Hase-Schmundt.
42 Siehe z. B. Ignaz Ritter von Seyfried, *Ludwig van Beethoven's Studien im Generalbasse, Contra-
    punkte und in der Compositions-Lehre*, Wien 1832, Anhang S. 23 („Biographische Notizen");
    TDR 2, S. 519 f.
43 Zit. nach BGA 258; es sind zu diesem Ausspruch keine Originaldokumente überliefert.
44 Siehe auch Ernst Kris und Otto Kurz, *Die Legende vom Künstler. Ein geschichtlicher Versuch*, Wien
    1934.

großes Renommee. Die Anekdote ist nur schwer objektivierbar.[45] Ganz offensichtlich hat aber ein Vorfall, ein Ereignis oder eine Entwicklung (oder eine Gemengelage unterschiedlicher Vorgänge) dazu geführt, dass das Verhältnis zwischen dem Fürsten und dem Komponisten irgendwann zwischen 1806 und 1808 nachhaltig gestört wurde.

Im November 1808 berichtet Johann Friedrich Reichardt in seinen *Vertrauten Briefen*: Beethoven „wohnt und lebt viel bei einer Ungarischen Gräfin Erdődy, die den vordern Theil des großen Hauses bewohnt, hat sich aber von dem Fürsten Lignowsky, der den obern Theil des Hauses bewohnt, und bei dem er sich einige Jahre ganz aufhielt, gänzlich getrennt."[46] Im September 1814 – Karl von Lichnowsky war ein halbes Jahr zuvor verstorben – richtete Beethoven dem jüngeren Bruder Moritz von Lichnowsky, mit dem er freundschaftlichen Umgang pflegte, Grüße an die Witwe aus und spielt dabei auf das Zerwürfnis an: „ich küsse der Fürstin die Hände für ihr Andenken und wohlwollen für mich, nie habe ich vergessen, was ich ihnen überhaupt alle schuldig bin, wenn auch ein unglückseliges Ereigniß verhältnisse hervorbrachte, wo ich es nicht so, wie ich wünschte, zeigen konnte".[47] Auch Fanny Giannattasio deutet im Juni 1816 in ihrem Tagebuch die „Geschichte seiner Trennung von Lichnowsky" an, die „zwar keines erfreulichen Inhaltes" sei, sie aber besonders aus seinem Munde sehr interessire. Besonders gefalle ihr dabei „die Festigkeit seines Charakters".[48] Als Destillat über das Ende der Beziehung bleibt demnach eine Meinungsverschiedenheit, bei der die eine Seite eine Forderung geäußert hat, der die andere Seite nicht nachkommen konnte oder wollte, was letztlich zum Bruch führte.

---

45 Lediglich die Tatsache, dass Teile der Skizzen zu den Streichquartetten op. 59 (Beethoven-Haus Bonn, BH 100 und HCB Mh 72; Gesellschaft der Musikfreunde in Wien, A 36, S. 1–4), die im Herbst 1806 niedergeschrieben wurden, und das Autograph der Klaviersonate op. 57 charakteristische Wasserflecken ähnlicher Form am oberen Rand aufweisen, lassen erahnen, dass sie dem Regen ausgesetzt waren.

46 RBV 1, S. 166. Einer Mitteilung von Aloys Fuchs zufolge soll es im Sommer 1811 bei Fürst Lichnowsky in Grätz oder in Troppau eine Aufführung der C-Dur-Messe op. 86 unter Mitwirkung Beethovens gegeben haben (*Die Erinnerungen an Beethoven*, gesammelt von Friedrich Kerst, Stuttgart 1913, Bd. 2, S. 196 f.). In diesem Fall wäre Beethoven im Anschluss an oder während seines Kuraufenthalts in Teplitz dorthin gereist. Für diese Reise sind keine Dokumente überliefert, sie wird aufgrund Beethovens Aussage in einem Brief, er sei „flugs nach Vien" (Brief an Breitkopf & Härtel vom 9. Oktober 1811, BGA 523, siehe dort auch Anm. 3) geeilt, bezweifelt.

47 Brief vom 21. September 1814, BGA 740.

48 Wiedergegeben bei Ludwig Nohl, *Eine stille Liebe zu Beethoven. Nach dem Tagebuche einer jungen Dame*, Leipzig 1875, S. 86.

Spekulationen und Indizien

Mangels entsprechender Archivalien werden bestimmte Bereiche und vor allem die juristische Definition der Beziehung zwischen Beethoven und Fürst Lichnowsky wohl immer im Dunkeln bleiben. Könnte der Fürst Beethoven eher als einen Angestellten betrachtet haben, als eine Art Hofkünstler, der von ihm unterstützt wurde, dafür aber auch eine Leistung zu erbringen hatte? Könnte umgekehrt bei der Bewertung ihrer Beziehung ein Missverständnis vonseiten Beethovens vorliegen, der sich zu sicher, zu sehr auf Augenhöhe fühlte? Folgende Punkte stellen den Versuch dar, diesen Fragen auf den Grund zu gehen.

1. Martin Warnke definiert vier verschiedene Bewerbungsformen für Hofkünstler. Neben förmlichen Bewerbungen sind dies (halb)öffentliche Wettbewerbe, Dedikationen (wobei es nicht auf die Originalität des Themas, sondern die der Ausführung ankam) und das Gehabe des Künstlers.[49] Ob Beethoven sich um eine Position bei Lichnowsky beworben hat oder dorthin von Waldstein (oder einem anderen Adeligen) oder Haydn (oder einem anderen Musiker) empfohlen wurde, wissen wir nicht. Traditionell geht die Beethoven-Biographik davon aus, dass er aus Bonn Empfehlungsschreiben nach Wien mitbrachte, obwohl es dafür keinerlei dokumentarische Belege gibt. Solche Empfehlungen enthielten in der Regel eine fachliche Qualifikation und eine Kopfnote. Sie werden Beethoven nicht nur als fähigen Pianisten empfohlen, sondern auch betont haben, dass sein Betragen eine Anstellung rechtfertigte. Eine freie Subvention ohne Gegenleistung war sicherlich nicht intendiert. Sollte Beethoven aufgrund einer schriftlichen oder mündlichen Empfehlung bei Lichnowsky vorstellig geworden sein, wäre dies durchaus als formelle Bewerbung zu werten.

Die Klavierwettstreite, die Beethoven wohl 1793 gegen Abbé Gelinek und mehrfach 1799 gegen Joseph Woelfl und 1800 gegen Daniel Steibelt führte, sind durch mehrere Berichte belegt. Das Duell gegen Woelfl fand im Hause von Raimund Wetzlar Freiherr von Plankenstern statt, er gehörte mit drei Exemplaren zu den Subskribenten der Klaviertrios op. 1 und demnach wohl auch zum Kreis um Lichnowsky. Ignaz von Seyfried legt nahe, dass es bei dem Wettstreit nicht nur um die Pianisten ging, sondern dass die Aristokraten ‚ihre‘ Pianisten gegeneinander antreten ließen: „An der Spitze von *Beethoven's* Verehrern stand der liebenswürdige *Fürst von Lichnowsky;* zu *Wölfl's* eifrigsten Protectoren gehörte der vielseitig gebildete *Freyherr Raymund von Wetzlar* [...]. Noch ein ganz eigenthümliches Vergnügen erwuchs dabei dem vorurtheilsfreyen, unbefangenen Beobachter im stillen Reflectiren über beyde Mäcenaten, wie sie in gespannter Aufmerksamkeit den Leistungen ihrer Schützlinge lauschend

49   Warnke, *Hofkünstler* (wie Anm. 32), S. 122–132 („Bewerbungsformen“).

folgten, beyfallspendende Blicke sich zusendeten, und schlüßlich mit altritterlicher Courtoisie dem gegenseitigen Verdienste unbedingt volle Gerechtigkeit
wiederfahren ließen."[50] Auch an dem Wettbewerb mit Steibelt im Hause von
Moritz Graf Fries beteiligten sich angeblich Lobkowitz auf Steibelts und Lichnowsky auf Beethovens Seite als Sekundanten – oder als Konkurrenten einer
Wette adeliger Dienstherren.

Die zahlreichen Widmungen an Mitglieder der Familie Lichnowsky, allen
voran das Ehepaar Maria Christiane und Karl Lichnowsky, wurden oben schon
erwähnt. Quantitativ werden die Zueignungen von Werken und Druckausgaben Beethovens für die Lichnowskys nur noch von solchen an Franz Joseph
Maximilian Fürst Lobkowitz und Erzherzog Rudolph übertroffen.

Warnke benennt das habituelle, Aufmerksamkeit heischende Gebaren des
Künstlers ebenfalls als Bewerbungsform. Dass Beethoven in den 1790er-Jahren
in der Wiener Gesellschaft Aufsehen durch sein Gehabe machte, wird vielfach
berichtet. Einige Anekdoten nähren wohl bewusst die Legende vom Künstler,
die dem Beethoven-Mythos so passgenau entspricht. Unbestreitbar scheint
aber zu sein, dass Beethoven Wert darauf legte, sich durch Äußerlichkeiten
abzugrenzen und ostentativ auf sich aufmerksam zu machen, etwa durch
seine französisch beeinflusste Kleidung, den Haarschnitt à la Titus und wohl
auch von Zeit zu Zeit die bewusste Missachtung der Etikette. So beschreibt
ihn Johanna Elisabeth von Bernhard, die Beethoven in den 1790er-Jahren im
Lichnowsky'schen Salon mehrfach begegnet war, als „unmanierlich in seinem
ganzen Gebahren und Benehmen" und „sehr stolz".[51] Sie schildert auch Beethovens auffälligen Habitus, der „in der freieren überrheinischen Mode, ja fast
nachlässig gekleidet, zu kommen pflegte"[52] und sich dergestalt als unabhän-
giger Künstler stilisierte, der gemäß den Prinzipien der Französischen Revolution die Freiheit und Unabhängigkeit der Kunst auf seine Fahnen geschrieben hatte. Auch Johann Daniel Ribini berichtet im März 1795 in einem Brief an
Anna von Paszthory, Beethoven sei gleichermaßen bei seinem Publikum „sehr
gesucht u. sehr grob".[53] In einer im Wandel begriffenen Welt, in der die künstlerische Existenz zunehmend vom Bekanntheitsgrad abhing, war Exzentrik
auch Teil der Selbstinszenierung und des Eigenmarketings – mithin eine Form
der Bewerbung um öffentliche oder private Gunst.

2. Mit dem Status als Hofkünstler waren bestimmte Regelungen zur künstlerischen Produktion verknüpft. Der angestellte Künstler und sein Werk traten
mit dem Dienstherrn in eine Tauschbeziehung ein, die nicht nur materielle

---

50 Seyfried, *Beethoven's Studien* (wie Anm. 42), Anhang S. 5–7.
51 Nach den Aufzeichnungen von Ludwig Nohl in BSZ, S. 60.
52 Ebd.
53 Schirlbauer, *„Vor 3 oder 4 Tagen begegnete mir Beethoven..."* (wie Anm. 3), S. 9.

Güter umfasste. Beethoven spielte regelmäßig bei den Freitagskonzerten im Hause Lichnowsky. Traditionell wird diese Auftrittsmöglichkeit als Gunst gesehen, die der Fürst dem jungen Künstler erwies, den er so protegierte. Sie könnte allerdings genauso gut eine Verpflichtung gewesen sein, wie sie für das Knabenquartett ganz natürlich angenommen und nicht angezweifelt wird. Wenn Lichnowsky sich ein Quartett hielt, warum nicht auch einen Pianisten? Nachdem der Unterhalt großer Orchester für viele Aristokraten zu kostspielig geworden war, hielten sie sich oft wenigstens noch kleinere Ensembles oder einen Pianisten. Herausragende Künstler an einem Hof dienten immer auch dazu, das Renommee und den Status des Adeligen zu steigern, und wurden nicht zuletzt aus diesem Grund öffentlich vorgeführt.

In diesem Zusammenhang ist auch die Förderung durch den Fürsten zu sehen, die Martin Warnke als Bestandteil der „fürstliche[n] Tugend der Liberalität" definiert und der „Metaphorik mäzenatischer Freigebigkeit" zuordnet.[54] Lichnowskys Finanzierung von Beethovens großem „Erstlingswerk", den Klaviertrios op. 1, die den Marktwert des Komponisten steigerten und damit auch sichtlich das Renommee des noblen Finanziers hoben, stehen deutlich in dieser Tradition. Die zahlreichen Widmungen an Lichnowsky und seine Familie könnten gleichermaßen Komponenten einer Bestallung sein, schließlich waren Widmungen in der Regel keine Freundschaftsgabe, sondern ein lukratives Geschäft.[55] Warnke hebt hervor, dass ein Hofkünstler üblicherweise die Verfügungsgewalt über seine künstlerische Produktion behielt, „daß man an den Höfen grundsätzlich davon ausging, daß die Werke besoldeter Hofkünstler nicht von vornherein dem Dienstherren gehörten, sondern daß sie disponibel waren".[56] Auch Beethoven behielt die Kontrolle über den Verkauf seiner Werke und durfte auch für Fremde arbeiten, indem er Aufträge annahm oder an Konzerten mitwirkte. Häufig wurden in den Anstellungsverträgen Extravergütungen für Einzelwerke geregelt, der Künstler durfte seine Schöpfung dem Dienstherrn als Sonderleistung gegen Geld anbieten, musste das aber nicht. Formal wurde der Tauschhandel häufig mit den Begriffen „Geschenk" und „Gegengeschenk" verbrämt, dahinter verbarg sich aber ein Geschäft.[57] Besonders Beethovens Widmung der Zweiten Sinfonie an Lichnowsky mag keine Geste der Verehrung gewesen sein – ungefähr zur selben Zeit zahlte Lobkowitz für die Aufführungsrechte der *Eroica* 700 Gulden.

54 Warnke, *Hofkünstler* (wie Anm. 32), S. 289.
55 Vgl. hierzu auch die Überlegungen von Martin Scheutz im vorliegenden Band sowie den Kongressbericht *Widmungen bei Haydn und Beethoven. Personen – Strategien – Praktiken. Bericht über den internationalen wissenschaftlichen Kongress Bonn, 29. September bis 1. Oktober 2011*, hrsg. von Bernhard R. Appel und Armin Raab, Bonn 2015 (Schriften zur Beethoven-Forschung 25).
56 Warnke, *Hofkünstler* (wie Anm. 32), S. 185.
57 Ebd., S. 188–191.

3. Beethoven wohnte eine Zeit lang auf Kosten von Lichnowsky oder zumindest in seinem Einflussbereich. Solange Beethoven dem Haus Lichnowsky angehörte, wurde erwartet, dass er in der Regel mit diesem zu festgesetzter Zeit zu Mittag aß. Beethovens Widerwille gegen die zeitliche Bindung und die erforderliche Etikette zitiert Wegeler: „„Nun soll ich,' sagte Beethoven, ‚täglich um halb 4 Uhr zu Hause sein, mich etwas besser anziehen, für den Bart sorgen u. s. w. – Das halt' ich nicht aus!'"[58] Wegeler behauptet zwar im Anschluss, Beethoven sei häufig in Gasthäuser gegangen, er bleibt aber vage, ob das auswärtige Essen statt der Tischgemeinschaft mit dem Fürsten oder zusätzlich erfolgte. Lorenz von Breuning berichtete seiner Schwester Eleonore im Frühjahr 1795 nach Bonn, Beethoven habe „die Tafel mit ihm [dem Fürsten]".[59] Dass offenbar die Tischgemeinschaft zum Mittagessen erwartet wurde – dem Mahl, das häufig in häuslicher Gemeinschaft eingenommen wurde –, deutet auf eine Verpflichtung hin, wie sie üblicherweise für Mitglieder eines Hofstaats und besonders auch für Hofkünstler galt (Präsenzpflicht). Als eines der Hauptmerkmale für ein Anstellungsverhältnis gilt, dass der Dienstherr Kost und Logis stellte. Die Forderung, in Anwesenheit des Herrn angemessen gekleidet und frisiert zu sein, gehörte ebenfalls dazu.

4. Im April 1797 wurden wegen des Koalitionskrieges gegen Frankreich alle Fremden aus Wien ausgewiesen. Beethoven war formal gesehen ein Fremder, er wurde aber nicht ausgewiesen – zumindest wissen wir nichts davon. (Oder er durfte bald darauf zurückkehren, das Jahr 1797 liegt in Beethovens Biographie vollkommen im Dunkeln.) Wenn er bleiben durfte, woher hatte er einen Pass? Wer hat für ihn gebürgt? Jürgen May vermutet, Lichnowsky habe bereits 1796 die Konzertreise nach Pressburg organisiert und für Beethoven einen Pass besorgt.[60] Wenn diese Vermutung zutreffend ist, wofür einiges spricht, könnte Lichnowsky auch 1797 für Beethoven eingetreten sein.[61] Dafür wäre aber mutmaßlich eine Abhängigkeitsbeziehung nötig gewesen, denn der Dienstherr als Souverän kümmerte sich um derartige behördliche Angelegenheiten. Der Fürst hätte allerdings nur dann für Beethoven eintreten können, wenn er nicht selbst als Fremder galt.[62]

5. Wir wissen, dass Beethoven ab 1800 von Lichnowsky 600 Gulden im Jahr erhielt. Traditionell gehen wir – analog zum Rentenvertrag von 1809 – davon aus, dass es sich hier um eine Fördersumme handelt. Abgesehen davon, dass

---

58 Wegeler/Ries, S. 33.
59 Beethoven-Haus Bonn, Sammlung Wegeler, W 119; auch zit. in BSZ, S. 117.
60 May, „Beethoven and Lichnowsky" (wie Anm. 16), S. 32.
61 Da er 1796 einen Pass besorgen konnte (ob für Beethoven oder für eine andere Person, ist unerheblich), scheint dies auch für 1797 denkbar.
62 Dass Lichnowsky 1796 einen Pass ausstellen lassen konnte, lässt immerhin vermuten, dass er den Status eines Inländers hatte.

auch im Rentenvertrag Gegenleistungen vorgeschrieben waren und wohl auch Nebenabsprachen existierten (zum Beispiel der Unterricht für Erzherzog Rudolph), er also mittelbar auch als eine sehr weit gefasste Art von Dienstverhältnis zu lesen wäre, gibt es keine Unterlagen zu den Lichnowsky'schen Zahlungen. Wie erfolgte die Zahlung (es sind keine Quittungen überliefert) und wie lange dauerte sie an? Könnte es sich auch um eine Art Gehalt gehandelt haben? Die Höhe der Summe entspricht in etwa dem, was ein angestellter Musiker verdient hätte. Zum Vergleich: Im „Münsterischen Hofstaatsentwurf", den Beethovens Bonner Dienstherr Maximilian Franz für einen alternativen Kurstaat nach Verlust des Rheinlands an die Franzosen ca. 1800 aufstellte, hielt er Beethovens Gehalt „Bey der Chatoulle" (aus seiner Privatkasse) mit 600 Gulden fest.[63]

Sein ganzes Leben lang versuchte Beethoven, in eine Festanstellung an einem Fürstenhof zu gelangen. In Bonn hatte er alle Vorteile einer solchen Anstellung kennengelernt: fortwährende Bezüge bei relativer künstlerischer Freiheit, oder, wie Martin Warnke es ausdrückt, „als einen Freiraum für eine eigenbestimmte Arbeit".[64] Wir wissen von regelmäßigen Bewerbungen um Stellen oder um Versuche, sich für Stellen ins Gespräch zu bringen – übrigens erstmalig Ende 1807 bei der Hoftheaterdirektion (wohl nicht zufällig in dem Zeitraum, in dem sich der Bruch mit Lichnowsky ereignete). Solche Bemühungen sind erstaunlicherweise aber nicht für die ersten 15 Wiener Jahre bekannt oder sind zumindest nicht durch Dokumente belegt. Beethovens erstes Jahr wird durch die von Bonn aus organisierten Bedingungen seines Unterrichts bei Haydn abgedeckt. Ab spätestens 1794, also nach Ablauf des kurfürstlichen Stipendiums, wohnte Beethoven bei Lichnowsky. Der Einzug unter das Dach Lichnowskys legt nahe, dass schon ab diesem Zeitpunkt eine Art Anstellungssituation vorgelegen hat. Die Zahlung von 600 Gulden ab 1800 könnte demnach eine Aufstockung in Anerkennung von Beethovens steigendem Bekanntheitsgrad gewesen sein.

6. Wann endete die Beziehung? Änderte sie vielleicht schon Jahre vor Ende der Zahlungen ihre Natur? Wir wissen, dass 1804 und 1805 Carl Czerny als Hauspianist für Lichnowsky fungierte.[65] Zwar wurde er beim Fürsten von Wenzel Krumpholz eingeführt,[66] das Datum ist jedoch bemerkenswert. Könnte Czerny eine Art Nachfolge für Beethoven angetreten haben, damit dieser die

---

63 Duisburg, Landesarchiv NRW, Abteilung Rheinland, Kurköln II Nr. 640, Bl. 24.

64 Warnke, *Hofkünstler* (wie Anm. 32), S. 185.

65 Otto Biba, „Carl Czerny – Januskopf?", in *Carl Czerny. Komponist, Pianist, Pädagoge*, hrsg. von Heinz von Loesch, Mainz 2009 (Klang und Begriff 3), S. 1–31, hier S. 6 f.

66 Krumpholz war mit Beethoven befreundet und könnte auch in seinem Auftrag gehandelt haben. Beethoven hatte 1802 seinem Schüler Ferdinand Ries auch eine Stelle als Pianist im Haus Browne-Camus verschafft, siehe seinen Brief an Ferdinand Ries von April 1802, BGA 87.

Möglichkeit eines neuen, anderen Projekts wahrnehmen konnte, zum Beispiel
um im Auftrag des Theaters an der Wien seine Oper schreiben zu können?
Beethovens Status hätte sich dann offener gestaltet, was möglicherweise sogar
den Bruch noch besser erklären würde (weil der eine noch von Abhängigkeit
und Verpflichtungen ausging, die der andere schon längst nicht mehr empfand). Könnte es eine Sonderabsprache gegeben haben, die dann die eigentliche mäzenatische Tat gewesen wäre, eine weitere Öffnung trotz finanzieller
Unterstützung? Oder war die eigentliche Anstellung – sollte es sie überhaupt
gegeben haben – bereits 1804 erledigt und die Zahlungen wurden eingestellt?
Beethoven verlegte seine Wohnung weg aus dem Dunstkreis des Fürsten in
das Theater an der Wien. Er wechselte also von der adeligen Abhängigkeit zu
einem anderen Auftraggeber, der ihm damit auch die Wohnung stellte. Dennoch blieb er dem Fürsten verbunden, was die Anekdote über die Besprechung
zur Revision des *Fidelio* nach der ersten Aufführung im Hause Lichnowsky ver-
rät.[67] Selbst wenn mittlerweile klar sein dürfte, dass Beethoven nicht zu einer
Überarbeitung überredet werden musste, so scheint es doch regelmäßige Kon-
sultationen bei Lichnowsky zur Oper gegeben zu haben. Stephan von Breuning
behauptete in einem Brief an Eleonore und Franz Gerhard Wegeler im Juni 1806
sogar, „daß Lichnowsky die Oper jetzt an die Königinn von Preußen geschickt
hat".[68] Deutet der Einsatz des Ehepaars Lichnowsky für den *Fidelio* und ihr
besonderes Interesse an der Oper auf eine besondere Verbindung hin? Erhielt
Beethoven 1804 noch die 600 Gulden jährlich oder nicht? Wenn ja, hatten sich
die Bedingungen für die Zahlungen womöglich geändert? Oder war die Oper
nur eines der oben erwähnten Produkte künstlerischer Produktion, an denen
der Künstler jederzeit die Rechte behielt, mit der sich der Aristokrat aber –
direkt oder indirekt – schmücken konnte?

7. Weshalb endete die Beziehung zwischen Beethoven und Lichnowsky?
Wirklich wegen einer Meinungsverschiedenheit? Spannungen gab es sicherlich immer wieder. Beethovens Brief an Josephine Deym von März/April 1805[69]
lässt zum Beispiel durchblicken, dass Lichnowsky, der Ständeordnung der Zeit
entsprechend, Anstoß an der Beziehung des Komponisten zu der adeligen
Witwe nahm. Falls Beethoven abhängig bei Lichnowsky beschäftigt war, hätte
er für eine Eheschließung sogar dessen Erlaubnis einholen müssen – angesichts
des Klassenunterschieds zwischen ihm und Josephine Deym sicherlich ein aus-
sichtsloses Unterfangen, was allen Beteiligten bekannt war.

---

67 Vgl. dazu den Beitrag von Julia Ackermann im vorliegenden Band.
68 Wiedergegeben bei Wegeler/Ries, S. 66.
69 BGA 216.

Nähmen wir kurz an, dass die Anekdote mit dem Streit doch einen wahren Kern hat, so wäre für Lichnowsky die Freundlichkeit gegenüber französischen Offizieren[70], deren Truppen Teile seiner Ländereien belegt hatten, wahrscheinlich existenziell. Ein Streit zwischen dem Fürsten und dem Komponisten, wie auch immer er verlaufen sein mag, ist für mich das Hauptindiz für eine abhängige Beziehung des Künstlers zum Adeligen, die von Beethoven möglicherweise nicht richtig eingeschätzt wurde. Hätte Lichnowsky Beethoven gebeten aufzutreten, so wäre diese Bitte aus seiner Sicht zu Recht erfolgt, wenn er ihn als bei sich angestellten Musiker betrachtete oder zumindest davon ausging, dass Beethoven ihm die Dienstleistung schuldig war. Beethoven seinerseits hat möglicherweise sein gutes Verhältnis zu Lichnowksy falsch gedeutet und geglaubt, eine solche Insubordination würde ihm nicht schaden. Oder die relative Freiheit in Bezug auf Habitus und Auftreten in der Öffentlichkeit, die ihm immer gestattet wurde, verleiteten ihn, den Ernst der Situation und seine eigene Position falsch einzuschätzen.

Dennoch ist ein Streit keine hinreichende Erklärung für das Ende der Beziehung. Lichnowskys finanzielle Lage dagegen könnte durchaus ein (weiterer) Grund gewesen sein. Er konnte sich möglicherweise nicht mehr leisten, einen Musiker vom Formate Beethovens zu unterhalten. Johanna Elisabeth von Bernhard berichtet, Lichnowsky „mache große Ausgaben, mehr als seine Einkünfte vertrügen".[71] Da mag ein Streit auch ein willkommener Auslöser für das Ende eines Anstellungsverhältnisses gewesen sein, das ohnehin nahe war.

Die Frage, ob Beethoven von Lichnowsky einfach nur gefördert wurde oder bei ihm angestellt war, wird sich wohl in absehbarer Zeit mangels Dokumenten nicht gesichert beantworten lassen. Meiner Ansicht nach spricht aber vieles dafür, dass wir die Beziehung zwischen dem Künstler Beethoven und dem Adeligen Lichnowsky neu bewerten sollten.

---

70 Die Tatsache, dass es sich um französische Offiziere handelte, gehört grundlegend zum Narrativ der Anekdote. Das mag aber eher der Einschätzung der deutsch-französischen Beziehungen in der zweiten Hälfte des 19. Jahrhunderts bis nach dem Zweiten Weltkrieg entsprechen. Für Beethoven – vorausgesetzt, es gibt überhaupt einen wahren Kern in der Erzählung – wird wohl eher die Tatsache eine Rolle gespielt haben, dass er wie ein einfacher Angestellter zum Auftritt aufgefordert wurde, als die Nationalität der Gäste.
71 Nach den Aufzeichnungen von Ludwig Nohl in BSZ, S. 60.

ABSTRACT

Prince Karl Lichnowsky – Patron or Employer?

Traditionally, we describe the relationship between Beethoven and Prince Karl Lichnowsky as one of protégé and patron: the young aspiring artist is sponsored by an influential
aristocrat and thus achieves fame. Many different factors, however, suggest that it was
more a business relationship in which Beethoven was an employee and Lichnowsky an
employer. If one examines Beethoven's behaviour, his appearance and his dedicatory
behaviour in his first ten years in Vienna, strong parallels to Martin Warnke's theory
of the court artist can be seen. Monetary payments to Beethoven and his dependence
on Lichnowsky in terms of housing, table fellowship and regular appearances at house
concerts also point to a relationship of dependence.

Appropriations and Memory Culture

Beethoven as a Bourgeois Artist:
Self-Dramatization, Patterns of Perception, Historiographical Construction

Martin Eybl

At the time of his first successes in Vienna in the mid-1790s, Beethoven, as we learn in Alexander Wheelock Thayer's great Beethoven biography, counted "mehrere Adlige von höherem Range unter seine persönlichen Freunde, und im Hause des Fürsten Karl *Lichnowsky* war er fast völlig Mitglied der Familie gewesen – war es [1796] vielleicht noch."[1] Of all the nobles Thayer might have meant here, he only ever explicitly mentions four as Beethoven's friends: Count Ferdinand Waldstein (1762–1823), Prince Carl Lichnowsky (1761–1814), his brother Imperial Count Moritz Lichnowsky (1771–1837), and Nikolaus Zmeskall, Edler von Domanovecz (1759–1833).

As princes, counts and imperial counts, Waldstein and the Lichnowsky brothers were part of the high nobility. But Zmeskall was not a count;[2] when Beethoven sometimes called him "Graf" ("count") or even "Musikgraf" in his letters,[3] he was just joking. Zmeskall worked as a minor civil servant and,

---

1   TDR 2, 5. See Thayer/Forbes, 80: "[...] he counted many [!] nobles of the higher ranks in his list of personal friends and had been, perhaps even now was, a member of Prince Karl Lichnowsky's family." There are two remarkable differences between the German and English versions of the sentence. The German version mentions only "several" nobles of the higher rank and calls Beethoven "almost a real" member of the prince's family. (It is unclear whether Forbes' edition presents Thayer's original text.)

2   Zmeskall is occasionally referred to as "Count" in the English translation of the critical edition of Beethoven's letters (1909), the probable source of an error that is widespread in the English language literature: *Beethoven's Letters: A Critical Edition*, ed. Alfred Christlieb Kalischer, trans. John South Shedlock (London etc., 1909; repr. Cambridge, 2014), i, letters no. CLXV and CLXVI, 151–52. See for example Tia DeNora, *Beethoven and the Construction of Genius: Musical Politics in Vienna, 1792-1803* (Berkeley, 1995), 232. Zmeskall is also titled "Count" on his English-language Wikipedia page: <https://en.wikipedia.org/wiki/Nikolaus_Zmeskall> (accessed March 20, 2023).

3   From 1796 to 1817, Count Johann Ferdinand Kuefstein held the court position of "Musikgraf," or "music count" (and thus the supreme supervision of the court chapel), see Constanze Wimmer, "Die Hofmusikkapelle in Wien unter der Leitung von Antonio Salieri (1788-1824)," in *Studien zur Musikwissenschaft* 47 (1999), 129–214, at 132–33.

as an "Edler" ("nobleman") or "Baron," belonged to the lower nobility. This social group had swelled considerably in the Habsburg Empire due to a flood of ennoblements in the 18th century.[4] This boost in status mostly affected entrepreneurs (the so-called "economic aristocracy"), military officers, and higher civil servants, who, together with members of the liberal professions (such as doctors and lawyers), the Catholic clergy, and university and higher-school teachers, made up the so-called "second society."[5] The new aristocracy, due to its origins, income and "regardless of their certificates of nobility remained a bourgeois formation at base."[6] The male members of the second society pursued professional careers, fundamentally distinguishing them from dukes, princes, and counts, whose very existence was defined by the wielding of power.

The high nobility, as the "first society," set itself apart from this ballooning stratum of upstarts where it could. The salons of the high nobility were, as the writer Johann Pezzl critically noted in the 1780s, "fortified" ("verpallisadirt") against the lower echelons.[7] They fraternized with their peers and happily opened their doors to those promising variety and attraction – travelers, scholars, artists. But while porter's lodges at aristocratic palaces maintained lists of *personae gratae*, they also served to exclude uninvited guests from the second society.[8] Even though there were brief periods in the decades around 1800 when first and second societies came together and cooperated to some extent, they remained separated by an intangible border, which the lower nobility's titles did nothing to dispel.[9]

The fact that Beethoven cultivated friendships with members of the second society is hardly surprising: these were relationships on an equal footing after

---

4 Klaus Margreiter, "Nobilitierungen und Neuer Adel im 18. Jahrhundert," in *Adel im 18. Jahrhundert. Umrisse einer sozialen Gruppe in der Krise*, eds. Gerhard Ammerer, Elisabeth Lobenwein, and Martin Scheutz, Querschnitte 28 (Innsbruck etc., 2015), 41–54.

5 On the second society in the Habsburg Monarchy, see Adam Wandruszka, "Die 'Zweite Gesellschaft' der Donaumonarchie," in *Adel in Österreich*, ed. Heinz Siegert (Vienna, 1971), 56–67; Hannes Stekl, *Österreichs Aristokratie im Vormärz: Herrschaftsstil und Lebensformen der Fürstenhäuser Liechtenstein und Schwarzenberg* (Munich, 1973), 131–33; Waltraud Heindl, *Gehorsame Rebellen. Bürokratie und Beamte in Österreich 1780 bis 1848*, Studien zu Politik und Verwaltung 36 (Vienna, 1990), 244–86; Ingrid Mittenzwei, *Zwischen Gestern und Morgen. Wiens frühe Bourgeoisie an der Wende vom 18. zum 19. Jahrhundert* (Vienna, 1998).

6 Hannes Stekl, "Zwischen Machtverlust und Selbstbehauptung. Österreichs Hocharistokratie vom 18. bis ins 20. Jahrhundert," in *Adel und Bürgertum in der Habsburgermonarchie. 18. bis 20. Jahrhundert. Hannes Stekl zum 60. Geburtstag*, dedicated by Ernst Bruckmüller, Franz Eder, and Andrea Schnöller, Sozial- und wirtschaftshistorische Studien 31 (Vienna etc., 2004), 14–34, at 16.

7 Johann Pezzl, *Skizze von Wien, unter der Regierung Joseph des Zweyten* (Vienna, ⁴1803), 42.

8 Stekl, *Österreichs Aristokratie im Vormärz* (as in fn. 5), 135.

9 On the relationship between the first and second societies in Vienna see Martin Eybl, *Sammler*innen: Musikalische Öffentlichkeit und ständische Identität, Wien 1740–1810* (Bielefeld, 2022), chapters 3 and 10.

all. But given the fortified line between classes, a friendship between a bourgeois artist and an aristocratic gentleman seems unlikely. It turns out that the picture Thayer (1817–1897) painted of Beethoven as a personal friend of high nobility, even as a family member of an aristocratic household, was not his own: The image, as will be shown below, was borrowed from Anton Schindler. Schindler has been reproached often enough for his treatment of the facts, many of which have long since been corrected by Thayer and others.[10] Nevertheless, some of the distorted images that Schindler's biography brought into the world have proved to be remarkably resilient.

The ambiguous view of his Bonn friends

Beethoven's Bonn-born pupil and temporary secretary Ferdinand Ries (1784–1838) describes in his Beethoven memoirs (1838) his subject's attitude towards the high nobility as ambiguous: Beethoven "showed no difference in his behavior toward people of the highest rank and those of low station" and yet was "not insensitive to the attentions of the former." Not without a certain pride did Beethoven speak of the casket filled with golden coins that Prussian King Frederick William II gave him; he did not consider it an ordinary box, "but one suitable for presentation to ambassadors."[11] One may have trouble believing Ries that Beethoven never knew nor wanted to know the "rules of etiquette and all they imply."[12] The subtle distinction between the writing style he adopted in letters to friends such as Wegeler or Zmeskall and that in letters to, say, Archduke Rudolph suggests the opposite – and Beethoven had grown up in a court, after all. Even the example that Ries cites to prove his thesis, a story he probably heard directly from Beethoven, actually contradicts it. When, during Prince Louis Ferdinand of Prussia's visit to Vienna in September 1804, Beethoven was not allowed to sit at the same table as the prince since it was only set for aristocrats, he angrily took his hat and left. However, Beethoven always mentioned with pleasure that a few days later, when the Prince himself invited Beethoven to lunch, he was honored by being allowed to sit at the Prince's side.[13]

---

10 "Sein [Schindlers] Geist war willig; aber seine Schwäche als Forscher ist eine ganz außerordentliche, und seine Hilflosigkeit, wo es gilt, die Fäden einer Verwickelung zu entwirren, zuweilen bedauernswürdig, zuweilen geradezu lächerlich [...]" (TDR 2, 312). ("The spirit [of Schindler] was willing, but his weakness as an investigator was something extraordinary. His helplessness in finding and following the clue out of a difficulty is something pitiable, sometimes ludicrous.")

11 Wegeler/Ries/Noonan, 96–97 (translation slightly amended).

12 Wegeler/Ries/Noonan, 99.

13 Wegeler/Ries/Noonan, 98–99; dating after BGA 190 (fn. 2). On Beethoven's encounters with Prince Louis Ferdinand, see also Thomas Seedorf's contribution in this volume.

Beethoven understood etiquette very well and knew that the table at which a person was seated expressed their rank. The composer was not indifferent to this. Beethoven, we learn from this story, did not reject etiquette per se; he merely demanded a different status for himself in the ceremonial protocol, a status that was not automatically granted to him everywhere. In order to understand Beethoven's attitude, as Ries described it, a concept that Ries did not use is helpful – that of condescension.

While the term, like its German equivalent "Herablassung," has negative connotations today, Beethoven and his contemporaries understood condescension as a thoroughly welcome attitude in their dealings with the high nobility. Condescension does not raze class barriers; but it does momentarily ignore them. Sovereign disregard does not make the great man smaller; instead, it makes the person of lower social standing temporarily forget the distance. Condescension, as the Barclay dictionary defines it, means "the behaviour of a superior, whereby he treats one of lower rank as his equal, and grants him favours he cannot demand."[14]

The natural scientist – later revolutionary and protagonist in the short-lived Mainz Republic – Georg Forster (1754–1794) visited Vienna in 1784. He gushed enthusiastically to his fiancée Therese Heyne (1764–1829) about his friendly reception by the high nobility, how he frequented the State Chancellor Kaunitz's salon, and how he appeared as Countess Thun's guest. He raved about the condescension with which he was treated:

> Sie glauben nicht, wie herablassend, wie freundschaftlich man ist. Kaum merkt mans, daß man unter Leuten von Stande ist, und jeden Augenblick möchte mans vergessen, und sie auf den vertrauten Fuß der gleichgebornen Freunde behandeln – *betasten* nenne ichs hier, wenn ich bei der Gräfin Thun bin, dem besten Weibe von der Welt, und ihren drei Grazien von Töchtern, wo jede ein Engel von einer eigenen Gattung ist. [...] Fast alle Abend zwischen neun und zehn kommen [...] Leute bei der Gräfin Thun zusammen, da wird allerlei witziges Gespräch geführt, es wird Clavier gespielt, deutsch oder italienisch gesungen, auch wohl, wenn die Begeisterung die Leute überfällt, getanzt.[15]

---

14 James Barclay, *A complete and universal English dictionary* (London, 1792, first edition 1774), page numbers not indicated.

15 Letter from Georg Forster to Therese Heyne on September 3, 1784, Georg Forster, *Georg Forsters Werke. Sämtliche Schriften, Tagebücher, Briefe*, ed. Akademie der Wissenschaften der DDR, Zentralinstitut für Literaturgeschichte (Berlin, 1963), vii, 275. ("You can't believe how condescending, how friendly everyone is. You barely notice that you're among people of standing, and you want to forget it immediately and treat them as familiar friends of equal birth – I call it 'to explore them sensitively' here, when I am with Countess Thun, the best woman in the world, and her daughters, who are like the three graces, each an angel of her own kind. [...]

Beethoven expected nothing more from his aristocratic hosts than to be treated with condescension. This, at least, is what Ries's description of Beethoven's behavior toward the high nobility suggests. A childhood friend from Bonn, Franz Gerhard Wegeler (1765–1848), tells – based on a detailed letter he received from the composer – of Beethoven's pride at receiving a medal from the French King in 1826. Commenting on this incident, Wegeler expressly objected to claims of Beethoven's "alleged *indifference* to, or even *contempt* of, such honors."[16] Soon after Beethoven's death, and perhaps even during his lifetime, stories were evidently circulating that emphasized his independence from aristocratic patrons; Wegeler warned against deducing that Beethoven despised the nobility and its accolades in general.

This belief, which Wegeler felt was so mistaken, was fueled by the one sphere in which Beethoven did allow himself to practice condescension: improvising in front of others. Many anecdotes and recollections trade on how difficult or impossible it sometimes was to persuade the artist to go to the piano. Beethoven's early biographer Ludwig Nohl (1831–1885), for example, passes on the memory of Frau von Bernhard, née von Ktissow, who frequented the Lichnowsky house and had met Beethoven when she was 12. The story is just too bizarre to be entirely fictional:

> Er war sehr stolz; ich habe gesehen, wie die Mutter der Fürstin Lichnowsky, die alte Gräfin Thun, vor ihm, der in der Sophaecke lehnte, auf den Knieen lag, ihn zu bitten, daß er doch etwas spiele. Beethoven that es aber nicht. Die Gräfin Thun war übrigens eine sehr excentrische Dame. Zu Lichnowsky ward ich häufig eingeladen, um dort vorzuspielen. Er war ein freundlicher feiner Herr und sie eine sehr schöne Frau.[17]

Here again we encounter Countess Marie Wilhelmine Thun-Hohenstein (1744–1800), Forster's "best woman in the world" and her daughter Princess Christiane Lichnowsky (1765–1841), one of his "three Graces." The reference to Countess Thun's eccentricity in the report is meant to explain why she engaged in such a game, playing the supplicant to Beethoven's unrelenting prince. Each was

---

Almost every evening between nine and ten, [...] people come together at the Countess Thun's house, where all kinds of witty conversations are held, the piano is played, German or Italian songs are sung, and when the fancy takes them, there is even dancing.")

16   Wegeler/Ries/Noonan, 50.

17   Ludwig Nohl, *Beethoven's Leben*, vol. 2, *Das Mannesalter* (Leipzig, 1867), 21. ("He was very proud; I once saw how Princess Lichnowsky's mother, the old Countess Thun, kneeled in front of him as he rested in the corner of the sofa, begging him to play something after all. But Beethoven would not do so. The Countess Thun, by the way, was a very eccentric lady. I was often invited to Lichnowsky's to play there. He was a friendly, fine gentleman and she was a very beautiful woman.")

wholly conscious of their social rank; it was a game of complete condescension on the part of the old Countess.

Beethoven himself may already have sent ambiguous messages to friends in Bonn about his relationship with his patrons. In any case, it is noteworthy that Wegeler contradicted a sentence that his later brother-in-law Lorenz von Breuning (1776–1798) wrote in a letter as clearly as if he had been directly referring to it. Breuning was reporting to his sister Eleonore in 1795 on Beethoven's success in Vienna: he stayed "bey einem Fürsten, der ihn ganz als Freund behandelt. Er hat die Tafel mit ihm, Bedienten, ein Reitpferd, u.s.w."[18] Here, Breuning was refering to Prince Lichnowsky. Wegeler similarly confirms that Beethoven had been admitted to his table. Wegeler reports that after the regular musical matinees on Friday, the musicians and other interesting guests were invited to dinner. "The musicians usually stayed for dinner after the concert. Artists and scholars also gathered here with no distinction made as to social standing."[19] However, neither report implied that the musicians had to attend the table every day. Wegeler makes it clear with direct reference to Beethoven: "Lunch at the Prince's house was set for four o'clock. 'Consequently,' Beethoven said, 'I would have to be home by half past three every day, change into something better, see that I was properly shaven, etc. – I can't stand all that!'"[20] We learn that Beethoven had no desire to return home every day at half past three for lunch; this does not necessarily mean that he would ever, much less regularly, have endured this imposition. And if we read Breuning's remark on the matter carefully, we see that he never actually claims this. As for the servant and the horse, Wegeler again stresses Beethoven's self-reliance:

> Der Fürst [...] gab einst seinem Jäger [Bedienten] die Weisung: im Falle er und Beethoven zugleich klingelten, diesen zuerst zu bedienen. Beethoven hörte dieses und schaffte sich am nämlichen Tage einen eigenen Diener an; eben so, bei angebotenem vollem Marstall des Fürsten, ein eigenes Pferd, als ihn die schnell vorübergehende Lust anwandelte, reiten zu lernen.[21]

---

18 Letter from Lorenz von Breuning to his sister Eleonore von Breuning in Bonn, cited in BSZ, 117. (He stayed "with a prince who treated him entirely as a friend. He dines with him at the same table, and has at his disposal his servants, a riding horse, etc.")
19 Wegeler/Ries/Noonan, 34.
20 Wegeler/Ries/Noonan, 35–36.
21 Wegeler/Ries, 33–34; Wegeler/Ries/Noonan, 36: "The Prince [...] one day instructed his footman that if both he and Beethoven should ring at the same time, Beethoven should be served first. When Beethoven overheard this, he hired a servant of his own that very same day. Similarly, when on a whim he decided that he would like to learn to ride, he hired a horse of his own, even though he had the Prince's entire stable at his disposal."

While Breuning emphasizes how well Beethoven is doing in Vienna, that he has already found a prince who will support and promote him, Wegeler demonstrates Beethoven's independence: he has access to the Prince's table, but does not avail himself of it; Lichnowsky offers him servants and a horse, but he prefers to finance these conveniences out of his own pocket. These discrepancies may have resulted from the contradictory way Beethoven presented himself to his old Bonn friends: simultaneously safe under the wing of the high nobility as well as a successful artist in his own right who independently marketed his own products.

Breuning's claim that Lichnowsky was a friend of Beethoven, is confirmed by the composer himself.[22] He names him as such in two letters, one from 1801, the other 1805, as well as in the Heiligenstadt Testament (1802). Today we understand the idea of friendship within a single-class group, as a two-way relationship between people who associate with each other as equals. In the early bourgeois era, friendships were cultivated and exhibited on social occasions. Friendship became central to the way the bourgeoisie saw itself.[23] And so the circle of bourgeois friends around Franz Schubert, for example, became a constant in the biographical narratives about him from early on.

In the patronage system, however, the term "friend" means something quite different – namely, "supporter" or indeed "patron." In this sense, friendship is a relationship between unequal people; one is the friend of the other, but not vice versa. "Wir haben die grösten Personnen der Noblesse zu unserer Protection," wrote Leopold Mozart in a letter from Vienna in 1768. "Der Fürst *Kaunitz, der duc de Braganza.* die Fräulein von *guttenberg* die das linke aug der Kayserin ist, der obriststahlmeister graf *dietrichstein*, welcher alles beym Kayser vermag, sind unsere Freunde."[24] Prince Kaunitz or Count Dietrichstein would never have considered the Salzburg Vice Kapellmeister as their friend in the sense of a civic friendship. But they were his friends in that they championed him and his talented children.

---

22 In fact, Breuning's formulation is ambiguous. He could mean either: the prince who treats him entirely as *one of his* friends, or (and more likely), ... who treats him entirely as *a friend should*.

23 See e.g. Eckhardt Meyer-Krentler, *Der Bürger als Freund. Ein sozialethisches Programm und seine Kritik in der neueren deutschen Erzählliteratur* (Munich, 1984); Tobias Heinrich, "'O you little lovable best friend': Writing Friendship in the Age of Enlightenment," in *De Musica Disserenda* 16/1 (2020), 121–36.

24 *Mozart. Briefe und Aufzeichnungen. Gesamtausgabe*, extended edition, ed. Ulrich Konrad, vol. 1, *1755-1776* (Kassel etc., 2005), 256, 257. ("We have the most prominent members of the nobility for our protection. Prince *Kaunitz*, the *Duke of Braganza*, Fräulein von *Guttenberg*, who is the empress's left hand, and the Crown Equerry, Count *Dietrichstein*, who can do what he likes with the emperor, are our friends.")

Beethoven mentioned Prince Lichnowsky with this meaning of patron in his first will, the so-called Heiligenstadt Testament. Of all the friends he thanked, he mentioned only two by name: his physician Johann Adam Schmidt, who had treated his hearing problems, and Prince Lichnowsky, who had given him several instruments which he had at his immediate disposal.[25] If these were friends in the bourgeois sense, would it not have been more appropriate to name some closer and older friends? By mentioning the prince in his will, Beethoven may have hoped he would support his brothers after his death. He certainly mentioned the doctor with a definite aim in mind: he would have verified Beethoven's medical history to explain Beethoven's behavior to posterity.

With the same sense, in a letter to the publisher Gottfried Härtel of January 16, 1805, Beethoven wrote that Lichnowsky, who wanted to support the printing of the oratorio *Christus am Ölberge* (probably through a financial contribution), was "one of my most loyal friends and promoters of my art" and as such, among the high nobility, "surely a rare specimen."[26]

In a letter to Wegeler of June 29, 1801 that Beethoven had written a good year earlier, the formulation appears somewhat more complicated. Here, too, the relationship between a high nobleman and a commoner, especially an artist, is characterized by the understanding that the term "friend" refers to the role of a patron or benefactor – at least in the Viennese sociotope around 1800. Wegeler, who had spent several years in Vienna, must have understood this. Not that one can assume the language in Bonn was completely different. In the letter, Beethoven's use of "friend" is directly related to financial support:

[V]on meiner Lage willst du was wissen, nun sie wäre eben so schlecht nicht, seit vorigem Jahr hat mir *Lichnowski*, der, so unglaublich es dir auch ist, wenn ich dir sage, immer mein wärmster Freund war und geblieben, (kleine Mißhelligkeiten gab's ja auch unter unß), (und haben nicht eben diese unsere Freundschaft mehr befestigt?) eine sichere Summe von 600 *fl.* ausgeworfen, die ich, so lang ich keine für mich passende Anstellung finde, ziehen kann [...].[27]

---

25   BGA 106; first cited in Ignaz von Seyfried, *Beethoven's Studien im Generalbasse, Contrapuncte und in der Compositionslehre* (Vienna, 1832), appendix ("Biographische Notizen"), 28–31, at 30.
26   LoB 108.
27   Letter to Wegeler on June 29, 1801, BGA 65, first cited in Wegeler/Ries, 22–28. "You want to know something about my present situation. Well, on the whole it is not at all bad. For since last year Lichnowsky who, although you may find it hard to believe what I say, was always, and still is, my warmest friend (of course we [*too*, i.e. Beethoven and Wegeler] have had some slight misunderstandings, but these have [should read: *haven't these*] only strengthened our friendship[?]), has disbursed for my benefit a fixed sum of 600 gulden, on which I can draw until I obtain a suitable appointment." (LoB 51). The comment in parentheses in the published English translation suggests that Beethoven is continuing to talk about his relationship with Lichnowsky, when in fact, as the emended version here shows, he was actually referring to past minor disagreements with Wegeler.

Wegeler provided expansive commentary on the letters he published. However, he did not reveal why he should find it so incredible that the Prince had been and still was Beethoven's friend. The reference to "misunderstandings" suggests Wegeler had witnessed a serious quarrel between Beethoven and Lichnowsky and was not yet aware that they had long since reconciled. The type of friendship Beethoven meant is clearly marked by the direct connection with the financial contribution: as a friend (= patron) of Beethoven, the Prince regularly disburses a considerable sum of money. Had he been describing a bourgeois friendship between equal partners, Beethoven would more likely have said: I spend time with him almost every day, and we regularly make music together.

However, Beethoven employed a subtle rhetorical gesture to incorporate some irritation into his description that was designed to draw a parallel between his friendship with Wegeler and his relationship with Lichnowsky. We may imagine different readings of the passage. He could have been saying that friendships, of whatever nature, need not be wrecked by minor conflicts. Beethoven could also have anticipated quite a different gloss, namely that his friendship with his fellow Bonner and his friendship with the Prince differed little, that Beethoven approached the Prince as a bourgeois friend on an equal footing. What exactly he meant remains open, and he might well have intended to give his relationship with Lichnowsky the appearance of bourgeois equality without directly saying so.

Wegeler's own words preserve the ambiguity of the concept "friendship"; for him, Lichnowsky is "ein gar großer Gönner, ja Freund Beethoven's" ("a great benefactor, indeed friend, of Beethoven").[28] Here, "friend" can be understood in the context of the patronage system as intensifying the term "benefactor": a particularly reliable and faithful patron. However, the inserted "ja" ("indeed") might also indicate a qualitative contrast, so that one could read: the prince was not only a benefactor, but also a friend in a bourgeois friendship of equals.

While Beethoven's Bonn friends Breuning and Wegeler depicted the nature of Lichnowsky and the composer's friendship in quite ambiguous terms, Viennese Kapellmeister and composer Ignaz von Seyfried (1776–1841) draws the relationship more clearly in the early biographical notes (1832). In order to characterize the nobility's attitude toward Beethoven and other musicians, Seyfried used terms that express plainly, or at least do not conceal, the social distance: he talks of admirers, protectors, and patrons. At no point did Seyfried

---

28   Wegeler/Ries, 28; Wegeler/Ries/Noonan, 32.

name Lichnowsky as a friend of Beethoven. Only Countess Erdődy is described as a "sorgliche Freundinn" ("considerate friend") in the sense of sponsor.[29]

Without mentioning the Prince's name or the location, Seyfried's biographical notes also include the story of the great break between Beethoven and Lichnowsky in the fall of 1806, after Beethoven had spent several weeks at the Prince's Silesian residence, Schloss Grätz (Hradec nad Moravicí), an incident known to us from several sources.[30] Beethoven had refused to play for the particular guests who were there, whereupon his "Mäcen" and "Gönner" (both "patron," with shades of "mentor" and "benefactor" respectively) issued "eine gewiß nicht ernstlich gemeinte Drohung mit Hausarrest," ("a threat of house arrest, which was certainly not meant seriously"), as a result of which "Beethoven bey Nacht und Nebel über eine Stunde weit zur nächsten Stadt davon lief, und von dort wie auf Windesflügeln mit Extrapost nach Wien eilte" ("Beethoven stealthily fled for more than an hour to the next city, and from there, sped to Vienna with the *Extrapost* as if carried by the wind's own wings").[31] Seyfried is certainly not describing a bourgeois friendship here; friends of this type did not threaten the other with house arrest (even in jest), and it is significant that, in a letter to Wegeler in 1837 – and aware of Seyfried's version – Ries does not mention a word about the threatened arrest, claiming instead that the argument had ended in a physical skirmish, which would have been entirely possible within a bourgeois friendship.[32]

Bourgeois Ideology

Following the books and notes by Seyfried (1832) and Wegeler/Ries (1838), Anton Schindler (1795–1864), in his biography of Beethoven (1840), gave the relationship between Beethoven and Lichnowsky a new color that was to tinge Beethoven's image in the decades to come. Singularly among Beethoven's early biographers, Schindler was the bourgeois ideologue. Although already patent in the first edition of the book, published during the Vormärz, the expanded

---

29 Seyfried, *Beethoven's Studien* (as in fn. 25), appendix ("Biographische Notizen"), 5, 7, 10 (Erdődy); BSZ, 884–85, 903 (fn. 35).

30 On this event, see TDR 2, 518–20, and with further recollections, Karel Boženek, "Beethoven und das Adelsgeschlecht Lichnowsky," in *Ludwig van Beethoven im Herzen Europas. Leben und Nachleben in den böhmischen Ländern*, eds. Oldřich Pulkert and Hans-Werner Küthen (Prague, 2000), 120–70, at 145–57.

31 Seyfried, *Beethoven's Studien* (as in fn. 25), appendix ("Biographische Notizen"); BSZ, 898.

32 Letter from Ferdinand Ries to Franz Gerhard Wegeler on December 28, 1837; BSZ, 711–12. A comparison of different versions of the story is offered by Jürgen May, "Beethoven and Prince Carl Lichnowsky," in *Beethoven Forum* 3 (1994), 29–38, at 35–36.

third edition (1860) makes plain how intensely the author loathed the aristocracy. Schindler's Beethoven is a pioneer of bourgeois emancipation, a hero who, through the persuasiveness of his art, renegotiated the relationship between the nobility and the bourgeoisie and thereby irrevocably undermined aristocratic privilege.

But the aristocracy, Schindler thought, was utterly corrupt. He found the grounds for Beethoven's attitude as a "consistent opponent of Austrian politics, the government, and the imperial court" in the "decadence" of an aristocracy that "felt free to indulge in the crudest excesses".[33] It becomes clear that Schindler's revulsion against aristocratic life was also nourished by nationalist resentment:

Wahrheitsgetreu darf gesagt werden, daß seit dem Wiener Congresse Zucht und Sitte aus den obersten Ständen in der Kaiserstadt verschwunden waren. Wie es gekommen, daß bis zu diesem Zeitpunct in den obersten Rangstufen des Adels Unterricht und Erziehung, innere und äußere Bildung – gegen fünfzehn Jahre zurück [...] – aus dem Gleichgewichte gerathen, kann für uns nicht Gegenstand der Untersuchung werden. Doch dürfte zu einiger Entschuldigung des deutsch-östreichischen Adels die Wahrnehmung gegründet seyn, daß der hohe Grad von Entsittlichung in dieser Classe zumeist durch den reichen, wenig gebildeten, in beinahe orientalischen Sitten zu leben gewohnten Adel der *östlichen* Länder der Monarchie eingeschleppt worden. Das müßige Leben dieser "Cavaliere," vom Zeitgeist und falscher Auffassung des Adelsbegriffs fast bedingt, von den lockern Sitten aller Volksschichten noch begünstigt, konnte im nahen Verkehr mit dem deutschen Adels-Elemente nicht anders als verderbend auf dasselbe einwirken, unerachtet das Kaiserhaus selber immerhin das musterhafteste Beispiel auch in äußern Tugenden gegeben hatte. Mit polizeilichen Maßregeln waren diese hochstehenden Verbrecher an der öffentlichen Sittlichkeit nicht zu erreichen, denn da hieß es: *Dat veniam corvis.*[34] Seit dem Wiener Congresse stand Jahrzehnde hindurch die Maitressen-Wirthschaft dort im schönsten Flor, daher fast Niemand zu einer Bedienstung bei Hofe oder in Staatsämtern gelangen konnte, der es verschmähte, sich durch eine lange Reihe machthaberischer

---

33 Schindler/Jolly, 245 (translation slightly amended); cf. Schindler 1860, ii, 23–25: "Beethoven [...] ein consequenter Gegner der östreichischen [sic] Staatspolitik, der Regierung, wie auch des kaiserlichen Hofes". "Die Demoralisation in der Aristokratie [einem Stand, der ...] sich ungescheut den rohesten Ausschweifungen überlassen [durfte]". ("Beethoven [was] a consistent opponent of Austrian state policy, the government, and the imperial court." "The decadence of the aristocracy, [a class that] was allowed to abandon itself unabashedly to the crudest profligacy.")

34 Dat veniam corvis, vexat censura columbas. – The censor forgives the crows, and harasses the doves (Decimus Junius Juvenal).

Hetären den Weg zu den Excellenzen und Durchlauchten gebahnt zu haben. –
Man denke sich einen so strengen Cato, wie Beethoven im Puncte der Sittlichkeit
fortan gewesen, in der Nähe so abscheulicher Zustände.[35]

Against this dark background, Schindler draws the brightly shining counter-
example of the Lichnowsky princely family. Carl von Lichnowsky was

ein ächter Edelmann, und wozu noch mehr gehört, auch ein Mäcen im weites-
ten Sinne des Wortes, und mochte in jener Zeit, wo der östreichische Adel wohl
durchgehends *wahrhaft adelig* [– clearly an insult!] war, nur wenige seines Gleichen in dem grossen Reiche gefunden haben. Von gleicher Gesinnung war seine
Gemahlin, die Fürstin *Christiane*, geborne Gräfin *von Thun.*

This couple, as a great exception among the high nobility, offered the young
artist a "Freihafen der Humanität und feinen Sitte."[36] Here he was spared
"adelichen Vorurtheilen" ("aristocratic prejudices"), and the "Elite der musicalischen Gesellschaft" ("musical élite") counted him "zu den ihren" ("as one
of their own").[37]

The goal of bourgeois emancipation was thus achieved. Beethoven found
himself accepted as an equal among equals, was no longer treated with condescension. Although Schindler, like the other early Beethoven biographers cited
here, does not use the term, the idea of condescension sharply outlines the

---

35 Schindler 1860, ii, 25. "It may truly be said that after the Congress of Vienna virtue and moral-
    ity had disappeared from the highest strata of the capital's society. We cannot make a study
    of the reasons for the disequilibrium which at this time characterized the highest echelons of
    nobility's learning and breeding, its inner and outer culture, in comparison with fifteen years
    earlier [...]. Yet to exonerate to some extent the German-Austrian nobility, the observation
    should be made that most of the degeneracy among this class was introduced by the rich,
    boorish aristocrats of the eastern provinces whose manners and morals were almost oriental.
    The idle life of these 'cavaliers,' conditioned by the spirit of the age and by a false sense of the
    meaning of aristocracy and favoured, moreover, by the loose morals in all levels of society,
    could not but have a detrimental effect on German nobility when the two came into close con-
    tact, in spite of the excellent example of virtue that the Emperor's household had always held
    up to the world. These highly placed offenders against public morality could not be reached
    by police ordinances, for *dat veniam corvis.* From the time of the Congress of Vienna the prac-
    tice of keeping mistresses flourished, and almost no one could gain a position at the court
    or in the government who scorned paving his way to the excellencies and highnesses with a
    long series of despotic courtesans. One may imagine how Beethoven, who had always been as
    upright as Cato in the matter of morality, felt in the presences of such a distasteful situation."
    (Schindler/Jolly, 245–46).
36 Schindler 1840, 26. (Lichnowsky was "a genuine nobleman [i.e., a genuinely noble man], and
    what is more, a patron in the broadest sense of the word, and in those days, when the Aus-
    trian nobility was *truly aristocratic* [– meant as an insult], [Beethoven] would have found few
    of his likes in the great empire. His wife, Princess *Christiane*, born Countess *of Thun*, was cut
    from the same cloth." Together they offered Beethoven a "sanctuary of human decency and
    virtue.")
37 Schindler 1860, i, 21, 23; Schindler/Jolly, 49–50 (translation slightly amended).

differences between Schindler's and his predecessors' biographical constructions: Schindler paints his hero as a citizen who railed against condescension
because he could no longer accept the boundaries of his class. Georg Forster, on
the other hand, had been delighted by the condescension the high nobility had
shown him in the 1780s, because he had never questioned the class boundaries
that seemed to run naturally between aristocracy and bourgeoisie, marked –
and continued to be marked in Seyfried's Vienna – by condescension. These
class boundaries had not bothered Wegeler's and Ries's Beethoven as long as he
was receiving gifts from European rulers and was allowed to sit next to Prince
Louis Ferdinand of Prussia at table. Schindler's Beethoven, however, no longer
wanted to acknowledge any difference between the estates. He was indifferent
to "rank and wealth"; he considered them mere "accidents" and wanted "to
recognize and honor the human being." As far as he was concerned, "the prince
was the same rank as the citizen."[38]

The social disparity governing the friendship of a patron from a higher
rank was incompatible with a scenario in which a prince had eschewed all
aristocratic prejudices and an artist who had wanted to disregard differences
in social rank. Schindler thus construes Beethoven's statements that Prince
Lichnowsky was his friend to mean their relationship was a bourgeois friendship between equals. And as if that were not enough, Schindler welds the three
protagonists together into one family: "Fürst Lichnowsky ward dem Jünglinge
ein väterlicher Freund, die Fürstin eine zweite Mutter" ("Prince Lichnowsky
became a fatherly friend to the young man, the princess a second mother"),
caring parents who doted on their "oft störrische[n] Adoptiv-Sohn" ("often
obstinate adopted son").[39]

This effectiveness of the application of this image was not limited to Thayer,
who, remember, counted several high-ranking noblemen amongst Beethoven's
"personal friends" and saw him almost entirely as "a member of Prince Karl
Lichnowsky's family." Carl Czerny (1791–1857) committed his memoirs to paper
just two years after the first edition of Schindler's biography had appeared.
While Beethoven's pupil contradicted Schindler's account, he also went a step

---

38 According to Schindler, Beethoven did not want to recognize differences of status: "Rang und
Reichthum blieben ihm ganz gleichgültige Dinge, Zufälligkeiten, für die er keine besondere
Achtung hatte; daher er in dem Menschen nur den Menschen erkennen und ehren wollte. [...]
Es war also sehr natürlich, dass in seiner Achtung der Fürst auf gleicher Stufe mit dem Bürger
stand [...]" (Schindler 1840, 30) ("He was indifferent to rank and wealth, accidents for which
he had no particular respect; he wanted only to recognize and honor the human being. [...] It
followed quite naturally from this that he respected the prince as a citizen, both taking the
same rank [...].") "Beethoven war seinen politischen Gesinnungen nach ein Republicaner [...]"
(Schindler 1840, 56) ("Beethoven was a republican out of political conviction").
39 Schindler 1840, 27.

further by removing the generational difference. Czerny starts by calling the
Prince a "Freund und eifrigsten Unterstützer" ("friend and most enthusiastic
supporter") of the composer, a true connoisseur of the arts, agreeable and kind.
Lichnowsky, he concludes, treated Beethoven like a "Freund u[nd] Bruder"
("friend and brother").[40] With Lichnowsky only nine years older than the composer, Czerny might have found the image of the fatherly friend somewhat
ill-fitting. His revision, however, retained the unparalleled intimacy of a family
relationship. Czerny did not mention the Countess, only five years Beethoven's
senior, who Schindler characterized as Beethoven's second mother, who even
wished to nurture him with "grossmütterlicher" ("grandmotherly") love.[41]

Schindler knew that Beethoven had lived in Lichnowsky's house, knowledge
from which he seems to have inferred that the Princess and Prince treated
Beethoven as an adoptive son and the three together formed a close familial unit. The Prince had taken the young musician "into his house as a guest,
where he remained at least a few years," writes Wegeler, continuing, "I found
him there toward the end of 1794 and he was still there when I left in the middle
of 1796."[42] Schindler quotes an undated invitation to Gottfried van Swieten's
house, which was addressed "An Herrn Beethoven in der Alstergasse N° 45 bey
dem Hn. Fürsten Lichnowski" ("To Herr Beethoven at Alstergasse 45, Prince
Lichnowski's residence.")[43] It might appear that Beethoven lived as part of Lichnowsky's household, but this impression is deceptive. Lichnowsky owned a
multi-story house in the Alser suburb where, among others, a printer and a
bookseller carried out their trade.[44] Beethoven lived for a while in the attic of
this house, where "es ihm kümmerlich ging" ("he was miserable"),[45] and probably spent some time on the first floor. The prince himself, however, did not
live in the suburbs, but resided within the city walls as befitted his status. Lichnowsky's ancestral seat was in Silesia, and he owed his imperial title "prince"
to the King of Prussia. There was, therefore, no Lichnowsky palace in Vienna.
While in the city, the prince lived for a few years in a house that now has the
address Schauflergasse 6, which he had inherited in 1790 and sold in 1794. After
that, he probably stayed nearby with his mother-in-law at the Count Ulfeld
family house on Minoritenplatz. There is no evidence that Beethoven ever lived

40 Carl Czerny, "Erinnerungen aus meinem Leben" [1842], cited in BSZ, 206.
41 Schindler 1840, 27.
42 Wegeler/Ries/Noonan, 32.
43 BGA 18 (dated December 15, 1794 by the editor); see Schindler 1840, 26 (cited without address).
44 On Beethoven and Prince Lichnowsky's living situation, see Rudolf Klein, Beethovenstätten in
    Österreich (Vienna, 1970), 10–12.
45 At least according to his later assistant Karl Holz (1799–1858), probably on the basis of Beet-
    hoven's own account, see BSZ, 462.

in either of these buildings. We do know, however, that in 1795, the composer used an apartment in a building adjacent to the Ulfeld family house.[46]

Biographical storytelling as continuous weaving

Although the image of the princely Lichnowsky couple as the "fatherly friend" and "second mother" of their "adoptive son" was introduced into Beethoven's biography by Schindler, it continued various motifs found in earlier biographical literature, motifs that can be partially traced back to statements Beethoven himself made and that were ambiguous or at least expressed so loosely that Schindler could massage them in his favored direction. Among these motifs is the "friend" Lichnowsky, in whose house Beethoven lived as a "guest" and at whose table he dined. Just as Schindler took up these motifs and developed them, his own new motif of a family comprising the princely couple with their middle-class son was in turn taken up and continued by others. We saw how with Czerny, the next biographer to take up the thread, Schindler's fatherly friend Lichnowsky morphed into a humane connoisseur of art, who treated the composer like a "friend and brother."

A final example suggests that these images, once issued into the world, colonized the memories of the contemporary witnesses themselves, thus modulating history (as a narrative of the past). The famous incident in which the prince and princess, together with some of Beethoven's friends and colleagues, urged the composer to rework the unsuccessful first version of *Fidelio* was recounted by the tenor Joseph August Röckel (1783-1870) three times, and each more-or-less revised version was printed: in Wegeler and Ries's *Biographische Notizen* (1838), in the second volume of Thayer's Beethoven biography (1872), and in an article by Rudolf Bunge in the magazine *Die Gartenlaube* (1868).[47] Ries relates the contents of a conversation held with the singer in London in spring 1837; Thayer gives a German translation of an English letter Röckel had written to him on February 28, 1861; and the writer Rudolf Bunge refers to unspecified "Mittheilungen" ("communication") with the singer. The extent to which

46 Klein, *Beethovenstätten*, 14–15. On Beethoven's living situation in the Lichnowsky house, see also Julia Ronge's contribution in this volume.
47 Wegeler/Ries, 103–6 (Wegeler/Ries/Noonan, 91–94); Alexander Wheelock Thayer, *Ludwig van Beethoven's Leben*, based on the original manuscript translated by Hermann Deiters (Berlin, 1872), ii, 294–95; Rudolph Bunge, "Fidelio. Nach persönlichen Mittheilungen des Herrn Professor Joseph Röckel," in *Die Gartenlaube* 16/38 (1868), 601–6. All three reports were printed together in Julia Ackermann and Melanie Unseld, "Dichtung – Wahrheit – Narrativ? Erinnerungen an die Fidelio-Soirée im Palais Lichnowsky," in *Beethoven.An.Denken. Das Theater an der Wien als Erinnerungsort*, eds. Julia Ackermann and Melanie Unseld (Vienna etc., 2020), 33–46; see also Julia Ackermann's contribution in this volume.

the texts originate with the singer or were adapted by the editors to suit their needs is impossible to determine.

The three versions differ markedly and in essential details.[48] It is striking that the oldest description, which appeared before Schindler's biography, does not mention any family relationship between the Lichnowskys and Beethoven: the princess, as an excellent pianist, played the piano, while the prince eventually brought about the change in the composer's style by suggesting a compromise. In contrast, Röckel's letter, as translated by Thayer, spoke of a "sehr zartfühlenden, schwächlichen Fürstin" ("most tender-hearted, delicate princess"), who acted "für Beethoven [wie] eine zweite Mutter" ("as a second mother to Beethoven") and was "von ihm selbst als solche anerkannt" ("recognized as such by him"); her "Bitten und Flehen" ("requests and appeals") had been the decisive factor in changing Beethoven's mind.[49] "Second mother," recall, was Schindler's formulation. Even clearer references to Schindler's biography can be found in the last account. In Lichnowsky's palace, we hear, Beethoven "was treated with more than princely hospitality over many years." "The Princess [...] showered Beethoven with motherly love and would most have liked, as he himself often remarked, 'to have a bell jar placed over him, so that no unworthy person could touch him.'"[50] The wording here matches almost verbatim a comment of Beethoven related by Schindler: Her love was so wide-ranging and lacked for so little, "it's a wonder the Princess did not have a bell jar placed over me, so that no unworthy person could touch or breathe on me."[51]

In the weave of biographical narratives – in which exposed threads are taken up, developed, and transformed by other actors in the memory culture – it is not always clear whose voice is being heard. Are we hearing a quotation from Schindler here? Is it the singer's authentic memory of one of Beethoven's sayings? Did he even know the composer well enough to know what he "often used to say"? Is Röckel remembering something he read in Schindler's biography, without perhaps realizing, or does the quote stem rather from the editor Bunge's hand?

---

48 Ackermann/Unseld, "Erinnerungen an die *Fidelio*-Soirée," 35–36.
49 Thayer, *Beethoven's Leben* (as in fn. 47), ii, 295.
50 Bunge, "Fidelio" (as in fn. 47), 603: "Fürst Lichnowsky, in dessen Hause er jahrelang mit mehr als fürstlicher Gastfreundschaft bewirthet wurde [...].." "Die Fürstin [...] behandelte Beethoven mit mütterlicher Liebe und hätte am liebsten, wie er selbst oft zu sagen pflegte, 'eine Glasglocke über ihn machen lassen, damit kein Unwürdiger ihn berührte.'"
51 Schindler 1840, 27: "[...], dass nicht die Fürstin eine Glasglocke über mich machen liess, damit kein Unwürdiger mich berühre oder anhauche."

In the last version, like the second, it is the Princess who finally succeeds in changing Beethoven's mind. The maternal motif has been further processed and now culminates in the Princess's insistence that the spirit of Beethoven's mother is imploring "you, at this moment, through me [...] – – Beethoven, it must be! Give in! Do it in memory of your mother! Do it for me, for your only, your most loyal friend." Beethoven can only admit defeat and relent; sobbing, he cries out: "I'll do it! – I'll do anything, anything; – for you – for my mother!"[52]

The unintentional comedy of this dramatized presentation does little to mask its nearly psychoanalytical and socially utopian dimensions. The princess even lays at Beethoven's feet – a posture we already encountered in the anecdote about her mother – "halb knieend und ihn mit ihren Armen umfangend" ("half kneeling and with her arms around him").[53] But this account's thoroughly bourgeois perspective admits no trace of condescension or playfulness. The princess's supplication is sustained by sheer religious solemnity. Finally, the three actors, father, mother and son, merge into a living statue: Beethoven "reverentially lifted the princess up to him and extended his hand to the prince as if making a vow. We, however, approached the group with sincere affection, for we all felt the significance of the great moment, even then."[54]

From a bourgeois point of view, this is how differences of status can be overcome: the gifted, deserving and confident citizen is respectfully recognized and acknowledged by the sympathetic, wise, and committed princely pair and welcomed among them. The idea of the high nobility wishing to adopt a member of the bourgeoisie reflects a middle-class fantasy; it is, in other words, ideological. This is precisely what made Schindler's image of the princely couple as a friendly father and second mother together with their adopted son Beethoven so attractive and why it has reverberated so powerfully down the years – despite Schindler's own reputation swiftly becoming tarnished by his biographical inaccuracy and unreliability. Schindler concocted a motif that bourgeois music historiography could only have wished for.

---

52 Bunge, "Fidelio" (as in fn. 47), 604: "[die Fürstin:] in diesem Augenblicke durch mich mahnend zu Ihnen [...] – – Beethoven, es muß sein! Geben Sie nach! Thun Sie's zum Gedächtniß an Ihre Mutter! Thun Sie's für mich, für Ihre einzige, Ihre treueste Freundin! [...] [Beethoven:] Ich will's! – will Alles – Alles thun; – für Sie – für meine Mutter!"
53 Bunge, "Fidelio" (as in fn. 47), 604.
54 Bunge, "Fidelio" (as in fn. 47), 604: "[Beethoven zog] die Fürstin mit Ehrfurcht zu sich empor und reichte die Hand dem Fürsten, wie zum Gelöbniß. Wir aber umstanden die Gruppe mit ernster Rührung, denn wir Alle fühlten schon damals die Bedeutung des großen Augenblicks."

ABSTRACT

Beethoven as a Bourgeois Artist: Self-Dramatization, Patterns of Perception, Historiographical Construction

Contrary to Beethoven's close relationships with aristocratic families and patrons throughout his life, the theme of a recalcitrant artist who resolutely refused the conventions of aristocratic etiquette is widely anchored in the 19th- and 20th-century research literature. Beethoven is constructed as the epitome of a bourgeois artist and revolutionary.

Anton Schindler, the bourgeois ideologue among the early biographers of Beethoven, had significantly shaped this image with his biography (1840). His contempt for the aristocracy is increasingly expressed more clearly in further editions of the successful book. The author painted Prince and Princess Lichnowsky, who would have represented "fatherly friend" and "second mother" to the artist, as the great exception among the aristocrats. With their attitude Schindler described the bourgeois utopia of an unrestricted recognition by the high nobility.

Letters and older memoir literature demonstrate that Beethoven himself portrayed his relationship to the aristocracy quite ambivalently, for example through the ambiguous use of the term "friendship," which could also mean mere aristocratic patronage. By interpreting the sources one-sidedly in his own sense, Schindler was able to stylize Beethoven as a pioneer of bourgeois emancipation. The article examines social constructions, attributions, and appropriations that continue to have an impact on music historiography even today.

"[G]leichsam aus Noten auch meinen Nahmen in dies Stammbuch ein zu schreiben" – The Rise of Musical Autograph Albums in Post-Napoleonic Vienna

Henrike Rost

"... gleichsam aus Noten auch meinen Nahmen in dies Stammbuch ein zu schreiben"[1] – wording that fittingly captures a change that occurred during the 1810s, when musicians and music circles increasingly chose to make musical entries in *Stammbücher* (friendship albums). The quote is taken from the dedication written by the German-Polish composer Józef Elsner (1769–1854) in the *Album musical* belonging to pianist and composer Maria Szymanowska (1789–1831). The lines, dating from Warsaw, June 3, 1819, accompany Elsner's four-part chorus "Io t'amo o Dio."

Stammbuch practice is distinctive in terms of its creativity and has always been subject to the most diverse fashions. Originating with the 16th-century Wittenberg reformers and related to the aristocratic guest book tradition, this specific memory culture spread to ever wider social circles over the centuries. During this dispersion, the idea of collecting handwritten contributions from friends, acquaintances, and celebrities, usually during a face-to-face meeting, remained constant. Not bound to a specific format, *Stammbücher* also took the form of loose-leaf collections in an album folder. Regarding the music-oriented *Stammbuch* practice of the 19th century, the interplay between collecting personal memorabilia – closely linked to private sociability and leisure culture – and flaunting one's social network and status proves to be particularly characteristic.[2]

---

1 "... to sign my name in music in this *Stammbuch*, as it were," cited in *Album musical de Maria Szymanowska*, ed. Renata Suchowiejko (Kraków etc., 1999), 279.
2 For a comprehensive examination of music-related *Stammbücher*, based on a source corpus of over 60 albums from around 1790 to 1900, see Henrike Rost, *Musik-Stammbücher. Erinnerung, Unterhaltung und Kommunikation im Europa des 19. Jahrhunderts*, Musik – Kultur – Gender 17 (Cologne etc., 2020).

In general, according to Werner Wilhelm Schnabel, a *Stammbuch* entry can be schematized as text, paratext (address to the recipient, writer identification, place and date), and additions, including pictures and music.[3] While musical additions, especially canons, can be found in earlier *Stammbücher*, albums like Maria Szymanowska's *Musik-Stammbuch* that contain mostly or exclusively various kinds of musical entry only began to emerge in the early 19th century. Here, the music autograph replaces the "text" in Schnabel's scheme. This chapter examines the factors, including the social and cultural frameworks, that led to this development, which also influenced Ludwig van Beethoven's life in Vienna.[4] Considering Beethoven's social relationships from the perspective of the *Stammbuch* casts the constructed nature of his image as a disconnected, self-sustaining artist in a distinctive light. The ability to communicate across networks of friends and social contacts seems to have been just as important to Beethoven's career as to any other musician of the time.

Journey and leave-taking: Franz Sales Kandler's, Louis Spohr's and Maria Szymanowska's *Notenautographen-Alben*

With the aim of bringing the sources to life, I would like to present – in addition to Maria Szymanowska's – Franz Sales Kandler's and Louis Spohr's *Stammbücher* as early examples of albums focused entirely on musical autographs, which can also be described somewhat vaguely as *Notenautographen-Alben* (musical autograph albums).[5] All three wished to record their "journey and leave-taking," a typical use of *Stammbücher* deeply rooted in tradition.

Thus, military officer and music writer Franz Sales Kandler (1792–1831) started a *Stammbuch* in 1817 to document his Viennese friends' and acquaintances' farewells when he departed for Venice. In 1826, after nine years in Austrian service in Italy, Kandler returned to Vienna as a *Feldkriegskonzipist* (military logistics coordinator). His album, which runs until 1829 and which Carl

---

3 For an introduction, see the *Stammbuch* database *Repertorium Alborum Amicorum* (project leader: Werner Wilhelm Schnabel), <https://raa.gf-franken.de/de/faq-lesen/wie-sehen-stammbucheintraege-aus.html> (accessed March 20, 2023); <https://raa.gf-franken.de/de/faq-lesen/was-sind-stammbuecher.html> (accessed March 20, 2023). See also Werner Wilhelm Schnabel, *Das Stammbuch. Konstitution und Geschichte einer textsortenbezogenen Sammelform bis ins erste Drittel des 18.* Jahrhunderts, Frühe Neuzeit. Studien und Dokumente zur deutschen Literatur und Kultur im europäischen Kontext 78 (Tübingen, 2003).
4 Karl Gladt's *Stammbuchblätter aus Wien* (Vienna, 1967) still offers a fascinating survey of *Stammbücher* from various centuries contained in Viennese collections, including the albums of the blind pianist Maria Theresia Paradis (1759–1824), the Theater an der Wien bassoonist Otto Hattwig (1766–1834), and Beethoven.
5 For a discussion of definitions and common terminology see Rost, *Musik-Stammbücher* (as in fn. 2), 31–33.

Czerny described in his dedication to a piano caprice of May 3, 1817, as "das musikalische Denkbuch des Hrn v: Kandler" ("Mr. Kandler's musical think-book"), comprises 55 musical autographs by exclusively male musicians – professional musicians as well as dilettantes.[6] Contributors include Franz Schubert (no date), Antonio Salieri (May 2, 1817) and Ludwig van Beethoven (May 3, 1817),[7] as well as Count Moritz von Dietrichstein (no date), Nikolaus Freiherr von Krufft (May 2, 1817),[8] and Ignaz Franz von Mosel (June 4, 1817). Raphael Georg Kiesewetter, whom Kandler was to supply with music transcripts for his early music collection (now stored in the Austrian National Library as the "Fonds Kiesewetter") during his time in Italy,[9] made the only non-musical contribution in the album in the form of a Latin text ("Novum Harmoniae Systema in nucleo exhibitum," June 12, 1817).[10] While Joseph Eybler incorporated his farewell in the text underlay of a four-part canon ("Wohin du reisest, sei glücklich ..."), the lines Johann Nepomuk Hummel wrote to accompany a piano fragment – "Im Augenblike vor meiner / Abreise von Wien, den 8ten / April 1827"[11] – reveal a later farewell scenario. Kandler's *Stammbuch* is dominated above all by vocal and piano pieces, as well as canons. Kandler himself entered a song in July 1817 with the title "Abschied von meinen geliebten Freunden Wiens" ("Farewell my beloved Viennese friends").[12]

It is noticeable that Kandler's *Stammbuch* reflects to some extent the specific constitution of the circle of *art disciples* (*Kunstjünger*) and *art lovers* (*Kunstfreunde*) of 1824 discussed by David Wyn Jones in his contribution.[13] (A few) representatives of the high nobility, such as Archduke Rudolph (with a piano

---

6   Kandler's album, which I was able to view in its original version shortly before it was sold, was auctioned in March 2015 in Berlin. *Autographen aus allen Gebieten*, auction in Berlin on March 24–25, 2015, J. A. Stargardt Catalog 702, 266–70 (no. 501). The Stargardt Catalogue contains plates of Franz Schubert's and Carl Czerny's entries (*Die Forelle* D 550, 2nd version, and *Caprice fuguè* [sic], respectively), as well as a canon transcription attributed to Moscheles, although it is not an Ignaz Moscheles autograph. For the contents of the *Stammbuch* see *Manuskripte, Briefe, Dokumente von Scarlatti bis Stravinsky. Katalog der Musikautographen-Sammlung Louis Koch*, described and annotated by Georg Kinsky (Stuttgart, 1953), 327–30.

7   The Beethoven autograph (WoO 104) was taken from the Kandler *Stammbuch* after its owner's death and can today be found in Viennese collector Aloys Fuchs's album (see the section "The Beethoven case").

8   For Krufft see also Gundela Bobeth's contribution to this volume.

9   See Björn R. Tammen, "'Musicale mania': Auf den Spuren des Franz Sales Kandler in Italien," in *Alte Musik in Österreich. Forschung und Praxis seit 1800*, eds. Barbara Boisits and Ingeborg Harer, Neue Beiträge zur Aufführungspraxis 7 (Vienna, 2009), 33–71.

10 On the basis of the information currently available, it is not possible to determine whether the *Stammbuch* contains a few more 'purely' textual contributions.

11 Cited in Kinsky, *Koch-Katalog* (as in fn. 6), 329.

12 Cited in Kinsky, *Koch-Katalog* (as in fn. 6), 327.

13 See David Wyn Jones, "'Kunstjünger' and 'Kunstfreunde.' Supporting and Promoting Beethoven in Post-Napoleonic Austria," in the present volume.

capriccio in D flat major, "Wien, den 6ten J[uni] 1817")[14] or Ferdinand von
Kinsky's brother, (Franz de Paula) Joseph Kinsky (June 2, 1817), stand alongside music-loving "professional bureaucrats" (including Kiesewetter, von
Mosel, Kandler himself) and numerous professional musicians (including Abbé
Stadler). In the album, the social groups appear – without wishing to ignore the
undoubted barriers between them and divergent motives of their members –
"united in art," that is, in their claims to be practicing artists or in possession
of artistic expertise and their desire to be remembered for it.

Two years earlier, in 1815, violinist and composer Louis Spohr (1784–1859)
had also begun a *Stammbuch* for the exclusive collection of musical autographs.
The album is considered lost: at an unknown time, the album was likely dis-
persed, individual musical entries falling into new collection contexts. However, facsimiles of some entries were published in the appendix of Spohr's
two-volume *Selbstbiographie (Autobiography)* (1860–61).[15] These are Ludwig van
Beethoven's canon *Kurz ist der Schmerz* ("Wien am 3ten März 1815"),[16] a canon to
the lines "Dich, Künstler, lieb' ich warm und rein; gedenke Freund auch ferne
mein! Johann Nepomuc Hummel" ("Wien den 5ten März [1]815"), a textual contribution with inserted music by Ignaz Moscheles ("Wien am 4ten März 1815"),[17]
an undated vocal piece by Antonio Salieri ("Al celebre Signor Spor [sic] / il suo
servo e ammiratore / Salieri"), a Canone a tre by Ignaz von Seyfried ("Wien.
5ten März [1]815"), a canon in Italian by Joseph Weigl, and a Canone a tre voci
by Anton Wranitzky ("Wien d. 3ten März [1]815"). The contribution dates – Beethoven's and Czerny's (May 3, 1817) as well as Salieri's and Krufft's (May 2, 1817)
entries in the Kandler Album were all written on or around the same day – suggest musicians hastily "passing on" the *Stammbuch* before the farewell. One
can also speculate about possible group or personal meetings that may have
offered the opportunity for several entries on one day.

The second volume of Spohr's *Selbstbiographie* includes album pages from
later years that he collected on journeys: a Canone finito a 4 by Giacomo
Meyerbeer ("Rom d. 4ten Januar 1817"), a double canon by Carl Maria von
Weber ("Dresden d. 25. 9ber [November] 1819"), a three-part fugue by Moritz
Hauptmann ("Dresden d. 31 Juli 1818"), a canon by Johann Bernhard Logier
("June 20: 1820") written in London, and an unsigned and undated canon by
Luigi Cherubini.[18] These few *Stammbuch* pages made during Spohr's travels

---

14   Cited in Kinsky, *Koch-Katalog* (as in fn. 6), 328.
15   Louis Spohr, *Selbstbiographie*, 2 vols. (Kassel etc., 1860/61), unpaginated appendices.
16   The canon autograph (WoO 166) now belongs to the Stefan Zweig Collection: GB-Lbl, collec-
     tion Zweig, MS 11.
17   On Ignaz Moscheles' *Stammbuch* page see Rost, *Musik-Stammbücher* (as in fn. 2), 236–37.
18   The reproduced page can be attributed to Cherubini on the basis of the handwriting and the
     canon title.

along with the pages added earlier in Vienna clearly form an insufficient basis on which to draw reliable conclusions about the size and design of the album or the full list of contributors.[19] Moreover, Spohr undoubtedly selected for publication pages from particularly influential or personally important members of Viennese musical life to demonstrate to posterity his own social position.

In 1813 Louis Spohr accepted a call to work at the Theater an der Wien as orchestra director and concertmaster.[20] This function led him into close contact with Beethoven, who Spohr describes as a rather coarse character who, due to his growing deafness, not only found himself in embarrassing situations, but was suffering a decline in his musical abilities.[21] After clashing with theater owner Count Ferdinand Pálffy about Seyfried's replacement as Kapellmeister, Spohr finally resigned from his position at the Theater an der Wien. He planned a major artistic journey through Europe for 1815, which, thanks to the victory over Napoleon and the imminent onset of peace throughout Europe, was now possible.[22] These circumstances apparently prompted Spohr to begin a musical *Stammbuch*. In his *Selbstbiographie* he says:

---

19 In the preface to the autobiography, Spohr mentions a few more contributors to his "musikalischen Gedenkblättern [musical mementos]": "Sie [die Gedenkblätter] bestehen aus noch ungedruckten Antiphonien, Canons, Liedern, Menuetten, Präludien, Capricien, Duettino's, Terzetten, Nachtgesängen, Märschen, Chören [etc.], z.B. von Beethoven, Cherubini, Mozart (dem Sohne), Meyerbeer, Carl M. v. Weber, Hummel, Zelter, A. Hoffmann, Hauptmann, Ries, Romberg, Morlacchi, Clementi, Danzi, Moscheles, Rode [etc.]" ("They [the mementos] comprise as yet unprinted antiphons, canons, songs, minuets, preludes, caprices, duettinos, trios, night songs, marches, choruses [etc.] by Beethoven, Cherubini, Mozart (the son), Meyerbeer, Carl M. v. Weber, Hummel, Zelter, A. Hoffmann, Hauptmann, Ries, Romberg, Morlacchi, Clementi, Danzi, Moscheles, Rode [etc.]"): Spohr, *Selbstbiographie* (as in fn. 15), i, XI.
20 For a recent examination of the Theater an der Wien as a "place of remembrance," especially with regard to Beethoven's work and residence there, see *BEETHOVEN.AN.DENKEN. Das Theater an der Wien als Erinnerungsort*, eds. Julia Ackermann and Melanie Unseld (Vienna etc., 2020).
21 See Spohr, *Selbstbiographie* (as in fn. 15), i, 197–203 "Ich [...] gestehe frei, daß ich den letzten Arbeiten Beethoven's nie habe Geschmack abgewinnen können. Ja, schon die viel bewunderte neunte Symphonie muß ich zu diesen rechnen, deren drei erste Sätze mir, trotz einzelner Genie-Blitze, schlechter vorkommen, als sämmtliche der acht früheren Symphonien, deren vierter Satz mir aber so monströs und geschmacklos und in seiner Auffassung der Schiller'schen Ode so trivial erscheint, daß ich immer noch nicht begreifen kann, wie ihn ein Genius wie der Beethoven'sche niederschreiben konnte. Ich finde darin einen neuen Beleg zu dem, was ich schon in Wien bemerkte, daß es Beethoven an ästhetischer Bildung und an Schönheitssinn fehle." ("I [...] freely admit that I have never been able to acquire much of a taste for Beethoven's late works. And yes, even the much admired Ninth Symphony must be counted among them. The first three movements, despite individual flashes of genius, seem to me to be inferior to any in the earlier eight symphonies; but the fourth movement appears to me so monstrous and tasteless and so banal in its conception of Schiller's ode that I've never been able to understand how a genius like Beethoven could have written it down. I find in it further evidence of what I had already noticed in Vienna, that Beethoven lacked aesthetic literacy and a sense of beauty.") Spohr, *Selbstbiographie* (as in fn. 15), i, 202–3.
22 See Spohr, *Selbstbiographie* (as in fn. 15), i, 208–9.

Als ich den ersten Gedanken zu meiner großen Reise durch Europa faßte, kam
mir auch der, ein Album anzulegen, auf dessen Blätter ich Compositionen aller
der Künstler, deren Bekanntschaft ich machen würde, einsammeln wollte. Ich
begann sogleich mit den Wienern und erhielt auch von sämmtlichen dortigen
Componisten meiner Bekanntschaft kleine, eigenhändig geschriebene und
größtentheils für mein Album eigens gefertigte Arbeiten. Der werthvollste Beitrag ist mir der von Beethoven. Es ist ein dreistimmiger Canon über die Worte
aus Schillers "Jungfrau von Orleans": "Kurz ist der Schmerz, und ewig währt die
Freude."[23]

Spohr's intention to document those he would meet during his planned journey and, before that, his Viennese friends' and colleagues' farewells through
entries in his *Stammbuch* is also reflected in Beethoven's dedication text:
"Mögten Sie doch lieber Spohr / überall, wo Sie wahre Kunst und / wahre
Künstler finden, gerne / meiner gedenken / ihres / Freundes / ludwig van
Beethoven" ("Wherever you find true art and true artists, dear Spohr, I should
like you to remember me, your friend, ludwig van Beethoven").

According to Spohr's description, the practice of focusing on music autographs
in *Stammbücher* appears to have been a novelty at the beginning of 1815, or at
least barely established – Spohr even presents the planned album of compositions as his idea. In addition, Beethoven's lines in the *Stammbuch* manifest the
intention to plot an elite artistic environment within a broad, transnational
radius. Membership of this elite, which is conferred by the indefinable "seal of
approval" of "true" art, should not only be recorded in the *Stammbuch*, but also
inscribed in the memory.

---

23 "When I first thought about my great journey through Europe, I also thought about mak-
    ing an album, on whose pages I wanted to collect compositions from all the artists I would
    meet. I began immediately in Vienna and received small, handwritten and mostly specially
    produced works for my album from all the composers I met there. The most valuable contri-
    bution to me is that of Beethoven. It is a three-part canon on words from Schiller's 'The Maid
    of Orleans': 'pain is short, and joy is eternal.'" Spohr further refers to Beethoven's unusually
    careful handwriting, which he attributes to his "special patience" in writing out the page
    dedicated to Spohr, as well as to the absence of a measure "after the entry of the third voice
    [...], which I had to complete." Spohr, *Selbstbiographie* (as in fn. 15), i, 213.

Fig. 1: Beethoven's page in Spohr's *Stammbuch*, in Louis Spohr, *Selbstbiographie* (Kassel etc., 1860/61), i, after 350. Public domain: https://archive.org/details/louisspohrsselbs01spoh/page/n375

Stammbücher almost entirely devoted to collecting music autographs were in circulation in the years before 1815, as can be demonstrated by Maria Szymanowska's *Album musical*, a *Musik-Stammbuch* that contains three contributions from 1810. The piece that began the album was probably the eight-page *Fantesie* [sic] that Luigi Cherubini wrote for the pianist in Paris.[24] It was joined by a piano piece by Jan Ladislav Dussek written in Monfort, near Versailles, dated October 15, 1810, which, it can be proven, was written without direct contact with the album's owner.[25] The next contribution, dated November 25, 1810 in Warsaw, was made by the violinist Giovanni Battista Polledro. In 1811, Szymanowska, who was born in Warsaw, also collected music autographs from instrumentalists Anton and Max Bohrer as well as August Klengel, who were

---

24   The autograph is reproduced in: *Maria Szymanowska. 1789–1831. Album. Materiały biograficzne, sztambuchy, wybór kompozycji* [Biographical material, *Stammbücher*, selected compositions], eds. Józef and Maria Mirscy (Kraków, 1953), 55–62.

25   This is referred to in the dedication: "J L Dussek / à Monfort près de / Versailles le 15 Octobre 1810 / A Madame Szymanowska née Wolowska en signe du désir que j'ai de / connaître son aimable personne, et d'admirer ses Talents" ("[...] as a sign of my desire to become acquainted with this kind person and admire her talents"). Cited in Suchowiejko, *Album musical* (as in fn. 1), 223.

probably giving concerts in the city. The *Stammbuch* then lay dormant for several years and was only later supplemented in Warsaw in 1816 by contributions by the violinist Karol Kurpiński, among others.

Although it has to be acknowledged that Szymanowska's collecting activity was concentrated in the 1820s when she undertook longer concert tours, the beginnings of her *Musik-Stammbuch*, which was to include around 130 autographs by the end of her life, are of particular interest here.[26] In 1818, for example, the pianist collected at least five contributions dated in Vienna from well-known musicians such as Antonio Salieri (June 13, 1818), Joseph Mayseder (June 25, 1818), Ignaz Moscheles (August 17, 1818), Mauro Giuliani (August 17, 1818) and Peter Haensel (August 18, 1818).[27] In the absence of other sources, Szymanowska's stays in Paris in 1810 and Vienna in 1818 can at present only be conjectured on the basis of the *Stammbuch* pages mentioned. Whether she actually collected the manuscripts through direct personal contact – on site in Paris and Vienna – cannot, however, be conclusively determined.[28]

Further stimulus to such deliberations is provided by the Beethoven autograph contained in Szymanowska's album, which, according to the first edition, was written on August 14, 1818, around the same time as other Viennese contributions of that year. Researchers consider it likely that the piano piece WoO 60,[29] titled *Impromptu, Composed at the Dinner Table* in the later London edition of 1825, was not written down especially for Szymanowska, but came into her possession through third parties.[30] At the same time, the first edition of WoO 60, a music supplement of the *Berliner allgemeine musikalische Zeitung* of December 8, 1824, deliberately emphasized its purportedly *Stammbuch* context. There, the piece is titled "Auf Aufforderung geschrieben Nachmittags am 14ten August 1818 von Beethoven" ("Written by Beethoven on request in the afternoon of August 14, 1818") and it is explained that "jene Komposition habe Beethoven für eine ihm fremde Dame auf deren dringendes Bitten geschrie-

---

26 For a recent summary of Szymanowska's biography see Doris Bischler, *"Ein weiblicher Hummel mit der leichten polnischen Fazilität" – Konzertreisen und kompositorisches Werk der Klaviervirtuosin Maria Agata Szymanowska (1789–1831)*, PhD thesis, University of Music Würzburg, 2016 (Berlin, 2017), 609–11.

27 See Suchowiejko, *Album musical* (as in fn. 1), 65–67. The year of Mauro Giuliani's contribution (in Suchowiejko: 1828) should be corrected to 1818. See Bischler, *Szymanowska*, 168.

28 Doris Bischler speculates that these journeys may never have taken place, Szymanowska's *Stammbuch* instead being sent out for the corresponding entries. See Bischler, *Szymanowska*, 25–26, 31–32.

29 For an analysis that relates the piano piece (which was certainly not composed spontaneously) to the roughly contemporaneous "Hammerklavier Sonata" Op. 106 and gives it considerable weight as an expression of a stylistic reorientation, see Anselm Gerhard, "'Ein kühn hingeworfenes Räthselwort.' Das Klavierstück WoO 60 und die Voraussetzungen von Beethovens 'Spätstil'," in *Musiktheorie* 12/3 (1997), 217–34.

30 See LvBWV, ii, 147–49.

ben" ("Beethoven wrote this composition for a lady who was a stranger to him at her urgent request").[31] The accompanying comprehensive anecdotal account of the accidental acquisition of the (loose) manuscript in the grounds of a Prague palace also repeatedly broaches the matter of the creation of the piano piece as a *Stammbuch* entry.[32] It seems reasonable to dismiss this novelistic embedding of the composition as a marketing ploy to increase the piece's attractiveness. The autograph's inclusion in the current album binding does not seem very promising intitially, either. The two pages were originally in a larger format and have been trimmed at the edges and considerably damaged in the new unsuitable binding.[33] The line directly above the musical notation: "Ziemlich lebhaft / von Beethoven" is barely legible.

Fig. 2: First page of the Beethoven autograph in Szymanowska's *Stammbuch*: *Maria Szymanowska. 1789–1831. Album. Materiały biograficzne, sztambuchy, wybór kompozycji*, eds. Józef and Maria Mirscy (Kraków, 1953), 65. © Henrike Rost

Anselm Gerhard reasons that the manuscript may have originally contained the title given in the first edition ("Auf Aufforderung geschrieben Nachmittags am

---

31 Cited in LvBWV, ii, 147.
32 The story is reproduced in its entirety in Gerhard, "WoO 60," 224–25.
33 The Beethoven autograph (114x192 mm) has a smaller format than almost all the other pages in the *Stammbuch* (usually 115x205 mm) so this cropping cannot have occurred when the album was bound in its current form. See Suchowiejko, *Album musical* (as in fn. 1), 67.

14ten August 1818 von Beethoven"), which had fallen victim to clipping.[34] An entry
from Franz Xaver Mozart's travel diary, dated June 27, 1819 in Danzig (Gdańsk),
now confirms this suspicion and allows further conclusions to be drawn:

> Sie [Szymanowska] ist nach mir aus Warschau gekommen, das Stammbuch
> mußte aber in alle Hauptstädte reisen, und alle grossen Künstler mußten bon
> gré malgré ihren Tribut, der unbekannten, steuern. Einige thaten es auch wirk-
> lich d'assez mauvaise grace. Beethoven schrieb zum Beispiel: Auf Aufforderung
> mit grossen grossen Buchstaben, und seine Composition trägt auch den Stem-
> pel des Unmuths. Saliere [Salieri] und einige andere machtens feiner, und über-
> schrieben, par obeissance. Demohngeachtet muß das arme Büchlein nächstens
> wieder nach Paris, und London reisen!!! Vanitas.[35]

First, the Beethoven autograph had found its way into the Stammbuch by June
1819, so any route via third parties must have been relatively quick. Second, the
title circulated in the first edition seems to have been taken from the (as yet
untrimmed) autograph. Third, one can deduce from Mozart's disparaging words
that Szymanowska may have sent her album to those she wished to autograph it.

Mozart's account, though, which aims to denigrate the pianist, should be
treated with caution. Examining the entries made in 1819 or earlier reveals
that the Stammbuch could only have "travelled" to the "capitals" of Paris, Dresden and Vienna. Most of the entries from the 1810s were written in Warsaw,
undoubtedly requested by Szymanowska in person – including an entry by
Franz Xaver Mozart himself dated June 15, 1819. Contributions made in London
only date back to 1824, when Szymanowska first visited the British capital,
after her stay in Paris.[36]

If, as Mozart suggests, Szymanowska did not personally travel to Vienna in
1818, it is conceivable that an influential intermediary requested album contributions on the pianist's behalf. It seems unlikely that Szymanowska, who was
still relatively unknown and not of noble origin, persuaded the most famous
musicians in Vienna to donate autograph compositions to her simply by sending her (still rather empty) album from Poland. The six contributions men-

---

34 Gerhard, "WoO 60" (as in fn. 29), 219.
35 "She [Szymanowska] arrived from Warsaw after me, but the Stammbuch had to travel to every
    capital, and all great artists were forced to pay tribute bon gré mal gré [like it or not] to the
    stranger. Some did it really d'assez mauvaise grace [grudgingly]. Beethoven, for example, wrote
    'on request' in large capital letters, and his composition bears the stamp of resentment. Sali-
    ere [Salieri] and some others made theirs more elaborate and commented on their pieces,
    par obeissance. Nevertheless, the poor little book must soon travel again to Paris, and Lon-
    don!!! Vanitas." Franz Xaver Wolfgang Mozart (Wolfgang Amadeus Mozart Sohn). Reisetagebuch
    1819-1821, edited and annotated by Rudolph Angermüller (Bad Honnef, 1994), 59.
36 See the overview in Suchowiejko, Album musical (as in fn. 1), 61–74; and Bischler, Szymanowska
    (as in fn. 26), 609–10.

tioned in her *Stammbuch*, then, should be taken seriously as an indication that Szymanowska did stay in Vienna in 1818 – and consequently that a personal encounter between Ludwig van Beethoven and Maria Szymanowska took place.

The Beethoven case

This discussion of the Beethoven autograph in Szymanowska's album points to a common manner of using Beethoven manuscripts in *Musik-Stammbücher* in later decades. Beyond the original conception of the *Stammbuch* – a collection of contributions made in person by friends and acquaintances for the purpose of remembrance – Ludwig van Beethoven's autograph, which was purchased or received as an exclusive gift by the owner of the album, functioned in the second third of the 19th century as a coveted cultural marker of identity as well as sign of the respective collection's quality.[37]

This later development should not make us forget that during his lifetime, Beethoven had participated in contemporaneous *Stammbuch* practice in a manner similar to other well-known composers and musicians without any special status. The shift in focus of *Stammbücher* to musical autographs is reflected in the album pages he wrote through the years.

In October 1797, for example, when his former piano pupil and friend Lorenz von Breuning (1777–1798) left Vienna, Beethoven wrote a textual *Stammbuch* page clearly influenced by turn-of-the-century customs, choosing a quotation from Schiller's *Don Carlos* (IV, 21) – a source he had already drawn upon in Vienna in 1793 for an entry in Theodora Johanna Vocke's album.[38] The lines he wrote for Breuning convey a general orientation to life through an epigram that foregrounds the bonds of friendship between the writer and the addressee which are to be remembered:

> Die Wahrheit ist vorhanden für den Weisen, / die Schönheit für ein fühlend Herz. / Sie beyde gehören für einander. / Lieber guter Breuning, / nie werde ich sowohl die / Zeit, die ich schon in Bonn / mit dir, als wie auch hier mit dir / zubrachte, vergessen, erhalte / mir deine Freundschaft, so / wie du mich im[m]er gleich finden / wirst. dein wahrer Freund L. v. Beethoven.[39]

---

37 The albums of Heinrich Panofka, Dantan Jeune, Vincent Novello and Natalia Obreskov exemplify this use of Beethoven autographs. See Rost, *Musik-Stammbücher* (as in fn. 2), 75, 104, 108, 201.

38 See "Lebensweisheiten," DBH/online, <https://www.beethoven.de/de/glossar/view/4625002850680832/Lebensweisheiten> (accessed March 20, 2023).

39 "The truth is there for the wise man, the beauty for a feeling heart. They both belong to each other. Dear good Breuning, I will never forget the time that we spent together in Bonn and here, keep your friendship for me, as you'll always find me constant. your true friend L. v. Beethoven."

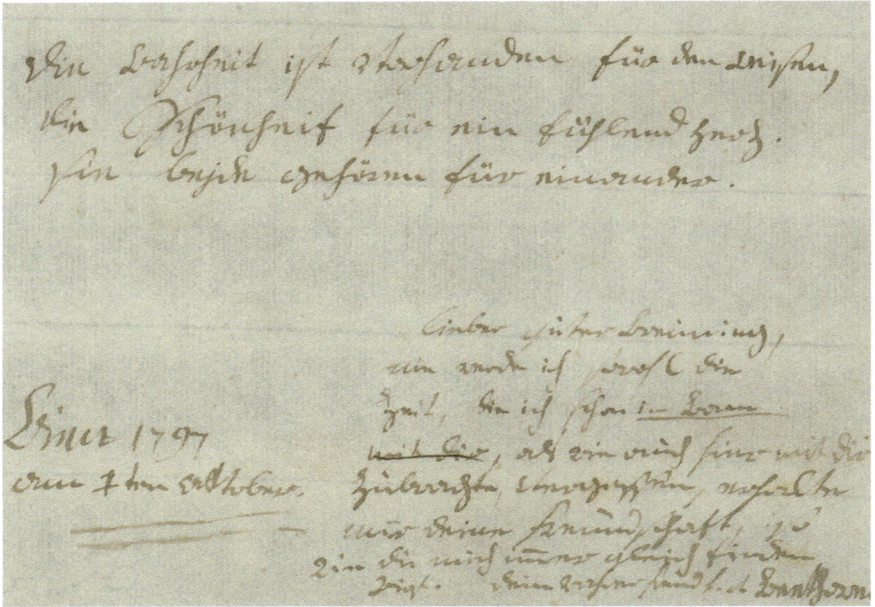

Fig. 3: Stammbuch page for Lorenz von Breuning. Beethoven-Haus Bonn, collection Wegeler, W 7. © Beethoven-Haus Bonn. Permalink: https://www.beethoven.de/de/media/view/4743841097711616/scan/0

In addition to aphorisms and maxims for life, 18th-century *Stammbücher* occasionally contained musical entries, especially canons, and from around 1750 onwards, also songs and instrumental pieces.[40] Thus Beethoven, orienting himself in the *Stammbuch* tradition, also invented various canons to use in his entries.[41] And *Kurz ist der Schmerz, ewig ist die Freude* belongs to these. However, the F major version for Louis Spohr (WoO 166) from 1815 was the second setting he had made of the Schiller text (*Die Jungfrau von Orléans* V, 14). The first version in F minor (WoO 163) was written a good 15 months earlier for Johann Friedrich Naue (1787–1858), who had studied briefly with Beethoven

---

40 On musical entries in *Stammbücher* in the second half of the 18th century, see Tatsuhiko Itoh, *Music and Musicians in the German "Stammbücher" from circa 1750 to circa 1815*, PhD thesis, Duke University, 1991 (Ann Arbor, MI, 1992), at 291–94.

41 For an overview of nearly 20 canons and pieces of music by Beethoven, each of whose character as an album autograph page is categorized according to text selection, paper format and leave-taking context, see Martin Staehelin, "'Kurz ist der Schmerz, und ewig ist die Freude.' Zu Beethovens Kanon WoO 163 und zum Verhältnis von Kanon und Stammbuch," in *Ars Iocundissima. Festschrift für Kurt Dorfmüller zum 60. Geburtstag*, eds. Horst Leuchtmann and Robert Münster (Tutzing, 1984), 323–32. On Beethoven's *Stammbuch* entries, also see Itoh, *Music in "Stammbücher,"* 300–5.

and would later become University Music Director at Friedrichs-Universität Halle.[42] Beethoven is said to have written the canon in a "softcover book" on November 23, 1813. In a letter written 30 years later, dated August 17, 1845, one can read about the circumstances of the entry:

> Auf meiner Reise nach Italien hielt ich mich längere Zeit in Wien auf und hatte dort die Freude, fast täglich mit unserm hochberühmten Beethoven umzugehen. Bei meiner Abreise hatte er die Güte mir ein kleines Taschenbuch zu schenken, mit der Bemerkung, daß ich auf meinen Reisen nach Italien die berühmtesten Musiker möchte hierin schreiben laßen. Er selbst aber componirte einen Canon über Schillers Worte "Kurz ist der Schmerz, und ewig ist die Freude" und schrieb diesen Canon eigenhändig in das Souvenir. ich habe nun zwar in Italien manchen großen Mann kennen lernen [können], jedoch keinen der mir werthvoll genug erschienen wäre, um ihn neben Beethoven stellen zu können, und so befindet sich denn nur die erwähnte Beethovensche Handschrift darin.[43]

In these lines, through which Naue sought to arrange the sale of the autograph, there is a striking similarity with both the formulations in Spohr's *Selbstbiographie*, published in 1860/61, and the scenario of an upcoming journey during which an individual would collect musical autographs in an album. While Spohr credited himself with the idea, Naue, interestingly, presented Beethoven as the source of inspiration. Although Naue surely intended to market the autograph with a personal anecdote that presented it in the best possible light, his description exploited and may have been inspired by the already manifest perception of Beethoven as a brilliant innovator.

Nevertheless, both sources help us grasp the new nature of the phenomenon, whose requirements no professional musician in Europe would have been able to escape from the mid-1820s. This can be seen not least in Beethoven's canon production. He received ever more requests for *Stammbuch* pages: Thus, with respect to the origin of "his" *Stammbuch* canon of 1823 (WoO 185), violinist Louis Schlösser writes in his memoirs that Beethoven was impressed because

---

42   See Staehelin, "WoO 163," 323–26, and Itoh, *Music in "Stammbücher*," 147–55.

43   "On my way to Italy, I stopped in Vienna for a long time and had the pleasure of dealing with our very famous Beethoven on an almost daily basis. On my departure, he was kind enough to gift me a small softcover book, remarking that on my travels to Italy I should like to have the most famous musicians write in it. He, however, composed a canon on Schiller's words 'Pain is short, and joy is eternal' and wrote it into the souvenir himself. Now, I've met many great men in Italy, but none I considered worthy enough to sit next to Beethoven, and thus, the book still only contains the Beethoven manuscript." Cited in LvBWV, ii, 476 (letter to Heinrich Carl Breidenstein, D-BNba, BH 166); see also the complete reproduction of the letter in Staehelin, "WoO 163," 324–25. The double leaf with the dedication "Für Hr. Naue zum Andenken / von LvBthwn. / Wien am 23ten November 1813" was removed from the "softcover book" at an unknown time and is now in private ownership.

Schlösser was "so modest" that he "did not ask for it."[44] As for a proposed entry (WoO 188) in Major Reinhold von Düsterloh's *Stammbuch*, Beethoven's nephew Karl reminded him in a conversation book of January 1825: "[...] he comes to recommend himself and asks if you would like to jot a few notes down in his *Stammbuch*."[45] In May 1825, in the same conversation book the physician Anton Georg Braunhofer begged Beethoven: "[...] not to forget the notes, only a few insignificant ones – it is only for your handwriting,"[46] whereupon Beethoven dedicated to him the canon *Doktor, sperrt das Tor dem Tod* (WoO 189). Finally, in a letter of December 1825, music theorist Theodor Friedrich Molt asked Beethoven whether he may be permitted to present him with a page from his "Stammbuch zur Ausfüllung [to fill out]," Beethoven obliging him with *Freu dich des Lebens* (WoO 195).[47]

In addition to canons, Beethoven also wrote several piano pieces for *Stammbücher* – for example, in 1821, a piece in B minor (WoO 61) for court official Ferdinand Piringer's *Stammbuch* or the piano-song with variations *Ich denke dein* of 1799 (WoO 74) for Josephine and Therese Brunsvik's *Stammbuch* (see Birgit Lodes' contribution in this volume). While this latter album no longer exists, various surviving letters from the family prove beyond doubt that the "quattro mani" as well as two further variations, which were added later, were first written down "dans notre Stammbuch."[48]

On May 3, 1817, Beethoven wrote in the Kandler Album discussed above a song ("Rasch tritt der Tod den Menschen an ...") in C minor for three male voices (WoO 104), which again was based on a Schiller text (*Wilhelm Tell* IV, 3). The two autograph pages were taken from Kandler's *Stammbuch* in 1832 by the well-known music collector Aloys Fuchs (1799–1853), who had come into possession of the album after Kandler's death, and incorporated Beethoven's pages from it into his own *Musik-Stammbuch* (compiled 1830–51), which in the end boasted a total of 115 contributions.[49] In 1839 Robert Schumann arranged the first edition of the song under the title *Gesang der Mönche*, with the remark: "Das bis jetzt ungedruckte Original befindet sich in der Autographensammlung des Herrn A. Fuchs in Wien" ("The original, unpublished until now, is in Mr. A. Fuchs's autograph collection in Vienna").[50] By this point, the musical auto-

---

44 Cited in LvBWV, ii, 507.
45 Cited in LvBWV, ii, 512.
46 Cited in LvBWV, ii, 513.
47 Cited in LvBWV, ii, 520.
48 See LvBWV, ii, 183–87, at 184.
49 See Kinsky, *Koch-Katalog* (as in fn. 6), 327–28, 330–37.
50 Cited in LvBWV, ii, 263.

graph had long since undergone the change in meaning already outlined and, beyond its traditional use, functioned as a valuable object and cultural marker that demonstrated the select quality of Aloys Fuchs' collection.

Fig. 4: First page of Beethoven's *Stammbuch* entry for Kandler, in *Beethovens Tagebuch*, ed. Maynard Solomon, newly edited by Sieghard Brandenburg (Mainz, 1990), 167. © Henrike Rost

Nevertheless, the written text in the entry for Kandler remains particularly meaningful, the writer explicitly emphasizing his personal background and connections in a manner characteristic of earlier *Stammbuch* practice. On the third page of the entry, Beethoven, affected by the sudden death of a friend, violinist Wenzel Krumpholz, noted: ("Aus Schillers Wilhelm Tell zum Angedenken mit Tönen begleitet für Hrn Fr: v. Kandler von ludwig van Beethoven 1817 / am 3ᵗᵉⁿ May / auch zur Erinnerung an den schnellen unverhoften [sic] Tod unseres Krumpholz." ("From Schiller's Wilhelm Tell, accompanied with music for Mr. Fr: v. Kandler by ludwig van Beethoven, 1817 / on May 3 / also in remembrance of the unexpected death of our Krumpholz.").[51] And thus, in a manner

---

51   Cited in LvBWV, ii, 263.

of speaking, erected a paper musical "Denkmal" (monument).[52] The album's deep-rootedness in the *Stammbuch* tradition is also evident in the cross at the top of Beethoven's entry, probably added by Kandler, which marked the death of the contributor (see Fig. 4). The practice of commenting on album entries in this way, retrospectively engaging with them, remembering and mourning the departed in the process, has been characteristic of *Stammbuch* use for centuries.[53]

Finally, what about this most sought-after contributor's own *Stammbuch*?[54] Beethoven received his album as a farewell gift when in the fall of 1792 he left his hometown Bonn for Vienna. All the 14 textual contributions to the album, which was probably purchased by the Vienna National Library as a collection of loose sheets and then only later bound,[55] appear to have been collected *for* him, not *by* him, within a short period of time before being presented to him.[56] Although Beethoven kept the album to remind him of some friends and acquaintances from Bonn, he did not actively continue with it as owner. As one might expect, then, the album does not contain any contributions from musical colleagues – from Bonn or Vienna. So Beethoven never used it as a *Stammbuch* and obviously primarily regarded it – as Naue did of his "softcover book" – as a souvenir. Despite the leave-taking context so typical of the *Stammbuch*, I therefore propose, following Schnabel's definition, Beethoven's 'Stammbuch' is more aptly called an *album d'hommages*:

---

52 "Denkmal der Freundschaft" ("friendship memorial") was a common way of referring to *Stammbücher* during these decades. Beethoven's entry in the *Stammbuch* can also be read here as an expression of the "Intimisierung des Totengedenkens" ("intimization of remembrance of the dead") that was characteristic of the 19th century. See Jutta Schuchard, "Teueres Andenken – Beethoven und die Erinnerungskultur seiner Zeit," in *Drei Begräbnisse und ein Todesfall. Beethovens Ende und die Erinnerungskultur seiner Zeit*, eds. Beethoven-Haus Bonn and Museum for Sepulchral Culture (Kassel etc., 2002), 191–200, at 191, 195.

53 See Robert and Richard Keil, *Die Deutschen Stammbücher des sechzehnten bis neunzehnten Jahrhunderts. Ernst und Scherz, Weisheit und Schwank in Original-Mittheilungen zur deutschen Kultur-Geschichte* (Berlin, 1893), 43.

54 While the heroic myth of the composer was being established, music research soon recognized the album as a source for his Bonn environment and described it in detail. On the occasion of Beethoven's 200th birthday, a facsimile edition was published, to which the much more extensive *Stammbuch* of Beethoven's childhood friend Babette Koch (1771–1807) was added: *Die Stammbücher Beethovens und der Babette Koch* [facsimile with introduction and explanatory notes by Max Braubach] (Bonn, 1995 [first edition 1970]).

55 See Braubach, *Beethoven/Koch*, XIV. Besides the written entries, Beethoven's autograph book also contains a silhouette and some drawings. See *Beethoven/Koch*, XI. The album can be viewed online: <http://data.onb.ac.at/rep/100490A3> (accessed March 20, 2023).

56 All contributions are dated between October 24 and November 1, 1792 in Bonn (with the exception of the physician Crevelt's entry, which, probably erroneously, he dated October 1, 1792).

Charakteristisch [für das Album d'hommages] ist der Umstand, daß die Sammlung der Inskriptionen ohne Vorwissen des Adressaten von den Einträgern
selbst ausgeht, die dem Empfänger das gefüllte Album dann als Manifestation
eines Freundeskreises überreichen, so daß der spätere Besitzer als Selektions-
instanz ausfällt.[57]

"… a new stage of *Stammbuch* history"? –
Between memory culture and subjectivation

This article's starting point was the increasing number of people in the 1810s
who were devoting *Stammbücher* mainly or exclusively to the collection of
musical autographs. Tatsuhiko Itoh, referring to this phenomenon, especially
around 1815 with regard to Louis Spohr's album, has noted the beginning of
"a new stage of *Stammbuch* history."[58] I would like to finish, then, by rethinking Itoh's understanding of this new stage – characterized by the emergence
of loose *Albumblätter* ("musical album leaves") and *Notenautographen-Alben*
("bound albums designed to collect exclusively musical entries") – in a few key
points.[59]

At the end of the 19th century, Robert and Richard Keil argued that, primarily due to its adoption by "lower" social strata (explicitly including women and
children) and the increasing number of loose album pages, the *Stammbücher*
custom had grown decadent.[60] Referring to this thesis, Itoh supposes a "significant change in the sense of intimacy on which the traditional practice of
Stammbücher was based."[61] The personal relationship between inscriber and
album owner had gradually receded into the background: "The *Stammbuch*
entry now began to depart from its traditional intimate environment and to
take on a more public character in accordance with its new quality and function."[62]

Several points can now be noted about music-related *Stammbuch* practice.
In artistic circles, the purpose of *Stammbücher* had always been to display well-
known and famous people together with personally significant friends and

---

57 "[The album d'hommages'] chief feature is that the inscriptions are collected without the
    addressee's prior knowledge on the initiative of the inscribers, who then present the com-
    pleted album to the recipient as a declaration from a circle of friends, so that the intended
    owner takes no part in the selection process." Schnabel, *Stammbuch* (as in fn. 3), 205.
58 Itoh, *Music in "Stammbücher"* (as in fn. 40), 124.
59 Itoh, *Music in "Stammbücher"* (as in fn. 40), iv.
60 Itoh, *Music in "Stammbücher"* (as in fn. 40), 118–19; see, for example, Keil, *Stammbücher* (as in
    fn. 53), 46–47.
61 Itoh, *Music in "Stammbücher"* (as in fn. 40), 119.
62 Itoh, *Music in "Stammbücher"* (as in fn. 40), 313.

acquaintances in an album and thereby preserve their memory.[63] This basic
idea did not change significantly during the 19th century. What did change,
however, as musicians formed a new artistic image of themselves, was the
design of Stammbuch entries, which foregrounded the musical autograph as
a symbol of the superior claim to validity of one's own artistic work. Writing
as well as collecting Stammbuch pages can therefore be understood as a practice of subjectivation, which was an integral part of the new breed of artist's
"Selbst-Bildung [self-fashioning]."[64] To measure such pages' "degree of intimacy" or their personal meaning, intention or expressivity – for writer as well
as addressee – according to whether they possess a book binding seems fundamentally questionable to me.

The change in Stammbuch page design is also framed by the general reorientation of the memory culture in the 19th century, which, in addition to a
prominent cult of monuments and souvenirs, is characterized by a great enthusiasm for collecting autographs in the most diverse and varied of contexts. In
my view, Itoh's approach, which reduces the music-specific developments to
two contrasting tendencies – the emergence of loose Albumblätter and bound
Notenautographen-Alben – is neither convincing in itself nor does it capture
the diverse ways in which album leaves were both collected and used. In fact,
musikalische Albumblätter, which generally originate from or could be integrated into a bound album, increasingly developed into objects of public interest as part of the memory culture outlined above – as evidenced by the term's
migration into the sphere of published compositions. The "more public character" identified by Itoh, however, did not necessarily lead to intimate personal
references disappearing from music-related Stammbuch entries. Finally, viewing 19th-century album pages as fundamentally detached from Stammbuch
practice, as Oliver Huck suggests,[65] following on from Itoh's study, might be

---

63   A glance back to the 17th century at the 11 surviving Stammbuch entries made by Heinrich
      Schütz between 1616 and 1659, for example, shows that he made the majority of them for
      passing acquaintances or even complete strangers who just wanted to secure the prominent
      Saxon court musician's autograph for their Stammbücher. See Werner Breig, "Die Stamm-
      bucheinträge von Heinrich Schütz," in Schütz-Jahrbuch 29 (2007), 81–109, esp. 99.
64   For a cultural theoretical approach to subjectivation practices based on the work of Andreas
      Reckwitz and others, see the editors' introduction to Selbst-Bildung. Soziale und kulturelle Prak-
      tiken der Subjektivierung, eds. Thomas Alkemeyer, Gunilla Budde, and Dagmar Freist (Bielefeld,
      2013), 9–30. For English readers the term "self-fashioning," introduced by Stephen Greenblatt
      in 1980, might be helpful to catch the meaning of "Selbst-Bildung": Renaissance Self-Fashion-
      ing: From More to Shakespeare (Chicago, 2005 [1980]).
65   Consequently, in Oliver Huck's estimation, neither Maria Szymanowska's album nor those
      of Fanny or Felix Mendelssohn Bartholdy are Stammbücher (although it is historically docu-
      mented several times that the last of these albums was named as a "Stammbuch"). Instead,
      Huck pleads for the open term "Musikalben," under which he then also subsumes Fanny Hen-
      sel's so-called Reise-Album, which only contains Hensel's own compositions and differs con-
      siderably in its creation and use from the other "Musikalben" mentioned in his essay. Oliver

plausible from a work-centered perspective, but doing so obscures the contexts of reference and application shaped by 19th-century *Stammbuch* practice which were so decisive and frequently governed the nature of the compositions.

Conclusion

The political, social and cultural shifts in post-Napoleonic Europe triggered a reorientation of the memory culture in general and a change to music-related *Stammbuch* practice in particular. The changing perception and position of art went hand in hand with musicians' new self-image; they mobilized musical autograph scores to define their idealized role as creators of art works and inscribe themselves in memory. At the same time, *Stammbuch* owners documented their participation in musical culture in their collections. They thereby displayed their connections to and position in the respective circles. Initially, the entries were mainly seen by other contributors to the album or people to whom it was simply shown. This process established an exclusive community. Later, usually after the owner's death, the *Stammbuch* as part of their estate became subject to new reception processes, as the Kandler album exemplifies. In order to enhance one's posthumous fame, an owner (or other person) might publish selected pages in later years, which would then reach a wider public – as in the case of Spohr.

In the discussion of Franz Sales Kandler's, Louis Spohr's, and Maria Szymanowska's early musical *Stammbücher*, as well as of Beethoven's album, the traditional connection "journey and leave-taking" proved to be particularly characteristic for the entries' origin and motivation, which were specifically selected to highlight Viennese "Beethoven networks [= Geflechte]." This made it possible to offer an insight into the typical manner in which Beethoven responded to the *Stammbuch* requests he received. Although he never actively kept a *Stammbuch* himself, Beethoven can be described on this basis as open to the *Stammbuch* practice in which he, like other well-known composers and musicians, was actively involved. The hypothesis that Beethoven autographed Szymanowska's *Album musical* as part of a personal interaction can be given credence by considering the other *Stammbuch* pages that were written around the same time in Vienna.

While Paris holds a special position among the European music metropolises with regard to collecting musical autographs in albums, the musical life of

---

Huck, "Albumblätter für Klavier – Manuskripte und Kompositionen im 19. Jahrhundert," in *Archiv für Musikwissenschaft* 75/4 (2018), 244–277, esp. 246–48, 272–76.

Vienna also seems to have provided an important breeding ground and central starting point for the developments described above. My discussion of these developments underscores how approaches to and interpretations of 19th-century *Musik-Stammbücher* and *Albumblätter* should – beyond the previous exclusive interest in repertoire and compositional versions – expand to encompass the activities shaped by the socially established use of *Stammbücher*.

ABSTRACT

"[G]leichsam aus Noten auch meinen Nahmen in dies Stammbuch ein zu schreiben" – The Rise of Musical Autograph Albums in Post-Napoleonic Vienna

The political, social and cultural shifts in post-Napoleonic Europe brought about a reorientation of the memory culture in general and a change to music-related *Stammbuch* practice in particular. *Stammbuch* practice can be traced back to the 16th century as a culture of remembrance as well as a practice of subjectivation and display of connection. During the 1810s, the design of *Stammbuch* entries in artistic circles changed and foregrounded the music autograph. For the first time, albums emerged in which the only aim was to collect musical autographs, serving as symbols of the validity of one's own artistic work and idealized role as creator of art. In my chapter, I deduce this focus on music from the formation of a new self-image of musicians and composers. My considerations are based on the discussion of the *Musik-Stammbuch* of the military officer and music writer Franz Sales Kandler, the available information on the lost album of Louis Spohr and the *Album musical* of Maria Szymanowska. Finally, Beethoven's own *Stammbuch* of 1792 is considered and identified rather as an *album d'hommages*. Considering Beethoven's social relationships in Vienna and elsewhere from the perspective of the *Stammbuch* clearly challenges his image as a disconnected artist.

"Die arme, unglückliche Oper!"[1] – The "Failure" of *Fidelio* in the Reports of Contemporaries at the Theater an der Wien

Julia Ackermann

In the culture of memory, Ludwig van Beethoven's life and work at the Theater an der Wien is permeated by myths surrounding his tenure as composer in residence, ignorance about the exact circumstances of his "employment," and above all by years of neglect. For a long time, the theater was a place little associated with Beethoven's memory, displaced instead by the various residences in the Viennese suburbs, which better matched the dominant image of the solitary genius wandering through nature.[2] However, if one takes Beethoven's work at and for the theater seriously – from the music-theatrical efforts centered on *Fidelio* to the academies in the years 1803–06 – several details stand out that shed new light on not only the general picture of Beethoven but also the success or failure of *Fidelio* at the Theater an der Wien. In order to do this, it is necessary to review the day-to-day life of the theater in which Beethoven took part, including the abundance of people who were culturally active there at the same time. How did Beethoven live and work at the theater with his colleagues? What musical and theatrical forms could be seen on stage? How did the political situation shape everyday theater life? The picture that emerges also finally explains why the Theater an der Wien, of all places, has long remained an empty space in the remembrance culture around Beethoven: the intimate networking at the theater, the sociable everyday theater life, the artistic program of the suburban stage – none of these could be squared with the typical 19th-century portrayal of Beethoven.

---

1 "The poor, wretched opera!": Rudolf Bunge, "Fidelio. Nach persönlichen Mittheilungen des Herrn Professor Joseph Röckel," in *Die Gartenlaube* 16/38 (1868), 601–6, at 602.

2 The text draws on results of the research project *Erinnerungsort Beethoven: Theater an der Wien*, which was located at the University of Music and Performing Arts Vienna (mdw) in 2018–20 (Director: Melanie Unseld, Research Assistant: Julia Ackermann), funded by MA 7/Vienna. See also *BEETHOVEN.AN.DENKEN. Das Theater an der Wien als Erinnerungsort*, eds. Julia Ackermann and Melanie Unseld (Vienna etc., 2020).

Networks at the Theater an der Wien

In order to understand just how closely people at the Theater an der Wien
worked together and how involved Beethoven was in that collaborative effort,
it is instructive to examine the "Fidelio event" network in some detail. The network graphic (Fig. 1)[3] shows the people who participated in the network in
the broadest sense: not only actors directly involved in the Fidelio productions,
but also those active in the theater at the same time who contributed to that
season's diverse repertoire. Beethoven becomes visible at the Theater an der
Wien within the memory culture when people tell stories about Beethoven's
time there and pass those stories on. The network graphic also includes people
who shaped the manner the event is remembered, for example, by reporting
on the performances after visiting the theater, by helping to distribute Fidelio
as publishers and editors, or by mounting commemorative plaques. Through
their actions, they all joined Beethoven and Fidelio with the Theater an der
Wien in the cultural memory. The color-based identification of the various
areas of activity illuminates the cooperation between theater members on several levels, readily showing how one person, for example, fulfilled the roles of
(stage) actor, singer, playwright, libretto translator, and organizer of academies.
Being assigned such a variety of tasks was typical at the time, unlike today's
theater operations, where responsibilities are usually more clearly delineated.
Not all the people presented in the diagram lived or functioned at the same
time; many of them never met each other. Connecting lines that would stand
for concrete relationships have been deliberately left out because the sources
are often not conclusive enough to make definitive pronouncements. The
network should rather be considered as a whole that encompasses a diverse
range of actors: Who is part of the „cosmos" theater? What forces must be in
place to make live theater possible or to anchor it in memory? In principle, the
graphic is infinitely expandable since any definitive representation is limited
by space and must inevitably be selective. Furthermore, in trying to trace such

---

3   The concept of the network was developed as part of the research project *Erinnerungsort Beet-*
    hoven: Theater an der Wien in collaboration with Melanie Unseld, Roman Synakewicz and other
    seminar participants. The graphic design of this image was carried out by the graphics depart-
    ment of the Theater an der Wien. An alternative graphic presentation, which was created with
    the help of the *gephi* program, can be found on the back inside cover of *BEETHOVEN.AN.DENKEN*
    edited by Ackermann/Unseld.

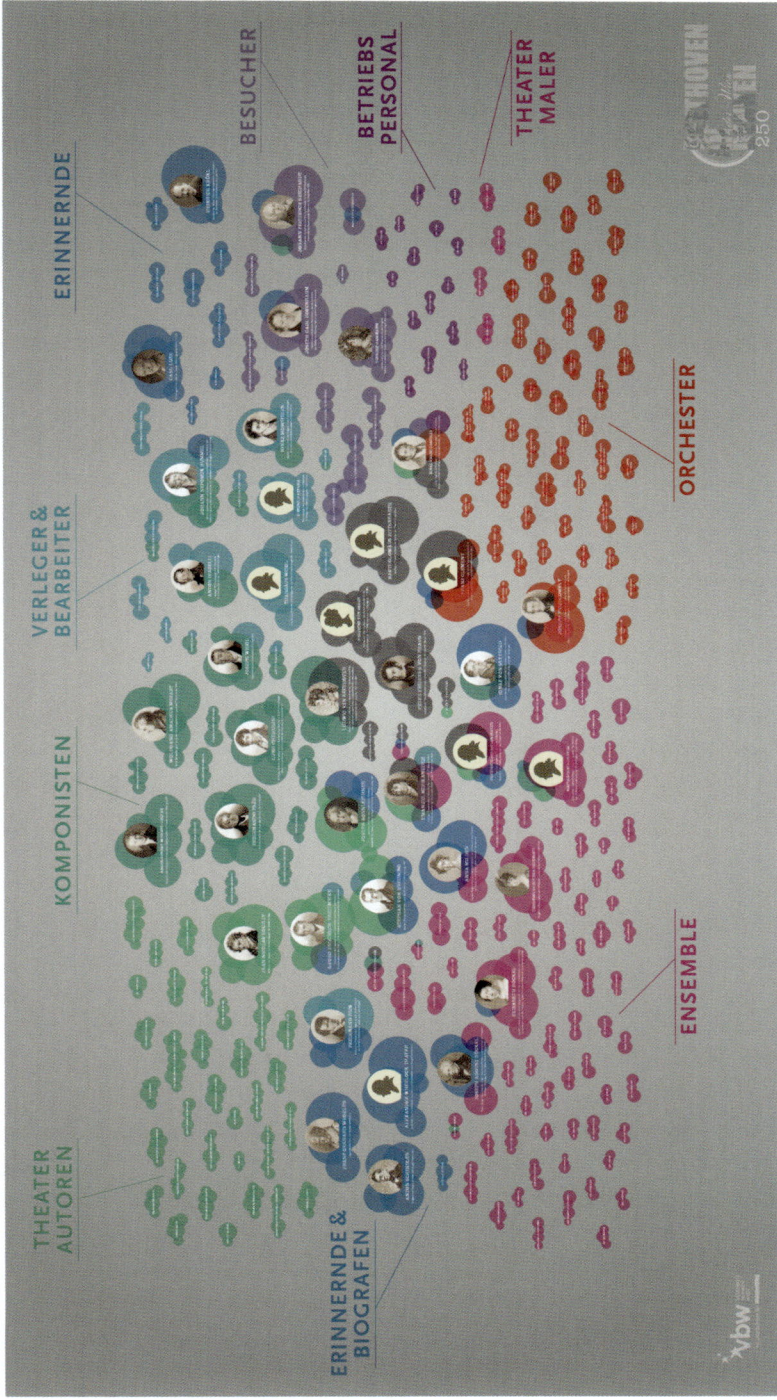

Fig. 1: The network graphic shows the numerous (network) actors involved in the "Fidelio event" at the Theater an der Wien: the people who participated in the 1805–06 performances, who were working at the theater at the same time or whose works were performed, as well as those who celebrated the event in writing, sheet music editions, or commemorative occasions. The various types of activity are color-coded and it is indicated when a person carried out more than one.

a network, the difficulty of grasping and depicting networks becomes clear.[4] Their structures and textures are not fixed, but are rather fluid and dynamic.

But why might it be helpful to investigate Beethoven as part of this complex, vibrant network? As the composer of *Fidelio* and the organizer of academies, he was an actor deeply embedded in the theater network. After all, an opera is not the work of one individual (as the Beethoven-as-hero myth would have us believe), but in its conception, rehearsal, staging, performance, and reception it is always a joint project bringing together a diverse range of creative individuals. This novel perspective not only transforms the received view of the composer, but also the way the sources surrounding the creation of *Fidelio* have been interpreted so far. For example, I consider the theater as a house (or even household)[5] in the sense of a community, where many artists, musicians and other theater personnel lived, worked, rehearsed, and shared ideas. The small apartment set aside at the Theater an der Wien for Beethoven during his time as composer in residence should be imagined fully enmeshed in this house community, and not as the bourgeois study of a self-sufficient genius – as it has been so far and becomes visible in displays like the one in Fig. 2. Viewing the theater, however, as a bustling site of activity changes the picture fundamentally and focuses attention on the social context encompassing the processes of (music) theater creation. This perspective also reveals the relations and interactions of those who comprise the theater as an integrated artistic and economic unit – although one of course open to the wider Viennese network of which it is part.

---

4 See e.g. *Handbuch Historische Netzwerkforschung. Grundlagen und Anwendungen*, eds. Marten Düring, Ulrich Eumann, Martin Stark, and Linda von Keyserlingk, Schriften des Kulturwissenschaftlichen Instituts Essen (KWI) zur Methodenforschung 1 (Münster etc., 2016); *Netzwerke. Eine Kulturtechnik der Moderne*, eds. Jürgen Barkhoff, Hartmut Böhme, and Jeanne Riou, Literatur – Kultur – Geschlecht 29 (Cologne etc., 2004).
5 Regarding the concept of the "ganzes Haus," see e.g. *Das Haus in der Geschichte Europas. Ein Handbuch*, eds. Joachim Eibach and Inken Schmidt-Voges (Berlin, 2015); and, applying it to musicology, see Melanie Unseld, "Musikerfamilien. Kontinuitäten und Veränderungen im Mikrokosmos der Musikkultur um 1800," in *Beethoven und andere Hofmusiker seiner Generation. Bericht über den internationalen musikwissenschaftlichen Kongress Bonn, 3. bis 6. Dezember 2015*, eds. Birgit Lodes, Elisabeth Reisinger, and John D. Wilson, Musik am Bonner kurfürstlichen Hof 1 (Bonn, 2018), 25–54.

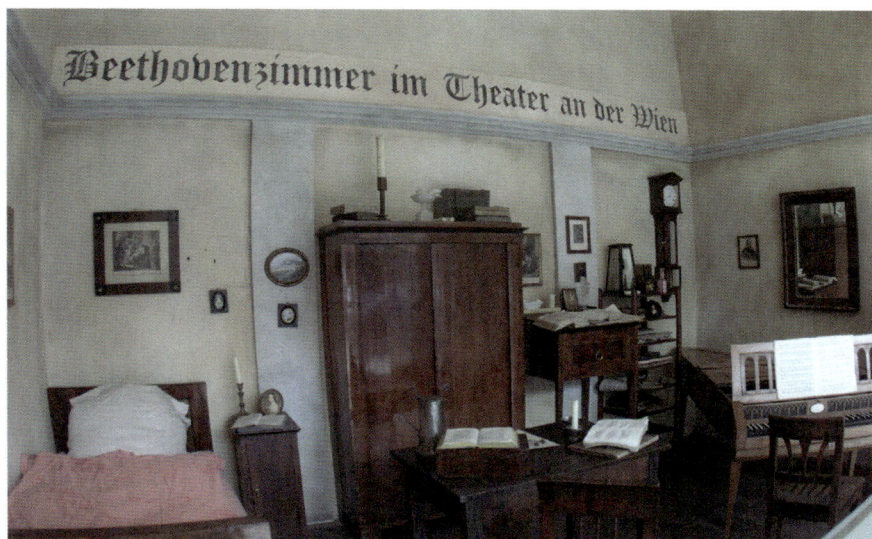

Fig. 2: Staging of "Beethoven's Room" in the entrance area of the Theater an der Wien (before 2006). © GUENTER R. ARTINGER / APA / picturedesk.com

By taking the network rather than the individual composer as the fundamental unit of analysis in this chapter, I attend to the contexts of *Fidelio*'s creation and the networks of diverse actors at the Theater an der Wien that comprised them, and will thus be able to challenge various established narratives about Beethoven and the opera. Deploying the concept of "cultural action,"[6] the focus will not be on the "genius" and his "masterpiece," but rather on the "groups responsible for transmitting cultural experience, events, and decision-making processes."[7] The network perspective offers the chance to reassess familiar sources and unearth how still-influential depictions of Beethoven were initially constructed and circulated. My investigation begins with two groups of sources each of which offers an illustrative close-up on a section of the network – "sub-network" if you will. Individual actors will be selected from each group to examine how contemporaries reported the premiere of *Fidelio*. I conclude that early sources established certain narratives which shaped the later memory of the opera and continue to affect its reception today. For example,

---

6 See Susanne Rode-Breymann, "Überlegungen zum Konzept 'kulturellen Handelns,'" in *"La cosa è scabrosa." Das Ereignis "Figaro" und die Wiener Opernpraxis der Mozartzeit*, eds. Carola Bebermeier and Melanie Unseld, Musik – Kultur – Gender 16 (Vienna etc., 2018), 21–30; Karl H. Hörning, "Kultur als Praxis," in *Handbuch der Kulturwissenschaften*, vol. 1, *Grundlagen und Schlüsselbegriffe*, eds. Friedrich Jaeger and Burkhard Liebsch (Stuttgart etc., 2004), 139–51.
7 Rode-Breymann, "Überlegungen zum Konzept 'kulturellen Handelns,'" 24.

opera-goers are largely unaware that the premiere of *Fidelio* took place at the
Theater an der Wien in 1805 and that the one usually staged is the third version
from 1814.[8]

Reports on the world premiere of *Fidelio*

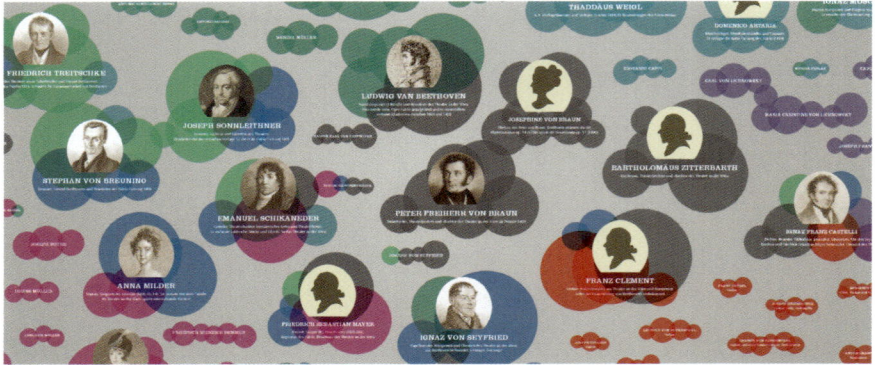

Fig. 3: Detail from the network graphic (see fig. 1): Beethoven's contacts with
the theater management, including artistic directors, librettists, dramaturges,
and conductors

The first of the two groups of sources gather together the writings and letters
from those of Beethoven's colleagues who belonged to the Theater an der Wien
management in the broadest sense, which also includes areas that would today
count as part of the dramaturgy and program-planning departments, such as
directors, librettists, and translators. In addition to theater director Peter Freiherr von Braun and owner Bartholomäus Zitterbarth, this sub-network also
includes the theater founder and, during Beethoven's residency, its artistic
director Emanuel Schikaneder. Schikaneder, as is well known, was responsible
for bringing Beethoven to the house in the first place to set his own libretto
Vestas Feuer to music. Other central figures were Kapellmeister Ignaz von Seyfried and his brother Joseph, who translated and adapted many scripts and
librettos especially for the Theater an der Wien. He was commissioned to do
this by, among others, director, actor, and singer Friedrich Sebastian Mayer,
who was heavily involved in developing the Theater an der Wien's repertoire
and was praised by poet and theater journalist Ignaz Franz Castelli for his con-

---

8   On the history of the various versions of *Fidelio* see, e.g., Helga Lühning, "Die einzige Oper:
    Leonore/Fidelio. Die verwickelte Entstehungsgeschichte," in *Beethovens Vokalmusik und Bühnen-
    werke*, eds. Birgit Lodes and Armin Raab, Das Beethoven-Handbuch 4 (Laaber, 2014), 9–33.

siderable skill in selecting operas for adaptation.[9] The court theater secretary
Joseph Sonnleithner, as well as the other two *Fidelio* librettists, Stephan von
Breuning and Georg Friedrich Treitschke, must also be added to this selection.
All the members of this sub-network were in direct contact with Beethoven at
the theater or in relation to *Fidelio* – working with him on the libretto, rehearsing the opera with the orchestra, or negotiating with him about payment, for
example. Their remarks convey impressions of their collaboration with Beethoven at the theater or on *Fidelio* and offer insight into the genesis of certain
narratives about this period.

Kapellmeister Ignaz von Seyfried, who rehearsed the orchestra and conducted the first run of *Fidelio* performances, was one of the most important
contemporary witnesses of Beethoven's work at the Theater an der Wien. In a
review for the magazine *Cäcilia* as well as in the "Biographical Notes" and "Character Traits and Anecdotes" about Beethoven, he recorded many details about
the communal day-to-day life at the theater. He recounted, for example, shared
meals at the inn[10] and described in a famous quotation the "admirable confusion"[11] in Beethoven's apartment at the theater. Seyfried's characterization of

9 Ignaz Franz Castelli, *Memoiren meines Lebens. Gefundenes und Empfundenes, Erlebtes und Erstre-
   btes*, 4 vols. (Vienna, 1861), i, 239–41. ("No one in Vienna has done more to improve opera
   music, and therefore also to improve musical taste, than he [= Friedrich Sebastian Mayer].
   [...] It was he who prescribed the better French operas, had them translated, and then staged
   them with great care. [...] so it happened that the Theater an der Wien always put on well-pre-
   sented new works, and was the most popular theater in Vienna at that time.")
10 "Als er den *Fidelio*, das Oratorium: *Christus am Oelberge*, die *Symphonien* in Es, c-moll und F,
   die *Pianoforte-Concerte* in c-moll und G-dur, das *Violin-Concert* in D componirte, wohnten wir
   beyde in einem und demselben Hause, besuchten fast tagtäglich, da wir eine Garçon-Wirth-
   schaft trieben, selbander das nehmliche Speisehaus, und verplauderten zusammen manch
   unvergessliches Stündchen in collegialischer Traulichkeit; denn *Beethoven* war damals heiter,
   zu jedem Scherz aufgelegt, frohsinnig, munter, lebenslustig, witzig, nicht selten auch satyr-
   isch [...]." Ignaz von Seyfried, "Recensionen. Beethovens neueste Compositionen: Messe, Symphonie, und Quatuor," in *Cäcilia. Eine Zeitschrift für die musikalische Welt* 9/36 (1828), 217–43,
   at 219. ("When he worked on *Fidelio*, the oratorio *Christus am Ölberge*, the Symphonies in E flat,
   C minor and F, the Piano Concertos in C minor and G major, the Violin Concerto in D, we lived in
   one and the same house, visited the same pleasant eatery together almost every day (since we
   were running a *garçon-Wirtschaft*), and chatted away many an unforgettable hour in collegial
   intimacy; for *Beethoven* was cheerful, always enjoyed a joke, jovial, lively, fun-loving, witty,
   and not infrequently satirical [...].")
11 "[W]iewohl übrigens in seinem Haushalt eine wahrhaft admirable Confusion dominirte.
   Bücher und Musikalien in allen Ecken zerstreut, – dort das Restchen eines kalten Imbisses, –
   hier versiegelte oder halbgeleerte Bouteillen, – dort auf dem Stehpulte die flüchtige Skizze
   eines neuen Quatuors, – hier die Rudera des Dejeuner's, – dort am Piano, auf bekritzelten
   Blättern, das Material zu einer herrlichen, noch als Embryo schlummernden, Symphonie, –
   hier eine auf Erlösung harrende Correctur, – freundschaftliche und Geschäftsbriefe den
   Boden bedeckend, – zwischen den Fenstern ein respectabler Laib Stracchino, *ad latus* erkleck-
   liche Trümmer einer echten Veroneser Salami [...]." Ignaz von Seyfried, "Charakterzüge und
   Anekdoten," in *Ludwig van Beethoven's Studien im Generalbasse, Contrapuncte und in der Compositions-Lehre*, collected from his handwritten estate and edited by Ignaz von Seyfried (Vienna,
   1832), Appendix, 14–27, at 20–21. ("Although, by the way, a truly admirable confusion reigned

Beethoven as an affable and cheerful colleague diverges considerably from the now prevalent image of a surly loner. On the other hand, his anecdotes about the disorderliness of Beethoven's rooms and his frequent relocation around Vienna have contributed to the familiar portrait of the composer that still enjoys wide currency. Of Beethoven's opera-going habits, Seyfried wrote:

> Als *Beethoven* noch nicht mit seinem organischen Gebrechen behaftet war, besuchte er gerne und wiederholt Opernvorstellungen; besonders jene in dem damahls so herrlich florirenden Theater an der Wien; mitunter wohl auch der lieben Bequemlichkeit zu Nutz und Frommen, da er gewissermaßen nur den Fuß *aus* seiner Stube und *ins* Parterre *hinein* zu setzen brauchte. Dort fesselten ihn vorzugsweise *Cherubini's* und *Mehul's* Schöpfungen, die in selber Epoche gerade anfingen, ganz Wien zu enthusiasmiren.[12]

This quote illustrates well how tightly Beethoven was integrated into the everyday life of the theater, where he actively engaged with the latest repertoire. In the process, not only did he thoroughly familiarize himself with contemporary stage works, especially the French productions of which a large part of the Theater an der Wien repertoire comprised, and develop a feel for operatic dramaturgy, but he also came to appreciate the precise vocal and instrumental abilities of each of the singers in the ensemble and the players in the orchestra,[13] knowledge he was able to put to use when composing *Fidelio*. It is noteworthy, therefore, that the cast of *Fidelio* is almost identical to that of *Vestas Feuer* (Schikaneder/Weigl, premiere August 10, 1805) and *Die Neger* (Treitschke/Salieri, premiere November 10, 1804) and Beethoven was able to draw on an ensemble of singers who had proven themselves in dramatic interaction on stage. It seems all the more astonishing, then, that Seyfried held the cast responsible for the *Fidelio* premiere's lack of success, complaining:

---

in his household. Books and music lay scattered in all corners; here, a half-eaten cold snack; there, sealed or half-empty bottles; over there on the desk, the hasty sketch of a new quartet; here the ruins of lunch; there on scribbled pages at the piano, the material for a magnificent symphony still slumbering in embryonic form; here a corrected manuscript awaiting redemption; personal and business letters strewn all over the floor; between the windows a respectable loaf of stracchino [a creamy Italian cheese that comes in square blocks] lying next to the ample debris of a genuine Veronese salami [...].")

12 Seyfried, "Charakterzüge und Anekdoten," 17–18. ("Before *Beethoven* was afflicted with his physical infirmity, he often liked to attend opera performances, especially those at the then magnificently flourishing Theater an der Wien, not least because it was so easy for him to do so, since he only had to set foot *out* of his room and *into* the *parterre*. There he was beguiled by *Cherubini's* and *Mehul's* creations, which at the time were just beginning to inspire the whole of Vienna.")

13 See also *"Per ben vestir la virtuosa." Die Oper des 18. und frühen 19. Jahrhunderts im Spannungsfeld zwischen Komponisten und Sängern*, eds. Daniel Brandenburg and Thomas Seedorf, Forum Musikwissenschaft 6 (Schliengen, 2011).

Der, jetzt zu einem europäischen Rufe gelangte *Fidelio* ging damahls unter einer keineswegs glücklichen Constellation in die Scene. Nicht nur, daß außer den Demoisellen *Milder* und *Müller*, und Herrn *Meier*, die Besetzung der übrigen Rollen nicht vollkommen befriedigte, so wurde auch durch die allmählige Annäherung des Kriegsschauplatzes die Aufmerksamkeit auf andere Gegenstände gelenkt.[14]

From this quotation two narratives can be discerned, which are encountered repeatedly in the sources from this period. First, Seyfried suggests that "now" – that is, several years after its premiere – the opera has achieved Europe-wide acclaim. By implication, it was not particularly successful in its first performances and only later on achieved its full – and thus deserved – success. This initial "failure" was partly due to the "rather unfortunate constellation of events" at the premiere, namely a mediocre cast of singers and the French occupation of Vienna. We find Georg Friedrich Treitschke, the librettist for the third version, using the same wording to describe *Fidelio*:

[...] aus der Ferne wälzte sich aber das Ungewitter eines Krieges gegen Wien und raubte den Zuschauern die zum Genusse eines Kunstwerkes erforderliche Ruhe. Doch eben deswegen bot man das Möglichste auf, die sparsam besuchten Räume des Hauses zu beleben. ‚Fidelio' sollte das Beste thun, und so ging die Oper, unter keineswegs glücklicher Konstellation am 20. November in Scene. Mit Bedauern empfanden wir, daß das Werk seiner Zeit vorausgeeilt war, und von Freunden und Feinden wenig begriffen wurde. Man gab es nur drei Tage nach einander und unterließ die Wiederholung bis 29. März 1806. Einige unwesentliche Veränderungen, [...] konnten die bestehende ungünstige Meinung nicht vertilgen. Noch einmal, am 10. April, wurde es gegeben und dann dem Staube der Theater-Bibliothek überantwortet.[15]

---

14 Ignaz von Seyfried, "Biographische Notizen," in Seyfried, *Beethoven's Studien* (as in fn. 11), Appendix, 3–13, at 9. All emphasis – here and in subsequent quotations – is my own, in order to highlight the similar expressions. ("*Fidelio*, which has now achieved Europe-wide acclaim, originally went into production plagued by a rather unfortunate constellation of events. Not only was the casting of the roles unsatisfactory – apart from Mr. *Meier* and the demoiselles *Milder* and *Müller* – the theater of war's gradual approach led our attention to other matters.")

15 Georg Friedrich Treitschke, "Fidelio," in *Orpheus. Musikalisches Taschenbuch* 2 (1841), 258–64, at 259. ("[...] however, the storm of a war against Vienna roiled in the distance, robbing the spectators of the peace necessary to enjoy an art work. But for precisely this reason, the house did all it could to enliven its sparsely frequented rooms. *Fidelio* was the best it had to offer, and so, on November 20, plagued by a rather unfortunate constellation of events, the opera went into production. It was with regret that we felt that the work was ahead of its time and little understood by friends and enemies alike. There were only three days of consecutive performances, and no repeat was made until March 29, 1806. A few minor changes [...] could not expel the lingering unfavorable judgement. It was given one final airing on April 10, and then condemned to collect dust in the theater library.")

Treitschke's remark that "the work was ahead of its time" sees him – like Sey-fried – indicating the opera's later success. The only adverse conditions stated by Treitschke are those related to the war, whereas Seyfried, while mention-ing these, primarily blames the disappointing casting; however, they both use an identical formulation: the opera went into production besieged by "a rather unfortunate constellation of events." It may be safely assumed – with-out needing to determine who used the wording first – that each was aware of the other's text. The authors thus *jointly* affirmed and maintained a particular narrative; their writing meshed together in the ongoing generation of the col-lective memory. The sources do not just noiselessly transmit historical facts, but rather reproduce a discourse that had already been established concerning the events. Adopting specific formulations was typical in remembrance and commemorative literature at the time, especially in musician biographies, as Gesa Finke has demonstrated by anatomizing Georg Nikolaus Nissen's Mozart biography. Nissen mostly used montage techniques to assemble the biography from various templates and existing material.[16] A contemporaneous review of the biography summarizes the practice nicely: "It consists mainly of familiar information, partly in the words of earlier sources."[17]

Although far from a word-for-word repetition, Beethoven's friend Stephan von Breuning employed the same narratives in a letter about *Fidelio*. A few weeks after the final performance at the Theater an der Wien in 1806, he wrote to his sister Eleonore and her husband Franz Gerhard Wegeler:

> [...] aber bei dem Allen hat Nichts wohl Beethoven so viel Verdruß gemacht, als dieses Werk, dessen Werth man in der Zukunft erst vollkommen

---

16 See Gesa Finke, *Die Komponistenwitwe Constanze Mozart. Musik bewahren und Erinnerung gestalten* (Cologne etc., 2013), 259–74. Finke also refers here to Albrecht Koschorke: "Koschorke be-zeichnet die Methode, in der Wissen angesammelt und montiert wird, auch als Kompilation. Dieses Vorgehen war zu dieser Zeit allerdings schon umstritten. [...] Damit steht die [Mozart-] Biographie [Nissens] an einer historischen Schnittstelle, welche Koschorke als Wandel zum hermeneutischen Paradigma bezeichnet. Das Prinzip der Kompilation, d.h. der Sammlung und Montage von Wissen, wurde abgelöst vom Prinzip der Evidenz, welches der Brief als Selbstdokument Wolfgang Amadé Mozarts garantiert und zugleich als Quelle aufwertet." ("Koschorke refers to the method in which knowledge is accumulated and assembled, also as compilation. However, this method was already controversial at that time. [...] Thus the [Mozart] biography [by Nissen] stands at a historical interface, which Koschorke describes as a change to the hermeneutical paradigm. The principle of compilation, i.e. the collection and montage of knowledge, was replaced by the principle of evidence, which the letter guarantees as a self-document of Wolfgang Amadé Mozart and at the same time enhances as a source.") Finke, *Die Komponistenwitwe Mozart*, 271–72. With reference to Alfred Koschorke, *Körperströme und Schriftverkehr. Mediologie des 18. Jahrhunderts* (Munich, 1999), 394.

17 Friedrich Deycks, "Recension zur Biographie W. A. Mozart's [...] von Georg Nikolaus von Nis-sen," in *Caecilia. Eine Zeitschrift für die musikalische Welt* 10/40 (1829), 225–37, at 235.

schätzen wird. Zuerst wurde sie sieben Tage nach dem Einmarsche der französischen Truppen, also im allerungünstigsten Zeitpunkte, gegeben.[18]

Unlike Breuning's letter, which was addressed to a private individual, Seyfried's and Treitschke's articles were written for public consumption; nevertheless, all three quotations agree that *Fidelio*'s status as a "masterpiece" would only be appreciated in the future. The authors thus evoke the prevailing image of the "misunderstood genius" who is ahead of his time. In contrast to Breuning's letter, which predicted immediately after the 1806 performance that *Fidelio* would have to wait for the recognition it deserved, Treitschke and Seyfried, writing in the 1830s and 40s, were already influenced by the third version's success at the Kärntnertortheater in 1814. The events and developments of Beethoven's late years as well as the posthumous heroicization have been retrospectively incorporated into later descriptions of the period around 1805. But while the opera's third version certainly was performed more frequently at the Kärntnertortheater after its premiere in 1814 and received more attention than the earlier versions, this does not prove that the earlier two versions were complete failures. Rather, the 1805 and 1806 performances should be viewed more contextually and the polar distinction of "success vs. failure" relativized. Situating *Fidelio* in the context of the other repertoire staged at the Theater an der Wien during the 1805–06 season,[19] Beethoven's opera fitted well into the overall program. As a rescue opera, adapted from a French source, set in a historical location, it shares numerous similarities with and connections to the rest of that season's repertoire. It was only due to Beethoven's later heroicization – and because *Fidelio* was his only music-dramatic work – that it was subsequently claimed that *Fidelio* stood out as a masterpiece from the rest of the repertoire or as a singular work from the seasonal program. For example, Treitschke emphasized that the opera was dropped after "only" five performances ("[...] and then condemned to collect dust in the theater library"). But looking at the usual performance frequencies of plays at the Theater an der Wien at the time, five performances represented a typical number of repetitions. In a rapidly evolving and diverse program, sufficient to satisfy the diverse audience of a suburban theater, most pieces were only performed one

18 Brief von Stephan von Breuning an Eleonore und Franz Gerhard Wegeler in Bonn, Vienna, June 2, 1806, related by Wegeler, in Wegeler/Ries, 62–66, at 63. ("[...] probably nothing has caused so much aggravation for Beethoven as this work, whose worth will only come to be fully appreciated in the future. It was first performed seven days after the occupation by the French troops; in other words, at the most inopportune time." Wegeler/Ries/Noonan, 58).
19 See Julia Ackermann, "Theater Tag für Tag. Das Repertoire am Theater an der Wien rund um *Fidelio*," in Ackermann/Unseld, *BEETHOVEN.AN.DENKEN* (as in fn. 2), 125–52.

to three times.[20] *Fidelio* was actually in the mid-range when it came to performance numbers, on a par with other pieces by established writers and composers.[21] The opera's inability to achieve 15 or more performances does not necessarily speak against *Fidelio*. Instead, we can turn to contemporaneous theater practice to explain those box office hits with an exceptionally high number of performances. The most frequently performed pieces of the 1805–06 season were written by Emanuel Schikaneder.[22] As the founder and artistic director of the theater, Schikaneder boasted the canny ability to anticipate the audience's taste, scoring points with elaborate settings and magical plots, despite his undistinguished poetry, thus filling auditorium seats.[23]

Seyfried, Treitschke and Breuning all emphasize the unfortunate circumstances under which the premiere took place. The political circumstances in Vienna in the fall of 1805 must always be considered when dealing with the premiere of *Fidelio*. For example, the French occupation of Vienna, which had only begun a week before the premiere, decisively influenced the everyday life of the city's inhabitants and their visits to the theater.[24] French officers were billeted in private apartments, food was scarce, and theaters remained empty because a significant proportion of the more affluent citizens who comprised their audience had left the city. Many French soldiers visited the theaters in their place – but often could not understand a word of what they heard spoken on stage. Theaters were also an important site of unofficial communication, where spectators exchanged the latest news (and rumors) on which newspapers

---

20 See for example the repertoire list in Ackermann, "Theater Tag für Tag," 140–45.
21 E.g. Emanuel Schikaneder's play with music by Anton Diabelli, *Die Kurgäste am Sauerbrunn* or André-Ernest-Modeste Grétry's *Die Karawane von Kairo*.
22 His operas *Swetards Zauberthal* (music: Anton Fischer) and *Vestas Feuer* (music: Joseph Weigl).
23 The *Allgemeine musikalische Zeitung* [= AmZ] judged Schikaneder thus: "Er weis so gut, als nur irgend Jemand, was zum Theaterwesen gehört, kennet sein Publikum, und, vor allem, weis unübertrefflich, was eine Theaterkasse in gutem Wohlstande erhält." AmZ 3/38 (1801), June 17, column 643. ("He knows as well as anyone what belongs in the theater, understands his public, and his knowledge of how to reap dividends at the box office is unrivaled.") A review of *Swetards Zauberthal* reads: "So wenig sich auch der Dialog oder die Versifikation nur im geringsten loben lässt, so viel Theaterkenntniss ist doch überall sichtbar, so glücklich sind manche Situationen auf Wirkung und musikalische Behandlung berechnet, so gut ist endlich alles fürs Auge gruppirt. Dass Schikaneders Opern diese Vorzüge besitzen, an denen nun freylich das dichterische Talent geringen Antheil haben mag, darin liegt die Ursache, warum sie, wenn ihnen eine gute Musik zu Theil wird, doch oft gefallen [...]." AmZ 7/43 (1805), July 24, column 690–91. ("Despite the poverty of dialogue and versification, a wealth of theatrical knowledge is visible everywhere: situations are designed for their effect and musical treatment, and everything is grouped for the eye. Schikaneder's operas having these advantages, even though they display little in the way of poetic talent, is why, when accompanied by good music, they often please [...].")
24 See Clemens Kreutzfeldt, "'Die Kunst floh scheu vor rohen Krieges-Scenen.' Zwei Wiener Theaterbesucher in Zeiten französischer Belagerung," in Ackermann/Unseld, *BEETHOVEN. AN.DENKEN* (as in fn. 2), 95–108.

were often not able to fully report. In such an existentially tense environment, it is hardly surprising that audiences had trouble focusing on the events and novelties on the stage. As the initial experience and subsequent recounting of Fidelio's narrative of "failure" advanced, what were just "unfortunate circumstances" snowballed to writer Rudolf Bunge exclaiming emphatically: "the poor, wretched opera!"[25] – a vivid example of how narratives are established, perpetuated, and reinforced in the collective process of remembrance.

Revision of *Fidelio* during a soirée at the Palais Lichnowsky

Fig. 4: Detail from the network graphic (see fig. 1): Possible participants in a soirée in the winter of 1805, during which – so the story goes – Beethoven was persuaded to shorten *Fidelio*

The reference to Bunge leads to the second of the two groups of sources. The quotation is taken from the sub-network comprising those persons whose names are mentioned in connection with a soirée at the Lichnowskys' in the winter of 1805. During this meeting, Beethoven is supposed to have been persuaded to make some alterations to his opera for the second run. In this second group of sources too, the first-hand accounts of the historical event and later recollections of it overlap.[26] The sub-network first gathers those persons who were (or might have been) physically present at the soirée. In attempting to list the people actually there, the sources starkly contradict each other, so it makes most sense to include *all* the people mentioned in the various sources. These include, in addition to Beethoven, the hosts Prince Karl and Princess Maria Christiane Lichnowsky, the singer and director Friedrich Sebastian Mayer, privy councilor and poet Heinrich Joseph von Collin, the (co-)librettist and

---

25   Bunge, "Fidelio" (as in fn. 1), 602.
26   See Julia Ackermann and Melanie Unseld, "Dichtung – Wahrheit – Narrativ? Erinnerungen an die *Fidelio*-Soirée im Palais Lichnowsky," in Ackermann/Unseld, *BEETHOVEN.AN.DENKEN* (as in fn. 2), 33–46.

Beethoven friend Stephan von Breuning, and the tenor Joseph August Röckel. Depending on the source, various other theater secretaries, musicians, actors, singers and actresses are added. The memory of the soirée centers on the tenor Röckel, who sang Florestan in the second version of *Fidelio*. His oral account of the evening has given rise to three different textual sources, which together form the memory of the event: Beethoven's friends Ferdinand Ries and Franz Gerhard Wegeler, biographer Alexander Wheelock Thayer, and the theater poet Rudolf Bunge each deliver different versions of Röckel's account. The texts diverge greatly, both in their literary form and in their description of events. The number of people present varies between six and twelve. One reports only a small group of friends coming together to play through the opera with piano, violin and two singing voices; another suggests a regular performance with the full cast of singers. What all have in common is Beethoven's strong resistance to revising the opera. Beethoven had become "agitated" and "angry"[27] (Thayer), had refused to change even "one note"[28] (Bunge), and "vertheidigte [...] jeden Tact"[29] (Ries). In his account, Bunge recreates the composer's outburst dramatically.

Rather than interrogating the reports to determine their factual accuracy,[30] I am interested here in the picture of Beethoven they convey: by opposing any revision so vehemently, he conforms to the image of a genius artist whose creation cannot be put into question let alone improved upon by external forces or other people. Beethoven's consenting to the revision is viewed by the various authors as an admission of failure, explaining why he felt compelled to resist so fiercely. Their stance, however, ignores everyday theater practice of the time, which saw stage works routinely revised after the premiere. Other works receiving their initial runs around the same time were also revised and modified – usually in a much shorter timeframe – when audience taste demanded it.[31] Beethoven was wholly familiar with these norms and customs from his

---

27 TDR 2, 491–93, at 492.
28 Bunge, "Fidelio" (as in fn. 1), 603–4. The formulation appears three times in total here.
29 Wegeler/Ries, 103–6, at 104. "At the beginning Beethoven defended every measure [...]." Wegeler/Ries/Noonan, 91–94, at 91–92.
30 Helga Lühning considers Röckels report of the soirée as entirely "fictitious". Lühning, "Die verwickelte Entstehungsgeschichte" (as in fn. 8), 12. She discusses how Röckel's report was further handed down to posterity in various sources in "Vom Mythos der Ur-*Leonore*," in *Von der Leonore zum Fidelio. Vorträge und Referate des Bonner Symposions 1997*, eds. Helga Lühning and Wolfram Steinbeck (Frankfurt am Main etc., 2000), 41–64. On fundamental questions of historical (claims of) truth see, among others, Jörn Rüsen, *Historik. Theorie der Geschichtswissenschaft* (Cologne etc., 2013), esp. 55–63.
31 In the opera *Sargines, oder der Triumph der Liebe* (Paër/Foppa/Heigl), for example, according to a playbill appearing between the fourth performance on February 8, 1806 and the fifth on February 20, 1806: "Der Schluß dieser Oper [...] abgeändert, und vom Hrn. Gail eine neue

early theatrical training in Bonn,[32] and as a member of a functioning theater, well understood that he was naturally bound by them at the Theater an der Wien. That Beethoven cultivated a pragmatic approach to his compositions' viability in performance is evidenced by the copious sketches and notes he made after asking individual musicians about the possibilities of their instrument (including the voice) and their own abilities. Such exchanges did not only take place during his stay at the theater, but throughout his composing life, as evidenced by his preoccupation with the technical and other possibilities of the violoncello for the Sonatas for piano and violoncello Op. 5,[33] by the contrapuntal and instrumentation studies for individual wind instruments,[34] by the note on the registers of alto and soprano voices,[35] and finally in relation to *Fidelio* by the specific changes made to the part of Leonore for the singer Anna Milder.[36] Since such sources prove Beethoven's interest in the specific vocal and instrumental possibilities his musicians offered, the fact that many more such adaptations were made in everyday situations in the theater is highly likely. Because the rooms in which he lived, worked and rehearsed were all next door to his theater colleagues and there was such a short distance between where he composed and where the music was tried out, any direct communication mostly went undocumented.

So once again, the new network perspective proves able to correct an established picture of Beethoven. Records of witnesses' memories, such as those from the soirée reports, bespeak a hero who staunchly resisted the modifi-

Dekorazion hiezu gemahlt worden" ("The ending of the opera [...] has been changed, and new scenery painted by Hrn. Gail.") Theater an der Wien playbill, A-Wtm 147449-D/1806.

32 See *The operatic library of elector Maximilian Franz: reconstruction, catalogue, contexts*, eds. Elisabeth Reisinger, Juliane Riepe, and John D. Wilson, in collaboration with Birgit Lodes, Musik am Bonner kurfürstlichen Hof 2 (Bonn, 2018).

33 See Birgit Lodes, "Beethovens Sonaten für Klavier und Violoncello op. 5 in ihrem gattungsgeschichtlichen Kontext," in *Beethovens Werke für Klavier und Violoncello. Bericht über die Internationale Fachkonferenz Bonn, 18.-20. Juni 1998*, eds. Sieghard Brandenburg, Ingeborg Maaß, and Wolfgang Osthoff (Bonn, 2004), 1–60, esp. the chapter "Beethovens Auseinandersetzung mit spieltechnischen und klanglichen Möglichkeiten des Cellos," 21–34.

34 See *Kontrapunkt- und Instrumentations-Studien*, D-B, Mus.ms.autogr. Beethoven, L.v., Artaria 153.

35 A-Wst, H.I.N. 5784. I would like to thank Julia Ronge very much for the reference.

36 For example, in the note "Für Milder oben B" ("For Milder up to B♭") in the *Dessauer Skizzenbuch* of 1814 (A-Wgm A 40), documented by Gustav Nottebohm, "Ein Skizzenbuch aus dem Jahr 1814," in Gustav Nottebohm, *Zweite Beethoveniana. Nachgelassene Aufsätze* (Leipzig, 1887), 293–306, at 297. See also Dörte Schmidt, "'Geschwinder würde ich etwas neues schreiben, als jezt das Neue zum alten.' Die Skizzen zum II. Finale von 1814," in Lühning/Steinbeck, *Von der Leonore zum Fidelio* (as in fn. 30), 199–217; Walter Dürr, "Deklamation und finale Struktur: Zu Text- und Gesangsvarianten in Leonores Arie aus dem ersten Akt des *Fidelio*," in Lühning/Steinbeck, *Von der Leonore zum Fidelio* (as in fn. 30), 259–70; Dürr not only discusses the changes to the coloratura for the 1814 version, but also a change to the final cadence for the 1806 version: "[...] here, Beethoven probably [...] already at this early stage gave in to the singer's wishes." Dürr, "Deklamation und finale Struktur," 268.

cations requested of him in defense of his individual artistic ideal. If, on the
other hand, we consider a working composer integrated into the theater network, it seems perfectly conceivable that he pragmatically revised the opera
to better adapt it to the singing cast and performance conditions. The authors'
recollections of the soirée were channeled into a developing common narrative, reinforcing it and contributing to the formation of a certain image of
Beethoven. For in the meantime – the reports were published between 1838
and 1868 – the dominant image of the artist had transformed from one who
was subordinate to and observed the (courtly) standards to a "genius" striving
towards an autonomous artistic ideal.[37] The latter heroic frame was now retrospectively applied and supported by Röckel's own post hoc account. As part
of later authors' and biographers' "legitimation strategy,"[38] Röckel's testimony
lent an air of authenticity: dissimilar though the texts are, all the writers who
describe the soirée rely on the singer's oral or written statements. Helga Lühning in turn sketches a whole network of "post-narrators" around the – in her
view largely fabricated – Röckel report and thus outlines how the hero-narra-
tive wheedled its way into the scholarly study of *Leonore/Fidelio* on the back
of Röckel's contemporary testimony.[39] Otto Jahn was one such post-narrator.
He was one of the first to essay a chronological history of the various *Leonore/
Fidelio* versions using philological methods in the middle of the 19th century.
Seduced by Röckel's account, he too was taken in by the narrative of the forced
cuts and circulated it in the preface of his edition of the *Leonore* Overture:
"So weit war er [Beethoven] durch das unaufhörliche Drängen nach Kürzung
gebracht, um auf diese Weise gegen sein eigen Fleisch und Blut zu wüthen."[40]

The memory image from Röckel's narrative was continued in 20th-century
literature when in *The World of Yesterday* Stefan Zweig atmospherically con-
jures the Vienna of his youth:

---

37 See e.g. Norbert Elias, *Mozart. Zur Soziologie eines Genies*, ed. Michael Schröter (Frankfurt am
    Main, 1991).
38 On contemporary witness in music historiography see Melanie Unseld, "Wer erinnert wie und
    warum? Erinnerungen von Zeitgenossen über Musikerinnen und Musiker," in *Zeitzeugen der
    Musik. Texte über und zur Musik*, ed. Elisabeth Schmierer (Laaber, [forthcoming])).
39 "Vor allem aber waren Ries und Röckel Zeitzeugen, die gegenüber den Nachgeborenen einen
    unermeßlichen Erkenntnisvorsprung hatten. Vor den noch lebenden Zeugen der Historie,
    den Personen, die Beethoven persönlich gekannt hatten, hatten Jahn und auch Thayer zu
    großem Respekt, um deren Angaben in Zweifel zu ziehen." Lühning, "Vom Mythos der Ur-Le-
    onore" (as in fn. 30), 49. ("Above all, however, Ries and Röckel were contemporary witnesses
    who had an immense advantage in the amount they knew over their descendants. Jahn and
    Thayer had too much respect to doubt the statements of the still living witnesses of history,
    the people who had personally known Beethoven.")
40 Otto Jahn, "Vorwort", in Beethoven, *Ouverture No. 2 für grosses Orchester zu der Oper Leonore*
    (Leipzig, [1854]), cited in Lühning, "Vom Mythos der Ur-Leonore" (as in fn. 30), 46. ("This is
    how far he [Beethoven] was pushed by the unceasing pressure to make cuts, to violate his own
    flesh and blood in this way.")

Ebenso hatte der Hochadel seine einstige Protektorstellung aufgegeben; vorbei
waren die glorreichen Zeiten, da [...] die Lobkowitz und Kinskys und Waldsteins
wetteiferten, in ihren Palästen die Erstaufführung Beethovens zu haben, wo
eine Gräfin Thun [= verheiratete Lichnowsky] sich vor dem großen Dämon auf
die Knie warf, er möge den ‚Fidelio‘ nicht von der Oper zurückziehen.[41]

The discussion of the network around *Fidelio* at the Theater an der Wien reveals
how the degrees of contemporary witness and cultural memory become imbri-
cated in the representation of events. A "reversible image" (like the famous
rabbit-duck illusion) emerges, which exposes the double function of individuals such as Röckel or Seyfried who were involved in the premiere, revision and
revival of *Fidelio* at the Theater an der Wien alongside Beethoven in 1805–06, yet
did not report on the period until a few decades later. While the voice of contemporaries who shared experiences with Beethoven can be heard in these accounts,
the authenticity often accorded to them on the basis that they were present in
1805 at the theater does not seem applicable: the significant chronological gap
between event and transcription as well as the conspicuous divergence between
the various descriptions of the same event make it clear that above all, contemporaries were expressing their *own* perspectives. The supposedly reliable contemporary becomes a witness who not only observed events from one individual
point of view at the time, but when they later recalled the memory, also took a
retrospective view of what had happened and how it was to be remembered.

Conclusion

This chapter has applied the network perspective to challenge and qualify inherited narratives about and ingrained images of Beethoven. Two groups of sources
were taken as examples: first, reports on the premiere of *Fidelio*, which helped
to establish certain narratives, in particular, one about the unfavorable performance conditions and another about a forward-looking masterpiece. Considering the performances of other works and the repertoire at the Theater an der
Wien at the time, the dominant narrative, founded on the failure of a misunderstood work of genius, can be relativized and the opera's success, or lack thereof,
revealed to be fairly typical for theater piece in this context. Second, accounts

---

41   Stefan Zweig, *Die Welt von Gestern. Erinnerungen eines Europäers* (Frankfurt am Main, [44]2019),
     37. ("Similarly, the great noblemen had abandoned their former position as patrons; gone
     were the glorious days [...] when the Lobkowitzes and Kinskys and Waldsteins competed for
     the first performance of a work by Beethoven to be given in their palaces, when Countess
     Thun went on her knees to that great daemonic figure asking him not to withdraw *Fidelio*
     from the Opera." Stefan Zweig, *The World of Yesterday*, trans. Anthea Bell [London, 2009], 42.)

of the *Fidelio*-revision-soirée in the winter of 1805–06 tap into and elaborate the image of Beethoven as an artistic genius who refuses to tolerate any challenges to his creative autonomy. Each of the passages discussed played its part in the formation and consolidation of certain multi-author narratives, mostly formulated retrospectively in the later 19th century and then projected back onto the period Beethoven worked at the theater. The narratives were dismantled by reflecting on the nature of the network: there cannot be an "authentic" contemporary witness: at the level of the historical event, perception is shaped by the witness's personal impressions; at the level of recollection, a contemporaneous witness makes decisions about what is worth remembering and how to present it, often influenced by their network peers' own recollections.

Thus, in relation to the network, the image of Beethoven himself also changes: his direct artistic exchanges with fellow residents at the Theater an der Wien, frequent visits to opera performances in the house, integration into the everyday life of the theater with its organizational and pragmatic demands – all these have the cumulative effect of causing the tired, established and repeated picture of a preeminent hero and eccentric genius toiling away in seclusion to fall by the wayside. In its place, a refreshing new one begins to emerge: a sociable and well-connected Beethoven, fully embedded within the Viennese music and theater scene, in close contact with his fellow musicians and theater colleagues.

ABSTRACT

**"Die arme, unglückliche Oper!" – The "Failure" of *Fidelio*
in the Reports of Contemporaries at the Theater an der Wien**

When Beethoven lived and worked at the *Theater an der Wien* in 1803–1806, he was in contact with various people who were active at the theatre. The paper describes Beethoven's theatre networks at the time of the composition and premiere of *Fidelio*. From this perspective, outdated narratives can be challenged and corrected. Beethoven now no longer appears as a secluded, solitary genius, but as a sociable person who was integrated into the everyday theatre life of his time and was in close contact with numerous colleagues during the creation, rehearsals and revision of his opera. In this context, the premiere of *Fidelio* no longer appears as a "misunderstood, failed masterpiece", but – with an average number of five performances and a common practice of revision – fits instead quite naturally into the context of the theatre repertoire of this time. Drawing on various sources and contemporary witness accounts on the opera's premiere and the revision process, the author demonstrates how these narratives emerged in their time and continue to shape the remembrance culture around Beethoven to this day.

Prinz Louis Ferdinand von Preußen, Beethoven und die Erinnerungskultur des 19. Jahrhunderts[*]

Thomas Seedorf

Beethoven und der Prinz Louis Ferdinand von Preußen sind sich nur zweimal persönlich begegnet, brieflich standen sie, soweit bekannt, nicht miteinander in Kontakt, Dokumente von Beethovens Hand, in denen er sich über den Prinzen äußert, sind nicht überliefert, auch über Dritte vermittelte Aussagen des Komponisten über Louis Ferdinand sind rar.[1] Von einer dichten Beziehung, wie Beethoven sie zu vielen Vertretern des Wiener Adels unterhielt, kann also nicht die Rede sein. In der Erinnerungskultur des 19. Jahrhunderts sind Beethoven und der Prinz Louis Ferdinand von Preußen aber dennoch vielfach miteinander verflochten.

***

Hauptquelle für die Begegnungen beider Männer sind die 1838 erschienenen *Biographischen Notizen über Ludwig van Beethoven* von Franz Georg Wegeler und Ferdinand Ries. Die erste dieser Begegnungen scheint 1796 während Beethovens Aufenthalt am Berliner Hof stattgefunden zu haben. Wegeler berichtet über Beethovens Umgang mit dem Hofkapellmeister Friedrich Heinrich Himmel, dessen Klavierspiel Beethoven als „elegant und angenehm" empfunden habe; „allein mit dem Prinzen *Louis Ferdinand* sei er gar nicht zu vergleichen. Letzterem machte er in seiner Meinung ein großes Compliment, als er ihm einst sagte: er spiele gar nicht königlich oder prinzlich, sondern wie ein

---

[*] Dieser Beitrag ist die nur um einige Ergänzungen und vor allem Fußnoten erweiterte Fassung meines Vortrags, der im Rahmen der Wiener Tagung in Videoform vorgestellt wurde. Der Vortragscharakter wurde weitgehend beibehalten.

[1] Carl Czerny teilt in seinen „Anecdoten und Notizen über Beethoven" (1852) mit: „Über die Comp. des *Prinzen Louis Ferd.* sagte er: ‚Es sind hie und da hübsche Brocken drin.'" Zit. nach BSZ, S. 228.

tüchtiger Clavierspieler."[2] Die Formulierung „als er ihm einst sagte" lässt allerdings offen, in welchem Zusammenhang Beethoven dem Prinzen dieses Lob ausgesprochen hat, es ist nicht einmal sicher, dass dies in Berlin geschah. Als Wegeler und Ries ihre Erinnerungen veröffentlichten, war, wie noch zu zeigen sein wird, das außergewöhnliche Klavierspiel des Prinzen bereits zu einem biographischen Topos geworden. Die Worte, die seine Biographen Beethoven hier in den Mund legen, bestätigen und bekräftigen, was über den Prinzen bereits allgemein bekannt war.

Noch mehr ins Anekdotische zielt der Hinweis auf eine zweite Begegnung, die im September 1804 in Wien stattfand. Prinz Louis Ferdinand war für einige Tage in diplomatischer Mission in der Kaiserstadt.[3] Bei einer musikalischen Abendunterhaltung, zu der ihn eine alte, namentlich nicht genannte Gräfin eingeladen hatte, war auch Beethoven anwesend.

> Als man zum Nachtessen ging, waren an dem Tische des Prinzen nur für hohe Adelige Gedecke bestimmt, also für Beethoven nicht. Er fuhr auf, sagte einige Derbheiten, nahm seinen Hut und ging.
> Einige Tage später gab Prinz Louis ein Mittagessen, wozu ein Theil dieser Gesellschaft, auch die alte Gräfinn geladen war. Als man sich zu Tische setzte, wurde die Gräfinn auf die eine, Beethoven auf die andere Seite des Prinzen gewiesen, eine Auszeichnung, deren er immer mit Vergnügen erwähnte.[4]

Als Prinz Louis Ferdinand sich 1804 in Wien aufhielt, war Beethoven mit den Korrekturen des Erstdrucks seines Dritten Klavierkonzerts beschäftigt. Dass dieses Werk wenige Wochen später mit einer Widmung „A Son Altesse Royale Monseigneur le Prince Louis Ferdinand de Prusse" im Wiener Kunst- und Industrie-Comptoir erschien, gilt in der Beethoven-Forschung als Reaktion auf das von Wegeler und Ries mitgeteilte persönliche Zusammentreffen der beiden Männer in Wien.[5] Ungeklärt ist indessen die Bedeutung dieser Widmung. Sie lässt sich im Kontext neuer Forschungen zu Beethovens Widmungsstrategien sicherlich nicht mehr allein als Ausdruck großer Wertschätzung für einen

---

2   Wegeler/Ries, S. 110.
3   Vgl. Eckart Kleßmann, *Prinz Louis Ferdinand von Preußen. Soldat – Musiker – Idol*, München 1993, S. 149–160 (Kap. „Die österreichische Mission").
4   Wegeler/Ries, S. 111.
5   Vgl. bereits TDR 2, S. 436.

kunstliebenden und auf erstaunlichem Niveau Klavier spielenden Aristokraten verstehen, wie es in der älteren Literatur gelegentlich geschieht.[6] Ebenso wenig lässt sich sagen, ob Beethoven 1804 bereits Musik des Prinzen kennengelernt hatte. Gelegenheit dazu hätte er freilich gehabt. Ein Jahr zuvor war dessen Opus 1, ein umfangreiches Klavierquintett in c-Moll, erschienen.[7] Die Tonart und der pathetische Charakter, der vor allem den ersten Satz des Klavierquintetts durchzieht, wären denkbare Ansatz- oder Referenzpunkte für Beethovens Widmung des c-Moll-Klavierkonzerts an Louis Ferdinand gewesen.

Im April 1804 wurde das Klavierquintett in der *Allgemeinen musikalischen Zeitung*, zu deren regelmäßigen Lesern Beethoven zählte, ausführlich besprochen und vom anonymen Rezensenten zu den „besten Arbeiten" gezählt, „welche *vorzügliche* Meister in dieser Gattung geliefert haben".[8] Den anspruchsvollen Klavierpart setzt der Rezensent zum pianistischen Können des königlichen Komponisten in Beziehung:

> Uebrigens zeigt sich der Hr. Verf. auch durch dieses Werk (wofür er aber ohnehin bekannt ist,) als einen überaus fertigen Klavierspieler; das Werk will jedoch nun auch, besonders der erste Satz, seinen Mann, um ganz und mit Glück bezwungen zu werden: denn obgleich man nichts darin unausführbar nennen kann, so stösst man doch auf Schwierigkeiten, die auch den geübtesten Spieler stutzig machen, und gewiss mehr als einmal angesehen seyn wollen.[9]

Dass der Prinz ein „überaus fertiger Klavierspieler" war, wird von vielen Quellen bestätigt, verschiedentlich ist von der „Genialität" seines Spiels die Rede;[10] auch die durch Wegeler überlieferte Äußerung Beethovens ist in diesem Zusammenhang zu sehen.

Louis Ferdinands Auseinandersetzung mit der Musik Beethovens ist unter anderem durch Rechnungen für Musikalien belegt, die der Prinz erwarb: 1799 kaufte er Ausgaben des „Gassenhauer-Trios" op. 11 und der drei Violinsonaten

---

6   Vgl. Ernst Herttrich, „Beethovens Widmungsverhalten", in *Der „männliche" und der „weibliche" Beethoven. Bericht über den internationalen musikwissenschaftlichen Kongress vom 31. Oktober bis 4. November 2001 an der Universität der Künste Berlin*, hrsg. von Cornelia Bartsch, Beatrix Borchard und Rainer Cadenbach, Bonn 2003 (Schriften zur Beethoven-Forschung 18), S. 221–236.

7   Prinz Louis Ferdinand, *Quintetto / Pour le Piano Forte / avec Accompagnement / de deux Violons, Viole et Violoncello / [...]*, Paris: Erard 1803.

8   „Recension", in *Allgemeine musikalische Zeitung* 6/28 (1804), 11. April, Sp. 457–463, hier Sp. 457.

9   Ebd., Sp. 462.

10   Vgl. [Karl Stein], *Anekdoten und Charakterzüge aus dem Leben des Prinzen Louis Ferdinand von Preußen mit Hinsicht auf das Charaktergemälde desselben in den vertrauten Briefen über das innere Verhältniß am Preußischen Hofe u. s. w.*, Berlin 1807, S. 25; *Galerie von Bildnissen aus Rahel's Umgang und Briefwechsel*, hrsg. von Karl August Varnhagen von Ense, Leipzig 1836, Bd. 1, S. 249.

op. 12,[11] 1806 folgten die Violinsonaten op. 30, die „Kreutzer-Sonate" op. 47
sowie die „Waldstein-Sonate" op. 53.[12] In seiner 1935 vorgelegten Dissertation
über *Louis Ferdinand von Preußen als Musiker* versucht Robert Hahn, Einflüsse
Beethovens in der Musik des Prinzen nachzuweisen. Selbst vage Ähnlichkeiten
sind bei ihm Belege für eine intensive kompositorische Rezeption, die aber in
den meisten Fällen einer kritischen Hinterfragung nicht standhalten.[13] In neueren Arbeiten zur Musik Louis Ferdinands wird daher stärker deren Eigenstän-
digkeit und Originalität betont, ohne die erstaunliche Nähe zu einigen Eigenheiten der Musik Beethovens zu leugnen wie die Verbindung von Virtuosität
und pathetisch-dramatischem Ausdruck, die Erweiterung des Tonartenspek-
trums in den Expositionsteilen von Sonatensätzen oder die ungewöhnliche
Proportion von Formteilen.[14]

***

Für die Zeitgenossen war die Musikbegabung des Prinzen nur ein, wenn auch
faszinierender, Nebenaspekt seiner Persönlichkeit. Viel bedeutender war für
sie seine politische Haltung, die sich entschieden gegen die preußische Neu-
tralitätspolitik gegenüber Frankreich richtete und auf einen Krieg gegen Napoleon drängte. Schon als junger Soldat war Louis Ferdinand durch besonderen
Mut aufgefallen. Die Erinnerung an die Rettung eines österreichischen Soldaten vor den Franzosen im Juli 1793 blieb in österreichischen Militär- und Adels-
kreisen unvergessen und befestigte den Ruf des Prinzen als eines furchtlosen
Kriegers.[15]

In vielen Kämpfen war Louis Ferdinand mit mehr oder weniger größeren
Blessuren davongekommen. Bei einem Aufeinandertreffen mit einer über-
mächtigen französischen Einheit wurde er aber am 10. Oktober 1806 bei Saalfeld in Thüringen durch mehrere Säbelstiche getötet. Die Nachricht vom Tod
des Prinzen erschütterte nicht nur Preußen, sondern rief auch in Österreich
große Bestürzung hervor. Mit ihr begann die Verklärung Louis Ferdinands und

---

11 Vgl. Kleßmann, *Prinz Louis Ferdinand von Preußen* (wie Anm. 3), S. 98.
12 Tobias Debuch, *Prinz Louis Ferdinand von Preußen (1772-1806) als Musiker im soziokulturellen
    Umfeld seiner Zeit*, Berlin 2004, S. 133.
13 Vgl. Robert Hahn, *Louis Ferdinand von Preußen als Musiker. Ein Beitrag zur Geschichte der musika-
    lischen Frühromantik*, Breslau 1935, S. 57-60 und passim.
14 Vgl. Norbert Miller, „„Eine höchst poetische Natur ...'. Prinz Louis Ferdinand und der Klassizis-
    mus in der preußischen Musik", in *Mendelssohnstudien. Beiträge zur neueren deutschen Kultur-
    geschichte* 5 (1982), S. 79-98; Klaus Hinrich Stahmer, Booklettext zu *Louis Ferdinand Prinz von
    Preußen (1772-1806). Das Gesamtwerk*, Thorofon Schallplatten KG BCTH 2251/5, 1995.
15 Vgl. Uwe A. Oster, *Der preußische Apoll. Prinz Louis Ferdinand von Preußen (1772-1806)*, Regens-
    burg 2003, S. 81.

seines Todes als ‚Heldentod‘, die Teil der bald in Form von Gedichten und Pro-saschriften einsetzenden Erinnerungen an den Prinzen wurden.[16] Auch die Musik des Prinzen war Teil dieser Erinnerungskultur. Zwischen 1806 und 1808 erschienen, betreut von Louis Ferdinands musikalischem Adla-tus Johann Ladislaus Dussek, mehrere seiner Werke bei Breitkopf & Härtel in Leipzig und bei Werkmeister in Berlin. Vor allem in Wien wurden diese Werke rasch bekannt und erfreuten sich außerordentlicher Beliebtheit. In seinen *Ver-trauten Briefen* schildert Johann Friedrich Reichardt eine Aufführung des Kla-vierquartetts in f-Moll op. 6 im Rahmen eines Privatkonzerts zweier adeliger Damen im Januar 1809:

> Ihr jetziger Klavierlehrer, der vortreffliche Instrumentenmacher *Streicher* [...] hatte für die beiden kunstreichen Damen das herrliche Quartet [sic] aus f moll von unserm verewigten Prinzen *Louis Ferdinand* mit vieler Kunst und Geschick-lichkeit für zwei Fortepianos gesetzt, und die sehr schweren Sätze mit der größ-ten Sorgfalt lange mit den Damen eingeübt. So hörten wir nun an einem schö-nen hellen Morgen in Streichers Wohnung, auf zwei der schönsten Fortepiano's dieses Meisters, von schönen kunstvollen Händen jene höchst geniale Kompo-sition mit einer Vollendung vortragen, wie man selten etwas hört. Die zarten Kunstseelen gingen mit so vielem Geist und Gefühl in die sublimen und schönen Gedanken und Phantasien des Komponisten ein, und übten die größten Schwie-rigkeiten mit so vieler Präzision und Rundung aus, daß sie wahrlich eine ganze Welt voll Musik um uns her zauberten.[17]

Der Vortrag des Werkes setzte bei Reichardt auch Erinnerungen an den Prinzen frei, den er persönlich kennengelernt und auch als Musiker erlebt hatte:

> Die großen und lieblichen Gedanken, der tiefmelancholische Charakter der ganzen Komposition, oft von den reinsten Sonnenblicken durchströmt, in denen sich ein Himmel öffnet, tönten noch so hell, so tief in meinem Innern nach; den Geist des edlen Prinzen, den ich gerade dieses Quatuor, in dem seine ganze bes-sere Seele so glühend lebt, so oft mit Entzücken vortragen hörte, umschwebte mich so rein, so hell, daß ich die hohe Macht seines Genies und seinen unersetz-lichen Verlust tiefer als je empfand, und sich die hohe Lust in innige Wehmut auflöste.[18]

---

16 Vgl. Kleßmann, *Prinz Louis Ferdinand von Preußen* (wie Anm. 3), S. 246–256 (Kap. „Der Nach-ruhm"); S. 270–299 (Kap. „Gedichte auf Prinz Louis Ferdinand von Preußen").
17 RVB 1, S. 346 f.
18 Ebd., S. 347 f.

Das von Reichardt erwähnte Arrangement des Klavierquartetts op. 6 erschien auch im Druck und trug gemeinsam mit weiteren Bearbeitungen[19] dazu bei, die Musik des Prinzen Louis Ferdinand zu einem festen, über viele Jahre hin gepflegten Bestandteil des Repertoires in Wien zu machen.

Unter den Zuhörern, die in dem von Reichardt geschilderten Konzert dem Vortrag des Klavierquartetts lauschten, befand sich auch Franz Joseph Maximilian Fürst Lobkowitz. Der Fürst war nicht nur einer der wichtigsten Förderer Beethovens, er unterhielt auch eine enge Beziehung zum Prinzen Louis Ferdinand.[20] Auf der Rückreise von Wien nach Berlin im September 1804 machte der Prinz auf Lobkowitz' Sommersitz Schloss Raudnitz an der Elbe Station, wo der Fürst ihm von seiner Hofkapelle Beethovens *Eroica* vorspielen ließ. Nach einem 1843 erschienenen Bericht sei Louis Ferdinand von dem Werk so eingenommen gewesen, dass er zweimal darum gebeten habe, das ganze Werk weitere Male vollständig vortragen zu lassen.[21]

Peter Schleuning vertritt in seiner gemeinsam mit Martin Geck verfassten Studie über Beethovens *Eroica* die These, dass sich der Passus „per festeggiare il sovvenire di un gran Uomo" im Stimmenerstdruck der Dritten Sinfonie des Kunst- und Industrie-Comptoirs auf Louis Ferdinand bezieht. Diese Ausgabe erschien wenige Wochen nach dem Tod des Prinzen, dessen Name laut Schleuning aus zwei Gründen nicht genannt wurde: „Einmal stand Fürst Lobkowitz als zahlender Widmungsträger bereits fest, vor allem aber wäre bei der Nennung der großen Symbolfigur des patriotischen Widerstands die Verbreitung der Sinfonie im französisch besetzten Europa mit Sicherheit verboten worden."[22] Wie im Fall des im selben Verlagshaus erschienenen Dritten Klavierkonzerts wäre der Wortlaut des Titelblatts dann kurzfristig festgelegt worden.

Eindeutige Belege für die Triftigkeit von Schleunings These gibt es nicht; wohl aber veranschaulicht das Programm eines Konzerts im Leipziger Gewandhaus am 9. Oktober 1808, dem Vorabend des zweiten Todestages des Prinzen, dass offenbar schon die Zeitgenossen einen Zusammenhang zwischen Beet-

---

19 Vgl. Hahn, *Louis Ferdinand von Preußen als Musiker* (wie Anm. 13), S. 112–117 (Anhang II: „Die Werke Louis Ferdinands. Erscheinen und Nachweisbarkeit im Musikalienhandel, Rezensionen und Bearbeitungen").

20 Vgl. Debuch, *Prinz Louis Ferdinand von Preußen (1772–1806) als Musiker* (wie Anm. 12), S. 167–214 (Kap. „Zum Verhältnis Prinz Louis Ferdinands von Preußen zu Fürst Franz Joseph Maximilian von Lobkowitz [1772–1816]").

21 [Hieronymus Payer], „Miszelle. Zur Schicksalsgeschichte der heroischen Symphonie von Beethoven", in *Allgemeine Wiener Musik-Zeitung* 3/12 (1843), 28. Januar, S. 28; vgl. BSZ, S. 561–563.

22 Martin Geck und Peter Schleuning, *„Geschrieben auf Bonaparte". Beethovens „Eroica": Revolution, Reaktion, Rezeption*, Reinbek bei Hamburg 1989, S. 169.

hovens Dritter Sinfonie und dem Prinzen sahen, denn neben dem f-Moll-Klavierquartett op. 6 wurde auch der Trauermarsch der *Eroica* aufgeführt.[23]

Die Verflechtung Beethovens mit dem musikalischen Erbe des Prinzen zog noch weitere Kreise. Im musikalischen Nachlass des Erzherzogs Rudolph, Beethovens Klavier- und Kompositionsschüler, finden sich zwei Variationssätze über Themen Louis Ferdinands.[24] Ihm war dessen Werk offenbar ebenso vertraut wie der Freifrau Dorothea von Ertmann, der Beethoven seine A-Dur-Klaviersonate op. 101 widmete. Über jene teilt Anton Schindler mit:

> Diese Künstlerin im eigentlichsten Wortsinn excellirte ganz besonders im Ausdrucke des Anmuthigen, Zarten und Naiven, aber auch im Tiefen und Sentimentalen, demnach sämmtliche Werke vom Prinzen Louis Ferdinand von Preußen und ein Theil der Beethoven'schen ihr Repertoire gebildet haben.[25]

Nach Aussage Carl Czernys stellte Dorothea von Ertmanns Engagement für Beethovens Klavierwerke unter den Virtuosinnen „aus den höheren Ständen" jener Zeit eine Ausnahme dar, da die Musik Beethovens in diesem Kreis „keineswegs beliebt" gewesen sei, anders als jene Louis Ferdinands von Preußen, der neben seinem Lehrer Dussek, Johann Baptist Cramer, Johann Nepomuk Hummel, Muzio Clementi und anderen zu „den beliebtesten Autoren in den gebildeten Regionen" zählte.[26]

✱✱✱

Das bereits mehrfach erwähnte Klavierquartett f-Moll op. 6 wurde besonders häufig aufgeführt, sodass es kaum verwunderlich ist, dass gerade dieses Werk in zwei Hommage-Kompositionen auf Louis Ferdinand aufgegriffen wurde. Das erste dieser Werke ist ein Gesang Carl Maria von Webers auf ein Gedicht Theodor Körners aus dessen postum erschienener Sammlung *Leyer und Schwerdt*: *Bei der Musik des Prinzen Louis Ferdinand*.[27] In der Folge patriotischer Gedichte, unter denen einige wie *Lützows wilde Jagd* sich immenser Popularität erfreuten, stellt jenes auf den Prinzen Louis Ferdinand insofern eine Besonderheit dar, als

---

23 Vgl. Otto Tschirch, „Die Musik des Prinzen Louis Ferdinand von Preußen", in *Die Musik* 11/2 (1911/12), S. 143–152, hier S. 151. Zur weiteren Diskussion über die verschwiegene Verbindung der *Eroica* mit der Person des gefallenen Prinzen Louis Ferdinand vgl. Debuch, *Prinz Louis Ferdinand von Preußen (1772–1806) als Musiker* (wie Anm. 12), S. 202–214 (Kap. „Prinz Louis Ferdinand von Preußen als Widmungsträger der ,Eroica'").

24 Vgl. Debuch, *Prinz Louis Ferdinand von Preußen (1772–1806) als Musiker* (wie Anm. 12), S. 165 f.

25 Schindler 1860, 1, S. 241.

26 Czerny, „Anecdoten und Notizen über Beethoven" (wie Anm. 1), S. 219.

27 Theodor Körner, *Leyer und Schwerdt. Von dem Vater des Dichters veranstaltete Ausgabe*, Wien 1814, S. 22 f.

es nicht dessen soldatische Heldentaten im Kampf gegen Napoleon verklärt, sondern eine Reflexion über dessen Musik darstellt. Weber übersetzt Körners Gedicht in eine musikalische Struktur, indem er auf die Musik des Prinzen selbst zurückgreift und aus ihr eine den Text vortragende Singstimme entwickelt (siehe Notenbsp. 1 und 2).

Notenbsp. 1: Prinz Louis Ferdinand, Klavierquartett f-Moll op. 6, 1. *Allegro moderato*, Klavierstimme, T. 1–10. © Thomas Seedorf

Bei dem zweiten Werk handelt es sich um die *Élégie sur des motifs du Prince Louis Ferdinand de Prusse* (S 168/1) von Franz Liszt. Das Werk entstand im Zusammenhang mit einem Gastspiel, das Liszt Anfang 1842 in Berlin gab. Als Dank für die Hommage, die er mit seiner *Élégie* dem komponierenden Hohenzollern-Prinzen erwiesen hatte, erhielt Liszt von Augusta von Sachsen-Weimar-Eisenach, der Prinzessin von Preußen und späteren deutschen Kaiserin, eine Schmuckkassette, die neben dem Autograph eines Flötenkonzerts Friedrichs des Großen auch Druckausgaben einiger Werke von dessen Neffen Louis Ferdinand enthielt.[28] Liszt bedankte sich seinerseits für dieses Geschenk, indem er der Prinzessin die revidierte Fassung seiner *Élégie* (S 168/2) widmete.

---

28 Vgl. Angelika von Wilamowitz-Moellendorff, „,Provenienz unbekannt' – ein Geschenk für Franz Liszt", in *Liszt-Nachrichten. Nachrichten der Deutschen Liszt-Gesellschaft* 15 (2010), S. 17.

Notenbsp. 2: Carl Maria von Weber, *Bei der Musik des Prinzen Louis Ferdinand*
op. 43, T. 18–28. © Thomas Seedorf

Bei Liszts Werk könnte es sich wie bei dem Webers um eine doppelte Hommage handeln. Während Weber sowohl dem Prinzen Louis Ferdinand als auch dem Dichter Theodor Körner seine Reverenz erweist, scheint Liszt mit dem Titel seines Klavierstücks auf einen anderen instrumentalen Klagegesang zu verweisen: Dusseks *Élégie harmonique sur la mort de Son Altesse Royale, le Prince Louis Ferdinand de Prusse*, eine Klaviersonate in fis-Moll, die Dussek unmittelbar nach dem Tod des Prinzen komponiert und dem Fürsten Lobkowitz gewidmet hatte.[29] Doch anders als Dussek, der ein vollkommen eigenständiges und höchst eindrucksvolles Stück schuf, greift Liszt wie Weber die Musik von Louis

---

29   Vgl. Jeremy Eskenazi, „‚Singing polyphony': Performing Dussek's sonata in f-sharp minor op. 61 (‚Elégie harmonique')", in *Jan Ladislav Dussek (1760–1812). A Bohemian composer en voyage through Europe*, hrsg. von Roberto Illiano und Rohan H. Stewart-MacDonald, Bologna 2012 (Quaderni Clementiani 4), S. 471–500.

Ferdinand auf und gestaltet aus dem Material des f-Moll-Quartetts ein fantasie-
artiges eigenes Werk (siehe Notenbsp. 3).

Notenbsp. 3: Franz Liszt, *Élégie sur des motifs du Prince Louis Ferdinand de Prusse*
(1. Fassung, S 168/1), T. 54 m. A.–57. © Thomas Seedorf

In Liszts riesigem Œuvre nehmen die Werke, in denen er sich auf unterschied-
lichste Weise auf die Musik anderer Komponisten bezieht, großen Raum ein.
Beethoven ist in diesem Werkkomplex vielfach vertreten.[30] Am bekanntesten
sind wohl die Klavierbearbeitungen der Sinfonien, deren Orchestersatz Liszt in
eine „Partition de Piano" umformte. Anders verhält es sich bei der Adaption von
Musik Beethovens in den beiden Kantaten zu Ehren des Komponisten. Sowohl
in der 1845 entstandenen *Fest-Cantate für die Inauguration des Beethovens-Denk-
mals in Bonn* als auch in der zum 100. Geburtstag des Komponisten entstandenen Kantate *Zur Säcular-Feier Beethovens* greift Liszt auf den langsamen Satz des
B-Dur-Klaviertrios op. 97 zurück. Wie Weber, der aus der Instrumentalmusik
des Prinzen Material für ein Gesangsstück entwickelt, macht Liszt Beethovens
Triosatz zur Grundlage einer eigenständigen Komposition. Liszts Elegie nach
Motiven des Prinzen Louis Ferdinand und die erste der beiden Beethoven-Kan-
taten entstanden in zeitlicher Nachbarschaft. Für das Nachdenken über Beethoven-Geflechte scheint es aber vor allem von Bedeutung, dass sich die Musik
des Prinzen und jene Beethovens im Werk Liszts in einem virtuellen Gedächt-
nisraum begegnen.

---

30 Vgl. Axel Schröter, „*Der Name Beethoven ist heilig in der Kunst". Studien zu Liszts Beethoven-
Rezeption*, 2 Bde., Sinzig 1999 (Musik und Musikanschauung im 19. Jahrhundert 6).

***

Je größer der historische Abstand zur Person des Prinzen und der des Komponisten wurde, desto dichter schienen beide in der Vorstellungswelt der Nachwelt zusammenzurücken. Dass Beethoven seine Kunst in Anwesenheit Louis Ferdinands vorgeführt hat, wie eine um 1885 veröffentlichte Zeichnung von Ludwig Pietsch imaginiert (Abb. 1), ist nicht belegt. Die fast intime Nähe zwischen dem klavierspielenden Komponisten und dem aufmerksam lauschenden Prinzen setzt aber eine Szene ins Bild, die man Ende des 19. Jahrhunderts für denkbar, wenn nicht wahrscheinlich hielt – die Begegnung eines Herrschers im Reich der Musik mit einem musikalisch außergewöhnlich begabten Fürstensohn.

Gegen Ende des ‚langen 19. Jahrhunderts' bezeichnete Otto Tschirch Louis Ferdinand in einem Aufsatz anlässlich von dessen 100. Todestag am 10. Oktober 1906 als „den größten Musiker unter den Hohenzollern".[31] Fast die Hälfte seines Beitrags für das *Hohenzollern-Jahrbuch* ist verschiedenen Aspekten der Beziehung zwischen Beethoven und dem Prinzen und dem Vergleich der Musik beider Männer gewidmet. „In rein künstlerischer Formgebung" sei der Prinz zwar „nicht allzuweit über den Dilettantismus hinausgekommen",[32] stellt Tschirch relativierend fest, Beethoven und Louis Ferdinand hätten aber „das reichere Innenleben und die Fähigkeit, es künstlerisch zu gestalten, durch die Anteilnahme an der Bildung der Zeit und den großen Angelegenheiten der Nation gewonnen".[33] Bei allen Unterschieden waren Beethoven und Louis Ferdinand von Preußen nach Tschirch Brüder im Geiste.

Wie heikel eine solche Darstellung, in der ein bürgerlicher Künstler und ein Mitglied der Hohenzollern-Familie im Bereich der Kunst auf eine Stufe gestellt werden, noch in der Spätzeit des Wilhelminischen Kaiserreiches war, zeigt der zweite Teil des Aufsatzes, der sich mit Louis Ferdinands militärischen Leistungen, seinem Heldentod bei Saalfeld und seinem anhaltenden Nachruhm befasst, jenen Motiven also, die den Prinzen zu einer beinahe mythischen Gestalt in der Geschichte des Hauses Hohenzollern erhoben. Erst ganz zum Schluss kommt Tschirch noch einmal auf die Musik zu sprechen: „Wenn Louis Ferdinand nach seinen eigenen Worten seine edelsten Stimmungen und Ideen in der Musik niederlegte, so muß die Beschäftigung mit diesen seinen Werken dazu beitragen, seine Gestalt bei der hundertsten Wiederkehr seines Todestages in verklärter

---

31 Otto Tschirch, „Prinz Louis Ferdinand als Musiker. Sein Tod, seine Bestattung und sein Andenken", in *Hohenzollern-Jahrbuch* 10 (1906), S. 199–220, hier S. 200.
32 Ebd., S. 206.
33 Ebd.

Weise zu zeigen."[34] Die Verbindung zwischen dem Prinzen und Beethoven ist
Teil dieser Verklärung.

Abb. 1: Beethoven beim Prinzen Louis Ferdinand, Holzstich von F. O.
Schindler nach einer Zeichnung von Ludwig Pietsch (um 1885). © Beethoven-Haus Bonn (B 2129). Permalink: https://www.beethoven.de/en/media/
view/5737727702073344/scan/0

---

34 Ebd., S. 220.

ABSTRACT

Prince Louis Ferdinand of Prussia, Beethoven and the Commemorative Culture of the 19th Century

In the culture of memory of the 19th century, Beethoven and Prince Louis Ferdinand of Prussia are often intertwined. This study first traces the few biographical testimonies that report on an encounter between the two men and then discusses the question of how much the prince's music shows Beethoven's influences. After Louis Ferdinand's early death in 1806, a multi-faceted commemoration began in which his military achievements and his heroic death at Saalfeld took centre stage. But the prince's music was also part of this commemorative culture. Some of his works, either in the original or in arrangements, were frequently played in the Viennese salons. One of these works, the Piano Quartet in F minor op. 6, was taken up both by Carl Maria von Weber in his song *Bei der Musik des Prinzen Louis Ferdinand* and by Franz Liszt in his *Élégie sur des motifs du Prince Louis Ferdinand de Prusse* for piano. Even though Louis Ferdinand's posthumous fame was based primarily on his importance as a resolute fighter against Napoleon, his music, which was always associated with Beethoven, remained part of a glorification of the person that continued 100 years after his death.

Anniversaries
and the Changing Image of Beethoven

Beethoven and Bonn:
A Historiography of Marginalization

John D. Wilson

Ever since Beethoven's death, the writing of his biography, understood to include at least some consideration of his works, has been a crowded field. Representing a variety of perspectives and intended for different audiences, it is a genre populated with everything from exhaustive chronicles of his life which only mention the music in passing, penetrating analyses of his works which keep biographical detail at a minimum, all the way to chatty collections of sensationalistic anecdotes peppered with impressionistic accounts of the music. It is a genre that has never been fully abandoned by musicologists even after the discipline's Continental practitioners had begun to virulently question the scholarly legitimacy of biography altogether,[1] a genre in which Beethoven scholars have shared shelf space with career biographers and practicing musicians with no historiographical training.[2] It thus stands to reason that every biographer throughout the past two centuries – however rigorous or lax their method, whatever their historical or philosophical background – has to some degree or other painted a portrait of their own life and times, as Lewis Lockwood's recent overview of this gigantic corpus has summarized: "Each has an individual point of view, a vision of the subject that determines what the essential proportions, colors, and textures will be, what features will be thrust into the foreground and what will remain in the background or be omitted altogether."[3] This would come as no surprise to historians of Beethoven

---

1 See Melanie Unseld, *Biographie und Musikgeschichte: Wandlungen biographischer Konzepte in Musikkultur und Musikhistoriographie*, Biographik. Geschichte – Kritik – Praxis 3 (Cologne etc., 2014).

2 The low reputation afforded music biography in German-speaking Europe throughout the 20th century, as chronicled by Unseld, *Biographie und Musikgeschichte*, appears to explain why scholarly Beethoven biography since the 1950s has remained a largely Anglo-American phenomenon.

3 Lewis Lockwood, *Beethoven's Lives. The Biographical Tradition* (Woodbridge, 2020), x. Here he quotes from his own biography, *Beethoven: The Music and the Life* (New York, 2003), xviii.

reception, who have documented the manifold ways in which his music has been heard, interpreted, gendered, and instrumentalized for various political causes all over the spectrum,[4] a legacy which has left its imprint not only on his iconography,[5] but on the question of who is authorized to perform his music,[6] the standards by which subsequent music has been judged,[7] even the broader understanding of the connections between a composer's life and work more fundamentally.[8]

Lockwood's image of Beethoven biography as self-portrait is rooted in one of the founding ideas of historiography; Johann Martin Chladni recognized in 1752 that even the reporting of seemingly objective historical fact is inescapably shaped by the "Sehepunkt," or perspective, of the observer: "For this reason, even the inner state of the human soul has an influence on that which the senses perceive, and in the narratives that arise from such perceptions."[9] The biography of any creative musician, to be sure, is not only impacted by the individual biographer's unique interpretation of the historical record – their "Perspektivität" in the words of Klaus Füßmann[10] – but more pointedly by the ever-changing reception of the "inner biography" (Lockwood) or "aesthetic subject" (Dahlhaus), the development of their musical values and styles

4   See especially Beate Angelika Kraus, *Beethoven-Rezeption in Frankreich. Von ihren Anfängen bis zum Untergang des Second Empire*, Schriften zur Beethoven-Forschung 13 (Bonn, 2001); David B. Dennis, *Beethoven in German Politics, 1870-1989* (New Haven, 1996); Michael Broyles, *Beethoven in America* (Bloomington, 2011); Jindong Cai and Sheila Melvin, *Beethoven in China. How the Great Composer Became an Icon in the People's Republic* (Melbourne, 2015); *Der "männliche" und der "weibliche" Beethoven. Bericht über den internationalen musikwissenschaftlichen Kongress vom 31. Oktober bis 4. November 2001*, eds. Cornelia Bartsch, Beatrix Borchard, and Rainer Cadenbach, Schriften zur Beethoven-Forschung 18 (Bonn, 2003).
5   Alessandra Comini, *The Changing Image of Beethoven: A Study in Mythmaking* (New York, 1987); Werner Telesko, Susanna Zapke, and Stefan Schmidl, *Beethoven Visuell. Der Komponist im Spiegel bildlicher Vorstellungswelten* (Vienna, 2020).
6   Katherine Ellis, "Female Pianists and their Male Critics in Nineteenth-Century Paris," in *Journal of the American Musicological Society* 50/2-3 (1997), 353-85.
7   Scott G. Burnham, *Beethoven Hero* (Princeton, 1995); Marcia J. Citron, *Gender and the Musical Canon* (Cambridge, 1993). On Beethoven-interpretation and its impact on Schubert reception, see Susan McClary, "Constructions of Subjectivity in Schubert's Music," in *Queering the Pitch: The New Gay and Lesbian Musicology*, eds. Philip Brett, Elizabeth Wood, and Gary C. Thomas (New York etc., 1994), 205-33.
8   Mark Evan Bonds, *The Beethoven Syndrome: Hearing Music as Autobiography* (New York, 2020).
9   Johann Martin Chladni, *Allgemeine Geschichtswissenschaft, worinnen der Grund zu einer neuen Einsicht in allen Arten der Gelahrheit* [sic] *geleget wird* (Leipzig, 1752), 95: "Daher hat auch der innerliche Zustand der Seele eines Menschen einen Einfluß in das, was er durch die Sinne empfindet, und in die Erzehlungen, die aus solchen Empfindungen entstehen." All translations are my own.
10   Klaus Füßmann, "Historische Formungen. Dimensionen der Geschichtsdarstellung," in *Historische Faszination. Geschichtskultur heute*, eds. Klaus Füßmann, Heinrich Theodor Grütter, and Jörn Rüsen (Cologne etc., 1994), 27-44, at 32-33.

throughout their lives,[11] whose trajectory, its high and low points, is interpreted and re-interpreted by each generation of listeners, musicians, and scholars. The categorization of Beethoven's music into three (or more) creative periods, a rubric which began even long before the composer's death and whose borders were constantly redrawn, is one of the most well-known examples.[12] Just as Beethoven's earliest critics valorized the music of his first decade in Vienna for its textural and rhetorical clarity, so too did most 19th-century commentators single out the "heroic style" of the following ten years for praise, whereas the dislocations and disjunctions of the final piano sonatas and string quartets served as an ideal for 20th-century composers and music philosophers. Periodizations of Beethoven's music, as James Webster has reminded us, are essentially reflections of the "Sehepunkte" and value judgments of those who have felt compelled to periodize.[13]

That very few periodization attempts have taken into account the music Beethoven composed in Bonn reflects not only the old marginalization of "non-canonic" works in his catalogue – of which the politically-oriented music he wrote during and after the Napoleonic Wars is by now a well-trodden battleground.[14] It is also a product of a general lack of interest in the Bonn years which prevailed among biographers until very recently, a neglect often bordering on devaluation, that tends to reduce these 22 years to a long larval stage from which the "real" Beethoven emerges in Vienna at the age of 25 with the publication of his Opus 1.[15] To speak of a "marginalized" Bonn period is far from an exaggeration. In a separate paper conceived in parallel to this one, I have identified the multiple forms that this marginalization has taken: a gross statistical under-representation of these years in a survey of standard biographies – taking up from 4.5% to 15% of the total page count, well below the 39%

11 Lockwood, *Beethoven's Lives* (as in fn. 3), 129–30, 146; Carl Dahlhaus, *Ludwig van Beethoven und seine Zeit* (Laaber, 1987), 71–72.
12 The long and messy history of periodizations has been documented most thoroughly by William Meredith, "(Mis)Dating the Beginning of Beethoven's Late Period: The Historiography of the 1980 Edition of the *New Grove Beethoven* and the Question of a Consensus," paper presented at the Fifth New Beethoven Research Conference in Louisville (11 November 2015), publication in preparation.
13 James Webster, "The Concept of Beethoven's 'Early' Period in the Context of Periodizations in General," in *Beethoven Forum* 3 (1994), 1–27. See also K. M. Knittel, "Imitation, Individuality, and Illness: Behind Beethoven's 'Three Styles,'" in *Beethoven Forum* 5 (1996), 17–36.
14 See Nicholas Cook, "The Other Beethoven: Heroism, the Canon, and the Works of 1813–14," in *19th-Century Music* 27/1 (2003), 3–24; Nicholas Mathew, *Political Beethoven* (Cambridge etc., 2013); and *Beethoven und der Wiener Kongress (1814/15). Bericht über die vierte New Beethoven Research Conference Bonn, 10. bis 12. September 2014*, eds. Bernhard A. Appel, Joanna Cobb Biermann, William Kinderman, and Julia Ronge, Schriften zur Beethoven-Forschung 26 (Bonn, 2016).
15 A good analysis of this tendency can be found in Ulrich Konrad, "Der 'Bonner' Beethoven," in *Bonner Beethoven-Studien* 12 (2016), 65–80.

of his life's duration they actually encompassed; a further tendency to focus
solely on works from this period from which Beethoven later recycled themes,
only to judge them as inferior precursors rather than as stand-alone compositions built according to their own logic; as well as a linguistic marginalization
that treats his relocation to Vienna in November 1792 – strictly speaking, an
educational journey which was meant to be temporary – as an inevitable ful-
fillment of pre-ordained destiny.[16] While the focus in that contribution is to
suggest a less teleological, more historically appropriate lens through which to
view Beethoven's first ten years as a composer, here I would like to sketch out
three historiographical trends in Beethoven biography which led to this marginalization in the first place, reasons which are intertwined with changing
attitudes toward both court culture and nationalism during the 19th and 20th
centuries, and their legacy into the 21st.

Sehepunkt 1: Young Beethoven as an oppressed court musician

No responsible account of Beethoven's life denies his decade spent as a court
musician in Bonn. In fact, most of the earliest biographies describe these years
as mostly happy and productive, if not necessarily formative ones. This has
much to do with the respect granted the *Biographische Notizen über Ludwig van
Beethoven,* published by Franz Wegeler and Ferdinand Ries *in 1838* (but shared
with Anton Schindler in manuscript form years earlier).[17] Both Wegeler and
Ries were among the composer's earliest friends, whose deep familial ties with
their shared birthplace reached far into the previous century and persisted
throughout its changing political fortunes as a dependence of first France
and then Prussia,[18] and both men nourished fond memories of cultural life
in Electoral Bonn, reflected most distinctly in their dedication to Ferdinand
Ries' father and erstwhile-director of the Hofkapelle orchestra, Franz Anton
Ries.[19] The first edition of Anton Schindler's biography (Münster, 1840) relies

---

16 See John D. Wilson, "Beethoven as a Bonn Composer: Inspirations, Motivations, Strategies," in
    Beethoven-Perspektiven (in preparation).
17 Wegeler/Ries [1838], 2nd expanded edition 1845. On Wegeler's earlier sharing of material
    from the biography project with Anton Schindler, see Daniel Brenner, *Anton Schindler und sein
    Einfluss auf die Beethoven-Biographik,* Schriften zur Beethoven-Forschung 22 (Bonn, 2013), 54,
    58.
18 Berthold Prößler, *Franz Gerhard Wegeler, Ein rheinischer Arzt, Universitätsprofessor, Medizinialbe-
    amter und Freund Beethovens,* Jahresgaben des Vereins Beethoven-Haus 17 (Bonn, ²2008); and
    Barbara Mülhens-Molderings, "'Wir Bönner sind doch ganze Kerls!' – Beethoven und die Bon-
    ner Musikerfamilie Ries," in *Beethoven. Die Bonner Jahre,* ed. Norbert Schloßmacher, Bonner
    Geschichtsblätter 69/70 (Vienna etc., 2020), 301–38.
19 Michael Ladenburger, "Franz Anton Ries – Zentralgestirn des Bonner Musiklebens von der
    späten kurfürstlichen bis in die preußische Zeit," in *Bonns goldenes Zeitalter. Die kurkölnische
    Residenzstadt zur Zeit Beethovens,* ed. Ingrid Bodsch (Bonn, 2020), 103–18.

heavily on Wegeler's reminiscences, even if his lingering animosity toward Ries (deceased since 1837) led him to lessen the appearance of this debt in later editions.[20]

As the 19th century progressed, however, the rosy picture of Beethoven's Bonn years popularized by Wegeler and Ries was replaced by something darker. The first inklings of this new picture appear, surprisingly, in the monumental documentary biography by Alexander Wheelock Thayer, which established the factual foundation for all subsequent biographies.[21] Thayer's seemingly ample coverage of the Bonn period – in the definitive third edition (Leipzig, 1917–28) these encompass 338 pages, or 13% of the total 2,535 pages – is undoubtedly a result of the many lengthy transcriptions of primary sources, most of which Thayer was the first to unearth and publish. But the bits of narrative with which the esteemed biographer glues together and contextualizes the documents display a strong tendency – not surprising for a liberal-minded 19th-century New Englander educated and socialized among some of the leading Transcendentalists[22] – to paint courtly life in the Holy Roman Empire as superficial, oppressive, and occasionally ridiculous. Consider how he opens the first volume:

> One of the compensations for the horrors of the French Revolution was the sweeping away of many of the petty sovereignties into which Germany was divided, thereby rendering a union of the German People and the rise of a German Nation possible. The first to fall were the numerous ecclesiastical-civil members of the old, loose confederation, some of which had played no ignoble nor unimportant part in the advance of civilization; but their day was past. The people of these states had in divers respects enjoyed a better lot than those who were subjects of hereditary rulers, and the old German saying: "It is good to dwell under the crook," had a basis in fact. At the least, they were not sold as mercenary troops; their blood was not shed on foreign fields to support their princes' ostentatious splendor, to enable mistresses and ill-begotten children to live in luxury and riot. But the antiquated ideas to which the ecclesiastical rulers held with bigoted tenacity had become a barrier to progress, the exceptions being too few to render their farther existence desirable.[23]

---

20 Brenner, *Anton Schindler* (as in fn. 17), 70–74; Lockwood, *Beethoven's Lives* (as in fn. 3), 20–21.

21 TDR. Volumes 1 to 3 were first published 1866–79 (Berlin), the final two were completed after Thayer's death by Hermann Deiters and Hugo Riemann and published 1907–08 (Leipzig). Thayer's original English text, along with a re-edited version of the portion finished by Deiters and Riemann, were published by Henry Edward Krehbiel in 1921 (New York) and then in an abridged and revised edition by Elliot Forbes (Princeton, 1964).

22 On Thayer's career and philosophical background, see Grant William Cook, "Alexander Wheelock Thayer: A New Biographical Sketch," in *The Beethoven Journal* 17/1 (2002), 2–11; and Lockwood, *Beethoven's Lives* (as in fn. 3), 32–33.

23 Thayer/Forbes, 3; TDR 1, 5.

Thayer's biography is universally held up as a gold standard for its factual scrupulousness, his character praised for his positivistic idealism, which he expressed in the form of a motto to Hermann Deiters in 1865: "I fight for no theories and cherish no prejudices; my sole point of view is the truth."[24] The sentiments in this passage may indeed have been so widely held as to have been considered truth in 1865, but it is questionable – and unquestioned by Thayer – to what degree the protagonists of his biography would have agreed. The ensuing pages of historical background deepen this prejudicial image of ecclesiastical states – and of the *ancien régime* writ large – by dwelling on the most frivolous details culled from the lives of Electors Joseph Clemens, Clemens August, and Maximilian Friedrich: their love of pageantry and dancing, their ruinous spending, and especially their mistresses and illegitimate children, with little or no discussion of their state policies or civic reforms, the very actions that most impacted court musicians like Beethoven. Then, even while acknowledging that little was then known of the music that was written for court ceremonies, he still proceeds to poison the well with unearned value judgments:

> Composers had to furnish music on demand and as often as was necessary, as the hunter delivered game or the fisherman fish. What a volume of music was produced in this manner can be seen in the case of Joseph Haydn at Esterhaz, whose fruitfulness did not, in all probability, exceed that of many another of his contemporaries. [...] Under such conditions did the men write who are mentioned as official composers in our narrative. It is probable that not a note of theirs remains in existence, and equally probable that the loss is not at all deplorable except as it leaves the curiosity of an antiquary unsatisfied.[25]

Thayer speculates further that the quality of performances, again without knowing any of the repertoire or anything about the performers beyond their names, must have been lacking:

> [...] few if any names of distinguished virtuosos are found in the lists of the members, and, in all probability, the performances never rose above the respectable mediocrity of a small band used to playing together in the light and pleasing music of the day.[26]

---

24 See Clive, 364.
25 Thayer/Forbes, 14; TDR 1, 39.
26 Thayer/Forbes, 27; TDR 1, 71.

Thayer's narrative strategy, which was a ubiquitous one in biographies until the early 20th century but has been recapitulated to the present day, sets into sharper relief the reforms of Maximilian Franz after 1784, the last elector and brother of Emperor Joseph II, as well as Beethoven's most important patron. This results in an attractive biographical topos, revisited below, of Bonn under Maximilian Franz as a "little Vienna." It also sets up Beethoven's move to Vienna in 1792 as an act of bourgeois self-emancipation which, factually speaking, it never was.[27] Finally, the wholesale devaluation of court music established a lasting precedent, as Ulrich Konrad has so brilliantly displayed, of regarding most of Beethoven's Bonn compositions as "noch nicht unser Beethoven," a status which is first rectified in Opus 1.[28]

The conceit of court music as bland and superficial and post-Revolutionary music as explosive and dynamic is so effective a narrative strategy when over-laid on Beethoven's life that, as late as 1921, Jacques-Gabriel Prod'homme could structure an entire book on Beethoven's youth without finding much good to say about anything he wrote before 1800.[29] It was apparently not difficult to draw a line between the beleaguered peasants of Kurköln, living in "maisons [...] assez misérables"[30] and toiling entirely in the service of venal lords, to a body of music that only in choice moments, despite its better judgment, lives up to the promise of middle-period Beethoven:

> Most of the early works discussed here are only valuable because of the name they carry. Many of them are like the Sextet [Op. 81b] of which, "one cannot say anything," admitted Beethoven, "except that the author has produced better works"; but it is enough that several pages of his "first manner" – like the two imperial cantatas, some Lieder, some sonatas, trios, and quartets – do not seem unworthy of the Beethoven of the 19th century, because the pre-1800 Beethoven, the "ancien régime" Beethoven, the author of "Adelaide" and the Pathé-tique, still deserves the interest of those who wish to better understand the

27 On the de-facto end of Beethoven's courtly employment, see Julia Ronge, *Beethovens Lehrzeit. Kompositionsstudien bei Joseph Haydn, Johann Georg Albrechtsberger und Antonio Salieri*, Schriften zur Beethoven-Forschung 20 (Bonn, 2011), 58–62.
28 Konrad, "Der 'Bonner' Beethoven" (as in fn. 15), 67. Here he quotes directly from TDR 1, 323, 404.
29 Jacques-Gabriel Prod'homme, *La jeunesse de Beethoven (1770–1800)* (Paris, 1921).
30 Prod'homme, *La jeunesse de Beethoven*, 18.

author of the symphonies. And perhaps we will appreciate after having browsed these pages that, contrary to Wagner's assertion, "the whole theme of his life" is already present in his early work.[31]

The last scholarly biography to subscribe fully to this trope is also one of the most influential of the past 50 years, Maynard Solomon's of 1977, which consistently brands the Bonn works as "conventional" and "formulaic," the variations as mere "superficial embroideries of the thematic material," and the sonata movements as "imitative examples of contemporary Classic sonata-style works."[32] This culminates in a final judgment which, however much it attempts a positive spin, is damning:

> His Bonn compositions rarely penetrate the surface of the emotions, perhaps precisely because they correspond so harmoniously with the ideal of the benevolent principality in which they were created – an untroubled aestheticism which exalted abstract beauty and found pleasure in the constant repetition of gracefully predictable patterns and forms.[33]

In such judgments, which are not grounded in any detailed description of the music, Solomon effectively sets up Beethoven's Bonn music as a foil to the "revolutionary" music he would compose later, which is foreshadowed in his discussion of the *Joseph Cantata (WoO 87)*:

> The Revolution sought to transform French music into a moral weapon in the service of a historic mission. The frivolities and sensuousness of *galant* music were abjured; the "scholastic" contrivances of Baroque and Classic forms were done away with; and music was assigned, in the words of historian Jules Combarieu, "a serious character which it had not had since antiquity outside the Church." In brief, the Revolution introduced an explicit ideological and ethical function into music which was later to become one of the characteristics of Beethoven's "public" compositions.[34]

---

31 Prod'homme, *La jeunesse de Beethoven*, 13: "Ses œuvres de jeunesse, dont il est question ici, ne valent pour la plupart que grâce au nom qu'elles portent. Beaucoup d'entre elles sont comme ce *Sextuor* dont 'on ne peut rien dire, avouait Beethoven, sinon que son auteur a fait quelques œuvres meilleures'; mais il suffit que plusieurs pages de cette 'première manière' – comme les deux *Cantates impériales*, quelques *lieder*, quelques *sonates*, *trios*, ou *quatuors* – ne paraissent pas indignes du Beethoven du XIXe siècle, pour que le Beethoven d'avant 1800, le Beethoven 'ancien régime,' l'auteur d'*Adélaïde* et de la *Pathétique*, mérite encore un regard d'intérêt, de la part même de ceux qui ne veulent connaître que l'auteur des Symphonies. Et peut-être estimera-t-on, après avoir parcouru ces pages, que, contrairement à l'affirmation de Wagner, 'le thème tout entier de sa vie' est déjà présent dans son œuvre de jeunesse."
32 Maynard Solomon, *Beethoven* (New York, 1977), 45, 46, 47.
33 Solomon, *Beethoven*, 48.
34 Solomon, *Beethoven*, 51.

The darkness of courtly servitude in the 18th century thus dissolves into the dawn of the *Aufklärung* and the brilliant light of freelance artistry in the 19th and (to mix our musical references) into the revolutionary fervor of the *Eroica*. If there is one master narrative of Beethoven's life and music which most stubbornly refuses to die, it is this one.

Sehepunkt 2: The Rhineland as Teutonic cradle

Parallel to Thayer's trope of courtly servitude as an obstacle to overcome, another, overtly nationalistic narrative emerged in German biographies, one which first appeared in Ludwig Nohl's 1864 biography and found its most dubious expression in the three editions of Ludwig Schiedermair's *Der junge Beethoven*.[35] Even though neither is held up today as a standard work in Beethoven scholarship, these nevertheless introduced some factually questionable tropes about his musical education in Bonn which have continued to color much modern literature.

Nohl's first chapter functions as a rhapsody on the distinctive Germanness of the Rhineland and its residents, and how the essential qualities of Beethoven's character, its strengths and weaknesses, reflect those of the German race. The nationalistic tenor of his argument is clear from the first paragraphs:

Among the not-very-great number of men in which the particularity of the German nature imprinted itself with fullest significance, and indeed through this became people of world-historical importance, belongs above all others *Ludwig van Beethoven*.
It is well known that the development of the human race took a direction with the entry of the Teutons which was wholly different from the old conception of the world and from that moment on remained decisive for the next millennium. [...] Of this, the great mission of the Teutonic nature, to spiritualize the earthly, raising it from lowly origins to achieve a direct contact with the supernatural – a mission, which has been shown by a row of this branch's members on the world stage and continues unchanged today – history has hardly delivered a more superb example than Beethoven [...].[36]

---

35 Ludwig Nohl, *Beethovens Leben*, 3 vols. (Vienna, 1864 [1]; and Leipzig, 1867–77 [2–3]); Ludwig Schiedermair, *Der junge Beethoven* (Leipzig, [1]1925; Weimar, [2]1939; Bonn, [3]1951).
36 Nohl, *Beethovens Leben*, i, 1–3: "Unter die nicht sehr grosse Zahl der Männer, in denen sich das Besondere des germanischen Wesens zu seiner vollen Bedeutung ausgeprägt hat und die eben dadurch weltgeschichtliche Personen geworden sind, gehört vor allen auch *Ludwig van Beethoven*. Es ist bekannt, dass die Entwicklung des menschlichen Geschlechtes durch den Eintritt der Germanen in die Geschichte eine Richtung nahm, die durchaus von der Weltauffassung der Alten verschieden, vom Moment an bestimmend für das nächste Jahrtausend

In 1925, Schiedermair picks up Nohl's broad brush and begins his account with full-throated panegyric to a personified Rhineland:

> You German land on the banks of the Rhine's torrential flow, what fates have befallen your clods of soil and your men over the course of centuries! Happiness and misery, blossoming and decay, freedom and oppression alternated in colorful array, but the never totally beaten power of the Volk nevertheless managed to stave off, even in times of downfall, the danger of total pulverization, even after nearly annihilating blows, and as soon as peace and calm returned, brought about an often-undreamt-of reconstruction.[37]

As if to underscore the importance of this romanticized Teutonic landscape for his subject, in the 1939 second edition, Schiedermair adds a brief second paragraph: "Out of this German landscape, Ludwig van Beethoven grew."[38]

As Christine Siegert has demonstrated, this was one of many passages that Schiedermair further honed in 1939 to enhance the book's already dubiously nationalistic political program.[39] Summarizing the nature of his revisions: he downplayed the court's cosmopolitan nature, setting up a historically untenable opposition between "local" and "foreign" influences, and cited now-discredited racial science to whitewash Beethoven's family background. Although most of these biases are easy to disregard today, both Nohl and Schiedermair did introduce a major mischaracterization into Beethoven biography that has been difficult to eradicate: the question of his musical education.

Nohl, like many since him, accords great significance to Christian Gottlob Neefe's public proclamation in 1783 that he placed Bach's *Well-Tempered Clavier* in the young Beethoven's hands,[40] effectively inducting the young pianist

---

blieb. [...] Von dieser grossen Mission der germanischen Natur, das Irdische zu vergeistigen und den Menschen über das Niedere hinweg zum directen Verkehr mit dem Uebersinnlichen zu erheben, – eine Mission, die sich in einer Reihe weltgeschichtlicher Glieder dieses Stammes darstellt und noch heute unverändert fortbesteht –, hat die Geschichte wohl kaum ein herrlicheres Beispiel aufzuweisen, als eben *Beethoven* [...]."

37   Schiedermair, *Der junge Beethoven* (as in fn. 35; first edition), 1: "Du deutsches Land an den Ufern des Rheinstroms, welche Schicksale waren Deiner Scholle und Deinen Menschen im Laufe der Jahrhunderte beschieden! Glück und Elend, Blüte und Verfall, Freiheit und Bedrückung folgten in buntem Wechsel, eine nie ganz versiegende Volkskraft vermochte jedoch in Zeiten des Niedergangs die Gefahr völliger Zerreibung abzuwenden und selbst nach geradezu vernichtenden Schlägen, sobald Friede und Ruhe einkehrten, einen oft ungeahnten Wiederaufbau herbeizuführen."

38   Schiedermair, *Der junge Beethoven* (as in fn. 35; second edition), 1:"Dieser deutschen Landschaft entwuchs Ludwig van Beethoven."

39   Christine Siegert, "Musikhistorische Positionen Ludwig Schiedermairs zwischen 1925 und 1950," in *Musik im Rheinland um 1930. Bericht über die Tagung der Arbeitsgemeinschaft für rheinische Musikgeschichte in Köln, September 2007*, eds. Klaus Pietschmann and Robert von Zahn, Beiträge zur rheinischen Musikgeschichte 171 (Kassel, 2012), 194–207.

40   Nohl, *Beethovens Leben* (as in fn. 35), i, 91–92.

into a priesthood of German masters, a topos which Elaine Sisman has decon-
structed at length.[41] Schiedermair expands this into an entire chapter detailing
Neefe's character, making special mention of his alleged (and wholly invented)
opposition to all non-German music.[42] In styling Neefe as Beethoven's greatest
teacher and example, Schiedermair (as Thayer had before him) dismisses out
of hand Wegeler's inconvenient assertion that Neefe had "no influence on our
Ludwig."[43] As for the possibility that Beethoven might have learned something
from other accomplished composers in Bonn, such as the Venetian Kapellmeister Andrea Luchesi, Schiedermair treats it with utmost contempt:

> It is possible that the young Beethoven could have completed his studies in
> counterpoint with Luchesi, but questionable in the extreme whether his mature
> work with German masters in Vienna would have been superfluous. On the con-
> trary, one could consider it a blessing that the Italian musician did not serve as
> his "model and guide," and that his father and Neefe indeed made sure that the
> young Beethoven did not wade too far into Italian waters. Certainly, the young
> Beethoven would have later, even despite Italian instruction, gone his own way
> unperturbed, but Luchesi's example could anyway have led him for a long time
> into an Italianate period which was so foreign to his inner nature.[44]

Schiedermair's picture of Bonn as a stronghold of German musical values
and Neefe as its standard-bearer was already unsustainable in 1925 in light
of the work of his contemporary colleagues, especially Theodor A. Henseler
and Adolf Sandberger.[45] Not only was music from Italian academies, churches,
and opera houses plentiful in the repertoire of the court, but so was that of
many other musical centers across Europe. Newer research has underscored

---

41 Elaine Sisman, "'The Spirit of Mozart from Haydn's Hands': Beethoven's Musical Inheritance,"
    in The Cambridge Companion to Beethoven, ed. Glenn Stanley (Cambridge etc., 2000), 45–63.
42 Schiedermair, Der junge Beethoven (as in fn. 35; first edition), 140–62.
43 Wegeler/Ries, 11; Schiedermair, Der junge Beethoven (as in fn. 35; first edition), 161.
44 Schiedermair, Der junge Beethoven (as in fn. 35; second edition), 97–98: "Es ist möglich, daß
    der junge Beethoven bei Luchesi seine kontrapunktischen Studien hätte vervollständigen
    können, aber doch höchst fraglich, ob dadurch seine späteren Arbeiten in reiferem Alter
    bei den deutschen Meistern in Wien überflüssig geworden wären. Man darf es vielmehr als
    Glück bezeichnen, daß der italienische Musiker damals nicht 'Vorbild und Richtschnur' für
    ihn wurde und daß schon der Vater und Neefe dafür sorgten, daß der junge Beethoven nicht
    zu sehr ins italienische Fahrwasser geriet. Gewiß wäre der junge Beethoven später auch trotz
    italienischer Schulung unbeirrt seinen eigenen Weg gegangen, aber immerhin hätte das Vor-
    bild Luchesis ihn für längere Zeit einer ihm innerlich fremden italienisierende Periode zufüh-
    ren können."
45 Theodor Anton Henseler, "Andrea Luchesi, der letzte Bonner Hofkapellmeister zur Zeit des
    jungen Beethoven. Ein Beitrag zur Musik- und Theatergeschichte des 18. Jahrhunderts," in
    Bonner Geschichtsblätter 1 (1937), 225–364; Adolf Sandberger, "Die Inventare der Bonner Hof-
    musik," in Adolf Sandberger, Ausgewählte Aufsätze zur Musikgeschichte, vol. 2, Forschungen,
    Studien und Kritiken zu Beethoven und zur Beethovenliteratur (Munich, 1924), 109–34.

the cosmopolitanism of the Bonn Hofkapelle repertoire to an even further degree.[46] Even the importance of Neefe as Beethoven's teacher, the basis for which stems entirely from Neefe himself, has also been called into question,[47] even if subsequent biographies still accord him a primary role.

But beyond the questionable factual basis of this nationalistic view of Beethoven's origins, which mirrors the tone of German scholarship between the anniversary years of 1870 and 1927,[48] it is notable that it added little concrete detail to the understanding of Bonn as a setting for Beethoven's formative years, rather used it as a projection surface for national origin stories that place him at the center of a pantheon.

Sehepunkt 3: Bonn as a "small, unimportant place"

While Beethoven scholarship over the past 50 years has attempted to correct the factual errors and overt biases of previous centuries, it has been difficult for even the most careful scholars to avoid introducing new ones in doing so. As it pertains to Beethoven's Bonn years, a further trope this has engendered is one that replaces the nationalistic portrait of the court's musical life with one that ties it more directly to Vienna's, and by extension as lacking an identity of its own. This has been suggested more or less literally by Solomon, who asserts that: "Bonn's musical life in the 1780s was that of a miniature Vienna, a cosmopolitan crossroads in which early-Classic and Classic styles competed freely and without restriction."[49]

Although this is positively formulated, its placement in the narrative sets up a parallel to the trope seen above of Beethoven's Bonn works being inadequate precursors to his Vienna ones. But the emphasis on Bonn's smallness has been taken up by most other recent biographers, for instance by Lockwood, whose first chapter begins with an uncredited allusion to John le Carré: "Bonn, Beethoven's birthplace, was and is in essence a small town in Germany."[50]

---

46   See especially the book series "Musik am Bonner kurfürstlichen Hof," edited by Birgit Lodes (Bonn, 2018–); some of the relevant findings for Beethoven scholarship are summarized in John D. Wilson, "From the Chapel to the Theatre to the *Akademiensaal*: Beethoven's Musical Apprenticeship at the Bonn Electoral Court, 1784–1792," in *Beethoven Studies* 4 (2020), 1–23.

47   See Jürgen May, "Neefe als Teilhaber an Beethovens Ruhm," in *Christian Gottlob Neefe (1748–1798). Eine eigenständige Künstlerpersönlichkeit. Tagungsbericht Chemnitz 1998* (Chemnitz, 1999), 237–53; and Tilman Skowroneck, *Beethoven the Pianist* (Cambridge, 2011), 37–41. The most thorough review of their relationship can be found in Jos van der Zanden, "Beethoven and Neefe: A Reappraisal," in *Music & Letters* 102/1 (2021), 30–79, esp. 30–53.

48   See the contributions by Barbara Boisits, Glenn Stanley, and Annegret Fauser in this volume.

49   Solomon, *Beethoven* (as in fn. 32), 44.

50   Lockwood, *Beethoven: The Music and the Life* (as in fn. 3), 25.

Granted, Vienna's comparative population in 1792 – roughly 210,000 versus Bonn's 10,000[51] – is a matter of historical demography, but in the multipolar political structure of the Holy Roman Empire, the cultural importance of courts had little correlation with their residence's absolute size.[52] (Musicological discussions of the "Mannheim School" can somehow get by without dwelling on how much smaller the city was than Munich.) There were, to be sure, many contact points between aristocratic families in Bonn and Vienna in the 1770s and 1780s, but while this was certainly one factor in its cultural landscape, it was not necessarily the determinative one. Bonn's proximity to Paris and Mannheim, for instance, influenced its music culture in ways independent from Vienna's.[53]

As a "Sehepunkt," Bonn's smallness and putative meaninglessness does have an unexpected foundation in Beethoven's – at least the Vienna Beethoven's – own perspective. After having achieved a measure of success in the Imperial City, the composer sometimes engaged in the conceit that he came from nowhere, as in this letter to the young Gottlob Wiedebein in 1804:

> That one should not be able to improve oneself to some extent at Braunschweig seems to me a rather extraordinary idea. Without desiring in the least to set myself up as an example to you I can assure you that I have lived in a small, unimportant place and – that entirely by my own efforts I achieved almost all that I have achieved both there and Vienna – I am telling you this purely in order to console you, should you feel the urge to concentrate on the art of music.[54]

Czerny also relates Beethoven's fondness for saying that he was "not well treated as a boy, and that his musical education was very bad. 'But,' he continued, 'I had talent for music.'"[55] Whether or not one should read any more into

---

51 Vienna's historical population numbers, drawn from the "Historischer Atlas Wien," are summarized at the website Wien Geschichte Wiki, <https://www.geschichtewiki.wien.gv.at/Bevölkerungsentwicklung_1783-1939> (accessed March 20, 2023); for Bonn's demographic trends in the 18th century, see Christian Schlöder, *Bonn im 18. Jahrhundert. Die Bevölkerung einer geistlichen Residenzstadt*, Stadt und Gesellschaft. Studien zum Rheinischen Städteatlas 5 (Vienna etc., 2014).

52 See *Music at German Courts, 1715–1760: Changing Artistic Priorities*, eds. Janice B. Stockigt, Barbara M. Reul, and Samantha Owens (Woodbridge, 2011).

53 See Elisabeth Reisinger's contribution in *Beethoven-Perspektiven* (in preparation).

54 Beethoven in a letter to Gottlob Wiedebein, 6 July 1804, BGA 181: "[D]aß man sich aber nicht auch einigermaßen in Braunschweig sollte bilden können, scheint mir […] eine etwas überspannte Meynung zu seyn, ohne mich im Mindesten ihnen als ein Muster darstellen zu wollen, kann ich ihnen Versicheren, daß ich in einem kleinen unbedeutenden Orte gelebt, und – fast alles was ich sowohl dort als hier geworden bin, nur durch mich selbst geworden bin – dieses ihnen nur zum Tr[o]st, falls sie das Bedürfniß fühlen, in der Kunst weiter zu kommen."

55 Carl Czerny, "Anecdotes of Beethoven. Contributed by Herr Carl Czerny," in *Cock's Musical Miscellany* 1/6 (1852), 2 August, 65–66. Quoted in BSZ, 217.

such statements than Beethoven's occasional indulgence in the familiar artist's autobiographical narrative of heroic self-actualization, it is both the task of the biographer and one of the greatest challenges to evaluate critically the historical artifacts that comprise the relics of the subject's life, and to attempt to reconstruct their contexts in order to, in Lockwood's words, "strive to interpret the thought behind the historical artifact."[56] That even the most dogged search for the "sole point of the view [of] the truth" is bound to collide with this goal's ineffability should neither lull us into cynical relevancy nor inspire overconfidence in the virtue of the raw document, rather it should caution us to approach the enterprise with the opposite of both: humility.

ABSTRACT

Beethoven and Bonn: A Historiography of Marginalization

The writing of Beethoven's biography stretches back to the year of his death and has attracted perennial interest ever since. With a few early exceptions, such as the *Biographische Notizen* by Franz Wegeler and Ferdinand Ries, Beethoven's Bonn years have usually been given short shrift in this corpus of life stories. His music is generally left out of nearly all periodization attempts, which as a rule take their cue from life events. This chapter traces the marginalization through various stages since Thayer's monumental *Beethovens Leben*, through more chauvinistic accounts by Ludwig Nohl and Ludwig Schiedermair, to Anglo-American attempts in the past five decades.

---

56   Lockwood, *Beethoven's Lives* (as in fn. 3), 39.

Pathos in der Krise:
Beethoven-Feiern 1870 in Österreich und Deutschland

Barbara Boisits

Die Feiern im deutschen Sprachraum[1] zu Ehren des 100. Geburtstages von Ludwig van Beethoven im Dezember 1870 fanden zu einem Zeitpunkt statt, als der Deutsch-Französische Krieg bereits eine entscheidende Wende genommen hatte: Die Kapitulation Frankreichs stand knapp bevor, und auch die Einheit Deutschlands, mit König Wilhelm von Preußen als deutschem Kaiser an der Spitze, zeichnete sich immer mehr ab. Österreich wiederum hatte seit der Schlacht von Königgrätz im Jahr 1866 seine Vorherrschaft im Deutschen Bund, der wenig später aufgelöst werden sollte, an Preußen abgeben müssen und schwankte zwischen einem Deutschnationalismus, der seit den Napoleonischen Kriegen und verstärkt durch die Revolution 1848 Auftrieb erhalten hatte, und einer mehr auf den Spezifika der aus verschiedenen Völkern bestehenden Habsburgermonarchie beruhenden supranationalen Gesamtstaatsidee.[2] Zwar wurde Beethoven in Österreich für beide Positionen reklamiert, doch standen die Feiern 1870 auch hier eindeutig unter deutschnationalem

---

1   Die im Titel genannten Länderbezeichnungen müssen präzisiert werden: Mit Deutschland sind die Gebiete des Deutschen Reiches gemeint, das knapp nach den Beethoven-Feiern mit Beginn des Jahres 1871 verwirklicht wurde, mit Österreich die westliche (cisleithanische) Reichshälfte der seit 1867 bestehenden österreichisch-ungarischen Doppelmonarchie. Von gemischtsprachigen Städten wie Laibach (Ljubljana) oder Olmütz (Olomouc) werden die Feiern der deutschsprachigen Bevölkerung berücksichtigt.
2   Siehe dazu Friedrich Heer, *Der Kampf um die österreichische Identität*, Wien 1981. Zur produktiven Spannung zwischen Gesamtstaat und nationalen Bestrebungen siehe Pieter M. Judson, *Habsburg. Geschichte eines Imperiums 1740–1918*, übers. von Michael Müller, München 2017; sowie *Kooperatives Imperium. Politische Zusammenarbeit in der späten Habsburgermonarchie. Vorträge der gemeinsamen Tagung des Collegium Carolinum und des Masarykův ústav a Archiv AV ČR in Bad Wiessee vom 10.–13. November 2016*, hrsg. von Jana Osterkamp, Göttingen 2018 (Bad Wiesseer Tagungen des Collegium Carolinum 39). Ich bin meinem Kollegen Dr. Franz L. Fillafer vom Institut für Kulturwissenschaften und Theatergeschichte der Österreichischen Akademie der Wissenschaften für seine Hinweise zur neueren Empireforschung mit Schwerpunkt Habsburgermonarchie sehr dankbar.

Vorzeichen, ungeachtet des Umstandes, dass sich Österreich-Ungarn (wie Italien) im Deutsch-Französischen Krieg neutral erklärt hatte.

Diese politischen Entwicklungen schienen in Beethovens Leben und Werk gewissermaßen vorweggenommen. Topoi wie „durch Kampf zum Sieg", „durch Nacht zum Licht" etc., die sich schon längst in der Beethoven-Forschung durchgesetzt hatten, wurden bei den verschiedenen Feiern in unzähligen Variationen beschworen. In Beethoven sah man „deutschen Geist" und „deutsches Wesen" paradigmatisch verkörpert, in seiner Kunst den Vorschein dessen ausgedrückt, was erst spätere Generationen auf dem Schlachtfeld erringen mussten.

Diese Betonung eines prophetischen Charakters von Beethoven fiel umso pathetischer aus, als die Festkultur im 19. Jahrhundert davon geprägt war, Prologe in gebundener Form, Festgedichte und dergleichen in die jeweiligen Veranstaltungen beziehungsweise Konzerte einzubinden. In poetischen Bildern, deren Substrat sich auf wenige Narrative zurückführen lässt, wurde Beethoven dabei mit der eigenen Gegenwart zusammengespannt. In dieser Hinsicht stellen die Beethoven-Feiern auch ein hervorragendes Beispiel für die kulturwissenschaftliche Gedächtnisforschung dar,[3] die neben Ambivalenzen und konkurrierenden Sinnzuschreibungen auch die Dekonstruktion monumentalheroischer „Gedächtnisorte" in den Blick nimmt.[4]

Der aktuelle Krieg, dessen Notwendigkeit von keinem der an den Beethoven-Feiern beteiligten Zeitgenossen bestritten wurde, führte zu zahlreichen Verschiebungen und mitunter erheblichen Einschränkungen der Jubiläumsjahr-Aktivitäten. Auch diese wurden thematisiert, und die in der Regel notwendige Redimensionierung der ursprünglich geplanten Feiern wurde teils als notwendiger Tribut hingenommen, teils als Intensivierung des Festcharakters durch Reduktion geradezu gepriesen. Hinzu kommt eine spürbare Städtekonkurrenz: Städte buhlten nicht nur um ihre Bedeutung im Leben und in der Rezeption Beethovens (etwa Bonn und Wien), sondern sie wollten neben der politischen Mündigkeit auch ihre jeweilige künstlerische Leistungsfähigkeit unter Beweis stellen.

---

3   Zu letzterer siehe etwa *Kultur und Gedächtnis*, hrsg. von Jan Assmann und Tonio Hölscher, Frankfurt am Main 1988. Zur musikbezogenen Gedächtnisforschung siehe Melanie Unseld, „Die Kulturwissenschaften als Herausforderung für die Musikwissenschaft", in *Historische Musikwissenschaft. Grundlagen und Perspektiven*, hrsg. von Michele Calella und Nikolaus Urbanek, Stuttgart u. a. 2013, S. 266–288; *Musik als Medium der Erinnerung. Gedächtnis – Geschichte – Gegenwart*, hrsg. von Lena Nieper und Julian Schmitz, Bielefeld 2016 (Musik und Klangkultur 17); *Musik – Kultur – Gedächtnis. Theoretische und analytische Annäherungen an ein Forschungsfeld zwischen den Disziplinen*, hrsg. von Christofer Jost und Gerd Sebald, Wiesbaden 2020.
4   Siehe dazu Etienne François und Hagen Schulze, „Einleitung", in *Deutsche Erinnerungsorte*, hrsg. von dens., München 2001, Bd. 1, S. 9–24.

Landaus *Beethoven-Album*

Eine besonders ergiebige Quelle für die österreichischen und deutschen Feiern stellt das *Beethoven-Album*[5] von Her(r)mann Josef Landau (1815–1889)[6] dar. Der in Prag und Wien lebende Schriftsteller war der Urenkel des bekannten Prager Oberrabbiners Ezechiel Landau (1713–1793) und verfasste neben Gedichten mit Vorliebe Werke, die biographische Einzelheiten sowie Anekdotisches von Künstlerinnen und Künstlern oder eigene Begegnungen mit solchen schildern.[7] Das Beethoven-Buch war nicht sein erstes Werk, das, ausgehend von einer Säkularfeier, einen deutschen Künstler ins Zentrum stellte. Bereits 1860 hatte er ein *Schiller-Album*[8] herausgebracht, das zahlreiche, anlässlich der Feiern zu Ehren des 100. Geburtstages des Dichters verfasste Texte abdruckte. Standen die Schiller-Feiern noch unter dem Eindruck einer zwar – nicht zuletzt in Schillers Werken – künstlerisch bereits vollzogenen, politisch aber noch nicht verwirklichten deutschen Nation, so war elf Jahre später auch die politische Lösung zum Greifen nahe beziehungsweise bei Erscheinen von Landaus Buch Realität.

Darauf nimmt Landau auch in seiner „Vorrede und Einleitung" Bezug. Zunächst erklärt er, dass er mit seinem Beethoven-Buch ein doppeltes Ziel verfolge: Er möchte erstens „diesen Heros der deutschen Tonkunst dem allgemeinen Publicum näher [...] bringen" und zweitens „eine stete Erinnerung an die *universelle* hundertjährige Geburtsfeier desselben [...] bieten",[9] wobei der Begriff „universell" bei Landau sowie bei seinen Autorinnen und Autoren keinen Zweifel darüber aufkommen lässt, dass damit genuin „deutsche" Errungenschaften mit Weltbedeutung – wie eben die Kompositionen Beethovens – gemeint sind. Wohl mit Blick auf kriegsbedingte Einschränkungen hält er fest,

5   Herrmann Josef Landau, *Erstes poetisches Beethoven-Album. Zur Erinnerung an den grossen Tondichter und an dessen Säcularfeier, begangen den 17. December 1870*, Prag 1872. Eine im Haupttext unveränderte zweite Auflage erschien 1877, in der Landau nach dem Vorwort einen Brief Alexander W. Thayers veröffentlichte, in dem dieser dem Schriftsteller zu seinem Buch gratulierte.
6   Siehe Valerie Hanus, Art. „Landau, Hermann Joseph", in *Österreichisches Biographisches Lexikon 1815–1950*, Wien 1969, Bd. 4, S. 424 f., <https://biographien.ac.at/ID-0.3035538-1> (20.03.2023).
7   U. a. Herrmann Josef Landau, *Neuer deutscher Hausschatz für Freunde der Künste und Wissenschaften*, Prag 1859, vierte, vermehrte und verbesserte Auflage, Prag 1864–1866, Supplement Prag 1869; ders., *Stammbuchblätter. Erinnerungen aus meinem Leben*, Prag 1875, zweite, verbesserte und bedeutend vermehrte Auflage, Prag 1879.
8   Herrmann Josef Landau, *Erstes poetisches Schiller-Album. Zur Erinnerung an die Säcularfeier des Dichters, begangen den 10. November 1859*, Prag 1860.
9   Landau, *Beethoven-Album* (wie Anm. 5), S. X f. (kursive Hervorhebungen hier und im Folgenden im Original fett).

wie die Deutschen, selbst ohne „Festaufzüge"[,] ohne „ostentativen Flitter" und
„Tand," nur mit deutschem Sinn, deutschem Geist, deutschem Gemüth, deutscher Kraft und einheitlicher Wirksamkeit ihre wahrhaft grossen Männer zu
feiern, zu würdigen und ihnen zu huldigen verstehen, ohne sich in den Augen
der gesammten civilisirten Welt lächerlich zu machen.[10]

Selbstbewusst bezeichnet er sein Buch als „ein zur Nachahmung aufmuntern-
des Denkmal" und „ein dauerndes Erinnerungszeichen an die allgemeine deutsche Beethovenfeier".[11]

Als Deutschböhme zur Habsburgermonarchie gehörend, legt Landau ein
klares deutschnationales Bekenntnis ab, wenn er betont, dass „die ‚Beethovenfeier' nicht nur einen Ehrenplatz in der deutschen Kunstgeschichte aus-
füllen, sondern auch, und speciell für uns Deutsch-Oesterreicher, ein ehrendes
Zeugniss für unsere politische Gesinnung abgeben wird!"[12] Im Folgenden greift
er zwei auch im Buch oft strapazierte Topoi auf – Schiller und Beethoven als
Lieblingsdichter bzw. -musiker der deutschen Nation sowie Beethoven, der in
seiner Musik ‚Kampf und Sieg' vorausgenommen habe[13] – und betont, dass er
als Herausgeber alles ihm Erreichbare aufgenommen habe, wenngleich Wien
als „Beethovens zweite, man könnte fast sagen, wirkliche Heimath"[14] einen
Schwerpunkt in der Darstellung besitze. Darüber hinaus sei Wien von den aktuellen Ereignissen weniger betroffen gewesen, während sie „in dem nunmehri-
gen deutschen Reiche"[15] die Feiern behindert hätten.

Das Buch enthält Texte von über 80 Autoren und wenigen Autorinnen, die
zum größeren Teil von Landau nachgedruckt wurden, aber auch zwölf Originalgedichte sowie Konzert-, Festprogramme und Theaterzettel[16] und gliedert sich
in fünf Abteilungen: 1. Beethovens Leben und Werk, 2. sein Tod, 3. und 4. die
Beethoven-Monumente in Bonn und Heiligenstadt sowie 5. die Säkularfeiern.
Für diesen Beitrag wurde insbesondere der fünfte Teil ausgewertet.

In alphabetischer Reihenfolge behandelt Landau folgende Städte: Baden
bei Wien, Berlin, Bonn, Brünn (Brno), Dresden, Frankfurt am Main, Graz, Köln,

---

10 Ebd., S. XI.
11 Ebd., S. XI f.
12 Ebd., S. XI.
13 Siehe ebd., S. XI f.
14 Ebd., S. XIII.
15 Ebd.
16 Sein Buch, die Originalgedichte sowie die Programme übergab Landau der Gesellschaft der
    Musikfreunde in Wien für deren Archiv. Zum Dank dafür erhielt er die große silberne Beetho-
    ven-Medaille. Siehe Vorwort zur zweiten Auflage (wie Anm. 5), o. S. Zwei Briefe an die Gesell-
    schaft von 1872 sowie ein Konzept des Antwortschreibens sind im Archiv erhalten (Gesell-
    schaftsakten 92 ex 1872 und 159 ex 1872). Ich bin dem Archivdirektor Prof. DDr. Otto Biba für
    seine diesbezügliche Mitteilung außerordentlich dankbar.

Laibach (Ljubljana), Leipzig, Marburg (Maribor), München, Prag, Stuttgart, Weimar, Wien, Wiener Neustadt und Wiesbaden. Die Texte zu den einzelnen Städten sind quantitativ und qualitativ – sowohl was ihre Aussagekraft zur Feier als auch ihre schriftstellerische Qualität betrifft – äußerst heterogen. Manche Städte sind nur durch Gedichte vertreten, die zum Teil nicht einmal einen Bezug zur Feier haben (etwa die Gedichte von Robert Hamerling und Peter Rosegger[17] zu Graz), bei anderen wiederum wurden Festprogramme, -prologe, -gedichte oder Zeitungskritiken[18] aufgenommen.

Insgesamt kann man aus diesen Texten sozusagen den ‚Prototyp' einer Beethoven-Feier 1870 destillieren, dessen konkrete Umsetzung selbstverständlich auch von örtlichen Gegebenheiten abhängig war. Für die größeren Feiern (etwa in Frankfurt am Main, Laibach, München, Prag, Wien und Wiesbaden) kann man festhalten, dass

1) sie mehrtägig waren,

2) die Veranstaltungsorte (Konzertsäle, Opernhäuser) festlich geschmückt und beleuchtet waren,

3) die aufgeführten Werke Beethovens einen repräsentativen Querschnitt seines Schaffens darstellten,

4) zumindest die erste Veranstaltung von einem Prolog (eventuell mit lebenden Bildern) eingeleitet wurde,

5) eine Büste oder Statue Beethovens in diesen Prolog miteinbezogen wurde, die mit Lorbeer geschmückt war oder während des Vortrags mit einem solchen bekränzt wurde, und

6) gegebenenfalls ein Festbankett – inklusive Trinksprüchen mit Festbezug – für Darstellende und ein Ehrenpublikum gegeben wurde.

Die Beethoven-Feiern in Wien, Laibach, Olmütz und Prag[19]

Als Beispiel für ein größer dimensioniertes Fest sei Wien genannt. Die Feier wurde von der Gesellschaft der Musikfreunde initiiert. Ein Festkomitee aus Repräsentanten der Gesellschaft sowie weiterer Institutionen (darunter Hofoper, Hofburgtheater, verschiedene Gesangvereine) und Persönlichkeiten aus Wiens Kulturleben (wie Franz Grillparzer [1791–1872] und Eduard Hanslick [1825–1904]) zeichnete für Programm und Durchführung verantwortlich.

---

17 Rosegger ist gar mit einem seiner typischen Mundartgedichte vertreten: „Beethovn af da Hoad", in Landau, *Beethoven-Album* (wie Anm. 5), S. 332 f.

18 Diese sind ohne Quellenangabe und wurden bei Bedarf abgeändert.

19 Wie verschiedenen Zeitungen zu entnehmen ist, fand in Österreich-Ungarn eine Reihe weiterer Feiern (neben den von Landau genannten) statt: u. a. in Budapest, Esseg (Osijek), Fünfkirchen (Pécs), Fürstenfeld, Graz, Hermannstadt (Sibiu), Iglau (Jihlava), Innsbruck, Klagenfurt, Krems, Morchenstern (Smržovka), Salzburg und Znaim (Znojmo).

Finanziell unterstützt wurde es von einer Festgenossenschaft, deren Mitglieder einen Mindestbetrag von zehn Gulden zu zahlen hatten und dafür unter anderem eine Festmedaille sowie ein Vorkaufsrecht für Konzert- und Theaterkarten erhielten.[20] Der Reinertrag sollte einem zu errichtenden Denkmalfonds[21] sowie Not leidenden Verwandten[22] Beethovens zugutekommen. Die Gemeinde, die es anders als bei der Mozart-Feier 1856 abgelehnt hatte, eine offizielle Funktion auszuüben,[23] stiftete 5.000 Gulden für einen zu schaffenden Beethoven-Stipendienfonds zur Unterstützung bedürftiger Musiker.[24]

Da die Feier als überregionales Ereignis mit illustrer Unterstützung aus Deutschland geplant war, ergingen Einladungen an Richard Wagner (1813–1883) und Franz Liszt (1811–1886) als Vertreter der „Neudeutschen Schule" sowie an Clara Schumann (1819–1896) und Joseph Joachim (1831–1907) als bekannte Brahms-Anhänger. Letztlich lehnten alle eine Teilnahme ab: Wagner aus Unmut, dass die Kritiker Hanslick und Eduard Schelle (1814–1882) Mitglieder des Festkomitees waren, Liszt wegen Überschneidung mit der Beethoven-Feier in Budapest, Schumann und Joachim aus Ärger über die gewünschte Teilnahme von Wagner und Liszt.[25] Es blieb nichts anderes übrig, als ausschließlich auf einheimische Künstler zu setzen, was vom Komitee-Mitglied Norbert Beck, Musikkritiker der *Morgen-Post*, postwendend zum Vorteil erklärt wurde:

> Ja [,] wir empfinden eine Art stolzer Genugthuung darüber, dass die „Stadt der Phäaken" das glänzendste all der Feste [,] welche in deutschen Landen den Manen des Unsterblichen gefeiert werden, aus ihrem eigenen Fleisch und Blut erschaffen, mit ihrem eigenen Herzblut nähren wird.[26]

---

20 Siehe die Aussendung des Festkomitees unter dem Titel „Beethoven-Säcularfest in Wien", u. a. in *Blätter für Theater, Musik und Kunst* 16/36 (1870), 6. Mai, S. 122.

21 Finanziert wurde damit das Beethoven-Denkmal von Caspar von Zumbusch (1830–1915), das am 1. Mai 1880 am Beethovenplatz im ersten Wiener Gemeindebezirk enthüllt wurde. Siehe Felix Czeike, Art. „Beethovendenkmal", in ders., *Historisches Lexikon Wien*, Bd. 1, Wien 1992, S. 304 f.; siehe auch Richard von Perger und Robert Hirschfeld, *Geschichte der K. K. Gesellschaft der Musikfreunde in Wien*, Wien 1912, S. 195.

22 Insbesondere der Witwe von Beethovens Neffen Karl, Caroline Barbara (1808–1891). Siehe dazu Riki Raab, „Frau van Beethoven (Unbekannte Briefe)", in *Wiener Geschichtsblätter* 25/4 (1970), S. 109–115.

23 *Stenografisches Protokoll der Generalversammlung der Gesellschaft der Musikfreunde vom 31. Jänner 1871*, Archiv der Gesellschaft, Sign. 26/15.2.1871.

24 Perger/Hirschfeld, *Gesellschaft der Musikfreunde* (wie Anm. 21), S. 134 u. 136.

25 Siehe dazu Scott Messing, „The Vienna Beethoven Centennial Festival of 1870", in *The Beethoven Newsletter* 6/3 (1991), S. 57–63; sowie Barbara Boisits, „Monumentales Gedächtnis und kulturelle Identität. Die Wiener Beethoven-Feier von 1870", in *Musik in der Moderne. Music and Modernism*, hrsg. von Federico Celestini, Gregor Kokorz und Julian Johnson, Wien u. a. 2011 (Wiener Veröffentlichungen zur Musikgeschichte 9), S. 37–54.

26 Norbert Beck, „Einleitung zur Beethovenfeier", in Landau, *Beethoven-Album* (wie Anm. 5), S. 388 f., hier S. 389. Bei dem Text handelt es sich um einen leicht veränderten Nachdruck eines Artikels („Die Beethovenfeier in Wien") von Beck in der *Morgen-Post* 20/347 (1870),

Die Feier sollte ursprünglich im Oktober stattfinden, wurde aber wegen des andauernden Krieges auf die Tage um das Geburts- bzw. Taufdatum Beethovens am 17. Dezember verlegt.[27] Das Programm[28] verfolgte hier wie andernorts die Idee, für Beethoven zentrale Gattungen durch repräsentative Werke vorzuführen:

1. Tag, 16. Dezember (Hofoper): Ouvertüre *Zur Namensfeier* op. 115, szenisches Vorspiel (Salomon Hermann Mosenthal), dritte *Leonoren*-Ouvertüre, *Fidelio* op. 72;
2. Tag, 17. Dezember (Musikverein, Großer Saal): Ouvertüre *Die Weihe des Hauses* op. 124, Prolog (Josef Weilen), Klavierkonzert Es-Dur op. 73, Neunte Sinfonie d-Moll op. 125;
3. Tag, 18. Dezember (Musikverein, Großer Saal): *Missa solemnis* op. 123;
4. Tag, 19. Dezember, zu Mittag (Musikverein, Großer Saal): Kammermusik (Klaviertrio B-Dur op. 97, Quartett cis-Moll op. 131) und Lieder (*An die ferne Geliebte* op. 98, *Bußlied* op. 48 Nr. 6, *Maigesang* op. 52 Nr. 4, *Neue Liebe, neues Leben* op. 75 Nr. 2); am Abend (Hofoper): Goethes *Egmont* mit Beethovens Musik op. 84.

Die drei führenden Wiener Dirigenten, Felix Otto Dessoff (1835–1892, Hofoper, Wiener Philharmoniker), Johann von Herbeck (1831–1877, Hofkapelle, Hofoper) und Joseph Hellmesberger (1828–1893, Professor am Konservatorium, Konzertmeister der Wiener Philharmoniker), teilten sich die Leitung der Aufführungen.

Was schon bei Beck anklang, nämlich eine Zurechtrückung von Wiens Ruf als „Stadt der Phäaken", gemeint als südlich geprägter, dem Genuss und Müßiggang zugeneigter Ort,[29] wurde auch von anderen Kritikern aufgegriffen. Schelle schrieb in der *Presse*:

Man darf es uns nicht als Frivolität auslegen, wenn wir angesichts des noch immer fortwütenden Krieges und der großen Zeitfragen diese denkwürdigen Tage durch eine Festfeier hervorheben, denn sie gilt [...] einem gewaltigen Tondichter, in dessen Gebilden der Deutsche den Herzschlag seiner ureigensten

---

16. Dezember, S. [1], mit folgendem bei Landau gestrichenen Beginn: „Die ‚Phäakenstadt an der Donau' rächt wieder ein Mal in vornehmer Weise ein Brandmal, das ihr einst von einem Unsterblichen [Friedrich Schiller, Anm. d. Verf.] auf die Stirne gedrückt worden."
27 Siehe Ed.[uard] H.[anslick], „Musik", in *Neue Freie Presse* 2182 (1870), 24. September, Morgenblatt, S. 1 f., hier S. 1.
28 Siehe Landau, *Beethoven-Album* (wie Anm. 5), S. 390–392.
29 Zur Zählebigkeit dieses Bildes siehe Art. „Gemütlichkeit", in *Inszenierungen. Stichwörter zu Österreich*, hrsg. von Susanne Breuss, Karin Liebhart und Andreas Pribersky, Wien 1995, S. 135–139; sowie Lutz Musner, *Der Geschmack von Wien. Kultur und Habitus einer Stadt*, Frankfurt am Main u. a. 2009 (Interdisziplinäre Stadtforschung 3), S. 98, 126 u. 192.

Natur, und diese in reinster, idealster Verklärung wahrnimmt. Da stehen die
neun Symphonien, „Fidelio", die hohe Messe, diese unvergänglichen Denkmale,
geschnitten aus dem Kernholz deutschen Geistes und verkündend die Freiheit
des deutschen Genius von allen Einflüssen eines fremden Geschmacks oder höfi-
scher Mode. [...] wir Wiener haben aber vor allen Städten die Pflicht, an diesem
Gedenktag den Manen des Meisters ein festliches Opfer darzubringen, denn, hat
ihm Bonn das Leben gegeben: der Künstler ist auf unserm Boden gewachsen und
gereift.[30]

Der hymnischen Vorberichterstattung folgten durchaus geteilte Stimmen über
die künstlerische Umsetzung des Programms. Ein bei Landau abgedruckter
Bericht[31] ergeht sich in Superlativen. Über die große *Leonoren*-Ouvertüre heißt
es: „Nicht Instrumente waren es, sondern Gefühle, die da klangen, Begeisterung, die da ertönte";[32] über *Fidelio*: „Alles wetteiferte, sein Bestes zu geben.
[...] es war ein Abend, würdig der Grösse, die gefeiert wurde, die glänzende
Introduction der Jubeltage".[33] Ludwig Nohl (1831–1885) ließ dagegen nur die
Leistung der die Titelfigur verkörpernden Marie Louise Dustmann-Meyer
(1831–1899) gelten. Über ihren Bühnenpartner Gustav Walter (1834–1910),
wie Dustmann Ensemblemitglied der Hofoper, heißt es wenig schmeichelhaft:
„Herr Walter hat kaum eine Ahnung von dem[,] was in Florestans Brust vor-
geht [...]."[34]
Ungeteilte Zustimmung fand die Aufführung der Neunten Sinfonie. Über
das Hofopernorchester schreibt Nohl:

Es ist merkwürdig, diese Wiener Musiker, sie sind in der That zu elektrisiren, es
ist als schwebte die lichte Taube wahrer Kunst stets lebendig über ihnen und als
gälte es oft nur einen Moment ernster andächtiger Erhebung der Seelen zu dem
goldenen Ziele des ewig Schönen, daß nun auch wirklich der Genius der Kunst
herniederschwebe und die Ausführung wie die Zuhörerschaft beseele und ent-
zünde.[35]

30 E[duard] Schelle, „Zur Beethoven-Feier", in *Die Presse* 23/345 (1870), 14. Dezember, Morgen-
    blatt, S. 1 f., hier S. 1.
31 Josef Landau, „Die Beethovenfeste in Wien.", in ders., *Beethoven-Album* (wie Anm. 5), S. 394–
    399. Unter diesem Titel kompilierte und bearbeitete Landau zwei Zeitungsartikel, und zwar:
    „Die Beethovenfeier in Wien", in *Blätter für Theater, Musik und Kunst* 16/101 (1870), 20. Dezem-
    ber, S. 374 f. u. 16/102 (1870), 23. Dezember, S. 379 f.; sowie „Die Beethoven-Feier in Wien",
    in *Fremden-Blatt* 24/348 (1870), 17. Dezember, Morgenblatt, S. 6. Die beiden folgenden Zitate
    stammen aus den *Blättern für Theater, Musik und Kunst* 16/101, S. 374 f.
32 Landau, „Die Beethovenfeste in Wien." (wie Anm. 31), S. 398.
33 Ebd.
34 Ludwig Nohl, „Das Beethoven-Fest in Wien", in *Allgemeine Zeitung* [Augsburg] 5 (1871), 5. Jän-
    ner, Beilage, S. 70 f. u. 6 (1871), 6. Jänner, S. 87 f., hier S. 71, zit. nach ders., *Die Beethoven-Feier
    und die Kunst der Gegenwart. Eine Erinnerungsgabe*, Wien 1871, S. 89–95, hier S. 90.
35 Ebd., S. 91.

Eine Spitze gibt es aber auch hier:

> Freilich jene lichtbringende Individualisirung, das Auslegen des Geistes im Ein-
> zelnen, wie sie beim Weimarer Fest[36] Franz Liszt einem ihm genau bekannten
> und freudig folgenden Orchester einzuhauchen wußte, [...] von solcher geistig
> sich einlebenden Auffassung und Darstellung des wunderreichen Werkes war
> hier weniger die Rede. Aber jene fleißige deutsche Musikerart, [...] sie feierte
> hier einen ihrer schönsten Triumphe. [...] und der Klang der Instrumente war
> diesmal fast mehr als wienerisch schön.[37]

Weniger gelungen, vor allem im Zusammenwirken von Chor und Orchester,
war offenbar die Aufführung der *Missa solemnis*.[38] Die größte Kritik fand die
Darbietung von Kammermusik, insbesondere des cis-Moll-Quartetts, am vierten und letzten Festtag. Schon die Wahl des Großen, nur schwach besuchten
Saales im Musikverein war ungünstig; die dem Publikum noch präsente monumentale Wirkung der zuvor dort gegebenen Neunten Sinfonie und *Missa solemnis* verhinderte die notwendige ‚intime Versenkung'. Über die Leistung des
Hellmesberger-Quartetts urteilte Hanslick:

> Nachdem unsere wackeren einheimischen Musiker in der Festwoche ohnehin
> vollauf beschäftigt waren, konnte man mit Recht bedauern, daß zur Ausführung
> des Cis-moll-Quartettes nicht der weit überlegene ‚Florentiner' Quartett-Verein
> von *Jean Becker* aufgefordert worden war.[39]

Die Entscheidung, Kammermusik und Sologesang am vierten und letzten Festtag aufzuführen, war sichtlich ein Fehler in der Programmierung, den andere
Veranstalter nicht machten,[40] und führte dazu, „daß die musikalische Beethoven-Feier *verrann*, statt zu *verrauschen*".[41] Dazu trug auch bei, dass die abschließende Vorstellung des *Egmont* in der Hofoper (und nicht im Burgtheater)

---

36   Zum Weimarer Fest s. u. Anm. 80. Liszt dirigierte die Neunte Sinfonie am 29. Mai. Nohl trat
     bei dieser Feier auch als Festredner auf und sprach über die „*geistige Entwicklung Beethoven's*".
     Siehe Z. und Otto Blauhuth, „Die Tonkünstlerversammlung in Weimar vom 26. bis 29. Mai", in
     Neue Zeitschrift für Musik 66/23 (1870), 3. Juni, S. 217–220, hier S. 218 (kursive Hervorhebung
     im Original gesperrt).
37   Nohl, „Das Beethoven-Fest in Wien" (wie Anm. 34), S. 91.
38   Ebd., S. 93.
39   Ed.[uard] H.[anslick], „Die Beethoven-Feier in Wien.", in *Neue Freie Presse* 2271 (1870),
     22. Dezember, Morgenblatt, S. 1–3, hier S. 3 (kursive Hervorhebung im Original gesperrt);
     wieder abgedruckt in ders., *Concerte, Componisten und Virtuosen der letzten fünfzehn Jahre.
     1870–1885. Kritiken*, Berlin 1886, S. 3–6. Beckers Florentiner Quartett hatte seit 1868 auch in
     Wien große Erfolge gefeiert. Günstiger als Hanslick beurteilte Nohl die Aufführung des Hell-
     mesberger-Quartetts. Siehe Nohl, „Das Beethoven-Fest in Wien" (wie Anm. 34), S. 94.
40   Etwa in München, Laibach, Olmütz oder Brünn (s. u.).
41   W.[ilhelm] Fr.[ey], „Epilog zur Beethovenwoche", in *Neues Wiener Tagblatt* 4/353 (1870),
     22. Dezember, S. 1 f., hier S. 2 (kursive Hervorhebung im Original gesperrt).

keinen bleibenden Eindruck hinterließ, was vor allem dem für Schauspiel ungeeigneten neuen Opernhaus zugeschrieben wurde.[42]

Auch bei der Wiener Feier fehlten nicht die für die damalige Festkultur üblichen, den Anlass erklärenden Prologe, die in der Regel mehr oder weniger gelungene Gelegenheitspoesie darstellten. Gleich zwei derartige Werke wurden in Wien in das Programm aufgenommen: ein szenisches Vorspiel von Salomon Hermann Mosenthal (1821–1877) mit der Musik aus den *Ruinen von Athen* am ersten Tag vor dem *Fidelio* und ein von Josef Weilen (1828–1889) gedichteter Prolog am zweiten Tag vor Klavierkonzert und Neunter Sinfonie. Bei Mosenthal trat die von der gefeierten Burgtheaterschauspielerin Charlotte Wolter (1834–1897) dargestellte Muse der Tonkunst im griechischen Gewand mit einer Lyra in der Hand auf und pries den Komponisten, sein Werk, aber auch die Stadt Wien:

> [...] Hier
> An meiner Lieblingsstätte, meinem Wien,
> Hier wandelte der seltsam selt'ne Meister
> Und seine ew'gen Offenbarungen,
> Er gab sie Dir, mein Wien, zuerst![43]

Am Ende schmückte sie seine Büste mit einem Lorbeerkranz. In einer hymnischen Kritik heißt es dazu:

> [...] bei den weihevollen Klängen [des Chors aus den *Ruinen von Athen*, Anm. d. Verf.] rauschten die Vorhänge des Tempels zur Seite und, mit rauschendem Jubel begrüsst, zeigte sich den Blicken des Publikums die von elektrischem Lichte[44] beleuchtete Kolossalbüste Beethoven's, umgeben von einer allegorischen Gruppe, deren Vordergrund Fidelio und Florestan bildeten [...]. Aus dem Haine traten griechische Jungfrauen, Palmenzweige in der einen, Lorbeerkränze in der andern Hand, und während sie in feierlicher Weise den Umzug um die Büste hielten, stieg Frl. Wolter die Stufen zum Tempel hinan und drückte unter dem donnernden Jubelrufe des ganzen Hauses den Lorbeer auf die Stirne des Unsterblichen.[45]

---

42 „Die Egmont-Vorstellung im neuen Opernhause", in *Fremden-Blatt* 24/352 (1870), 21. Dezember, Morgenblatt, S. 5.

43 Salomon Hermann Mosenthal, „Scenisches Vorspiel", in Landau, *Beethoven-Album* (wie Anm. 5), S. 400 f., hier S. 400.

44 Elektrisches Licht zur Erzielung besonderer Effekte wurde in diesen Jahren zunehmend von Theatern eingesetzt. Eine allgemeine elektrische Beleuchtung wurde in der Hofoper erst 1887 eingeführt. Siehe Czeike, Art. „Elektrizität", in ders., *Historisches Lexikon Wien*, Bd. 2, Wien 1993, S. 164 f.

45 „Die Beethoven-Feier in Wien." (wie Anm. 31), S. 6, zit. nach Landau, „Die Beethovenfeste in Wien." (wie Anm. 31), S. 397. Vgl. auch „Beethoven-Fest in Wien. – Erster Tag.", in *Die Presse* 23/348 (1870), 17. Dezember, Morgenblatt, S. 5.

Lakonisch fiel dagegen der Kommentar von Hanslick zu dieser Darbietung aus: „Allegorische Festspiele mit einer kranzaufsetzenden Muse als Mittelpunkt sind meistens schon im Keim abgedroschene Gewächse."[46] Gleichwohl war die mit Lorbeer bekränzte Büste oder Statue Beethovens bei vielen Feiern fixer Bestandteil der Inszenierung. Die oft ungelenke Sprache der dazu gehören-den Prologe wurde immer wieder bemängelt, so auch von Nohl: „[N]amentlich solche dichterische Prologe lassen in der Behandlung der Sprache den eigent-lichen Genius unseres unvergleichlichen Idioms meist in allem, im Einzel-ausdruck, im Gefüge der Worte und Sätze, wie in Rhythmus und natürlicher Schönheit vermissen."[47]

Weilens Prolog gibt dafür ein gutes Beispiel. Zunächst heißt es über Beet-hovens Gabe, der Natur ihre „tönend[en] Räthsel" zu entlocken:

Er hört: wie Farben durcheinander fliessen,
Wie Blüthen klingend in die Knospen schiessen,
Wie Düfte rieselnd aus den Kelchen steigen,
Wie Herzen rhytmisch [sic] sich zu Herzen neigen,
Wie sich in Klänge kleidet Lust und Qual,
Wie Sehnsucht zittert in dem Mondesstrahl,
Wie Sterne singend durch einander schweben.
Wie Sonnen schallend sich aus Nächten heben,
Wie Welten selbst im Feuerhymnus gleiten,
Mit Orgeltönen durch Unendlichkeiten! –[48]

Solch ‚übermenschliche Fähigkeit' wird von der Natur aber letztlich bestraft, und so heißt es mit Bezug auf Beethovens Taubheit:

Doch wo er geht folgt ihm das Missgeschick.
Als Feind weicht selbst die Luft vor ihm zurück,
Trägt keinen Laut mehr an sein lechzend Ohr.[49]

---

46   Hanslick, „Die Beethoven-Feier in Wien." (wie Anm. 39), S. 1.
47   Nohl, *Die Beethoven-Feier* (wie Anm. 34), S. 94.
48   Josef Weilen, „Festprolog zum Beethoven-Feste.", in *Die Presse* 23/348 (1870), 17. Dezember, Abendblatt, S. 2, zit. nach ders. „Prolog", in Landau, *Beethoven-Album* (wie Anm. 5), S. 402–404, hier S. 402.
49   Ebd., S. 403.

Ironisch bemerkte Daniel Spitzer (1835–1893):

> Und obwol das Beethoven-Comité die so wünschenswerthe ungehemmte Circulation im Musikvereinssaale herzustellen bemüht war, indem es durch hohe Preise das Kommen zu erschweren und durch einen Prolog Weilen's das Gehen zu erleichtern suchte, war der Saal dennoch zum Ersticken überfüllt.[50]

Weilen und Mosenthal seien „dichterische Nothhelfer [...]. Daher rührt es ja, daß der poetische Schnittlauch dieses Dioskurenpaares auf allen Festsuppen zu finden ist".[51]

Am 20. Dezember folgte noch ein Festbankett, das ebenfalls im Großen Musikvereinssaal stattfand. Die hohen Kosten von zwölf Gulden[52] verschreckten viele Besucher, selbst von den geladenen Gästen sagten etliche ab: etwa der Generalintendant der kaiserlichen Hoftheater, Rudolf Eugen Graf Wrbna-Freudenthal (1818–1883), Obersthofmeister Konstantin Prinz zu Hohenlohe-Schillingsfürst (1828–1896) oder Bürgermeister Cajetan Felder (1814–1894). Gekommen waren unter anderem die drei Beethoven-Biographen Nohl, Alexander W. Thayer (1817–1897) und Wilhelm von Lenz (1809–1883).[53] Es spielte die Kapelle von Eduard Strauss (1835–1916). Zahlreiche Trinksprüche wurden ausgebracht, auch diese nicht immer stilsicher. Auf Mosenthals Toast auf die auswärtigen Gäste antwortete etwa der russische Staatsrat Lenz, der – im Bemühen, einen Ausdruck für Beethovens Größe zu finden – diesen mit einem Elefanten verglich.[54] Herbeck bezeichnete Beethoven als „tönende Seele unseres Jahrhunderts", dessen prophetische Gabe er in die Worte des Derwisch-

---

50   Daniel Spitzer, „Wiener Spaziergänge", in *Die Presse* 23/349 (1870), 18. Dezember, Morgenblatt, S. 1; wieder abgedruckt als „Das Beethoven-Jubiläum", in ders., *„Wiener Spaziergänge." Neue Sammlung*, Wien 1873, S. 127–129.
51   Ebd.; vgl. auch Eduard Kuike, „Wien", in *Neue Zeitschrift für Musik* 67/1 (1871), 1. Jänner, S. 7 f., hier S. 7. Weilen verfasste u. a. 1872 auch das Festgedicht zur Enthüllung des Schubert-Denkmals im Wiener Stadtpark. Siehe „Vermischtes" in *Neue Zeitschrift für Musik* 68/25 (1872), 14. Juni, S. 254 f, hier S. 254. Zu der im Vergleich zu Beethoven geradezu gegensätzlichen Rezeption siehe Marie-Agnes Dittrich, „Kein grollender Titan – Franz Schubert, der Österreicher", in *Das Andere. Eine Spurensuche in der Musikgeschichte des 19. und 20. Jahrhunderts*, Frankfurt am Main u. a. 1998 (Hamburger Jahrbuch für Musikwissenschaft 15), S. 191–201.
52   „(Beethoven-Fest in Wien.)", in *Fremden-Blatt* 24/348 (1870), 17. Dezember, Morgenblatt, S. 6.
53   Über weitere Gäste siehe „Fest-Bankett zur Beethoven-Feier in Wien", in *Fremden-Blatt* 24/352 (1870), 21. Dezember, Morgenblatt, S. 5 f. und „Das Wiener Beethoven-Fest", in *Musikalisches Wochenblatt* 1/52 (1870), 23. Dezember, S. 839.
54   Theodor Helm, „Fünfzig Jahre Wiener Musikleben. (1866–1916.) Erinnerungen eines Musikkritikers", in *Der Merker* 6/11+12 (1915), S. 426–438 u. 6/13+14 (1915), S. 499–504, hier S. 438; wieder abgedruckt in ders., *Fünfzig Jahre Wiener Musikleben (1866–1916). Erinnerungen eines Musikkritikers*, hrsg. von Max Schönherr, Wien 1977, S. 46. Siehe auch „Foyer", in *Signale für die musikalische Welt* 29/2 (1871), S. 29.

Chores aus den *Ruinen von Athen* kleidete: „Du hast den strahlenden Borak bestiegen, / Zum siebenten Himmel aufzufliegen – / Großer Prophet! Kaaba! Kaaba! Kaaba! – !"[55] Ursprünglich nicht vorgesehen, ersuchte man spontan auch Nohl als Vertreter der Beethoven-Forscher um eine Ansprache. Als dieser andeutete, er wolle die Bedeutung Beethovens für das gegenwärtige Schaffen, insbesondere von Liszt und Wagner, thematisieren, wurde ihm bedeutet, er könne zwar über die Sache reden, nicht aber – wohl noch aus Unmut über ihre Absagen, beim Wiener Fest mitzuwirken – die Namen der beiden Komponisten nennen.[56] Nohl akzeptierte diese Einschränkung; seine eigentliche Absicht wurde ohne Zweifel dennoch durchschaut, und so vermerkte ein Kritiker, es sei Nohl gelungen, „seinem Enthusiasmus für Richard Wagner in geschickter Weise Ausdruck zu geben".[57]

Auch auf die an den Festveranstaltungen beteiligten Künstlerinnen wurde ein Toast ausgebracht, und zwar von Hofoperndirektor Franz von Dingelstedt (1814–1881), der zunächst an Beethoven erinnerte, der ein dauerhaftes Glück an der Seite einer Frau entbehren musste, um dann auf die genügsame deutsche Frau zu sprechen zu kommen, die sich auch an diesem Festtag bescheiden in den Seitenräumen des Musikvereins aufhalte – ein Hinweis darauf, dass die Festtafel den Männern vorbehalten war. Auf seinen Toast antwortete im Namen der Frauen Hofburgschauspielerin Zerline Gabillon (1834–1892).[58]

Die Presse äußerte teilweise Verständnis dafür, dass das Festkomitee und die Künstler und Künstlerinnen sich bei dieser Gelegenheit vor allem selbst feierten.[59] Doch sie vermerkte auch: „Lieber Beethoven, an diesem Abende war *Dein* Fest schon vorüber."[60]

---

55 „Fest-Bankett zur Beethoven-Feier in Wien" (wie Anm. 53), S. 6 (kursive Hervorhebung im Original gesperrt); siehe auch Helm, „Fünfzig Jahre Wiener Musikleben" (wie Anm. 54), S. 438.

56 Siehe Nohl, „Beethoven und die Kunst der Gegenwart", in ders., *Die Beethoven-Feier* (Anm. 34), S. 96–162, hier S. 100. Vgl. dazu die Kritik von Nohls Buch nebst einer Bemerkung über einen „Mangel an musikliterarischer Bildung" in Wien von Joseph Engel, in *Musikalisches Wochenblatt* 3/7 (1872), 9. Februar, S. 98–100, hier S. 100.

57 „Tages-Nachrichten", in *Das Vaterland* 11/352 (1870), 22. Dezember, Beiblatt, S. [6].

58 Siehe „Das Beethoven-Festbanket im Musikvereinssaale", in *Die Presse* 23/352 (1870), 21. Dezember, Abendblatt, S. 2 f., hier S. 3.

59 Bissiger äußerte sich dagegen das Satireblatt *Der Floh* 2/50 (1870), 11. Dezember, das u. a. von „Zweckesserei" sprach und die aufgeblähte Wichtigkeit einzelner Komiteemitglieder und Musiker aufs Korn nahm (ebd., S. 198). Auch die Presse wird nicht verschont: ein fiktionaler Besuch Beethovens bei Wiener Musikkritikern (Ludwig Speidel, Hanslick, Schelle, Beck, Rudolph Hirsch, Wilhelm Frey) zeigt deren Schwächen und Eitelkeiten auf (ebd., S. 200). Das Titelblatt ziert eine Beethoven-Büste, die von Hellmesberger, Herbeck, Liszt, Wagner und Johann Strauss Sohn umstanden wird.

60 Florestan [Johann Georg Wörz], „Musik", in *Wiener Sonn- und Montags-Zeitung* 8/110 (1870), 26. Dezember, S. [3 f.], hier S. [4] (kursive Hervorhebung im Original gesperrt).

Wie schon erwähnt, gab es bei den Beethoven-Feiern 1870 neben kriegsbe-
dingten Einschränkungen lokal geprägte Abwandlungen. Jene in Laibach
fand bereits am 12. und 13. November statt.[61] Wie in Wien die Gesellschaft der
Musikfreunde war hier die Philharmonische Gesellschaft führend tätig. Diese
hatte zu Beethoven eine besondere Beziehung, hatte sie ihn doch bereits zu
Lebzeiten (1819) zum Ehrenmitglied ernannt.[62] Die musikalische Leitung der
beiden im Landestheater stattfindenden Konzerte lag bei Musikdirektor Anton
Nedvěd (1829–1896). Orchester und Chor wurden durch Aushilfskräfte aus
den Nachbarstädten Agram (Zagreb), Cilli (Celje), Görz (Gorizia), Gottschee
(Kočevje), Graz, Marburg und Triest bedeutend verstärkt. Auf dem Programm[63]
standen folgende Werke:

1. Tag: Prolog (Friedrich Keesbacher), _Fidelio_-Ouvertüre op. 72, _Meeres Stille und
   Glückliche Fahrt_ op. 112, Violinkonzert D-Dur op. 61, _Ah! perfido_ op. 65, Fantasie c-Moll für Klavier, Chor und Orchester op. 80, _Die Ehre Gottes aus der Natur_
   op. 48 Nr. 4, Schlusschor aus dem Oratorium _Christus am Ölberge_ op. 85;
2. Tag: Sinfonie c-Moll op. 67, Lieder (_Mignon_ und _Neue Liebe, neues Leben_ op. 75
   Nr. 1 und 2, _Andenken_ WoO 136, _Mit einem gemalten Band_ op. 83 Nr. 3), _Die
   Ruinen von Athen_ op. 113.

Der Prolog von Friedrich Keesbacher (1831–1901), Arzt und Herausgeber der
Jahresberichte und späterer Direktor der Philharmonischen Gesellschaft, reiht
sich nahtlos in die Menge nicht immer stilsicherer Gelegenheitsgedichte ein
(„Ja. Freude, Freiheit, Völkerharmonie, / Ein Zukunftsbild – die neunte Symphonie."[64]). Zu den Schlussversen („Des Meisters Geist, er schwebet auf uns
nieder, / Stimmt an nun Festgesang und Jubellieder."[65]) hob sich der Vorhang,
und die lorbeerbekränzte Büste, unverzichtbares Requisit aller dieser Beethoven-Feiern, zeigte sich dem Publikum.[66]

61 „Die Beethoven-Feier in Laibach", in Landau, _Beethoven-Album_ (wie Anm. 5), S. 339–345,
    gekürzter Nachdruck aus _Laibacher Tagblatt_ 3/260 (1870), 15. November, S. [1–3] u. 3/261
    (1870), 16. November, S. [1–3]; leicht abgeändert auch in _Neue Zeitschrift für Musik_ 66/49
    (1870). 2. Dezember, S. 452 f.
62 Siehe Primož Kuret, „Beethoven – Ehrenmitglied der Philharmonischen Gesellschaft in Ljubl-
    jana/Laibach", in _Beethoven-Rezeption in Mittel- und Osteuropa. Bericht über die Internationale
    Musikwissenschaftliche Konferenz vom 22. bis 26. Oktober 2014 in Leipzig_, hrsg. von Helmut Loos
    und redigiert von Klaus-Peter Koch, Leipzig 2015, S. 27–38.
63 Das Programm ist dem Bericht „Die Beethoven-Feier in Laibach" (wie Anm. 61) zu entnehmen.
64 Fr.[iedrich] Keesbacher, „Prolog", in Landau, _Beethoven-Album_ (wie Anm. 5), S. 346–348, hier
    S. 347.
65 Ebd., S. 348.
66 „Die Beethoven-Feier in Laibach" (wie Anm. 61), S. 340.

Den ersten Tag beschloss ein Sängerabend in den Lokalitäten der bürgerlichen Schießstätte. Der Direktor der Philharmonischen Gesellschaft, Anton Schöppl (1814–1888), hielt eine Festrede, einmal mehr wurde Beethovens Büste mit einem Lorbeerkranz geschmückt, bevor die Chorvereinigungen von Cilli und Laibach etliche Chöre zum Besten gaben. Außer Programm, aber „auf stürwisches [sic] Verlangen des Publikums",[67] wurde die *Wacht am Rhein* gesungen, welche „*mit donnerndem Beifalle begrüsst, und zur Wiederholung verlangt wurde*".[68] Die *Wacht am Rhein* war während des deutsch-französischen Krieges sowie bei den anschließenden Siegesfeiern wichtigstes musikalisches Symbol deutschnationaler Verbundenheit auch jenseits von Landesgrenzen. Nach der erfolgten Reichsgründung wurden solche Siegesfeiern in Österreich mit dem Hinweis auf die zu wahrende Neutralität vonseiten der Behörden – wenngleich vergeblich – verboten.[69]

Die Aufführung der Fünften Sinfonie am zweiten Tag wurde zum „*Höhepunkt der Beethovenfeier*",[70] an deren Ende ein Festbankett sowie sogar ein Festball standen. Zum Bankett war unter anderen auch Alexander W. Thayer eingeladen, der als US-amerikanischer Konsul im benachbarten Triest wohnte.[71] Anders als in Wien wurde das Fest auch zum uneingeschränkten künstlerischen Ereignis, das durch die Mitwirkung von Musikerinnen und Musikern aus anderen Teilen im Süden der Monarchie „*die Bedeutung eines südösterreichischen Musikfestes*"[72] erlangt habe. Dieser Gedanke wird vom Rezensenten weitergesponnen: „[...] gelänge es, dass diese Idee in den Hauptstädten der Nachbarprovinzen Nachahmung fände, zum Beispiel Triest, Klagenfurt, so wäre das angebahnt, was in Mitteldeutschland und entlang dem Rheinstrome schon lange Sitte ist, die Wanderkonzerte nach Art der rheinischen Musikfeste."[73] Diese Vision ließ sich allerdings nicht verwirklichen.

67 Ebd., S. 341 f.
68 Ebd., S. 342 (kursive Hervorhebung im Original gesperrt).
69 Siehe dazu Heinrich Lutz, *Österreich-Ungarn und die Gründung des Deutschen Reiches. Europäische Entscheidungen 1867–1871*, Frankfurt am Main u. a. 1979, S. 203 u. 426.
70 „Die Beethoven-Feier in Laibach" (wie Anm. 61), S. 342 (kursive Hervorhebung im Original gesperrt).
71 Thayer bedankte sich brieflich bei der Gesellschaft für die Einladung zur Feier und sandte Notizen zu den gespielten Werken Beethovens. Brief und Notizen wurden von der Gesellschaft veröffentlicht: Alexander W. Thayer, „Historische Bemerkungen zu dem Programme der Laibacher Beethovenfeier", in *Siebenter und Achter Jahresbericht der philharmonischen Gesellschaft in Laibach* [für die Vereinsjahre 1869/70 und 1870/71], Laibach 1871, S. 6–14, <http://digital.onb.ac.at/OnbViewer/viewer.faces?doc=ABO_%2BZ257612407> (20.03.2023); teilweise auch abgedruckt bei Kuret, „Beethoven" (wie Anm. 62), S. 36–38.
72 „Die Beethoven-Feier in Laibach" (wie Anm. 61), S. 344 (kursive Hervorhebung im Original gesperrt).
73 Ebd., S. 344 f.

Eine ähnliche Kraftanstrengung zeichnete auch die Beethoven-Feier in Olmütz[74] (Olomouc) aus. Unter der Führung des Musikvereins stellte die Stadt ein mehrtägiges Fest auf die Beine, das vom 8. bis 12. Dezember dauerte. Auf dem Programm standen:[75]

1. Tag (8.12.), Vormittag (Kirche Maria Schnee): Messe C-Dur op. 86; Nachmittag (Kleiner Redoutensaal): Quartett c-Moll op. 18 Nr. 4 (2. Satz), Quartett A-Dur op. 18 Nr. 5 (3. Satz), Quartett Es-Dur op. 74, Klaviertrio B-Dur op. 97 („Erzherzog");

2. und 3. Tag (9. und 10.12., Königlich Städtisches Theater): *Fidelio*;

4. Tag (11.12., Redoutensaal): Prolog (Josef von Engel), Ouvertüre zu *Coriolan* op. 62, Lieder (*Sehnsucht* WoO 134, *Zärtliche Liebe* WoO 123), Sinfonie c-Moll op. 67, Klavierkonzert Es-Dur op. 73, *Elegischer Gesang* op. 118;

5. Tag (12.12., Königlich Städtisches Theater): Goethes *Egmont* mit Beethovens Musik op. 84.

Höhepunkt war auch hier die in Olmütz erstmals zu hörende c-Moll-Sinfonie unter der Leitung von Vladimír Labler (1847–1914). Eingeleitet wurde das Konzert einmal mehr von einem Prolog aus der Feder des späteren Bürgermeisters Josef von Engel (1830–1900). Im Unterschied zu Laibach wurden die Aufführungen ausschließlich von lokalen Mitwirkenden durchgeführt, was diese sowie das Publikum – nicht anders als in Wien – mit Stolz auf ihre Musikstadt („*[d]as musikalische Olmütz*"[76]) erfüllte, die über Erzherzog Rudolph (1788–1831), den einstigen Schüler Beethovens und späteren Erzbischof von Olmütz, auch eine biographische Verbindung zum Komponisten hatte. Im Unterschied zu vielen anderen Städten kam Olmütz ohne Festbankett aus.

Der auch bei der Prager Feier unvermeidliche Prolog, der vor der Aufführung des *Fidelio* unter Ludwig Slansky (1838–1905) am 17. Dezember 1870 im Königlich Deutschen Landestheater (vormals Ständetheater) zur Aufführung kam, verursachte einen Missklang in der feierlichen Stimmung. Vorgetragen von Anna Versing-Hauptmann (ca. 1833–1896), begleitet von lebenden Bildern (inklusive der im Schlusstableau gezeigten bekränzten Büste des Komponisten)

---

74 Olmütz war im Vergleich zu Laibach etwas kleiner. Laut der Volkszählung von 1880 hatte Laibach ca. 25.500 Einwohner/innen, Olmütz ca. 19.500. *Oesterreichische Statistik* 1/1 (1882), hrsg. von der k. k. statistischen Central-Commission, S. 56 u. 136.

75 Zur Feier siehe Lenka Křupková, „Beethoven und die deutschsprachige Stadt Olmütz", in Loos/Koch, *Beethoven-Rezeption* (wie Anm. 62), S. 107–123, hier S. 109–115 sowie „Beethovenfeier" [I–VI], in *Die Neue Zeit* 23/281–286 (1870), 10., 11., 13., 14., 15. u. 16. Dezember, o. S.

76 „Beethovenfeier" [I], in *Die Neue Zeit* 23/281 (1870), 10. Dezember, S. [3] (kursive Hervorhebung im Original gesperrt).

und Musik aus *Egmont*, kam nämlich das ursprünglich als „Epilog"[77] verfasste Werk eines anonymen Bonner Autors zur Aufführung, das zwar Bonn, nicht dagegen Wien gebührend erwähnt. Entsprechend empört äußerte ein Kritiker:

> [Man] rief ein Heil zu dem „rebenumgürteten Rhein" und der Geburtsstätte Beethovens, aber für *Oesterreich*, der Stätte des Wirkens dieses Tonheros, für die österreichische Kaiserstadt, die mit Fug und Recht den unsterblichen Meister zu den Ihren zählt, hatte der Prolog, auf einer *österreichischen* Bühne gesprochen, kein Wort.[78]

Die politische Aneignung Beethovens als ‚deutscher Held' in den Festgedichten

Wie eingangs erwähnt, waren die Beethoven-Feiern 1870 eine willkommene Gelegenheit, die in der Rezeption längst etablierte politische Aktualisierung des Komponisten als ‚deutschen Helden'[79] intensiv zu beschwören. Man findet diese politische Instrumentalisierung sowie weitere Topoi in Zeitungsberichten zu den Feiern ebenso wie in nachträglichen Darstellungen etwa bei Landau oder Nohl. Poetisch komprimiert und in wenigen, immer wieder abgewandelten Bildern wird diese Rolle Beethovens vor allem aber mithilfe der zahlreichen Festprologe und -gedichte in das kulturelle Gedächtnis eingeschrieben. Einige Beispiele mögen dies verdeutlichen.

Ständiges Thema war sein schweres, von mangelnder Liebe und Schwerhörigkeit geprägtes Leben, das zugleich Vorbedingung für sein überragendes

---

77 „Epilog", in Landau, *Beethoven-Album* (wie Anm. 5), S. 368–373. Landau druckt das Original ab, aus dem hervorgeht, dass ursprünglich andere Musik von Beethoven vorgesehen war, nämlich Ausschnitte aus der Klaviersonate f-Moll op. 57 („Appassionata"), aus *Fidelio* sowie der Dritten, Sechsten und Neunten Sinfonie. Der Epilog (mit dem Untertitel „Landschaftliche Scene") bildet das Ende eines Werks von einem „Bonner", das den Titel *Ludwig van Beethoven. Ein dramatisches Charakterbild in vier Aufzügen* trägt und 1870 in Leipzig erschienen ist.

78 „Prager und Provinzialnachrichten", in *Prager Abendblatt. Beilage zur Prager Zeitung* 299 (1870), 19. Dezember, S. [3] (kursive Hervorhebung im Original gesperrt). Die „blaue" Donau wird kurz gestreift, wohin Beethoven sich wandte, um „Vollendung hier zu finden" („Epilog", S. 371). Doch die böhmisch-österreichische Nationalseele fühlte sich übergangen und war gekränkt.

79 Zu den Implikationen des besonders häufig an Beethoven festgemachten Heroenmodells siehe Melanie Unseld, *Biographie und Musikgeschichte. Wandlungen biographischer Konzepte in Musikkultur und Musikhistoriographie*, Köln u. a. 2014, S. 267–287.

Kunstschaffen gewesen sein soll. So heißt es in dem für die Weimarer Feier[80] von Friedrich von Bodenstedt (1819–1892) gedichteten und am 29. Mai aufgeführten Prolog:

> Zu Bonn am Rhein stand des Gewalt'gen Wiege;
> Rauh wie der Wintermond, der ihn gebar,
> War seine Jugend; langsam nur zum Siege
> Drang er durch Kämpfe schwer und wunderbar,
> Als Kind gestählt, dass nicht der Mann erliege
> Der Prüfung, die ihm Fluch und Segen war:
> Glück und Genuss der Erde zu entbehren,
> Um seinen Geist nach Innen ganz zu kehren.[81]

Speziell die Taubheit wurde immer wieder als notwendige Voraussetzung für die Ausbildung eines inneren Ohrs betont, um den vom Lärm des Alltags enthobenen Komponisten für bislang ungehörte Klänge zu sensibilisieren. Bei der mehrtägigen Feier[82] in Wiesbaden etwa wurde am 16. Dezember ein vom Dramatiker Karl Kösting (1842–1907) gedichtetes Festspiel mit dem Titel *Germania's Weihnachtszeit* aufgeführt.[83] Hier tritt neben einem preußischen und bairischen Krieger die allegorische Figur der Germania auf, die den beiden

---

80 Die vom Allgemeinen Deutschen Musikverein veranstaltete und vom 26. bis zum 29. Mai 1870 stattfindende Tonkünstlerversammlung stand unter dem Motto einer „Vorfeier zu Ludwig van Beethoven's 100jährigem Geburtsfeste" (gedrucktes Festprogramm unter <http://opac-plus.bsb-muenchen.de/title/BV021022073/ft/bsb10599642?page=3>, 20.03.2023). Zu den Aufführungen siehe „Die Tonkünstlerversammlung in Weimar vom 26. bis 29. Mai", in *Neue Zeitschrift für Musik* 66/23–26 (1870), 3., 10., 17. u. 24. Juni, S. 217–220 (Z. und Otto Blauhuth), 225–227 (Otto Blauhuth und H...n), 233–235 (Richard Pohl) u. 243–245 (Richard Pohl).

81 Ebd., S. 234, zit. nach Friedrich [von] Bodenste[d]t, „Prolog", in Landau, *Beethoven-Album* (wie Anm. 5), S. 386 f., hier S. 387. Der Prolog wurde von der großherzoglichen Hofschauspielerin Louise Hettstedt (1829–1893) vorgetragen und von zwei für diesen Anlass komponierten Werken gerahmt: der *Beethoven-Ouvertüre* von Eduard Lassen (1830–1904) sowie Liszts Kantate *Zur Säcular-Feier Beethovens* (= zweite Beethoven-Kantate).

82 Die Feier im Königlichen Schauspielhaus fand vom 16. bis 18. Dezember 1870 statt. Auf dem Programm standen am 1. Tag (16.12.): *Fidelio* mit dritter *Leonoren*-Ouvertüre, Ouvertüre *Die Weihe des Hauses* op. 124, Festspiel (Karl Kösting), Schlusschor aus der Neunten Sinfonie; am 2. Tag (17.12.): Ouvertüre zu *Die Geschöpfe des Prometheus* op. 43, Prolog (Bernhard Scholz), dazwischen einzelne Sinfoniesätze (2. Satz aus der Zweiten, 1. Satz aus der Dritten, 2. Satz aus der Vierten, 3. Satz aus der Siebten, 2. Satz aus der Achten, 3. Satz aus der Neunten Sinfonie, die Fünfte Sinfonie (zwischen 2. und 3. Satz Gedicht *Apotheose* von Scholz); am 3. Tag (18.12.): *Egmont*. Siehe „Wiesbaden", in Landau, *Beethoven-Album* (wie Anm. 5), S. 422–424.

83 Köstings Festspiel sowie Prolog und Gedicht von Scholz wurden gedruckt in *Beethoven's hundertjährige Geburtsfeier im Königlichen Schauspielhaus zu Wiesbaden [...]*, Wiesbaden 1870 sowie bei Landau, *Beethoven-Album* (wie Anm. 5), S. 425–437 („Germanias Weihnachtszeit"), S. 438–446 („I." [Prolog]), S. 447–450 („II." [Apotheose]).

Soldaten Stationen einer glorreichen deutschen Geschichte[84] erzählt, so auch eine Begegnung mit Beethoven:

[...] Ich folgte ihm,
Als er verbittert durch die Strassen stürmte.
Nicht hört er meinen Schritt, denn er war taub!
(Es sollte nicht der Lärm des nicht'gen Tags
Ihm ew'ger Töne Offenbarung stören.)[85]

Der Topos „Durch Kampf zum Sieg" – schon längst als Essenz von Beethovens Leben etabliert – kommt vielfach zum Einsatz. Im Prolog von Alfred Kla[a]r (1848–1927), vorgetragen bei der Beethoven-Feier des Prager Konservatoriums, die wie die oben erwähnte *Fidelio*-Aufführung ebenfalls am 17. Dezember stattfand, heißt es:

Wir seh'n im schweren Kampf sein Haupt ergrau'n
Wir sehen ihn als glühenden Verfechter
Des Schönen, voll von edlem Selbstvertrau'n
Und ungebeugt von dem, was er gelitten
Nicht ruhen, bis das Höchste er erstritten.[86]

Dasselbe Motto kennzeichne auch sein Werk. Gotthard Oswald Marbach (1810–1890) kleidete es im Prolog für das vom Riedel-Verein veranstaltete Kammerkonzert am 18. Dezember im Rahmen der Leipziger Beethoven-Feier[87] in folgende Worte:

---

84 Beginnend mit der Varusschlacht (9 n. Chr., auch Schlacht im Teutoburger Wald bzw. Hermannsschlacht), bei der ein germanisches Heer unter der Führung des Cheruskerfürsten Arminius das römische Heer besiegte. Nach dem Sieg über die Franzosen wurde Kaiser Wilhelm I. verschiedentlich mit Arminius verglichen.
85 Kösting, „Germanias Weihnachtszeit" (wie Anm. 83), S. 432 f. Am Ende verbrüdern sich die beiden Krieger mit dem Segen der Germania, und es folgt der Schlusschor der Neunten Sinfonie.
86 Alfred Kla[a]r, „Prolog", in Landau, *Beethoven-Album* (wie Anm. 5), S. 374–376, hier S. 375. Vorgetragen wurde das Gedicht von Volkmar Kühns (1832–1905), Direktor des Königlich Deutschen Landestheaters und Professor der Deklamation am Konservatorium. Das Konservatorium hatte bereits am 31. März 1870 ein Konzert als Beethoven-Feier ausgerichtet. Programm siehe ebd., S. 366.
87 Diese fand vom 11. bis 18. Dezember 1870 statt und zählte somit zu den umfangreichsten, da andere Städte kriegsbedingt ihre Pläne kürzen mussten. Träger waren verschiedene Leipziger Institutionen, darunter der Riedel'sche Verein sowie die Direktionen von Gewandhaus und Stadttheater. Programm siehe „Beethovenfeier in Leipzig", in *Neue Zeitschrift für Musik* 66/52 (1870), 23. Dezember, S. 481–484. Die fast ausschließlich auf einheimische Mitwirkende setzende Feier verlief – auch aufgrund mangelnder Proben – nicht ohne Pannen. Zum Tiefpunkt geriet die Ballettaufführung der *Geschöpfe des Prometheus* am 16. Dezember, bei der die knappen Kostüme und exaltierten Bewegungen der Tänzerinnen das Publikum teils zum Lachen reizten, teils zum Verlassen des Theaters bewogen (ebd., S. 483).

Ein Zwiegespräch mit Gott wird uns erzählt,
Der Menschenseele Suchen, Irren, Ringen
Uns vorgeführt, wie hart sie sich gequält,
Bis ihr gelang, sich selber zu bezwingen.[88]

Und letztlich wird derselbe Leitgedanke auch zum Signum des „deutschen Geistes". In einem bei Landau im Wien-Abschnitt abgedruckten Gedicht heißt es:

Der deutsche Geist hat stets sich selbst genügt
In seinen Idealen, die er kühn
Der Wirklichkeit genüber hat gestellt.
Durch Nacht zum Licht, durch Kampf der Gegensätze
Zum Sieg, das ist das Wesen seines Schaffens.[89]

Beliebt waren auch Vergleiche mit anderen Größen der Kunst- und Geistesgeschichte. In den bei Landau abgedruckten Gedichten und Texten stehen (chronologisch) zur Auswahl: Homer, Dante, Michelangelo, Raffael, Tizian, Veronese, Shakespeare, Goethe, Kant, Mozart, Schiller, Hegel. Beethoven wurde so in eine ‚Titanenkette' eingereiht, entweder als gleichrangiges Glied oder als krönender Abschluss. Der unter dem Pseudonym Hilarius dichtende Ferdinand Freiherr von Rast (1808–1889), Gutsbesitzer und Gemeinderat in Marburg (Maribor), lieferte eines der für Landaus Buch verfassten Originalgedichte, gleichsam als Beitrag Marburgs[90] zur Jubiläumsfeier, das wie folgt beginnt:

Dir Fürst im Reiche geistiger Titanen!
Dir Schöpfer einer Welt voll Harmonie!
Fidelio's, der neunten Symphonie,
Dir, der *Homer* und Shakespear [!] zählt zu Ahnen [...][91]

Der Krieg selbst ist stets präsent: Kaum ein Rezensent oder Festredner, der nicht darauf eingeht, die schwere Zeit betont, die nötigen Festeinschränkun-

---

88   Oswald Marbach, „Prolog", in Landau, *Beethoven-Album* (wie Anm. 5), S. 352–355, hier S. 354.
89   H. Meier, „Zur Beethoven-Feier", in Landau, *Beethoven-Album* (wie Anm. 5), S. 413–416, hier
     S. 415.
90   In Marburg selbst gab es keine offizielle Feier. Am 17. Dezember fand allerdings ein Lieder-
     Kränzchen des Männergesang-Vereins unter der Leitung von Hans Neckheim (1844–1930)
     im Gartensalon des Hotels zur Stadt Wien statt, bei dem auch zwei Werke Beethovens (*Die
     Ehre Gottes aus der Natur* op. 48 Nr. 4, *Adelaide* op. 46) sowie ein Vortrag über sein Leben von
     Gymnasialprofessor Carl R. Rieck auf dem Programm standen. Siehe „Marburger- und Pro-
     vinzial-Nachrichten", in *Marburger Zeitung* 9/199 (1870), 14. Dezember, S. [2] u. 9/202 (1870),
     21. Dezember, S. [2].
91   Hilarius [Ferdinand Freiherr von Rast], „Zur Erinnerung an Beethoven", in Landau, *Beethoven-
     Album* (wie Anm. 5), S. 356 (kursive Hervorhebung im Original gesperrt).

gen thematisiert (etwa bei der Einweihung der Beethovenhalle in Bonn[92]), vor allem aber den (bevorstehenden) Sieg über Frankreich feiert. Für das Festkonzert des Rühl'schen Gesang-Vereins am 13. Dezember in Frankfurt am Main[93] dichtete Friedrich Hornfeck (1822–1882) einen Prolog, in dem es heißt:

> Ein Cäsar krümmt gefangen sich im Netze:
> Hurrah, Germania! Dein ist der Sieg![94]

Im Prolog von Ludwig Goldhann (1823–1893) zur Brünner Feier,[95] abgehalten am 27. November im Redoutensaale mit der Büste Beethovens samt Lorbeerkranz auf dem Podium, wird die sich abzeichnende Kapitulation von Paris solcherart besungen:

> Die Riesenstadt, der Völker Metropole,
> Wie Babylon an Ruhm und Sünden reich,
> Sie krümmt sich unter des Bezwingers Sohle
> Und harrt nach schon gezückten Todesstreich.[96]

Verschiedentlich wird der Wiederaufstieg Deutschlands seit den ‚glorreichen' Zeiten der Hohenstaufen beschworen, bei Goldhann mit den Worten:

> Und neue Lorbeern sieht man hell entspriessen,
> Der Hohenstaufen alten alten Herrscherstab.[97]

Aber auch ein über nationale Grenzen hinausgehender Hegemonialanspruch wird deutlich thematisiert, so im Gedicht von Emil Rittershaus (1834–1897) für die Kölner Feier am 17. Dezember in Gestalt einer vom Kölner Sängerbund veranstalteten „heitere[n]"[98] Liedertafel:

---

92   Franz Gehring, „Einweihung der Beethovenhalle in Bonn [...]", in Landau, *Beethoven-Album* (wie Anm. 5), S. 303–307, hier S. 304.
93   An den Tagen danach folgten das dem Jubiläum gewidmete 5. Museums-Concert, eine Aufführung von *Fidelio* und *Egmont* im Stadttheater sowie ein Kammermusikabend. Programme zum Teil bei Landau, *Beethoven-Album* (wie Anm. 5), S. 325–327 und in „Berichte. Nachrichten und Bemerkungen", in *Allgemeine Musikalische Zeitung* 6/2 (1871), 11. Jänner, Sp. 29.
94   Friedrich Hornfeck, „Beethoven", in Landau, *Beethoven-Album* (wie Anm. 5), S. 328–330, hier S. 328. Gesprochen wurde der Prolog von Paul Zademack (1837–1893).
95   Siehe „Brünn", in *Neue Zeitschrift für Musik* 66/50 (1870), 9. Dezember, S. 463. Auf dem Programm standen die *Egmont*-Ouvertüre op. 84, der *Elegische Gesang* op. 118, Lieder (darunter *Neue Liebe, neues Leben* op. 75 Nr. 2 und *Adelaide* op. 46, vorgetragen von Hofopernsängerin Marie Wilt, 1833–1891) sowie die Neunte Sinfonie unter der Leitung von Otto Kitzler (1834–1915), bei deren Besprechung der Rezensent aus Pietät gegenüber dem hehren Anlass „das kritische Schwert in der Scheide ruhen" ließ (ebd.).
96   Ludwig Goldhann, „Prolog", in Landau, *Beethoven-Album* (wie Anm. 5), S. 313–315, hier S. 314. Gesprochen wurde der Prolog vom k. k. Hofschauspieler Adolf von Sonnenthal (1832–1909).
97   Ebd., S. 313.
98   „Beethoven's erstes Auftreten in Köln.", in *Neue Freie Presse* 2269 (1870), 20. Dezember, Abendblatt, S. 2. Die Veranstaltung fand im Isabellensaal des Gürzenich statt.

[...] Die Fürstin sei Germania,
Die Königin von allen Nationen!
Die Zeiten fordern Thränen, Blut und Tod,
Sie wandeln über Leichen, starr und bleich,
Doch strahlend naht ein leuchtend' Morgenroth,
Des deutschen Geistes grosses Weltenreich![99]

Das ideologische Unterfutter für den siegreichen Krieg lieferten nach Ansicht vieler Autoren bereits seit Jahrzehnten Kunst, Musik und Philosophie. Otto Gumprecht (1823–1900), Musikkritiker der Berliner *National-Zeitung*, schrieb: „[U]nsere Schlachten haben Kant und Hegel, Schiller und Beethoven mit geschlagen."[100] Deren Werke hätten also bereits den Sieg vorweggenommen. Lapidar drückte es Ludwig Foglár (1819–1889) in einem für Landaus Buch verfassten Gedicht als Beitrag für Wiener Neustadt aus:

Die deutsche Kunst entschied *voraus* den Sieg –
Den spät erst sich errang der deutsche Krieg![101]

Im schon genannten Prolog von Hornfeck heißt es mit Bezug auf Beethovens Dritte Sinfonie:

Heut' erst verstehen wir die titan'schen Töne,
Das Weltgericht in der Heroica:
Des grossen Corsen freche Enkelsöhne
Sie büssen hart, was uns durch ihn geschah ....
Germania ist und ihre Völkerstämme
Der Heros im *prophet'schen Tongedicht*,
Der – wie die Sturmflut donnernd Deich' und Dämme
Die stolzen Burgen seiner Feinde bricht.[102]

---

99 Emil Rittershaus, „Zur Beethoven-Feier", in Landau, *Beethoven-Album* (wie Anm. 5), S. 334–338, hier S. 338 (kursive Hervorhebung im Original gesperrt). Ein weiterer (oder derselbe?) Prolog von Rittershaus wurde am selben Tag bei der Beethoven-Feier in Barmen vorgetragen. Siehe „Barmen", in *Die Tonhalle* 51 (1870), 21. Dezember, S. 816.
100 Otto Gumprecht, „Beethoven", in Landau, *Beethoven-Album* (wie Anm. 5), S. 290–300, hier S. 290. Der Artikel erschien ursprünglich in der *National-Zeitung* und wurde von Gumprecht in eine seiner Textsammlungen aufgenommen: Otto Gumprecht, „Bei Gelegenheit der Säcularfeier am 16. December 1870", in ders., *Neue Musikalische Charakterbilder*, Leipzig 1876, S. 309–326.
101 Ludwig Foglár, „Beethoven", in Landau, *Beethoven-Album* (wie Anm. 5), S. 418–421, hier S. 419 (kursive Hervorhebung im Original gesperrt). Vgl. auch dessen Gedichtsammlung *Beethoven. Legenden*, Wien 1870.
102 Hornfeck, „Beethoven" (wie Anm. 94), S. 329 (kursive Hervorhebung im Original gesperrt).

Eine noch präzisere Zuordnung des ‚Helden‘ der *Eroica* sollte zwölf Jahre später Hans von Bülow (1830–1894) vornehmen, als er den von Kaiser Wilhelm II. zwei Jahre zuvor entlassenen Kanzler Otto von Bismarck (1815–1898), den „Beethoven der deutschen Politik"[103] und ‚Architekten‘ der Gründung des deutschen Reiches, zum eigentlichen Widmungsträger erklärte.[104]

Posthum wird Beethoven für seine Vorreiterrolle bedankt. Im Prolog von Bernhard Scholz (1835–1916) zum Festkonzert am 17. Dezember bei der schon genannten Beethoven-Feier in Wiesbaden findet dies folgenden Ausdruck:

> Das *deutsche* Volk gibt heut dem Bonner Kinde
> Den *freien* Rhein als Wiegenangebinde![105]

Als letztes Beispiel dieser deutschnationalen Rezeption Beethovens sei der spätere Literaturnobelpreisträger Paul Heyse (1830–1914) genannt, der in seinem Prolog für das Festkonzert der Münchener Beethoven-Feier[106] am 17. Dezember – poetisch ungleich gelungener, thematisch aber nicht anders als die vorherigen Beispiele – schrieb:

> Und wir, sein Volk – eh Süd und Norden
> In Treue fest verbunden ward,
> In ihm sind wir uns inne worden
> Des Einklangs unsrer Sitt’ und Art.
> Wohl hat er sich die Welt gewonnen,
> Die grenzenlos des Meisters Namen preist,
> Doch war gereift an *deutschen* Sonnen,
> Gestählt, geklärt in *deutschen* Lebensbronnen,
> In deutscher *Liebe*skraft sein Geist.[107]

---

103 Hans von Bülow, *Höhepunkt und Ende. 1886–1894*, hrsg. von Marie von Bülow, Leipzig 1908 (Briefe und Schriften 7), S. 383.

104 Siehe dazu David B. Dennis, *Beethoven in German Politics, 1870–1989*, New Haven u. a. 1996, S. 45–48.

105 Scholz, „I." [Prolog] (wie Anm. 83), S. 440 (kursive Hervorhebung im Original fett).

106 Auch diese Feier war mehrtägig. 1. Tag (16.12., Königl. Residenz-Theater): Prolog von Martin Greif (eig. Friedrich Hermann Frey, 1839–1911), Quartett A-Dur op. 18 Nr. 5, drei *Irische Lieder* WoO 152, Trio D-Dur op. 70 Nr. 1, drei Lieder nach Goethe (*Sehnsucht* WoO 134, *Mignon* op. 75 Nr. 1, *Neue Liebe, neues Leben* op. 75 Nr. 2), Quartett F-Dur op. 59 Nr. 1; 2. Tag (17.12., Königl. Hof- und National-Theater): Prolog von Heyse (gesprochen von Clara Ziegler, 1844–1909), Sinfonie c-Moll op. 67, *Missa solemnis* D-Dur op. 123; 3. Tag (18.12., Königl. Hof- und National-Theater): Goethes *Egmont* mit Beethovens Musik op. 84.

107 Paul Heyse, „Prolog zur Beethoven-Feier in München am 17. December 1870", in *Allgemeine Musikalische Zeitung* 6/1 (1871), 4. Jänner, Sp. 1–4, hier Sp. 3 f., zit. nach Landau, *Beethoven-Album* (wie Anm. 5), S. 361 f., hier S. 362 (kursive Hervorhebung im Original gesperrt). Heyse verfasste im Auftrag der Münchener Hoftheaterintendanz auch das in die Tendenz der Zeit passende Schauspiel *Die Franzosenbraut*, das während der Napoleonischen Befreiungskriege spielt. Premiere war am 4. Februar 1871.

***

Überschattet vom Deutsch-Französischen Krieg fand in großen, aber auch kleineren Städten des deutschen Sprachraums eine Vielzahl von Beethoven-Feiern
statt, die unter anderem das Ziel hatten, das jeweilige künstlerische Potenzial
unter Beweis zu stellen. Geprägt vom Stolz auf die eigene Leistungsfähigkeit,
aber auch von wechselseitigen Aushilfen wie von direkter Konkurrenz bemühte
man sich um eine würdige Programmgestaltung, die sowohl dem Jubilar als
auch den lokalen Veranstaltern zur Ehre gereichen sollte. „Man versamme
die Gemeinde Beethoven's im Tempel, nicht auf dem Forum", hatte Hanslick
geschrieben.[108] Auswärtige Festgäste und -redner erhöhten das Prestige dieser
Feiern. Ein Bezug zwischen Beethoven und der gegenwärtigen politischen Lage
wurde fast überall hergestellt, sein Leben und Werk regelmäßig als Vorweg-
nahme des aktuellen Kriegs mit Frankreich sowie der anschließenden Reichsgründung interpretiert. Stimmen wie die folgende, die Kritik sowohl am Krieg
als auch an der Vereinnahmung Beethovens formulierten, waren selten:

> Die große Festwoche hat begonnen. Ist das ein Singen und Klingen, das durch
> ganz Deutschland geht und mächtig braust und schallt und fünfmal sich erneu-
> ert in den Mauern unserer Stadt [Wien], in welcher der große Tondichter gelebt
> und gewirkt, dem alle diese Ovationen gelten. Wie rein und schön würde diese
> Sphärenmusik klingen, wenn sie kein dumpfes Echo hätte, welches herüber-
> schallt aus den verwüsteten Bezirken des einst so schönen Frankreichs. Zu den
> „Ruinen von Athen" hat der große Meister eine Musik geliefert, die herrlich
> tönen wird, so lange es wahre Musikfreunde gibt, – ein moderner Kompositeur
> könnte ein Tongemälde zu den Ruinen von Straßburg liefern. Und wenn in den
> letzten Tagen von allen Bühnen Deutschlands der ergreifende Gefangenen-
> chor aus „Fidelio" erschallte, wer dächte da nicht an die Hunderttausende von
> Gefangenen, die jetzt in deutschen Festungen internirt weilen, die vereint einen
> Chor erschallen lassen könnten, welcher an das Tönen und Tosen des jüngsten
> Gerichtes mahnen würde.[109]

Die Feiern erfüllten in künstlerischer Hinsicht nicht immer die hohen Erwartungen in dieser nationalpolitisch aufgeladenen Zeit. Unbestritten schien aber
Beethoven am besten geeignet, die künstlerisch-pathetische Umsetzung dieser
politischen Botschaften zu gewährleisten. Schriftsteller wie Landau und Nohl

---

108 H.[anslick], „Musik" (wie Anm. 27), S. 2. Ursprünglich hatten die Veranstalter der Wiener
    Feier einen von Hanslick abgelehnten Fackelzug durch die Stadt vorgesehen, der durch die
    Verschiebung auf den Dezember hinfällig wurde.
109 „Wiener Plaudereien", in *Fremden-Blatt* 23/449 (1870), 18. Dezember, Morgenblatt, S. 4.

hielten diese Feiern für die Nachwelt fest und leisteten damit ihren Beitrag zur Fixierung Beethovens als deutschnationaler Komponist,[110] eine Fixierung, die seine Rezeption erschwerte oder zu Gegendarstellungen[111] herausforderte.

ABSTRACT

Pathos in Crisis: Beethoven Celebrations in 1870 in Austria and Germany

Throughout German speaking countries, nationalism and the German-French war formed the overall agenda for the celebration of Beethoven's centenary in 1870. According to the already developed standards of his cult as a musical "hero," all kinds of panegyrics, referring to well-known topoi in his reception (for example, "from struggle to victory") as well as to current affairs, were a fixed element of these events. Many of these poems were collected by Herrmann Landau for his *Beethoven-Album* (1872), which also contains programs of concerts, celebrations and theatre performances related to eighteen cities within Germany and Austro-Hungary.

After developing a model for these celebrations, the first part chooses the festivity in Vienna as a case study to show in detail how such an event was achieved. The examples of Ljubljana and Olomouc reveal local variations and specifics. The second part gives an overview of the topics the panegyrics present and how they make a connection between the composer and the current war. Their description and analysis contribute to the critical study of cultural memory, deconstructing the "heroic" place of memory by analyzing its ambivalences and its competing attribution of meanings.

---

110 Zur weiteren Entwicklung siehe Dennis, *Beethoven in German Politics* (wie Anm. 104).
111 Zu unterschiedlichsten Deutungen am Beispiel der Neunten Sinfonie siehe Esteban Buch, *Beethovens Neunte. Eine Biographie*, übers. von Silke Hass, Berlin 2000.

Left, Right, and Center:
Ideological Appropriations of Beethoven
in the Centenary Year, Germany 1927

Glenn Stanley

The centenary of Beethoven's death, March 26, 1927, was observed throughout the German Reich: in large cities and in small towns – even in remote areas; in predominantly liberal-left areas and in predominantly conservative ones; by predominantly Catholic and predominantly Protestant populations. There can be no doubt that, apart from a few skeptics, Germans, in particular the middle classes and above, and their governmental and cultural institutions, agreed that this occasion was worth celebrating. How could it be otherwise? Beethoven, revered around the globe, represented everything great and morally good about the country and its heritage. He was, after 1919, just as he would be after 1945, a source of pride and comfort to a defeated pariah nation, although as one critic in 1927 observed, "Beethoven was on their lips, but jazz was in their hearts."[1] But did the commemorations truly unify a country that was riven by economic problems (despite the gains made in the mid-1920s), class tensions and increasingly violent struggles between leftwing and rightwing groups, especially in Berlin? Yes, but only in the sense that Beethoven was celebrated, and appropriated, across the German ideological spectrum. The celebrations of 1927 demonstrate in equal measure the deep divisions in the country.[2]

Beethoven himself was an instrument that was played in contrasting keys and colors by groups utterly opposed to each other and with starkly contrasting visions of the proper form of government and social order and what it meant to be German. Hence my title. I could have given this essay the subtitle

---

1 Kurt Singer, "Die große Woche. Konzertumschau," in *Vorwärts. Berliner Volksblatt. Zentralorgan der Sozialdemokratischen Partei Deutschlands* 44/140 (1927), March 24, Morgenausgabe, [2]: "[...] das Wort Beethoven auf den Lippen, den Jazz im Herzen."
2 For a history of the political aspects of Beethoven reception since 1870, see David B. Dennis, *Beethoven in German Politics, 1879–1989* (New Haven etc., 1996).

"Bonn and Berlin: a tale of two cities," because they are, for good reason, my focus: Bonn as the birth city and the site of the Beethoven-Haus; Berlin as the political and cultural capital of the Republic.

But first, I want to state how deeply the commemorations penetrated the fabric of German society. Nothing illustrates this better than the level of activity *outside* the large population centers, where schools, wind bands, mixed choral societies and male singing societies (which usually programmed much lighter fare than Beethoven's music) were the driving forces behind musical celebrations. These went on for much of the year (in the bigger cities too, of course); they were especially concentrated during the week leading up to the death date in March, and at Pentecost (late May/June), a traditional time for music festivals in Germany since the early 19th century. (There does not seem to have been any kind of a notable celebration of his baptism day in December.) I want to emphasize that these were local initiatives. The single republic-wide activity that occurred as national policy were the Beethoven observances in the schools that replaced regular instruction on Saturday, March 26. (In parts of northern and central Germany, the Reichs-Rundfunk-Gesellschaft, a national radio station, supplied music for those schools that were unable to organize their own events.)

Newspapers, political parties and research in the time of the corona virus

Due to the COVID-19 pandemic that began in the spring of 2020, my research has been heavily based on newspaper accounts (rather than archives, or scholarly writings) that are accessible online (see Table 1). This has caused problems: many historical newspapers have not been digitized, which lead to serious gaps in my research. I had no access to journals from the Bonn-Cologne region, a serious lacuna; and I could not read newspapers all across the ideological spectrum, especially the far right and left extremes. For example, no online archive of the Nazi newspaper, the *Völkischer Beobachter* (*Völkisch Observer*), exists: what an irony to regret its absence! German newspapers usually had a distinct ideological orientation and were often tied to a particular party or institution (such as a trade union, or a religious organization). The celebration of Beethoven occurred, of course, within a broader culture and in a political context that was absorbed with and heavily influenced by critical questions about Germany's past, present, and future, German identity, nationalism versus internationalism (cosmopolitanism), modernism versus tradition.[3]

---

3   See Peter Gay, *Weimar Culture: The Outsider as Insider* (New York, 1968), and Jost Hermand and Frank Trommler, *Die Kultur der Weimarer Republik* (Munich, 1975). Table 1 lists the online

Political parties, and other organizations had, of course, their distinct positions in the context and their official newspapers or newspapers with ideological ties to particular parties or groups expressed the varying perspectives. As descriptions of political parties and tendencies, the conventional designations left, right and center are useful, but for the Germany of the Weimar Republic they are also problematic, simply due to the fact that there were so many parties and interest groups with diverse ideological shadings.[4] It is easy to identify the extremes, the Kommunistische Partei Deutschlands (KPD, Communist Party of Germany) and the Nationalsozialistische Deutsche Arbeiterpartei (NSDAP, National Socialist German Workers' Party), the Nazis. By 1927 both were formidable forces, in the streets, and in some local and state governments. In the Reichstag the communist presence outweighed the Nazis until 1930. Two of the most important parties of the middle were the Deutsche Demokratische Partei (DDP, German Democratic Party), a liberal party of business, and the Deutsche Zentrumspartei (Zentrum, German Center Party), the latter a predominantly Catholic party that was stronger in the west and south than in Berlin and the Prussian heartland. The Zentrum was the ruling party of the federal government in 1927. The Sozialdemokratische Partei Deutschlands (SPD, Social Democratic Party of Germany) was the primary non-revolutionary left party: it was the ruling party of the republic for much of the 1920s, but by 1927 its power was increasingly limited to Prussia (which is still a lot of power), and to "red Berlin." The primary conservative party in the Parliament was the Deutschnationale Volkspartei (DNVP, German National People's Party), from the first election in 1919 until 1933. It participated in the government of 1927. And there were many more, in all three sectors. The larger parties had their own official newspapers, such as *Vorwärts* (*Forward*) for the SPD, or were informally associated with independent newspapers favorably representing their views, for example the *Vossische Zeitung* (*Vossisch Newspaper*) in Berlin, which since the late 18th century had long been associated with the Prussian monarchy, but after 1919 moved in the direction of the German Democrats. Table 1 lists the newspapers I was able to read and gives their political ideological orientation.

---

sources available to me from February through May 2020. *Vorwärts* is accessible on the website of the Friedrich-Ebert Stiftung <http://fes.imageware.de/fes/web/> (accessed March 20, 2023); *Die Weltbühne* is found in the "Internet Archive" <https://archive.org/search.php?query=Die+Weltbühne> (accessed March 20, 2023); the other newspapers have been archived by the Staatsbibliothek zu Berlin <https://zefys.staatsbibliothek-berlin.de/kalender/1927/> (accessed March 20, 2023).

4   For authoritative political histories see Hans Mommsen, *From Weimar to Auschwitz*, trans. Philip O'Connor (Princeton, 1991), and Ian Kershaw, *Weimar: Why did German Democracy Fail?* (London, 1990).

Tab. 1: Analyzed newspapers and their political ideological orientation

Newspaper	Political Ideological Orientation
Berliner Börsen-Zeitung (Berlin Stock Exchange Newspaper)	national-liberal, the 'Wall Street Times' of Berlin
Berliner Tageblatt und Handels-Zeitung (Berlin Daily Newspaper and Trade)	liberal-democratic, internationalistic
Deutsche Allgemeine Zeitung (German General Newspaper)	very conservative, increasingly anti-republican
Vorwärts. Berliner Volksblatt. Zentralorgan der Sozialdemokratischen Partei Deutschlands (Forward. Berlin Volksblatt. Central Organ of the Social Democratic Party of Germany)	SPD
Vossische Zeitung	historical official organ of the Prussian monarch/government; after 1919 moderate/liberal, pro republic
Die Weltbühne. Wochenschrift für Politik – Kunst – Wirtschaft (The World Stage)	independent left/ultra-left, pacifist, pro republic

These newspapers are supplemented by reports on celebrations and individual concerts in other newspapers and journals, as well as program booklets in photocopies that I was able to study at the library of the Beethoven-Haus before the pandemic reached Germany. One scholarly source was very useful and partially filled gaps: David B. Dennis's book, *Beethoven and German Politics*. Dennis devotes a chapter to the Weimar Republic;[5] in which he draws on many newspapers (none, however, from the Rhine) that I was unable to access, among them are the *Völkischer Beobachter*, *Die Rote Fahne* (*The Red Flag*, KPD), and other newspapers.

Bonn

Bonn was a small city, its population did not reach 100,000 until 1930.[6] But it was an intellectual and cultural center because of its university, founded already at the time Beethoven grew up in the city, and the Beethoven-Haus. The latter played an important role in the festivities honoring Beethoven; I have found no evidence that the university was involved, although professors are well represented in the list of participants.

Bonn was a rich city, the choice of retirement homes for wealthy industrialists and military officers from across Prussia, to which it had belonged since

---

5 Dennis, *Beethoven* (as in fn. 2), 86–141 (chapter "The Weimar Era").
6 For a brief history of the city, see Manfred van Rey, *Bonner Stadtgeschichte kurz gefasst* (Bonn, [2]2006).

the Congress of Vienna. The Hohenzollern dynasty favored Bonn; the sons of the royal family studied at the university. And it was a garrison city, with a large military presence. The Zentrum was, by far, during the Weimar Republic, the strongest political party until the rapid rise of the Nazis in the 1930s. After the First World War, Bonn, as part of the Rhineland, was controlled first by British and then by French forces until 1926.

As I write and prepare this essay for publication (April 15 and June 20, 2020), I cannot say much about the celebrations in March, because my available sources have yielded very little information. The Berlin newspapers reported extensively on the events in Vienna, in Leipzig, and in cities across Europe and in the New World, but they scarcely mentioned Bonn. This suggests to me that the celebrations were modest. I did learn that flags were placed on buildings; the Beethoven monument in the cathedral square was bedecked with flowers; a private ceremony at the Beethoven-Haus was attended by a small group including Carl Heinrich Becker (no party, conservative), the Prussian Minister for Science, Art and Education (Kultusminister);[7] and a public event in the evening at the Beethovenhalle took place.[8] I imagine that some kind of public ceremony and concert occurred at the Beethoven monument. The Beethoven-Haus announced the establishment of a Beethoven-Archiv under the direction of Ludwig Schiedermair, an extremely important event for Beethoven scholarship, of course, which survived its Nazification under Schiedermair and emerged after the Second World War to become the most important institution devoted to Beethoven's music and life.[9] At the Beethoven-Haus the musicologist Adolf Sandberger gave a very nationalist-conservative speech, in which he emphasized Beethoven's self-identification as an elitist, inclining to the aristocracy: "seeking the goal of humanity in run-of-the-mill masses was the last thing on his mind."[10] The citation responds to the left's journalistic

---

7   Dennis, *Beethoven* (as in fn. 2), 111, asserts that Becker "designed" the Bonn celebrations. But he presents no archival evidence for this and the contribution of Becker to an article in the *Berliner Tageblatt und Handels-Zeitung* ("Die Huldigung der Welt," see this essay, fn. 33) to which Dennis refers does not support his conclusions. Indeed, the presence of Paul von Hindenburg, Wilhelm Marx, and Becker at the festival in May 1927 attests to a more important and more active role than in March, and the presence of the Austrian President Michael Hainisch was certainly negotiated in Berlin and Vienna.

8   "Die Beethoven-Zentenarfeier. Beethovens Geburtshaus," in *Berliner Tageblatt* 56/147 (1927), March 28, Abendausgabe, [4].

9   The archive was officially founded on March 26, 1927. See the Beethoven-Haus website, DBH/ online <https://www.beethoven.de/de/ueber-uns#geschichte> (accessed March 20, 2023).

10 The speech, "Das Erbe Beethoven und unsere Zeit: Rede, gehalten bei der am 26. März 1927 vom Verein 'Beethovenhaus' zu Bonn veranstalteten Gedenkfeier des 100. Todestages Ludwig van Beethovens," was printed in the *Neues Beethoven Jahrbuch* 3 (1927), 18–31, at 25: "Der Gedanke, *das Ziel der Menschheit* im *Durchschnitt der Masse* zu suchen, lag Beethoven völlig fern [...]." See Dennis, *Beethoven* (as in fn. 2), 116.

construction of Beethoven as an ardent republican whose music embodied republican-revolutionary ideas.

The main event in Bonn occurred later in the year. The ten-day "Deutsches Beethoven-Fest Bonn 1927" (May 21–30) had something of a national and international character.[11] The honorary sponsors were Paul Hindenburg, the President of the German Reich, und Michael Hainisch, the President of the Republic of Austria. Their names appeared on the title page of a substantial book that contained the program of concerts, remarks by dignitaries, and essays by scholars and literary authors, among them the French Nobel Prize winner (1915) and Beethoven expert Romain Rolland.[12] Rolland's essay, "Sources of Strength and Faith,"[13] considers various aspects of Beethoven's art and thought. His emphasis on the composer's religiosity stands in sharp contrast to the flaming rhetoric of freedom and Beethoven's opposition to reactionary Austria after 1814 in the short piece Rolland had written in March for *Vorwärts* (see this essay, fn. 34). A religious tone also pervades the brief statements (first given as speeches during the ceremonies)[14] of Hindenburg and Hainisch, Wilhelm Marx (Zentrum), the Chancellor of the German Reich, and Kultusminister Carl Heinrich Becker. Local dignitaries, including the mayor of Bonn, also had their say. In addition to the focus on faith, these statements contained a healthy dose of nationalism that emphasized Beethoven's Germanness and his meaning for the entire world. Several of them focused on his role as a model for the German nation in a crucial time of crisis. Marx wrote:

> His spirit, his work, his powerful soul are alive as ever today! His untiring, harrowing struggle with a terrible fate is for us Germans an admonishment and an uplifting example in our own struggle for a new design for our historical existence. His music proclaims and clarifies in our time once more the eternal profundity of the German soul to us and to all peoples of the world.[15]

---

11 See "Die Historie des Beethovenfestes Bonn," in *General-Anzeiger Bonn* ([2019]), <https://www.general-anzeiger-bonn.de/verlag/anzeigen/advertorials/die-historie-des-beethovenfestes-bonn_aid-44064883> (accessed March 20, 2023).
12 *Deutsches Beethoven-Fest Bonn: Vom 21. bis 31. Mai 1927: Unter dem Protektorat des Herrn Reichspräsidenten von Hindenburg und des Herrn Österreichischen Bundespräsidenten Dr. Hainisch* (Bonn, 1927).
13 Romain Rolland, "Fonti fortitudinis ac Fidei," in *Deutsches Beethoven-Fest Bonn*, 57–79.
14 Dennis, *Beethoven* (as in fn. 2), 112.
15 Wilhelm Marx, "Geleitwort," in *Deutsches Beethoven-Fest Bonn* (as in fn. 12), 9: "[...] – sein Geist, sein Werk, seine gewaltige Seele sind heute lebendiger denn je! Sein unermüdlicher, erschütternder Kampf mit einem widrigen Lebensschicksal ist uns Deutschen ein mahnendes und erhebendes Vorbild im Ringen um die Neugestaltung unseres geschichtlichen Daseins. Seine Musik kündet und deutet gerade in unseren Tagen wieder das Tiefste und Unvergänglichste der deutschen Seele uns und allen Völkern."

Contrary to my own expectations based on current and historical emphases on Beethoven and artistic and political freedom, not a single one of these statements evoked the concept in any meaningful way, neither political, nor personal, nor artistic. The word appears only once in almost 60 pages of essays; not in Rolland's contribution, where it might be expected, but rather in an essay by Karl Söhle (Dresden), a well-known critic and author of popular books on music. Söhle acknowledges the powerful influence of the "welt-beglückenden" ideas (ideas to bring happiness to the world) of the French Revolution on Beethoven, but hastens to claim that the ideological basis for his music was "human freedom" ("Menschenfreiheit") in Goethe's sense: "Only the law can give us freedom!"[16] I interpret the frequent references to Goethe and the absence of Schiller, even in discussions of the Ninth Symphony, as being indicative of the conservative character of the content of the program book, which reflects, as far as I can tell, the entire event.

The book also contains long lists of committee members and performers. These lists offer insight into the social and political character of the local forces; professors, municipal officials, individuals working in the professions or associated with Christian organizations and churches predominate. It is worth noting that a Bonn rabbi's name appears, as do members of Christian labor unions (but not secular, leftist ones). The lists also demonstrate that, despite the national pretensions suggested by its name, the festival was largely by and for Bonn and the Rhineland. The orchestras and choruses and about half of the conductors were drawn from Bonn; the conductors Hermann Abendroth (Cologne), Fritz Busch (Dresden) and Siegmund von Hausegger (Munich) were also active participants. The pianist Elly Ney was the most prominent soloist resident in Bonn; many orchestral wind soloists and solo concert artists, among them Adolf Busch and Edwin Fischer, came to the festival from Cologne and other cities nearby. What does the absence of musicians from abroad mean? Did financial considerations determine this or was it a deliberate decision to emphasize the German nature of the festival, despite the inclusion of Austrian public figures? All the more surprising, however, that the program book identifies the event as being under the auspices of Germany and (!) Austria.

The concerts presented the full range of Beethoven's orchestral and instrumental and vocal chamber music; all concerts were given in the Beethovenhalle, with the exception of performances of the Mass in C in the Bonner Münster and the "Gloria", "Credo" and "Sanctus" from the same mass in the main Protestant church. Both performances served as part of church services on

---

16 Goethe's quote reads: "Das Gesetz nur kann uns Freiheit geben!" Karl Söhle, "Beethoven – Credo! Confiteor!", in *Deutsches Beethoven-Fest Bonn* (as in fn. 12), 111–19, at 112.

Sunday, May 22. (The *Missa solemnis* was performed in the Münster on May 29, and several times in concert.) On the same day, a ceremony at the Beethoven monument featured 1,200 male singers (the combined Bonn male-chorus societies) and a wind ensemble. Music from *Die Ruinen von Athen*, the *Opferlied* and the Gellert song, *Die Ehre Gottes aus der Natur*, were performed; the mayor of Bonn gave a speech, and a wreath was placed at the foot of the monument. Directly thereafter, an invitation-only official ceremony (Festakt) included speeches by Marx, Becker, and an envoy from Austria. The *Egmont* Overture and the *Leonore* Overture No. 3 were performed by the Gürzenich Orchestra of Cologne under Hermann Abendroth. The festival closed with a free concert on the market square, at which the *Egmont* Overture, the *Andante* from the Fifth Symphony, and the finale of the Ninth Symphony were performed. *Fidelio* was not performed during the festival. I have found no evidence of political unrest in Bonn or voices opposed to the celebrations. Further research is required for a more detailed account of the events in Bonn.

Berlin

The commemorative week in Berlin (March 20–27) took place against the backdrop of an extraordinarily tense political situation in Berlin. On March 25 street fighting between Communist and National-Socialist groups required police intervention in several neighborhoods in the city. In the municipal parliament blows were also exchanged. An area around the Reichstag was declared off limits (Bannmeile) to any kind of mass gathering because of past violence and the threat of future altercations. The newspapers of Berlin reported on these clashes and on continuing political crises and urgent questions, in Berlin and in all of Germany, between Germany and France and Belgium, particularly over provisions regarding the formerly occupied areas in the west, and across the globe. During the "Beethoven" week, among coverage of Reichstag debates on public schools and their curriculums and the length of the workday, there were extensive discussions about whether the deposed Kaiser Wilhelm II, in exile in the Netherlands, should, as he wished, be allowed to return to Germany. (This question had implications for the survival – already in question – of the republican form of national government.) Despite all the pressing issues and tension, Berlin newspapers (and papers across the country) devoted a substantial amount of space to Beethoven, including special pages (*Beiblätter*) on his life and music, serialized, daily excerpts from popular literature, and reports on the ceremonies and concerts in his memory.

While the Federal government remained inactive, the City of Berlin and the State of Prussia sponsored public and private concerts and ceremonies in cooperation with the Berlin Philharmonic Orchestra and the Prussian State Opera Unter den Linden and the City Opera in Charlottenburg. The city published a book, *Ludwig van Beethoven zum Gedächtnis* (see Fig. 1), that contained a program of official events and other concerts, and essays, including one on "Beethoven und Berlin," by the musicologist Kurt Singer.[17]

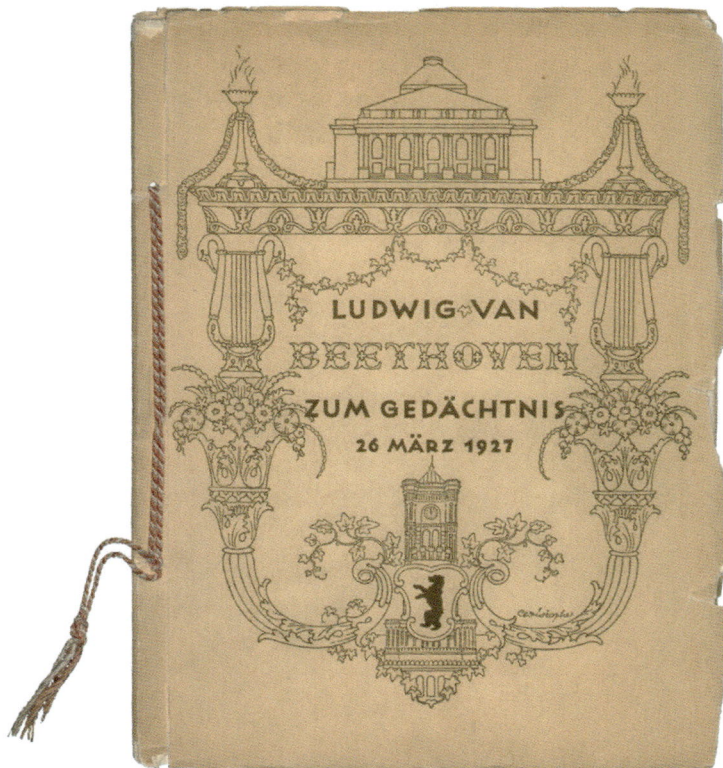

Fig. 1: Book with program and essays published by the city of Berlin for the commemorative week in March 1927. Title page of *Ludwig van Beethoven zum Gedächtnis: 26. März 1927* (Berlin, 1927). Staatsbibliothek zu Berlin – Preußischer Kulturbesitz, N.Mus. SA 234. Permalink: http://resolver.staatsbibliothek-berlin.de/SBB0001A51800000000

---

17   Kurt Singer, "Beethoven und die Stadt Berlin," in *Ludwig van Beethoven zum Gedächtnis: 26. März 1927* (Berlin, 1927), 3–21.

Multiple performances of the Third and Ninth Symphonies, the *Missa solemnis*, and *Fidelio*, conducted by Bruno Walter, Erich Kleiber, and Wilhelm Furtwängler, were the events commanding the most attention. Many orchestral and chamber concerts in smaller venues with less prominent ensembles, conductors, and soloists were mentioned at least briefly in the press; rounding out the picture and providing a glimpse of the astonishing richness of the cultural resources of the city and the commitment to the commemoration. One notable aspect of the concert week was the inclusion of music by Beethoven before the performance of a spoken play at several theaters; at the historic Schauspielhaus on the Gendarmenmarkt, a performance of the *Coriolan* Overture preceded a production of Shakespeare's *Hamlet*. The Volksbühne, a theater with a distinctly left-wing orientation that reserved a segment of tickets for workers, presented string quartet concerts and the entire cycle of piano sonatas (not confined to the commemoration week) by the eminent pianist (and social-democrat) Artur Schnabel.[18] The concerts at the Volksbühne were praised by Kurt Singer in *Vorwärts* of March 24, 1927 as the most remarkable of the week:[19] an alternative to the established bourgeois institutions; a venue at which it was not necessary to be elegantly clothed; where true enthusiasm reigned instead of the routine consumption. Schnabel was asked if it was too much to expect that working-class Berliners could "understand" Beethoven. His response: "Fordern, nicht unterfordern" ("Challenge, do not demand too little").[20]

Berlin also sponsored a competition for a monument to the composer. Eight artists, among them Peter Breuer, Ernst Barlach and Georg Kolbe, were asked to participate in the competition, but the competition failed.[21] Kolbe, for instance, did not finish in time. His work was not completed until after the Second World War and is installed in Frankfurt am Main (see Fig. 2). A monument to Haydn, Mozart and Beethoven had already been erected in 1904; it stands in the Tiergarten (see Fig. 3).[22]

18 Michael Struck-Schloen, "Artur Schnabels Berliner Beethoven-Konzerte 1927," in *SWR2* (2020), <https://www.swr.de/swr2/musik-klassik/Musikthema-Artur-Schnabels-Berliner-Beethoven-Konzerte-1927,av-o1197092-100.ht> (accessed September 11, 2020). A branch of the Volksbühne in Breslau also sponsored Beethoven concerts at this time, see Dennis, *Beethoven* (as in fn. 2), 101.
19 Kurt Singer, "Die große Woche" (as in fn. 1), 2.
20 Kurt Singer, "Die große Woche" (as in fn. 1), 2.
21 Werner Busch and Martin Geck, *Beethoven-Bilder: Was Kunst- und Musikgeschichte (sich) zu erzählen haben* (Berlin etc., 2019), 135–46, esp. 138–39; Silke Bettermann, *Beethoven im Bild: Die Darstellung des Komponisten in der bildenden Kunst vom 18. bis zum 20. Jahrhundert* (Bonn, 2012), 336–41.
22 See Frederik Hanssen, "Auf den Spuren von Beethoven in Berlin. Dickes B an der Spree," in *Tagesspiegel* (2020), February 4, <https://www.tagesspiegel.de/berlin/auf-den-spuren-von-beethoven-in-berlin-dickes-b-an-der-spree/25503954.html> (accessed March 20, 2023).

Fig. 2: Georg Kolbe, Beethoven Monument (1926–1948), erected 1951, Taunus-anlage, Frankfurt am Main. Source: Wikimedia commons (https://commons.wikimedia.org/wiki/File:Taunusanlage-beethoven-denkmal-2011-ffm-030.jpg)

Fig. 3: Rudolf and Wolfgang Siemering, Beethoven-Haydn-Mozart Memorial, erected 1904, Tiergarten, Berlin. Source: Wikimedia commons,
Foto: Manfred Brueckels (https://de.wikipedia.org/wiki/Beethoven-Haydn-Mozart-Denkmal#/media/Datei:3_Komponisten_1_small.jpg)

Another Beethoven-related monument was dedicated during the commemorative week 1927: for the singer Anna Milder-Hauptmann, who premiered the part of Leonore in all three versions of *Fidelio* in Vienna, before settling in Berlin in 1814, where she died in 1838. The ceremony took place at her grave, in the Cathedral Cemetery of the St. Hedwig's Congregation. I know of no other public outdoor ceremonies in Berlin. Perhaps the city and state governments felt that it would not be prudent to schedule outdoor official events in public places such as the Reichstag or the Rotes Rathaus (Red City Hall – describing the color of its brick structure, not the changing political parties forming the government) because of the potential for street violence between far left and far right groups.

Two large-scale outdoor choral concerts were planned both for Sunday, March 27, but, in a development that reflected the tense political situation in the city, only one took place. At midday, the Berliner Sängerbund (Berlin Association of Singers), 900 singers strong, accompanied by three Reichswehr-Musikkorps (certainly in uniform), and conducted by the high-ranking General Inspector of Music for the Armed Forces, was supposed to perform in the large open space before the steps of the Reichstag. The scheduled program resembled that of the May celebration in Bonn: the *Egmont* Overture, the Gellert songs *Gottes Macht und Vorsehung* and *Die Ehre Gottes aus der Natur*, the *Hymne an die Nacht* (Friedrich Silcher's vocal arrangement of the slow movement of Op. 57), the march from *Die Ruinen von Athen*. This concert was cancelled on the very day it was supposed to occur. At 2 PM, in the Lustgarten, a large formal garden with open space framed by the Protestant Cathedral and the Altes Museum on the museum island, the local branch of the Deutscher Arbeiter-Sängerbund (German Workers' Association of Singers), a proletarian, leftist alternative to the bourgeois Berliner Sängerbund, performed a similar program, accompanied by the Symphonic Wind Orchestra of greater Berlin: the same march, the *Bundeslied* for a mixed chorus with children, and the omnipresent *Die Ehre Gottes aus der Natur*. I am struck by the lack of a leftist ideological component, for example the inclusion of the "Prisoners' Chorus" from *Fidelio* or a fiery revolutionary ideological speech.[23] The *Illustrierte Reichsbanner-Zeitung* (*Illustrated Banner of the Realm Newspaper*), a weekly publication of the Reichsbanner (Black, Red, Gold Banner of the Reich), an association of primarily left-leaning veterans of the First World War, published, without further comment, a picture of the mass audience on the steps of the museum (see Fig. 4).

---

23 Dennis mentions left-wing celebrations in cities all over Germany; Dennis, *Beethoven* (as in fn. 2), 102; see also 224, n. 112 for a list of the many leftwing choral societies performing in Beethoven celebrations. His account of the Berlin choral concerts is in several details erroneous.

Fig. 4: Musicians and Audience in the Lustgarten on March 27, 1927.
Front page of the *Illustrierte Reichsbanner-Zeitung* 4/15 (1927), April 9.
Staatsbibliothek zu Berlin – Preußischer Kulturbesitz.

Why was the Berliner Sängerbund concert cancelled? Three weeks before the event, the City of Berlin had petitioned the Ministry of the Interior of the Reich to intervene, on the grounds that the concert site lay within the Bannmeile around the Reichstag. But as an article in the *Allgemeine Sänger-Zeitung* later remarked, President Hindenburg and other high officials had appeared at an outdoor assembly there two weeks before the date of the concert.[24] The author asked why the Ministry waited to announce the cancellation until the very day of the concert, when members of chapters from the entire city and the suburbs were already on their way to the Reichstag. If the announcement of the decision had come earlier, an alternate site could have been found. Why did the Ministry wait? The national government had an increasingly right-wing character. In 1927 the Chancellor Marx, a committed republican, appointed Walter von Keudell, from the anti-Semitic, ultra-nationalistic rightwing DNVP, as Minister of the Interior. Keudell had participated in the so-called 'Kapp Putsch' of 1920, an attempt to overthrow the SPD-led republican government; the coup attempt was led by generals and high officers of the German army and members of the

---

24 *Allgemeine Sänger-Zeitung* 21/4 (1927), April, 51–52; see also e.g. "Abgesagte Beethoven-Feier," in *Vorwärts* 44/140 (1927), March 24, Morgenausgabe, [6].

DNVP. The Deutscher Sängerbund was a bourgeois organization, many of the members of local chapters were academics, who inclined towards nationalistic, conservative perspectives. Keudell had no evident reason to oppose this organization, especially when it was cooperating with military musical institutions. He had every reason to detest the Arbeiter-Sängerbund, but he apparently made no effort to stop its concert. The decision by the Ministry was formally correct because of the Bannmeile and could well have been made with the possibility of further violence between political groups in mind. But why did it wait? Perhaps currently inaccessible archive material can answer the question. This small incident provides a micro-example of the fraught and complex political situation in Berlin.

Newspapers left, right, and center

The primary source for a study of ideological appropriations of Beethoven in Berlin are the local newspapers. And here the lack of communist, far right-wing, and national-socialist sources is felt most acutely, although the sources available to me did supply a limited range of opinion from left to right and David Dennis offers some information.[25]

"Beethoven der Deutsche" heads a short statement by Chancellor Marx that appeared on the title page of the *Vossische Zeitung* on March 27. In asserting a German identity for Beethoven, Marx invokes an organicism that differs little from the most reactionary *völkisch* thought; Beethoven's roots are in *"German Volkstum* like a plant from earth."[26] His Germanness, so Marx, is manifest in his works, which articulate a struggle against fate, a struggle he won with "iron discipline" ("mit den Kräften eiserner Selbstzucht") and absolute faith in God; he transfigured Kant's categorical imperative with the *"amor divino"* of Dante's *Divine Comedy*. Associating Beethoven with Kant, and thereby with the German idealistic tradition, was a recurring theme in centrist-conservative commentaries on Beethoven and his music: religion and idealism (and heroism) were central to the bourgeois image of Beethoven. Marx also acknowledged that Beethoven prized freedom for himself and for others: he broke the social fetters of an elite, closed music culture; his symphonies spoke to the greater community within Germany and abroad. This idea might well have been taken directly from Paul Bekker, the liberal music journalist and author

---

25 Dennis, *Beethoven* (as in fn. 2).
26 Wilhelm Marx, "Beethoven der Deutsche," in *Vossische Zeitung: Berlinische Zeitung von Staats- und gelehrten Sachen* 146 (1927), March 27, [1]: "Aus *deutschem Volkstum* ist er emporgewach- sen, wie die Pflanze aus dem mütterlichen Erdreich."

of an important Beethoven life-and-works study.[27] His music, originating in but transcending German popular style, belongs to all humanity as a "glowing example of self-knowledge for a world united by a common belief in a supreme being."[28] Marx strikes a balance of nationalism and religion with a dose of liberal thought and internationalism. The latter can be read in two diametrically opposed ways: as an expression of a belief in German cultural superiority (underlined by the association of the composer with Kant and Goethe whom he also mentions in the piece) and Germany's gifts to mankind, or as a true belief in the community of nations and the country's place in it. His thinking exemplifies that of his party and his government; the choice of the *Vossische Zeitung* for his statement reflects longstanding tradition: the newspaper was, from the late 18th century to the dissolution of the German Empire in 1919, something of an official organ of Prussia, and after 1871, of Prussia and the Empire: it published governmental decrees and other official announcements.

"Beethoven, der Deutsche" was also the title of a decidedly chauvinist unsigned first-page column in the *Deutsche Allgemeine Zeitung* (March 25, 1927), a radically right newspaper, that probably reflects the opinion of the editors. The author(s), certainly aware of the jingoism in the statement, hastened to deny it. But a "however" immediately follows:

> [O]ne thing cannot be denied: the great, creative German, more than any other genius of a nation, works while feeling the highest ethical [sittliche] responsibility. For art as play [Spiel] he has little understanding – in contrast to the Latin peoples of an entirely different nature. Art is for him much more the expression of deep experiences of the soul. In this respect, Beethoven is the most German of all creative musicians.[29]

The inspiration Beethoven drew from the ideas of the French Revolution is acknowledged, only to be quickly relativized. German *Volkstum* and the philosophical idealism of his age (Kant, Fichte, Schiller) are the true bases of his art; he brought the former to international recognition; the latter he made accessible to the entire world.

---

27 Paul Bekker, *Beethoven* (Berlin, 1911).

28 Marx, "Beethoven der Deutsche," (as in fn. 26), [1]: "Aber sein Werk gehört der Menschheit, der er ein leuchtendes Ideal des Sichverstehens im gemeinsamen Glauben an das Ueberirdische vorgezeichnet hat."

29 [schr.], "Beethoven, der Deutsche," in *Deutsche Allgemeine Zeitung* 66/141 (1927), March 25, Morgenausgabe, [1]: "Eines aber ist nicht zu leugnen: der große, schöpferische deutsche Mensch arbeitet, mehr als jedes andere Genie irgendeiner Nation, unter dem Gefühl höchster sittlicher Verantwortung. Für die Kunst als Spiel hat er – im Gegensatz z. B. zu dem ganz anders gearteten Romanen – nur wenig Sinn, sie wird ihm vielmehr immer zum Ausdruck tiefer seelischer Erlebnisse. In dieser Hinsicht nun ist Beethoven der deutscheste aller schöpferischen Musiker."

In his survey of radical right and Nazi journalistic takes on Beethoven, Dennis notes that the parties whose views these expressed did not organize their own concerts of Beethoven's music, in contrast to the SPD and the KPD.[30] Much of the writing in the extreme right press was reactive, consisting of critiques of leftist cultural organizations (e.g. the Volksbühne) and liberal-left and revolutionary interpretations of Beethoven and his music. Rightist authors emphasized his associations with the Viennese aristocracy and argued for the elite nature of his music. He was likened to illustrious Prussian-German military leaders and Frederick the Great. National Socialist journalists associated his music with the "verve" and power of their movement. On the other hand, authors of racial studies worried about Beethoven's physical appearance, which they were forced to accept as "non-Aryan." Another problem was his identification with Napoleon and the principles of the French Revolution. In the article discussed by Dennis, "The Words of Beethoven," in the *Völkischer Beobachter* (March 26, 1927), various utterances of the composer were ripped out of their context in order to produce the image of a militant German patriot with a hatred for France.[31] As Dennis demonstrates, there were no hard lines between conservative and ultra-conservative and Nazi writings on Beethoven; their content overlapped to an extent, although the racial "science" of the National-Socialist authors remained theirs alone.[32]

The recurring themes, what Beethoven gave to the world, how the world perceives him, and his meaning for contemporary mankind received their most expansive expression in a special section of the *Berliner Tageblatt* (March 27, 1927). Its lead article presents statements by heads of states and ministers, diplomats, and prominent musicians and literary figures, from around the world. Almost all of them avoided any mention of recent history or current political tensions and regurgitated standard Beethoven reception fare, lacking, to be sure, nationalistic overtones. The article proclaimed itself – in large type – as "Die Huldigung der Welt" followed by, in smaller letters, "Beiträge führender Persönlichkeiten der ganzen Welt für das *Berliner Tageblatt* zum 100. Todestage Beethovens."[33] The title is the most interesting aspect of the story. It does not feature the more conventional 'Ehren' (honor), but rather "Huldigung," derived from the Latin 'homagium,' which entered German language in the late

---

30 Dennis, *Beethoven* (as in fn. 2), 115–41, esp. 139.
31 "Wörter Beethovens," in *Völkischer Beobachter* (1927), March 26; cited in Dennis, *Beethoven* (as in fn. 2), 137.
32 Dennis, *Beethoven* (as in fn. 2), 115–41.
33 "Die Huldigung der Welt. Beiträge führender Persönlichkeiten der ganzen Welt für das 'Berliner Tageblatt' zum 100. Todestage Beethovens" ["Contributions by leading personalities around the world for the *Berliner Tageblatt* on the centenary of Beethoven's death"], in *Berliner Tageblatt* 56/146 (1927), March 27, [5], 1. Beiblatt.

middle ages, connoting, in the feudal system, homage, submission, acknowledgment of the superior status of the person who is the object of these tributes. The *Berliner Tageblatt* seems to me to have adopted a clever tactic; it let the "world" do the work of affirming Beethoven's greatness and his significance for mankind. It avoided any danger of slipping into chauvinism, while establishing its own significance as the organ of the world for Beethoven.

On the title page of *Vorwärts* (March 26, 1927), the SPD published its own statement on Beethoven. The author was neither a high-ranking member of the party nor a governmental official, but rather Romain Rolland, the socialist pacifist French author of a well-known biography of Beethoven and many other books on music, as well as novels and dramas. Rolland was awarded the 1915 Noble Prize in Literature for his novel *Jean Christophe* (1904–1912) that was loosely based on Beethoven. The main title of his contribution is simply "Beethoven"; a secondary title, just above the first paragraph asserts: "Der Sohn der Revolution," the first sentence specifies: "Beethoven is the son of the *French Revolution*."[34] Rolland traces Beethoven's political thought from Bonn, where he first breathed revolutionary air, to his complex and contradictory attitude towards Napoleon (with the requisite references to the *Eroica*), to his opposition to the Metternich regime after the Congress of Vienna and his esteem for liberal England. There is no discussion of his music, nor of his Germanness, no mention of Kant or Schiller. Rolland does compare Beethoven favorably to Goethe, who

> was for order. Beethoven was for freedom. Freedom was his first love and his last. Until the end, he remained true to the principal of life that as a young man he entered in the album of a friend (1797): *"Love freedom above all, never deny what is true, even before the throne."*[35]

---

34 Romain Rolland, "Beethoven. Der Sohn der Revolution. Zum 100. Todestage des Meisters," in *Vorwärts* 44/144 (1927), March 26, Morgenausgabe, [1]: "Beethoven ist ein Sohn der *französischen Revolution*." Rolland's contribution to the "Huldigung" article of the *Berliner Tageblatt* begins with the epigram: "Beethoven war *die Revolution* in der Musik." ("Die Huldigung der Welt," [5]).

35 Rolland, "Beethoven. Der Sohn der Revolution," (as in fn. 34), [1]: "Goethe war für die Ordnung. Beethoven war für die Freiheit. Sie war seine erste Liebe und auch seine letzte. Er blieb bis zum Schluß der Lebensregel treu, die er als junger Mann in das Album eines Freundes geschrieben hatte (1797): 'Freiheit über alles lieben, Wahrheit nie, auch sogar am Throne nicht verleugnen.'" Henrike Rost provided the following information about the citation: Beethoven wrote it in the *Stammbuch* of Theodora Johanna Vocke in 1793 in Vienna. It is not a Schiller citation, according to Rost, although the Beethoven-Haus website identifies it as such, but rather a typical *Stammbuch* epigram, written by Beethoven next to a citation from Schiller's play, *Don Carlos*, "ich bin nicht schlimm" (Act 3, scene 2), which Beethoven also entered. I thank Henrike Rost for her help.

In support of his arguments, Rolland cites passages from the recently published (1923) first volume of an edition of the conversation books, edited by Walther Nohl.[36] This edition was, as we know today, based in part on Anton Schindler's deletions and own entries, hence its value as a source is limited, although in the 1920s it was considered an invaluable and unimpeachable reference. The truth content of the citations is, however, for our purposes irrelevant; our concern is Rolland's assertion of the primacy of freedom in Beethoven's life and thought.

The choice of Rolland as author sent an unmistakable message of internationalism and rapprochement with France, Germany's longstanding principal continental rival and frequent enemy in western Europe. Rolland, a pacifist in the public arena, viewed culture as an important force for reconciliation and peace. He greatly admired German culture and entertained close friendships with German-speaking intellectuals such as Stefan Zweig. In his biography of Rolland (1921), Zweig wrote about the symbolic meaning of friendship portrayed in Rolland's novel *Jean-Christophe* between the German composer Jean-Christophe Krafft, who leaves his homeland for France, and the young teacher and musical enthusiast, Olivier. Zweig cites an exchange between them that comes, late in the novel, in the shadows of increasing tensions threat of war between France and Germany.

> Olivier and Christophe, forming a pact of friendship, hope for the day when their personal sentiments will be perpetuated in an alliance between their respective peoples. In a sad hour of international dissension, the Frenchman calls to the German in words still unfulfilled: "We hold out our hands to you. Despite lies and hatred, we cannot be kept apart. We have mutual need of one another, for the greatness of our spirit and of our race. We are the two pinions of the west. Should one be broken, the other is useless for flight. Even if war should come, this will not unclasp our hands, nor will it prevent us from soaring up-wards together."[37]

The choice of the non-German, socialist and pacifist author Rolland and his message of freedom must certainly have enraged the intellectual sphere of the radical right. I have found no reactions in the *Deutsche Allgemeine Zeitung* (the furthest right-leaning newspaper to which I have had complete access).

Rolland's emphasis on freedom and revolution resonates in various left-wing journals of the time that also emphasize Beethoven's republican views and his allegiance to both the ideals of the French Revolution and the parlia-

---

36 *Ludwig van Beethovens Konversationshefte*, ed. Walter Nohl (Munich, 1923), vol. 1.
37 Stefan Zweig, *Romain Rolland: The Man and His Work*, trans. Eden and Cedar Paul (New York, 1921), 220.

mentary democracy of England. In the communist newspaper, *Die Rote Fahne*, Hanns Eisler adopted a more revolutionary tone: when the "Ode to Joy" in the finale of the Ninth Symphony begins:

> [E]very class-conscious worker, filled with strength and confidence, can and must say to himself that these tones which now provide fighting workers with energy will only truly belong to us when we defeat the ruling class. Then the masses of oppressed million will cheer with Beethoven's song of triumph: "Seid umschlungen, Millionen!"[38]

These leftist perspectives on Beethoven had a prior history, beginning already during the Second Empire and strengthening as the SPD grew in numbers and membership. After the splitting off of the left wing of the SPD and the formation of the KPD, both large parties celebrated Beethoven, especially in the commemorative years of 1920 and 1927.[39]

Despite the tense situation in the streets of Berlin and the aggressive conflicts over Beethoven in the journals of the left and the right, the Beethoven commemoration in Berlin took place largely in a 'gutbürgerliche' bubble, which seemed to want to pretend that Berlin and Germany were not in a moment of great crisis, or at least ignore it. (Or, perhaps, eight years after the end of the war, an accommodation with almost permanent crisis had been reached: life – and art – must continue.) At a ceremonial concert of the Berlin Philharmonic on March 21, 1927, an official event of the City of Berlin, the conductor Bruno Walter gave a short speech about Beethoven. The program included the *Coriolan* Overture and the *Eroica*, yet Walter said not a single word about freedom or political issues in general, although the works on the program were highly political. His emphasis was entirely on religion.[40]

I found his remarks in the *Berliner Tageblatt* before I had ascertained the repertory of the concert and I assumed that they preceded a concert performance of the *Missa solemnis*, which Walter also conducted during the commemorative week. Walter's focus must certainly issue from his own religious convictions (originally Jewish, he had converted to Catholicism early in the century)

---

38 H.[anns Eisler], "Zum hundertsten Todestage Beethovens," in *Die Rote Fahne. Zentralorgan der Kommunistischen Partei Oesterreichs* 10/73 (1927), March 26, 6: "[...] dann kann und muß jeder klassenbewußte Arbeiter, mit Kraft und Zuversicht erfüllt, sich sagen können, diese Töne, die schon jetzt uns, den noch kämpfenden Arbeitern Energien zuführen, werden erst recht uns gehören, wenn wir über die jetzt herrschende Klasse gesiegt haben werden und den Millionen Massen der bis dahin Unterdrückten mit dem Triumphgesang Beethovens zujauchzen werden: 'Seid umschlungen, Millionen!'" English translation by Dennis, *Beethoven* (as in fn. 2), 97 (Dennis gives the wrong date).
39 Dennis, *Beethoven* (as in fn. 2), 87–105.
40 Bruno Walter's remarks were printed as "Dem Menschen und Musiker," in *Berliner Tageblatt* 56/144 (1927), March 26, Morgenausgabe, [5], 1. Beiblatt.

and conservatism? It seems likely that his remarks also reflect caution and the tactical thinking – these safely "non-political" remarks (there are no explicit nationalistic undertones to his speech) will appeal to a wide spectrum of listeners on the political center – that I ascribe to Rolland's essay for the Bonn festival in May. They certainly align with the prevailing emphasis in 1927 in remarks by politicians, newspaper and journal articles, and books both popular and scholarly. I find this emphasis quite remarkable (and inappropriate) in a secular ceremony sponsored by city with a social-democratic government. Equally remarkable is, in the press coverage of the commemorative events in Berlin, the almost complete lack of commentary on the tense political situation and the street violence. (But see below for the discussion of Hans Heinz Stuckenschmidt, who, from a leftist perspective, attacked the idea of business as usual.)

Images of Beethoven in the press

Fig. 5: Front page of *Der Welt-Spiegel* 13, insert of *Berliner Tageblatt* 56/146 (1927), March 27, Morgenausgabe. Staatsbibliothek zu Berlin – Preußischer Kulturbesitz. Permalink: https://zefys.staatsbibliothek-berlin.de/kalender/auswahl/date/1927-3-27/27646518/

This photomontage (see Fig. 5) appeared on March 27, 1927 on the title page of *Der Welt-Spiegel* (*The World Mirror*), a publication that featured photographs from around the world with very little text.[41] It was published by the *Berliner*

---

41   *Der Welt-Spiegel* 13, insert of *Berliner Tageblatt* 56/146 (1927), March 27, Morgenausgabe.

Tageblatt on Sundays. Relatively few portraits of Beethoven appeared in the newspapers during the commemorations, and none on the title page. (In general images were much less common than in newspapers of more recent vintage.) The very lack of a portrait on a title page has its own expressiveness: Gothic letters in large type delivered an unmistakable message of severity and significance. When portraits did appear, usually in *Beiblätter* or in books associated with commemorations, and in journals, they were to a great extent limited to grim, determined images, including Beethoven's life-mask and death-mask, that supported the predominant prose characterizations of the fate-defying hero.[42] Hence it comes as a surprise that *Das Schwalbennest* (*The Swallow's Nest*), a journal of former military musicians, chose a (crudely reproduced) well-known miniature portrait on ivory of an elegantly dressed, well-coiffed Beethoven with a mild facial expression by Christian Horneman (see Fig. 6 and 7) to accompany a first-page article on "The Hero" ("Der Heros").

Fig. 6: Front page of *Das Schwalbennest. Fachzeitschrift des Reichsbundes der ehemaligen Militärmusiker Deutschlands e. V.* 9/6 (1927), March 15. Staatsbibliothek zu Berlin – Preußischer Kulturbesitz.

42 For a large collection of Beethoven portraits, see Werner Telesko, Susana Zapke and Stefan Schmidl, *Beethoven visuell: Der Komponist im Spiegel bildlicher Vorstellungswelten* (Vienna, 2020).

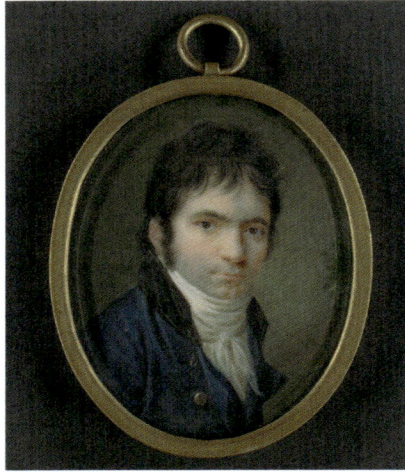

Fig. 7: Christian Horneman, Ludwig van Beethoven, Ivory Miniature, Vienna 1802. © Beethoven-Haus Bonn, Collection H. C. Bodmer, HCB Bi 1. Permalink: https://www.beethoven.de/de/media/view/6656709070159872/scan/0

This is one of very few exceptions I have found to the rule that is well represented by the image on the title page of a special issue of the *Allgemeine Musikzeitung* (*General Music Newspaper*) that appeared in March 1927 (see Fig. 8).

Fig. 8: Front page of the special issue on Beethoven of the *Allgemeine Musikzeitung. Wochenschrift für das Musikleben der Gegenwart* (1927), March. Österreichische Nationalbibliothek, Musiksammlung

This image presents the persona of Beethoven that the makers of public opinion wanted their readers to see. Such images tell us, as the truism holds, more about them than about their subject.

Critiques

"Beethoven on their lips, Jazz in their hearts": this playful twist on the German word 'Lippenbekenntnis' (hypocritical posturing) was one of a small number of reservations raised about the perceived hyperbole and frenetic activity of the centenary celebrations that would fade just as soon as they were over. Several commentators averred that Beethoven would not approve of the tributes but that he would survive them. One author argued that the money spent could have been better used to support musicians under financial duress.[43] The most virulent nay-sayer was the young Hans Heinz Stuckenschmidt, a composer and journalist born in 1901 (and the son of a general in the German army) who had come to Berlin in 1927 to organize the concerts for the Novembergruppe, a revolutionary association of artists (among them Otto Dix and George Grosz) and musicians. (The name refers to the Russian Revolution of November 1917 that led to the founding of the Soviet Union.) Stuckenschmidt wrote a three-page diatribe, "Nachruhm" (posthumous fame) in *Die Weltbühne*, in which he attacked bourgeois cultural institutions, the marketing (not his term) of Beethoven and other great artists (he asks when there will be a 'Beethoven' cigar like the one named after Gustav Mahler) and the appropriations of Beethoven by the most diverse groups. His tone is sarcastic and nasty:

> For Belgians he is Belgian, for the Germans a 'Teutscher,' for the Jews a Jew, for the 'Swastikers' an Anti-Semite, for the democrats a democrat, for the socialist a Marxist and for the monarchists an illegitimate son of Friedrich Wilhelm the Second. But finally, that the bourgeoisie make a crummy house divinity of this most un-bourgeois musician [...] and hang his portrait in the parlor – that is just too much.[44]

---

43 Karl Heinrich Ruppel, "Das Beethovenjahr," in *Das Tagebuch* 7/47 (1926), November 20, 1756–57.

44 Hans Heinz Stuckenschmidt, "Nachruhm. Beethoven," in *Die Weltbühne* 23/12 (1927), March 22, 454–57, at 454: "Für die Belgier ist er ein Belgier, für die Deutschen ein Teutscher, für die Juden ein Jude, für die Hakenkreuzler ein Antisemit, für die Demokraten ein Demokrat, für die Sozialisten ein Marxist und für die Monarchisten ein unehelicher Sohn Friedrich Wilhelms des Zweiten. Daß aber schließlich die bürgerliche Gesellschaft aus diesem unbürgerlichsten Musiker, diesem wirklichen Rebellen einen schlampigen Hausgott gemacht hat, ein leicht dämonisch angehauchtes Schoßhündchen, dessen Konterfei, von elenden Stümpern verewigt, in der guten Stube hängt, das ist zuviel."

Stuckenschmidt paints Beethoven as an ugly, brutal "Bürgerschreck,"[45] who, if alive in 1927, would have offended just about everyone who is busy honoring his name. He assails the celebrations in the face of violence and oppression, imagining the shots fired at an execution of communists during a commemorative concert. His parting shot echoes similar but only rarely expressed sentiments:

> Beethoven does not need our protection against the public manifestations of condolences. His work protects him. But, instead of these international, public prostitutions, it would have been better to honor his memory with the great silence of a day without music.[46]

Fidelio at the Krolloper, November 1927

The ideological struggles during the Beethoven centenary reached their climax late in the year, and they were triggered by a single event: a new production of *Fidelio* (premiere November 19, 1927) was chosen to open the so-called Krolloper under the musical direction of Otto Klemperer, the general music director of the new opera house. The Krolloper was actually a constituent part of the Prussian State Opera; it was founded with the goal of creating a progressive theater featuring new operas, modern productions of established ones, and reaching a broader segment of the population than the historic opera house Unter den Linden.[47] It was a theater of the intellectual wing of the SPD, ideologically to the left of the older house (although *Wozzeck* and other contemporary operas were premiered at the opera Unter den Linden under Erich Kleiber's leadership) and the City Opera in Charlottenburg. Klemperer was well known as a left-leaning artist; he had visited the Soviet Union in the 1920s; his political orientation was much further to the left than that of the other three of the four great conductors active in Berlin at this time: Bruno Walter, Erich Kleiber, and Wilhelm Furtwängler.

It is no coincidence that *Fidelio* was the work around which the most controversy whirled. Along with the Third and Ninth Symphonies and the *Missa solemnis*, it possessed iconic national status, and, with its themes of heroism, oppression, and freedom, its philosophical-ideological content resonated in

---

45   Stuckenschmidt, "Nachruhm," 456.
46   Stuckenschmidt, "Nachruhm," 456–57: "Er hat es nicht nötig, daß wir ihn gegen die Beileids-manifestationen des Publikums in Schutz nehmen. Sein Werk schützt ihn. Aber besser als durch diese internationale öffentliche Prostitution hätte man sein Andenken durch die große Stille eines musiklosen Tages geehrt."
47   See Rachel Emily Nussbaum, "The Kroll Opera and the Politics of Cultural Reform in the Weimar Republic," PhD thesis, Cornell University, 2005.

the times of political crises that Germany had been experiencing since the collapse of the Second Empire. Klemperer, the director Hans Curjel, and the set and costume designer Ewald Dülberg challenged their [Berlin] audience (which, despite the avowed purpose of the opera house, was largely comprised of the intellectual and cultural elite) with a production that broke radically with conventional ones. The sets were cast in a severely beautiful modernist cubist style (see Fig. 9); the message was clear: the issues discussed by the opera are both timeless and acutely relevant for the present.

Fig. 9: Stage design by Ewald Dülberg for *Fidelio* at the Krolloper, November 1927. Source: Wikimedia commons (https://commons.wikimedia.org/wiki/File:Ewald_Dülberg_Fidelio_4._Bild.jpg)

The steps are derived from the so-called Jessnertreppe. Leopold Jessner, a pioneer of *Regietheater* had been named the Intendant of the Prussian State Theater in 1919; he radically modernized the conservative, historic theater on the Gendarmenmarkt, to the strong opposition of the right.[48] The lighting drew on extremely dramatic expressionist techniques. The costumes, on the other hand, were both historical and Spanish in style, suggesting a deliberate contrast and internal opposition/tension between these dimensions of the production.

---

48 Jessner was both Jewish and a member of the SPD. See Matthias Heilmann, *Leopold Jessner – Intendant der Republik: Der Weg eines deutsch-jüdischen Regisseurs aus Ostpreußen*, Theatron: Studien zur Geschichte und Theorie der dramatischen Künste 47 (Tübingen, 2005).

Every aspect of this *Fidelio* was stridently debated; it was Klemperer's modern, lean interpretative style that provoked the most controversy. Alfred Einstein, writing from the center, put it best: "the most extreme objectivity, sparseness and contemporaneousness, the work and nothing else."[49] Right-wing critics found this "cold" and "un-German," leftists praised its "purifying" effect.[50] Klemperer was singled out by the far right for hateful, anti-Semitic vitriol: the "tyrant," the "Obermusikjude," who could not understand *Fidelio* because of his Jewish background.[51] As usual in *Fidelio* reception, the second-act finale received the most commentary.[52] Einstein criticized its "false direction" ("falsche Richtung") towards an "apotheosis of freedom" ("Apotheose der Freiheit") instead of focusing on the heroism and fidelity of Leonore. It is wrong, asserted Einstein, that the chorus dominates the stage, wrong that Florestan speaks like "a sailor in a revolutionary demonstration" ("wie ein Matrose in einer revolutionären Versammlung"), and wrong that, at the end, they all raise their arms, including the soldiers: "hoch die Bajonette! Nein: hoch die Herzen."[53] Einstein concludes: this *Fidelio* is "more an opera of revolution than a rescue opera."[54] This conclusion corresponds – with respect to the production, not the opera itself – to the revolutionary interpretation of the work in the Marxist philosopher Ernst Bloch's essay in the program notes for the production: "The storming of the Bastille sounds forth again! Beethoven creates the Revolution anew..."[55] Bloch's remarks became one of the most cited statements in left-leaning West-German *Fidelio* productions in the last 30 years of the 20th

49   Alfred Einstein, "'Fidelio' in der Staatsoper," in *Berliner Tageblatt* 56/550 (1927), November 21, Abendausgabe, [4]: "[...] äußerste Sachlichkeit, Kargheit, Gegenwärtigkeit, das Werk, und sonst nichts."
50   See the reviews reprinted in Hans Curjel, *Experiment Krolloper 1927–1931*, ed. Eigel Kruttge (Munich, 1975), 215–25.
51   *Völkischer Beobachter* (1927), November; cited in Peter Heyworth, *Otto Klemperer. His Life and Times*, vol. 1, *1885–1933* (Cambridge, 1983), 258. The absurd idea of the inability of Jews to understand German art goes at least as far back as Wagner, who applied it to Mendelssohn. In other contexts, Klemperer was accused of "Kulturbolschewismus," an epithet that was used increasingly frequently by the Catholic Church in Germany and reactionary authors leading up to and during the Third Reich. Carl von Ossietzky wrote about the term in "Kulturbolschewismus," in *Die Weltbühne* 27/16 (1931), April 21, 559–63. He stresses the idea that the slander can be applied to anyone and anything: the democratic thinking of the Mann brothers, the music of Hindemith, Charlie Chaplin, Albert Einstein, and "when the Kapellmeister Klemperer takes different tempos than his colleague Furtwängler" (Ossietzky, "Kulturbolschewismus," 560).
52   See Glenn Stanley, "*Fidelio*-Rezeption in Deutschland und Österreich: Schrifttum und Inszenierung im Wandel der Zeit," in *Die Vokal- und Bühnenmusik*, eds. Birgit Lodes and Armin Raab, Das Beethoven-Handbuch 4 (Laaber, 2014), 54–98.
53   Einstein, "'Fidelio' in der Staatsoper" (as in fn. 49), [4].
54   Einstein, "'Fidelio' in der Staatsoper" (as in fn. 49), [4].
55   Ernst Bloch, "Zu *Fidelio*," in *Blätter der Staatsoper und der Städtischen Oper* (1927), 1–3. The essay is dedicated to Otto Klemperer.

century.[56] Hanns Eisler wrote a very positive review in *Die Rote Fahne*. He interpreted *Fidelio* as symbolic of the bourgeois revolutions of the 18th and 19th centuries, but strangely he had nothing to say about the ideological dimensions of the Krolloper production.[57]

Einstein wrote for the liberal *Berliner Tageblatt*.[58] His conservative aesthetics share little with the reactionary nationalism of the far-right press. Paul Zschorlich, in a scathingly negative review in the ultra-conservative *Deutsche Zeitung* (November 21, 1927) did not attack Klemperer racially or politically, but he expressed the relationship between Klemperer, the Krolloper and by implication the entire modernist cultural movement with his notion of a German "silent majority," as a "we against them": "We [the] others, however, we, the many, are living in occupied territory. Not only in politics but also in art. Everywhere a disgrace for Germany!"[59] Zschorlich did not explicitly issue a warning in the sense of "Our time will come." But it did, and very soon, as fascism strengthened and ultimately controlled a country and one of its greatest cultural assets, Beethoven.

"Non-political" conservative-idealistic-nationalistic interpretations of the composer and his work were tolerated during the Third Reich and survived it; the left, of course, had no public voice in Nazi Germany. It spoke again after 1945, in the German Democratic Republic, which revived *Die Rote Fahne* and the communist perspective of Beethoven as revolutionary; the far left in the Federal Republic of Germany mirrored, for the most part, the East Germans; the democratic-socialist and liberal left emphasized his republicanism. The unified Germany has its own left-right-center range of Beethoven interpretation, but the far right and far left have weakened considerably and there have been no polemics. Ideological appropriation does continue; one important thrust of academic Beethoven imaging in 2020 is moving him somewhat to the right, emphasizing his ties to the aristocracy, his religion and his less-than-revolutionary ideology. Is this a needed corrective or a new-conservative return to the conservatism of Beethoven scholarship for most of the 20th century? The answer largely depends on one's own point of view about Beethoven and about the world.

---

56 See Glenn Stanley, "Gesellschafts- und Werkkritik in *Fidelio*-Inszenierungen um 1968: Inhalt, Rezeption und Einfluss," in *Musikkulturen in der Revolte: Studien zu Rock, Avantgarde und Klassik im Umfeld von "1968"*, ed. Beate Kutschke (Stuttgart, 2008), 75–89.

57 Hanns Eisler, in *Die Rote Fahne* 10/274 (1927), November 22; cited in *Hanns Eisler: Musik und Politik. Schriften 1924–1948*, ed. Günter Mayer, Eisler Gesammelte Werke 3/1 (Leipzig, 1973), 46–47.

58 Einstein, "'Fidelio' in der Staatsoper" (as in fn. 49), [4].

59 Paul Zschorlich, "Fidelio auf Eis," in *Deutsche Zeitung* (1927), November 21; cited in Curjel, *Experiment Krolloper* (as in fn. 50), 223 (translation by Curjel).

Appendix I: Aftermaths

The 'aftermaths' listed in Appendix 1 document the fates concerning selected individuals, institutions and works discussed in this essay.
- In 1931 Elly Ney led the first "volksthümliches" Beethoven festival in Bonn, and these continued under her direction throughout the National-Socialist 12-year Reich.
- In the same year the Krolloper was closed.
- Artur Schnabel, Otto Klemperer and Bruno Walter, all of Jewish background, left Germany in 1933; Erich Kleiber was not allowed to perform because of his anti-fascism and modernist aesthetics; he emigrated in 1935 (Cuba and then Argentina).
- *Die Weltbühne* was forced to cease publication after the Reichstag fire in March 1933.
- During the Third Reich, Hans Heinz Stuckenschmidt was forbidden to write and publish.
- Under pressure from the press censorship, the *Vossische Zeitung* ceased publication in March 1934.
- The *Berliner Tageblatt*, owned by the Jewish publisher Rudolf Mosse, was arianized and 'gleichgeschaltet' until it ceased publication in 1939.
- In March 1938, shortly after Nazi Germany annexed Austria, a special performance of *Fidelio* at the Vienna State Opera was described in the local *Völkischer Beobachter* as symbolic of the newly liberated Austria.[60]
- Accused of, but not tried for illegal financial dealings, Kurt Singer lost his professorship already in 1932 at the Staatliche Akademische Hochschule für Musik, and soon thereafter lost his status as civil servant. Singer established the Jüdischer Kulturbund, a pet project of Joseph Goebbels, to show the world that Jewish artists could flourish in the Third Reich. Non-Jewish Germans were not permitted to attend their events. Singer emigrated to Amsterdam in 1938, was arrested during the Nazi occupation and deported to Theresienstedt where he died, in a weakened state, in 1944.

Appendix II

During the discussion of my paper and Annegret Fauser's paper on Vienna, 1927, several crucial questions were raised that I will try to answer here.

---

60 Friedrich Bayer, "Generalfeldmarschall Göring in der Staatsoper: *Fidelio*, künstlerisches Symbol der Befreiung," in *Völkischer Beobachter* (1938), March 28; cited in Dennis, *Beethoven* (as in fn. 2), 237 (n. 93).

Commemorations in 1920? Because of time limits at the conference in Vienna 2020, I decided, when planning the session on commemorations, to omit both the observances on the occasion of his death in 1827, which have been extensively researched, and of the 150th anniversary of his birth, in 1920, which have not been explored. I assumed that the commemorations of 1927 would be far more extensive than those of 1920, and online research conducted after the conference affirmed this assumption. There were widespread celebrations and concerts, but they were modest and short, miniscule in comparison to the week of events in March in Berlin and May in Bonn in 1927. And there was, in the Berlin newspapers I was able to research, very limited press coverage and commentaries on Beethoven's life and works.

Journalistic Chauvinism: Continuity or Change? German cultural chauvinism was strong in the 19th century; it was pervasive in German-language musical journals; it provided a means for identity and pride that transcended the political particularism pre-unification and assumed a triumphant character after the founding of the Second Empire in 1871. The chauvinism of the post-war period (1919–1933), largely a center and right-wing phenomenon, was angry and defensive, in stark contrast to that of the Second Empire.

Continuity and change between the commemorations of 1870 and 1927? If one reads all four essays from the session on commemorations, one will note, quite understandably, both important continuities and equally significant changes in the modes of observance. Continuities of performance repertory and the image of Beethoven as hero whose music is a gift to mankind still mark the popular media in 2020, while a crucial thrust of the academic community's contribution consists in the critique and refinement of these views. The four great years of commemoration, 1870/1871, 1927, 1970 (1977 can be considered an appendix to 1970), and 2020, occurred in vastly contrasting political and cultural contexts, which certainly went far in determining the ideological character of observance. Numerous celebrations scheduled for 1870 were delayed until 1871 due to the tense state of affairs leading up to the Franco-Prussian War (July 19, 1870 to January 28, 1871) and the war itself. The Beethoven observances and their press coverage in Prussia before the war and in the Second German Empire were marked by an intense nationalism, which after the Prussian-German victory assumed the triumphant character mentioned above. Nationalism, chauvinism, and internationalism were all potent forces in 1927, in various combinations, in various groups. Only the left – the SPD and the KPD – eschewed nationalistic and chauvinistic perspectives.

The presence and role of women? As stated in the essay, Elly Ney played a prominent role in the Bonn celebrations of 1927 and thereafter. Women singers were, of course, involved in performances of *Fidelio* and the masses and at *Lie-derabende*. The list of participants in the Bonn program book of May 1927 cites very few women. No women wrote for or contributed to the Berlin newspapers that I have researched. No women contributed to the essays in either the Bonn or the Berlin program book. Annegret Fauser established that several women musicologists participated at the Beethoven Zentenarfeier in Vienna, but only one of them spoke about Beethoven. The contributions of academic musicology were not a focus of my paper, but, based on my memory of my online research of the catalogues of the Beethoven Archive and other libraries, women authors of books, and journal articles were not represented.

Culture of Memory/Political Appropriation? Certainly, the prodigious activities of the Beethoven centenary year – festivals, ceremonies, concerts, publications of the most diverse sort – remembered and honored the memory of the great composer. But they also instrumentalized him. Aleida Assmann's second category of "Erinnerungskultur" consists of "a group's appropriation of the past that effects the formation of identity. This allows the group to confirm its values."[61] This form of cultural memory perfectly describes the predominating practices of politicians and journalists in 1927.

ABSTRACT

Left, Right, and Center: Ideological Appropriations of Beethoven in the Centenary Year, Germany 1927

Consisting of special concerts (including large scale outdoor events), ceremonies and speeches by government officials and publications, the week-long celebrations in Bonn and Berlin were the most prominent of the many centenary commemorations of Beethoven's death that occurred throughout the German Reich in 1927. They must be understood as distinctly political events taking place in a toxic political climate, in which the increasingly fragile democracy of the Weimar Republic was challenged by radical movements at the far left and right of the political spectrum. The German press devoted extensive coverage to the festivals as well as substantial commentary on Beethoven himself and his meaning for contemporary Germany. Most newspapers had a clear ideological profile or were sponsored by political parties: left, right, and center. Their coverage of the festivals and their evocations of Beethoven were therefore highly politicized. The reception of Otto Klemperer's performance of *Fidelio* in Berlin is a *locus classicus* for the extraordinary significance of Beethoven and his music and the ferocity of the struggle to define the man and his music.

---

61   Aleida Assmann, *Das neue Unbehagen an der Erinnerungskultur: Eine Intervention* (Munich, 2016), 32–33.

Imperialist Substitutions:
Commemorating Beethoven in 1927 Vienna

Annegret Fauser

In late March 1927, performers, musicologists, and a host of dignitaries from across the Western world gathered in the capital of the Republic of Austria to commemorate the centenary of Beethoven's death. Taking place less than ten years after the end of World War I, this event crystallized a number of postwar developments into a multilayered cultural affair, wherein local Viennese concerns intersected with transnational responses to the cataclysmic devastation of the war. Indeed, the Beethoven centenary spoke as much to politicians defining the role of Austria in the postwar years as it did to musicians and scholars engaging with the composer, his music, and his biography. Besides being cast as a 'universal genius' – a trope familiar since the 19th century – Beethoven was also a creator whose physical disability could be marshalled within the postwar landscape of trauma.

The reach of the 1927 Beethoven celebrations encompassed much of the world, from Moscow to Tokyo, and from Buenos Aires to Sydney. Moreover, this recognition of the composer and his music was intertwined with pervasive postwar discourses about nationalism and internationalism. Numerous speeches and articles from across the globe invoked the League of Nations while they claimed Beethoven simultaneously for national validation and international exchange.[1] Local responses, for their part, fashioned Beethoven for their unique cultural contexts: in the Soviet Union, the centenary was associated with the tenth anniversary of the October Revolution, and Beethoven, the revolutionary educator of humanity, was easily recast as a proto-Soviet hero.[2]

---

1 On the invocation of political organizations, especially the League of Nations, in international music scholarship, see Christine Sibille, *"Harmony Must Dominate the World": Internationale Organisationen und Musik in der ersten Hälfte des 20. Jahrhunderts* (Bern, 2016).
2 Esteban Buch, *La Neuvième de Beethoven: une histoire politique* (Paris, 1999), 212. The book was published in English as *Beethoven's Ninth: A Political History*, translated by Richard Miller (Chicago, 2003).

In the recently established Republic of China, Beethoven was similarly lauded as the heroic defender of democratic revolution, and the Shanghai Municipal Orchestra put on several concerts of his works in the spring.[3] In France, the celebration was conducted in the vein of Third-Republic routine, including the solemn dedication of a monument in the Parc de Vincennes. Beethoven – as Esteban Buch has shown – was infinitely malleable in the transnational field of interwar Western music and its politics, given how each nation could reinterpret the composer's significance according to particular circumstance.

My contribution traces several aspects of the 1927 commemoration specifically in Vienna in more detail, and focuses on two vectors of cultural and political entanglement: on the one hand, the event's role in Austrian nation-building where cultural imperialism – with Beethoven as its transhistorical figurehead – was to replace the recently destroyed grandeur of the Habsburg monarchy; and, on the other, responses to the Viennese celebrations from abroad, extending to those by African American composers such as Clarence Cameron White. The Vienna commemorations became entangled in an international web of geopolitics wherein nostalgia for a lost past – together with the celebration of a reconfigured, modern present – led to the recalibration of cultural heritage along subterranean fault lines of often competing individual and institutional interests. Ownership of such heritage became a key issue for both hegemonic social groups and those marginalized whether in the Austrian capital or elsewhere in the world.

Centering Beethoven in Vienna: The lead-up to the 'Zentenarfeier'

In Vienna, the capital of the relatively new, if shrunken, Republic of Austria, the centenary stood for internationalism, as if making up culturally for the geopolitical loss of empire by recasting imperial borders as cultural ones. The celebrations were organized by the most senior Austrian musicologist, Guido Adler, and they were clearly intended to hail the greatest cultural hero of Austrian music, even if the nation – as Adler wrote – had been economically impoverished after the defeat in World War I.[4] It mattered that the "most important"

3   Jindong Cai and Sheila Melvin, *Beethoven in China: How the Great Composer Became an Icon in the People's Republic* (Hong Kong, 2015), 39.
4   Guido Adler, "Musikhistorischer Kongreß Wien, 26.–30. März 1927," in *Zeitschrift für Musikwissenschaft* 8/5 (1926), 299–300, at 299: "Wir Österreicher sind zwar wirtschaftlich arm geworden, aber unsere hohen Kulturgüter haben wir uns zu erhalten gesucht und unsere Gastfreundschaft haben wir uns bewahrt."

among the glut of Beethoven commemorations in 1927 should take place in Vienna and that it be recognized as such both at home and abroad.[5]

For Adler – a proponent of the multinational Austro-Hungarian imperial state – Beethoven embodied the apex of the Vienna Classical School, the heart of imperial Austria at its best, thus anchoring geographically a historiographic construct that he himself had promoted through his scholarship.[6] Indeed, echoing Habsburg theories of statehood that prided themselves on creating a unified state out of the diversity of its various ethnicities, Adler defined musical progress as an "assimilative process." Its success through absorption and transformation could be traced throughout music history, according to Adler, but was most perfectly embodied in the "Vienna Classical School, which reached the highest pitch of universality [...]. The roots of this incomparable aggregation strike down into a soil that embraces the entire musico-cultural domain of the occident."[7] Moreover, "[t]his assimilative process endowed the Vienna School with unique strength, enabling it to absorb completely the national influences of the Slavs and Magyars to the eastward."[8] Due to the fact that imperial Austria was a multi-nation state, Adler argued, its political ability to mold a unified realm with Vienna at its center was the source, precisely, of its musical achievements.[9] Through the centenary celebrations, Vienna would therefore be reaffirmed as standing at the musical heart of Western music.

Yet Adler's understanding of assimilation as a positive cultural achievement at the core of artistic progress may also have been shaped by his personal history as a member of the assimilated Jewish middle class. The claim that the very strength and preponderance (if not universal impact) of Viennese imperial culture resided in its ability to assimilate all cultures of the empire meant that as a Jew of German ethnicity, Adler could position himself as an integral

5　P. S., "Wiener Beethoven-Feier," in *Münchner Neueste Nachrichten* (1927), 13 February: "Die letzten Märztage dieses Jahres, in denen sich Beethovens Todestag zum hundertsten Male jährt, bringen in aller Welt große Gedenkfeiern. Wohl die bedeutendste wird in Wien abgehalten werden."

6　On the construction of the Vienna Classical School, see *Wiener Klassik: Ein musikgeschichtlicher Begriff in Diskussion*, ed. Gernot Gruber (Vienna, 2002).

7　Guido Adler, "Internationalism in Music," trans. Theodore Baker, in *The Musical Quarterly* 11/2 (1925), 281–300, at 287.

8　Adler, "Internationalism in Music," 288.

9　Guido Adler, "Die österreichische Tonkunst und der Weltkrieg," in *Österreichische Rundschau* 42 (1915), 160–69, cited in Elisabeth Theresia Hilscher, "Gesamtstaat versus Nationalitäten: Zur Verbindung von Politik und Musikwissenschaft bei Guido Adler," in *Studien zur Musikwissenschaft* 46 (1998), 239–48, at 241. Adler makes a similar argument already in *Der Stil in der Musik* (Leipzig, 1911), 63, when he claimed that even if one were to consider Joseph Haydn a Croatian (which Adler deems an untenable proposition), he would nonetheless be a truly Viennese composer, because of his training and musical activities.

part of an Austrian bourgeois meritocracy.[10] Commemorating the Viennese Beethoven was, for Adler, as much a personal concern as it was a political one. Moreover, the musical celebrations were to be framed by exhibitions and musicological research in the form of an international conference, following the model of such earlier high-impact festivals as the 1892 Vienna International Exhibition of Music and Theater and the 1909 Haydn centenary celebrations.[11] Indeed, the latter served effectively as a blueprint for what would be done for Beethoven in 1927.[12] Such celebrations and commemorations started back in the 19th century and contributed to forging the ideological framework of Vienna as a "musical city" that could stand in for, and embody the cultural essence of, Austria as a whole.[13]

Adler began already in 1923 planning the event that would include, as he described it, "musicological contributors and societies of the entire globe."[14] At the heart of the festivities would be the musical celebrations, with Beethoven's *Missa solemnis* as its commemorative centerpiece, and *Fidelio*, its festive counterpoint.[15] Johann Wolfgang von Goethe's *Egmont* was added to the program as

---

10   Marsha L. Rozenblit characterizes the unique configuration of Jewish identity in the Habsburg Monarchy as tripartite. See *Reconstructing a National Identity: The Jews of Habsburg Austria during World War I* (New York, 2001), 4: "Jews in Habsburg Austria developed a tripartite identity in which they were Austrian by political loyalty, German (or Czech or Polish) by cultural affiliation, and Jewish in an ethnic sense." On Adler's exposure to anti-Semitism, see Klaus Taschwer, "Geheimsache Bärenhöhle: Wie eine antisemitische Professorenclique nach 1918 an der Universität Wien jüdische Forscherinnen und Forscher vertrieb," in *Alma Mater Antisemitica: Akademisches Milieu, Juden und Antisemitismus an den Universitäten Europas zwischen 1918 und 1939*, ed. Regina Fritz, Grzegorz Rossoliński-Liebe, and Jana Starek, Beiträge zur Holocaustforschung des Wiener Wiesenthal Instituts für Holocaust-Studien 3 (Vienna, 2016), 221–42.

11   The 1892 exhibition has recently garnered significant attention in musicological research. See, for example, Christopher Campo-Bowen, "'A Promising, Political Sound': Epistemologies of Empire and Bedřich Smetana's The Bartered Bride at the 1892 Vienna International Exhibition of Music and Theater," in *The Musical Quarterly* 102/1 (2019), 31–81. On the 1909 Haydn centenary, see Martina Nußbaumer, *Musikstadt Wien: Die Konstruktion eines Images* (Freiburg i. Br. etc., 2007), 197–215, and Bryan Proksch, "'Forward to Haydn!': Schenker's Politics and the German Revival of Haydn," in *Journal of the American Musicological Society* 64/2 (2011), 319–48.

12   The Guido Adler Papers at Hargrett Rare Books and Manuscript Library, University of Georgia (hereafter GAP), contain significant documentary materials (in boxes 43 to 45) on the Zentenarfeier. They include, in box 43, folder 12, a set of notes in Adler's hand (often on scrap paper) making the connection to the "Haydngedenkfeier 1909." For the collection's finding aid, see <http://hmfa.libs.uga.edu/hmfa/view?docId=ead/ms769-ead.xml;query=Adler;brand=default> (accessed 20 March 2023).

13   See Nußbaumer, *Musikstadt Wien* (as in fn. 11), 163–215.

14   Guido Adler, *Wollen und Wirken: Aus dem Leben eines Musikhistorikers* (Wien, 1935), 109: "[...] auf musikwissenschaftliche Interessenten und Korporationen des ganzen Erdreiches." The planning started with the logistics of access to concert halls and other spaces, as a number of letters from 1923 reveal. See GAP, box 43, folder 12.

15   Adler's notes about the program tend to list the *Missa solemnis* at the top, closely followed by *Fidelio* and the Ninth Symphony. See GAP, box 43, folder 12.

the third major performance and – as its conductor Felix Weingartner wrote
to Adler – in this celebratory context, musical perfection trumped expediency
and practicality. Indeed, it was "unthinkable to leave out even one note" of
Beethoven's complete incidental music.[16] These performances were combined
with an international musicological conference, the topics of which reached
from Gregorian chant and Spanish polyphony of the 15th century to C. P. E.
Bach and new trends in music psychology. Supplemental concerts made this
field audible, whether music from Gothic times or 17th-century works such as
Henry Purcell's *Dido and Aeneas*. These events were framed by an exhibition of
"Beethoven and the Viennese Culture of His Time," thoroughly grounding the
composer in the atmosphere within which he had flourished, showcasing first
and foremost "the environment that frequently influenced Beethoven in his
works and actions" in and around Vienna, and relegating any German aspects
of his life and career to mere allusions.[17] The fact that Beethoven had moved
to Vienna only when he was 22 years old was masked during the events by the
demonstrative emphasis on his life in the imperial city.

But the Viennese celebrations not only centered global commemoration in
the Austrian capital; they also configured the composer as the pivotal figure in
Western art music, one who could illuminate both the oldest and the newest
creations in the musical world at large. Thus, although Austria's artistic "treasures" and "heritage" at a time of geopolitical decline in importance loomed
large, Beethoven and his music were cast simultaneously as local and global
cultural heritage, a multidirectional entanglement of past and present that
played out subtly yet consistently in the conception of the Vienna Zentenarfeier as a musical reconfiguration of empire.[18] Adler designed it, in effect, as

---

16 Felix Weingartner, letter to Guido Adler, 1 November 1926 (GAP, box 43, folder 13): "Bei *dieser*
    Feier ist es undenkbar, dass eine Note von Beethoven weggelassen wird."
17 *Führer durch die Beethoven-Zentenarausstellung der Stadt Wien: "Beethoven und die Wiener Kultur
    seiner Zeit"* (Vienna, 1927), vi: "Diese Umwelt, die Beethoven in seinen Werken und Hand-
    lungen oftmals beeinflußt hat, wird zunächst in dem Stadtbild Wiens und seiner gesellschaft-
    lichen und geistigen Kultur um die Wende des 18. Jahrhunderts aufgezeigt und bildet mit der
    Darbietung des gleichzeitigen Musikschaffens und der Musikpflege, sowie mit einem Abriß
    des Theaters und einer Auswahl repräsentativer Werke der zeitgenössischen bildenden Kunst
    den Rahmen für den Mittelpunkt der Schaustellung, der insbesondere dem Leben und Schaf-
    fen Beethovens gewidmet ist." The introduction to the guide admitted that the exhibition
    made a virtue out of absence: the German documents were included in the simultaneous exhi-
    bition in Bonn.
18 In the French and English translations of the call for papers for the international conference,
    the text explicitly evoked Beethoven's compositions as "treasures" and "patrimoine" (her-
    itage); GAP, box 43, folder 13. The simultaneous anchoring of cultural heritage in both natio-
    nalist historiography and cultural cosmopolitanism has become the topic of recent inquiry
    about the concept of heritage. See, for example, Derek Gillman, *The Idea of Cultural Heritage*
    (Cambridge, ²2010), and Astrid Swenson, *The Rise of Heritage: Preserving the Past in France, Ger-
    many, and England, 1789–1914* (Cambridge, 2013).

the nostalgic transformation of past greatness through the presentation of its material traces in concerts, exhibitions, and papers. In her ground-breaking study, *The Future of Nostalgia*, Svetlana Boym makes the point that nostalgia – while carrying a utopian dimension – also allows the configuring of a present not only by reimagining a past but also by directing the gaze sideways.[19] In this case, nostalgia for the Austro-Hungarian past found a contemporary correlation in the painstaking preservation of national heritage in a transnational framework.

Adler's correspondence reveals how strongly the multidirectional character of nostalgia was at work in his plan to center Western music history through the Beethoven centenary. This included his attempt to gather a wide range of younger and older scholars from a broad range of fields in Vienna. In 1926, for example, he corresponded with the eminent senior ethnomusicologist Erich von Hornbostel, then working in Berlin, about his participation in the musicological conference. Hornbostel had refused Adler's invitation on grounds both scholarly and personal:

> Thank you very much for your kind request to present a paper at the Beethoven celebrations. Unfortunately, I feel unable to do so. Not only is Beethoven remote from my area of specialization, but also, and since forever – *horribile dictu* – from my personal sentiment.[20]

Adler's response encapsulates what was at stake for him. Hornbostel was one of Austria's most distinguished music scholars, and he was active in a cutting-edge field of musicological research. His presence at the occasion mattered. Indeed, Adler would deeply regret "if you were not coming to Vienna at the occasion of the Beethoven centenary celebrations. You can choose a topic to your liking. I would be distressed if you as an Austrian of old were to miss the commemoration."[21] For Adler, Hornbostel exemplified an imperial Austrian identity at the intersection of class, nation, religion, and scholarly internationalism, the very embodiment of an intellectual capable of representing the cultural heritage

---

19 Svetlana Boym, *The Future of Nostalgia* (New York, 2001), xiv.

20 Erich von Hornbostel, letter to Guido Adler, 15 January 1926 (GAP, box 23, folder 6): "Herzlichen Dank auch für Ihre freundliche Aufforderung, bei der Beethovenfeier einen Vortrag zu halten. Leider fühle ich mich dazu ganz ausserstande. Beethoven liegt nicht nur meinem Spezialgebiet, sondern – horribile dictu – auch meinem persönlichen Empfinden von jeher ganz fern."

21 Guido Adler, letter to Erich von Hornbostel, 18 January 1926 (GAP, box 23, folder 6): "Aber noch mehr würde ich bedauern, wenn Sie zu dem Kongress gelegentlich der Beethoven-Zentenarfeier nicht nach Wien kämen. Sie können ein Ihnen passendes Thema wählen. Es wäre mir schmerzlich, Sie als Altösterreicher bei dieser Gedenkfeier zu vermissen."

of Vienna in a transnational framework. But Hornbostel was not swayed by Adler's appeal and remained in the German capital.

In order to keep the spotlight on Vienna, Adler even tried to change the dates of the Beethoven festival being planned in Berlin, which Gustav Böß, the city's mayor, refused to do, citing logistical reasons. Böß understood, however, that he needed to cast his refusal in transnational terms by emphasizing the different character of the two events: "The Berlin celebrations are a local affair, the Viennese, by contrast, an international one. For that reason, it does not matter all that much that they fall on the same dates."[22] In addition, to ensure that the Viennese centenary celebrations were configured as a high-profile event, Adler carefully curated who should be targeted as their audience so as to preserve its cultural capital. He therefore refused to allow the national tourism agency (Fremdenverkehrskommission) to advertise them widely. A rather peevish comment by the agency's director in a follow-up letter spelled out Adler's apparent reasoning. He presented his refusal to permit "greater propaganda" as an attempt to safeguard "the artistic and cultural success of the celebrations."[23]

The nostalgic framing of an imperial past that would attract a global elite to celebrate Vienna's cultural greatness served as a prime directive throughout the preparations. Carefully selected by Adler, ambassadors and aristocrats served on a board of patrons headed by the President of Austria himself.[24] Elsewhere, the diplomatic importance of the festivities was recognized when, for instance, Robert Brussel, acting for the Association Française d'Expansion et d'Echange Artistique, suggested a list of delegates that should represent France during the commemorative events.[25] The Swiss newspaper, *Der Bund*, announced the Viennese festivities as "the mightiest homage" to commemorate the centenary of Beethoven's death, one to which "most European states

22   Gustav Böß, letter to Guido Adler, 1 July 1926 (GAP, box 43, folder 13): "Die beiden Feiern tragen im übrigen verschiedenen Charakter. Die Berliner Feier ist eine lokale, die Wiener dagegen eine internationale Veranstaltung. Aus diesem Grunde dürfte ein zeitliches Zusammenfallen keine übergrosse Bedeutung haben." On the commemorative week in Berlin and the ideological appropriation of Beethoven during the German festivities in Bonn, see Glenn Stanley's essay in this volume.
23   Letter from the Director of the Fremdenverkehrskommission to Guido Adler, 16 October 1926 (GAP, box 43, folder 13): "Unter Bezugnahme auf die gestrige Besprechung beehren wir uns mitzuteilen, dass wir mit Bedauern die Tatsache zur Kenntnis genommen haben, dass die Entfaltung einer grösseren Propaganda für die Beethoven-Zentenarfeier nicht in den Intentionen des vorbereitenden Kommitees liegt und nach Ansicht desselben dem künstlerischen und kulturellen Erfolge des Festes abträglich wäre."
24   From the very first, Adler made list after list of potential members of the 'Ehrenkommittee,' more than once with annotations. See GAP, box 43, folder 12.
25   Robert Brussel, carbon copy of a letter to French officials (including the Minister of the Exterior), 20 July 1926. Dossier "Centenaire de la mort de Beethoven," Fonds Montpensier, Département de la Musique, Bibliothèque nationale de France.

have sent official representatives" and where the "artistic and scholarly world is strongly present."[26] On 27 March 1927, the Berliner Zeitung announced that the "world's Beethoven celebrations" were currently taking place in Vienna.[27] The Deutsche Zeitung Bohemia in Prague also made a striking choice of preposition: this was a "global celebration in the spirit of Beethoven."[28]

Vienna's centenary Beethoven

In his welcoming address during the opening ceremony of the Zentenarfeier on 26 March 1927 the President of Austria, Michael Hainisch, walked the tightrope between the nationalist claim to a Beethoven nourished to greatness by the soil of Vienna and the evocation of internationalism brought on by musical genius:

> Music is the strongest expression of national spirit, but it is also equally international. Men like Beethoven do not belong solely to Vienna and to the German people, but, rather, to humanity as a whole. Therefore, we have asked all cultured nations to participate in our commemoration. I am overjoyed that the entire world is represented through so many outstanding gentlemen. I offer them my warmest greetings; may they feel welcome in our homeland.[29]

Hainisch pointed to Vienna as the fertile soil on which Beethoven could not but flourish for most of his lifetime. The very landscape itself, he claimed, "was breathing music."[30] Thus, Vienna was now the place where "outstanding gentlemen" were joining hands to celebrate the legacy of a great man.

---

26 "Die Beethovenfeiern in Wien: was sie bringen werden," in Der Bund (1927), 28 March: "Die Beethoven-Zentenarfeier in Wien [...] wird wohl die gewaltigste Huldigung darstellen, die dem Meister anläßlich der 100. Wiederkehr seines Todestages gebracht wird. [...] Die meisten europäischen Staaten haben amtliche Vertreter abgeordnet, die künstlerische und wissenschaftliche Welt ist stark vertreten." In an article, the headline of which emphasized the composer's German roots, the author similarly noted the diplomatic success of the initiative. "Die Welt huldigt einem deutschen Meister: Wiens Beethovenfeier," in Leipziger Neueste Nachrichten (1927), 27 March: "[...] daß der Einladung der österreichischen Regierung an die ganze Welt, den hundertsten Todestag Beethovens in Wien zu feiern, dreizehn Staaten und der Papst durch Entsendung eines eigenen Nuntius gefolgt sind."
27 "Die Welt-Beethovenfeier in Wien," in Berliner Zeitung (1927), 27 March.
28 "Weltfeier im Geiste Beethovens. Die Festreden bei der Wiener Zentenarfeier," in Deutsche Zeitung Bohemia 100/73 (1927), 27 March.
29 Michael Hainisch, opening remarks, published in Beethoven Zentenarfeier: Festbericht, ed. Exekutivkomitee der Feier (Vienna, 1927), 45: "Die Musik ist der stärkste Ausdruck nationalen Geistes; sie ist aber ebenso auch international. Männer wie Beethoven gehören nicht Wien und nicht dem deutschen Volke allein, sondern der ganzen Menschheit. Es erfüllt mich mit aufrichtiger Freude, daß die ganze Welt durch so viele hervorragende Männer vertreten ist; ihnen gilt mein herzlicher Gruß, mögen sie sich in unserer Heimat wohlfühlen."
30 Loc. cit..: "Die Musik ist eine soziale Kunst und der schaffende Musiker wird sich dort am wohlsten fühlen, wo seine Werke verständnisvolle Aufnahme finden. Wien und Österreich sind uralter musikalischer Boden; hier hatten im 18. Jahrhundert Gluck, Mozart und Haydn

In this solemn opening, Beethoven's music was alone deemed worthy to instill such humanistic universalism with sound, and not only his *Choral Fantasy* Op. 80 (which often served as a stand-in for his Ninth Symphony) but also, perhaps surprisingly, the *Cantata on the Death of Emperor Joseph II*, WoO 87, a work consistently referred to in the press as Beethoven's "Trauerkantate" ("cantata of mourning").[31] Written in 1790 on the death of its namesake, the work remained unknown until 1884, and yet, in the aftermath of World War I, it quickly became one of the Beethoven staples in rituals of commemoration. It was only fitting, then, that Weingartner should program it as the first piece in the opening commemorative concert. Adler called the work a "glorification of a spiritually and morally free humanity."[32] In this 'glocal' perspective – one that understands local culture simultaneously as globally enmeshed – Beethoven's music could be considered transcendental not despite its local anchoring, but because of it. As Paul Stefan stated in the *Musikblätter des Anbruch*:

> The world was reminded that Beethoven did not come to the musical city of Vienna – one already then of great tradition – by chance but by conscious choice, and that he remained in this city despite all temptations. And to this day – and that was the musical purpose and benefit of this celebration – Vienna remains this musical city, and this will and must help her also towards a brighter political and economic future.[33]

Yet if Hainisch, Adler, Stefan, and other Austrians emphasized the entanglement of Viennese greatness and its past with the global impact of Beethoven's music, it is striking that the reception of the events abroad used a different geopolitical filter.[34] In lieu of imperialist nostalgia, reporters from around the

---

gelebt. Aber auch unsere Landschaft ist geeignet, das künstlerische Schaffen zu fördern, sie atmet förmlich Musik." By this time, the connection between landscape, city scape, and musical practice was fully established, as Martina Nußbaumer has shown, not least through the strategic use of monuments and naming practices. See *Musikstadt Wien* (as in fn. 11), 154–61.

31 The present discussion expands the briefer one in my "Ensounding Trauma, Performing Commemoration: Western Music in Time of War and Tumults," in *Performing Commemoration: Musical Reenactment and the Politics of Trauma*, eds. Annegret Fauser and Michael A. Figueroa (Ann Arbor, MI, 2020), 19–40.

32 Guido Adler, *Beethovens Charakter* (Regensburg, 1927), 18: "Eine Verherrlichung geistig und sittlich freien Menschentums."

33 Paul Stefan, "Das Wiener Beethoven-Fest," in *Musikblätter des Anbruch* 9/4 (1927), 155–57, at 155: "Es wurde einer Welt ins Gedächtnis gerufen, daß Beethoven nicht zufällig, sondern bewußt in die Musikstadt Wien, die Stadt einer schon damals großen Überlieferung gekommen und in dieser Stadt allen Verlockungen zum Trotz geblieben ist. Noch immer, und das war der musikalische Sinn und Gewinn der Feier, ist Wien diese Musikstadt und das wird und muß ihr auch zu einer helleren politisch-wirtschaftlichen Zukunft helfen."

34 Some foreign correspondents played on the faded imperial context of the celebrations. See, for example, Ernest Closson, "Le Centenaire de la mort de Beethoven," in *L'Indépendance belge* (1927), 31 March: "Vienne reste toujours la 'Kaiserstadt', la ville impériale."

world evoked the metaphor of a "musical league of nations" to capture the transnational dimension of the celebrations.[35] Romain Rolland considered the event "an imposing manifestation of European unity," subsuming American participants under that category.[36] Indeed, Beethoven's music – as the American writer, Carl Engel, noted for the *Boston Evening Transcript* – was not only a shared cultural heritage of humanity but also a guarantor for the continued relevance of Europe as a geopolitical presence:

> The world did not require to be told that 'immortal' Beethoven's music has probably less aged in a hundred years than has that of any other composer. What the world needed was an opportunity, a suitable pretext, for an emphatic proclamation of the belief in the immortality of Europe. And no timelier occasion nor nobler method could have been found than to follow the ways of the church in celebrating with rites and rejoicings the death of a martyr and hero, by commemorating the one hundredth return of the day on which Beethoven's spirit passed from his mortal shell to continue a living presence in his deathless music, the property of all mankind.[37]

By evoking Beethoven as both hero and martyr, Engel touched on the two themes that pervaded the Beethoven Zentenarfeier: commemoration and reconciliation. In the context of commemoration, Beethoven's grave, in particular, became a site for pilgrimage in the name of international peace and diplomacy, thoroughly entwining these two aspects of the Vienna celebrations.[38] As the French delegate Édouard Herriot – the Minister of Public Education and Fine Arts – voiced during the state ceremony at Beethoven's grave in Vienna on 27 March: "The tomb of the great dead is the heart of the living. [...] And if we have come here as pilgrims, it is to affirm our hope that one day these hymns

---

35 "Die große Beethoven-Feier in Wien [...] Ein politisch-musikalischer Völkerbund," in *Kölner Tageblatt* (1927), 27 March.

36 Romain Rolland, "Les Fêtes du centenaire de Beethoven à Vienna (26 Mars–2 Avril)," in *Europe* (1927), 15 May, 115–18, at 115: "Les Fêtes de Commémoration du Centenaire de Beethoven, Vienne, ont pris le caractère d'une imposante manifestation d'unité Européenne." Rolland lists the states who had sent official delegates as "Autriche, Allemagne, Empire Britannique, Etats-Unis, Belgique, Hollande, France, Italie, Hongrie, Pologne, Roumanie, Suisse, Tchécoslavie, Yougoslavie, et, si je ne me trompe, Danemark. Manquaient à la réunion la Russie, l'Espagne, et les Etats Scandinaves."

37 Carl Engel, "Vienna Delights to Do Honors to the Memory of Her Foremost Citizen," in *Boston Evening Transcript* (1927), 30 April.

38 Pilgrimage was a recurring theme in the press coverage of the centenary celebrations. See, for example, "Die Wallfahrt zu Beethoven," in *Vossische Zeitung* 146 (1927), 27 March. That Beethoven's grave was a site of pilgrimage was not surprising, given that this commemorative practice had been well established at this point. After World War I, graves as site of commemoration had taken on an additional layer through the cult of the dead in the interwar years. See, for example, Stefan Goebel, "Re-membered and Re-mobilized: The 'Sleeping Dead' in Interwar Germany and Britain," in *Journal of Contemporary History* 39/4 (2004), 487–501.

of a prophet will become the love songs of a brotherly and reconciled human-ity."[39]

Yet the price for the creation of such transformative music was high indeed. Like Engel and many others, Herriot cast Beethoven's deafness as the very reason for the music's timelessness, for he was a man "who, despite all, cru-cified by life, retained only tenderness and pity in his work."[40] The physical handicap that writers discussed was, of course, the composer's loss of hearing, and the Heiligenstadt Testament counted among the most reproduced Beet-hoven documents in the 1927 press, both in various translations and in fac-simile.[41] Implicitly as well as explicitly, Beethoven's suffering and death were connected to that of the Great War, and the silencing of his musical world was cast as the ultimate artistic and human sacrifice.[42] The inescapable emphasis on Beethoven's suffering made him a model of how to surmount hardships akin to recent experience, be it the loss of life and limb or – as the interwoven dis-course about the composer and Vienna repeated almost obsessively – that of past political glory. In particular Beethoven's *Missa solemnis* came to serve as a signifier of the heroic overcoming of disability through sheer grit and determi-nation. The stakes were high. Adler had originally hoped that the *Missa solem-nis* would be given in the Stephansdom as a powerful site of Habsburg memory, but in the end the performance took place in the Konzerthaus.[43] Yet it was presented as the preeminent event of the Zentenarfeier, one widely reported both in the Austrian press and abroad. As Gerhard Poppe points out in his study on the reception of the Mass, that 1927 performance proved a crucial moment in the debate over whether or not the work should be considered liturgical or

39 Herriot plays here with the dual meaning of "tombeau" as a grave site and as a memorial (as, for instance, in Maurice Ravel's *Le Tombeau de Couperin*). A transcription of Édouard Herriot's speech (as it was distributed to the French press) is given in "Le Centenaire de Beethoven: les cérémonies de Vienne," in *Comœdia* 21/5199 (1927), 27 March, 1: "Le tombeau des grands morts, c'est le cœur des vivants. [...] Et si nous sommes venus ici en pèlerins, c'est pour affir-mer notre espérance qu'un jour ces hymnes d'un prophète deviendront les chants d'amour d'une humanité fraternelle et réconciliée."
40 Given in Buch, *Beethoven's Ninth* (as in fn. 2), 190.
41 The rich cache of press clippings dedicated to the centenary of Beethoven's death in the Fonds Montpensier (Département de la Musique, Bibliothèque nationale de France) has numerous examples from countries as distant as Argentina and Romania.
42 On the complex intersection of Beethoven and disability, both in his own lifetime and in his reception, see Joseph N. Straus, *Extraordinary Measures: Disability in Music* (New York, 2011), 45–62. See also the editors' introduction ("Disability Studies in Music, Music in Disability Studies") to *The Oxford Handbook of Music and Disability Studies*, eds. Blake Howe, Stephanie Jensen-Moulton, Neil Lerner, and Joseph N. Straus (New York, 2015), 1–11, at 4: "Thus Beet-hoven is understood as a Heroic Overcomer – someone whose music and life represents a triumph over deafness [...]."
43 Adler's notes mentioning the Stephansdom as a performance venue are in GAP, box 43, fold-er 12.

spiritual.[44] But whatever the reason for the change of location of the performance, the fact that it ended up taking place in a distinguished secular space might reflect a political choice to foreground the heroic Beethoven over any religious affiliation during the rebuilding of the nation.[45]

The intertwined themes of commemoration and reconciliation also continued in the musicological conference that Guido Adler had organized as part of the festivities. In order to emphasize his internationalist framework, he invited distinguished scholars from several European nations – Hermann Abert from Germany, Gaetano Cesari from Italy, Edward J. Dent from Great Britain, and Romain Rolland from France – to open the conference with keynote addresses (Festreden). This strategy did not work out quite as smoothly as he hoped, however. Rolland found out two weeks before the event that the Festreden were not to be given just by two speakers – him and Abert – whose presence would help mediate "a high sense of Franco-German intellectual reconciliation" in the shadow of Beethoven. Thus, he demurred in the face of what he saw the gratuitous performance of scholarly internationalism: "a simple parade of musicologists: German, French, English, Italian – (why not Russian, Polish, Czech, etc.?)."[46] A more significant obstacle for Rolland, however, was the presence of Cesari, who was to represent Italy: "For some time now, and as if they had received orders, the Italian delegates associate with their presentations an apology of their government at every intellectual or artistic ceremony. It would thus be all the more impossible for me silently to participate, as I have taken a public stance against Italian fascism."[47] Adler responded immediately by assuring Rolland that Cesari "would not say a single word about this

---

44 Gerhard Poppe, *Festhochamt, sinfonische Messe oder überkonfessionelles Bekenntnis? Studien zur Rezeptionsgeschichte von Beethovens Missa solemnis*, Ortus-Studien 4 (Beeskow, 2007), 360–66.

45 Poppe has no information why the Zentenarfeier placed the *Missa solemnis* in the Konzerthaus (Poppe, *Beethovens Missa solemnis*, 361–62, n. 349). By contrast, the centenary representation of the *Missa solemnis* in Paris took place in the cathedral of Notre-Dame on 17 March 1927, by "special authorization and under the effective presidency" of the Archbishop of Paris. With French officials and much of the diplomatic corps present, the archbishop presided over the event. Adolphe Jullien, "Autour du Centenaire de Beethoven," in *Journal de débats* 139/85 (1927), 27 March, 3: "par 'autorisation spéciale et sous la présidence effective' de l'archevêque de Paris."

46 Romain Roland, letter to Guido Adler, 16 March 1927, Département de la Musique, Bibliothèque nationale de France, VM FONDS 25 ROL-158: "Quand vous m'avez demandé, il y a deux mois, de prendre part à la commémoration de Beethoven, il s'agissait d'une séance où parleraient deux seuls délégués, allemand et français. Cela avait, pour moi, un haut sens de Réconciliation intellectuelle franco-allemande. [...] Maintenant, voici que cette séance devient un simple défilé de musicologues : allemand, français, anglais, italien – (pourquoi pas russe, polonais, tchèque, etc.?)."

47 Loc. cit., "Depuis quelque temps, (comme par consigne reçue), les délégués italiens à toute cérémonie, intellectuelle ou artistique, associent à leurs discours l'apologie de leur gouvernement. Or, il me serait d'autant moins possible d'y participer tacitement par ma présence que j'ai pris position publique contre le fascisme italien."

topic," and, indeed, that it was not certain whether he would even attend.[48] In the end, Cesari was absent, and Rolland's keynote followed the mold of casting Beethoven as "a shining symbol of the European reconciliation, of human brotherhood" in the performative framework of imperialist substitutions that Adler had created.[49]

At the margins of the Viennese celebrations

Yet, as Esteban Buch has rightly noted, the humanity conjured up by the encomiums to Beethoven's Vienna was one defined by Western civilization, a viewpoint both imperialist and Eurocentric for all its framing Beethoven as a global civilizing force for the betterment of man.[50] Buch and other authors who have engaged with the 1927 centenary, such as Scott Burnham, David B. Dennis, and Sanna Pederson, are, of course, right to draw these discursive subject positions to our attention.[51] Nonetheless, their analytical lens presupposes unidirectional cultural violence visited upon the world at large, while ignoring local appropriations, resistance, and subversion – precisely the reciprocating cultural strategies explored in postcolonial and subaltern studies. This presupposition also constructs a cultural homogeneity as concerns Western civilization at large and even in more locally specific cultural fields such as 1927 Vienna. It skims over numerous social, gender, class, ethnic, and religious fault lines that are left aside by political analyses engaging merely with left versus right, or nationalist versus internationalist agendas. First and foremost, it is

---

48 Guido Adler, letter to Romain Rolland, n.d. [March 1927], carbon copy (GAP, box 43, folder 13): "Ich bin geradezu tief erschüttert von Ihrem Schreiben vom 16. ds., welches ich soeben erhalte. Verehrter Herr, ich kann Ihnen versichern, dass der betreffende Italienische Herr Professor Gaetano Cesari, von der Universität Mailand, kein Wort über dieses Thema sprechen wird. Ich kenne zur Genüge seine Gesinnung. Es wäre für den Kongress und für die Veranstaltung der grösste Verlust, wenn Sie die in Aussicht gestellte Ansprache nicht halten würden, zudem ist es noch gar nicht sicher ob der betreffende Herr nach Wien kommt, ich habe bis jetzt noch keine Zusicherung."

49 The three keynote addresses by Abert, Dent and Rolland are reproduced in *Beethoven Zentenarfeier: Festbericht* (as in fn. 29), 58–80. Rolland (at p. 74): "Il est le symbole rayonnant de la Réconciliation d'Europe, de la fraternité humaine."

50 Buch, *La Neuvième de Beethoven* (as in fn. 2), 208.

51 David B. Dennis, *Beethoven in German Politics, 1870–1989* (New Haven, CT, 1996), 86–141; Scott Burnham, "The Four Ages of Beethoven: Critical Reception and the Canonic Composer," in *The Cambridge Companion to Beethoven*, ed. Glenn Stanley (Cambridge, 2000), 272–91; Sanna Pederson, "Beethoven and Freedom: Historicizing the Political Connection," in *Beethoven Forum* 12 (2005), 1–12. For a recent critique of the impact such Eurocentric constructions of Western art music has on music education in the United States, see Loren Kajikawa, "The Possessive Investment in Classical Music: Confronting Legacies of White Supremacy in U.S. Schools and Departments of Music," in *Seeing Race Again: Countering Colorblindness Across the Disciplines*, eds. Kimberlé Williams Crenshaw, Luke Charles Harris, Daniel Martinez HoSan, and George Lipsitz (Oakland, CA, 2019), 155–74.

always easy to think about centenary commemorations in terms of the politics of national identity, and this undoubtedly comprises an important aspect of such events, whether dedicated to Voltaire, to Dante, or to Shakespeare.[52] Nonetheless, commemorations also served as catalysts for specific concerns by groups either marginalized within Western culture or seen in opposition to it.

A brief example will help make my point. At first glance, the Zentenarfeier in Vienna was not only masculine in nature – as the Austrian president so clearly emphasized in his welcoming address – but also, it seems, white. And yet, an intriguing photograph published in the *New York Amsterdam News* in April 1927 shows the Guyanese clarinetist and conductor Rudolph Dunbar (who had been trained in the United States but was currently based in Paris) addressing a crowd somewhere in Vienna in the context of the festivities.[53] No further information is available on why he did so, or what he said in this outdoor speech – so far, I have found no other trace of this event – but we know that Dunbar was in Vienna to study conducting with Felix Weingartner.[54] Nor do we know why the *New York Amsterdam News*, the most prominent African American newspaper in the United States, published this photograph and its caption, out of context and also without any further reference in its pages either to the centenary or to its meaning for the African American community.[55]

However, two other African American newspapers – the *Afro-American* and the *Pittsburgh Courier* – related the centenary celebrations in Vienna and elsewhere to African American cultural concerns by evoking Beethoven's association with George P. Bridgetower, a Black virtuoso violinist for whom Beethoven originally wrote his "Kreutzer" Sonata.[56] Both newspapers touted the Bridgetower–Beethoven collaboration as offering an alternative musical lineage to jazz, a musical genre frowned upon by those African Americans concerned with cultural uplift given that it stereotyped their musical production

---

52 See, for instance, *Commemorating Writers in Nineteenth-Century Europe: Nation-Building and Centenary Fever,* eds. Joep Leerssen and Ann Rigney (Basingstoke etc., 2014).
53 Standalone photograph: "Vienna, Austria – W. Rudolph Dunbar, American Negro musician and composer addressing an audience during the one hundredth anniversary of the death of Beethoven, the early part of the month," in *New York Amsterdam News* (1927), 20 April.
54 Dunbar's papers are preserved at the Beinecke Rare Book & Manuscript Library, Yale University, Call Number: JWJ MSS 174. The earliest materials in the collection date, however, from 1938.
55 On the intersection between African American cultural practice and Beethoven reception, see Michael Broyles, *Beethoven in America* (Bloomington, IN, 2011), 267–91 (chapter 10: "'Beethoven Was Black': *Why Does It Matter?*").
56 "Beethoven 100th Anniversary," in *Baltimore Afro-American* (1927), 27 March; Clarence Cameron White, "Music: Famous Negro Violinist," in *Pittsburgh Courier* (1927), 23 April.

as solely popular.[57] The Black composer and violinist Clarence Cameron White articulated the importance of the connection quite succinctly: Beethoven's music "still lives as perhaps the greatest ever penned by human hand" and "has special interest for the Negro musician due to the fact that associated with him, both as friend and as a musician, was the Negro violinist George Augustus Polgreen Bridgetower, son of an African father and German or Polish mother." The lion's share of this substantial article deals with the genesis of the "Kreutzer" Sonata which was indeed premiered by Bridgetower, and the autograph of which carried the dedication: "Sonata mulattica Composto per il Mulatto Brischdauer / gran pazzo e compositore mulattico."[58] His source was obviously the work of the African American musicologist and confidante of W. E. B. Du Bois, Maud Cuney Hare, who had published articles on Bridgetower and Beethoven in *Musical America* in 1921, and in 1927 in the magazine, *The Crisis*, the official organ of the National Association for the Advancement of Colored People (NAACP).[59]

In fact, Hare made a point of the absence of Bridgetower in the paratexts surrounding the centenary celebrations:

> Over 10,000 articles concerning Beethoven are said to have been written during the week which marked the hundredth anniversary of his death. Numerous pictures of his associates, friends and contemporaries have been published and have been exhibited; however but in one instance have we noted tribute paid to the great mulatto violinist for whom Beethoven wrote the famous Kreutzer sonata and with whom it was first played.[60]

Her pointed comment on Bridgetower's absence in the celebrations both global and Viennese is poignant. In the massive Beethoven exhibition in Vienna, for instance, Bridgetower remained invisible whereas Rudolf Kreutzer was represented through a portrait in the room that also featured sketches for the

---

57 On the complex role of Beethoven and German classical music more broadly in African American musical practice and cultural identity formation after 1870, see Kira Thurman, *Singing Like Germans. Black Musicians in the Land of Bach, Beethoven, and Brahms* (Ithaca, NY, 2021).

58 White, "Music: Famous Negro Violinist" (as in fn. 56). White was a musical collaborator of Maud Cuney Hare. In 1929, he wrote the incidental music for her play, *Antar of Araby*. The first page of the autograph can be accessed digitally through the website of the Beethoven-Haus Bonn, <https://www.beethoven.de/en/media/view/5834388323434496/scan/1> (accessed 20 March 2023).

59 Maud Cuney Hare, "The Kreutzer Sonata and Beethoven's Mulatto Friend," in *Musical America* 24 (1921), 20 August, 5; Maud Cuney Hare, "George Polgren [sic] Bridgetower," in *The Crisis* 34 (1927), 122, 137–38. On Maud Cuney Hare, see Douglas Hales, *A Southern Family in White and Black: The Cuneys of Texas* (College Station, TX, 2003), 94–137.

60 Hare, "George Polgren [sic] Bridgetower," 122.

violin sonata.[61] The hegemonic whiteness of the Beethoven centenary celebration in Vienna – one that centered the composer in the imperial capital –
became thus a flash point for Hare to plan presenting an alternative history in
the Allied Arts Centre, her newly founded theater in Boston, that reimagined
Bridgetower in Beethoven's Vienna during a fictional evening hosted in 1803
by Countess Guicciardi (Beethoven's piano student and the dedicatee of the
"Moonlight" Sonata), with the characters "impersonated by students of the
Centre" and the program, drawn from Beethoven's works, "performed by local
amateur and professional musicians."[62] Though it seems that, in the end, the
program was abandoned, Hare continued her work of connecting Beethoven
and Bridgetower through exhibiting letters and other paraphernalia she had
collected, including a note that the composer had written to the violinist.[63]

An additional challenge to the binaries of past critiques of the Beethoven
commemoration also exists: the importance for Jewish communities both in
Europe and in the United States of the fact that Guido Adler, the organizer
of this major event of Western culture, was himself Jewish.[64] As discussed
above, the intersections of musical, imperial, and religious identities insofar as
Adler's own positionality was concerned contributed to the nostalgic framing
of the event. Yet these intersections are all the more important to trace not just
because the 1927 Beethoven celebrations extended to Palestine and through
Jewish communities across the globe, but also given that – just a decade later –
the Nazis in Austria began persecuting Adler and then, in 1942, sent his daughter Melanie (b. 1888) to her death in the concentration camp in Maly Troste-
nets.[65]

Moreover, Melanie Adler's active if unacknowledged role in organizing the
Zentenarfeier in Vienna through secretarial support and hosting visitors draws
attention to yet another group of participants present but forgotten in the con-

61 *Führer durch die Beethoven-Zentenarausstellung der Stadt Wien* (as in fn. 17), 133–34. Bridge-
    tower is mentioned in the notice about the sketchbook: "Das Werk ist dem Geiger Rudolf
    Kreutzer gewidmet. Geschrieben wurde es für den Geiger G. P. Bridgetower." His role in the
    first performance goes unmentioned.
62 "Maud Cuney Hare Is Directing Head of Allied Arts Centre," in *The New York Age* (1927),
    26 March.
63 Hales, *A Southern Family in White and Black* (as in fn. 59), 115. Maude Cuney Hare cites these
    documents in her chapter on Bridgetower in *Negro Musicians and Their Music* (Washington, DC,
    1936), 333–34.
64 "Jewish Musician Heads Beethoven Centenary Celebrations in Vienna," in *Jewish Daily Bul-
    letin* (1925), 21 October; "Professor Guido Adler, Wien," in *Israelitisches Familienblatt* (1925),
    5 November; "Dank der Regierung an Adler," in *Jüdisches Wochenblatt* 4/18 (1927), 13 May, 149.
65 *Guido Adlers Erbe: Restitution und Erinnerung an der Universität Wien*, eds. Markus Stumpf, Her-
    bert Posch, and Oliver Rathkolb (Göttingen, 2017), 133–34, 143. The Beethoven centenary was
    celebrated in Jerusalem with, among others, a concert at Hebrew University. See "Jerusalem
    Observes Beethoven Centenary," in *Christian Science Monitor* (1927), 4 April.

ventional narrative of the 1927 event: the five women among the 99 speakers
at the musicological conference – Melanie Grafczynska (Krakow), Lotte Kallenbach-Greller (Berlin), Kathi Meyer (Frankfurt), Alicja Simon (Washington, DC),
and Maria Szczepańska (Lwiw/Lemberg).[66] Only one of them, Alicja Simon,
addressed Beethoven in her contribution to the conference, speaking about
American Beethoven editions. The other four chose topics related to their own
specialties, ranging from polyphony at the Jagiellonian court to the historical
foundation of quarter tones. That the female scholars focused more on their
own areas of research than on Beethoven and his music may not only be a
question of gender but also, perhaps, one of generation, given that they were
mostly in their thirties at the time of the conference. Unless one looks carefully
through the published proceedings and archival traces, they remain invisible
in the context of the Vienna centenary celebrations, rarely mentioned in any of
the numerous press reports of the time as well as in musicological scholarship
ever since.[67] Great musicological men such as Abert, Dent, and Rolland, by contrast, were highly evident as making history during this international homage
to the memory of a great man.[68]

Commemorations such as the Beethoven centenary in 1927 can be understood –
as Joep Leerssen and Ann Rigney have pointed out – as "intimately linked to
the self-reflexive cultivation of the past as a resource for collective identity."[69]
This was a particularly crucial enterprise in postwar Austria, a nation whose
shrunken territory and economy were pale reflections of an empire in which
the hegemony of German culture has underscored Austrian political power

---

66 David S. Josephson's biography of Kathi Meyer focuses on different aspects of her career. See
    Torn Between Cultures: A Life of Kathi Meyer-Baer (Hillsdale, NY, 2012).
67 The only extensive resource on Kallenbach-Greller is an internet biography by Herbert
    Henck, "Lotte Kallenbach-Greller: Eine Philologin, Philosophin und Musikwissenschaftlerin
    im Berliner Schönberg-Kreis," <http://www.herbert-henck.de/Internettexte/Kallenbach_I/
    kallenbach_i.HTM> (accessed 20 March 2023). Henck cites two brief comments that reacted to
    Kallenbach-Greller's presentation criticizing her albeit knowledgeable attempts as non-star-
    ters in terms of contemporary music.
68 It is not surprising that the founding of the International Musicological Society was set in
    motion during the Beethoven centenary conference. For the connection between the Beet-
    hoven conference and the founding of the IMS, see Annegret Fauser, "French Entanglements
    in International Musicology during the Interwar Years," in *Revue de Musicologie* 103 (2017),
    499–528; and Fauser, "Гвидо Адлер и создание Международного музыковедческого
    общества (IMS): Архивные материалы" [Guido Adler and the Founding of the International
    Musicological Society (IMS): A View from the Archives], in *Vremennik Zubovskogo Instituta* 7/4
    (2019), 97–112.
69 Joep Leerssen and Ann Rigney, "Introduction: Fanning out from Shakespeare," in Leerssen/
    Rigney, *Commemorating Writers in Nineteenth-Century Europe (as in fn. 52)*, 1–23, at 5.

for centuries.[70] By commemorating Beethoven in the very place of his greatest artistic achievements – one consecrated through his suffering and death – Vienna could be positioned at the intersection of local and global Beethoven reception, anchoring the composer in the imperial city yet fashioning him as a transnational symbol of universal greatness. The events leading up to, and surrounding, the Zentenarfeier reveal the complexity of the intermingling layers of individual agendas, socio-political contexts, and aesthetic concerns. They also illustrate the extent of the sonic and performative dimension in shaping such commemorations across the world. In Vienna, the opening piece of the Zentenarfeier, Beethoven's "Trauerkantate" on the death of Joseph II, created a paradoxical slippage. In retrospect, its first recitative might well be considered prophetic by evoking, in March 1927, a monster by the name of fanaticism that was growing across the world.[71] And while its peril was not yet as acute as it would be after 1933, Adler and many of his fellow musicians and scholars were only too aware that the enlightened internationalist utopia evoked so frequently during the Beethoven commemoration was already under threat. Yet once the dust settled after the Zentenarfeier had come to an end, Viennese officials were not only able to celebrate the fact that the events had, once again, "cemented the reputation of Vienna as a musical city," but also – in the words of the president of Austria's biggest private bank – "allowed one to rejoice, for a few days, in one's Austrian selfhood."[72]

---

70   See Pieter M. Judson, The Habsburg Empire: A New History (Cambridge, MA, etc., 2016), 9. As Johannes Feichtinger and Gary B. Cohen point out, ethnic identity played an increasingly important role in 19th-century Austria. See the editors' introduction in Understanding Multiculturalism: The Habsburg Central European Experience, eds. Johannes Feichtinger and Gary B. Cohen, Austrian and Habsburg Studies 17 (New York etc., 2014), 4.

71   "Ein Ungeheuer, sein Name Fanatismus, / stieg aus den Tiefen der Hölle, / dehnte sich zwischen Erd' und Sonne, / und es ward Nacht!"

72   Hugo Breitner (Stadtrat), letter to Guido Adler, 7 April 1927 (GAP, box 43, folder 12): "Der Ruf Wiens als Musikstadt ist durch die Zentenarfeier mit ihrer Gipfelleistung neu befestigt worden." President of the Niederösterreichische Escompte-Gesellschaft, letter to Guido Adler, 7 April 1927 (GAP, box 43, folder 12): "Einige Tage lang konnte man sich seines Oesterreichertums wieder erfreuen, wie denn die festlichen Veranstaltungen auch das Ansehen Wien's [sic] wieder einigermassen gehoben haben."

ABSTRACT

Imperialist Substitutions: Commemorating Beethoven in 1927 Vienna

In late March 1927, performers, musicologists, and a host of dignitaries from across the Western world gathered in the capital of the new Republic of Austria to commemorate the centenary of Beethoven's death. Taking place almost ten years after the end of World War I, this event crystalized a number of postwar developments into a multilayered cultural affair, wherein local Viennese concerns intersected with transnational responses to the cataclysmic devastation of 1914–18. The Beethoven centenary spoke as much to politicians defining the role of Austria in the interwar years as it did to musicians and scholars engaging with the composer, his music, and his biography. Besides being cast as a "universal genius," Beethoven was also presented as a creator whose physical disability could be marshalled in the postwar landscape of trauma. Drawing on a range of archival materials relating to the Beethoven Zentenarfeier in Vienna such as the papers of Guido Adler and Edward J. Dent, the chapter traces two aspects of the event: its role in Austrian nation-building where cultural imperialism (with Beethoven as its transhistorical figurehead) was to replace the Hapsburg monarchy, and the response to the Viennese commemoration abroad.

Morgenröte oder Götzendämmerung?
Alte und neue Blicke auf Beethoven im Jahr 1970

Hans-Joachim Hinrichsen

Die beiden Schlüsselworte des Titels sind, wie leicht zu sehen, bekannten Werken Friedrich Nietzsches entlehnt.[1] Sie sollen in ihrer Kombination das diffuse Ineinander von Beharrung und Neuaufbruch im Umgang mit Beethoven-Bildern im Umkreis der Jubiläumsfeiern des Jahres 1970 markieren helfen, das es im Folgenden etwas zu sortieren und zu analysieren gilt. Mit ihren jeweils sehr eigenen Strukturen sind dabei Systeme und Diskursfelder wie Wissenschaft, Publizistik, Musikleben und Kompositionskultur zu unterscheiden, die selbstverständlich nicht gegeneinander isoliert sind. Es gilt dabei die Vorannahme, dass sich parallel verlaufende, teils miteinander konkurrierende, teils sich widersprechende und zum Teil auch sich gegenseitig verstärkende oder befruchtende Entwicklungslinien des Nachdenkens über Beethoven an bestimmten Punkten wie eben Gedenkfeiern zu Knoten verknüpfen, die sich dort als solche am besten beobachten und gegebenenfalls auf ihre Genese wie auf ihre Perspektiven hin verstehen, einschätzen und entwirren lassen. Das Hauptaugenmerk liegt dabei im Folgenden auf dem deutschsprachigen Bereich, um angesichts der Überfülle des Materials den Fokus nicht zu verlieren.

1) Zur Vorgeschichte der Beethoven-Diskussion des Jahres 1970 gehört selbstredend die gesamte Wirkungs- und Rezeptionsgeschichte der vorausgehenden 150 Jahre im Allgemeinen, im Besonderen jedoch das Aufgreifen einiger Tendenzen, die sich im Jubiläumsjahr 1927 abzuzeichnen begannen,[2] sowie die Inanspruchnahme des Komponisten durch die ,Kulturpolitik' im nationalsozialistischen Deutschland. Brüche und Kontinuitäten zwischen diesen Punkten sind außerordentlich vielfältig und komplex; sie können hier nur angedeutet werden. Auf das Bemühen um ein adäquates Beethoven-Bild

---

1 Gemeint sind natürlich: Friedrich Nietzsche, *Morgenröthe. Gedanken über die moralischen Vorurtheile*, Leipzig 1881, und Friedrich Nietzsche, *Götzen-Dämmerung oder Wie man mit dem Hammer philosophirt*, Leipzig 1889.
2 Vgl. dazu die Beiträge von Glenn Stanley und Annegret Fauser im vorliegenden Band.

passt für 1970 mehr als für jeden anderen historiographisch gewählten Einschnitt der von Hans Heinrich Eggebrecht geprägte Terminus der „Reinigungsrezeption"[3] (dazu mehr in Abschnitt 5). Er bezeichnet ziemlich exakt eine bemerkenswerte Spannung, die man ohne Übertreibung dialektisch nennen kann: erstens eine erklärte Absicht der rezipierenden Akteurinnen und Akteure und zweitens eine oft undurchschaute Abhängigkeit von den in bester Absicht aufs Korn genommenen Klischees. Als kritische Stimme gegen die Stereotype der aus dem 19. Jahrhundert überkommenen Wirkungsgeschichte ist, von heute aus gesehen, August Halms 1927 erschienene Beethoven-Monographie hervorzuheben, in der es heißt: „Man ist es müde geworden, sich packen, ergreifen, schütteln und erschüttern zu lassen."[4] Als Abstoßungspunkt hatte Halm die Provokation durch die (übrigens bis heute zu beobachtenden) Niederungen der Beethoven-Hermeneutik mit ihren Begriffspaaren von „Schmerz und Trost, Aufschwung und Müdigkeit, Siegerlust und Untergang, Streben und Vergeblichkeit, oder wohl auch einmal umgekehrt von einem Durch Nacht zum Licht-Programm" empfunden.[5] An diese konnte die Kulturpolitik (in einem hier nicht näher darzustellenden Ausmaß) mühelos anknüpfen. Vergleichbare Reaktionen gab es auch bei jüngeren Musikern in Deutschland und Frankreich (Kurt Weill, Ernst Krenek, Georges Auric, Maurice Ravel), wie eine 1927 gestartete Umfrage der Zeitschrift *Die literarische Welt* zeigte.[6] Abwehrreaktionen wie diejenige Halms oder der jungen Komponistengeneration hatten im selben Jahr 1927 wiederum den Impuls für den ersten umfassenden Versuch gebildet, das ‚wahre' Bild Beethovens gegen den als ungerecht empfundenen, weil angeblich nur gegen rezeptive Verzerrungen gerichteten Protest zu retten: das im selben Jahr veröffentlichte Buch *Das romantische Beethoven-Bild* von Arnold Schmitz.[7]

---

3   Hans Heinrich Eggebrecht, *Zur Geschichte der Beethoven-Rezeption* [1972], Laaber ²1994 (Spektrum der Musik 2), S. 22.
4   August Halm, *Beethoven*, Berlin 1927 (Max Hesses illustrierte Handbücher 85), S. 53.
5   Ebd., S. 31.
6   Die Zeitschrift *Die literarische Welt. Unabhängiges Organ für das deutsche Schrifttum* wurde 1925 in Berlin gegründet und bis 1933 von Ernst Rowohlt und Willy Haas herausgegeben. Die genannte Umfrage (unter der Überschrift „Beethoven in der Meinung der jungen Musiker") ist nachzulesen im Reprint: *Zeitgemäßes aus der ‚Literarischen Welt' von 1925–1932*, hrsg. von Willy Haas, Stuttgart 1963.
7   Arnold Schmitz, *Das romantische Beethovenbild. Darstellung und Kritik*, Bonn 1927, Nachdruck Darmstadt 1978.

2) Der ersten Welle einer gegen das bürgerliche Konzertleben sich richten-
den und an Beethoven sich entladenden Ideologie- und Kulturkritik in den
1920er-Jahren entsprach eine vergleichbare, wenn auch zeittypisch hefti-
ger sich äußernde Bewegung der späten 1960er-Jahre. Die Koinzidenz von
nahendem Beethoven-Jubiläum und studentischen Unruhen hat hier offenbar zu einem besonders explosiven Gemisch geführt, das sich mit erheblicher Wut gegen Beethoven oder, wie vielfach konkretisiert wurde, gegen
die ‚bürgerliche' Beethoven-Rezeption richtete. Einen Skandal erregte es
beispielsweise, als Friedrich Gulda, der gerade eine zwar kontrovers beur-
teilte, im Wesentlichen aber zunehmend umjubelte Gesamtaufnahme der
Klaviersonaten vorgelegt hatte, 1969 die Auszeichnung mit dem Beetho-
ven-Ring durch die Wiener Musikakademie zunächst annahm, dann aber
mit dem Hinweis auf den Konservatismus des europäischen Konzertbe-
triebs wieder zurückgab.[8] Der Fischer-Verlag brachte ein Heft mit dem
Titel *Beethoven '70* heraus,[9] das der Kritik am Beethoven-Kult ein Forum bot.
Beethoven wurde nicht nur als Objekt der ideologisch-hagiographischen
Literatur gesehen, sondern auch als Opfer einer scharf abgelehnten Interpretationskultur: Heinz-Klaus Metzger etwa führte die „affirmativen Züge,
die an Beethovens Musik haften, namentlich auch das sattsam bekannte
sogenannte ‚Erhebende'", vor allem auf eine falsche Aufführungspraxis mit
verschleppten Tempi zurück.[10] Aus der Rückschau wirkt allerdings die Hoffnung auf die Möglichkeit, den ‚wahren' Beethoven vom rezeptiv verzerr-
ten sauber trennen zu können, in ihrem Impetus so rührend wie in ihrer
Methodik naiv, wie die immer wiederkehrende Metaphorik von Substanz
und Verfälschung, Kern und Kruste oder Urbild und Verzerrung zeigt: In
den Rezeptionszeugnissen aus anderthalb Jahrhunderten werde, so sah es
der Schriftsteller Dieter Kühn im guten Glauben an die nun endlich gege-
bene Chance einer historischen Richtigstellung, „das Bild Beethovens ver-
zerrt. Hier überkrustet Denkmalstuck seine Konturen. Wir müssen Beethoven vor den Bewunderern von *Löwenmusik* und *Ideenmusik* schützen".[11]

8   Vgl. das Gespräch der *SPIEGEL*-Redakteure Felix Schmidt und Klaus Umbach mit Friedrich
    Gulda: „Ich bin ein Rädchen in der richtigen Maschine", in *DER SPIEGEL* 20/44 (1969), 26. Okto-
    ber.
9   *Beethoven '70*, hrsg. von Mario Wildschütz, Frankfurt am Main 1970 (Reihe Fischer 6).
10 Heinz-Klaus Metzger, „Zur Beethoven-Interpretation", in Wildschütz, *Beethoven '70* (wie
    Anm. 9), S. 7–13, hier S. 12.
11 Zit. nach Helmut Loos, „Beethoven und der deutsche Nationalismus im 20. Jahrhundert", in
    *Internationale musikwissenschaftliche Symposien. Konferenzbericht. 2003 – Beethoven und die Tra-
    dition des musikalischen Barock. 2004 – Beethoven: Inspiration, Kontext, Resonanz. 2005 – Beethoven
    zwischen Musik des Nordens und des Südens*, hrsg. von Mieczysław Tomaszewski und Magdalena
    Chrenkoff, Krakau 2006 (Beethoven – Studien und Interpretationen 3), S. 251–263, hier S. 252.

3) Zu der inkriminierten Interpretationskultur versuchte nicht nur der erwähnte Friedrich Gulda einen Kontrapunkt zu setzen, sondern – mit kaum geringerer Langzeitwirkung – auch der kanadisch-amerikanische Pianist Glenn Gould. Im *Toronto Globe & Mail Magazine* ließ er am 6. Juni 1970 ein fingiertes Interview erscheinen, das zwischen dem Musiker „Glenn Gould" (GG) und dem Psychiater „glenn gould" (gg) geführt wurde, in dem gg die kritischen Fragen zu GGs Verhältnis zu Beethoven stellt – mit dem bezeichnenden Titel: „Admit It, Mr. Gould, You Do Have Doubts About Beethoven".[12] Dem Beethoven spielenden, aber auch mit Beethoven hadernden Musiker GG wird von seinem psychoanalytischen Alter Ego gg vorgerechnet, dass es „genau diese unmögliche Mischung aus Naivität und Sophistik" sei, „diese Mischung aus handwerklicher Geschicklichkeit in der Verarbeitung und stümperhafter Einfallslosigkeit in der Erfindung seiner Themen", die den Musiker letztlich „an Beethoven zweifeln", ja ihn diesen sogar „ablehnen" lasse. Die kokett-entrüstete Reaktion des ertappten GG: „Aber ich lehne ihn doch gar nicht ab!"[13] Der literarische Kunstgriff, die ausführlich und nachvollziehbar begründeten „Zweifel" an Beethoven mit der gleichen Geste zu artikulieren wie zu dementieren, ist nicht anders denn brillant zu nennen. Sekundiert wurde dieser Text durch die (ob zufällige oder beabsichtigte, ist nicht zweifelsfrei zu klären) Maßnahme seiner Plattenfirma Columbia Records, die schon etwas ältere (1967) und bis dahin nur für den „Record Club" zugängliche Aufnahme der „Appassionata" nun, im Beethoven-Jahr, zu veröffentlichen (gemeinsam mit der *Pathétique* und der „Mondscheinsonate").[14] In dem von ihm selbst verfassten Schallplattentext machte Gould aus seiner Aversion gegen das Werk, in dem er vorwiegend „eine Studie in thematischer Hartnäckigkeit" sah und ihm „eine egoistische Aufgeblasenheit" attestierte, keinen Hehl. Es sei eigentlich nur als Symptom eines bestimmten Habitus bemerkenswert, keineswegs aber als herausragendes ästhetisches Dokument. Daher habe es denn auch, so Gould, in seiner „eigenen privaten Umfrage einen Platz irgendwo zwischen der *König-Stephan-*

---

12 Glenn Gould, „Admit It, Mr. Gould, You Do Have Doubts About Beethoven", in *Toronto Globe & Mail Magazine* (1970), 6. Juni, zit. nach Michael Stegemann, *Glenn Gould. Leben und Werk*, München 1992, S. 260. Das gesamte Interview findet sich (in deutscher Fassung) in: Glenn Gould, *Schriften zur Musik*, Bd. 1, *Von Bach bis Boulez*, hrsg. von Tim Page, übers. von Hans-Joachim Metzger, München u. a. 1986, S. 74–83.

13 Ebd., zit. nach Stegemann, *Glenn Gould*, S. 260.

14 Ludwig van Beethoven, *Sonatas. Moonlight – Appassionata – Pathétique* (Glenn Gould, New York 1966/67), LP, Columbia Records MS 7413, 1970

Ouvertüre und der Sinfonie *Wellingtons Sieg*".[15] Diese von der Kritik sofort
als ikonoklastisch eingestufte und heftig kritisierte Einspielung ist insofern
ein Dokument produktiver Zerstörung, als es einerseits die nach Goulds
Meinung dürftige thematische Erfindung durch outrierte Langsamkeit (vor
allem im Kopfsatz) erbarmungslos offenlegt, andererseits aber durch den
damit einhergehenden Effekt der Entmechanisierung eines fast totgespiel-
ten Repertoirestücks einen ideologiekritischen und wahrheitsfördernden
Furor erhält. Kritisiert wird demnach weniger Beethoven selbst als vielmehr der Mainstream des Rezeptions- und Interpretationsbetriebs. Insofern bestätigt diese Aufnahme, die man mit den schriftlichen Äußerungen
zusammensehen muss, die im selben Jahr seinem Produzenten gegenüber
formulierte Auffassung Goulds, dass man „unsere Repertoireaktivitäten,
egal, wie gewissenhaft geplant und vorbereitet sie sein mögen, lediglich als
einen Teil – wenn auch einen sehr wichtigen – innerhalb unserer gesamten
Plattenaufnahmetätigkeit betrachten" sollte.[16]
4) Besonders wirkungsvoll war Mauricio Kagels zum Beethoven-Jahr produ-
   zierter Film *Ludwig van*, der mit den Mitteln der Karikatur, Verfremdung,
   Collage und Montage provozierte und doch, wie Kagel in einem *SPIEGEL*-
   Interview betonte, keineswegs ein Anti-Beethoven-Film sein sollte.[17] Der
   für den WDR produzierte Film will sogar, obwohl oft als „Anti-Beethoven-
   Film"[18] (miss-)verstanden, eine Hommage à Beethoven sein. Auf die Frage
   des *SPIEGEL*-Interviewers „Was bedeutet Ihnen das Werk Beethovens?" antwortete Kagel: „Es bedeutet mir so viel, daß ich beschloß, ‚Ludwig van' zu
   drehen und die Mißverständnisse in Kauf zu nehmen".[19] An den traditionel-
   len Konzerten, wie sie um dieselbe Zeit auch gerade im Rahmen des großen
   Bonner Beethovenfestes anzuheben begannen, kritisierte Kagel, dass sie
   eigentlich nicht wirklich rituell seien (wie ihnen um diese Zeit schon häufig
   vorgeworfen wurde), sondern vielmehr „eher ein Ersatz des Rituals als das

---

15   Glenn Gould, Begleittext zur Schallplatte Columbia Records MS 7413 (wie Anm. 14), zit. nach
     ders., *Schriften zur Musik*, Bd. 1, *Von Bach bis Boulez*, hrsg. von Tim Page, übers. von Hans-Joa-
     chim Metzger, München u. a. 1986, S. 86 f.
16   Brief Glenn Goulds an Andrew Kazdin, 21. November 1970, zit. nach Glenn Gould, *Briefe*, hrsg.
     von John P. L. Roberts und Ghyslaine Guertin, übers. von Harald Stadler, München 1997, S. 196.
17   Felix Schmidt und Mauricio Kagel, „‚Beethovens Erbe ist die moralische Aufrüstung'. SPIE-
     GEL-Gespräch mit dem Komponisten Mauricio Kagel über Beethovens Musik", in *DER SPIE-
     GEL* 21/37 (1970), 7. September, S. 195–198. Zu den Beethoven-Filmen des Jahres 1970 vgl. ins-
     gesamt Jürgen Pfeiffer, „Beethoven im Film. Eine kommentierte Filmographie", in *Beethoven
     und die Nachwelt. Materialien zur Wirkungsgeschichte Beethovens*, hrsg. von Helmut Loos, Bonn
     1986, S. 223–242.
18   Vgl. Schmidt/Kagel, „SPIEGEL-Gespräch" (wie Anm. 17), S. 195.
19   Ebd.

Ritual selber"[20] seien: eben „neotheologisches Gedankengut".[21] Er forderte
entweder einen neuen Interpretationsansatz,[22] der an Beethovens Musik
„das Eckige" zu betonen habe, oder – besser noch – eine Entwöhnungs-
kur, „damit die Gehörnerven, die auf seine Musik reagieren, sich erholen
können".[23] Als „kritischen Interpreten" in seinem Sinne nannte er Glenn
Gould, der sich sogar aus dem öffentlichen Musikleben ins Aufnahmestu-
dio zurückgezogen habe, und das LaSalle-Quartett. „Der Idealfall", so Kagel,
„wäre, Beethoven so aufzuführen, wie er hörte. Also: ‚schlecht'". Genau das
habe er selbst in *Ludwig van* versucht.[24] Kagel stellte seinem Film ein ausdrücklich *Hommage von Beethoven* genanntes Kammermusikwerk an die
Seite. Im selben Jahr montierte Karlheinz Stockhausen für sein *Opus 1970*
seine eigenen *Kurzwellen* von 1968 mit Beethoven-Fragmenten. In gewisser
Weise wird mit all diesen Kompositionen – ob bewusst, steht dahin – an
die „Reinigungsrezeption" der 1920er-Jahre angeknüpft, die prominent mit
dem Namen Igor Strawinskys verbunden ist. Strawinskys unsentimentale
und anti-idealistische Berufung auf die rein konstruktive Dimension lässt
sich in der Tat jener epochalen Bewegung zurechnen, die in den folgenden
Jahrzehnten Beethovens Musik stets wieder unter der Perspektive jeweils
aktueller kompositorischer Paradigmen bis hin zur Serialität neu zu analysieren und zur Selbstlegitimation aufzurufen erlaubte. Sie konnte aber
auch zum eigentümlichen Changieren zwischen Hommage und kritischer
Reflexion tendieren, wie etwa Kagels oder Stockhausens komponierte Beiträge zum Beethoven-Jahr 1970 zeigen. So trägt etwa Dieter Schnebels
Beitrag zu der erwähnten ideologiekritischen Broschüre *Beethoven '70* den
bezeichnenden Titel „Das angegriffene Material", dies deutlich unter dem
Eindruck Theodor W. Adornos, dessen Essay „Spätstil Beethovens" von
1934/37 (mehr dazu in Abschnitt 6 und 7) in der Broschüre ebenfalls wieder
abgedruckt ist.[25] Eine solche Selbstvergewisserung in der analytischen
Beschäftigung mit Beethoven hatte kaum anders auch schon Arnold Schön-
berg in seinem Kompositionsunterricht gehandhabt, und einerlei, ob sich

---

20 Ebd.
21 Ebd., S. 196.
22 Siehe z. B. Metzger, „Zur Beethoven-Interpretation" (wie Anm. 10).
23 Schmidt/Kagel, „SPIEGEL-Gespräch" (wie Anm. 17), S. 196.
24 Ebd. – Aus dem Rückblick von drei Jahrzehnten stellt Albrecht Riethmüller lakonisch fest,
    dass Kagels „Entwöhnungskur" letztlich „so wenig hat anschlagen wollen wie die homöo-
    pathischeren Rezepturen der Vorgängerkuren nach dem Ersten Weltkrieg". Albrecht Rieth-
    müller, „Wunschbild: Beethoven als Chauvinist", in *Archiv für Musikwissenschaft* 58/2 (2001),
    S. 91–109, hier S. 91.
25 Dieter Schnebel, „Das angegriffene Material. Zur Gestaltung bei Beethoven", in Wildschütz,
    Beethoven '70 (wie Anm. 9), S. 45–55; Theodor W. Adorno, „Spätstil Beethovens", in Wildschütz,
    Beethoven '70 (wie Anm. 9), S. 14–19.

wie bei Strawinsky eher der Aspekt der formbeherrschenden Klassizität oder wie in der Schönberg-Schule der Aspekt der materialgestützten Prozessualität betonen ließ, war dies eine Tendenz, die in der öffentlich wenig beachteten wissenschaftlich-analytischen Literatur über Beethoven schon des Längeren eingeschlagen worden war. Gerade diese Literatur aber[26] lässt erkennen, wie tief selbst solche auf das „Material" konzentrierten und die Auseinandersetzung mit der Musik aufs Technisch-Konstruktive reduzierenden Reinigungsprozesse der Beethoven-Rezeption des 19. Jahrhunderts verpflichtet sind.

5) Einem ähnlichen Impuls wie der Metakritik an den Protesten der 1920er-Jahre in dem Beethoven-Buch von Arnold Schmitz (1927) verdankt sich 1970 das Projekt Hans Heinrich Eggebrechts, den Mechanismen der Beethoven-Rezeption als solchen auf die Spur zu kommen.[27] Es war der Versuch, dem befürchteten Auseinanderfallen in ideologiekritischen Protest und kulturindustrielle Apologetik eine Reflexion auf deren gemeinsame Wurzel entgegenzusetzen – mit dem erstaunlichen Ergebnis, dass sich sowohl die Kritik als auch ihr Gegenstand, oft genug undurchschaut, auf kontinuierlich reproduzierte „Rezeptionskonstanten" zurückführen lassen, die für Eggebrecht auf den Kern einer „Gehaltlichkeit" von Beethovens Musik verweisen: „ein Identisches, jener wesentliche Rest, den die Reinigungsrezeption gemeinsam hat mit den Vor- (oder Ver-)stellungen, auf die sie sich bezieht, jenes Durchgängige der Rezeptionsgeschichte, an dem auch die Distanzierung von ihr selbst teilhat".[28] Aus der Rückschau von 1994 sah Eggebrecht, damit sein Projekt von 1970 nochmals legitimierend, das Beethoven-Jahr 1970 gekennzeichnet „zum einen seitens der Mitläufer der Studentenrevolte durch eine Degradierung Beethovens zum Exponenten der befeindeten bürgerlichen Gesellschaft in Sachen Kunst und zum anderen seitens der kapitalistisch orientierten, auf Sensation eingeschworenen Massenmedien durch eine Vereinnahmung Beethovens ins kleinkrämerisch Sensationelle".[29] Allerdings kam im geteilten Deutschland noch ein weiterer Aspekt hinzu: Den vielen bundesdeutschen Beethoven-Feiern setzte die DDR die

---

26 Dazu zählen neben der einflussreichen *Einführung in die musikalische Formenlehre* von Erwin Ratz (Wien 1968, ³1973) praktisch sämtliche Beethoven-Aufsätze von Carl Dahlhaus oder Rudolf Stephan, um hier in der Beschränkung auf die deutschsprachige Literatur nur *pars pro toto* die prominentesten Autoren zu nennen.

27 Hans Heinrich Eggebrecht, *Zur Geschichte der Beethoven-Rezeption. Beethoven 1970*, Mainz 1972 (Akademie der Wissenschaften und der Literatur in Mainz. Abhandlungen der Geistes- und Sozialwissenschaftlichen Klasse 2); 1994 in erweiterter Fassung nochmals vorgelegt: Eggebrecht, *Beethoven-Rezeption* (wie Anm. 3).

28 Ebd., S. 22.

29 Ebd., S. 7.

Vereinnahmung des Komponisten für die Unterstützung des „real existierenden Sozialismus" entgegen: „Sein Werk gipfelt in dem Zukunftsbild einer schöpferischen, von Ausbeutung und Unterdrückung freien Gesellschaft".[30]

6) Die kulturkritischen Affekte des Jubiläumsjahrs 1970 wären schwer denkbar ohne die erst 1963, also lange nach ihrer Erstpublikation weithin bekannt gewordene Beethoven-Kritik des kurz zuvor verstorbenen Theodor W. Adorno, die gerade als kritische Reflexion des „Beethoven paradigm"[31] eine seiner luzidesten Ausprägungen ist. Für Adorno ist das Kernstück der Beethoven'schen Kompositionstechnik mit großer Selbstverständlichkeit die seit Hugo Riemann und August Halm als Distinktionsmerkmal hervorgehobene motivisch-thematische Arbeit. Beethovens Musik – jedenfalls die der „klassischen" mittleren Periode – wird in ihrer bruchlos systematischen Geschlossenheit zum Ausdruck ihrer Zeit (Adorno bemüht oft die Analogie zur Systemphilosophie Georg Wilhelm Friedrich Hegels), aber auch zur Kritik an ihr („zugleich wahrer" als Hegel, wie Adorno sagt[32]). Die „zentralen Kategorien der künstlerischen Konstruktion" sind für Adorno „übersetzbar in gesellschaftliche", und insofern reproduziert in seiner Deutung die für Beethovens Musik charakteristische Antinomie zwischen geschlossener Form und progressiver Entwicklungslogik die dynamisch sich entfaltende Totalität der bürgerlichen Gesellschaft mit all ihren Widersprüchen:[33] Beethovens Kompositionstechnik macht sich damit zum Objekt auskomponierter Kritik und führt sie zugleich einer falschen ästhetischen Versöhnung zu. Der mittlere Beethoven habe „das Unwahre im höchsten Anspruch der klassizistischen Musik" gespürt[34] und dieser Einsicht doch nur im Rahmen des klassischen Formenrepertoires Rechnung tragen können; dies sei, so behauptet Adorno mit Blick auf die Reprise der Sonatenform, „Beethovens erzwungener Tribut ans ideologische Wesen".[35] Adornos Blick auf Beethovens Musik gerät daher dialektisch: als analytische Hervorhebung ihres

---

30   Rede des Ministerratsvorsitzenden Willi Stoph im März 1970, zit. nach Eggebrecht, *Beethoven-Rezeption* (wie Anm. 3), S. 84.

31   Lydia Goehr, *The Imaginary Museum of Musical Works: An Essay in the Philosophy of Music*, Oxford 1992, S. 205.

32   Vgl. Friedrich A. Uehlein, „„Beethovens Musik ist die Hegelsche Philosophie: sie ist aber zugleich wahrer …"", in *Mit den Ohren denken. Adornos Philosophie der Musik*, hrsg. von Richard Klein und Claus-Steffen Mahnkopf, Frankfurt am Main 1998, S. 206–228.

33   Vgl. Theodor W. Adorno, *Gesammelte Schriften*, Bd. 14, *Dissonanzen*, hrsg. von Rolf Tiedemann, Frankfurt am Main 1997, S. 411.

34   Theodor W. Adorno, *Gesammelte Schriften*, Bd. 17, *Musikalische Schriften*, hrsg. von Rolf Tiedemann, Frankfurt am Main 1997, S. 158.

35   Adorno, *Gesammelte Schriften*, Bd. 14 (wie Anm. 33), S. 412.

kritischen Potenzials einerseits, als Kritik an ihrem unauflösbar damit ver-
flochtenen affirmativen Zug andererseits.[36] Während dies der Tenor seiner Deutung von Beethovens „klassischer" Stil-
periode ist, der sich bis in die späte *Einleitung in die Musiksoziologie* durch-
zieht, besteht ein besonderes Markenzeichen von Adornos Beethoven-Bild
in einer Neubewertung des Spätwerks. In einem 1934 – in seiner anti-affir-
mativen und damit vielleicht latent politischen Haltung wohl kaum zufällig
ein Jahr nach der nationalsozialistischen „Machtergreifung"[37] – geschriebenen (und 1937 gedruckten) Essay „Spätstil Beethovens", dem ersten Text
über Beethoven, den er publizierte, bringt Adorno die Sperrigkeit der letzten Werke, die noch während des ganzen 19. Jahrhunderts für Irritationen
gesorgt hatte, auf einen neuen Begriff und will diese als „Revision der Auffassung vom Spätstil" verstanden wissen:[38] Die durch ungemilderte Kon-
traste generierte Brüchigkeit der letzten Werke sei ihre eigentliche Qualität, nichts Geringeres nämlich als durch die Nähe zum Tod ermöglichte
Kritik am Klassizismus. „Das Spätwerk Beethovens markiert den Aufstand
eines der mächtigsten klassizistischen Künstler gegen den Trug im eigenen
Prinzip", so lautet eine nachgelassene Notiz zur *Ästhetischen Theorie*.[39] Erst
von seinem Blick auf das Spätwerk her erschließt sich also Adornos Beethoven-Bild, das durch die Neu- und Wiederpublikationen der 1960er-Jahre
einen kaum zu überschätzenden Einfluss auf die wissenschaftliche Auseinandersetzung mit Beethoven gewann. Als repräsentative Konstante der
Rezeptionsgeschichte erweist sich die geschichtsphilosophisch fundierte
Beethoven-Kritik freilich in dem Ausmaß, in dem auch Adorno den Topoi
der für die Wirkungsgeschichte Beethovens charakteristischen Rezeptionssprache verpflichtet ist – etwa, wenn er Beethoven als einen Komponisten
„der obersten Autorität" bezeichnet oder von der in seiner Musik spürba-
ren „Gewalt seines Willens" spricht.[40]

---

36 Vgl. dazu Carl Dahlhaus, „Zu Adornos Beethoven-Kritik", in *Materialien zur ästhetischen The-*
    orie Theodor W. Adornos. Konstruktion der Moderne, hrsg. von Burkhardt Lindner und Martin
    Lüdke, Frankfurt am Main 1980, S. 494–505.
37 Vgl. Stephen Hinton, „Adorno's Unfinished ‚Beethoven'", in *Beethoven Forum* 5 (1996), S. 139–
    153, hier S. 140.
38 Adorno, *Gesammelte Schriften*, Bd. 17 (wie Anm. 34), S. 14.
39 Adorno, *Gesammelte Schriften*, Bd. 7, *Ästhetische Theorie*, hrsg. von Rolf Tiedemann, Frank-
    furt am Main 2003, S. 442, vgl. auch S. 455. – Insgesamt dazu vgl. Hans-Joachim Hinrichsen,
    „Modellfall der Philosophie der Musik: Beethoven", in *Adorno-Handbuch. Leben – Werk – Wir-*
    kung, hrsg. von Richard Klein, Johann Kreuzer und Stefan Müller-Doohm, Stuttgart ²2019,
    S. 103–112.
40 Beispiele bei Eggebrecht, *Beethoven-Rezeption* (wie Anm. 3), S. 82 u. 72.

7) Es ist bezeichnend, dass von Vertretern einer „marxistischen Beethoven-Rezeption" der DDR diese Art der kritischen Beethoven-Reflexion
   scharf abgelehnt worden ist. Harry Goldschmidt wollte sie 1970 auf dem
   (Ost-)Berliner Beethoven-Kongress als „Perspektiveverlust jener Klasse"
   gebrandmarkt wissen, „als deren Repräsentant in aestheticis derselbe
   Adorno nichts weiter als seine eigene Ohnmacht einzugestehen hat", und
   nahm diese Gelegenheit zugleich wahr, um vor der von Adorno abhängi-
   gen Beethoven-Deutung in Thomas Manns Roman *Doktor Faustus* als einer
   „Enthumanisierung des späten Beethoven" zu warnen.[41] Die behauptete
   Brüchigkeit Beethovens sei in Wirklichkeit „das Stigma einer brüchigen
   idealistisch-antinomistischen Ästhetik".[42] Vertreter der jüngeren Generation, die wie Peter Gülke in ihren Beiträgen zum Jubliäumsjahr Adornos
   Anregungen zur kritischen Diskussion der Sonatendialektik aufgenommen
   und ihrerseits für die Diskussion in der DDR wie in der Bundesrepublik produktiv gemacht hatten,[43] mussten sich einen scharfen Tadel gefallen lassen.
   Kein Zweifel, dass in der DDR mit der Behauptung eines humanistischen
   Realismus Beethovens und einer nicht zu problematisierenden Geschlossenheit seines Œuvres (statt seiner von Adorno behaupteten Widersprüch-
   lichkeit und Brüchigkeit) das Beethoven-Bild des liberalen Bürgertums im
   mittleren 19. Jahrhundert fortgeschrieben wurde: Goldschmidts Generalab-
   rechnung mit den Tendenzen der westlichen Beethoven-Diskussion mündet
   nicht zufällig in die Behauptung, der Schlüssel zum Spätwerk sei gerade die
   „Freude"-Melodie der Neunten Sinfonie, die Adorno in seinen emphatisch-
   kritischen Begriff des Spätstils nicht hatte einschließen wollen.

8) Die Biographik, der seit Alexander Wheelock Thayer nur wenige neue Dokumente zur Verfügung standen, hat vor allem methodisch neu auszugreifen
   versucht: Die 1954 erschienene (und 1964 ins Deutsche übersetzte) Untersuchung *Beethoven and his Nephew. A Psychoanalytic Study of their Relationship*
   von Editha und Richard Sterba[44] erregte durch die Diagnose einer latenten

---

41 Harry Goldschmidt, „Der späte Beethoven – Versuch einer Standortbestimmung" [1970], in
    ders., *Die Erscheinung Beethoven*, Leipzig 1974 (Beethoven-Studien 1), S. 209–227, hier S. 210 f.
42 Ebd., S. 216.
43 Vgl. die beiden Standardtexte: Peter Gülke, „Introduktion als Widerspruch im System. Zur
    Dialektik von Thema und Prozessualität bei Beethoven", in *Deutsches Jahrbuch der Musikwis-
    senschaft für 1969* (1970), S. 5–40; ders., „Kantabilität und thematische Abhandlung. Ein Beet-
    hovensches Problem und seine Lösungen in den Jahren 1806/1808", in *Beiträge zur Musikwis-
    senschaft* 12 (1970), S. 252–273.
44 Editha Sterba und Richard Sterba, *Beethoven and his Nephew. A Psychoanalytic Study of their
    Relationship*, New York 1954; deutsche Fassung als *Ludwig van Beethoven und sein Neffe. Tragödie
    eines Genies. Eine psychoanalytische Studie*, München 1964.

Homosexualität eine kleine Sensation, reproduzierte freilich durch psycho-
analytisch gewonnene Enthüllungen das schon für die frühe Rezeption charakteristische Interesse an der Biographie des Komponisten als Schlüssel
zum Verständnis des Werks (und änderte damit also das grundlegende For-
schungsparadigma in keiner Weise). Die Darstellung im redaktionellen Teil
der Beethoven-Nummer des *SPIEGEL* vom September 1970[45] stützt sich ganz
auf diese Basis. Man kann ihr also kaum den Vorwurf machen, sie folge der
für dieses Nachrichtenmagazin angeblich charakteristischen Neigung zu
„Legendenzertrümmerung und Kommerzialisierung"[46] oder sei nichts als
der Ausdruck eines sensationslüsternen „Enthüllungsjournalismus".[47] Im
Gegenteil muss man dem *SPIEGEL* zugestehen, dass er in diesem Fall in einer
für den Tagesjournalismus ungewöhnlichen Weise wissenschaftlich infor-
miert war (das Autorenpaar Sterba wurde eigens einer Abbildung gewür-
digt[48]); dass seine damals gerade aktuelle und vieldiskutierte Grundlage
einen charakteristischen, weil psychoanalytisch-ideologiekritischen Zeit-
index[49] trug, steht auf einem anderen Blatt. Hermands *SPIEGEL*-Kritik ist
ihrerseits auf undurchschaute Weise der Rezeptionsstereotypie verpflichtet, wenn der Autor dem Magazin vorwirft, die von ihm für ganz fraglos
selbstverständlich gehaltene „humanistische Botschaft seiner Musik" zu
ignorieren.[50] Sterba/Sterba hatten einen Trend gesetzt. In Maynard Solo-
mons Beethoven-Biografie (1977)[51] ist die Neuartigkeit der Sicht auf Beethoven als biographisches Subjekt bereits ganz und gar durch eben jenen
psychoanalytischen Blick geprägt. Auch die Demontage des Bildes vom
„Beethoven Hero", dessen Wirkmächtigkeit sich auf die Erfahrung mit der
Musik selbst zurückführen lässt,[52] ist ein reaktives Teilmoment der Kritik
an der seit dem mittleren 19. Jahrhundert traditionell heroengeschichtlich
ausgerichteten Rezeption (wofür das Titelblatt der erwähnten *SPIEGEL*-
Nummer bezeichnend ist; siehe Abb. 1).

---

45   „Vom armen B." in *DER SPIEGEL* 21/37 (1970), 7. September, S. 182–194. Die Ausgabe wurde
     unter dem Titel „Beethoven. Abschied vom Mythos" veröffentlicht.
46   Jost Hermand, *Beethoven. Werk und Wirkung*, Köln u. a. 2003, S. 177.
47   Ebd., S. 180.
48   „Vom armen B." (wie Anm. 45), S. 193.
49   Das Standardwerk von Kurt R. Eissler, *Goethe. A Psychoanalytic Study*, Detroit 1963, löste eine
     regelrechte Modewelle der psychoanalytischen Enthüllungsbiographik aus.
50   Hermand, *Beethoven* (wie Anm. 46), S. 188.
51   Maynard Solomon, *Beethoven*, New York 1977; deutsche Fassung als *Beethoven. Biographie*,
     übers. von Ulrike von Puttkamer, München 1979.
52   Vgl. dazu Scott Burnham, *Beethoven Hero*, Princeton 1995.

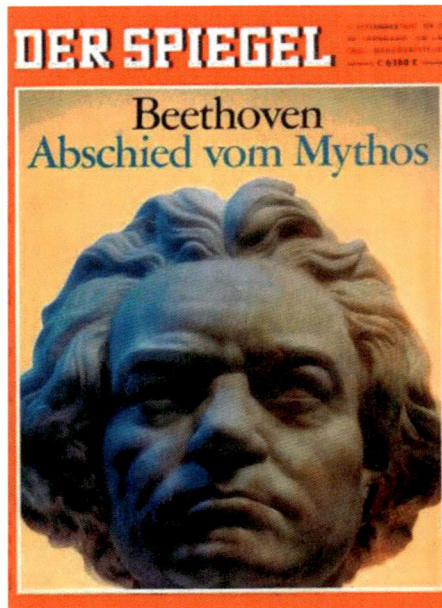

Abb. 1: Titelbild der *SPIEGEL*-Ausgabe mit dem Schwerpunkt „Beethoven. Abschied vom Mythos", *DER SPIEGEL* 21/37 (1970), 7. September. Online: https://www.spiegel.de/spiegel/print/index-1970-37.html

9) Der um 1970 relevanten Biographik fehlten, wie auch der Beethoven-Analyse, noch entscheidende Quellen, deren Erschließung (wie auch der *SPIEGEL* bereits erwähnte[53]) um diese Zeit begann: Die Edition der Konver-sationshefte, deren erster Band 1972 erschien, war einer der wichtigsten wissenschaftlichen Erträge des Beethoven-Jahres 1970.[54] Weiterhin sind die nun verstärkt in Angriff genommenen Erschließungsausgaben der Skizzen zu nennen, die – so wie die Konversationshefte die Biographik – die Beethoven-Philologie und die Werkdeutung auf eine neue Grundlage stellten. Ein heute noch grundlegender Beitrag dazu, Lewis Lockwoods „On Beethoven's Sketches and Autographs: Some Problems of Definition and Interpretation", erschien passgenau zum Beethoven-Jubiläum und zeigte zugleich die Internationalität der Beethoven-Forschung an: aus den USA stammend und im Kontext eines französischen Kolloquiums erstmals

---

53   „Vom armen B." (wie Anm. 45), S. 185.
54   *Ludwig van Beethovens Konversationshefte*, hrsg. von Karl-Heinz Köhler, Grita Herre und Dag-mar Beck, 11 Bde., Leipzig 1972–2001.

vorgestellt.[55] Diese Zugänge haben sich inzwischen weitgehend durchgesetzt; bezeichnend hingegen ist, dass noch Adorno die Erkenntnis eines Werks durch philologische Befassung mit dessen Genese als Methode kategorisch abgelehnt hatte.[56] Allerdings bedürfte es zur seriösen Einschätzung des wissenschaftlichen Gesamtertrags mindestens der Auswertung aller dem Jahr 1970 gewidmeten Kongressberichte: Was das Jahr 1970 darüber hinaus in der Forschung ausgelöst haben könnte (wenn deren Tendenz überhaupt auf einen solchen Anstoß rückdatierbar sein sollte), ließe sich, weit jenseits der hier verfolgten Aufgabe, nur in einem differenzierten Forschungsbericht des zurückliegenden Halbjahrhunderts klären.

10) Bei der analytischen Befassung mit Beethoven setzte sich nach 1970 auch im deutschen Sprachraum ein neues Analyseparadigma durch, das in den USA schon seit Längerem den axiologischen Hintergrund bildete, weil es durch die emigrierten Schüler Heinrich Schenkers dort etabliert worden war. Die Favorisierung der Strukturanalyse, zu der auch Schenkers Ansatz als eines ihrer Teilmomente gehört, hat sich im 20. Jahrhundert in mehreren Schüben entwickelt und sich dabei methodisch immer weiter verzweigt: um 1900 in Absetzung von der Beethoven-Hermeneutik des 19. Jahrhunderts, seit 1920 als neusachlich motivierte Distanzierung von den Unzulänglichkeiten der poetischen Beschreibungssprache, nach 1945 als Zuflucht bei der erhofften weltanschaulichen Neutralität des Strukturellen und seit etwa 1970 in ideologiekritischer Wendung gegen die hartnäckig fortgeschriebenen Gehalte der Rezeptionskonstanten. Doch hat die Reduktion Beethovens aufs Technische bei näherer Betrachtung keineswegs zur Verabschiedung des aus verschiedenen Gründen unerwünschten Gehalts geführt. „Selbst jene Werkanalysen, die ‚immanent' sich nennen und mit Vorsatz sich rein technisch gebärden, sind zufolge der (oft unreflektierten) Wahl ihrer zur Analyse verwendeten Wörter eine Fundgrube für die Konstanz der Rezeptionssprache".[57] Auch scheinbar nüchtern-analytische Werkbeschreibungen sind quer durch die Beethoven-Literatur voller Metaphern, die das vermeintlich Drängende, Prozessuale, Agonale und Konfliktuöse der Musik zum Ausdruck bringen – fraglich also, ob eine „objektive" und „neutrale" Beschreibungssprache für Beethovens Musik überhaupt denkbar ist. Die Ausbreitung der an Beethoven gewonnenen Rezeptionssprache auf alle Musik *vor* und *nach* ihm als Beurteilungsmaß-

---

55 Lewis Lockwood, „On Beethoven's Sketches and Autographs: Some Problems of Definition and Interpretation", in *Acta Musicologica* 42/1–2 (1970), S. 32–47.
56 Adorno, *Gesammelte Schriften*, Bd. 7 (wie Anm. 39), S. 267.
57 Eggebrecht, *Beethoven-Rezeption* (wie Anm. 3), S. 59.

stab[58] ist denn auch inzwischen im angelsächsischen Sprachbereich als
„Beethoven paradigm"[59] bewusst gemacht (und partiell auch gebrandmarkt) worden. Nichts hat dessen Auswirkungen deutlicher werden lassen
als schon jenes Jubiläumsjahr 1927: Durch die bemerkenswerte Koinzidenz
der Zentenarien von Beethoven und Schubert waren die Jahre 1927 und
1928 nicht nur die Zeit der großen Beethoven-Bilanzen, sondern auch der
ersten akademischen Schubert-Studien. An diesen aber, der Erlanger Dissertation etwa von Hans Költzsch über Schuberts Klaviersonaten[60] und der
Wiener Doktorarbeit des Schenker-Schülers Felix Salzer über die Sonatenform bei Schubert[61] (beide 1927/28), ist die Auswirkung des an Beethoven
gewonnenen Paradigmas auf die skeptische Beurteilung von Schuberts Instrumentalmusik geradezu mit Händen zu greifen.[62] Um 1970 hat sich das
bemerkenswerterweise, obwohl gar keine Koinzidenz der Jubiläen vorlag,
wiederholt, aber mit ganz anderer Ausrichtung: Nun erschienen erste
Arbeiten, die Schuberts Instrumentalmusik aus dem Schatten des „Beethoven paradigm" herausholten und eine radikale, bis heute anhaltende
Umwertung einläuteten.[63] Interessant ist diese Beobachtung zur miteinander verflochtenen Nachwirkung Beethovens und Schuberts als paradigma-
tischer Fall für den Erkenntnisgewinn aus der von Karl Robert Mandelkow
so genannten „konstellativen Wirkungsgeschichte".[64]

**

Zum Schluss: Neben der kritischen Durchforstung der Rezeptionsgeschichte
und dem Impuls zur Demontage überkommener Bilder gab es 1970 aber
auch – dies ein durchaus neuer Ton im Beethoven-Diskurs – ausgesprochene
Bescheidenheitsgesten. Einen am Vorabend von Beethovens 200. Geburtstag gehaltenen Vortrag beendete Wolfgang Osthoff mit der folgenden Frage:

---

58 Ebd., S. 75.
59 Goehr, *The Imaginary Museum* (wie Anm. 31), S. 205 u. 225.
60 Hans Költzsch, *Franz Schubert in seinen Klaviersonaten*, Leipzig 1927.
61 Felix Salzer, „Die Sonatenform bei Franz Schubert", in *Studien zur Musikwissenschaft* 15 (1928),
    S. 86–125.
62 Vgl. dazu Hans-Joachim Hinrichsen, „Produktive Konstellation. Beethoven und Schubert in der
    Musikästhetik Theodor W. Adornos", in *Schubert: Perspektiven* 4 (2004), S. 86–102, hier S. 89.
63 Nachweise in Hans-Joachim Hinrichsen, *Untersuchungen zur Entwicklung der Sonatenform in
    der Instrumentalmusik Franz Schuberts*, Tutzing 1994 (Veröffentlichungen des Internationalen
    Franz-Schubert-Instituts 11), S. 22–25.
64 Dieser Terminus wurde von Karl Robert Mandelkow geprägt, um damit ein Forschungspro-
    gramm zu bezeichnen: *Goethe im Urteil seiner Kritiker. Dokumente zur Wirkungsgeschichte Goe-
    thes in Deutschland*, Bd. 1, 1773–1832, hrsg. von Karl Robert Mandelkow, München 1975 (Wir-
    kung der Literatur 5), S. 126–136.

„Gerade deshalb werden Sie nun zum Schluß nicht von mir erwarten, daß ich mich auf jene selbstgefällige, nur-gegenwartsbezogene Frage einlasse: Was hat Beethoven uns im Jahre 1970 zu sagen? Wie besteht er vor uns? Im 200. Jahre seiner Geburt scheint es mir angemessener zu sein, diese Frage umzukehren. Ein solches Gedenkjahr hätte dann seinen Sinn, wenn jeder von uns sich fragte und wenn wir alle uns fragten: Was haben wir angesichts von Beethoven zu sagen, und wie bestehen wir vor ihm?"[65] Dass diese fast religiös gefärbte Demutshaltung allerdings, trotz der neuen Tonlage, gerade die Verabsolutierungs- und sogar Apotheotisierungstendenzen *in modo inverso* reproduziert, steht auf einem anderen Blatt. Man bedenke den eigentlichen Ertrag von Eggebrechts oben genannter Studie, den er in der Neuauflage (1994) noch zuzuspitzen versuchte: Die von ihm festgestellte „Konstanz der ästhetischen Identität" von Beethovens Musik verursache, so behauptet Eggebrecht, die erstaunliche Rezeptionskonstanz der Gehalte; sie gilt ihm also als Beleg für eine stabile Gehaltlichkeit dieser Musik.[66] Nicht reflektiert wird von ihm jedoch, in keiner Weise, die (methodisch freilich nie hintergehbare) produktive Eigenleistung von Rezeption. Es ist bezeichnend, dass auf dem Gebiet der Literaturwissenschaft in Gestalt der sogenannten „Konstanzer Schule" (Hans Robert Jauß, Wolfgang Iser) gerade um diese Zeit die Reflexion auf eben diese Problematik einsetzte, mit der die Paradigmen von (passiv erlittener) „Wirkungs"- und (aktiv inszenierter) „Rezeptions"-Geschichte überhaupt gegeneinander abgesetzt werden können. Wie (und ob) hier seit 1970 auch im Blick auf Beethoven ein methodisches Umdenken einzusetzen begann, kann allerdings wiederum wohl erst von 2020 aus in Ruhe bewertet werden.[67]

---

65 Wolfgang Osthoff, „Beethoven als geschichtliche Wirklichkeit" [1970], in *Ludwig van Beethoven*, hrsg. von Ludwig Finscher, Darmstadt 1983 (Wege der Forschung 158), S. 278–295, hier S. 294.
66 Eggebrecht, *Beethoven-Rezeption* (wie Anm. 3), S. 121.
67 Vgl. als vorläufigen Versuch einer Gesamtschau: Hans-Joachim Hinrichsen, „‚Seid umschlungen, Millionen'. Die Beethoven-Rezeption", in *Beethoven-Handbuch*, hrsg. von Sven Hiemke, Kassel u. a. 2009, S. 567–609.

ABSTRACT

"Morgenröte" (The Dawn of Day) or "Götzendämmerung" (Twilight of the Idols)? – Old and New Views of Beethoven in 1970

This article examines the wide variety of ways Beethoven was treated in the year 1970, Beethoven's 200th anniversary, focusing on the German-speaking countries, in particular on the comparison of Beethoven reception in the two German states. In doing so, very different (critical as well as apologetic) forms of confrontation come into view. For this point in time, it is decisive that in Western Europe the so-called "student movements" of 1968 had just reached their peak. The consequences of all these upheavals for today's image of Beethoven will be examined.

Biographien / Biographies

Julia Ackermann studied musicology, cultural management and German literature in Weimar, Jena and Paris and subsequently worked as a museum educator and music dramaturge. Since 2014 she has been a scientific associate in various research projects at the Department of Musicology and Performance Studies at the University of Music and Performing Arts Vienna. She wrote her dissertation on the *Opéra comique in Vienna 1768–1783* as part of the FWF project *Cultural Transfer of Music in Vienna, 1755–1780* (2014–2018). In the lead-up to the Beethoven Year 2020, she dealt with the topics of memory and remembrance culture in the project *Erinnerungsort Beethoven: Theater an der Wien*. In the project she joined next, *Paper and Copyists in Viennese Opera Scores 1760–1775*, she carried out basic philological research. In her current project she is investigating the phenomenon of *Musician Families: Constellations and Concepts* from the 18th to the 21st century.

Gundela Bobeth is professor of musicology at the Robert Schumann Hochschule Düsseldorf and specializes in music of the Middle Ages and European music of the 18th and 19th centuries. Her dissertation on medieval settings of classical texts was supported by a German Academic Scholarship Foundation scholarship and appeared as part of the *subsidia series* of the *Monumenta monodica medii aevi* (2013). Having held the positions of Assistant Professor at the Institutes of Musicology at the Universities of Basel and Vienna, she was awarded a research scholarship by the Swiss National Science Foundation for a comprehensive project on Viennese song culture around 1800, in association with the University of Zurich. The resulting habilitation thesis (Vienna 2019) opens up an extensive, hitherto little-known corpus of Viennese piano song compositions and contributes to a recontextualization of Franz Schubert's songs. In the academic year 2020/21, she stood in as professor for musicology at the Hochschule für Musik und Darstellende Kunst in Frankfurt/Main.

Barbara Boisits is Head of the Musicology Department of the Austrian Centre for Digital Humanities and Cultural Heritage of the Austrian Academy of Sciences, where she has been working since 1999. She studied musicology and art history at the Karl-Franzens-University Graz (1989 Mag. phil., 1996 Dr. phil.). In 2010 she received her habilitation from the University of Music and Performing Arts Vienna (MDW). From 1991 she was a research associate at the University of Music and Performing Arts Graz, 1994–1999 in the FWF Special Research Programme *Modernity – Vienna and Central Europe around 1900* at the University of Graz. From 2002 to 2014 she had regular teaching assignments at the MDW, and in 2003/04 she was a visiting professor there. From 2014 to 2018 she was Vice Rector for Research at the University of Music and Performing Arts Graz. She used to co-edit the *Neue Beiträge zur Aufführungspraxis* (2004–2008) and *Musicologica Austriaca* (2006–2012). She has been the editor of the *Oestereichisches Musiklexikon online* since 2021.

Erica Buurman is Director of the Ira F. Brilliant Center for Beethoven Studies and Associate Professor in the School of Music and Dance at San José State University. Her research centers on music and culture in 18th- and 19th-century Vienna, particularly Beethoven and music for social dancing. Her publications include chapters in *Cambridge Companion to the Eroica Symphony* and the forthcoming *Beethoven in Context*, and a monograph, *The Viennese Ballroom in the Age of Beethoven* (Cambridge University Press, 2021).

Martin Eybl is Professor of Music History at the University of Music and Performing Arts Vienna. He taught at the University of Vienna (1991 to 2004), the University of Chicago (2012) and the University of Leiden (2023). He is chief editor of Alban Berg's Collected Works. His research focuses on aesthetics and music theory in the early 20th century, music editions, and musical practices in Vienna during the Enlightenment. He has published books on Heinrich Schenker's theory of tonal music (1995) and the scandals at early performances of Schoenberg's music (2004). He co-edited books on the reception of Schenker in Europe and the US (2006), on the conception of time in Haydn's era (2012), and on Helene Berg and Alban Berg's legacy (2018). He recently published a study on Central European music collectors: *Sammler*innen. Musikalische Öffentlichkeit und ständische Identität, Wien 1740–1810* (2022).

Annegret Fauser is the Cary C. Boshamer Distinguished Professor of Music at the University of North Carolina in Chapel Hill. Her research focuses on music of the 19th and 20th centuries in Europe and the United States. She is the author of *Der Orchestergesang in Frankreich zwischen 1870 und 1920* (1994), *Musical Encounters at the 1889 Paris World's Fair* (2005), *Sounds of War: Music in the United States during World War II* (2013), *The Politics of Musical Identity* (2015), and *Aaron Copland's "Appalachian Spring"* (2017). She was awarded the 2011 Edward J. Dent Medal of the Royal Musical Association, and her publications have received multiple awards from the AMS and ASCAP. From 2011 to 2013 she served as the Editor-in-Chief of the *Journal of the American Musicological Society*.

Karen Hagemann is the James G. Kenan Distinguished Professor of History at the University of North Carolina at Chapel Hill. She has published broadly in the fields of Modern German, European and transatlantic history, the history of politics, society and culture, the military and war as well as gender history. Her last English monograph *Revisiting Prussia's Wars Against Napoleon: History, Culture and Memory* (Cambridge University Press, 2015) was awarded the Hans Rosenberg prize for best book by the Central European History Society in 2016 (in German: *Umkämpftes Gedächtnis: Die Antinapoleonischen Kriege in der deutschen Erinnerung*, Schöningh, 2019). She also edited with Stefan Dudink and Sonya O. Rose *The Oxford Handbook of Gender, War and the Western World since 1600* (Oxford University Press, 2020), which won the Distinguished Book Award of the Society for Military History in 2022. Currently, she is working on a book titled *Forgotten Soldiers: Women, the Military and War in European History, 1600–2000*.

Hans-Joachim Hinrichsen was Professor of Musicology at the University of Zurich from 1999 and has been Professor Emeritus since 2018. He is a corresponding member of the Austrian Academy of Sciences, a member of the Advisory Board of the Beethoven House Bonn, and acts as co-editor of the journals *Archiv für Musikwissenschaft* and *Wagnerspectrum*. His central research interests include music history of the 18th to 20th centuries, interpretation and reception history, and the history of music aesthetics. His most recent book publications include *Franz Schubert* (C. H. Beck, 2011, 3rd ed. 2019), *Beethoven: Die Klaviersonaten* (Bärenreiter, 2013), *Bruckners Sinfonien: Ein musikalischer Werkführer* (C. H. Beck, 2016) and *Ludwig van Beethoven: Musik für eine neue Zeit* (Bärenreiter and J. B. Metzler, 2019, 2nd edn 2020). With Stefan Keym he has additionally edited *Dur versus Moll: Zur Geschichte der Semantik eines musikalischen Elementar-*

kontrasts (Böhlau, 2020) and he is co-editor of the series *Schubert: Perspektiven – Studien* (Franz Steiner Verlag).

David Wyn Jones is Emeritus Professor of Music at Cardiff University, UK. He has written extensively on music and musical life in Vienna in the late 18th and early 19th centuries. *The Symphony in Beethoven's Vienna* (Cambridge: Cambridge University Press, 2006) explores the broader symphonic tradition in Vienna during Beethoven's lifetime, while a recent essay in *Beethoven Studies* 4 (co-edited with Keith Chapin; Cambridge University Press, 2020) discusses the image of the composer that is presented in the Austrian *Allgemeine musikalische Zeitung* between 1817 and 1824. David Wyn Jones acted as the academic advisor for the British Library bicentenary exhibition, "Beethoven. Idealist, Innovator, Icon", and is a member of the Scientific Advisory Board for the research project *Concert Life in Vienna 1780–1830* at the University of Vienna.

Constanze Marie Köhn studied musicology at the University of Vienna, Heidelberg University, and the University of Pavia in Cremona. She joined the Department of Musicology and Performance Studies at the University of Music and Performing Arts Vienna as a research associate in 2017 and has since worked in the FWF projects *Cultural Transfer of Music in Vienna, 1755–1780* (2017– 2020) and *Paper and Copyists in Viennese Opera Scores, 1760–70* (since 2021). She is a PhD-candidate with a project focusing on aristocratic mentors of oratorio performances in Vienna between 1780 and 1810 with special emphasis on the "Gesellschaft der associierten Cavaliers."

Axel Körner is Professor of Modern Cultural and Intellectual History at Leipzig University and Honorary Professor at University College London, where he has taught since 1996. He has worked widely on opera and music from a transnational perspective and is the recipient of an advanced investigator grant of the European Research Council, leading a project entitled "Opera and the Politics of Empire in Habsburg Europe". His monograph *America in Italy. The United States in the Political Thought and Imagination of the Risorgimento* (Princeton University Press, 2017) received the Marraro Prize of the American Historical Association. With Paulo Kühl he edited *Italian Opera in Global and Transnational Perspective* (Cambridge University Press, 2022). He has held visiting positions at the Institute of Advanced Study, Princeton, NJ; the École Normale Supérieure, Paris; and at New York University.

Birgit Lodes studied musicology, music education, psychology and pedagogy at the University and Musikhochschule in Munich, UCLA, and Harvard University, receiving funding from various prestigious bodies, including the Maximilianeum Foundation, the DAAD and the Bavarian *Habilitationsförderpreis*. She graduated in 1991, received her doctorate in 1995, and gained her Habilitation in 2002. Lodes worked as an assistant professor and a guest professor at the Universities of Munich, Erlangen-Nuremberg, and Vienna. Since 2005, she has been Professor of Historical Musicology at the University of Vienna, where she currently serves as Head of Department. She is a corresponding member of the Austrian Academy of Sciences and a member of the Academia Europaea. Her research focuses on music and musical life around the year 1500 and the music of Beethoven, Schubert and their time.

Julia Ronge is the curator of the Beethoven House collections. She completed studies in musicology and history at the Julius Maximilians University of Würzburg and the Université de Paris-Sorbonne, where she graduated as *Maîtrise de Musicologie* in 1994. She received her doctorate in 2010 from the Technical University of Berlin with a thesis on Beethoven's composition studies. At the Beethoven-Haus Bonn, she worked on the project "The Digital Beethoven-Haus" from 2002 to 2004, where she was responsible for the descriptions of the manuscripts in the catalogue, the introductions to the works and texts "worth knowing," and summaries of letters in the "Digital Archive." In 2008 she was a research assistant at the Beethoven Archive and was also a lecturer for the Beethoven-Haus Bonn publishing house from August 2010 to the end of 2017. From 1999 to 2014 she was also co-editor of the 2014 revised Beethoven catalogue raisonné by Georg Kinsky and Hans Halm (1955).

Henrike Rost earned her doctoral degree in Musicology at the Hochschule für Musik und Tanz Köln. She was a Research Fellow at the University of Paderborn from 2015 to 2019 and holds degrees in Musicology, Media Studies, and Italian Studies from Humboldt University in Berlin. Her dissertation, published as *Musik-Stammbücher. Erinnerung, Unterhaltung und Kommunikation im Europa des 19. Jahrhunderts* (Böhlau 2020), is the first large-scale study on musical autograph albums in 19th-century Europe. Her research interests mainly center around 19th-century music and cultural history. For her publications see: https://henrikerost.de/.

Martin Scheutz studied History and German Language in Vienna, in addition, he completed a three-year university education in archival science at the Institute of Austrian Historical Research. Since completing his habilitation in modern history (in the subject area of historical crime research) in 2001, he has been teaching modern history at the Institute of History at the University of Vienna. Several of his FWF projects were dedicated to the Viennese Court and the great Viennese Bürgerspital. Two visiting professorships took him to the Universities of Salzburg and Graz. Since 2022, he has been deputy director of the Institute of History at the University of Vienna. Between 2010 and 2021 he was Secretary General of the Commission International pour l'Histoire des Villes. His field of interest comprises Urban History, the Viennese Court, Early Modern History, hospital research, and the history of bodily practices in Modern History.

Thomas Seedorf, born in Bremerhaven in 1960, studied school music (Schulmusik) and German language and literature in Hanover. This was followed by postgraduate studies in musicology and music education at the Hanover University of Music and Drama, which he completed in 1988 with a dissertation on the compositional reception of Mozart in the early 20th century. From 1988 to 2006 he worked as a research assistant at the Department of Musicology at the University of Freiburg. Since the winter semester 2006/07 he has been Professor of Musicology at the Karlsruhe University of Music. His research interests include song history and analysis, performance practice and the history of musical interpretation, as well as the theory and history of art song in particular. Thomas Seedorf is, among other things, co-editor of the Reger-Werkausgabe and project leader of the New Schubert Edition.

Glenn Stanley has published extensively on Beethoven (notably *Fidelio* and the piano music) and other German composers of the classical and romantic periods. He has also focused on historiography and music criticism, writing articles for the *New Grove Dictionary* of 2000. Stanley has edited several volumes of *Beethoven Forum* and the *Cambridge Companion to Beethoven*, and is coediting *Beethoven in Context* for Cambridge University Press. He has organized international Beethoven conferences at Carnegie Hall and the University of Connecticut. He studied at Columbia University and taught there and at McGill University before his long term at University of Connecticut. In Berlin he taught from 2019–2021 at the Barenboim-Said Academy. He also taught at the Humboldt University and the Free University in Berlin and the University of Salzburg.

Melanie Unseld studied historical musicology, German language and litera-ture, philosophy, and applied cultural studies in Karlsruhe and Hamburg. She gained her doctorate from the University of Hamburg in 1999. She was a Lise Meitner University Special Programme scholar and then a research assistant at the Hanover University of Music and Drama (Research Centre for Music and Gender). From 2008 to 2016, she held the professorship for Cultural History of Music at the Carl von Ossietzky University Oldenburg, where, between 2009 and 2015, she was also director of the Interdisciplinary Centre for Women's and Gender Studies (ZFG). In 2013, she received her habilitation from the Hanover University of Music, Drama and Media. Since 2016, she has been Professor of Historical Musicology at the Department for Musicology and Performing Stu-dies at the University of Music and Performing Arts Vienna (MDW).

Since 2013, **John D. Wilson** has been a postdoc researcher at the University of Vienna and the Austrian Academy of Sciences in a variety of projects devot-ed to court music in Bonn and Beethoven's early years. Starting in 2022 he has directed a research project at the University of Vienna on Concert Life in Vienna from 1780 to 1830.

Siglen-Verzeichnis /Abbreviations

BGA 1–2292
[Briefnummer ohne
Band oder Seite]

Ludwig van Beethoven, *Briefwechsel. Gesamtaus-gabe*, hrsg. von Sieghard Brandenburg, Bd. 1–6, München 1996; Bd. 7 (Register), München 1998.

BKh 1–11
[Bandzählung]

Ludwig van Beethovens Konversationshefte, hrsg. von Karl-Heinz Köhler, Grita Herre und Dagmar Beck, 11 Bde., Leipzig 1972–2001.

BSZ
[keine Bandangabe]

Beethoven aus der Sicht seiner Zeitgenossen in Tage-büchern, Briefen, Gedichten und Erinnerungen, hrsg. von Klaus Martin Kopitz und Rainer Cadenbach, 2 Bde., München 2009.

Clive

Peter Clive, *Beethoven and his World. A Biographical Dictionary*, Oxford 2001.

DBH/online

Digitales Beethoven-Haus mit Digitalem Archiv, <www.beethoven-haus-bonn.de>.

LoB 1–1570
[Briefnummer ohne
Band oder Seite]

The Letters of Beethoven, ges., übers. und hrsg. von Emily Anderson, 3 Bde., London u. a. 1961, ²1985.

LvBWV 1–2
[Bandzählung]

Ludwig van Beethoven. Thematisch-bibliographi-sches Werkverzeichnis, bearb. von Kurt Dorfmüller, Norbert Gertsch und Julia Ronge, unter Mitarbeit von Gertraut Haberkamp und dem Beethoven-Haus, rev. und wesentlich erw. Neuausgabe des Verzeichnisses von Georg Kinsky und Hans Halm, 2 Bde., München 2014.

NGA I/1
[Abteilung/Band]

Ludwig van Beethoven, *Werke. Gesamtausgabe* [Neue Gesamtausgabe], Veröffentlichungen des Beethoven-Hauses Bonn), München 1961 ff.

RVB 1–2
[Bandzählung]

Johann Friedrich Reichardt, *Vertraute Briefe geschrieben auf einer Reise nach Wien und den österreichischen Staaten zu Ende des Jahres 1808 und zu Anfang 1809*, 2 Bde., Amsterdam 1810.

Schindler 1840

Anton Schindler, *Biographie von Ludwig van Beethoven*, Münster 1840.

Schindler 1845

Anton Schindler, *Biographie von Ludwig van Beethoven*, 2., mit Nachträgen verm. Ausgabe, Münster 1845.

Schindler 1860, 1–2
[Bandzählung]

Anton Schindler, *Biographie von Ludwig van Beethoven*, 3., neu bearb. und verm. Auflage, 2 Bde., Münster 1860.

Schindler/Jolly

Anton Schindler, *Beethoven as I knew him*, hrsg. von Donald W. McArdle, übers. von Constance S. Jolly, Chapel Hill u. a. 1966.

SMS I–VI

Leopold von Sonnleithner, „Musikalische Skizzen aus Alt-Wien", in *Recensionen und Mittheilungen über Theater und Musik* 7/47 (1861), 24. November, S. 737–741 [I]; 7/48 (1861), 1. Dezember, S. 753–757 [II]; 8/1 (1862), 5. Januar, S. 4–7 [III]; 8/12 (1862), 23. März, S. 177–180 [IV]; 8/24 (1862), 15. Juni, S. 369–375 [V; von Wilhelm Böcking]; 9/20 (1863), 17. Mai, S. 305–307 [VI]; wieder abgedruckt in *Österreichische Musikzeitschrift* 16/2–4 (1961), S. 50–62 [I–II], 97–110 [III–V] u. 145–63 [V–VI].

TDR 1–5
[Bandzählung]

Alexander Wheelock Thayer, *Ludwig van Beethovens Leben*, nach dem Original-Manuskript deutsch bearb. von Hermann Deiters, mit Benutzung der hinterlassenen Materialien des Verfassers neu ergänzt und hrsg. von Hugo Riemann, Leipzig, Bd. 1, ³1917; Bd. 2, ²1910; Bd. 3, ²1911; Bd. 4, 1907; Bd. 5, 1908.

Thayer/Forbes
[keine Bandangabe]

Alexander Wheelock Thayer, *Thayer's Life of Beethoven*, überarb. und hrsg. von Elliot Forbes, 2 Bde., Princeton 1967.

Wegeler/Ries

Franz Gerhard Wegeler und Ferdinand Ries, *Biographische Notizen über Ludwig van Beethoven*, Koblenz 1838.

Wegeler/Ries/Noonan

Franz Gerhard Wegeler und Ferdinand Ries, *Remembering Beethoven: The Original Biography by Franz Wegeler and Ferdinand Ries*, übers. von Frederick Noonan, Vorwort von Christopher Hogwood, Einleitung von Eva Badura-Skoda, London 1988.

Register / Index

E

Eberl, Anton 273
Edler, Arnfried 231–232, 234, 309
Eggebrecht, Hans Heinrich 472, 477–479, 483, 485
Eichhoff, Barbara 40
Einstein, Alfred 446–447
Eisler, Hanns 439, 447
Elisabeth Alexejewna, Großfürstin von Russland 50
Elisabeth von Württemberg 278
Elsner, Józef 327
– „Io t'amo o Dio" für Chor 327
Engel, Carl 460–461
Engel, Josef von 407, 410
Eppinger, (Leopold) Joseph 164, 168
Eppinger, Emanuel 163–165, 168, 171, 176
Erdődy, Anna Maria (Marie) Gräfin von 68, 129, 135–136, 138, 217, 219–220, 298, 318
Erdődy, Familie 129–130, 142
Ertmann, Dorothea von, geb. Graumann 129, 137, 140, 216–217, 224–226, 371
Eskeles, Bernhard Freiherr von 130, 143
Eskeles, Familie 130
Eskeles, Marie Cäcilie von 98, 130, 136
Esterházy de Galantha, Maria Josepha Hermenegild Fürstin von 129
Esterházy, Familie 121, 123, 130, 290
Esterházy, Nikolaus II. Fürst von 137, 145, 167
Eybl, Martin 15–16, 21–22, 26, 149, 201, 206, 215, 276, 293, 309–310
Eybler, Joseph 153, 169, 194–198, 273, 329
– *Allgemein beliebte Polonoises, Eccossoises und Contre-Taenze* für Klavier, HV 211 195–196
– *Die vier letzten Dinge*, Oratorium für drei Solostimmen, Chor und Orchester, HV 137 153
– „Wohin du reisest, sei glücklich", vierstimmiger Kanon, HV 231 329
Eynard, Jean-Gabriel 152

F

Fauser, Annegret 15, 21, 31, 201, 392, 448, 450–451, 459, 467, 471
Felder, Cajetan 406
Feldtenstein, Carl Joseph von 189
Ferdinand II., Erzherzog von Österreich 83, 107
Ferraguto, Mark 26–28, 51, 56, 67, 247
Fichte, Johann Gottlieb 63, 146, 435
Finke, Gesa 356
Fischenich, Bartholomäus 39
Fischer, Anton 174, 358
– *Swetards Zauberthal*, Oper in zwei Akten 358
Fischer, Edwin 427
Fischer, Therese 276, 282
Fleischer, Gerhard 108
Foglár, Ludwig 416
– *Beethoven* 416
Foppa, Giuseppe 349–350, 360
– *Giulietta e Romeo*, Libretto 177
– *Sargino ossia L'allievo dell'amore*, Libretto 349, 352
Forkel, Bernard 228, 231
Förster, Emanuel Aloys 293
Forster, Georg 275–276, 312
Fouqué, Caroline de la Motte 100, 111
– *Edmund's Wege und Irrwege. Ein Roman aus der nächsten Vergangenheit* 111
Fouqué, Friedrich de la Motte 112
Franklin, Benjamin 35
Franul von Weißenthurn, Johanna 96
Franz II./I., Kaiser 43, 56, 58, 84–88, 90, 93, 120, 144, 152, 185, 278
Frey, Friedrich Hermann (eigentlich: Greif, Martin) 417
Frey, Wilhelm 407
Freystädtler, Franz Jakob 273, 281
– *Sechs Lieder der beßten deutschen Dichter* für Singstimme und Klavier 281
– „Sehnsucht eines Liebenden" 281
Friederike Wilhelmine Caroline, Königin von Bayern 281
Friedrich II., König von Preußen 131, 366
Friedrich Ludwig, Großherzog von Mecklenburg-Schwerin 145

Keglevicz de Buzin, Anna Luise Barbara
  (Babette) Gräfin von, verh. Odescalchi
  d'Erba, Anna Luisa Barbara Fürstin von
  126–127, 130, 132, 239, 245, 248
Keglevicz, Karl 126
Keil, Richard 342–343
Keil, Robert 342–343
Keudell, Walter von 433–434
Khevenhüller, Familie 151
Kienlen, Johann Christoph 280–281
– *Zwanzig Lieder für Singstimme und Klavier*
  281
– *Zwölf Lieder von Goethe für Singstimme
  und Klavier* 281
Kiesewetter, Raphael Georg 30, 72, 74–75,
  77, 166–167, 290, 329–330
Kinderman, William 48, 61, 83, 94, 139,
  183, 248, 259, 292, 383
Kinsky, Familie 67–68, 121, 123, 129–130,
  136, 139, 150, 275, 290, 329–330, 340, 363
Kinsky, Ferdinand Johann Nepomuk Fürst
  55, 67, 77, 135, 138–139, 330
Kinsky, Joseph (Franz de Paula) 238, 330
Kinsky, Karolina Prinzessin 68, 136, 275
Kinsky, Marie Charlotte Caroline Fürstin
  55, 136, 274–275, 282
Kitzler, Otto 415
Klaar, Alfred 413
Kleiber, Erich 430, 444, 448
Kleinheinz, Franz Xaver 285–286
– „Der Handschuh" für Singstimme und
  Klavier op. 11 285
– „Hektors Abschied" für Singstimme und
  Klavier op. 10 285–287
– Sonate für Klavier zu vier Händen D-Dur
  op. 12 285
Klemperer, Otto 444–448, 450
Klengel, August 333
Klieber, Therese 164, 176
Knittel, Kristin Marta 383
Koch, Babette 40, 342
Kolbe, Georg 430–431
Kolowrat-Liebsteinsky, Franz Anton Graf
  89, 217
Költzsch, Hans 484
Königsegg-Rothenfels, Maximilian
  Friedrich Reichsgraf von 37

Konrad, Ulrich 315, 383, 387
Korhonen, Joonas 184
Körner, Theodor 99, 103, 105, 110, 371–373
– *Ulysses' Wiederkehr*, Libretto 99
Koschorke, Albrecht 90, 230, 356
Kösting, Karl 412–413
– *Germania's Weihnachtszeit* 412–413,
  415–416
Kotzebue, August von 50–51
Kövesdy, Karl 121
Koželuch, Leopold 221
Kraft, Nikolaus 217, 293
Krassalkowitz, Familie 290
Krenek, Ernst 472
Kreutzer, Conradin 273, 275
Kreutzer, Rodolphe 246, 465–466
Krippner, Heinrich Christian 163, 222
Krufft, Familie 206, 208, 284
Krufft, Justine von 284
Krufft, Nikolaus Freiherr von 273,
  276–278, 282, 284, 329–330
– Sammlung deutscher Lieder für
  Singstimme und Klavier 282
– Sechs Lieder für Singstimme und Klavier
  277
Krumpholz, Wenzel 303, 341
Ktissow, Johanna Elisabeth von, siehe
  Bernhard, Johanna Elisabeth von
Kuefstein, Johann Ferdinand Graf 195, 309
Kuffner, Christoph 72, 74, 77
Kuhlau, Daniel Friedrich 148
Kühn, Dieter 473
Kühns, Volkmar 413
Kurpiński, Karol 334
Kurzböck, Magdalena von 221

L
Labler, Vladimír 410
Ladenburger, Michael 55, 72, 138, 165,
  169–170, 262, 384
Lager, Herbert 186
Landau, Ezechiel Oberrabbiner
  397–399, 401, 404, 408
Landau, Hermann Josef 397, 402, 411–419
Langer, Anton 113
– *Ein Denunciant von Anno Neune* 113
Lanner, Joseph 191